KB235295

조선시대 한일관계사 연구

- 교린관계의 허와 실 -

손 승 철

景仁文化社

발간사

한국과 일본의 숙명적 관계는 더 이상의 설명이 필요 없다. 두 나라의 관계는 역사이래 그래왔고, 현재에도 그러하며 또한 미래에도 그럴 수밖에 없다. 그래서 어쩌면 두 민족의 역사는 서로가 서로의 '關係'를 어떻게 정립하는 가에 따라서 결정된다고 보아도 결코 지나친 표현이 아닐 것이다.

돌이켜 보건대 '韓日關係史'는 우리의 역사현실과 늘 밀착되어 있었음에도 그동안 너무 외면해 왔다. 더구나 한일관계사 연구가 과거에 주로 일본인에게서 시작되었고, 그것도 식민사학을 정당화하기 위한 왜곡된 목적의식에서 출발했던 만큼 그 문제점이 적지 않은 것도 사실이다. 뿐만 아니라 동아시아 속의 한국사, 나아가 세계사 속의 한국사를 재구성해야 하는 지금, 그 전제가 되는 대외관계사 연구가 너무 미흡하다. 또한 대외관계사를 특수사로 취급해 한국사를 총체적으로 구성하는데에 매우 소홀했던 것도 사실이다. '外政은 내정의 연장이며 동시에 內政의 국제적 표현임'을 생각할 때, 외정과 내정의 연구 어느 한쪽도 소홀해서는 안된다. 이점에서 '한일관계사 연구'의 필요성을 새삼 강조할 것도 없다.

이 책을 쓰는 동안 필자의 일관된 관심은 '交隣'이라는 용어에 있었다. 그것은 우리에게 가장 가깝고도 가장 먼 나라인 일본과의 관계형태가 늘 '교린'이라는 용어로 정의되어 왔기 때문이다. 그러나 조선시대 일본과의 관계를 '교린'이라는 용어를 가지고 전반적으로 이해하는 경우, 큰 혼란이 생긴다. 왜냐하면 '교린'이란 이웃나라와 우호적으로 평화롭게 지낸다는

iv

의미를 가지고 있음에도 불구하고, 조·일관계의 역사적인 추이를 돌이켜 보면 그 개념과는 많은 차이가 있기 때문이다.

예를 들면 조선의 건국 직후, 왜구문제를 해결해 가는 과정에서 두 나라 사이에 국교가 성립되어 교린관계가 시작되었지만 임진왜란에 의해 단절되었고, 또 임란 후 강화교섭에 의해 교린관계가 부활되었으나 대립과 갈등의 역사는 계속되었다. 그리고 조·일 교린관계의 종말은 결국 일본의 침략에 의해 식민지시대라는 돌이킬 수 없는 역사의 상흔을 남겨 놓았다.

그렇다면 두 나라 사이에는 왜 교린관계가 유지될 수 없었을까? 또한 표면적으로 교린관계로 표현된 양국관계의 실상은 과연 무엇일까? 이러한 의문들이 이 책을 쓰게 된 직접적인 동기였다.

필자는 이러한 문제의식 속에서 이 책을 통해 몇가지 새로운 시도를 하고자 했다. 그 첫째가 한일관계사를 한국과 일본의 두 나라 관계로만 국한하지 말고, 동아시아 국제환경 속에서 다루어 한다는 점. 둘째, 조선시대 교린관계의 기본구조는 조선국왕과 일본장군의 대등교린과 조선국왕과 대마도주의 기미교린의 이중구조로 되어 있다는 점. 셋째, 조선시대 교린관계의 성격은 병자호란(1636년)을 기점으로 중화적 교린체제에서 탈중화의 교린체제로 전환된다는 점. 넷째, 탈중화의 교린체제는 중화질서로부터 독립적이지만 '자민족중심주의'의 독선과 허구성을 내포하고 있다는 점. 다섯째, 조선과 일본의 교린관계는 1876년 강화도조약이 아닌 1872년 일본의 왜관점령에 의해 붕괴되며, 이때부터 일본의 무력침략이 시작되었다는 점 등이다.

물론 이 책이 이러한 문제들에 만족할 만큼 충분히 쓰여졌다고는 생각하지 않는다. 그러나 이제야 비로소 조선시대 한일관계사 연구에서 공부할 주제와 방향을 설정했다는 점에 연구의 첫발을 내딛는 심정이다.

이 책이 처음 쓰여진 것은 지금부터 10년 전이다. 초판본의 내용을 조금 수정했고, 부록으로 「조선시대 한일관계 사료의 소개」와 「조선시대 한일관계사 연구 논저 목록」을 추가했다. 초판을 내던 당시는 매우 어려웠던 시절이었다. 그 시절, 여러분들의 은혜를 입었다. 무엇보다 타계하신 白鍾基 교수님과 松軒 鄭海昇 선생님이 계셨고, 초창기 한일관계사학회의 도움도 컸다. 또 일본유학 중 田中健夫, 三宅英利, 村井章介, 荒野泰典, 高橋公明 교수와 東京大學史料編纂所의 배려, 이제는 한 가족이 된 山里澄江 선생과의 교류는 일본에 대한 객관적인 안목을 키워줬다. 그리고 팔순을 훌쩍 넘기신 우리 아버지, 통일전이라도 고향 땅 한번 밟고 싶어했으나 뜻을 이루지 못하신 장인어른, 처가의 이진무 이모부 내외분, 아내 김선옥과 내 뒤를 이어 해병이 되었던 아들 민규, 김재복 신부님과 남기탁 교수에게 감사드린다.

끝으로 이 책의 초판을 내주었던 '지성의 샘'의 고 정정위 사장님, 그리고 '한일관계사료집성'(전32권), 한일역사공동연구위원회의 연구성과물 등 한국학 및 한일관계연구총서를 내고 있는 경인문화사 한정희 사장, 신학태 팀장, 편집팀의 김소라님, 동국대 이승민님에게도 감사드린다.

2006년 1월

손 승 철

차 례

〈서 론〉

- 중화적 교린체제에서 탈중화로 -

1.

조선왕조가 건국 이후 동아시아 국제사회에서 취해 온 대외정책의 기본틀은 '事大交隣'이었다. 명에 대하여는 사대정책, 그리고 그 이외의 주변국인 일본·유구·여진에 대하여는 교린정책을 통해 국제관계를 전개했다. 그러나 중국에 비해 소국이라는 이유로, '事大'는 조선조 대외정책의 자율성 결여와 종속성을 상징하는 대명사로 인식되어 왔다. 또한 '交隣'에 대해도 단순하게 이웃나라와의 대등우호만을 강조하고 그 구조와 성격에 관하여는 구체적으로 설명하지 않아, 소극적인 외교정책으로 인식하는 등 그 역사적 실상이 모호했다. 그 결과 조선시대 대외관계사의 역사적 추이는 물론 한국사의 총체적 구성에도 적지 않은 장애가 되어왔다.

이러한 데에는 여러가지 이유가 있겠으나, 우선은 한국사 중 대외관계사 분야의 연구가 부진해서 과거 식민사관을 기초로 서술된 내용을 상당부분 수정 없이 그대로 인용해 온 데에 가장 큰 문제가 있었다. 왜냐하면 史觀의 문제는 말할 것도 없지만, 국제관계사란 국가간의 상호관계인 만큼 상대성과 객관성이 요구되는 분야임에도, 종래 이 분야 서술의 대부분이 식민지시대의 연구를 무비판적으로 답습해왔기 때문이다.[1]

---

1) 조선시대 한일관계사의 연구동향에 관하여는 田中健夫, 1975, 『中世對外關係史』, 東京大學出版會, 研究史の回顧と展望 ; 三宅英利, 1987, 『近世日朝關係史の研究』, 日本, 文獻出版, 序論 ; 손승철 역, 1991, 「研究の回顧」 『근세 한일관계사 연구』, 이론과실천, 5~22쪽 ; 한일관계사연구회편, 1993, 『한일관계사론저목록』, 현음사 ; 한일관계사학회편, 2002, 『한일관계사의 회고와 전망』, 국학자료원 참조.

주지하다시피 동북아에 있어서 한반도의 지정학적인 조건은 끊임없이 인접국간의 대외접촉을 불가피하게 만들어 왔으며, 특히 조선시대는 어느 시대보다도 역사변동에 엄청난 외적요인이 되어왔다. 북방의 중국대륙 및 만주에서의 세력변동과 힘의 불균형, 그리고 남방의 일본문제는 조선시대 전기간에 걸쳐 국가의 안위와 직결되어, 대외관계를 어떻게 해 가는가에 따라 조선시대의 역사가 결정되었다고 보아도 무리가 없다. 이러한 점에서 조선시대 대외관계사 전반에 대한 연구와 그것이 총체적으로 한국사를 어떻게 구성하고 있는가에 대한 관심과 시각이 필요하며, 그에 따라 한국사의 구성도 동아시아 세계 속에서 폭넓게 다루어져야 한다.[2]

2.

일반적으로 조선시대 한일관계의 기본 틀은 '交隣'이라는 용어로 인식해 왔다. 그러나 조선시대 전기간을 놓고 볼 때, 이 용어를 통해 조일관계의 전반적인 역사적 추이를 구체적으로 이해한다는 것은 매우 어렵다. 왜냐하면 '교린'이란 일반적으로 이웃나라와 화평하게 사귄다는 의미를 가지고 있음에도 불구하고, 조일관계의 역사적 실상을 돌이켜 보면 그 개념과는 매우 다르게 전개되어왔기 때문이다.

예를 들면 1404년(태종 4, 응영 11) 조선과 일본간에 정식으로 국교가 맺어져 교린관계가 성립된 이후에도 양국사이에는 대립과 갈등이 늘 연속되었으며, 1592년에는 임진왜란이 일어났다. 그리고 임란 후에도 다시

---

2) 이러한 경향의 연구동향은 인접 일본의 경우와 비교하면 너무 소홀한 감이 많다. 예를 들면 일본에서는 이미 '아시아속의 일본'을 재조명한다는 의미에서 각 방면에 걸쳐 '아시아속에서의 日本史'를 재구성하는 작업을 진행하고 있다(1993, 『アジアのなかの日本史』, 東京大學出版會, 完刊). 특히 '民族, 地域, 比較의 視點'에서 일본사를 재구성한다는 시각은 우리에게도 시사하는 바가 매우 크며, 역사가 과거의 유산이 아니라 미래 지향적으로 추구되어야 한다는 측면에서 보면 우리의 '한국사방법론'도 재고되어야 할 것이다.

국교가 회복되어 교린체제가 부활되었지만 여전히 대립과 갈등은 심화되어 갔다. 그리하여 결국 조·일 교린관계의 종말은 개항 이후 일본의 침략정책에 의한 식민지시대라는 돌이킬 수 없는 역사적 비극으로 점철되어 왔다.

그러나 임진왜란이나 식민지시대는 단순히 일회적인 사건이 아니다. 그것은 조일관계의 역사적 추이에서 볼 때, 이미 前시대부터 양국관계 속에 누적되어 온 모순의 역사적인 귀결이었다고 생각한다. 즉 임진왜란이 조선전기 한일관계의 역사적 귀결이었던 것처럼, '정한론' 이후 식민지시대로의 결과는 조선후기 한일관계의 역사적 귀결이었던 것이다.

이러한 시각에서 볼 때, 조일관계에 있어 '교린'이란 역사용어는 우리의 역사에서 그다지 설득력을 가질 수 없는 관념적이며 추상적인 용어라는 결론이 자명해진다. 물론 정책과 현실과는 항상 많은 괴리가 있게 마련이다. 따라서 그것이 일치하지 않는다고 해서 문제가 되는 것은 아니다. 그러나 더욱 중요한 것은 이러한 관념적이며 추상적인 용어에 의해 역사인식에 있어 허구를 만들어 낸다는 것이다. 예를 들어 최근 빈번히 개최되는 한일관계사 학술회의를 보면, 대부분의 학자들도 조선시대 한일관계는 교린관계였기 때문에 우호관계였다는 측면만을 강조해 조일관계의 역사적 실상을 왜곡하기가 일쑤이며, 대립과 갈등, 상호간의 적대감과 우월감 등의 본질적인 문제에 대해 다루기를 회피하고 있다.

따라서 이러한 인식에서 볼 때, '교린'의 실상은 무엇일까라는 의문이 생기지 않을 수 없으며, 종래 '교린'에 대한 인식이 얼마나 피상적이고 관념적이었던가를 쉽게 상기할 수 있을 것이다. 뿐만 아니라 그것에 대한 정확한 개념규정도 없이 일반적인 의미로 사용할 때, 조일관계의 역사적 실상을 얼마나 흐리게 하는 가도 자명해지리라고 생각한다.

이 책은 이러한 문제의식 속에서 크게 조선시대 일본에 대한 교린체제의 기본구조와 성격을 새롭게 정의하고, 그것이 한일관계의 역사적 추이를 어떻게 결정해 가는가를 살펴보려는 시론적 연구이다.

3.

조선시대 한일관계를 시기적으로 조선건국(1392)에서 왜관점령(1872)까지를 네 시기로 구분하고, 각기 다음과 같은 문제점을 분석하고자 한다.3)

---

3) 조선시대 조일관계사의 시대구분은 많은 논란의 여지가 있다. 현재까지의 연구성과에 의하면 조선시대 전반에 관한 시대구분은 아직 없고, 다만 일인학자들에 의해 足利時代는 중세, 德川幕府時代는 근세라는 구분에 의해 크게 나누어 왔다. 이것을 세부적으로 보면 足利時代는 對馬와의 사건을 유형별로 나누어 제1기(1392~1422), 제2기(1423~1450), 제3기(1450~1510), 제4기(1510~1592)로 구분했다(北島万次,「中世の日朝關係」『日朝關係史を考える』; 손승철·山里澄江역, 1992,『한일관계사의 재조명』, 이론과실천). 그리고 德川時代는 통신사의 형태를 중심으로 국교재개기, 전기안정기, 개변기, 후기안정기, 쇠퇴기(三宅英利,『近世日朝關係の研究』; 손승철역, 1991,『근세한일관계사연구』, 이론과실천)로 구분하고 있다.
이에 대한 국내의 연구동향으로는 조선전기의 경우 아직 시기구분에 관한 언급은 없고, 조선후기의 경우 이원순은 조선의 일본사행의 형태를 중심으로 교린관계의 회복단계(1603~1635), 통신사·문위행 이원교류의 단계(1936~1811), 문위행 일원교류의 단계(1812~1867)로 구분하였고(이원순, 1993,「조선후기(江戶時代) 한·일교류의 위상」『朝鮮時代史論集』, 느티나무), 하우봉은 이원순의 설에 동조하면서, 교린관계회복교섭기(1599~1635), 교린체제의 확립 및 안정기(1636~1811), 쇠퇴기(1812~1867)로 구분했다(하우봉, 1992,「임진왜란 이후의 부산과 일본관계」『항도부산』제9호).
시기구분에 대한 필자의 견해를 다음과 같다.
첫째, 조선시대 조일관계를 전·후기로 구분할 수는 있으나 그렇게 할 경우 임진왜란을 기점으로 한다면 교린체제의 성격상 문제(임란 직후 재개된 교린체제는 중화적 교린체제이므로)가 있으므로, 1636년 병자통신사를 기점으로 전·후기로 구분해야 한다. 그러나 탈중화적 성격이 제대로 확립되는 것은 1645년부터이다.
둘째, 조·일관계의 종말을 언제로 보느냐의 문제인데, 종래에는 明治維新(1868)이나 강화도조약(1876)을 기준으로 하였으나, 교린체제를 전제로 생각한다면 1872년 명치정부의 왜관점령(1872.9)과 조선측의 철공철시(1872.10)를 교린관계의 종말로 보아야 할 것이다.

<표 1> 조일관계사 시기구분표

시기구분	국제질서	구　조	성　　격
1. 조선전기 (1392~1592)	책봉체제의 확립	대등 · 기미	중화적 교린체제확립
2. 임란직후 (1607~1635)	책봉체제의 위장	대등 · 기미	중화적 교린체제부활
3. 조선후기 (1636~1810)	책봉체제의 배제	대등 · 기미	탈중화의 교린체제
4. 개항전기 (1811~1872)	책봉체제의 무시	대등 · 기미	교린체제의 변질과 종말

* 1592~1607 : 임진왜란과 강화교섭시기

　◦ **조선전기**(1392~1592) : 책봉체제의 확립에 의한 중화적 교린체제의 구조와 성격에 관한 문제.

　조선조의 건국을 전후한 동아시아 국제환경은 매우 복잡 다난했다. 즉 중국대륙에서는 1368년(고려 공민왕 17) 명태조 주원장이 황제에 즉위해 대명제국을 세웠다. 당시 명의 건국이념은 원의 세력을 중국본토에서 몰아낼 때 선포한 격문에 나타나 있듯이, 중국으로부터 호로를 구축해 중국의 수치를 씻는 것이 목표로서, 오랫동안 원의 지배 하에 있던 중국을 되찾아 중화를 회복한다는 것이었다. 즉 명의 대외정책은 華夷思想에 기초해 중화회복을 꾀하되, 가능한 한 침략전쟁을 억제하면서 동아시아 국제질서를 중국 중심으로 재편하려는데 있었다는 것을 알 수 있다. 이와 같이 중국을 정점으로 재편되는 동아시아 국제질서를 '중화적 국제질서', 그리고 그 구체적인 외교체제를 '책봉체제'4)로 정의하고자 한다.

---

4) 책봉체제에 관하여는 田中健夫, 『中世對外關係史』 第2章　册封體制の成立 부분과 특히 동아시아세계에서의 책봉체제의 개념에 관하여는 西嶋定生, 「6-8世紀の東アジア」(岩波講座, 1962, 『日本歷史』), 『中國古代國家と東アジア 世界』(東京大學出版部, 1983)와 『日本歷史の國際環境』(東京大學出版部, 1985) 와 山尾幸久, 『古代の日朝關係』(塙書房, 1989), 50~53쪽을 참조하면, '책봉 체제'는 중국왕조측과 그것을 구하는 측과의 사이에 각각의 대내적 · 대외 적 · 정치적 · 사회적인 사정에 의해 실현되는 것이지만, 전근대 동아시아

한편 중국대륙에서 명제국이 성립된 후, 한반도와 일본열도에서도 각기 다른 새로운 정치세력들이 신흥국가와 통일권력을 성립시켰다. 그리고는 自정권을 동아시아 국제사회에서 각기 조선과 일본을 대표하는 정권으로서 인정받아, 정권의 안정과 국가의 안위를 지키려는 목적에서 중화적 국제질서에 편입시켜 갔다.

즉 한반도에서는 고려 공민왕대 이후 단행된 개혁정치의 주도세력인 신흥사대부들이 태조 이성계를 중심으로 1392년 조선을 건국했다. 조선은 여말 이래의 친명정책을 계속해 1401년(태종 1, 응영 8) 이래 誥命과 印信을 받아5) 명과의 책봉관계를 맺어 중화적 국제질서에 편입함으로써 동아시아 국제질서의 일원이 되어 조선의 지위를 안정시켜 갔다.

한편 일본의 경우도 1392년 통일정권을 확립한 足利義滿은 1403년 2월 '日本國王臣源表'의 명의로 명의 연호를 쓴 表文을 보내어, 그에 대한 답서로 1403년(태종 3, 응영 10) 11월 '日本國王之印'의 金印과 일본국왕에 봉하는 조서를 받음으로써, 명을 중심으로 형성된 중화적 국제질서에 편입되었다.

이와 같이 조선과 일본이 모두 명으로부터 책봉을 받는다는 사실은 동시기 명을 중심으로 하는 중화적 국제질서에 함께 편입되었다는 사실을 의미하며, 이때부터 조선과 일본은 '책봉체제'라고 하는 질서형식을 모개로 해 소위 교린관계를 맺음으로써 '국가 대 국가'의 관계를 '교린체제'로 정형화시켜 갔던 것이다. 그리하여 조선국왕과 일본장군 사이에는 적례관계를 지향하는 '대등관계의 교린'과 실제적인 통교자와는 쓰시마를 정점으로 하는 지방세력과의 '기미관계의 교린'이라는 이중구조의 독특한 교린외교체제를 성립시켰다.6)

국제관계는 고대이래 기본적으로는 책봉체제라는 질서형식을 매개로 형성되었다는 점을 확인할 수 있다.

5) 이때 명의 惠帝로부터 받은 誥命과 印信은 成祖가 즉위하자 다시 반납해 성조로부터 재차 고명과 인신을 받은 것은 1403년(태종 3) 4월이었다.

같은 시기, 조선에서는 일본과는 별도로 琉球를 하나의 독립국으로 인정해 또 다른 '교린관계'를 맺음으로써, 남방 제국과의 관계를 넓은 의미의 교린체제로 구축했다.[7]

이러한 점에서 종래 '교린관계'가 단순하게 '대등관계'를 의미한다는 막연한 개념의 '교린관계론'은 근본적으로 재고되지 않으면 안된다.

○ **임란직후**(1607~1635) : 책봉체제를 지향한 중화적 교린체제의 부활에 관한 문제.

임란직후 조선의 대외정책에 대한 기본입장은 조선전기와 같이 명을 중심으로 하는 중화적 국제질서를 재확립해 일본과의 교린관계를 회복해가는 것이었다. 즉 조선은 일본의 침략을 중화질서의 파괴로 보고, 동아시아의 평화와 조일관계가 안정되기 위해서는 중화질서가 재확립되고 조일간에 중화적 교린체제가 부활되는 것이라고 생각하였던 것이다. 그리하여 일본과의 국교회복 과정에서도 나타나듯이, 德川幕府로 하여금 기존의 동아시아 국제질서를 인정한다는 의미의 '日本國王'호를 쓴 장군국서와 전쟁책임을 묻는 '犯陵賊' 소환의 두가지 전제조건을 제시해 그것에 순응하게 했다.

여기서 '日本國王'이란 다름 아닌 德川장군이 일본의 최고 통치권자인 동시에, 그가 명으로부터 책봉을 받은 자이어야 한다는 것이다. 물론 이 시기에 일본은 명으로부터 책봉을 받지도 않았으며, 명도 책봉을 하려고 하지도 않았다. 그러나 조선측의 외교적인 의도는 일본으로 하여금 중화질서를 바탕으로 한 동아시아의 국제질서를 재인식시킴으로써 교린체제를 부활시킨다는 것이었다.

---

6) 손승철, 1989, 『조선후기 대일정책의 성격연구』 제1장 제2절, 「조선조 대일정책의 기본구조」, 성균관대학교대학원, 박사학위논문 참조.

7) 손승철, 1992, 「조선전기 대유구 교린체제의 구조와 성격」『서암조항래교수화갑기념한국사학논총』 참조.

　조선측의 이러한 요구는 조선전기 이래 양국관계의 실무를 담당해 왔던 쓰시마에 의해 '國書改作'이라고 하는 변칙적인 방법으로 이행되었다.8) 물론 조선에서는 이 요구가 쓰시마에 의해 모두 위작되거나 개작된 허위 사실이라는 것을 인지했지만, 표면적으로는 중화질서가 회복되는 형식으로 이루어졌고, 또 일본의 국정탐색이나 피로인의 송환 등 외교적인 현안문제가 있었기 때문에 그것을 수용하고, 1607년(선조 40, 경장 12)에는 회답겸쇄환사를 파견해 교린체제를 회복했다.

　하지만 이때 조선사절단의 공식명칭이 전통적인 교린관계에서 성신의 의미를 가진 '通信使'가 아니라, 장군국서에 대한 회답과 피로인을 쇄환한다는 '回答兼刷還使'였다.

　이점에서 국서개작사건과 통신사의 명칭에 관한 새로운 시각이 요구된다. 또한 조선에서 이것을 인정했다는 사실은 조선이 일본과의 강화의지는 가지고 있었지만, 적어도 이 단계에서는 일본을 정식의 교린국으로 생각하고 있지 않았다는 점을 시사해준다고 보겠다.

　한편 1607년 회답겸쇄환사에 의해 양국사이에 국교는 재개되었지만, 조일간에 실제적인 통교가 바로 회복된 것은 아니었다. 그리하여 실제적인 통교관계는 1609년에 별도로 그 담당자인 대마도주와 기유약조를 맺어 '신하의 예'를 취하는 교역의 형태를 취하게 함으로써 기미관계에 의한 교린체제를 부활시켰다.9)

　이러한 과정에서 볼 때, 임란 후 재개된 조일 양국의 교린체제는 조선전기 교린체제의 부활이었으며, 그 구조와 성격은 조선전기의 그것과 큰 차이가 없다고 생각된다. 이점에서 조선후기 한일관계사의 시대구분은 조

---

8) 유재춘, 1986,『임란후 조일국교재개와 국서개작에 관한 연구』, 강원대학교 대학원 석사학위논문 ; 田代和生, 1984,『書き替えられた國書』中公新書 694 (손승철·유재춘 역, 1988,『근세한일외교비사』, 강원대학교출판부) 참조.

9) 이현종,「기유약조성립시말과 세견선수에 대해」『항도부산』4, 부산시사편찬위원회, 19~64쪽 참조.

선에서 명의 책봉체제가 붕괴되는 1636년을 기다리지 않으면 안된다.

　◦ **조선후기**(1636~1810) : 탈중화적 교린체제의 독립성과 허구성에 관한 문제.[10)]

　임란직후 조선의 대외정책의 기본입장은 명을 중심으로 하는 중화적 국제질서의 회복이었고, 1627년 후금과 '형제지맹'을 맺을 때도 그러했다. 그러나 1632년, 후금에서 '형제지맹'을 '군신지맹'으로 바꿀 것을 요구하자, 조선은 이를 후금 중심의 국제질서 개편으로 받아들여 강하게 거부했다. 그 결과 병자호란을 피할 수 없게 되었으며, 힘의 열세에 있었던 조선은 표면적으로 청과의 사이에 책봉관계를 맺었다.

　그러나 1636년 명의 멸망 후, 조선은 청의 책봉체제를 무시하고 스스로를 중화문명의 계승자라고 하는 문화적인 우월감을 심화해 갔다. 그리하여 주변제민족이나 제국가에 대해 내면적으로 자국문화가치에 비중을 두면서, 조선을 '華'로 하고 타를 '夷'로 설정하는 조선중심주의의 '小中華意識'을 정착시켜 자존의식을 강화해 갔고, 그 구체적인 움직임이 한때는 북벌론으로 나타나기도 했다. 이는 조선에서 중화질서가 붕괴한다는 사실을 의미하는 것이고, 그에 따라 일본과의 관계도 중화적 교린체제에서 청을 견제하고 대비하는 탈중화적 교린체제로 전환해 갔음을 말한다.

　더구나 1644년 명이 완전히 멸망한 이후, 1645년부터는 조선의 대일외교문서의 연기가 명의 연호에서 단순히 간지로 바뀌어 간다는 사실은 조선후기 조일관계가 탈중화적 교린체제의 성격을 가지고 있음을 단적으로 보여주는 사례이다.[11)]

　한편 일본의 경우를 보면, 1607년 이후 조선과의 관계는 임란전 중화적

---

10) 탈중화의 교린체제의 개념에 관하여는 孫承喆, 1993.7, 「朝鮮後期 對日交隣體制の脫中華的性格」『歷史學研究』647, 歷史學研究會 참조.
11) 손승철, 1999, 「명·청 교체기 대일외교문서의 연호와 간지」『근세조선의 한일관계연구』, 국학자료원 참조.

교린체제의 형태로 돌아갔지만, 실제로는 그 전제가 되는 명과의 국교관계 수립에 실패했다. 그러나 豊臣秀吉의 뒤를 이은 德川정권은 국내외에 自정권의 정당성을 확립하기 위해 '武威'와 '天皇'의 존재를 '華'로 설정하고, 주변의 나라가 그것에 복속한다는 소위 일본중심주의의 '일본형화이의식'에 의해 대외관계를 새로이 편성해 갔다. 그리고 이러한 과정에서 유구를 정복하고, 수차례에 걸쳐 조선사절을 초빙해 '복속사절'로 둔갑시켜 가면서, 1636년 병자통신사의 파견을 계기로 소위 '大君外交體制'에 의해 조선과의 관계를 탈중화의 교린체제로 재편성했다.

이와 같이 1636년 이후 조일양국은 모두 탈중화의 교린체제를 만들어 가면서 중화로부터 독립적인 탈중화의 양국관계를 재정립해 갔다. 그러나 조일양국의 탈중화 과정은 매우 다른 길을 걷고 있었다. 왜냐하면 '조선중화주의'[12]도 '일본형화이의식'[13]도 결국 상대적으로는 '자민족중심주의'[14]라는 독선과 허구성을 내포한 것이었기 때문이다. 그리하여 1636년 이후 양국간에는 진실로 신의를 통한다는 '통신사'가 파견되어 표면적으로는 선린우호의 교린관계가 지속되는 것 같지만, 내면적으로는 계속해 대립과 갈등을 반복해 갈 수밖에 없었던 것이다. 그 대표적인 예를 1636년

---

12) 鄭玉子, 1992,「正祖代 大明義理論의 整理作業」『韓國學報』제69집.

13) Ronald P. Toby, 1986, 佐藤正幸譯,「近世のおける日本型華夷觀と東アジアの 國際關係」『日本歷史』462 ; 荒野泰典, 1987,「日本型華夷秩序の硏究」『日本の社會史』1 참조.

14) 자민족중심주의(Ethnocentrism)는 미국의 사회학자 섬너(W.G.Sumner)의 習俗 硏究에 관한 이론으로 "각각의 집단은 자기 자신의 자존심이나 자부심을 갖고, 자신이 훌륭하다고 자랑하며, 그 神性을 칭찬하고 높이며, 다른 것을 경멸하는 속성을 가지고 있다. 즉 각각의 집단은 자기의 습속을 유일하게 옳은 것으로 생각해, 만약 다른 집단이 다른 습속을 가지고 있는 것을 알았을 때는 그것을 깔보는 감정을 갖는다"는 것이다. 그리고 그 대표적인 실례로 유태인, 그리스인, 로마인, 중국인 등의 자민족 우월성을 들고 있다 (酒寄雅志, 1993,「華夷思想の變態」『アジアのなかの日本史』V, 東京大學出版部).

부터 시작된 장군호칭의 변경문제, 즉 德川장군을 조선국왕의 국서에서 표기할 때 國王 - 大君 - 國王 - 大君으로 거듭 변경 해갔던 사례에서도 쉽게 발견할 수 있다.

이러한 의미에서 조선후기 한일관계는 중화질서로부터 독립을 의미하는 탈중화의 새로운 교린체제의 형태로 전개되지만, '조선중화주의'와 '일본형화이의식'이라는 상반된 대외인식과 그 속에 내재된 허구성에 의해, 표면적으로는 우호관계였으나 실상은 항상 외교적인 갈등을 일으켜가면서 위험스런 교린관계를 지속해 갔던 것이다. 그리고 이러한 '탈중화의 이질화현상에 따른 괴리성'과 '자민족 중심주의의 허구성'은 결국은 19세기에 들어가 양국관계를 파종시키고, 돌이킬 수 없는 역사의 비극을 만들어 갔다.

∘ **개항전기**(1811~1872) : 易地通信과 상반된 대외인식에 의해서 교린체제가 변질되어가고, 결국은 왜관점령15)이라는 일방적인 침략행위에 의해 교린체제가 무너져가는 시기의 상호인식과 정책의 문제.

조선후기 조일관계에 있어 최후의 통신사인 1811년 신미통신사는 이전의 사행과는 달리 아주 다른 형태로 이루어졌다. 이제까지의 모든 통신사는 에도(江戶)를 방문해 德川장군을 직접 만나서 국서를 교환하고 접대를

---

15) 倭館은 당초 건설될 당시부터 그 목적이 日本과의 通交를 원활히 하기 위해 조선에서 세워 준 것으로, 체재하는 왜관원에 대한 모든 비용을 조선에서 부담하며, 대마도주의 책임 하에 그 사용을 허가한데 지나지 않는다. 그러나 明治政府가 이를 마치 자신들의 대외공관인양 이를 접수한 것은 조선 정부를 기만한 침략행위이다. 따라서 1872년 9월 明治政府의 왜관접수는 접수가 아니라 분명히 교섭사절로 위장한 조선에 대한 침략행위로 규정지어야 하며, 일본측의 이러한 행위에 의해 서계변경 사건 이후 파행적으로 운영되던 교린체제도 조선측의 撤供撤市(1872년 10월)에 의해 완전히 종말을 고했다고 볼 수 있겠다. 이로써 임란 이후 재개된 조일간의 교린관계도 막을 내리게 되고, 이후 양국관계는 교린체제 하에서의 교섭형태가 아닌 明治政府의 외무성 官吏와의 직접적인 교섭단계로 접어들게 되었다.

받았지만, 이 통신사는 여러차례의 교섭 끝에 겨우 실현되었으나, 그 장소도 에도가 아닌 쓰시마로 장소를 바꾸는 '易地通信'16)으로 이루어졌고, 국서교환도 도주 저택에서 양국의 관리사이에 이루어진 아주 이례적인 형태의 통신사였다.

주지하는 바와 같이 德川막부에서 장군이 습직했을 때, 조선으로부터의 통신사 파견은 조일양국의 우호교린체제를 상징하는 주요한 행사였다. 그러나 1787년 德川家齊(1787~1837) 장군의 습직 이래 家慶(1837~1853), 家定(1853~1858), 家茂(1858~1866), 慶喜(1866~1867) 등 몇 차례에 걸친 습직에도 불구하고 단 1차례만 파견되었고, 그것도 종전에 예가 없이 20여 년간이나 연기를 거듭하다가 쓰시마에서 역지통신으로 이루어졌다. 뿐만 아니라 그 이후에도 4차례나 장군습직이 거듭되었음에도 불구하고 그 장소를 쓰시마에서 大阪으로 그리고 다시 大阪에서 쓰시마로 바꾸어 역지통신하기를 합의했지만 결국은 이루어지지 않은 채 德川막부는 무너지고 이후 양국관계는 전혀 새로운 국면으로 접어들게 된다.

그러면 이 시기에 통신사가 연기를 거듭하면서 결국은 역지통신이라는 변질된 형태로 이루어지고 또 결국에 폐절되는 이유는 무엇일까. 그 이유에 관해 일차적으로 조선왕조 측의 예단인삼의 부족이라는 경제적 이유와, 당시 조선도 외세의 압력이 가중되어 갔던 시기로 일본과의 관계보다는 중국과의 관계를 더 고려하는 정책을 취한다는 대일관계의 비중저하를 들고 있다.

---

16) 1811년 신미통신사는 그 종래와 달리 장소를 쓰시마로 바꾸어 도주의 저택에서 국서를 교환하였던 이례적인 통신사였다. 그런데 이 행사를 조선의 기록에는 語義 그대로 장소를 바꾸어 신의를 통한다는 의미로 '易地通信'이라고 기록하고 있다(예 :『交隣志』信使各年例「純祖十一年辛未始許 易地通信遣金履喬李勉求閏三月越海」). 그러나 일본측의 기록은 한결같이 '易地聘禮'라고 기록해, 의미상 조선에서 예를 갖추어 찾아뵙는다는 의미의 聘禮라는 용어를 쓰고 있다. 따라서 1811년의 신미통신사는 조선측의 기록 그대로 '易地通信'이라고 부르는 것이 적절하다.

또한 막부의 경우는 통신사 접대에 따른 막대한 경비부담에 대한 재정적 이유와 조선에 대한 멸시감의 증폭, 그리고 통신사의 방일에 대한 정치적 목적의 소멸 등을 지적하고 있으며, 쓰시마번의 경우는 막부의 지시를 따르지 않을 수 없는 입장과 역지통신이 이루어지면 막부로부터 원조에 의해 경제적인 이득을 얻을 수 있다는 점 등을 들고 있다.

물론 이러한 이유들을 무시할 수는 없다. 그러나 보다 근본적인 문제는 당시의 국제상황이었다고 생각한다. 즉 18세기 중반 이후 조선은 물론 일본도 모두 서구세력의 지대한 영향을 받고 있던 시기였다. 그리고 이러한 위협은 조일양국 상호간의 외교적인 긴장감보다도 훨씬 절박하게 인식되었다. 따라서 종래의 교린체제 유지에 의한 탈중화의 연대감보다는 오히려 서구세력에게 어떻게 대처해 가는가가 훨씬 중요한 과제로 부상이 되었으며, 전통적인 방식에 의한 교린체제의 유지는 양국의 대외관계에 있어 더이상 그렇게 큰 의미를 갖을 수가 없었다.

그러나 종래의 '교린체제'의 제형식에 의해서만 조일양국은 물론 동아시아의 국제관계가 유지될 수 있다고 믿었던 조선은 '明治維新'과 '書契變更'을 알리는 일본의 일방적인 행위를 거부하였고, 무력침략의 구실을 찾던 명치정부에 의해 1872년 '왜관점령'이 단행되면서 '조선시대 교린관계'는 종말을 고하게 되고, 이후 양국관계는 교린관계 대신에 침략과 피침략이라는 적대관계 속에서 돌이킬 수 없는 역사의 수렁으로 빠져들게 되었던 것이다. 이점에서 개항전기의 '위정척사사상'과 '정한론'에 대한 새로운 시각이 요구된다.

4.

이 책은 이상의 문제의식을 가지고, 조선시대 한일관계의 기본 틀이었던 '교린체제'의 구조와 성격이 동아시아 국제관계 속에서 시대적으로 어떠한 차이와 특징을 지니고 있으며, 그것이 양국관계에 구체적으로 어떻게 나타나는가를 史實的으로 재검토하는 데 그 목적이 있다. 그럼으로써 조선시대 한일관계사의 역사적 추이는 물론 20세기에 행해졌던 양국 관계의 역사적 비극에 대한 의문도 아울러 생각해 보고자 한다. 나아가 이 연구가 교린체제가 가진 선린우호의 기본적인 성격을 긍정적으로 재인식하고, 한일관계의 현재와 미래를 전개해 나가는 데에 일조가 되기를 바란다.

제1장

동아시아 국제질서와 교린체제

제1절 동아시아 국제질서와 책봉체제

Ⅰ. 중화의식와 사대관념

조선시대 교린체제의 개념과 그 성립과정을 파악하기 위해서는 먼저 동아시아 국제관계의 기본질서였던 책봉체제를 이해하지 않으면 안된다. 왜냐하면 교린체제란 책봉체제가 전제가 되어 피책봉국 상호간에 이루어지는 관계이기 때문이다. 14~15세기 동아시아 국제관계는 중화질서의 확립에 의한 중국 중심의 책봉체제에 의해 형성되었고, 그 이웃한 나라들간에는 피책봉국의 입장에서 서로가 교린관계를 성립시켜, 총체적으로는 '책봉체제'와 '교린관계'라는 외교적인 틀 속에서 동아시아의 국제질서를 유지해 갔다.

그런데 이 외교체제는 14~15세기에 갑자기 형성된 것이 아니라, 상고시대 이후 오랜 기간 동안 동아시아 제국간의 관계 속에서 이루어진 하나의 秩序形式이었고,[1] 각 시대·각 국가 간의 여러 역사적인 배경을 바탕으로 형성되었다. 그 중에서도 특히 중국과 그 이웃한 나라간의 국제관계는 이 외교체제를 기본 틀로 형성하고 있었다. 따라서 이 외교체제의 이해를 위해서는 먼저 전근대 동아시아 세계의 국제관에 대해 살펴보지 않으면 안된다.

---

1) '책봉체제'는 중국왕조 측과 그것을 구하는 측과의 사이에 각각의 대내적·대외적·정치적·사회적인 사정에 의해 실현되는 것이지만, 전근대 동아시아의 국제관계는 고대이래 기본적으로 책봉체제라는 질서형식을 매개로 해 형성되었다(山尾幸久, 1989, 『古代の日朝關係』塙書房, 50~53쪽).

일반적으로 전근대 동아시아 세계의 국제관[2]을 논할 때, 기본틀이 되는 인식은 크게 중화의식과 사대관념이라고 볼 수 있다. '中華意識'이란 한마디로 중국 중심주의의 문화·지리적인 의미를 갖는 중국인의 세계관이며, 반면 '事大觀念'은 중국을 이웃한 나라들이 중국에 대해 갖는 정치·군사적인 의미의 대외관이다. 물론 이러한 국제관이 조선의 대외인식으로 그대로 정착되는 것은 아니다. 즉 중화와 사대는 기본적으로 중국 위주의 국제질서 관념이었고, 이것은 각 시대와 대상국가에 따라서 다르게 나타난다는 점에 유의해야 한다.

그러면 이러한 점을 염두에 두면서 '중화의식'와 '사대관념'이 동아시아의 국제질서인 '책봉체제'를 어떻게 형성해 가는가를 살펴보자.

본래 '中華'라는 말은 夏·華·華夏·中夏·諸夏라는 어원적 의미를 가진 말로 한대 이전부터 한족의 거주지역이던 황하유역을 가리키는 말이었다. 그런데 한족은 일찍부터 황하유역을 중심으로 주변 유목민족과는 달리 농경문화를 발전시켰고, 정치에 있어서도 무력에 의한 통치보다는 도덕정치를 강조했다. 그리고 이러한 문화적 자부심은 지리적 개념과 결합해, 중화야말로 지리적으로도 문화적으로도 세계의 중심을 이룬다는 의식으로 확대되어 갔다. 나아가 이러한 중화의식은 중국인의 세계관인 天下思想[3]과 결합해, 천하는 한족의 지배자인 천자의 도덕정치가 실현되는 곳으로 그곳이 세계의 중심이고 그 주변에는 천자의 덕치를 받지 못하는 이민족, 즉 夷·蠻·戎·狄의 四夷가 잡거한다는 화이의식으로 정착되어

---

2) '동아시아 세계의 국제관'이란 개념은 金洪喆, 1985, 『外交制度史』, 대우학술총서 인문사회과학 15, 민음사, 53쪽의 「유교적 중국문명권」의 국제정치관계질서의 형성·유지를 위한 사상적 기반을 말하며, 그것은 천하사상, 중원사상, 그리고 이 국제관계를 규율하는 예교사상과 사대자소질서, 나아가서는 화이를 구별하는 제도·관념을 가리킨다.

3) 고대 중국인의 천하사상에 대하여는 윤내현, 1988, 「천하사상의 시원」『중국의 천하사상』, 민음사 참조.

중국인의 대외인식을 결정하는 관념의 핵이 되었다.[4]

그 후 춘추전국시대에 이르면 주변의 이민족이 한족의 중심지인 중원에 들어와 중화와 이적을 불문하고 제국이 서로 패권을 다투며 전쟁을 거듭했다. 그 결과 종래의 화이사상만 가지고는 한족의 통일마저 이룰 수 없게 되었다. 그러자 孔子는 이러한 현실을 개탄하고, 군사력에 의한 정치를 극복하고, 중화를 통일시켜 이상적인 문화국가를 건설하고자, 종래의 화이의식에 인간관계의 기본적인 질서관념이었던 禮를 강조했다.

공자는 이 禮를 仁과 더불어 개인의 수신에서 왕도정치의 실현에 이르기까지의 중심개념으로 중시했다. 여기서 예란 소위 三綱五倫으로 집약되는 상하의 계층적 질서를 말하며, 이러한 예의 도덕정치를 실현함에 의해 사회의 질서규범을 세워 이상적인 유교국가를 건설하자는 것이었다.[5]

禮의 관념에 따른 이러한 질서의식은 대외관에 그대로 적용이 되어, 諸國 간의 관계에 있어서도 군사력의 강약에 의한 지배관계가 부정되고 강대국과 약소국간에도 예에 의한 질서가 수립되어야 할 것을 주장했다. 그리하여 이때부터 국가 간에도 예관념에 의해 예적 행위가 요구되었고, 예관념을 결여한 이민족을 금수로 간주하게 되었다. 이는 곧 국제관계를 예문화의 우열에 의한 상하관계로 규정하는 새로운 화이의식의 출현을 의미한다.

그리고 이러한 예적 화이의식은 한대 이후 이웃나라들에 적용되어, 예

---

4) 이부분에 관한 연구는 박충석, 1982, 「국제질서관념 : '사대'와 '중화'」『한국정치사상사』제1장 제3절, 삼영사 ; 박충석·유근호, 1980.3, 「근세조선의 국제인식」『조선조의 정치사상』, 평화출판사 참고.

5) 禮의 개념에 대하여는 장기근, 1969, 「예의 정신과 활용」『中國學報』제10집, 51~66쪽 ; 유권종, 1992, 「공자의 예사상」『공자사상의 발견』, 민음사, 113~117쪽에 의하면 "공자는 禮의 흥성의 조건으로 명분의 중요성을 언급하였는데, 명분이란 君, 臣, 父, 子 등의 각 명칭에 상응하는 권리와 의무 등의 역할이 말하며, 각자의 신분에 맞는 禮를 사용해 참월함이 없게 한다는 의미"라고 했다.

적 행위의 구체적 표현으로서 신례행위를 요구하는 조공과 책봉을 국가간의 외교규범으로 정형화시켜 갔다.6)

　이러한 화이의식은 송대 이후 주자학이 성립하면서부터는, 우주의 생성과 더불어 인간에 이르는 모든 문제가 형이상학적인 道論에 의해 통일적으로 인식이 되자, 한층 더 절대적인 의미를 지니게 된다. 즉 자연과 인간사회의 모든 현상의 이면에는 그것을 가능하게 해주는 불변적인 원리가 있는데, 이것을 理라 했다. 그리고 理에 윤리와 도덕성이 부여되면 道理가 되는데, 이 도리에 의해 자연과 인간사회의 모든 존재와 현상이 규제된다고 생각했다. 그 결과 종래 예적 질서에 의해 형성되는 모든 관계도 도리에 바탕을 두게 됨으로써 항구불변의 원칙으로 인식되기 시작했고, 그러한 관념이 동아시아 국가 간에 기본적인 대외인식으로 자리잡게 되었다.7) 이상에서 본 바와 같이 중화의식은 주로 중국문화 중심주의의 문화이념적인 의미를 가지고 있었다.

　한편 事大觀念은 중국을 이웃한 나라가 중국에 대해 갖는 정치·군사적인 의미를 내포하면서 동아시아 제국의 보편적인 대외인식으로 정착되었다.
　본래 '事大'란 말은 중국 고대의 서주시대에 여러 제후국들 간에 상호 가침을 약속하고, 결속을 강화하기 위한 '事大字小의 交隣之禮'라는 말에서 유래한 말이다. 즉 사대의 개념에 대한 언급으로,

> 禮라는 것은 작은 나라가 큰 나라를 섬기고(小事大), 큰 나라가 작은 나라를 사랑해주는 것이다(大字小). 그리고 事大는 운명을 함께 하는 것이며, 字小는 작은 나라를 돌보아 주는 것이다.8)

------

6) 이춘식, 1969, 「조공의 기원과 그 의미」『중국학보』제10집, 12~20쪽.

7) 손승철, 1981, 「북학의 중화적 세계관의 극복」『강원대학교논문집』제15집, 406~407쪽.

8) 「禮者 小事大大字小之謂 事大在共其時命 字小恤其小無」『左傳』, 昭公 30年 傳, 春秋左傳 正義, 권53.

라는 기록이 있다. 즉 事大字小의 예란 큰 나라와 작은 나라간에 있어 상호 공존적이며 우호적인 의미를 내포하고 있으며, 이는 서주시대 제후국들간의 우의와 결속을 위해 강구된 예치사상에서 비롯되고 있음을 알 수 있다.[9]

그리고는 큰 나라와 작은 나라가 구체적으로 지켜야 할 도리로서,

> 작은 나라는 믿음(信)으로 큰 나라를 섬기며, 큰 나라는 어짐(仁)으로 작은 나라를 보호한다. 그러므로 큰 나라를 배반하는 것은 믿음이 아니며, 작은 나라를 치는 것은 어짐이 아니다.[10]

라고 해, 큰 나라에게는 仁을, 작은 나라에게는 信을 상호덕목으로 강조했다.

한편 중국 고대의 정치사상을 정립한 맹자는 '교린의 도'에 관해 다음과 같이 언급하고 있다.

> 제선왕이 묻기를, "이웃나라와 사귀는데 방법이 있습니까."
> 맹자가 답하기를, "있습니다. 오직 어진 사람(仁)이라야 큰 나라로서 작은 나라를 섬길 수 있으며(事小), 오직 지혜로운(智) 사람이라야 능히 작은 나라로서 큰 나라를 섬길 수(事大) 있습니다. 큰 나라로서 작은 나라를 섬기는 사람은 하늘의 이치를 즐거워하는 자요, 작은 나라로서 큰 나라를 섬기는 사람은 하늘의 이치를 두려워하는 사람입니다. 하늘의 이치를 즐거워하는 사람은 천하를 보전하고, 하늘의 이치를 두려워하는 사람은 그 나라를 보전할 수 있습니다.[11]

---

9) 이춘식, 1969, 「좌전중에 보이는 사대의 의미」『사총』14, 고대사학회, 28~42쪽.

10) 「小所以事大信也　大所以保小仁也　背大國不信　伐小國不仁」『左傳』, 哀公 7年傳.

11) 『孟子』梁惠王 下, "齊宣王問曰　交隣國有道乎　孟子對曰　有　唯仁者爲能以大事小 … 唯智者爲　能以小事大 … 以大事小者樂天者也　以小事大者畏天者也　樂天者保天下　畏天者保其國 … ."

라고 해, 큰 나라에는 仁, 작은 나라에는 智를 강조하였으며, 상호간의 관계가 섬김(事)의 관계임을 명시했다.

즉 사대의 기본개념에 의하면 대소국간에 事大·字小의 관계를 맺는 것은 천하를 지키고 자국을 보전하기 위한 상호공존의 당연한 이치이며, 여기서 양자가 지켜야 할 도리, 즉 외교규범으로서 큰 나라는 작은 나라를 두루 포용할 수 있는 넓은 아량(仁)을 가지고 작은 나라와 사귐(交隣)을 해 천하의 질서(대소국간의 질서)를 지키고, 작은 나라는 큰 나라가 운명을 함께 할 것이라는 믿음과 하늘의 이치를 두려워하는 지혜를 발휘해 자국을 보전해야 한다고 했다.

이로 볼 때 事大字小란 결국 대소국간의 힘의 불균형을 仁·信·智라는 交隣의 예로써 유화시킨다는 상호공존의 외교규범임을 알 수 있다. 특히 작은 나라가 큰 나라에 사대하는 이유는 곧 대국에 대한 힘의 열세를 대신하는 自國의 보전책임을 분명히 파악할 수가 있다. 뿐만 아니라 교린이라는 의미가 반드시 대등한 국가관계에서 쓰여지는 용어가 아님도 알 수 있다. 이러한 의미에서 교린이란 힘의 강약에 관계없이 이웃한 나라간의 우호 또는 평화관계를 나타내는 일반적인 의미, 다시 말해 事大하고 字小해 공존하는 국가관계를 말한다고 볼 수 있다.12)

그러나 이러한 事大字小의 교린의 예는 춘추전국시대에 국가간의 약육강식의 패권싸움이 시작되자, 대국은 무력적인 시위로 소국에 대해 일방적인 사대의 예를 요구하게 되었고, 여기에는 필수적으로 많은 헌상물을 수반하지 않으면 안되었다. 그 예로 『左傳』을 보면,

　　맹헌자가 공에게 말하기를, "신이 듣건데 작은 나라가 큰 나라로부터 죄

---

12) 교린의 의미에 관하여는 후술하겠지만, 대소국간에 事大字小의 예를 교린의 도로 볼 때, 교린이 바로 대등을 의미한다는 종래의 개념은 재고되어야 하며, 그것은 다만 본래 대소국을 불문하고 이웃한 나라간에 공존을 위한 우호관계를 나타내는 일반적인 의미를 가지고 시작되었다고 볼 수 있다.

를 면하기 위해서는 사신을 보내어 예물을 바쳐야 합니다."
  "(疏)신이 듣건데, 작은 나라가 큰 나라의 죄를 면하기 위해서는 사자를 큰 나라에 보내어 옥백과 폐백의 예물을 바쳐야 한다고 했습니다. 그러면 주인은 정원에서 예로써 맞이한다고 하였습니다."[13]

라고 해, 소국이 대국으로부터 罪(대국에 대해 지켜야 할 도리를 지키지 않은 경우 발생하는 죄)를 받지 않기 위해서는 반드시 예물을 바쳐야 한다는 것이다. 이 경우 작은 나라가 큰 나라에게 예물을 바치는 행위를 朝聘事大라고 하는데, 조빙이란 조정에 나아가 문안을 드리는 예를 말한다.
  다시 말해 약육강식의 춘추전국시대에 대소국이 서로 패권을 다투면서 전쟁을 일삼게 되자, 소국은 대국의 침략을 방지하기 위해서는 사신을 보내어 예물을 바쳐야 했고, 이로써 자국의 생존과 안전을 지켜갈 수 있게 되었다. 즉 대소국의 관계가 과거에는 仁과 信이라는 事大字小의 윤리덕목만으로도 유지되었지만, 춘추전국시대가 되면 소국은 대국의 침략을 방지하기 위한 호국책으로 헌상물을 바치는 조빙사대를 하지 않으면 안되었던 것이다. 그리고 이러한 조빙사대의 관계는 진한대 중국에 통일왕조가 성립된 이후, 왕조 내에서 군신관계의 표현형태였던 봉건제가 수립된 후, 이것이 중국(대국)과 이웃나라(소국)사이에 그대로 적용되어 책봉과 조공의 외교행위가 이루어지는 소위 '책봉체제'라는 동아시아의 외교질서를 확립해 갔다.
  그러면 다음으로 이상의 중화의식과 사대관념이 배경이 되어 동아시아 국제관계에서 중국의 대외정책으로 구체화된 기미정책, 그리고 그것이 동아시아 국제관계에서 하나의 외교형식으로 체계화되어지는 책봉체제에 관해 고찰해 보기로 하자.

---

13) 『左傳』宣公, 14年傳, "孟獻子言於公曰 臣聞小國之免於大國也 聘而獻物… ."

Ⅱ. 기미정책과 책봉체제

14~15세기 명의 대외정책도 기본적으로는 한대 이후의 기미정책을 계승한다고 볼 수 있다.

원래 羈縻란 말은 말의 굴레와 소의 고삐를 가리키는 말로 견제한다는 의미로서, 중국에서는 한대 이후 주변 이민족에 대한 대외정책의 기본방침이었다.[14]

즉 한 무제 때에 처음 나타나는 기미의 초기적 의미는

천자가 이적을 대하는 뜻은 羈縻勿絶할 뿐이라고 들었다.[15]

라고 한 바와 같이, 견제하면서 관계는 단절하지 않되 그 이상의 적극적인 조치는 취하지 않는다는 뜻을 함축하고 있다. 이같은 기미의 원리가 국제관계에 어떻게 적용되는가는 漢과 夷狄이었던 흉노와의 관계에서 그 예를 찾아 볼 수 있다. 즉

外夷가 칭신해 와도 중국이 사양해 신하로 삼지 않는 것이 羈縻之誼다.[16]

대저 夷狄이란 사방의 異氣로서, 오만무례해 조수와 다를 바가 없다. 만약 중국과 잡거한다면 천기를 착란하고 善人을 한욕할 것이니, 이러한 까닭으로 聖王의 제도는 기미해 不切할 뿐이다.[17]

---

14) 기미정책에 관하여는 김한규, 1988, 「한대의 천하사상과 「羈縻之義」」 『中國의 천하사상』, 민음사 참조.

15) 『史記』 권117, "蓋聞天子之於夷狄也 其義羈縻勿絶而已."

16) 『漢書』 권78, "外夷稽首稱藩 中國讓而不臣此則 羈縻之誼謙亨之福也."

17) 『後漢書』 권25, "夫成狄者 四方之異氣也 蹲夷踞肆 與鳥獸無別 若雜居中國 則錯亂天氣 汗辱善人 是以聖王之制 羈縻不絶而已."

> 춘추지의에 의하면, 왕자는 이적을 다스리지 않는다. 그 땅을 얻어도 간발할 수 없고, 그 사람을 얻어도 정치에 유익함이 없는 까닭에, 명왕은 夷狄에 대해 羈縻할 뿐이다.[18]

> 戎狄을 荒服이라 함은 그들이 와서 복속하는 것을 마음대로 하므로, 마땅히 客禮로서 대우하되 사양하고 불신해야 한다. (그리하여) 그 후사가 遁逃·竄伏할지라도 중국의 반신이 되지 않게 하는 것이다.[19]

고 했다. 이 내용을 요약해 보면, 한대 기미정책의 의미는 결국 '羈縻不絕而已'란 말 속에 함축되어 있다고 볼 수 있다. 즉 기미란 국가 간의 관계도 소나 말을 고삐로 견제하듯이 하며, 不絕이란 국가 간의 관계를 사자의 왕래를 통해 끊지는 안되, '而已'란 그 이상의 적극적인 조치를 취하지 않는다는 것이다. 여기서 적극적인 조치란 군사적인 공세에 의한 정복이라던지, 주변국을 군현에 편입한다던지, 관리를 파견해 지배하는 것을 의미한다. 즉 기미정책이란 중국이 주변민족이나 국가를 중국화하지도 않고, 적국화하지도 않는 정책이며, 만약 주변국이 스스로 칭신해 와도, 중국에서 사양해 不臣하는 것이 그 기본개념이었다.

이러한 기미의 원리는 한대 이후 중국과 이웃한 모든 나라가 중국과의 통상을 원할 경우, 주변국이 원하건 원치 않던 간에 중국의 대외정책인 책봉과 조공제도로 가시화되었다. 그리하여 이웃나라인 조선·일본·만주의 제국은 물론 안남이나 서역의 나라들에게 적용되었으며, 심지어는 19세기에 들어와 영국이나 프랑스 등 유럽의 나라들이 중국과 통상을 원할 때에도 이 형식을 취하지 않으면 안되었다.[20] 따라서 이 경우 이들 나라들

---

18) 『後漢書』 권43, "(注所引) 東觀記載恢所上書諫曰 '春秋之義 王者不理夷狄 得其地不可墾發 得其人無益於政 故明王之於夷狄 羈縻而已'."

19) 『漢書』 권94 下, "戎狄荒服言 其來服荒忽 無常時至時去 宜待以客禮讓而不臣 如其後 嗣遁逃竄伏 使於中國不爲叛臣."

20) 서양학자들은 이 '朝貢圈'을 하나의 대단위 국제관계질서로 간주하는 한편, 이것을 '중국적권역질서'(orbis sinarum), 혹은 '중국적 세계질서'(Cinese world

이 조공의 형식을 취한다고 해서, 그것이 곧 자주성을 잃고, 중국에 예속 된다거나 지배를 받는다는 것을 의미하는 것이 아님은 물론이다.[21]

다음으로 이상에서 서술한 중화의식과 사대관념, 그리고 기미정책에 의 해 총체적으로 구성되는 동아시아 세계에 보편화된 외교제도였던 책봉체 제[22]에 대해 살펴보기로 하자.

책봉이란 본래 중국의 황제가 국내의 귀족·공신에게 '王' 또는 '公',

order)로 보고 이 국제질서를 규율하는 외교법 또는 외교제도 여건으로 '朝 貢制度'(tributary system)를 들고 있다. 조공국의 수는 명대와 청대가 각기 다르나 명대의 경우 J.K.Fairbank는 『萬曆會典』에 수록된 조공국 수를 3군 으로 분류했다. 예를 들면 제1군은 조선·일본·유구·안남·캄보디아(占 臘)·태국·참바(占城 - 인도지나반도 동해안) 등 7개국으로 소위 '中國文化 圈帶'이고, 제2군은 '內陸아시아圈帶'를 총칭하였는데, 몽고·티벳과 중앙아 시아 및 서남아시아의 약 50개국을 칭했고, 제3군은 남방해상으로부터 입 공해 온 약 50개국을 말하였는데 이를 '외곽권대'라고 했다. 한편 청대의 『嘉慶會典』에 등록된 예부관할의 조공국수는 1년 4공의 조선, 2년 1공의 유구(이 유구는 1875년까지 조공하였음), 월남, 3년 1공의 섬라, 5년이상 1 공의 蘇祿(필리핀 소왕국), 10년 1공의 南掌(라오스), 緬甸(버마), 그리고 서 양제국이 있다. 그 가운데는 포르투갈·로마법왕청·영국이 기록되어 있는 데, 북경에 사신을 보낸 유럽의 나라들도 모두 조공국으로 분류하고 있을 알 수 있다. 앞의 김홍철, 『외교제도사』, 56쪽 참조.

21) 신석호, 1959, 「조선왕조 개국당시의 대명관계」『국사상의 제문제』제1집, 94쪽.

22) '책봉체제'는 1962년 西嶋定生에 의해 岩波講座,『日本歷史』「六~八世紀の 東アジア」에서 제기된 이론인데, 그는 '책봉체제'란 "고대 동아시아세계"라 고 하는 완결적인 역사문명권을 성립시켰던 정치적 구조에 대한 명명이라 고 하면서, 시간적으로는 한과 당의 사이, 공간적으로는 중국, 조선, 일본, 베트남에 형성되었다고 정의했다. 그리고 한자의 사용, 한자를 모개한 율 령, 유교, 불교의 수용 등은, 언뜻 문화의 전파현상같지만, 실은 이 체제의 정치질서에 모개되어 실현된 것이라고 했다. 그리고 전근대의 동아시아의 국제관계는, 언제나 이 '책봉체제'라고 하는 질서형식을 모개로 형성되었다 고 했다. 山尾幸久, 1989,『古代の日朝關係』, 塙書房, 50~53쪽.

'侯' 등의 爵位와 采邑 등을 사여하는 행위를 말한다. 그런데 이것을 진한 시대 이후 중국 황제와 주변 제국가 교주들과의 관계에 적용해, 주변국의 군주에게 각각 '王'의 작위를 주고, 이것에 의해 황제와 이들 군주간에 군신관계를 설정하고, 이 군신관계에 따르는 의무를 부과하게 되었다. 이 관계는 사대관계에서 살펴보았듯이 중국왕조와 주변 제국가간의 현실적인 힘의 관계를 정치적인 기구로서 구체화한 방식이며, 그 근저에는 중국왕조 측에는 중화와 이적을 차별하는 화이적 가치관과 王化思想이라고 하는 차별된 이적을 王者의 덕에 의해 중국에 재결합시킨다고 하는 논리가 내재되어 있다.[23]

물론 이러한 책봉체제의 논리도 국가 간 또는 왕조간의 정치관계를 중국왕조의 제도적·형식적인 禮制的 名分關係에 의해 일원적으로 설명한 것이다. 따라서 중국측의 명목상·이념상의 의미부여와 왕조간·국가간의 객관적 관계가 항상 일치하지는 않는다는 문제가 있다. 또한 책봉체제론은 '體制'의 구조적인 파악에 의해 동아시아 세계의 정치질서를 고정적으로 설명하고 있기 때문에, 각국간의 정치, 군사, 문화 등 개개의 유동적인 요소에 의한 다양성을 배제한 논리라는 지적이 있기도 하다.[24]

그러나 이러한 정치적인 관계가 역사적으로 실현될 수 있었던 이유는 중국왕조측의 논리만이 아니라, 한편에 있어서는 이러한 관계를 수용하는 것이 유리했던 주변제국, 또는 제국상호간의 정치적인 사정이 고려되지 않으면 안된다. 예를 들면 국내에 있어서 통치자의 권위와 지위 등이 중국왕조로부터의 책봉에 의해 보장이 된다던가, 혹은 병존하는 군소제국가간에 어느 나라가 중국으로부터 책봉되었는가에 따라 다른 나라에 비해 권위를 갖는다던가, 혹은 근린 국가 간의 경합 관계에 있어 중국왕조로부터 비호를 받기를 원할 때는 반드시 책봉을 원했던 것이다.[25]

---

23) 西嶋定生, 1985, 「册封關係」『日本歷史の國際環境』, 동경대학출판회, 4~5쪽.
24) 山尾幸久, 1989, 「古代日朝關係史上の轉換」『古代の日朝關係』 3節, 塙書房, 50~53쪽, "册封體制論"の提起.

이와 같이 '册封體制'는 중국왕조측과 책봉을 구하는 측과의 사이에 각기 대내외적·정치적·사회적인 사정에 의해 실현되었던 것이며, 물론 중국 중심의 제도라는 한계성을 가지고는 있지만, 언제나 힘의 불균형 상태에 있던 동아시아 국제사회를 안정시켜가는 제도화된 하나의 질서형식이었던 것이다. 그리고 중국과 이웃나라 사이에 책봉관계가 설정되는 경우, 그것을 직접적으로 표현하는 것이 중국황제로부터 피책봉국의 통치자에게 행해지는 印綬의 사여이다. 이 인수는 책봉을 알리는 册書와 함께 사여되는 것으로, 피책봉국의 통치자가 왕위에 책봉되는 경우 통상적으로 金印紫綬였다.

그리고 이와 같은 책봉체제를 바탕으로 중국으로부터 책봉을 받은 나라들 간에는 교린관계가 설정되어 총체적으로 동아시아 국제질서가 형성되었던 것이다.

이상에서 고대 이래 동아시아 국제관계를 규정지어 왔던 국제질서관념인 중화와 사대, 그리고 중국의 기미정책과 이를 바탕으로 형성된 책봉체제에 관해 종합적으로 살펴보았다. 이러한 사실을 통해 다음과 같은 사실을 개념적으로 정리할 수 있겠다.

첫째, 종래 동아시아의 국제관계가 화이의식을 전제로 중국을 중심으로

---

25) 박충석, 1982, 「국제질서관념」『한국정치사상사』 제3절, 삼영사, 52~55쪽에서는 한국의 고대삼국과 중국대륙의 제국과의 '朝貢' 내지는 '册封' 관계의 유형을 다음과 같이 세가지 형태로 분류하고 있다.
  ① 상정된 적대국을 공격할 때에 인접국의 후공을 막기 위해,
  ② 자국과 적대관계에 있는 인접국을 견제 또는 공격하기 위해 제3국과 강국사이에
  ③ 적대국의 군사적인 힘에 의해 복종하지 아니할 수 없는 경우, 또는 그와 같은 위협 속에 있을 때에 각각 '朝貢' 내지는 '册封' 관계를 맺는다고 했다.
  좀 더 자세한 내용은 전해종, 1970, 『한중관계사연구』, 일조각, 35~43쪽 참조.

한 상하·종속관계였다는 것은, 중국 스스로가 중화사상의 화이관념에 의해 그렇게 인식하였던 것이지, 그것이 반드시 모든 이웃나라에 그대로 적용되는 것은 아니다.

둘째, 중국에 대한 사대란 주변국들이 중국과의 힘의 불균형상태에서 군사적인 위협을 완화하고 자주성을 확보하려 했던 생존의 방법이며, 이 경우 사대관계는 어디까지나 국가간에 있어 상호공존의 의미가 내재되어 있다. 따라서 '사대'란 동아시아에 있어서 중국과 이웃한 나라간의 공존을 위한 하나의 외교규범으로 인식될 수 있다.

셋째, 중국측의 대외정책인 '羈縻政策'의 원리는 한대 이후 중국주변의 모든 나라들이 원하건 원치 않던 간에 동아시아 국제관계의 보편적인 외교규범으로 적용되었으며, 그것이 곧 상대국에의 예속이나 종속을 나타내는 것은 아니다.

넷째, 책봉체제란 중국과 그 이웃에 있는 나라들 사이에 각기 대내외적·정치적·사회적인 사정에 의해 성립된 것으로, 힘의 불균형 상태에 있던 동아시아 국제사회를 안정시켜가는 제도화된 하나의 질서형식이었다. 따라서 '조공'과 '책봉'이란 그에 근거한 예적인 외교행위로서, 중국과 이웃나라간에 정치적, 군사적 요인에 의해 조성되는 긴장관계를 완화 내지는 억제하는 외교수단이었다.

다섯째, 이와 같은 책봉체제를 바탕으로 중국과 이웃한 나라들 상호간에 교린관계라는 또 하나의 국제관계가 형성되어, 동아시아의 총체적인 국제관계 내지는 국제질서가 성립되었던 것이다.

따라서 중국과 이웃한 나라들이 중화의식과 사대관념, 그리고 기미정책을 기반으로 하는 책봉체제에 편입되어 있다고 해서, 그것이 곧 국가의 주체성이 없다거나 중국에 종속되어 있다고 판단하는 것은 동아시아 국제사회의 보편성을 무시한 논리로서 재고되어야 한다. 문제는 이러한 중화의식과 책봉체제를 중국과 이웃한 나라가 어떠한 입장에서 어떻게 수용하고 있느냐 하는 史實的인 분석이 선행되어야 한다.

그러면 다음으로 조선의 경우, 중국에 대해 어떠한 입장에서 사대정책을 취하였고, 또 책봉체제에 편입해 갔는가를 살펴봄으로써, 조선조 사대정책의 구조와 성격, 그리고 교린체제와의 연관성에 관해 고찰해 보자.

제2절 조선의 사대정책과
책봉체제로의 편입

Ⅰ. 사대정책의 성격

1392년 7월, 태조 이성계는 배극렴 등의 추대에 의해 조선왕조를 개창한다. 태조는 즉위 후에도 외교정책에 있어서는 공민왕대 이래의 명에 대한 사대정책을 계승했다. 고려는 공민왕 즉위 직후부터 원과 명에 대해 사대정책을 취해가면서, 고려의 자주성을 회복하는 정책을 전개했다. 당시 고려의 자주성은 명의 태조가 고려에 보내온 咨文에 언급되어 있다.

> 옛부터 천하에는 中國과 外國이 있는데, 고려는 외국으로서 중국과 서로 통교를 해 사대의 예를 잃지 않았다.[1]

고 해, 고려가 완전히 중국과는 별개의 나라이며, 중국과는 사대관계를 통해 통교하고 있음을 분명히 했다. 그리고 고려에서도

> 작은 나라가 큰 나라를 섬기는 것은 나라를 보전하는 길이다. 우리나라는 통일신라 이래로 事大에 힘써왔다.[2]

---

1) 「自古天下有中國有外國 高麗是海外之國 自來與中國相通 不失事大之禮」『高麗史』권43, 恭愍王世家.
2) 「以小事大 保國之道 我國家 統三以來 事大以勤」『高麗史』권132, 列傳50, 辛禑 14년 5월.

고 해, 사대가 국가보전의 목적에서 행해 온 외교정책이었음을 분명히 하고 있다.

1392년 7월, 건국한 조선에서도 태조가 즉위한 다음날, 즉시 新王의 즉위승인과 국호의 개정을 요청했다. 이에 명은

> 하늘이 동이국가를 만들었는데, 우리 중국이 다스리는 곳이 아니다. 예부에서 문서로 회답하기를 왕의 교명을 자유롭게 하니, 하늘의 뜻에 따르고 인심에 합하면 동이 백성이 편안할 것이며, 변방에서도 문제가 생기지 않고 사신이 왕래하면 실로 그 나라의 복이 될 것이다.[3]

고 해, 아무런 이의 없이 조선이 독립국임을 인정하고, 종래와 같이 사신이 왕래할 것을 요구했다. 그리고는 당시 조선이 고려의 국호를 그대로 사용하였기 때문에 신왕조의 국호를 무엇으로 정하였는가를 물어 왔다. 이에 조정에서는 국호의 개정문제를 논의하고, 朝鮮과 和寧의 두가지 중 한가지를 택해 줄 것을 요청했다. 명에서는 이듬해 조선의 칭호가 아름답고, 오래되었다고 해 조선으로 정해 응답했다.

그런데 이점에 있어서 국호의 선정을 명에 의뢰하였고, 또 명에 의해 국호가 선정되었다고 해 조선 외교의 비자주성을 지적해 왔다. 그러나 이것은 지극히 피상적이며 단편적인 관찰이다.[4] 즉 여말 이후 원명교체기에

---

3) 「天造東夷 非我中國所治 爾禮部回文書 聲敎自由 果能順天意 合人心 以安東夷之民 不生邊만 則使命往來 實被國之福也」『太祖實錄』 권2, 태조 원년 11월 갑진.

4) 이 문제에 관해 한영우는 1983, 『정도전사상연구』, 서울대출판부, 172~180쪽에서 조선이라는 국호선정의 주체자가 鄭道傳이라는 가정 하에 그의 철저한 부국강병 사상과 투철한 자주의식을 예를 들어 그 성격을 논증했다. "事大는 어디까지나 外交이며, 자주와 부국강병은 사대외교를 뒷받침하는 초석이요 실력이다. 이것은 일견 서로 모순되는 것 같지만, 정도전에게 있어서는 조금도 모순되는 것이 아니었다. 그러기에 그는 밖으로 사대의 평화외교를 추구하고, 안으로는 요동정벌을 위한 실력배양과 단군숭배를 국

대중국관계의 어려움이나, 또 정권교체라는 건국초기의 복잡한 정치상황을 생각할 때, 명과의 관계는 신흥왕조인 조선의 운명을 좌우할 정도로 중요한 일이었다. 따라서 조선으로서는 대명관계에 신중하지 않을 수 없었던 것이며, 그 결과 여러 가지 의례적인 외교절차를 무시할 수 없었던 것이다.

이 점은 朝鮮이라는 국호가 가지는 의미와 건국 직후의 대명관계의 역사적 추이를 사실적으로 고찰하면 그러한 오해를 쉽게 지워버릴 수 있다. 즉 조선이라는 국호의 선정자는 정도전이었는데, 그의 '조선론' 속에는 특기할 만한 역사의식과 문화자존의식이 있음을 주목해야 한다. 정도전에게 조선이란 檀君朝鮮과 箕子朝鮮을 의미하는데 그의 해석에 의하면 단군은 중국 요임금과 동시대의 인물이므로, 단군이 세운 조선의 역사는 중국의 최초의 나라인 요의 역사와 같다는 것이다. 그리고 개국시조인 단군은 天神의 후손으로 단군조선은 중국과 마찬가지로 천자국가의 성격을 갖는다는 것이며, 또한 기자조선은 주문화의 계승자이어서 조선은 중국과 대등한 문화국가라는 자부심을 갖고 있었던 것이다.[5]

따라서 이 국호선정의 문제에 대해 사대관계에서 나타나는 의례적인 행위 이상의 의미를 부여하는 것은 부적합하다고 생각한다. 즉 이러한 의례적인 행위는 사대관계에서 가장 표면에 나타나는 형식적인 관계로, 명이 태조의 즉위를 승인하는 문서에서 밝히고 있듯이, 중국이 주변한 이웃나라들에 대해 자국의 존재를 인식시키려는 목적에서 事大의 禮를 표현해주기 바랐던 것에 대해, 중국과 이웃한 나라가 자국의 안전과 상호공존의 우호관계를 위해 중국을 형식상의 상국으로 인정해주기 위한 의례적인 행위였던 것이며, 자율적인 선택이었다.

가정책으로 강화시킨 것이 아니겠는가?"라고 했다. 특히 조선 초 국가적 자주성의 확립과정에 관하여는 1983, 「조선전기의 국가관·민족관」『조선전기사회사상연구』 제2장, 지식산업사 참조.

5) 鄭道傳, 『朝鮮經國傳』(下) 憲典 儀制「東方禮儀之風 肇自箕子」.

   그러나 중국에 대해 사대관계가 이루어진다고 해서 중국과의 모든 국제관계가 안정된 것은 아니었다. 그것은 역시 동아시아 외교질서의 안정을 의미하는 책봉체제라는 질서형식에 편입되지 않으면 안되었다.

   하지만 건국 직후 명과의 관계는 그렇게 평탄하지 않았다. 중국과의 불화는 명의 조선에 대한 의심에서 시작되었다. 즉 1393년 5월 명에서는 조선의 여진인 유인사건 및 요동침범설에 의혹을 품고 '生釁 3조'와 '侮慢 2조'를 들어 조선사신의 입국을 금지하고, 조선정벌을 운운하면서 단교를 통보해 왔다.[6] 이러한 현상은 후에도 계속되지만, 당시 명은 조선왕조의 영토회복의지에 강한 의심을 품고 있었다. 그리하여 명은 사신을 억류하고 압록강변에 군사를 배치해 순시를 강화했다. 이에 대해 태조는,

   황제가 動兵(征伐)로서 우리를 위협하는 것은 어린아이에게 공갈하는 것과 같다.[7]

고 하면서, 사신을 보내어 해명하도록 했다. 그래서 조선에서는 명과의 긴장관계를 완화하기 위해 1396년 6월 이방원을 직접 파견하기도 했다.

   그러던 중 호전되어가던 양국관계는 표전문제로 인해 다시 악화되었다.

   表箋이란 조선에서 명에 보낸 외교문서로, 이 문서는 명에 대한 사대의 예를 나타내는 문장이었으므로 조선에서도 심혈을 기울여 작성했다. 그래

---

6) 生釁3條란 兩浙의 부량민이 조선을 위해 중국소식을 전한다는 것, 조선에서는 행례를 가장해 요동에 사람을 보내어 遼東邊將에게 布帛, 金銀 등을 유인한다는 것, 요동에 사람을 몰래 보내어 여진인 가족 500여명을 유인해 압록강을 건너 조선에 가게 했다는 것 등 세가지의 트집이며, 侮慢 2條란, 입으로는 칭신해 입공을 하면서 보내는 말이 모두 쓸모가 없다는 것, 국호의 개정을 허락하는 사신을 보내었는데 소식이 없다는 것 등의 두가지 업신여김을 말한다. 『太祖實錄』권3, 太祖 2년 5월 정묘.

7) 『太祖實錄』권3, 태조 2년 5월 기사, "今又責我以非罪而脅我而動兵 是何異恐喝小兒哉."

서 그 문장의 수려함으로 명·청 시대 중국인들의 칭송거리가 되기도 했
다. 그러나 이러한 노력에도 불구하고 조선 초기 명에서는 조선에 대한 의
구심 때문에 표전을 문제삼아 여러 차례 분규를 일으켰다.

표전문제는 1396년(태조 5) 2월부터 1397년 12월 사이에 모두 세 차례
발생했다. 조정에서는 그 대책을 논의한 결과, 명에 강경하게 맞서 제작자
의 소환을 거부하고, 정도전 등은 반명태도를 구체화해 요동정벌을 위한
군대의 양성을 강화하기도 했다.[8] 즉 조선은 명의 강압적인 요구에 대해
긴장감을 완화하기 위해 의례적인 절차를 밟아 해명을 하면서, 한편으로
는 국가의식과 민족의식을 고양해 요동정벌 계획을 추진해 갔던 것이다.[9]
그러던 중 1398년 5월 명태조가 죽고, 그 해 8월 왕자의 난에 의해 정도전
등이 피살되자, 표전문제도 자연히 소멸되면서 양국의 대립적 관계는 호
전되었다.

Ⅱ. 책봉체제로의 편입

표전문제의 소멸에 의해 양국관계는 호전되었지만, 조선이 명의 책봉국
이 되기 위해서는 명으로부터의 誥命과 印信이 필수적으로 요구되었다.
물론 고명과 인신도 명으로부터 받는 것이기 때문에 그 종속적인 성격이

---

8) 박원호, 1975, 「명초조선의 요동정벌계획과 표전문제」 『백산학보』 제19호,
   111쪽 ; 고석원, 1977, 「여말선초의 대명외교」 『백산학보』 제23호, 227쪽.

9) 정도전의 요동정벌 계획에 관하여는 『太祖實錄』 권11, 태조 6년 6월 갑오
   에, "判義興三軍府鄭道傳 嘗撰五陣圖及蒐狩圖以進 上善之 命置訓導官以敎
   之 令各節制使 車官西班各品 成衆愛馬講習陣圖 又以通曉人 分遣各道敎之
   時鄭道傳南誾沈孝生等 謀興兵出境 獻議於上"이라는 내용이 있음으로 미루
   어, 상당히 구체적으로 계획을 세워 추진하고 있었음을 알 수 있다.

문제가 되어왔다. 그러나 앞서 언급한 바와 같이 고명과 인신이란 전근대 동아시아사회의 책봉체제에 있어서는 중국 중심의 외교질서에 편입되어 있다는 것을 증명하는 필수적인 수단이었으며, 그것의 수여여부는 동시에 동아시아 국가간의 국제적 승인을 의미하는 것이었다. 즉 옛부터 중국은 통교를 원하는 이웃나라가 사대를 해 올 경우 고명과 인신을 주었고, 이웃한 나라는 또 그것을 휴대해야만 중국에의 통교와 입국이 허용되었다. 따라서 중국과 공적인 관계를 원하는 경우는 중국의 강제적인 요구에 의해 이루어진 것이 아니고, 오히려 상대국의 사정에 따라 스스로 요청하고, 그것을 수여하는 형식으로 이루어졌던 것이다.

이러한 형태는 같은 시대의 일본 足利義滿이 명으로부터 책봉을 받아 중국과의 통교가 가능했지만, 德川시대에는 책봉을 받지 못해 정식의 통교를 할 수 없었던 점을 상기하면 쉽게 이해할 수 있다. 또한 조선의 경우 조선과 통교하려는 왜인과 여진인에게 조선의 관직 등을 주어 조공무역을 허가하고, 그 외의 자는 적으로 간주하는 것도 같은 의미를 갖는 것이다. 따라서 고명과 인신을 받는다는 것이 곧 국가의 독립성이나 자주성을 상실하는 것은 아니다.

조선측에서 명에 誥命과 印信을 요청한 것은 1395년(태조 4) 11월 정총을 파견하면서부터이다. 그러나 당시는 명과의 사이에 제2차 표전문제에 의해 양국사이가 불편한 관계에 있었으며, 태조대에는 명에서 조선에 대한 의구심이 고조되어 있었던 관계로 쉽게 이루어지지 않았다. 그러다가 양국 모두 왕위가 바뀐 정치상황의 변동이 이루어지자, 태조의 뒤를 이은 정종은 이듬해 1399년 9월 賀正使 편에 고명과 인신을 다시 요청했다. 그러자 명은 별다른 이의 없이 이를 받아 들여 이듬해 1401년 3월 명의 사신을 파견해 고명과 인신을 전달하는 동시에 비단 40필을 함께 보내왔다.[10]

당시 명에서 이렇게 쉽게 책봉을 해 준 데에는 명내부의 급박한 국내사

---

10) 『太宗實錄』 권1, 원년 3월 을축.

정이 있었기 때문이었다. 즉 당시 명은 惠帝와 成祖(후에 즉위함) 사이에 왕위 다툼을 놓고 내란이 있었기 때문에, 이번에는 오히려 명 측에서 서둘러 조선의 책봉을 서두르게 되었던 것이다. 그리고는 9월에 국왕이하 신료들에게 비단 등의 선물을 보내면서, 馬 1만 필의 교역을 요청했다.[11] 뿐만 아니라 교역의 대가로 交綺, 文絹, 綿布 9만 필과 약재 등을 미리 보내오는 등 내란에 급박했던 명 측의 사정을 엿볼 수 있다. 이에 조선에서는 전후 6차례에 걸쳐 6천 필의 말을 보내기도 했다.

그 후 명에서 내란이 성조의 승리로 끝나고, 1402년 9월 성조가 영락제에 즉위한 사실을 알려오자, 그 해 10월에 좌정승 하륜 등을 명에 파견해 성조의 즉위를 축하하며, 혜제로부터 받은 고명과 인신을 고쳐줄 것을 요청했다.[12] 이에 명에서는 1403년 4월 도지휘 고득과 좌통정 조거임을 파견해 새로운 誥命과 金印 및 印池를 전달해 왔다.[13] 이리하여 1392년부터 시작된 명에 대한 책봉교섭은 드디어 8년 만에 완전히 이루어지게 되었고, 이후 조명양국 사이에는 큰 외교적인 마찰이 없이 명이 멸망할 때까지 명 중심의 책봉체제 속에서 상호간에 우호관계를 유지하였다.

이러한 의미에서 誥命과 印信은 당시 명을 중심으로 한, 동아시아 여러 나라간의 외교행위를 순조롭게 하기 위한 의례적인 절차 및 수단으로 보아야 하며, 조선과 명과의 관계에서 고명과 인신문제의 해결되는 1403년은 조선과 명과의 외교체제의 확립단계, 다시 말해 양국간의 통교가 국가적인 통제에 의해 체계화되어가는 시기로 규정할 수 있다고 생각한다.

이상에서 살펴본 바와 같이 조선이 명에 취한 사대정책 및 책봉체제에의 편입은 동시기 동아시아세계에 보편화되어있던 외교규범을 지키면서

---

11) 『太宗實錄』 권1, 원년 9월 정해.

12) 『定宗實錄』 권5, 3년 5월 정해.

13) 『太宗實錄』 권5, 3년 4월 갑인에는 성조의 칙유문이 소개되어 있다.
　　"… 念我皇考深恩 卽遣陪臣 奉表貢獻 禮意之勤 足有可嘉 令特遣使 賷朝鮮
　　國王金印及誥命 使爾用昭寵榮 …"

동아시아 외교질서에 편입되는 것을 의미한다고 볼 수 있다. 물론 양국간의 외교형식과 절차에 있어서는 비록 불평등이 전제되었지만, 군사적인 힘의 불균형을 극복하기 위해 대소국 간에 지켜져야 하는 외교규범이었다는 점을 생각하면, 책봉 그 자체가 국가의 주권과 모순되는 행위만은 아니었고 본다.

또한 앞서 살펴본 바와 같이 책봉관계가 맺어지는 과정을 보더라도 조선에서는 물론 명에서도 조선과의 책봉관계를 원했다는 점이다. 즉 조선의 입장에서 볼 때, 명과의 책봉관계는 易姓革命에 의한 신생국으로서 국내외의 안정을 위한 대외정책상의 최선의 방법이었으며, 또한 명의 입장에서도 혜제 이후 국내 사정이나 대외관계의 안정을 위해 이 관계를 원했던 것이다. 따라서 공존 조건에는 차이가 있었지만 양국은 모두 이 관계를 원했던 것이다.

이러한 점에서 조선의 사대정책이 명의 책봉체제에의 편입을 지향하기는 했어도, 조선의 입장에서는 현실적이며 상황적인 현실외교였다는 이중구조적 특성을 지닌다고 볼 수 있다. 이점에서 종래의 사대 및 사대관계에 대한 일방적인 편견도 재고되어야 한다고 생각한다.

그러면 다음으로 이러한 책봉체제가 교린체제와 구체적으로 어떠한 관계를 갖고 있으며, 그것이 조·일 교린체제의 구조와 성격에 어떻게 작용되어지는 가에 대해 살펴보자.

제2장

조선전기 중화적 교린체제

제1절 조·일 교린체제의 구조와 성격

Ⅰ. 다원적이며 계층적인 구조

여말·선초 일본과의 관계에 있어서 가장 큰 문제는 왜구의 금압이었다. 북쪽의 대륙세력에 대처하는 만큼 남쪽의 왜구침입은 국가안위에 매우 중요한 문제였으며, 그 결과 여말·선초의 대일관계는 왜구침입을 방지하기 위한 것이 일차적인 목적일 수밖에 없었고, 일본의 제세력을 대상으로 한 다양한 노력도 그것을 위한 수단에 불과했다.

왜구침입에 관한 기록은 이미 『삼국사기』에 나와 있을 정도로 오래되었지만, 고려 말의 왜구침입은 1350년(충정왕 2)부터 시작해 가장 심했던 것은 우왕때로 그 재위기간(1375~1388) 동안 무려 378회에 달한다.[1] 이와 같이 극심한 왜구의 침입에 대해 고려는 船軍을 확충하고 최무선으로 하여금 화약과 화포를 제조하게 하는 등[2] 침략에 적극적으로 대응[3]하는 한

---

[1] 나종우, 1992, 『한국중세대일교섭사연구』, 단국대학교대학원 박사학위논문, 96~98쪽에 의하면, 침입규모에 차이가 있겠지만 수량적으로 보면 1223년(고종 10)부터 1392년(공양왕 4)까지 169년간 총 529회를 기록하고 있으며, 왜구가 창궐하기 시작한 1352년(공민왕 1)부터 40년간에 495회로 년평균 12회 이상으로 조사되어 있다(이현종의 『조선전기대입교섭사연구』, 12쪽에는 484회 ; 田中健夫, 1988, 『倭寇』, 敎育社, 제6판, 200쪽에는 313회(1223~1392)로 기록하고 있다). 특히 왜구의 침입이 가장 심하였던 禑王대에는 14년간 378회에 달하고 있다. 또한 지역적으로 보면, 함남 8, 평북 6, 평남 8, 황해 28, 강원 32, 경기 65, 충북17, 충남 78, 전북 36, 전남 42, 경북 55, 경남 97회로 연해지방을 물론이고 한반도 전지역에 미치고 있다.

편, 때로는 직접적으로 왜구의 소굴을 토벌[4]하기도 하면서, 일본의 세력
가들에게 사절을 파견해 왜구금지를 요청하기도 했다.

일본에 사절이 파견된 것은 1366년(공민왕 15) 9월 김용과 11월 김일이
국서와 예물을 가지고 京都에 가서 足利義詮과 교섭한 것이 처음이다. 이
들은 장군으로부터 왜구금지의 약속을 받은 다음 일본사신과 함께 귀국
했다.[5] 그러나 당시 왜구금지에 대한 약속은 구두에 의한 것이었고, 예물
도 사절의 노고에 답하는 형식일 뿐이었다.[6] 그 후에도 1375년(우왕 원년)

---

2) 『高麗史』 권133, 열전 권46, 우왕 3년 10월, "始置火㷁都監 從判事崔茂宣之
言也 茂宣與元焰焇匠李元同里閈 善遇之竊問其術令家僮敎人 習而試之 遂建
白置之."

3) 왜구토벌 중 가장 특기할 만한 전투는 1380년(우왕 6) 8월 500여척의 왜구
가 금강입구의 진포를 침입한 사건(『高麗史』 권114, 열전 권27 羅世傳과
『高麗史』 권134, 열전 47 우왕 6년 8월), 이성계의 荒山전투(『太祖實錄』 권
1, 총서), 그리고 해전으로는 鄭地의 南海 觀音浦전투로 이 전투에서 적은
17척의 대선과 2,000여명의 인명피해를 입었다고 한다(『高麗史』 권113, 열
전 권26 鄭地傳).

4) 1390년(공양왕 2) 2월, 경상도 元帥 朴威로 하여금 병선 100척으로 쓰시마
를 정벌해 왜선 300척과 연안가옥을 모두 없앴으며, 元帥 金宗衍, 崔七夕,
朴子安 등이 계속 전투해 본국 피로인 남녀 100여인을 데리고 왔다(『高麗
史』 권116, 열전 권29 朴威傳).

5) 김용과 김일의 파견에 관해 김일이 최초였다는 주장이 있다(이현종, 『조선
전기 대일교섭사 연구』, 17쪽). 그러나 『高麗史』에는 「丙午年間 差萬戶金龍
等 報事意 卽蒙征夷大將軍禁約 稍得寧息」(권133, 열전46 우왕3년 6월)과
「遣檢校中郞將金逸 如日本 請禁海賊」(권41, 공민왕 15년 11월 임진)라는 기
록이 있어 그 선후를 분별하기 어렵다.
그런데 일본측의 기록인 「高麗人來朝事」『太平記』 권39에 의하면 '此使 異
國ノ至正二十三年八月十三日ニ高麗ヲ立テ 日本國貞治五年九月二十三日
出雲ニ着岸ス'라는 기록이 있는 것으로 보아 貞治 5년(1366) 9월의 사절은
김용이 확실하므로, 김일보다 김용이 먼저 파견되었던 것으로 판단된다(中
村榮孝, 『日鮮關係史の硏究』 上, 203~212쪽).

6) 『高麗史』 권41, 世家 권41, 공민왕17년 정월 무자조.

2월에는 판전객사 나흥유,[7] 77년 6월에는 판전객사 안길상,[8] 동 9월에는 전대사성 정몽주,[9] 78년 10월에는 판도판서 이자용과 전사재령 한국주,[10] 79년 윤 5월에는 검교찰의판서 윤사충[11] 등 5차례나 사신을 보내어 왜구 금지를 요청하였다. 그러나 당시 일본은 남북조의 혼란기로 정치적인 통일이 미처 이루어지지 않은 상태였기 때문에, 足利將軍이 있는 京都에까지 가기도 어려웠을 뿐만 아니라, 足利將軍에게는 왜구금지 능력이나 교섭능력이 없었던 시기여서 사절파견의 효과는 그다지 기대할 수 없었다.

그래서 그보다는 오히려 왜구의 중심세력인 규슈(九州) 지방의 이마가와(今川)나 스오우(周防·山口) 지방의 오우치(大內) 세력과 직접 교섭하는 것이 더 효과가 있었다.[12] 그 결과 왜구금압을 위한 성과 뿐만 아니라, 11차례에 걸쳐 피로인의 쇄환이 이루어지기도 했다.[13] 그러나 양국관계는 왜구금압의 문제를 해결하지 못한 채 그대로 조선시대로 넘어가게 되었다.

---

7) 『高麗史』 권133, 열전 권46, 우왕 원년 2월.
8) 『高麗史』 권133, 열전 권46, 우왕 3년 6월.
9) 『高麗史』 권133, 열전 권46, 우왕 3년 9월.
10) 『高麗史』 권134, 열전 권47, 우왕 5년 5월.
11) 『高麗史』 권134, 열전 권47, 우왕 5년 윤5월.
12) 田中健夫, 1975, 『中世對外關係史』, 東京大學出版會, 95~103쪽.
13) 일본으로부터 고려에 송환된 피로인에 관한 기록은

횟수	연월일	피로인수	송환자	출처
1	1363년(공민왕12) 3월	피로인 30여구	倭國	高麗史 권40
2	1377년(우왕 3) 9월	尹明,安遇世등 수백인	九州節度使	高麗史 권117
3	1378년(우왕 4) 7월	부녀 20여인	九州道節度使 源了俊	高麗史 권133
4	1379년(우왕 5) 7월	퓌로인 230여구	九州節度使 源了俊	高麗史 권134
5	1382년(우왕 8) 윤2월	남녀 150인	日本	高麗史 권134
6	1383년(우왕 9) 9월	남녀 112인	日本國	高麗史 권135
7	1384년(우왕10) 2월	부녀 25인	倭	高麗史 권135
8	1384년(우왕10) 8월	남녀 92인	日本國	高麗史 권135
9	1386년(우왕12) 7월	피로민 150인	日本覇家台(博多)	高麗史 권136
10	1388년(우왕14) 7월	피로 250인	日本國使 妙葩, 關西省探題源 源了俊	高麗史 권137
11	1391년(공양왕3) 8월	男女 68인	九州節度使 源了俊	高麗史 권46

조선의 건국 후에도 일본과의 관계에 있어 당면했던 가장 큰 문제는 왜구금지였다.[14] 조선 초의 왜구대책도 여말의 양면정책을 그대로 계승했지만, 양국의 국내정세가 안정되어감에 따라 군사적인 방법보다는 왜인의 요구를 들어주면서 그들을 회유해 평화적인 통교자로 전환하기 위한 노력이 경주되었다. 즉 조선이 건국 후 점차 신흥왕조의 기틀을 닦아 정치적으로 안정을 이루어가고, 일본도 足利義滿에 의해 남북조통일이 이루어져 정세가 안정되자, 양국 모두가 대외관계를 안정시키기 위한 적극적인 자세를 취해간다.

조선은 태조 즉위 직후인, 1392년 11월 승려인 覺鎚를 足利將軍에게 파견해 왜구금압을 요청해 왜구금지와 함께 피로인의 송환을 약속받았다.[15]

---

14) 조선 초기 왜구의 침입횟수를 보면

년도	횟수	년도	횟수	년도	횟수	년도	횟수
1392 태조원년	2	1403 태종3년	8	1419 세종원년	7	1433 세종5년	3
1393 2	10	1404 4	6	1421 3	3	1436 18	1
1394 3	14	1406 6	12	1422 4	4	1437 19	1
1395 4	5	1407 7	6	1423 5	1	1438 20	1
1396 5	13	1408 8	7	1424 6	2	1440 22	1
1397 6	11	1409 9	2	1425 7	2	1442 24	1
1399 정종원년	11	1415 15	1	1426 8	5	1443 25	2
1401 태종원년	4	1417 17	1	1428 10	1		
1402 2	5	1418 18	1	1430 12	1	총 155회	

* 이 표는 『朝鮮王朝實錄』과 이현종, 1964, 『조선전기 대일교섭사연구』, 한국연구원, 20~21쪽의 태조년간의 왜구침략표와 田村洋幸, 1967, 『中世日朝貿易の研究』, 三和書房, 60~69쪽 ; 恭讓王·太祖·定宗期의 倭寇表 및 田中健夫『倭寇』, 202쪽 표를 참조해 작성하였음.

15) 조선의 기록에는 없으나, 『善隣國寶記』(1924, 續群書類從第30之1上) 上, 343쪽에는 '後小松院明德三年壬申答朝鮮書'의 題下에 조선에 보낸 서한이 보인다. 이 서한에 대해 中村榮孝는 조선개국에 관한 기록이 없음을 예로 들어 태조의 국서에 대한 답서라는데에 의문을 제기하고 있으나(『日鮮關係史の研究』上, 160쪽, 주 16), 답서의 내용 중에 '仲冬初 貴國僧覺鎚來'라고 되어 있는바, 仲冬初란 11월이고, 조선이 건국한 것은 7월일뿐만 아니라, 공양왕대에는 이미 이성계가 모든 정치적인 실권을 장악하고 있었 던 점을 미루어 본다면, 당시의 조선사절이 태조에 의해 파견되었음은 의심할 나위

그리고 이때부터 구주지방을 비롯한 일기, 쓰시마 등 조선과 근접한 지역 중소영주들의 사자 왕래가 빈번하게 이루어져 갔다.

　태조년간(1392~1398)에 사자의 명칭을 가지고 왕래한 사례를 정리해 보면 다음 <표 1>과 같다.

<표 1> 태조년간(1392~1398) 왕래한 사자

번호	년월	내항자 및 기사
1	1392년 10월 정묘 (태조원년)	일본 筑州太守 藏忠佳가 승려 藏主와 宗順등을 보내어 우리 피로인을 돌려보내고, 수호를 청해 왔다.
2	1393년 6월 경인 (태조 2)	일본 壹岐島 승려 建哲이 사신으로 왔는데, 우리 피로인 남녀 200여 안과 일본산물을 바치며 멀리서 정성을 표했다.
3	9월 계축	일본국에서 사신을 보내어 劍 20자루를 보내었다.
4	1394년 5월 병인 (태조 3) 7월 경술	일본 회례사 金巨原과 僧梵明이 본국인 569명을 거느리고 돌아왔다. 일본국 九州節度使 源了俊의 사신이 僧梵明과 함께 우리 피로인 남녀 659인이 돌아왔다.
5	10월 임신	상이 鶡鴿 3쌍을 일본국 九州節度使 源了俊의 청에 따라 보냈다.
6	정축	전공조전서 崔龍蘇를 일본에 보내어 구주절도사 源了俊에 게 도당의 서신을 보냈다.
7	12월	이달에 일본국 鎭西節度使 源了俊이 사신을 보내어 대장경을 청했다.
8	1395년 4월 무자 (태조 4)	일본 薩摩守總州 藤伊久이 피로인을 돌려보냈다. 또 中伊 集院 太守 藤原賴久가 稱臣奉書하며 예물을 바쳤고, 피로인을 보내겠다고 전해 왔다.
9	7월 임진	일본 節度使 源了俊 僧 原正泉等을 보내어 토물을 바쳤다.
10	신축	일본 회례사 崔龍蘇와 구주절도사 源了俊가 보낸 僧 宗俱來가 피로인 남녀 570여구를 데리고 돌아왔다.
11	임인	일본국 日向州人이 와서 토물을 바쳤다.
12	정미	일본국 薩摩州人이와서 토물을 바쳤다.
13	12월 경인	회례사 金積善이 일본으로 부터 돌아왔다.
14	을사	일본 大內多多良이 사람을 보내어 토물을 바쳤다.
15	1396년 3월 (태조 5)	이달에 일본국 左京權大夫 多多良義弘이 通竺와 永琳 등 승려를 보내어 왜구를 금할 것과 피로인을 돌려보낼 것을 통보해 왔다. 그리고 예물을 바치고 대장경을 청해 왔다.

가 없다(田中健夫, 『中世對外關係史』, 105쪽).

16		이달에 薩摩州 伊集院 太守 藤原賴久가 사신을 보내어 물건을 바쳤다.
17	1397년 5월 정사 (태조 6)	전사재 소감 朴仁貴를 일본 對馬島에 보내어 통서했다.
18	6월 신축	일본 구주절도사 源了俊이 사자를 보내어 토물을 바쳤다.
19	7월 을축	일본 구주절도사가 사람을 보내어 토물을 바쳤다.
20	갑술	일본 六州刺史 多多良 朝臣 義弘이 사신을 보내어 도당에 치서해 왔다.
21	10월 기묘	일본 九州節度使者 本國僧 梵明과 함께 와서 토물을 바쳤다.
22	11월 임술	일본국 六州牧 義弘이 僧永範·永廓을 보내어 토물을 바쳤다.
23	12월 계묘	일본국 六州牧 義弘의 使者 永範·永廓이 돌아갈 때, 상이 전비서감 朴惇之를 회례사로 보내었다.
24		이달에 일본 關西道 九州探題 源道鎭이 사신을 보내어 예물을 바치고 대장경을 청했다.
25	1398년 1월 기유 (태조 7)	일본국 사자와 壹岐·對馬·覇家臺의 사인과 吾都里·吾郞哈이 같이 연회에 나와 환대를 받고 파했다.
26	4월 계사	쓰시마에서 사자가 왔다.
27	7월 경자	일본 肥前州 駿州 太守 源慶이 사신을 보내어 예물을 바쳤다.
28	12월	이달에 六州牧 多多良 義弘이 相國大夫의 命을 받아, 僧靈智를 보내어 예물을 바치고 대장경을 청했다.

이 표를 통해 태조년간 양국왕래의 특징을 정리해 보면,

첫째, 건국직후부터 상호간에 사자 파견의 형식으로 통교가 이루어지기 시작했다는 점, 즉 태조년간만 보더라도 조선에서는 총6차례(僧 覺鎚는 실록에 나오지 않음)에 걸쳐 회례사의 명칭으로 일본에 사절을 파견하였으며, 일본으로부터도 24차례에 걸쳐 사자 및 내왕인의 기록이 있다(사료 - 4, 13, 23은 회례사편에 일본측 사자가 동행했다).

둘째, 양국관계는 주로 九州(筑前, 肥前, 薩摩, 日向)지방과 六州(長門, 石見, 豊前, 周防, 和泉, 紀伊의 六國)지방 및 壹岐, 對馬島 등의 지방세력가가 중심이 되어 이루어졌다는 점(筑州 - 1회, 九州 - 10회, 薩摩 - 3회, 日向 - 1회, 肥前 - 1회, 六州 - 5회, 壹岐 - 1회, 對馬 - 2회, 日本國 - 2회).

셋째, 조선에서는 왜구의 근원지였던 對馬, 壹岐, 九州지방을 상대로 왕래를 하면서도, 六州刺史인 多多良(大內)義弘을 통해 室町幕府 장군과의

교섭을 시도한다는 점. 그리하여 1398년 12월에는 드디어 相國大夫人(室町幕府의 장군)의 命을 받은 大內義弘의 사자가 조선에 파견되었다(사료 - 28).

넷째, 일본 측으로부터는 주로 승려가 사자로서 파견되어 왔으며, 조선에서는 중앙의 관리가 파견되었다는 점(사료 - 1, 2, 4, 9, 10, 15, 22, 28).

다섯째, 일본측의 사자들은 칭신하면서 피로인을 송환해 왔고, 그 대가로 수호와 대장경을 요청하고 있다는 점(사료 - 7, 15, 23, 28).

여섯째, 1398년(태조 7)의 정월 조참시에 조선의 백관과 함께 일본에서는 일본국사자(파견자는 명시되어 있지 않으나 그 전해 12월에 六州牧 義弘의 사자와 九州探題 源道鎭의 사자가 온 기록이 있음)와 壹岐, 對馬의 사자가 함께 참석하고 있다는 점 등이다(사료 - 25).

그러나 이러한 사자왕래에도 불구하고, 왜구침입은 계속되었다. 즉 앞의 주 14)의 표에서와 같이 태조년간에 왜구의 침입은 무려 155회에 이르고 있으며, 이들은 규모의 차이는 있으나 전국 각 지역을 침탈하였던 것이다. 그리고 반면에 왜구침입과 함께 왜인이 투항해 온다는 사실이다. 왜인의 투항에 관한 기록은 1395년(태조 4) 1월부터 나오기 시작하는 데[16] 태조년간 항왜에 관한 기록을 보면 다음 <표 2>와 같다.

<표 2> 태조년간 투항왜에 관한 기록

번호	년월일	기 사
1	1395년 정월 무술 (태조 4)	왜인 表時羅등 4인이 투항해 왔다. 경상주군에 안치하도록 했다.
2	1396년 12월 계사 (태조 5)	왜선 60척이 寧海 丑山島에 이르렀는데, 만호 林溫등이 관찰사 韓尙質에게 글을 올렸는데, "우리들이 투항을 원하는데, 만약 귀국의 변경지 한곳에 살기를 허락하고 식량을 주신다면, 우리는 두마음을 갖지 않을 것이며, 또 다른 도적도 금할 것입니다"라고 했다.

---

16) 『太祖實錄』 권7, 태조 4년 춘정월 무술, "倭人表時羅等四人來降 命置諸慶尙州郡."

3		을사	항왜의 우두머리 疚六이 3인을 거느리고 왔다. 長劍 하나와 環刀 하나를 바치고 조반에 나아가 숙배를 했다.
4		병오	항왜 疚六를 宣略將軍龍驤巡衛司行司直兼海道管軍民萬戶로 삼고, 非疚時知는 敦勇校尉 龍驤巡衛司 左領行司正 兼 管軍 百戶를 삼고, 疚六에게 銀帶하나, 腰紗帽 하나, 靴 하나를 하사했다.
5	1397년 정월 병진 (태조 6)		왜구의 우두머리 相田・於中등이 그 무리를 거느리고 蔚州浦에 왔다. 지주사 李殷이 식량을 주고 후하게 대접했다.
6		2월 계사	왜만호 羅可溫과 아들 都時老에게 司正을 주었다. 昆時羅와 望沙門에게 副司正職을 주고 의관을 하사했다.
7		2월 신해	항왜 疚六에게 쌀 30석, 콩 20석, 종 2인과 衣笠 각 하나씩을 주었다.
8		4월 정해	항왜 우두머리 2인이 그 무리 6인을 거느리고, 경상도 관찰사에게 술을 바쳤다.
9		무신	근정전 조회시 降倭 羅可溫을 朝班 東八品에 서게 했다
10		기유	항왜 羅可溫에게 宣略將軍을 내리고, 그 휘하의 都時羅 등 8인을 각기 司正과 副司正 직을 주었다.
11		10월 병술	항왜의 우두머리 疚六에게 쌀과 콩 50석을 주었다.
12	1398년 2월 갑오		항왜 만호 疚六이 藤六으로 이름을 고치고, 宣略將軍行 中郎將이 되었다. 羅可溫은 林溫으로 이름을 고치고 宣略將軍 行郎將이 되었으며, 데리고 온 望沙門은 池門으로 고치고 宣略將軍 행별장이 되었다. 昆時羅는 藤昆으로 고치고 … 모두 散員을 내렸다.

즉 과거에 왜구로 조선의 연안을 침략질하던 왜인들이 점차 조선에 투항해 오기 시작했다. 그들은 지방세력가가 대장경 등 문화적인 요구가 많았음에 비해 토지와 식량을 얻어 조선에 정착해 살기를 원하는 형태로 투항해 왔으며, 조선이 이를 허락할 경우에는 다른 왜구의 금압에 적극 협조할 것임을 표하기도 했다(사료 - 2). 그리하여 조선에서는 이들에게 경상도 지역에 안치해 살도록 해주고(사료 - 1), 그 우두머리에게는 식량(사료 - 5, 7, 11)과 관직(사료 - 4, 6, 10, 12)을 하사해 주고, 국왕을 알현해 조회에 참석시켰다(사료 - 3, 9). 그리고 이들 투항왜들은 관직을 받으며 이름을 바꾸기도 하였는데, 이는 투항왜가 조선인으로 귀화해 가는 것을 의미한다(사료 - 12).

이상과 같이 건국 직후부터 시작된 조선측의 왜구금압을 위한 다양한 노력, 즉 왜구침탈에 대한 적극적인 군사대응, 장군세력이나 중소영주 또는 지방세력가들과의 외교적인 교섭, 투항자에 대한 식량과 관직수여 등의 귀화정책은 상당한 실효를 거두어 定宗年間에 들어서면서부터는 양국관계에 커다란 진전을 보게 되었다.

그리하여 1399년(정종 1) 5월이 되면 회례겸통신관 박돈지 일행이 大內義弘의 알선에 의해 京都에 가서 足利義持 장군을 직접 만나 왜구의 토벌을 청하게 되었다.

무인(1398)년에 太上王(태조)이 돈지에게 일본에 사신으로 가도록 명했다. 돈지가 명을 받들고 일본에 가서 대장군에게 말하기를 "우리왕이 신에게 이르기를 우리나라의 내외 군관과 사졸들이 매번 청해 말하기를, '육지에 鎭戍을 설치하고 바다에서는 전함을 만드느라 전쟁터에서 초췌함과 노고가 극에 달하였습니다. 그러나 三島의 왜구가 심하니 신등은 원컨데 三島[17]를 토벌해 왜구의 잔당을 없이해 우리나라에 다시 후환이 없고자 합니다'했다. 그리하여 과인도 군관과 사졸의 바램을 들어주어 군사를 일으켜 토벌하고 싶지만, 대장군이 병권을 장악한지 오래되고, 평소 위엄이 있어 三島에까지 미치므로 군사를 보낼 수는 없다"고 하셨습니다. 그러므로 먼저 신을 보내어 좌우와 또 大將軍에게 고해, 정예부대에 호령을 하면 어찌 三島의 적을 제압해 인국의 치욕을 씻지 못하겠습니까. 모름지기 대장군께서는 어떠합니까.

大將軍이 흔연히 듣고 명하여 이르기를, "내가 능히 제압하겠다. 군사를 보내어 토벌하고자 하나, 적과 더불어 싸움이 6월에는 이기지 못할 것이다"고 하면서, 대장군이 大內殿에게 병력을 추가해 공격을 하게 하니, 적이 병

---

17) 조선에서는 三島를 왜구의 본거지로 보았는데(「三島倭寇爲我國患 幾五十年矣」), 실록에는 三島가 어디인지는 구체적으로 명시하지 않고 있다. 그러나 『세종실록』 권104, 26년 4월 기유의 「對馬·壹岐·松浦等地 人居蕭條 土地 編小 且甚堉薄 不事農業 未免饑饉 恣行作賊 其心奸暴」와 『海東諸國記』의 「前朝之季寇我邊者 松浦與一岐·對馬島之人率多」를 참조하면, 三島는 對馬, 壹岐, 松浦를 가리킨다고 생각된다(田中健夫, 1959, 『中世海外交涉史の研究』, 동경대학출판회, 7~9쪽).

기를 버리고 갑옷을 벗어 던지며, 무리를 끌고 나와 항복했다.[18]

이 내용에 의하면 당시 박돈지로부터 왜구금압을 요청받은 室町幕府의 將軍(足利義持)은 大內義弘에게 三島의 왜구를 토벌하도록 명령하였으며, 이때 足利將軍은 정식으로 장군의 사절을 파견해 피로인 남녀 100여인을 송환시키기도 했다. 조선에 足利將軍으로부터 직접 사신이 파견되어 온 것은 이때가 처음이며, 왕은 이들을 四品班에서 행례를 하도록 했다.[19] 이 와 같이 조선은 건국 직후부터 왜구의 침입에 적극적으로 대응하는 한편, 왜구세력은 물론 왜구에 대해 영향력을 행사할 수 있는 모든 세력에 대해 회유 내지는 외교적인 접촉을 해 가면서 왜구금압을 위한 모든 노력을 경주하였던 것이다. 그 결과 왜구의 침략이 여말에 비해 현저하게 줄어갔으며, 장군세력을 비롯한 지방세력가 들과의 외교적인 접촉이 활발해지면서 투항왜인이 늘어가는 한편, 통상을 요구하는 興利倭人[20]으로 변화되는 등 왜구금압에 커다란 성과가 있었다. 동시에 피로인을 송환해 오는 등 국내적인 현안문제도 아울러 해결해 갈 수 있었다.

이상의 내용을 통해 살펴보았듯이 조선초기 일본과의 관계에서 가장 큰 문제는 왜구금압이었다. 그러나 당시 일본의 사정은 막부정권에 의한 지방통제가 완전히 이루어진 상태가 아니어서, 조선과 명과의 관계가 중앙정부간의 일원적인 관계에서 이루어진 것과는 달리, 조선과 일본과의 관계는 다원적이며 계층적인 구조[21] 속에서 왜구 내지는 왜구에 영향력이

---

18) 『定宗實錄』 권1, 정종원년 5월 을유.

19) 위와 같음, "通信官朴惇之 回自日本 日本國大將軍 遣使來獻方物 發還被虜男女百餘人上御正殿引見 命立四品班次行禮 大相國 獻綾一百匹 紗羅各五十匹."

20) 興利倭人에 관한 구체적인 기록이 나타나는 것은 태종대인 1407년(태종 7년 7월 무인)이지만, 태조 4년 12월 계묘(國1~88쪽)에 "上受命以後 … 島倭革面來朝 復通商賈 南道之民 安心尊居 戶口益增 鷄鳴狗吠相聞 濱海之地 斗絶之島 墾田無遺 不知兵革日用 飲食而已"의 기록으로 보아 이미 상행위를 위해 도래하는 왜인이 상당히 존재하였음을 알 수 있다.

있는 모든 세력과 다양한 형태로 이루어 질 수밖에 없었다. 그리고 이러한 구조적인 특징은 조일관계에 있어 항상 중간세력의 존재를 불가피하게 만들었으며, 교린체제가 확립된 이후에도 조일관계를 조선국왕 – 막부장군, 조선국왕 – 중간세력이라는 이중구조로 특징지어 갔다.

그러나 종래의 연구는 근본적으로 이 관계를 명확히 구분하지 않은 채, 단순히 조선국왕과 일본장군의 관계만을 가지고 '조선과 일본을 대등관계'로만 획일적으로 서술함으로써 양국관계의 실상을 모호하게 하였으며, 실제 통교자간의 기미관계를 은폐해 온 것도 부인할 수 없는 사실이다.[22]

그러면 다음으로 이러한 다원적이며 계층적인 구조 속에서 이루어지는 양국관계의 구체적인 형태, 즉 대등과 기미의 교린체제에 관해 살펴보자.

Ⅱ. 대등관계의 교린

조선초 일본과의 '다원적이며 계층적인 구조' 속에서 양국관계에 결정적인 계기가 된 것은 일본이 명으로부터 책봉을 받아 동아시아의 외교체제에 편입되는 1404년(태종 4, 응영 11)부터이다. 종래에는 이점을 소홀히 생각해 조선의 정치상황 또는 양국간의 접촉양상만을 가지고 한일관계를

---

21) '다원적이며 계층적인 구조'라는 용어에 대해 생소함이 있을 수 있다. 필자의 의도는 다원적이란 조선과 명의 관계가 통치자 간에 일원화되어 있던 것에 반해, 조선과 일본과의 관계는 조선국왕과 일본의 여러세력과 과의 관계가 다원화되어 있다는 의미로 사용하였으며, 계층적이란 계층화 되어 있던 일본의 여러세력(장군, 다이묘, 구주절도사나 대마도주, 일기도주등 지방의 군소세력가 등)과의 다각적인 접촉형태를 의미한다.

22) 高橋公明, 1982, 「外交儀禮よりみた室町時代の日朝關係」『史學雜誌』 91-8, 69쪽.

서술해 왔으나, 조일관계의 이해에는 역시 동아시아 세계의 국제환경이 전제가 되어야 한다고 생각한다.[23]

앞서 서술한 바와 같이 조선에서는 건국 직후 승려인 覺鎚를 足利將軍에게 파견해 왜구의 금지를 요청하는 국서를 보낸 바 있다. 그러나 足利將軍 義滿은 자신의 명의가 아니라 승려인 絶海中津의 이름으로 조선국왕에게 답서를 보내왔다. 그 원문을 소개하면 다음과 같다.[24]

後小松院明德三年壬申答朝鮮書

日本國相國承天禪寺住持沙門某 端肅奉復高麗國門下府諸相國閣下[1] 仲冬初貴國僧覺鎚來 將諸相國命 達書于我征夷大將軍府[2] 諭以海寇未息 兩國生釁 此事誠如來言 海隅民敗壞敎化 實我君臣之所耻也 今將申命鎭西守臣 禁遏賊船 放還俘虜必當備兩國之鄰好[3] 永結二天之歡心 實所願也 然而我國將臣自古無疆外通問之事 以是不克直答來敎[4] 仍命釋氏某 代書致敬 非慢禮也 今遣臣僧壽允 細陣情實 乞僉察焉 不宣

明德三年[5]壬申十二月二十七日

이 회답서의 양식이나 내용은 조일관계를 이해하는데 매우 중요한 의미를 갖는다. 우선 답서의 내용을 윗첨자의 내용에 따라 분석해 보자.

윗첨자 (1)의 내용은 日本國 相國(室町幕府의 將軍 足利義滿)이 天禪寺住持 沙某라는 승려에게 영을 내려 고려국문하부에 답서한다는 것. (2)는 仲冬初(11월)에 조선에서 승려 覺鎚가 서한을 가지고 왔는데, 이것은 조선에서 정이대장군부에 보낸 답서라는 것. (3)은 조선에서 보낸 서한의 내

---

23) 예를 들면 조선전기 한일관계사의 대표적인 연구인 李鉉淙, 『朝鮮前期 對日交涉史硏』, 同『한국사』9(1977, 국사편찬위원회), 「조선초기의 대외관계」편이나 신기석, 「조선왕조 초기의 대일관계」(1985, 『대한민국 학술원논문집』, 인문사회과학편, 제24집)에는 이점에 대한 언급이 없다.

24) 『善隣國寶記』 上(續群書類從 第參拾輯上, 大正14年12月出版, 續群書類從完成會刊), 343쪽.

용으로 鎭西守臣에게 명령을 내려 적선을 막고 금지하고, 부로를 송환해 양국의 인호로 삼자는 내용. (4)는 막부의 외교자세를 나타내는 부분으로, 자고로 막부장군이 외국에 통문한 일이 없었으므로 장군명의로 직접 답하지는 않는다는 것. 그리고 (5)는 일본 천황(後小松)의 연호인 明德을 쓰고 있다.

이상을 종합해 보면, 서한의 중심 내용은 室町幕府의 장군이 조선측의 왜구금압과 피로인 송환요구에 적극적으로 응해 양국의 인호를 지킬 것을 약속한다는 것, 그리고 막부장군이 조선과의 통교를 적극적으로 원하고 있지만 장군이 직접 외교 일선에는 나서지 않는다는 것으로 요약할 수 있겠다. 따라서 이 내용으로 볼 때, 당시 室町幕府도 조선과의 통교를 갈망하고 있었다는 사실을 알 수 있다.

그러나 서한의 내용에서 밝혔듯이 막부장군은 외교의 표면에 직접적으로 나설 수가 없었다. 그러한 데에는 여러 가지 이유가 있겠지만 그것은 역시 막부장군에 의해 일본 국내의 통치가 완전히 이루어지지 않았다는 점[25]과 조선에 대한 직접적인 외교능력이 없었다는 데에 그 실제적인 이유가 있었다고 생각한다. 이점은 이후에도 양국관계의 구조적 형태를 결정하는데 중요한 요인이 된다. 예를 들면 막부장군의 중앙집권력과 대조선 외교능력의 부족은 조선과 막부사이에 외교관계가 정식으로 맺어진 이후에도, 중국과의 통교관계가 중앙정부간에 一元的으로 전개되었던 것과는 달리 다원적으로 전개되어 질 수밖에 없었던 역사적 배경이 되었다.

그러던 중 九州探題를 소환해 九州支配가 가능해지고, 大內勢力을 제압하는 등 일본 서부지역에 통치권을 확립한 足利義滿은 중국이나 조선

---

25) 室町幕府의 장군인 足利義滿이 소위 일본의 전국시대인 남북조시대를 통일한 것은 1392년(태조 원년, 명덕 3)이었고, 九州探題 今川了俊(朝鮮王朝實錄에서는 源了俊)을 소환해 구주를 통치를 할 수 있게 된 것이 1395년(태조 4, 응영 2)이었으며, 막부의 강력한 적대세력이었던 大內義弘을 완전히 제압한 것은 1399년(정종 1, 응영 6)의 일이다.

으로부터의 문화수용과 교역을 통한 경제적인 욕구, 그리고 외교적으로
는 동아시아 세계에서 국제적으로 일본을 대표하는 통일정권으로서 인정
을 받아, 그것을 바탕으로 국내의 제후들에게 정치적 권위를 과시하려는
목적에서 명과 조선과의 사이에 정식의 통교관계 수립에 열의를 갖게 되
었다.26)

그런데 앞서 제1절에서 살펴본 바와 같이 중국의 대외정책은 한대 이후
중화질서를 바탕으로 한 책봉체제에 의해 일관해 왔다. 그러나 일본은 고
대이래 이 질서에서 제외된 '島夷'에 불과했으며, 그 명칭도 '倭人' 또는
'倭國'으로 불렸던 것이다. 이러한 일본이 '島夷'가 아니라 '日本'으로 기
록되기 시작한 것은 원대에 쓰여진 『新唐書』부터이다. 한편 조선의 외교
정책은 기본적으로 중국에 대한 사대정책과 책봉체제에의 편입을 통해 국
가의 안위를 추구하는 것이었다. 따라서 일본이 동아시아 사회에서 하나
의 국가로서 인정을 받고, 중국과 조선에 정식의 통교관계를 맺기 위해서
는 일본도 동아시아 국제사회의 보편적인 외교규범이었던 책봉체제에 편
입하지 않을 수 없었다.

일본은 명의 책봉을 받을 목적으로 1401년 5월 명에 사신을 파견했
고,27) 그 이듬해 8월, 명에서는 그에 대한 회답사가 조서와 정삭을 가지고
일본에 파견되었다.28) 그리고 1403년 2월 일본에서 다시 사신이 파견되었

---

26) 田中健夫, 『中世對外關係史』, 71~80쪽에서 책봉관계성립에 대한 일본국내
   의 제조건으로 중국문화의 수용, 해외에 대해 足利幕府가 일본의 통일정권
   이라는 입장의 주장, 중국으로부터 일본국왕으로 인정받아 足利義滿 정권
   의 정당성 확립, 조공무역의 원칙이 足利義滿에게 경제계의 지배자라는 지
   위를 약속한다는 점을 강조했다(이 부분은 佐藤進 一, 「室町幕府論」 『岩波
   講座日本歷史』 7 인용).

27) 足利義滿은 일찍부터 明과 통교하려는 목적을 가지고 1374년과 1380년 두
   차례에 걸쳐 明에 사신을 보냈지만, 두차례 모두 明으로부터 일본을 대표
   하는 정권의 주체자(日本國王)의 사절로 인정을 받지 못해 입공이 거부당
   했다.

28) 1401년 일본에서 명에 보낸 문서에는 '日本准三后道義 上書 大明皇帝陛下'

고, 그에 대한 회답으로 1403년 11월 '日本國王之印'의 금인과 조서를 가
진 소위 '册封使'가 일본에 파견됨으로 명의 성조부터 정식의 책봉을 받
게 된다.[29] 이 책봉사가 일본에 도착해 足利義滿을 만난 것이 그 이듬해
1404년 5월이다. 당시 일본에 전달된 명의 조서에는 기본적으로 명을 華,
일본을 夷로 명시하면서, 일본에서 하늘의 도리를 알고 명에 조공을 하였
으므로 인장을 보내 준다(책봉)는 점, 앞으로도 사대의 예를 잃지 말라는
점 등을 자세히 기록하고 있다.[30]

라고 되어 있고, 이에 대한 1402년의 명의 회답서에는 '爾日本國王源道義
心存王室 懷愛君之誠 踰越波濤 遣使來朝'라고 되어 있다. 日本國王의 명칭
이 사용된 것은 이때가 처음이다.

29) 일본의 책봉시기에 관하여는 이론의 여지가 많다. 즉 명의 成祖로부터 '일
본국왕'을 칭하는 조서를 받은 것은 1402년 2월 6일자와 1403년 11월 17일
자의 두개가 있다. 그러나 '日本國王之印'을 받은 것은 1403년의 조서와 함
께이다. 그리고 이것이 막부장군에게 전달된 것은 1404년 5월이므로, 정확
히 말하면 명이 일본을 책봉국을 인정한 것은 1403년 11월이고, 일본이 이
것을 접수한 것은 1404년 5월이라고 볼 수 있다.

30) 『善隣國寶記』中, 346쪽.
　　皇帝制曰 天地之中 華夷一體 帝王之道 遠邇同仁 昔者虞惪誕敷 外薄四海
　　咸建 五長 周室方興 無有遠邇 畢獻方物 不能外於範圍 咸得蒙其福澤也 咨
　　爾 日本國王源道義 知天之道 達理之義 朕登大寶 卽來朝貢 歸嚮之速 有足
　　褒嘉 用錫印章 世守爾服 眷玆海甸 密邇東郊 素稱文物 慕尙詩書 朕今命爾
　　惟謙勤可以進學 惟戒懼可以治心 惟誠敬可以立身 惟仁可以撫衆 惟信可以
　　睦鄰惟忠順可以事上 惟 德可以動天地感鬼神於戱 朕守帝王之道 仰承天地
　　仁 堅事大之心 亦有無窮之福永惟念哉 毋替朕命
　　永樂元年十一月一十七日
이 책봉 조서를 밑줄친 부분을 중심으로 검토해 보면, 1)천지가운데에 華夷
가 하나이며, 제왕의 道는 멀리 있는 너희를 차별 없이 사랑한다는 것, 2)日
本國王源道義(足利義滿)는 하늘의 도를 알고 이치의 뜻에 통달해, 성조가
등극하였을 때 바로 조공을 해 왔다는 것, 3)이에 인장을 만들어서 하사하
니 대대로 너희의 의무를 지킬 것이며, 4)사대의 마음을 굳게하면 무궁한
복이 될 것을 영원히 유념하라는 내용으로 구성되어 있다.

이 책봉서는 1403년 4월에 보내진 조선 책봉서의 내용과는 상당한 차이를 보이고 있다.[31] 즉 조서의 내용을 비교해 보면 명에서는 기본적으로 조선을 중국과는 다른 변방국으로 인식하고 있으며, 또 일찍부터 조선을 조공국으로 인정해 책봉을 해 왔다는 점이다.

어쨌든 일본이 명으로부터 책봉을 받는 과정과 책봉조서에 양국 입장의 차이가 있었지만, 대외관계의 안정을 위해 중국과의 사이에 사대·책봉의 외교관계를 원했던 점에 있어서는 같은 목적을 갖고 있었다. 이점에서 일본이 명으로부터 책봉을 받았다는 사실은 室町幕府의 정권이 동아시아의 외교질서에 편입되는 것을 의미한다고 볼 수 있다.[32] 물론 이 경우에도 일본이 중국으로부터 책봉을 받았다는 사실자체가 일본의 주체성이나 자율성에 배치되는 것은 아니다.

예를 들면, 조선과 명사이의 사대·책봉관계의 성격이 고명과 인신을 받는 과정에서 보았듯이, 어느 한편의 일방적인 관계가 아니라 쌍방의 상호공존의 조건으로 전제된 바와 같이 명과 일본의 관계에 있어서도 마찬가지였다. 즉 당시 왜구의 출현은 조선에게만 문제가 되었던 것이 아니라, 명에게도 아주 심각한 문제였다. 그래서 명에서는 그 대책으로 중국인의 해외도항이 왜구의 침입을 유발시킨다는 이유로 민간인의 해외도항을 일

---

31) 『太宗實錄』 권5, 3년 4월 갑인.

皇帝制曰 朕惟王者受命 混六合爲一家 天道同仁 視萬方爲一體 所以地無遐邇 人咸景從 我皇考太祖高皇帝 誕膺天命 肇造寰區 薄海內外 悉皆臣順 <u>爾朝鮮國 居東藩</u>[1] <u>聿先聲敎 職貢之禮 少有愆違</u>[2] 故在朝廷屢降寵錫 肆朕統御之始 爾諱深念 皇考之恩 遵承乃父之訓 卽陳表奏 效職來庭 眷此忠誠 良足嘉尚 <u>玆用命爾爲朝鮮國王 錫以印章</u>[3] 永胙茅土 於戱 <u>保國安民恪守畏天之道</u>[4] 作藩樹屏 式謀胎後之規 厥位寔艱 朕言惟允 毋怠毋荒 爾其欽哉

위의 내용 중 밑줄 친 부분을 요약하면, 1)너희 조선국은 동쪽 변방에 있고, 2)자진해 성교를 받들어 직공의 예를 행함에 조금도 허물이 없었으며, 3)이에 명을 내려 조선국왕으로 하고 인장을 내려주니, 4)보국안민하며 畏天之道를 삼가 지킬 것이다.

32) 高橋公明, 1985, 「室町幕府の外交姿勢」 『歷史學硏究』 546, 30쪽.

체 금지하는 해금정책을 실시하는 등 대외관계를 철저하게 국가에서 통제하면서, 막부와의 교섭을 통해 그들로 하여금 왜구를 금지시키려는 노력을 하였던 것이다. 이점에서 명 자신도 일본과 우호관계를 원했던 것이며, 그 형태는 역시 당시 동아시아세계의 보편적인 외교규범으로 적용되었던 책봉체제로 표현되는 중화질서의 확립이었다.

따라서 이러한 맥락에서 동아시아 삼국의 외교관계를 생각할 때, 조선이나 일본이 취한 대중국의 외교자세를 주체성이나 자율성의 문제와 직접 연관지어 설명하는 방법은 적당하지 않다고 생각하며, 동시대의 외교적 상황을 고려하면 그것이 전적으로 주체성과 자율성에 배반되는 행위라고 단정할 수만은 없다고 본다.[33]

이와 같이 일본이 중국으로부터 책봉을 받자 명·조선·일본의 삼국간에는 중화질서를 바탕으로 한 책봉체제의 외교질서를 형성하게 되었고, 이를 전제로 조선과 일본은 책봉체제라는 공통분모 위에 새로운 국제질서를 수립시켜 갔다. 그리고 그 단적인 표현이 소위 日本國王號였다. 즉 양국이 모두 명과 책봉체제가 이루어진 직후인 1404년(태종 4, 응영 11) 7월 일본에서는 막부장군의 사신을 조선에 파견하였는데, 이 사실에 대해『朝鮮王朝實錄』에는

> 日本遣使來聘 且獻土物 日本國王源道義也. 日本國防長刺史大內多多良盛見亦獻禮物.[34]

---

33) 室町幕府의 足利義滿이 명으로부터 책봉을 받았다는 사실에 대해, 일본 내에서는 德川시대 이래 그것이 일본의 주체성에 위배된다고 하는 비난이 많다. 그러나 이러한 주장은 기본적으로 동시대 동아시아의 보편적인 외교규범 내지는 국제질서의식을 외면한 국수주의적 발상이 아닌가 생각한다. 왜냐하면 이러한 논리는 거의가 일본중심주의의 사관을 가진 사람들에 의해서 주장된 이론에 바탕을 두고 있기 때문이다(제4장 제2절 참조).

34)『太宗實錄』권8, 태종4년 7월 기사.

라고 기록하고 있다. 이 내용은 일본에서 사신을 보내어 래빙을 하면서 토산물을 바쳐왔는데, 日本國王 源道義의 명의였다는 의미이며, 이와 함께 일본국 防長(周防과 長門, 현재의 山口縣지역)刺史 大內多多良盛見이 예물을 바쳐왔다는 것이다. 그런데 여기서 주목할 만한 것은 幕府將軍이 사절파견을 지방세력가에 편승시켰던 점은 이전과 마찬가지였지만, 장군이 大內勢力과는 별도의 사절을 파견해 행례를 하고 있고, 또 조선에서는 막부장군을 日本國王이라고 기록하고 있다는 점이다.

이와 같이 막부장군을 일본국왕으로 기록하는 것은 양국관계 및 동아시아 외교체제에 매우 중요한 의미를 지닌다고 생각한다. 즉 막부장군이 책봉을 받기 전에는 명이나 조선에서는 물론 일본에서도 일본국왕이라는 호칭이 쓰여진 일이 없기 때문이다. 예를 들어『朝鮮王朝實錄』의 足利將軍의 칭호를 보면, 1398년 12월 시월조에 相國大夫, 1399년 5월 을유조에 朴惇之가 일본에 사신으로 갈 때는 日本國大將軍 또는 日本國大相國, 1402년 6월 무오조 日本國大相國, 1403년 2월 경신조 日本大相國이라고 기록했다.

그러나 명으로부터 정식의 책봉을 받은 이후가 되는 1404년 7월부터 조선에서는 일본국왕의 칭호를 썼고 일본에서도 책봉을 요구하는 1402년 9월 명에 보낸 서한부터는 막부장군 스스로를 일본국왕이라고 했다. 조선에서도 이 명칭을 인정해 그 후부터는 막부장군을 일본국왕으로 칭하고 그 사신을 일본국왕사라고 했다. '일본국왕사'의 명칭이 처음보이는 것은 그 해 10월에 위의 사신이 한양에서 태종을 알현하고 일본으로 돌아가는 것을 고할 때의 기록에서이다.[35]

이러한 '일본국왕'의 호칭은 막부장군에 대한 조선 측의 자세변화를 뜻하는 것으로 양국의 외교체제에 커다란 변화를 의미한다. 즉 조선에서는 이때부터 막부장군을 일본의 將臣으로서가 아니라 국왕으로서, 정치와 외

---

35)『太宗實錄』권9, 태종 4년 10월 임진, "日本國王使周棠等 詣闕告還 上御無逸殿見之 命言等饋之."

교권의 주체자로 인정했다는 것이며, 일본국왕(장군)을 조선국왕과 함께 동아시아 외교질서(외교체제) 안에 편입시켜 인식했다는 것을 의미한다. 다시 말해 이때부터 조선은 일본을 동아시아 국제사회의 기존질서인 책봉체제에 편입시켜 우호상대의 인국으로서 명확히 인식했던 것이고, 그에 따라 일본에 대한 외교자세 및 정책도 변화되어 갔다고 볼 수 있다. 따라서 엄밀히 말한다면 조선과 일본이라는 두 나라는 이때부터 비로소 국가 대 국가간의 '대등한 교린관계'가 성립되었다고 볼 수 있으며, 이러한 교린관계 수립은 조일양국관계의 안정화는 물론이고 동아시아 외교질서의 안정 및 정착이라는 차원에서도 그 역사적 의미를 갖는다고 본다.

그러면 통치자간에 맺어진 대등한 교린관계는 구체적으로 어떠한 구조와 성격을 갖고 있는 것일까.

주지하다시피 종래 조선전기 조일관계의 구조에 대하여는 책봉체제하에서 조선국왕과 일본국왕, 즉 국왕간의 동등한 입장이 강조되어 조선과 일본관계를 단순히 대등관계로 인식해 왔으며, 이 대등관계론을 조선시대 전기간에 걸쳐 일괄 적용해왔다.[36] 그러나 이러한 논리는 단편적인 견해로 양국관계를 사실적으로 재검토해 볼 때 많은 문제점을 내포하고 있다.

---

36) 中村榮孝, 『日鮮關係史』上, 4쪽, "중국의 화이관계에 의해 안정된 동아시아의 국제관계는 중국의 권위를 모개로 해 제국상호간의 안전을 보장하고, 거기에 책봉체제를 바탕으로 이것을 전제로 한, 敵國抗禮의 對等抗禮에 의해 교린체제를 성립했다"; 田中健夫, 「倭寇と東アジア通交圏」『日本の社會史』 제1권, 162쪽, "고려, 조선은 대외정책의 기본방침에 사대교린을 취했다. 교린은 인접하는 대등통신의 관계를 유지하려고 하는 것이다." 이러한 논리는 다른 연구자도 마찬가지다(예, 村井章介, 『アジアのなかの中世日本』, 335쪽 ; 荒野泰典, 『近世日本と東アジア』, 163~165쪽). 그러나 高橋公明은 「外交儀禮よりみた室町時代の日朝關係」에서 조선 중심의 화이관념을 지적하면서, '교린정책의 대상으로 조선과 서일본지역의 통교자와의 교섭을 華와 夷로 설정해, 조선의 교린정책을 통일적으로 이해하는 것은 곤란하다'고 했다.

물론 책봉체제 하에서 국왕과 국왕간의 관계라는 점에서는 대등성을 부정하지는 않는다. 그러나 양국간의 실제통교는 그 구조상 대등과는 많은 거리가 있었다. 예를 들면 통치자간에 주고받은 국서의 내용을 보아도 그러했고, 사신접대의 행례문제는 물론이고, 실제 통교자와의 관계는 더 말할 나위가 없다.

주지하다시피 조선과 일본은 모두 피책봉국으로서 명에 보내는 문서에는 명의 천자를 황제라 칭하고 자신들을 각기 조선국왕 또는 일본국왕이라고 칭하였고 명의 연호를 썼다. 그러나 조일간에 주고 받은 국서는 그 양식에서 상당한 차이를 보여주고 있다. 물론 시대에 따라서 약간의 차이는 있으나, 그 대표적인 예로 1424년(세종 6, 응영 31, 영락 22)과 1425년(세종 7, 응영 32, 홍희 원년)의 국서를 비교해면,

일본 → 조선(1424년)	조선 → 일본(1425년)
日本國道詮拜復	朝鮮國王李 裪 奉復
朝鮮國王殿下	日本國殿下
應永三十一年八月初吉	洪熙元年五月日
	朝鮮國王李 裪

첫째, 통치자의 호칭에 차이가 있다는 점이다. 즉 자칭에 있어서 조선측에서는 朝鮮國主 또는 朝鮮國王이라고 하였으나, 일본측에서는 日本國道詮(장군의 이름)을 썼으며,[37] 상대칭호에 있어서도 일본에서는 朝鮮國王

---

37) 일본장군의 자칭은 시대에 따라 차이가 많다. 高橋公明의 조사에 의하면, 조선전기 장군의 대조선 국서는 31회가 나타나 있는데, 이중 日本國源 □□(源아무개)가 16회, 日本國 □□(이름만)이 4회, 日本國王源 □□(國王源아무개)가 4개, 기타 2회, 豊臣秀吉의 5회는 關白이라는 호칭이 5회로 통일적이지 못하다(高橋公明, 1992.3, 「外交稱號, 日本國源某」『名古屋大學文學部硏究論集』113, 史學38, 10쪽, 表1·2참조).

殿下라고 하였으나 조선에서는 구체적 호칭 없이 日本國殿下라고만 했다. 물론 현재 국서의 진본이 남아있지 않아서 확인할 방법은 없지만, 당시 막부에서 조선에 보낸 국서에 日本國王이라고 쓰지 않았다. 예를 들면 위의 국서보다 조금 앞선 1419년(세종 원년)에 막부에서 조선에 보낸 국서양식에 대한 평이 있는데, 그에 의하면

> 義持의 부는 道義로 황제가 일찍이 봉해 왕을 삼았다. (그러나) 義持는 (고)명을 쓰지 않고 스스로 征夷大將軍을 칭한다. 그 나라 사람들은 그를 일러 御所라고 한다. 때문에 그 書에는 단지 日本國源義持라고만 하였고 王字를 쓰지 않았다.38)

즉 일본에서는 명으로부터 책봉을 받았지만 국왕호를 쓰지 않고 있다는 사실을 구체적으로 지적하였던 것이다.

그럼에도 불구하고 조선에서 막부장군을 일본국왕으로 칭했던 이유는 어디에 있었을까. 그것은 아마도 막부장군을 일본의 최고통치권자로 인정하고, 일본을 책봉체제라는 동아시아의 보편적인 외교질서에 편입시킴으로써, 이 외교질서를 통해 왜구를 금압하는 등 조일관계의 안정을 취하려는 외교적인 의도를 가졌던 것은 아닐까.

다시 말해 전통적으로 중국에 대해 사대정책을 취해 왔던 조선은 중화질서의 제도적인 틀인 책봉체제에 스스로 들어감으로써 명과의 사이를 우호관계로 설정한 다음, 이어 일본도 책봉체제 속에 편입되자, 그 질서 속에서 조일 상호간에 안정을 추구하기 위해 통치자간의 국제적인 교섭을 전개해 간 것이라고 본다. 따라서 조선의 입장에서 책봉체제는 동북아 삼국간의 안정질서를 구축한다는 제도적인 장치였으며, 중화질서의 권위를 이용해 일본을 견제한다는 외교적인 의도가 내재된 외교수단이었다고 생

---

38) 『世宗實錄』 권6, 원년 11월 정해, "義持父道義 帝嘗封爲王 義持不用命 自稱 征夷大將軍 而國人則謂之御所 故其書只曰日本國源義持 無王字."

각한다.[39)]

또한 연호문제에 있어서도, 조선에서는 명의 연호를 썼지만 일본에서는 천황의 연호나 혹은 龍集干支를 썼던 것이다. 뿐만 아니라 조선에서 비록 일본국왕의 칭호를 쓰고 있었지만, 그에 대한 차별적 인식과 의구심은 전혀 변함이 없다.[40)] 또한 일본국왕사의 접대를 보아도 1405년에는 오품열, 1425년에는 삼품 상, 1451년에 완성된 '五禮儀'에서는 종이품으로 정하기는 했지만, 이 위치는 유구국왕사와 같은 위치로 일본국왕사를 특별하게 취급했던 것도 아니다.[41)42)]

즉 통치권자간의 교린관계는 표면상으로는 대등관계의 형태를 갖지만,

---

39) 중국의 권위를 대일정책에 이용하려는 조선의 입장은 임란직후 국교재개에 있어 日本國王號의 표기나 개항기 일본과의 서계문제가 논란이 되었을 때에도 노골적으로 나타나고 있는 것을 볼 수 있다.

40) 『太宗實錄』 권13, 태종 7년 정월 갑술, "倭奴爲患久矣 至今末已 今封爲王 厚其賚與 志滿氣驕 橫恣必甚宜遣一老成有學行者 修結隣好 以觀其勢 臣嘗謂 爲吾患者 必此倭奴也."

41) 1405년(태종 5) 12월 무인, "引見日本國王使者 日本國使 序于五品班行."
1414년(태종 14) 4월 을축, "定宴勞日本使客法 日本國王使臣則六曹判書."
1420년(세종 2) 1월 을사, "日本國使臣亮倪 率其屬 亦隨班行禮 序亮倪等于西班 從三品之列."
1425년(세종 7) 4월 기유, "禮曹啓 倭使肅拜節次 各司序立後 奉禮郎及通事 引倭使人 班於西班三品之上序立."
1451년(세종실록 五禮·嘉禮儀式·朝賀), "題方客使位於懸之東西 倭使在東 野人在西 當文武班 准品序立 日本琉球等國使副 當從二品."

42) 그러면 종래 이러한 점을 무시하고 對等論을 주장한 이유는 어디에 있을까. 그것은 아마도 외교문서의 對應者를 염두에 두었기 때문이라고 생각한다. 즉 1392년부터 1399년 사이의 외교문서의 대응양식을 보면 室町將軍, 九州探題, 大內氏, 宗氏가 모두 從一品을 대응하였고, 1400년부터 1403년까지는 大內氏, 管領이 議政府 正一品을 상대로 하였는데, 책봉을 받았던 1404년부터 막부장군의 상대는 正一品으로부터 朝鮮國王에 대응하는 상대로 되었던 것이다. 따라서 통치권자간의 동등한 대응관계가 관계가 곧 대등관계로 인식된 것으로 생각된다.

내용상으로 볼 때는 통치자간의 표면적인 대등한 관계일 뿐, 그것을 가지고 양국관계 전체를 대등관계로 설정하지는 않았다.

그렇다면 이 경우 조선 측이 지향했던 막부장군과의 구체적인 관계는 어떠했을까. 그 관계에 대해 『朝鮮王朝實錄』에는,

> 우리나라는 비록 일본을 멸시하고는 있지만, 그들을 敵國으로 칭하니 그 접대의 예를 논하지 않을 수는 없는 것이다.[43]

고 해 예적인 외교질서의 구축을 목표로 했다.[44]

조선이 막부장군과의 사이에서 추구한 예적 질서의 구현은 특히 사절의 파견과정에 잘 나타나 있는데, 예를 들면

> 1) 이번에 사신을 보내어 수빙하니 교린의 뜻이 지극하다.[45]
> 2) 교린의 예를 중히 여겨 특별히 사신을 보내어 서로 사귀며 신의를 표하고자 한다.[46]
> 3) 교린의 도는 왕래하는 것이며 교빙의 예이다.[47]

라고 한 바와 같이, 막부장군의 사망이나 습직 때에 弔祭나 慶賀의 예를

---

43) 『世宗實錄』 권120, 30년 6월 병인, "我國雖蔑視日本 然稱爲敵國 其接待之禮 不可不議."

44) 조선이 교린체제하에서 일본에 대해 추구한 예적 질서에 관한 연구는 閔德基, 「朝鮮朝前期の日本國王觀」『朝鮮學報』 제132집, 136~138쪽 참조. 그는 여기서 조선왕조가 추구한 禮는 한대 이후 중국에서 지향한 유교적인 예적질서를 말하는데, 그 구체적인 내용은 宋과 遼, 宋과 金 사이에서 이루어진 敵禮關係를 모델로 해, 春秋時代 列國間의 外交를 이상으로 했다고 파악했다.

45) 『世宗實錄』 권18, 세종 4년 12월 기해, "今乃遣使修聘 交隣之義至矣."

46) 『世宗實錄』 권113, 세종 28년, 9월 갑술, "必重交隣之禮 特遣使交好 以示信義."

47) 『成宗實錄』 권158, 성종 14년 9월 을묘, "交隣之道 不可不往來 交聘禮也."

표함으로써 적국에 대한 예의와 신의를 지켜 우호관계를 유지하는 것을
대일교린정책의 기본으로 삼았다.

Ⅲ. 기미관계의 교린

한편 조선국왕과 일본장군이 교린국의 입장에서 국서를 교환했다고 해
서 그것이 곧 양국 통교체제의 완성을 의미하는 것은 아니었다. 왜냐하면
양국의 관계는 중국과의 관계처럼 중앙정권 상호간의 일원적인 관계가 아
니라 다원적이며 계층적인 구조를 갖고 있었기 때문에, 막부는 많은 통교
자중의 하나였지 총괄자도 아니었고, 또 조선에게는 왜구문제 및 일본인
의 도항 등 여전히 해결해야 할 문제가 남아있었기 때문이다. 따라서 조선
과 일본간의 교린체제의 완성은 이러한 다원적이며 중층적인 구조를 어떻
게 정비해 가느냐에 달려있었으며, 사실상 이들 전제조건에 의해 대일 교
린정책의 구체적인 구조와 성격이 결정되어 갔다.

앞서 언급한 바와 같이 조선은 건국 직후부터 왜구의 금압과 피로인의
송환을 위해 중앙의 막부정권 및 지방의 중소영주들과 외교교섭[48]을 전개

---

48) 당시 교섭의 중심세력은 구주지방의 수川了俊이었는데, 그는 이미 고려 말
　　부터 통교를 위해 피로인을 송환해 오는 등 꽤 적극적이었다. 수川은 조선
　　에 들어와서도 1394년 7월 조선에서 파견한 승려 梵明편에 피로 남녀 659
　　인을 송환하면서 大藏經을 청해왔고, 이듬해 7월에도 회례사 崔龍蘇의 편
　　에 570여인을 보내면서 역시 대장경을 요청했다. 그리고는 조선에 보낸 書
　　中에 자신의 힘으로 왜구의 8~9할이 감소했다고 장담하기도 했다(『태조실
　　록』 권6, 3년 7월 경술, 4년 7월 신축). 그러나 1395년 윤7월 수川이 돌연
　　九州探題職에서 해임되어 막부에 소환이 되었고, 그 후는 大內義弘이 九州
　　探題가 되어 조선과의 교섭에 임하게 되었다. 새로 九州探題가 된 大內도
　　1395년 12월 1396년 3월, 그리고 1397년 12월 조선에 사신을 보내어, 자신

하면서 왜구를 평화적인 통교자로 전환시키기 위한 여러가지 회유책을 추진했다. 왜구에 대한 회유책으로는 이들의 침략원인이 기본적으로는 경제적인 데에 있었으므로, 이들에게 交易을 허가해 줌으로써 경제적인 욕구를 충족시켜 왜구를 평화적인 통교자로 전환시켜 간다는 것이었다. 그리하여 평화적으로 통교를 원하여 오는 자는 남해안의 어느 포구에서든지 자유로운 무역을 허락받게 되었고, 『朝鮮王朝實錄』에는 이들의 다양한 명칭이 보인다.

왜구가 통교자로 전환된 형태는 크게 세 종류로 나누어 볼 수 있는데, 使送倭人, 興利倭人, 投化倭人이 그것이다. 즉 使送倭人이란 사자의 명칭을 띠고 도항해 오는 자를 말하며 客倭라고도 하였으며, 興利倭人이란 무역을 위해 도항해 오는 자를 말하는데 商倭 또는 販賣倭人이라 했다. 그리고 왜구로 연해지방에 침입하였으나 조선측의 귀순 종용에 따르는 경우나 왜구는 아니더라도 생활이 어려운 왜인이 바다를 건너 조선에 귀화하는 경우도 있었는데, 조선에서는 이들에게 토지나 가옥을 주어 조선에 안주하게 하였는데, 이들을 降倭, 投化倭 또는 向化倭라 불렀다.[49]

그리고 이들을 포함해 조선의 회유책에 협조한 세력자들에게는 조선의 관직을 주는 受職人制度가 있었다. 수직왜인에 대한 기록은 1396년(태조 5) 12월 병오조에 "降倭 疚六를 宣略將軍龍驤巡衛司行司直兼海道管軍民萬戶로 삼고, 疚六에게 銀帶하나, 腰紗帽 하나, 靴 하나를 하사했다"라는 기록에서 처음 보이는데 이후 급격히 늘어나고 있는 것을 볼 수 있다.[50] 수직인제도는 고려시대부터 여진족에게 취해오던 정책을 전용해 적용한

이 足利將軍의 交隣繼好의 명을 받아 壹岐·對馬의 왜적을 금했다고 하면서 대장경을 청해 왔다. 조선에서는 이에 대해 이듬해 5월 朴惇之를 通信官에 임명해 일본에 파견했다.

49) 귀화왜인에 관한 자세한 연구는 李鉉淙, 「歸化倭人」『朝鮮前期 對日交涉史硏究』 제6장을 참조.

50) 降倭의 受職에 관하여는 앞의 제1장, 다원적이며 중층적인 구조의 표2와 中村榮孝, 「受職倭人の告身」『日鮮關係史の硏究』上, 一五 참조.

것으로, 그 연원은 중국에서 주변 이민족에게 취해 온 기미정책에서 유래한다. 그러나 앞장에서 살펴본 바와 같이 중국의 경우는 羈縻不絶而已의 원칙에 의해 不絶 이상의 적극적인 조치를 취하지 않아, 주변 이민족이 칭신해와도 신하로 인정하지 않았지만, 조선의 기미정책은 오히려 관직을 주어 칭신을 허락하였고, 해마다 상경을 시켜 來朝를 의무화했다는 점에 있어 중국의 기미정책과는 다른 특징을 갖는다. 후에도 언급하지만 왜인에 대한 이러한 회유와 기미정책은 막부장군 이외의 통교자들에게 적용하였던 일반화된 또 하나의 대일정책의 특징으로 '기미관계의 교린'이라고 정의하고자 한다.51)

일본으로부터 내항하는 통교자를 기미질서에 편입시키기 위한 통제책으로는 도항지의 제한, 즉 포소와 왜관제도, 도항자를 제한하기 위한 행장·도서·서계·문인제도, 근해에서 어로행위를 하는 왜인을 통제하기 위한 조어·수세규정, 사송왜인을 통제하기 위한 상경도로나 접대규정 등이 있었는데, 조선에서는 이러한 여러 가지 규정을 제도화해 감으로써 일본으로부터의 모든 통교자를 조선을 중심으로 한 기미질서 속에 편입시켜 정비해 갔다.52)

---

51) 이와 같이 조선을 중심으로 하는 새로운 외교질서를 高橋公明은 '朝鮮外交秩序'라고 명명했다(高橋公明, 1982, 「外交儀禮よりみた室町時代の日朝關係」 『史學硏究』 91-8, 67쪽). 그는 여기서 『海東諸國紀』에 나타나는 화이관념을 예로 들면서 조선인의 대국관을 소개하고, 그 이론을 바탕으로 명과 주변 제국간에 성립한 册封體制와 '朝鮮外交秩序'를 비교했다. 그러나 전자의 사상적 영향을 별도의 문제로 한다면, 전자의 후자에 대한 구속력은 거의 없었다는 점(책봉체제하에서 조선국왕과 室町장군이 거의 대등한 외교문서를 왕복한 것은 제외)을 강조함으로써 '朝鮮外交秩序'의 독자성을 강조했다.

52) 各種統制規定에 관한 연구는 李鉉淙, 1964, 『朝鮮前期 對日交涉史研究』, 한국연구원 ; 同, 1973, 「倭人關係」 『한국사』 12, 국사편찬위원회 ; 中村榮孝, 1969, 『日鮮關係史の研究』, 吉川弘文館, 上 ; 田中健夫, 1959, 『中世海外交涉史の研究』, 東京大出版會 ; 長正統, 1966, 「中世日鮮關係における巨酋使の成

그러면 여기서 이러한 제도들을 통해 통교자들이 어떠한 형태로 기미질서에 편입되어 갔는가에 대해 살펴보자.

도항왜인에 대한 통제는 1407년(태종 7)경 포소의 제한으로부터 시작된다. 즉 사송왜인이나 흥리왜인의 신분으로 조선에 도항해 온 왜인들은 처음에는 경상도 지방의 연해안을 주로 이용하였지만, 점차로 그 지역이 확대되어 전라도 지역은 물론 다른 해안 지역에까지 무질서하게 내왕하게 되었다. 그러자 조선에서는 국방상의 이유와 더불어 흥리왜인의 폐단을 줄이기 위해 1407년부터 경상도 병마절도사 강사덕의 건의에 따라 경상좌도와 우도의 도만호가 거주하고 있는 富山浦와 乃而浦(薺浦) 두 곳을 왜인들의 도박처로 한정시켜 그 출입과 교역품을 통제하기 시작했다.53) 그러나 급작스런 도박처의 제약은 잘 지켜지지 않았고, 또 도항왜인이 급증하자 1418년(태종 18)에는 鹽浦와 加背梁 2곳을 늘려 4곳으로 했다가 1419년(세종 원년) 쓰시마정벌에 의해 일시 폐쇄되었다. 그 후 통교가 단절되자 식량과 생활필수품을 조선에 의존하였던 쓰시마의 간청에 의해 1423년(세종 5) 釜山浦와 乃而浦 두 곳을 다시 허락하였고, 1426년 염포를 추가함에 따라 삼포제도가 확립되게 되었다.54)

그리고 이들 포소에는 왜관을 설치해, 제포 30호·부산포 20호·염포 10호의 恒居倭人55)을 거주케 하면서 도항왜인에 대한 접대와 교역을 허가했다. 이같은 왜관의 설치목적에 대해 이현종은 왜인들의 간계와 방종한 행동의 금지, 국가기밀을 위한 왜인접촉의 금지, 국방상의 이유, 접대처와 교역처의 역할이었다고 밝히고 있다.56) 그리고 사송왜인으로 도항한 왜인에 대하여는 상경인수와 도로, 각종연회 등을 제도화함으로써 규제를 했다.57)

그러나 포소와 왜관의 설치 및 규제만으로는 도항왜인에 대한 통제가 전부 이루어 질 수 없었다. 그러자 조선에서는 이와 병행해 무질서하게 도

　立」『朝鮮學報』41집 등 참조.
53)『太宗實錄』권14, 태종 7년 7월 무인.

54) 조선시대 포소와 왜관의 변천사항을 도표화하면,

설치연대	포소의 수	포소의 소재지	비고
1407년(태종7, 응영14)	2곳	부산포, 내이포	한성 東平館(태종9)
1418년(태종18, 응영25)	4곳	부산포, 내이포, 염포 가배량	
1419년-1422년		제1차폐쇄	쓰시마정벌
1423년(세종5, 응영30)	2곳	부산포, 내이포	통교재개
1426년(세종8, 응영33)	3곳	부산포, 내이포, 염포	삼포제도 확립
1509년-1512년		제2차폐쇄	삼포왜란
1512년(중종7, 영정9)	1곳	제포	임신약조
1521년(중종16, 대영1)	2곳	부산포, 제포	
1544년(중종39, 천문13)	1곳	부산포	사량진왜변
1592년-1601년		제3차폐쇄	임진왜란
1603년(선조36, 경장8)	1곳	부산 절영도	
1607년(선조40, 경장12)	1곳	부산 두모포	
1678년(숙종4, 연보6)	1곳	부산 초량	
1872년(고종13, 명치9)		왜관폐쇄	왜관점령

55) 삼포 항거왜인의 호구수

년	薺浦	富山浦(釜山浦)	鹽浦	계	출처
세종초(약정수) 1418년 (세종18)	30호 (송환자 253인)	20호 (송환 29인)	10호 (송환 96인)	60호 206인	3월 을미조
1466년 (세조12)	300호,1200여인	110호,330여인	36호,120여인	446호,1650여인	
1475년 (성종6)	308호,1731인 (寺11)	88호,350인 (寺3)	34호,128인 (寺1)	430호,2209인	해동제국기 3월 신해조
1494년 (성종25)	347호,2500인 (寺社10,僧人50)	127호,453인 (寺社4,僧人5)	51호,152인	525호,3105인 (寺社14,僧人55)	10월 경진조

56) 李鉉淙, 1964, 『조선전기 대일교섭사 연구』, 한국연구원, 28~29쪽. 그 외에
도 왜관에 관한 연구로는 小田省吾, 1929, 「李氏朝鮮時代に於ける倭館の變
遷」『朝鮮支那文化の研究』; 中村榮孝, 1967, 「浦所の制限と倭館の設置」
『日鮮關係史』上; 田代和生, 1982, 「草梁倭館の設置と機能」『近世日朝通交
貿易史の研究』, 創文社; 손승철, 1987, 「부산왜관의 설치와 기능」『근세한
일관계사』제5장, 강원대출판부; 김의환, 1991, 「부산의 초량왜관과 대일통
신사외교」『한일문화교류사』, 민문고 참조.

57) 상경문제에 관한 최초의 기록은 『世宗實錄』, 세종 3년 정월 무진에 나오는
데, 그 내용은 왜인들이 상경시에 난폭한 행동이 많아 이를 규제하기 위해
상경로를 二道에 한정시킨다는 내용이다. 이후 왜인 상경에 관한 제규정을

항하는 왜인에 대한 보다 적극적이고 효율적인 통제를 위해 도항절차와 증명에 대한 여러 가지 규제를 실시하게 된다.

도항증명과 그 규제형식으로는 서계·행장·도서·문인·상아부·동인·자부 등 여러 가지가 있으나, 그 실시연대나 동기·목적 등 각각 다르기 때문에 일률적으로 설명하기는 어렵지만 모두가 도항 왜인을 다각적으로 회유하고 통제하기 위한 제도였음은 물론이다.

書契란 통교의 목적을 적은 서신으로 주로 사송왜인이 지참해야 하는 일종의 외교문서이다. 즉 당시 도항자의 목적은 사송왜인이라 하더라도 거의가 교역이었지만 중소영주들이 마음대로 사신을 파견해 오자, 이를 통제하기 위해 구주탐제나 대마도주의 서신을 휴대하도록 했다. 그래서 모든 도항인은 사송차 도항한 목적과 용무, 별폭의 형식을 서계를 휴대하는 것을 의무화하였으며, 조선의 기미정책에 의해 상국에 파견되는 사송선의 예를 갖추도록 했다.58) 따라서 조선과 통교를 원한다고 하더라도 사자를 마음대로 조선에 파견할 수 없었고, 통교를 원하는 경우에는 반드시 구주방면은 구주탐제, 대마도내는 도주인 宗氏의 圖書가 찍힌 서계를 휴대한 사송선의 형식을 취해야만 했다.

한편 흥리왜인에 대하여는 좌우도도만호가 방어하는 곳(부산포와 내이포)에 와서 정박하도록 하였으나, 여러 섬의 왜에게 두루 알리지 못한 까닭으로 전과 같이 각 포에 흩어져 정착하므로 각 섬의 渠首에게 두루 알리고, 행장을 발급해 주어서 그것을 휴대해 도만호가 있는 곳에 와서 정박하도록 함으로써 속이고 위장하는 것을 막아 체통을 세우도록 했다.59) 즉

더욱 엄격하게 규제되어 쓰시마 정벌 후 구체화되어 三浦로부터 漢陽까지의 구체적인 노정을 정해 통제했다. 왜인상경에 관한 제규정은 1974, 『海東諸國紀』, 국역 해행총재 민족문화추진위원회에 상세하다.

58) 『世宗實錄』 권8, 세종2년 7월 임신, "本曹於去歲之冬 致書嚴君 九州境內 諸州太守 私使遣人 似無體統 如有遣人行禮者 必受摠管公書信以來 方許禮對 今後 有欲行禮者 公宜照前書施行 以嚴體統."

59) 『太宗實錄』 권14, 태종7년 7월 무인, "興利倭船 於各浦散泊 窺覘兵船虛實

사송왜인에게는 서계를 그리고 흥리왜인에게는 행장을 휴대하게 함으로
써 도항왜인을 효과적으로 통제해 갔던 것이다. 그러나 그 후에도 중소영
주들이 사송선의 명목으로 무질서하게 도항해 오자, 1414년(태종 14) 사인
들의 난동을 계기로 사송선에 제한을 가해, 이후로는 日本國王, 對馬島主,
大內, 小貳, 九州探題 등 10곳의 사자 이외에는 도항을 허가하지 않도록
하고, 이 내용을 대마도주로 하여금 각처에 통보하게 했다.[60] 이것이 쓰시
마를 이용해 대일관계를 체계화하기 시작한 최초의 조치라고 볼 수 있다.
이와 같이 조선에서는 포소나 왜관 또는 상경노정을 통해 직접 통제하면
서도, 서계나 행장 등을 통해 구주탐제나 대마도주를 이용해 왜인의 도항
을 규제토록 함으로써 통제책을 체계화해 갔던 것이다. 물론 이 경우 중간
통제자였던 구주탐제나 대마도주가 그들의 위치를 이용해 상당한 利를 취
하였음은 물론이다.

그러나 1418년 대마도주 宗貞茂의 죽음은 쓰시마의 내분을 야기시켜
다시금 왜구의 창궐을 몰고 왔다. 그리하여 기근에 의해 생활이 궁핍해진
대마도민은 다시 왜구가 되어 이듬해 5월 왜선 50여척으로 충청도 비인현
을 침입해 병선을 불태우고 노략질을 하였으며, 이어 황해도 연평도에 재
차 침입한 후 요동반도로 향했다. 이에 태종은 왜구의 주력이 쓰시마를 비
운 틈을 이용해 쓰시마를 정벌하기로 하고, 도체찰사 李從茂로 하여금 병
선 227척에 병 17,285명과 65일분의 식량을 적재하고 쓰시마를 공격하도

實爲未便 前番都節制使 報于議政府 使於左右都萬戶防禦之處到泊 令諸島倭
船 不能通知其故 依前於 各浦散泊 乞通諭各島 渠首行狀成給 使於都萬戶在
處到泊 以防許僞 以一體統."

60) 당시 울산(염포)에는 宗貞茂의 사인 34인, 小二殿의 사인 31인, 一岐州의 사
   인 20인, 日向州의 사인 20명 등 105인이 있었는데, 이들이 청한 종을 늦게
   주자, 이에 반발해 난동을 부린 사건이 일어났다. 그러자 조선에서는 이후
   사송왜인을 10處倭使로 제한하고 이 사실을 대마도주 宗貞茂에게 알렸다.
   『太宗實錄』 권28, 태종 14년 8월 정미, "且遣池溫諭宗貞茂曰 今後 日本國王
   及對馬島大內殿·小二殿·九州節度使等十處倭使 外 各處倭人 毋得出送."

록 했다. 이종무의 정벌군은 1419년 6월 20일 쓰시마의 아소만을 공격한 후, 왜구의 소굴이라고 생각되는 쓰시마의 각지를 토벌했다. 그러나 당시 왜구의 주력은 조선을 거쳐 요동지방을 노략질하고 있었으므로, 쓰시마에 없었고, 또 곧 태풍이 예상되어 더 이상의 제제를 중단하고 대마도주를 책 망한 후, 7월 3일 거제도로 귀환했다. 따라서 쓰시마정벌은 당초의 목적을 충분히 이룰 수는 없었지만 왜구에 대한 직접적인 무력행사를 과시함으로 써 소정의 목적은 달성했다고 보겠다.[61] 더구나 이후 조선과의 교역이 단 절된 쓰시마는 조선의 요구에 순응해 옴으로써, 세종조의 각종 통제책의 확립을 가능하게 했다.

즉 1419년 쓰시마정벌 이후 교역이 단절되어 생존의 위협을 느낀 쓰시 마로부터 교역재개가 요청되자, 조선에서는 대마도주의 정치적 입장을 옹 호하면서, 그 지위를 이용해 대일통교체제의 일원화를 꾀했다. 즉 교역이 단절되자 대마도주는 쓰시마를 조선에 귀속시키되 印章을 만들어 주면 모든 명에 따르겠다는 요청을 해왔는데, 이를 계기로 도주의 서계에 의한 도항자의 제한을 유도한 조선의 통제책은 통제의 효과를 올리는 한편, 도 주에게는 도내지배권 강화를 위한 결정적인 계기가 되었다. 이로써 1419 년부터 구주방면은 九州探題의 서계에 의해 통제가 가능해졌고, 쓰시마방 면은 1420년부터 대마도주의 서계가 없이는 사송선으로서의 도항이 어려 워졌다. 그 결과 探題나 대마도주의 서계를 가진 자만이 사송선을 보낼 수 있게 되었다.[62]

다음에 통교자에게 銅으로 도장을 만들어 주어, 휴대한 서계에 찍게 하 므로써 통교자의 왕래를 제한하는 圖書制가 있다. 이것은 통교자가 조선

---

61) 쓰시마정벌에 관하여는 손승철, 1993, 「조선시대의 전쟁」『한국역대전쟁 사』, 국방부 국방군사연구소편, 세종조의 전쟁 참조.

62) 中村榮孝, 「日鮮交通の統制と書契および文引」, 앞의 책, 443쪽 ; 長節子, 1966, 「對馬島宗氏領國支配の發展と朝鮮關係諸權益」『朝鮮學報』第39, 40合 輯 ; 田中健夫, 1982, 『對外關係と文化交流』, 思文閣, 40쪽.

의 예조에 자기의 실명을 새긴 도장(圖書)을 새겨줄 것을 요청해 받은 다음, 조선에 보내는 서계에 찍어 신분을 확인하는 제도이다. 기록에는 1416년(태종 16)에 日本濃州太守 平宗壽가 사람을 보내어 예물을 바치고 圖書를 청했다는 기록이 있으나,[63] 실제로 도서를 하사한 것은 1418년(태종 18) 美作太守가 요청해 만들어 준 것이 처음이다.[64] 그 후에도 九州探題 및 휘하의 세력자, 쓰시마의 유력자, 일기의 세력가 등에게 만들어 주었는데, 모두 일본쪽의 요청에 의해서 수급되고 있으며, 이들을 受圖書人이라고 했다. 따라서 이것은 통제책에도 효과가 있었지만, 통교자 스스로가 자신의 이익을 보증받기 위해, 圖書를 받아 자신이 보내는 사자의 서계에 찍어 보내 조선 측에서 신분을 확인받아 통교자로서 대우를 받으려는 목적에서 만들어진 것이다.[65] 그러나 조선에서는 역으로 이 圖書制를 통해 도항자의 신분을 확인하고 그에 따라 접대를 했다.

다음, 대마도주가 발행하는 文引制가 있다. 이것은 대마도주 宗貞盛이 1426년 일본의 각처에서 雜人이 횡행하기 때문에, 일본으로부터의 사송선 및 흥리왜인은 모두 자신의 路引(일종의 도항증명서)을 지급할 것이므로, 금후 이것을 지참하지 않은 자는 접대하지 않도록 해 달라는 것이었다.[66] 그러나 당시 곧바로 이것이 시행되지는 않았고, 1436년 조선의 포소에 거주하고 있던 왜인이 쓰시마의 도항자로 가장해 조선으로부터 체재비 등을 지급받은 사실이 폭로되자, 1438년(세종 20) 조선에서는 敬差官 李藝를 쓰시마에 파견해 대마도주 宗貞盛과 약조해 일본으로부터 도항하는 모든 사송선에 대하여는 대마도주로 하여금 선박의 大小·使者·船夫의 숫자

---

63) 『太宗實錄』 권31, 태종 16년 3월 신축, "日本濃州太守平宗壽使人 獻禮物 請圖書."

64) 『世宗實錄』 권2, 세종 즉위년 11월 정묘, "日本國西海路美作太守淨存 遣人 獻土物 仍請賜圖書 命禮曹造圖書賜之."

65) 李鉉淙, 앞의 책, 40쪽.

66) 『世宗實錄』 권32, 세종 8년 5월 갑인, "臣恐濟處雜人 汎濫橫行各處 使船興利船 皆給路引 今後 無路引者 勿許接待."

를 적은 文引이 없으면 접대하지 않기로 했다.[67]

이로써 대마도주의 조선과의 통교특권이 확립되었으며, 쓰시마내의 受圖書人의 통제까지 가능하게 되었다. 그리하여 1440년(세종 22)대부터는 문인제도가 조일양국의 통교에 있어 가장 중요한 기능을 발휘하게 되었으며, 대마도주는 문인발행권을 통해 일본측의 대조선통교권을 장악하게 되었고, 동시에 文引을 발행할 때도 그에 대한 수수료를 받았고, 또 교역물품에 대해서도 과세를 부과해 경제적으로도 이익을 도모했다. 이와 같이 문인제도는 조선의 입장에서 볼 때도 효과적인 통제책이 되었을 뿐만 아니라, 대마도로서도 대조선통교권을 장악하는데 큰 역할을 하였다.[68]

한편 문인제도와 관련해 조선의 근해에서 고기를 잡는 왜인에 대한 통제책도 아울러 문제가 되었다. 釣魚要請에 대한 최초의 기록은 1430년(세종 12)에 보이는데,[69] 그것이 정식으로 허가된 것은 1441년(세종 23)에 이르러서 전라도 남해의 孤島와 草島에서의 고기잡이를 허용한 것이 처음이다.[70]

그 절차를 보면 왜인으로서 고기잡이를 원하는 경우, 먼저 대마도주가 발행하는 문인을 받아 知世浦(거제도)에 설치된 조선관아에 그 文引을 맡긴 다음 조선에서 발행하는 孤·草島 왕래 문인을 교부받은 후, 고기잡이를 한 후 다시 知世浦에 돌아와 조선에서 정한 魚稅를 낸 다음 대마도주의 문인을 받아 돌아간다는 것이다. 그리고 조선조에서는 이때 받은 魚稅

___

67) 『世宗實錄』 권82, 세종 20년 9월 기해, "議政府啓 今遣李藝至對馬州 與宗貞盛 已定約 束而來 乞自今 對馬州宗彦七 宗彦次郎 宗茂直 萬戶早田 六郎次郎 及壹岐志佐殿 佐志殿 九州田平殿 大友殿 薩摩州 石見州等諸處使送人 如無貞盛文引 不許接待." 이예의 대일 활동에 관하여는 한문종, 1990, 「조선초기 이예의 대일교섭활동에 대한 고찰」 『전북사학』 제11·12집 참조.

68) 中村榮孝, 앞의 책, 459쪽 ; 長節子, 「對馬島主の繼承と宗氏系譜」 『史學雜誌』 75編1號 ; 同 「對馬島宗氏世系の成立」 『日本歷史』 第208號 참조.

69) 『世宗實錄』 권50, 세종12년 11월 기해, "宗貞盛致書禮曹 請於加背 仇羅兩梁 豆毛 西 生兩浦捕漁 … 皆不許."

70) 『世宗實錄』 권94, 세종23년 11월 을묘, 병진.

로 경상도 관찰사의 처분에 따라 입국왜사의 접대비용에 충당하게 하고, 나머지는 시중에서 쌀이나 布로 바꾸어 국가비용으로 충당하도록 하였으나, 실제 운영상에서는 많은 문제점이 있었고 또 그대로 지켜지지 않는 경우가 허다했다. 그러나 대마도주로서는 이 제도를 통해 도내지배를 더욱 강화해 나갔다.[71]

이상 통제책의 몇 가지 내용을 살펴보았다. 그러나 위의 통제책들은 도항자 통제의 1차적인 권한을 대마도주에 위탁하였기 때문에 그 운영에 한계가 있을 수밖에 없었다. 이에 조선에서는 더욱 적극적인 통제책으로 도항자의 세견선수를 정함으로써 도항회수 및 교역량을 기본적으로 제한하였던 것이다. 세견수의 정약은 1424년(세종 6)에 九州探題에게 춘추 2회의 遣使를 허용한 것이 시초이나,[72] 이것이 통제책으로 확립된 것은 1443년 (세종 25) 조선과 대마도주간에 계해약조를 맺음으로써 비롯된다. 그 주된 내용은 쓰시마로부터의 세견선을 매년 50척으로 한정한다는 것이다.[73] 물론 대마도주의 입장에서는 지금까지는 마음대로 遣使를 해 왔기 때문에 불이익한 것이었지만, 조선 측의 통제책에 따르지 않을 수 없었으며, 한편으로 사송선에 대한 권한은 도주가 갖는 것이었기 때문에 도주의 입장에서는 큰 저항없이 조선 측의 요구를 그대로 받아들였던 것 같다.

그러나 대마도내를 비롯한 종래의 受圖書人, 受職人들의 반발에 의해 이후 이들과도 세견선 조약을 맺어 『海東諸國紀』가 완성되는 성종초기에는 세견선만 년 112~126척에 이르고 있다.[74] 그리고 모든 세견선은 도항에서부터 돌아갈 때까지 조선 측에서 정한 제 규정대로 규제를 받아야만

---

71) 長節子, 1979, 「おふせん論考-孤草島釣魚に關する一考察」 『朝鮮學報』 제36 집, 140쪽 참조.

72) 『世宗實錄』 권26, 세종 6년 12월 무오.

73) 『世宗實錄』 권105, 26년 윤7월 기해, "… 近年使送船隻 厭數猥多 沿途館驛 不勝供億歲 癸亥春 約以五十隻 爲定額 …." 그리고 대마도주가 보내는 세 견선은 '特送'이라 불렀다(『海東諸國紀』 朝聘應接紀, 使船定數).

74) 이현종, 「조선초기 대외관계 3, 왜인관계」 『한국사』 9, 국사편찬위원회, 366쪽.

통교를 할 수 있었다. 예를 들면 이들 도항자의 대부분이 외교적인 목적에서보다는 경제적인 교역(때로는 대장경이나 범종을 구하는 경우도 있었음75))을 목적으로 하였지만, 조선에서는 이들을 기본적으로는 使者로 응접했다.

『海東諸國紀』의 「朝聘應接紀」에는 諸使定例의 항목에 이들 사자의 접대기준을 國王使例(將軍), 巨酋使例(畠山, 細川, 左武衛, 京極, 山名, 大內, 小貳等), 九州節度使·對馬島主特送例, 諸酋使·對馬島人受職人例 등 네 등급으로 나누어 접대하도록 했다. 이 「朝聘應接紀」에는 이들에 대한 구체적인 응접례가 규정화되어 있는데,76) 모두 조빙하는 사자로서 응접하도록 했다. 이러한 점에서 조선전기 대일통교체제는 세견선정약이 이루어지는 계해약조에 의해 체계화되기 시작해『해동제국기』에 이르러 확립되었다고 보아도 무리가 없다고 생각한다. 그리고 이『해동제국기』의 제규정은 이후 조선후기에 이르러서도 조일통교체제의 기본골격을 이루게 되었다.

결국 조선은 이상과 같은 과정을 통해 통교체제를 정비해 감에 따라 왜구를 평화적인 통교자로 전환시켜 갈 수 있었고, 또 각종의 규정에 의해 그들의 무제한적인 왕래를 구조적인 틀 속에 집어 넣어가면서 체계적으로 통제할 수 있게 되었다. 그리고 모든 도항자는 사송선의 형식을 취하게 하였고, 또 각종의 서계나 행장에 외교문서의 형식을 갖추게 하였으며, 그들

---

75) 나종우, 1992, 「조선전기 고려대장경의 일본전수」『한국중세대일교섭사연구』, 단국대학교 대학원 박사학위논문 ; 村井章介, 1989, 「倭人海商の國際的位置－朝鮮に大藏經を求請した倭使を例して－」『アジアのなか中世日本』, 校倉書房 참조.

76)『海東諸國紀』朝聘應接紀의 내용을 보면, 使船定數, 諸使定例, 使船大小船夫定額, 給圖書, 諸使迎送, 三浦熟供, 三浦分泊, 上京人數, 三浦宴, 路宴, 京中迎餞宴, 晝奉杯(주간의 술대접), 京中日供, 闕內宴, 禮曹宴, 名日宴, 下程, 例賜, 別賜, 留浦日限, 修船給粧(선박수리비용), 上京道路, 過海料, 給料, 諸道宴儀, 禮曹宴儀 등 각종 규정이 사신의 등급에 따라 상세히 규정되어 있다.

을 야인이나 유구사절처럼 상경을 시켜 국왕에게 조례를 하며, 진상과 회사의 형태로 교역을 행하게 하는 등 상국에 조빙하는 응접의 제규정에 따라 접대하는 형식을 통하게 함으로써, 조선을 상국으로 하는 기미질서에 편입시켜 갔던 것이다.

결론적으로 이상의 논의를 통해 조선전기 조일간의 다원적이며 계층적인 교린체제의 구조적 특징을 정리해보면, 첫째, 朝鮮國王과 日本將軍은 동아시아의 외교질서인 중국의 책봉체제를 전제로해 국왕간의 적례관계를 지향하는 '대등관계'의 교린을 했다. 둘째, 그 외의 모든 통교자는 대마도주를 대변자로 해 통교권을 획득하는데, 그 통교방식은 조선 중심의 기미질서에 편입시켜 조빙응접의 형식을 취하도록 한다. 이렇게 하여 조선은 대일본관계를 통치권자간의 대등교린과 대마도주를 정점으로 하는 '기미교린'이라고 하는 이중구조의 독특한 교린체제를 완성하였다.[77]

이러한 점에서 조선조 대외정책의 기본구조인 사대와 교린에 대한 종래의 연구는 재고하지 않으면 안된다고 생각한다. 즉 앞서 지적한 바와 같이 중국에 대한 사대와 책봉은 동아시아의 외교체제에 편입하기 위한 외교규범이었고, 이를 전제로 한 일본에 대한 교린이 단순한 대등관계의 의미가 아니라, 동아시아의 외교규범인 책봉체제 속에서의 통치권자간의 적례를 지향하는 대등교린과 그 외의 통교자와는 대마도주를 정점으로 한 기미교린의 이중구조를 갖고 있었다는 점이 구별되어 재인식되어야 할 것이다. 그리고 조선은 건국직후 이러한 사대교린의 대외정책을 통해 동아시아의 주변국인 중국이나 일본과의 관계를 상호공존관계로 정착시켜 갔다.

---

77) 졸고, 1989, 『朝鮮後期 對日政策의 性格研究』, 성균관대대학원 박사학위논문, 43쪽.

제2절 조·유 교린체제의 구조와 성격

Ⅰ. 유구와의 통교현황

조선의 남쪽에 위치한 또 하나의 교린대상국은 琉球였다. 유구는 이미 1372년에 국왕 察度의 명의로 명에 입공을 시작하고 있다. 1404년에는 명으로부터 책봉사가 파견되어 정식으로 책봉을 받았으며,[1] 조선과의 사이에는 상호간에 국왕의 명의로 정식의 국서가 교환될 만큼 동아시아 국제사회에서 엄연한 독립국으로 존재하고 있었다. 그러나 종래 유구관계의 연구는 일본과의 관계를 고려해서인지 연구 성과도 빈약할 뿐만 아니라, 그 시각도 단순한 교류(접촉)의 현황을 다루는 정도였다.[2] 차차 밝히려는 문제이지만, 조선은 琉球國王使의 접대를 대등교린의 대상이었던 日本國王使와 기본적으로 같은 수준으로 하였으며, 그 형태도 역시 적례적 관계

---

1) 「沖繩の歷史と文化」『海上の道』(1992, 東京國立博物館開催, 復歸20周年記念特別展), 149~151, 沖繩史年表.

2) 유구관계에 대한 기존의 대표적인 연구는 민병하, 1966, 「여말, 선초의 유구국과의 관계」『국제문화』 3 ; 이현종, 1970, 「유구·남만관계」『한국사』 9, 국사편찬위원회 ; 秋山謙藏, 「琉球歷代寶案に遺る朝鮮との交涉」『稻葉博士還曆記念滿鮮史論叢』, 「李氏朝鮮と琉球との通交」(『史學雜誌』 41-7) (『日支交涉史研究』, 1939, 再收錄) ; 小葉田淳, 1941, 「日本本土·琉球間 の經濟的及び政治的關係に就いて」(『中世南島通交貿易史の研究』, 「琉球朝鮮の關係について」(『田山方南先生華甲記念論文集』, 東恩納寬惇, 「朝鮮との交通」)(『黎明期の海外交通史』) ; 田中健夫, 1975, 「琉球に關する朝鮮史料の性格」『中世對外關係史』, 東京大學出版部 등이 있다.

를 지향했다는 점이다. 따라서 유구와의 관계는 조선의 교린체제의 구조와 성격을 규정하는데 아주 중요한 예임에도 불구하고 종래의 연구는 이를 기피해 왔다.

기록에 의하면, 유구와의 관계는 고려 말 창왕 원년인 1389년부터 시작된다. 즉 1389년 8월 유구국왕인 察度가 玉之를 보내어, 칭신하면서 왜구에게 붙잡혀 간 피로인과 方物(硫黃, 蘇木, 胡椒, 甲具 등)을 바쳐 오면서 시작되었다. 당시 유구로부터 사신이 온 이유에 대해, 『高麗史』에는 그해 2월 고려가 쓰시마를 정벌한 소식을 듣고 사신을 보내왔다고 한다.[3]

그러나 고려에서는 유구사신에 대해 의구심을 품고, 접대에 논란이 있었으나, 멀리서 온 사행을 박대하는 것은 예의가 아니라는 '待遠人之道厚饋'의 원칙과 왜구에 피랍된 조선인을 송환해 주었다는 답례로 후하게 접대하고, 예물을 주어 돌려보냈다. 그리고 그들의 귀환편에 보빙사 전객령 김윤후, 부령 김인용을 유구에 보내어 피로인 37명을 송환했다.[4] 이렇게 시작된 유구와의 관계는 조선의 건국 후에도 계속되었다.

그러면 구체적으로 조선조에 이르러 유구와의 관계가 어떻게 전개되어 갔는가를 정리해 보자.

『朝鮮王朝實錄』에 의하면, 유구관계는 건국직후인 1392년(태조 원년) 8월에 琉球國 中山王이 사신을 보내어 내조했다는 기록으로부터 시작된다. 그리고 그 후 9월에는 야인의 吾良哈人과 함께 유구국사를 조참시켰다는 기사와 시년조에 유구국왕 察度가 稱臣封書해 오자, 조선에서는 통사 이선을 보내어 피로인 남녀 8인을 송환해 왔다고 한다. 물론 이 시기 유구가 조선의 건국사실을 알고 사신을 파견한 것이라고는 생각되지 않지만, 이 부분의 기사가 시년조에 기록되어 있어서 조선조의 유구관계에 포함시킬

---

3) 『高麗史』 권137, 列傳50 辛禑 附 昌條. 그러나 「琉球國紀」『海東諸國紀』에는 恭讓王 2년 유구국왕 察度가 사신을 보내어 내조했다고 기록하고 있다.

4) 『高麗史』 권45, 世家45, 恭讓王 2년 8월 정해.

수밖에 없다.[5)]

　그러면 實錄에 나와 있는 기록을 중심으로 유구관계의 전개상황을 살펴보자.

<표 1> 유구사행일람

번호	년월	사자의 명칭	피로.표류인	기타	출전
1	1392.8	琉球國中山王			태조 원년 8월 정묘
2	9	球國使 吾良哈人			태조 원년 9월 기축
3	是年	中山王察度(遣通事 李善)	피로남녀 8	稱臣,奉書	태조 원년 시년조
4	1394.9	中山王察度, 王世子 武寧	피로남녀12	山南王發回	태조 3년 9월 병오
5	1397.8	中山王察度	피로, 표류 9		태조 6년 8월 을유
6	1400.10	琉球國王察度, 王世子武寧			정종 2년 10월 병오
7	1409.9	中山王思紹 阿乃佳結制	피로 부녀 3		태종 9년 9월 경인
8	1410.10	中山王思紹 模都結制	피로 14		태종 10년 10월 임자
9	1416. 7	琉球國通信官前護軍 李藝派遣	피로인 44		태종 16년 7월 임자
10	1418. 8	琉球國遣使		좌초	세종 즉위년 8월 무술
11	1423. 1	琉球國使送人		접대거부	세종 5년 정월 병술
12	1429.12	朝鮮漂着 琉球人 14人送還		島津貴久에게 의뢰	세종 11년 9월 임진
13	1430.윤12.	通事金源珍回自琉球國			세종 12년윤12월 임술
14	1431.9	琉球國客人來迫			세종 13년 9월 정묘
15	1431.11	琉球國使夏禮久		對馬가 관여	세종 13년 11월 경오
16	1433. 7.	琉球國 船匠			세종 15년 7월 경오
17	1437. 7	本國人 金元珍	표류인 6		세종 19년 7월 무신
18	1453. 3	琉球國王使 道安	표류인수 미상	博多人	단종 원년 3월 무진
19	1455. 8	琉球國使者倭僧道安	표류인수 미상	대장경	세조 원년 8월 무진
20	1457. 7	琉球國使者倭僧道	표류인 3	송환	세조 3년 7월 을해
21	1458. 2	琉球國王使者吾羅沙也文	표류인 2	博多商人	세조 4년 2월 을묘
22	3	琉球國王使送友仲僧	표류인 1	博多商人	세조 4년 3월 병신
23	3	琉球國王使人日本人宗久	표류인	남녀2	세조 4년 3월 무술
24	8	유국국왕이 사자 파견			세조 4년 8월 병자

---

5) 『太祖實錄』권1, 원년 8월 정묘, "琉球國中山王 遣使來朝"; 9월 기축, "上視朝 琉球國使 吾良哈人等參朝 琉球位於東五品下 吾良哈位於西四品下 其從者位於六品之下 琉球獻方物"; 後12월, "是年 琉球國中山王察度 稱臣奉書 遣通事李善等 進貢禮物 幷送還被虜男女八口."

25	1459. 1	琉球國使者冷泉津平氏護軍 道安			세조 5년 정월 계사
26	9	琉球國王遣而羅酒毛			세조 5년 9월 병신
27	9	유구국왕이 사자 파견			
28	1461. 5	琉球國王遣使僧德源	표류인 2		세조 7년 5월 기사
29	1461.12	琉球國中山王遣普須古	표류인 8	대장경	세조 7년 12월 무진
30	1467. 3	琉球國王遣使			세조 13년 3월 경오
31	5	琉球國使 釜山浦			세조 13년 5월 무인
32	7	琉球國王遣僧同照,東渾			세조 13년 7월 병자
33	1468. 5	琉球國王弟閔意遣使			세조 14년 5월 을해
34	1470. 6	琉球國中平田大島平州守等 閔意			성종 원년 6월 병자
35	1471. 11	琉球國王尙德遣僧自端西堂		대장경	성종 2년 11월 경자
36	11	平佐衛門尉信重		대장경	
37	1472. 1	유구국 喜里主의 사자가 옴			성종 3년 정월 갑인
38	1477. 6	琉球國王尙德遣內原里主			성종 8년 6월 신축
39	1479. 5	琉球國使臣上官人新時羅	표류인 3인	대장경	성종 10년 5월 신미
40	1480. 4	琉球國摠守李國圓子			성종 11년 4월 정사
41	6	琉球國王尙德遣敬宗			성종 11년 6월 을묘
42	1483. 12	琉球國王尙圓遣新四郎		대장경	성종 14년 12월정축
43	1491. 12	琉球國王遣耶次郎		대장경	성종 22년 12월 갑진
44	1493. 6	琉球國王遣梵慶			성종 24년 6월 무진
45	6	也次郎이 옴			상동
46	1494. 5	琉球國中山府主使僧天章			성종 25년 5월 무술
47	1500.11	琉球國王遣臣梁廣梁椿		대장경	연산군 6년 11월 무오
48	1505. 7	琉球國王使臣			연산군 11년 7월 신축
49	1509. 8	琉球國等閔意			중종 4년 8월 무진
50	1519. 3	琉球國平田大島平州守			중종 14년 3월 임인
51	1524. 9	琉球國等悶意			중종 19년 9월 계해
52	1546. 2	濟州人朴孫등 12인 冬至使 편에 귀국			명종 원년 2월 무자
53	1589. 8	漂着琉球人 30여인 琉球進 貢使편에 귀국			선조 22년 8월 무진

* 이 표는 『朝鮮王朝實錄』을 기본으로 해 小葉田淳,「琉球朝鮮の關係について」『田山方南先生華甲記念論文集』; 東恩納寬惇, 1941,「朝鮮との交通」『黎明期の海外交通史』; 田中健夫, 1975,「琉球に關する朝鮮史料の性格」『中世對外關係史』 등을 참고로 작성했다.

* 일련번호는 琉球往來에 관한 기록을 시대순으로 나열한 것으로 횟수와는 관계없음.

이상의 내용을 통해 유구와의 관계를 정리해 보면

첫째, 조선전기 유구와의 접촉은 총 53차례에 걸쳐서 산견되지만, 그 정확한 횟수에 관하여는 의문의 여지가 많다. 그 이유는 사행의 기록이 도항에서부터 귀국에 이르는 과정이 상세하지 않아 구분이 불분명한 경우가 있고, 또한 對馬人이나 博多人 등 중간자의 僞使行爲가 중첩되기 때문에 획일적으로 유구사행으로 분류할 수도 없을 뿐더러, 琉球國王使인지 아닌지도 불투명한 경우가 많기 때문이다. 따라서 횟수로서의 사행의 파악은 큰 의미가 없다.6) 이에 대해 田中健夫는 조선전기의 유구사행의 횟수를 총 37회로 보고, 네 시기로 나누어 분류하고 있지만, 구체적인 사행년대를 제시하고 있지 않아 역시 고증하기는 매우 어렵다.7)

그러나 사행형태로 봐서는 크게 세 시기로 구분하는 것이 타당하지 않을까 한다. 즉 1392년부터 1418년까지의 琉球國王 명의로 파견되어 양국간에 직접통교가 이루어진 시기, 다음 1423년부터 1524년까지로 거의가 쓰시마나 博多人이 위장된 사행을 하거나 이에 편승하는 시기, 그리고 1546년 이후는 北京을 통해 조선의 冬至使와 琉球進貢使에 의해 이루어지는 시기로 나눌 수 있다고 본다.

둘째, 양국의 사행관계를 볼 때, 기록에 나타나는 대부분의 사행은 유구에서 조선에 사절을 파견한 것이고, 조선에서 유구에 간 경우는 3회(그러나 1430년 통사 金源珍과 1437년의 본국인 金元珍에 대하여는 조선인이 아니라는 설이 있음8))뿐이다. 따라서 양국간의 사절파견 현황을 볼 때, 사

---

6) 최근 실록의 일본관계사료를 정리분석한 有井知德,『李朝實錄の日本史料の研究』『靑丘學術論集』, 제3집(1993, 韓國文化研究振興財團)에 의하면 조선전기 유구관계사료는 총 257건으로 통계를 내었다. 그리고 이것은 항목별로 분류해 조선의 琉球使臣 접대는 1392년에서 1544년까지 총 71회를 기록하였으나 구체적인 내용은 밝히지 않아 이 역시 횟수자체의 숫자로는 큰 의는 없다. 그러나 전체적으로는 다른 사항과 비교하면 좋은 참조가 된다.

7) 田中健夫, 앞의 글, 291~294쪽에 의하면 제1기는 1389년~1423년, 제2기는 1439년~1468년, 제3기는 1470년~1494년, 제4기는 1500년으로 설정하고 있다.

절의 파견은 유구 쪽에서 훨씬 적극적이었다는 점이다. 그렇다면 그 이유는 어디에 있으며, 거기에는 어떠한 성격이 내재되어 있을까. 이점에 관하여는 다음 절에서 다루고자 한다.

셋째, 유구국의 사행에 의해서 왜구에게 잡혀간 피로인과 유구에 표류한 조선인의 송환이 이루어지고 있는데, 그 횟수는 총 17회에 달하고 있다. 피로인과 표류인의 구분은 1418년 이전까지는 피로인의 형태로, 그 이후는 표류인의 형태로 송환되고 있다. 그러나 수미상이 2회에 걸쳐 있고, 피로인과 표류인의 구분이 없는 경우도 있어, 피로인이나 표류인의 숫자는 정확히 알 수 없지만, 수가 기록된 것만을 파악해 보면, 피로가 81인, 표류가 27인, 피로표류가 9인에 달하고 있다. 그리고 1546년 이후 북경을 통해 송환된 표류인이 12인이다. 또한 조선에 표착한 유구인의 송환도 1429년에 14인과 1589년에 북경을 통해 송환시킨 30인으로 나타난다. 이러한 피로, 표류인의 상호송환도 양국관계의 중요한 사항으로 이것이 유구관계사에서 가지는 의미도 아울러 생각해 보고자 한다.

넷째, 유구국사로 위장된 사행과 대장경 청구의 문제이다. 조선에서 유구국사의 진위가 문제가 되기 시작한 것은 1423년 사행부터로, 이후 그 진위가 계속 문제가 되고 있다. 기록에 의하면 1500년(연산군 6)에 파견되어 온, 유구국왕사 梁椿이 스스로 말하기를 유구로부터는 40년만의 사행이었다고 한 것처럼, 이에 의하면 적어도 1461년 이후의 사행은 모두 위장된 사행이었다는 점이다. 그리고 이들의 대부분이 대장경을 청구한다는 점이다. 따라서 이 위장된 사행과 대장경의 청구는 양국관계사에 있어 어떠한 의미를 가지는 가도 양국관계를 규명하는데 중요한 문제라고 생각된다.

그러면 이상의 교류의 현황에서 두드러지는 몇가지 문제점을 중심으로 양국관계의 구조와 성격을 구체적으로 고찰해 보자.

---

8) 田中健夫, 1959,「日鮮貿易における博多商人の活動」『中世海外交渉史の研究』, 東京大學出版會, 59~63쪽.

Ⅱ. 교린체제의 구조

조선의 건국 후, 왜구문제를 해결하기 위한 노력이 다양하게 전개되었음은 이미 잘 알려진 사실이다. 예를 들면 조선은 건국 직후부터 일본의 중앙정권인 室町幕府에 사신을 보내어 왜구의 금지를 요청하는 한편, 왜구의 실제 세력이었던 對馬島 및 九州 등 일본해 연안의 중소 영주세력들과 다양하게 접촉을 벌이는 동시에, 왜구의 근본원인이 경제적인 빈곤임을 감안해, 이들에게 회사품이나 식량을 지급해 평화적인 통교자로 전환시키는 노력을 경주했다. 그 결과 외교적인 절충과 평화적인 통교자의 우대책은 큰 성과를 거두어 가면서 왜구를 분해 변질시켜 갔고, 쓰시마정벌 이후 체계화한 통교체제의 정비에 의해 적어도, 1443년의 계해약조를 전후해부터는 일본과의 관계가 적례적 대등교린과 기미교린의 체제 속에 안정되어 갈 수 있었다.

그러나 동시기 조선의 남방관계에는 倭로 불렸던 일본 외에 왜와는 전혀 다르게 인식된 琉球라는 또 하나의 나라가 있었다. 따라서 조선의 남방관계는 일본(왜)과는 별도로 유구와의 관계 또한 중요한 외교문제 중의 하나일 수밖에 없었다.9)

---

9) 종래 연구의 거의 전부가 이점에 관해 명백히 하지 않고 있다. 즉 朝鮮과 日本(倭), 琉球의 삼자관계를 모호하게 처리함으로써 조선의 對日本 또는 對琉球 정책의 구조와 성격을 분명히 할 수 없었다. 그 이유는 아마도 17세기 유구의 통치권이 德川막부에 침식된 이후 유구도 곧 일본이라고 인식해 왔기 때문일 것이다. 그러나 조선전기의 경우를 보면 유구는 분명히 하나의 독립된 국가였으며, 동아시아 국제사회에서도 그렇게 인정된 국제관계를 전개해 갔던 점을 생각하면, 대유구관계는 조선의 '대남방권과의 교린체제'의 파악은 물론, 朝鮮－日本(倭)－琉球의 삼자관계를 통한 동아시아 해역의 국제관계를 규명하는데도 매우 중요한 요소임을 상기해야 할 것이다.

조선의 유구에 대한 교린체제의 구조와 성격을 알기 위해서는 우선 유구로부터의 사행의 형태나 접대형식의 분석이 필요하다고 생각한다. 먼저 사행형태는 사신의 호칭에서 비교할 수 있는데, 유구로부터의 사신은 대부분이 琉球國王使 또는 琉球國使로 불려지고 있었다. 즉 일본으로부터의 사자가 日本國王使를 비롯해 巨酋使, 節度使, 對馬島主使 등 매우 다양했음에 반해, 유구사신은 유구국왕사 또는 유구국사로서, 위장된 사신까지도 호칭상에 있어서는 적어도 유구국을 대표하는 것으로 호칭하였으며, 일본과는 전혀 다르게 구별해 인식하였던 것이다. 이점에서 일본과의 관계가 다원적이며 계층적이었음에 비해, 유구와의 관계는 표면상으로는 조선국왕과 유구국왕 사이를 왕래한 사절이었다는 점에 있어 일원적인 성격을 갖고 있었으며, 조선은 유구를 하나의 독립적인 외교의 대상국으로 상대하고 있었다고 볼 수 있다.

그러면 이들에 대한 접대방식을 통해 양국관계의 구체적인 형태와 구조를 살펴보자.

유구국의 사신이 조선에 오면, 이들은 일본국왕사나 야인의 사신들과 더불어 조선국왕을 알현했다. 유구국사가 조참에 참석한 사례를 보면,

가. 태조 원년 9월에 "琉球國使와 吾良哈人 등이 조회에 참석하였는데, 유구는 東班 오품의 하, 吾良哈은 西班 사품의 하, 그 종자들은 육품의 하였다."[10]

나. 세종 13년 11월에 왕세자 및 동지사가 근정전에서 망궐례를 행하는 자리에서 "유구국왕사 夏禮久 부사 宜普結制 및 船主 등이 서반 삼품의 자리에 서서 배알했다."[11]

---

10) 『太祖實錄』 권1, 태조 원년 9월 기축, "上視朝 琉球國使 吾良哈人等參朝 琉球位於東五品下 吾良哈位於西四品下 其從者位於六品之下 琉球獻方物."

11) 『世宗實錄』 권54, 세종 13년 11월 경오, "幸景福宮 率王世子及群臣 … 受王世子及群臣賀禮 琉球國王使夏禮久 副使宜普結制及船主等 立于西班三品之

이에 대해 일본국왕사의 行禮 위치를 보면,

가. 정종 원년 5월에 통신관 박돈지가 일본으로부터 돌아오는 길에 일본국장군이 사신을 보내어 방물을 바치며, 피로남녀 100여인을 돌려 보내 왔다. 상이 정전에서 인견하였는데, 사품의 반차에 서서 행례하도록 명했다.12)

나. 태종 5년 12월에 일본국왕사자를 인견하였는데 일본국사자는 오품반행에 서립하였는데, 예가 끝나자 전내에 불러 올렸다.13)

다. 세종 2년 1월에 上이 인정전에서 군신의 조례를 받았다 … 일본국사신 亮倪이 그 족속을 거느리고 반에 따라 행례를 하였는데, 亮倪 등은 서반 종삼품의 열에 서립했다.14)

라. 세종 7년 4월에 예조에서는 왜사숙배 절차를 상계하였는데, "각사에서 서립한 후에 예랑과 통사가 왜사를 인도하고 들어와서 서반 삼품의 상열에 서립한 후 …"15)

으로 되어 있다.

『世宗實錄』「五禮儀」에서는 일본국왕사와 유구국왕사를 같은 종이품의 반차에 규정해 야인보다 상위에 위치시켰고,16) 『經國大典』에는 유구

列拜訖."

12) 『恭靖王實錄』 권1, 정종 원년 5월 을유, "通信官朴惇之 回自日本 日本國大將軍遣使來獻禮物 發還被虜男女百餘人 上御正殿引見 命立四品班次行禮."

13) 『太宗實錄』 권10, 태종 5년 12월 무인, "引見日本國王使者 日本國使 序于五品班行 禮畢 召陞殿內."

14) 『世宗實錄』 권7, 세종 2년 정월 을사, "上御仁政殿 受群臣朝 … 日本國使臣 亮倪 率其屬 亦隨班行禮 序亮倪等于西班從三品之列."

15) 『世宗實錄』 권28, 세종 7년 4월 을사, "禮曹啓 倭使肅拜節次 各司序立後 奉禮郎及通 事 引倭使人 班於西班三品之上序立."

16) 『世宗實錄』 五禮·嘉禮儀式·朝賀, "題方客使位於懸之東西 倭使在東 野人

사절의 접대에 삼품조관이 통사를 동행해 영송하도록 되어 있으며, 포소에 도착 후 연회와 상경하는 과정에서의 각종 접대는 물론 숙배일에 궐내에서 연회를 베푸는 것까지 모두 일본국왕사와 똑같이 대우하도록 규정하고 있다.[17)]

접대의 구체적인 예를 들면 1431년(세종 13) 9월 유구국인이 乃而浦에 왔을 때, 이들이 만약 국왕사라면 일본국왕사의 예에 따라 접대하도록 하였는데,[18)] 그 후 한양의 東平館에 머물면서 세종을 알현하는 문제가 대두되자, 조정대신들은

> 인국의 사신이 서울에 와서 며칠이 지났는데도 접견하지 않는 것은 주인의 도리가 아니며, … 유구국은 중국황제로부터 봉작을 받은 나라이고, 야인이나 倭客과는 다르므로, 본국의 군신과 함께 동반행례를 하는 것은 옳지 아니하니, 마땅히 조례 후에 서반삼품의 열에서 행례하도록 … [19)]

건의했다. 그러자 세종은

> 유구국 사신은 敵國의 사신이니 종이품의 반차를 정함이 어떠한가.[20)]

해, 敵禮國의 사신으로 대우하자고 제의했다. 그러나 예조판서 신상은 유

在西 當文武班准品序立 日本琉球等國使副 當從二品."

17) 『經國大典』 권3, 「禮典」 待使客.

18) 『世宗實錄』 권53, 13년 9월 정묘 "禮曹據慶尙道監司關啓 琉球國客人 來泊乃而浦 若國王使人 則其支待之禮 請依日本國王使臣例 若因興販私自出來者依諸島客人例 從之,"

19) 『世宗實錄』 권54, 세종 13년 11월 무진, "隣國使臣 至京累日不見 則殊無主人之意 … 喜等對曰 琉球國 乃皇帝錫命封爵之邦 非野人 倭客之比 與本國群臣 同班禮未便."

20) 『世宗實錄』 권54, 세종 13년 11월 경오, "今琉球國使臣 乃敵國之使 序於從二品班次若何."

구국은 일본보다 소국이고, 이미 삼품의 열에 차례를 정하도록 하였으므로 삼품으로 하도록 하자고 해 세종도 그에 따랐다. 그리고 1453년(단종 원년) 유구국왕사 道安이 왔을 때의 '접대사목'에는 신해년(1431) 유구국 왕사 夏禮久를 따르도록 하였고, 임신년(1452)의 일본국왕사의 예에 따라 시행하도록 했다.21)

또한 유구를 敵禮國으로 인식하고 있던 사실은 1467년(세조 13) 유구국사가 부산포에 도착하였을 때도, 예조판서 강희맹이 의정부에 敵國使者의 禮로써 대우하자고 하였고, 세조도 이에 따랐다는 기사가 있다.22) 이상의 내용을 통해 볼 때, 조선은 유구국사에 대한 접대를 일본국왕사와 별차이 없이 거의 동등하게 생각하고 있었던 것 같다.

한편 여기서 주목되는 것은 유구가 명의 책봉국이라는 사실을 인정했다는 사실이다. 예를 들면, 위의 세종조 기사 이외에도, 태종 9년 9월 유구국 中山王 思紹가 견사했을 때에도,

> 지금 대명황제가 遠人을 회유하는 은혜를 입어, 영광스럽게 왕작을 봉해 받아 지방을 관장하게 되었으니, 欽遵해 조공하는 외에도 인국과 義交하는 일절을 생각하건데 역시 사신을 왕래해 서로 통하는 것이 곧 四海가 한집이 되고 거의 윤당할 듯하기에, 정사 阿乃佳結制 등을 보낸다.23)

라는 내용의 자문을 보내어 조선과의 통교를 청했다. 이에 대해 조선에서

---

21) 『端宗實錄』 권4, 단종 원년 3월 무진, "凡接待宴享 參考辛亥年琉球國王使者 夏禮久 壬申年日本國王使者例施行."
22) 『世祖實錄』 권42, 세조 13년 5월 무인, "琉球國使者 到富山浦 禮曹判書姜希 孟 議待以敵國使者之禮 從之."
23) 『太宗實錄』 권18, 태종 9년 9월 경인, "琉球國中山王思紹 遣使來聘 咨曰 … 今深荷大明 皇帝柔懷遠人 寵封王爵 掌管地方 除欽遵朝貢外 切念隣國義交一 節 亦合遣使往來 相通音耗 是爲四海一家 庶爲允當 爲此 專遣正使阿乃佳結 制等."

는 유구국을 책봉국간의 교린국으로 접대하고 교역을 허가함으로써 수호교린의 대상국으로 상대하였던 것이다. 또한 양국간에 교환한 國書가 명의 책봉을 받은 室町幕府의 장군과 주고받은 국서의 양식과 전혀 차이가 없었다는 점에 있어서도, 그 관계의 형태는 책봉국가간의 국왕과 국왕간의 외교형식을 취하고 있었던 점을 확인할 수 있다.[24]

이상의 내용을 전제로 해, 조선과 유구와의 관계를 다음과 같이 정리할 수 있겠다.

첫째, 유구국왕사와 일본국왕사의 접대에 차이가 나지 않았다는 사실을 통해, 조선은 유구국을 남방의 안정을 위해 일본 막부세력과 동등한 하나의 독립적인 외교대상국으로 상대했다는 점이다.

둘째, 조선은 유구국을 명의 책봉을 받은 수호교린의 대상국으로 인정하고 있었다는 점이다. 즉 일본보다는 小國이지만, 幕府를 제외한 다른 倭의 세력이나 野人과는 본질적으로 다른, 명을 중심으로 한 동아시아 외교질서속에 포함된 국왕외교의 대상이 되는 교린국으로 생각하고 있었다.

셋째, 유구국사를 敵國의 사신으로 규정함으로써, 유구국을 적례의 교린국으로 상대했다는 점이다. 물론 여기서 적례라는 말이 곧 대등을 의미하지 않음은 당연하다.

---

24) 유구는 이미 1372년 명태조의 유시에 의해 명에 조공을 시작하였고, 1404년에 이르러서는 명의 책봉사가 정식으로 유구에 파견되었다. 이에 대한 논문으로는 小葉田淳, 「琉球朝鮮の關係について」『田山方南 先生華甲記念論文集』, 235쪽 및 1992, 『海上の道』, 沖蠅の歷史と文化, 151쪽과 기본사료로서 양국간에 교환한 국서에 대하여는 왕조실록의 기사(예를 들면 『太祖實錄』 권12, 6년 8월 을유 ; 『太宗實錄』 권18, 9년 9월 경인 등과 『歷代寶案』, 東京大學 史料編纂所 소장본) 등을 비교하면 그 형식이 책봉국간에 주고 받은 것임을 알 수 있다.

Ⅲ. 피로·표류인의 송환

「琉球使行一覽」에서 보듯이, 유구로부터의 사행에는 조선의 피로인과 표류인의 송환이 수반되었다. 이는 조선초기 일본의 제세력들이 통교를 목적으로 도항하였을 때, 피로인의 송환을 명분으로 내세워 조선에 와서 교역을 청하였던 것과 같은 성격을 지니고 있다고 생각된다. 즉 건국 직후부터 일본의 제세력에 대해 각종의 외교적인 교섭과 통제책에 의해, 조일관계가 점차 안정되어 가자, 조선과의 교역을 원한 일본의 제세력은 과거 왜구에게 강제로 피랍되어간 조선인을 송환해 오면서, 조선의 환심을 사고, 그 반대급부로 통교자로서의 기득권을 확보해 갔다.[25]

왜구에 의해 피랍된 조선인의 송환방법에는 조선사절이 일본에 파견되었다가 돌아오는 길에 송환하는 방법, 일본의 각종사절이 조선에 도항하면서 송환하는 방법, 그리고 유구에 전매되어진 피로인을 유구국사가 조선에 송환한 방법 등이 있었는데, 일본의 제세력은 물론이고, 유구국까지도 조선인의 송환을 명분으로 조선에 도항해 오면서, 그 댓가로 布나 대장경을 회사품으로 받으면서 교역을 행하였다.[26] 세종대의 기록에 의하면 피로인 1인을 송환해 오면, 그 대가로 면포 10필을 지급했다고 한다.[27]

---

25) 동시기 조선인 피로인과 표류인에 관한 연구로는 秋山謙藏, 1932, 「倭寇による朝鮮·支那人奴隷の掠奪とその送還び賣買」『社會經濟史學』 제2권 제8호 ; 石原道博, 1956, 「倭寇と朝鮮人浮擄の送還問題」(1)(2)『朝鮮學報』 제9·10집 ; 關周一, 1991, 「15世紀における朝鮮人漂流民送還體制の形成」『歷史學研究』 제617호 ; 1991, 「倭寇による被虜人の性格をめぐて」『日本歷史』 제519호 등 참조.

26) 田中健夫, 「琉球に關する朝鮮史料の性格」『中世對外關係史』, 296쪽 ; 同, 1987, 「倭寇と東アジア 通交圈」『日本の社會史』, 156쪽 ; 關周一, 「倭寇による被虜人の性格をめぐって」, 앞의 논문, 19쪽.

27) 『世宗實錄』 권35, 세종 9년 2월 경신, "戶曹啓 藤原賴久 刷還被虜女三名 平

물론 유구로부터 송환된 피로인이 유구인에 의해서 직접 피랍된 것이 아님은 분명하다. 다시 말해 이들은 왜구에 의해서 피랍되어 소위 노예시장에 전매된 조선인들이었던 것이다. 이러한 사실은,

> 유구국 통신관 전호군 이예가 왜구에게 피로가 되어 유구국에 전매된 자 44인을 쇄환했다.[28]

고 한 기록이나, 1428년 통신사로 파견되었던 박서생의 복명서에,

> 왜적이 일찍이 우리나라를 침략해, 우리인민을 붙잡아 갔는데, 혹 먼 나라에 전매되기도 해 영원히 돌아올 수가 없게 되었다.[29]

는 기록을 통해, 당시 송환된 피로인의 거의 전부가 왜구에 의해 전매된 조선인들임을 확인할 수 있다.

그러면 당시 유구인이 조선의 피로, 표류인 등을 쇄환해 오면서까지 조선에 왕래해 온 이유는 무엇이었을까.

당시 유구는 이미 중국과 동남아를 연결하는 무역권을 형성하고 있었는데, 이러한 무역권의 연장선상에서 조선인을 송환해 오면서, 조선과의 교역관계를 원하였던 것으로 생각된다. 예를 들면, 조선이 유구로부터 받아들인 품목은 역시 남방산의 丹木, 臘鐵, 象牙, 牛角, 胡椒 등이 주종을 차지해, 쓰시마나 구주상인에 의해 남방무역이 장악되기 이전에는 유구가 바로 남방산 물자의 수입루트였다. 이에 대해 유구는 저포, 마포, 면주 등

滿景 刷還被虜女一名 考前例 一名回賜綿布十匹.”

28) 『太宗實錄』 권32, 태종 16년 7월 임자, “琉球國通信官前護軍李藝還 推刷國人爲倭寇所攄 轉賣于琉球國者四十四人以來 有全彦忠者 慶尙道咸昌懸人也 歲乙亥 年十四 彼攄專賣 ….”

29) 『世宗實錄』 권46, 세종 11년 12월 을해, “倭賊嘗侵略我國 虜我人民 以爲奴婢 或轉賣遠國 俾不永還 其父兄 子弟 痛心切齒 而未得報讐者 幾何人乎.”

의 직물류, 인삼, 호표피 등 조선의 특산물을 교역의 대상으로 삼고 있었다. 결국 유구는 남방산 물자와 조선 물자의 중개무역자로서 조선에 왕래했다고 볼 수 있다.[30]

그런데 여기서 유구 교역품을 당시 일본 제세력의 교역품과 비교할 때, 다른 특징을 가지고 있음을 발견할 수 있다. 즉 일본의 제세력인 경우 가장 큰 교역품이 쌀이나 콩이었다는 사실에 비해, 유구 교역품에는 식량류가 없다는 사실이다. 이점은 기본적으로 양국 교역구조의 차이를 보여주는 중요한 사항이 아닐 수 없다. 즉 일본의 제세력이 倭寇로부터의 전환이었다는 점과 그들의 통교목적이 일차적으로 식량문제의 해결이었다는 점에 반해,[31] 유구와의 통교는 처음부터 순수한 교역관계로부터 출발한다는 차이점을 가지고 있다. 이러한 차이가 결국 대유구관계의 특징이라고 생각하며, 이점에서 일본이나 유구가 모두 표면적으로는 같은 적례적 교린관계이지만, 내면적으로 조선이 유구국사를 우대하려고 했던 점이 아닐까. 물론 이점에 대해서는 추후의 연구과제로 남기지만, 동시기 조선인의 대외인식을 생각할 때, 해명되어야 할 또 하나의 문제라고 본다.[32]

여하튼 양국사이의 통교에서 유구로부터 교역의 조건으로 제시된 명분은 피로인과 표류인의 송환이었다. 즉 유구에서는 왜구로부터 조선인을 산 후, 그들을 동반하고 조선에 도항해 왔던 것이며, 세종조의 쓰시마 정벌 이후 왜구의 세력이 소멸하자, 그 후는 피로인의 송환에서 표류인으로

---

30) 이현종, 1977, 「유구남만관계」『한국사』9, 국사편찬위원회, 454쪽.

31) 조선전기 일본과의 무역에 관한 종합적 연구로는 김병하, 1969, 『이조전기 대일무역의 연구』, 한국학연구논총 제26집과 田村洋行, 1967, 『中世日朝貿易の研究』, 三和書房 참조.

32) 이점에 관해 閔德基, 「朝鮮朝 前期の日本國王觀」(朝鮮學報, 132)에서 조선은 일본국 왕사를 접대할 때, '敵禮'로 접대하지 않았다고 하면서, 그 이유를 일본국왕사가 '敵禮'의 외교의례를 행하지 않았다는 점, 일본국왕사는 물적요구에 일관하였으며, 무역이익을 구하는 遣使에 불과했다는 점을 들고 있다.

바뀌어 간 것으로 생각한다.[33]

유구로부터 송환된 피로인은 기록상 1392년부터 1418년까지 총 6회에 81~90인(이중 1397년의 경우 피로·표류인으로 되어있음)으로 나타난다. 그중 조선에서 사신이 파견되어 송환한 횟수가 1392년과 1418년의 2회에 52인이고, 유구로부터가 4회에 38인이다. 그리고 표류인은 1437년부터 임란 전까지 총 11회(수미상이 2회)에 39인이다.

물론 피로인과 표류인은 근본적으로 다르지만, 1423년(세종 5) 유구국사가 위장된 사행으로 판명되어 접대가 거부되고,[34] 이후 유구로부터의 사행이 거의 對馬人이나 博多商人에 의해서 행해지면서도, 그 수는 많지는 않지만 표류인의 송환이 계속되고 있었다는 사실은 위사의 경우도 도항의 명분은 역시 조선인의 송환이었다.

그러나 유구와의 관계에 있어서 피로·표류인의 송환이 교역을 위한 명분만이었다고 단정하기에는 문제도 있다. 예를 들면, 1542년 제주도인 박손 등 12인이 유구에 표착한 일이 있는데, 이들은 표착한지 4년만에 북경을 통해 동지사 편에 귀국한 예가 있는데, 이때 조선에서는 유구의 교린후의에 대해 매우 감사하면서 그 뜻을 유구국 사신에게 전하도록 했다.[35] 또 조선에서도 유구로부터의 표류인을 송환하고 있다는 점이다. 조선에 표착한 유구인의 송환의 예는 1429년(세종 11)에 울진에 표착한 유구인 14인을 薩摩三州太守 藤(島津)貴久에게 의뢰해 송환을 시켰고,[36] 또 1589년

---

33) 즉 1418년 피로인의 명칭이 나오고, 그 다음 1437년에는 표류인의 명칭이 나오는데, 전후 시기가 20년 이상 경과하고 있다. 따라서 1437년의 단계가 되면, 피로인은 존재하지만 이미 나이가 들거나 죽게되어 송환자체가 불가능하게 되었을지도는 모른다. 예를 들어, 조선후기 임진왜란에 의한 피로인의 송환추세를 보면 임란 후 20여년이 지난 1624년의 제3차 회답겸쇄환사 이후에는 거의 나타나지 않음을 볼 수 있다.
34) 『世宗實錄』 권19, 세종 5년 정월 병술.
35) 『明宗實錄』 권3, 명종 원년 2월 무자삭.
36) 『世宗實錄』 권45, 세종 11년 9월 임진.

에는 진도에 표착한 유구인 30인을 동지사 편에 북경에 보내어 유구 진공사 편에 송환시킨 예가 있다.[37) 따라서 이러한 점에서 볼 때, 송환자체에는 적어도 교린국에 대한 우호관계 유지의 성격도 가지고 있다고 볼 수 있다.

더구나 앞으로 상고해 볼 문제이지만 북경을 통한 양국간의 접촉의 의미에 관한 문제이다. 즉 조선의 입장에서 북경을 통한 유구와의 접촉은 동아해역에 대한 정보수집의 루트였으며, 유구의 입장에서는 일본의 제세력에게 빼앗긴 대조선 통교권을 되찾으려는 외교적 성격과 양국 모두 막부정권을 견제하려는 어떤 의미를 지니고 있지는 않았을까.

Ⅳ. 위사문제

위장된 사신에 관한 최초의 기록은 1423년(세종 5)에서부터 등장한다. 당시의 기록에 의하면,

　　유구국사를 칭하는 자가 토산물을 가지고 왔는데, 그 서계·도서가 모두 유구국의 것이 아니어서 의정부에 의논하도록 명했다. 좌의정 이원이 서계·도서·객인이 모두 유구가 아니니 그 바친 예물은 마땅히 돌려주고 받지 않는 것이 마땅하다 해 상이 그에 따랐다.[38)

고 되어 있어, 이때부터 위장된 유구국사가 내항하고 있음을 보여준다.

---

37) 『宣祖實錄』 권23, 선조 22년 8월 무진.

38) 『世宗實錄』 권19, 세종 5년 정월 병술, "有稱琉球國使送人 將土物來進 其書契 圖書 皆非琉球國 命議于政府 左議政李原曰 書契, 圖書, 客人 皆非琉球 所進禮物 宜却而勿受 從之."

그리고 그 다음 1431년 9월에 도항해 11월에 세종을 알현한 유구국왕사 夏禮久도 일본국 대마주객상의 배에 편승한 것으로 기술되어 있으며,[39] 이때부터 적어도 쓰시마가 조선과 유구의 왕래에 개입하고 있음을 알 수 있다. 이어 1437년 7월의 김원진은 실록에는 다만 본국인 金元珍이라고만 되어 있는데, 田中健夫는 이 김원진을 1470년의 통사 金源珍과 동일인물로 보면서 조선인이 아니라고 하였으나,[40] 이점에 대해서는 다시 상고해 볼 여지가 있다.

다음 1453년 3월(단종 원), 1455년 8월(세조 원), 1457년 7월(세조 3)의 3회는 모두 倭僧 道安이었고, 1458년의 세 차례의 사자 吾羅沙也文, 友仲僧, 宗久도 모두 博多商人들이었다. 이들 중 유구국왕사를 자칭한 友仲僧은 3월 병신조의 기사에 이어 같은 달 을묘조에 병사했다는 기록이 있다.[41] 이후 1459년 1월, 8월, 1461년 5월, 12월, 1467년 3월, 5월, 7월, 1468년 5월, 성종대에 들어와 1470년 6월, 1471년 11월, 1472년 1월, 1477년 6월, 1479년 5월, 1480년 4월, 6월, 1483년 12월, 1491년 12월, 1493년 6월, 1494년 5월등 모두 20여차례나 유구국사가 도항한 것으로 되어 있지만, 이들도 대부분 위장된 사행이었다.

이들이 위장된 사절이라는 사실은, 예를 들면 1480년 6월(성종 11)의 기록에

전에 유구국왕의 서계를 가지고 왔을 때의 국왕명은 尙德이었다. 그리고 그 후는 바뀌어 尙元이라 칭했다. 그러나 지금 敬宗이 가지고 온 서계에는 다시 尙德이라 칭했다. 그리고 성화 15년 경자라는 그 서도 믿을 수가 없다. 유구의 사자는 거의 그 나라 사람이 아니고, 왜인 行販(상인)이 그곳에 가서 서계를 받아가지고 오는 것으로, 이번의 敬宗 역시 믿을 수 없다.[42]

---

39) 『世宗實錄』 권54, 세종 13년 11월 경오.

40) 田中健夫, 앞의 글, 291~294쪽.

41) 『世祖實錄』 권12, 세조 4년 3월 을묘.

42) 『成宗實錄』 권118, 성종 11년 6월 기미, "同知事禮曹判書李承召啓曰 前者有

고 했다. 여기서 이 사행이 위사이고 위서였다는 점은 당시 서계에 쓰여진 1479년(성화 15)의 간지는 경자가 아니라 기해년이라는 사실을 통해서도 자명해진다. 또한 1493년(성종 24)의 기록에 의하면

> 승정원에서 아뢰기를 "유구국사신은 모두 본국인이 아니며, 중간의 興販(상인)의 무리입니다. 신등이 지난번의 서계와 이번에 가져온 서계를 대조해 보니, 印文에 차이가 있습니다. 也次郎가 지난해에 내조하였는데, 이는 필시 구주에 사는 자로서 도서를 위조해 홍리를 일삼는 자일 것입니다." … "也次郎은 작년에 우리나라에 왔다가 돌아간 지가 얼마 되지 않는데, 어찌 또 올 수 있겠습니까. 하물며 印文이 지난번 서계의 印文과 다르니, 이는 가히 의심스럽습니다. 그들은 우리가 유구국사를 심히 후하게 접대하고, 회사 역시 많은 것을 알고, 서계를 위조해 온 것이니, 그 이기심을 규제하는 것이 마땅합니다."[43]

라고 한 것을 보면, 조선에서는 유구국 사신이 구주의 중간자들에 의해서 위장되고 있음을 알고 있었던 것이다. 이에 성종은 사기와 위장이 심한 것이 밝혀졌으니, 가지고 온 물품을 돌려주고 접대하지 말도록 예조에 지시했다. 그러나 예조에서는 也次郎은 답서를 받을 욕심이 많기 때문에, 지금 만약 거절하면 獸心의 무리들이 조선에 따르지 않을 것이라고 했다. 그러면서, 전에 그가 보낸 사자가 위사임을 알고도 접대했다는 전례, 그리고 조선에 도항하는 자는 모두 쓰시마의 路引을 받아오기 때문에, 이를 접대하지 않으면 對馬의 불만을 살 것이다. 그러므로, 이번에는 略例에 따라 常倭와 같이 접대하도록 건의했다. 이 과정에서 也次郎은 만약 자신들을

齋琉球國王書契而來 其國王名尙德 其後變稱尙元 今敬宗齋書 又稱尙德 且云 成化十五年庚子 其書未可信也 琉球使者 類非其國人 倭人行販而到 因受書契 而來 今敬宗亦未可信也."

43) 『成宗實錄』 권279, 2성종 4년 6월 신미, "承政院啓曰 琉球國使臣 皆非本國 人 乃中間興販之徒 臣等取往年書契與今來書契觀之 印文頓殊 也次郎去歲來 朝 是必居九州之間 僞造圖書 興利爲事者也."

접대하지 않으면 조선이 유구국왕에게 책망을 받을 것이며, 대마도주의 路引을 받았기 때문에 대마도주에게도 체면이 서지 않을 뿐 아니라, 조선으로서는 대국의 입장에서 허물이 될 것이라고 하면서 억지를 부렸다. 결국 조선에서는 일단 답서를 보내지 않을 수는 없으니 답서를 보내되, 회사는 박하게 하고, 대우도 '常倭'(巨酋使)처럼 하기로 결정했다.[44]

여기서 대마도주의 路引을 인정하는 문제는 당시 조·일관계상 중요한 의미를 갖는다. 즉 동시기는 이미 대마도주를 통한 통교체제가 확립된 단계이므로 대마도주의 통제권 무시는 또 다른 분쟁을 야기시킬 위험성을 충분히 가지고 있었기 때문이다. 따라서 조선의 입장에서는 대마도주의 路引 자체를 부정할 수는 없었던 것이다.

또한, 1500년 11월 예조에서는 내조한 유구국사를 접대하였는데, 그 자리에서 유구국사는

"예전에 우리나라사람이 온 후 40년만에 다시 내가 왔다." 등록을 상고해보니, 그 나라 사신이 온 것은 신사년이었다.[45]

라고 한 기록이 있다. 신사년은 1461년(세조 7)이므로, 이로부터 40년간 파견된 16차례의 사행은 모두 위장된 사행이라는 결론에 도달하게 된다.

한편 위장된 유구국사들에게 나타나는 특징의 하나는 통상의 경제적인 목적 외에 고려대장경을 요청하고 있다는 사실이다. 일본으로부터의 대장경의 요청은 이미 조선 초기부터 있어 왔던 일로 조선도항의 중요한 목적 중의 하나였음은 주지의 사실이다. 종래의 연구에 의하면 1388년에서 1539년에 이르는 150년간에 확인된 것만 하더라도 50질 이상의 대장경이 일본에 전해진 것으로 되어있다.[46] 유구국사로부터의 대장경 청구는 1455

---

44) 『成宗實錄』 권280, 성종 24년 6월 을해, 병자, 기축.
45) 『燕山君日記』 권39, 연산군 6년 11월 임술, "昔我國人來此後四十年 我亦來此耳 考謄錄則彼國使臣之來在辛巳年."

년을 비롯해 1461년, 1471년 2회, 1479, 1483년, 1491년, 1500년 등 8회에 달하고 있으며, 이중 대장경의 사급이 허락된 것은 1455년, 1461년(대장경 일부), 1471년(한번)과 1491년, 1500년 등 5회에 달하고 있다. 그러나 현재 이들 대장경이 유구에 남아있는지 어떤지는 확인할 수 없어 알 수는 없지만, 아마도 1461년과 1500년의 사행을 빼고는 거의가 위사였기 때문에 대부분이 유구로 갔다고는 생각되지 않는다.[47]

그러면 조선은 이렇게 각종의 명분을 가지고 위장된 유구국사를 어떠한 입장에서 수용하였으며, 이것은 양국관계사에 어떠한 의미를 가지는 것일까.

앞의 예문에서도 보듯이 조선에서는 1423년 최초의 위사가 도항하였을 때부터 그것이 위장된 국사임을 알고 있었다. 그래서 1423년에는 서계와 도서가 모두 유구의 것이 아니라는 이유를 들어 접대를 거부하기도 했다. 그러나 연이어서 조선표류인을 송환하면서 도항해 오자, 쓰시마와 구주 등의 관계 등을 고려하면서 수용해 왔으며, 대체로 그들의 요구를 들어주

---

46) 村井章介, 1988, 「「倭人海商」の國際的位置」『アジアの中の中世日本』, 校倉書房, 336~337쪽 ; 金柄夏, 「高麗大藏經과 對日輸出」, 앞의 책 제3장, ; 羅鍾宇, 1992, 「朝鮮前期 高麗大藏經의 日本 傳授」『韓國中世對日交涉史研究』, 단국 대학교대학원 박사학위논문 참조.

47) 그러나 『琉球大百科事典』(1983, 琉球タイムス社)에 의하면 유구의 圓覺寺總 門前 圓鑑池의 中之島에는 弁財天堂이라는 절이 있는데, 이절은 尚德王時 代(1461~1469)에 조선왕 세조에게 받은 方册藏經을 수납하기 위해 1502년 에 건립했다고 한다. 그리고 「方册藏經由來記」『琉球國由來記』(1962, 『琉球 史料叢書 제1』, 井上書房)에도 이 사실이 기록되어 있다(그러나 안치된 불 경이 현재 남아있는지는 알 수 없다 ; 李元淳教授로부터 제보, 1993년 4월). 한편 이 사실을 『朝鮮王朝實錄』의 기록과 대조해 보면 1461년 11월에 내조 한 유구국사 普須古·蔡璟 등에게 그 이듬해 1462년(세조 8) 정월 신해에 돌아갈 때, 대장경 일부 등 많은 불경과 하사품을 주었다는 기록이 別幅에 상세히 나와 있다(『世祖實錄』 권27, 세조 8년 정월 신해). 이로 보아 당시 받아간 불경 중 일부를 이절에 보관하였던 것이 아닌가 한다.

는 방향으로 접대를 했다. 특히 1493년과 94년의 예에서처럼, 조정대신들이 여러 차례에 걸쳐 논란을 거듭한 결과 상식의 외교에서는 용납될 수 없는 일이었지만, 당시의 위장국사 也次郞의 발언에서 집약되듯이, 대국인 조선의 허물이 된다는 사실, 그리고 대마도주의 路引을 소지했다는 명분과 더이상의 문제로 비화되는 것을 방지한다는 방침에서 수용을 하였던 것이다. 그러나 그들에 대한 접대는 국왕사로서가 아니라 '常倭'(巨酋使)로서 대우했던 것이다.

결국 이점에서 볼 때, 조선은 이미 이 단계에서 유구가 독립적으로 대조선관계를 할 수 없다는 상황을 충분히 인지한 상태에서, 대국의 입장에서 적례교린을 해 남방의 제세력과 우호관계를 지속해 간다는 방침을 세웠던 것이 아닌가한다. 따라서 이점을 충분히 고려한다면 이후 北京을 통해 조선의 동지사와 유구의 진공사가 양국관계를 계속해 가는 측면을 이해할 수 있지 않을까 한다.

이상에서 조선이 하나의 독립국으로 상대하였던 유구관계가 조선조의 남방 교린체제를 어떻게 특징지으며, 동시기 동아시아 외교질서 속에 어떠한 의미를 가지는 가를 개괄적으로 검토해 보았다. 이미 살펴본 바와 같이 조선전기 유구관계는 고려 말 1389년부터 시작되어 임란직전인 1589년까지 다양한 형태로 전개되었음을 알 수 있었다. 결론적으로 이 같은 내용을 전제로 조선전기 유구관계의 구조와 성격을 다음과 같이 정리하고자 한다.

첫째, 양국의 통교관계는 크게 세 시기로 구분할 수 있는데, ①양국 국왕간의 직접통교의 시기(1392~1418), ②對馬나 九州의 중간세력에 의한 僞使의 시기(1423~1524), ③北京을 통한 우회의 시기(1546 이후)로 나눌 수 있다.

둘째, 건국직후부터 전개된 양국관계는 기본적으로 조선국왕과 유구국왕의 명의로 국서가 교환되는 형태로 이루어진 국가간의 독립적 관계였으며, 그 형태는 명의 책봉을 받은 국가간의 '적례적 교린관계'였고, 그 목적은 남방의 제세력과의 우호교린을 통한 東아시아 외교질서의 안정이었다는 점이다. 그리고 접대의 형태를 볼 때, 막부의 일본국왕사에 대한 접대와 별차이가 없다는 점에 있어 종래의 교린체제가 국가간의 대등관계였다는 단순이론에는 착오가 있음을 지적할 수 있다.

셋째, 유구의 조선통교의 명분은 피로·표류의 조선인 송환이었으며, 이를 통해 양국통교의 계기를 만들어 갔다는 점이다. 그러나 16세기 중반 이후의 북경을 통한 양국의 접촉은 조선인 송환이 단순히 통교의 명분에만 그치지 않고, 僞使時代 이후 쓰시마나 구주의 세력에게 빼앗긴 통교권을 회복하려는 성격도 지니고 있다는 점을 지적할 수 있다.

넷째, 僞使의 목적이 교역을 통한 경제적인 이익뿐만 아니라, 대장경의 청구에도 목적이 있었다는 점과 위사임을 알고도 조선에서 접대한 이유는 일본의 제세력과의 우호관계유지와 쓰시마에 대한 통교권옹호의 원칙 때문이었다.

다섯째, 조선과 유구와의 통교관계는 쓰시마와 九州의 해상세력에 의해 대조선 해상권이 장악되면서 단절되었다.

이상의 논의를 통해 조선전기 유구관계의 구조와 그 성격을 분석해 보았다. 그러나 이 연구를 위해서는 동시기 조선인의 유구인식이나 위사와 유구와의 역학관계, 그리고 北京을 통한 양국관계에 대한 보다 정밀한 분석이 요구되며, 조선후기 유구와의 관계도 아울러 검토되지 않으면 안된다. 왜냐하면 조선의 경우 유구와의 관계가 종식되어감에 따라 東南亞 諸國과의 교류가 완전히 단절되어 간다는 점에 있어서 매우 중요한 역사적인 의미를 갖기 때문이다.

제3장

임란직후 중화적 교린체제의 부활

제1절 국교회복과 교린체제의 부활

Ⅰ. 강화교섭과 조선의 대일정책

조선전기의 통교관계가 일본의 조선침략에 의해 단절된 후, 7년간의 무모한 전쟁은 동양삼국에 커다란 정치적인 영향은 물론 피침략국이었던 조선에게는 아물 수 없는 깊은 전쟁의 상흔을 남겨 놓았다. 그 결과 조선은 일본을 '不俱戴天'의 원수국으로 생각해 일본과의 사이에 임란전과 같은 통교관계를 회복해 간다는 것은 결코 쉬운 일이 아니었다.

그러나 조선과 일본의 강화 교섭은 의외로 빨리 진척되어, 종전후 불과 수년만인 1604년(선조 37) 7월 승 유정과 손문욱이 探賊使로 쓰시마를 거쳐 京都에 가서 德川家康과 秀忠을 만나고 일본의 국정을 살피고 귀국한 후, 조선에서 제시한 德川장군의 국서와 犯陵賊 소환의 조건이 이행되고, 1607년 정월 정사 여우길 일행이 회답겸쇄환사로 에도(江戶)에 파견되면서 양국의 국교가 정식으로 회복되었다고 볼 수 있다. 그리고 2년 후인 1609년(광해군 1)에는 양국간의 통교를 정상화한 조약이라고 할 수 있는 기유약조를 맺고, 1611년부터는 임란에 의해 단절되었던 세견선이 정식으로 도항해 옴으로써, 외교 및 교역관계가 모두 재개되어 임란 후의 양국관계는 새로운 단계로 접어들게 되었다.

이와 같이 단시일 내에 양국간의 정상적인 통교가 이루어지고 표면상으로 교린관계가 재개되기 위해서는, 양국 모두 서둘러서 관계의 정상화를 추진하지 않을 수 없었던 절실한 이유가 있었다. 그러나 종래의 연구는 거의가 당시의 교섭과정을 서술하는데 있어서, 표면적으로 나타나는 쓰시마나 막부의 적극성과 조선의 소극성을 대비시키는 방법에 의해 조선의 대일정책을 소극적이며 폐쇄적인 것으로 왜곡시켜 왔다.[1]

이장에서는 특히 이러한 문제의식에서 강화교섭 중에 나타난 조선조 대일정책의 기본방침, 그리고 그것이 동북아 삼국의 국제관계 속에서 어떠한 형태를 취해 가는가를 '중화적 교린체제의 부활'이라는 시각에서 고찰해보고자 한다.

『朝鮮王朝實錄』에 기록되어진 강화교섭에 관한 사료를 정리해 보면 다음 표와 같다.

<표 1> 조일양국 강화사의 왕래현황

번호	연대	사자	내 용	출 처
1	1598.12	船主 康近	서계없음. 明 質官 3인 송환. (강화사절이 아니라고 보는 견해도 있음)	선조32년 7월신유
2	1599. 3		서계없음. 日本遺使 請復修隣好.(亂中雜錄4)	선조32년 3월갑오
3	6	船主 源智實	서계 (柳川調信→부산첨사) 강화사요청 明 質官 差人 5인, 피로인 鄭希得등 15인 송환	선조32년 7월신유
4	1600. 2		서계없음. 피로인 160명 송환	선조33년 2월정유
5	4		小西行長·寺澤正成의 공동명의 서계. 宗義智, 柳川調信 서계. 明質官등 40명. 피로인 20여명	선조33년 4월갑신

---

1) 임란 후 강화교섭에 관한 대표적인 연구로는 中村榮孝, 1969, 「交隣關係の復舊」『日鮮關係史の研究』下, 吉川弘文館 ; 田中健夫, 1975, 「鎖國成立期における朝鮮との關係」『中世對外關係史』, 東京大學出版會 ; 손승철, 1987, 『근세한일관계사』, 강원대출판부에 번역수록 ; 이현종, 1978, 「임란후의 對日關係」『한국사』12, 국사편찬위원회 ; 이민호, 1987, 『조선중기 대일외교 연구』, 단국대학교대학원 박사학위논문 ; 민덕기, 1989, 「임진왜란 이후의 조·일강화교섭과 대마도」1·2『사학연구』제39·40집, 90쪽 ; 동, 1990, 「조선후기 조·일강화와 조·명관계」『국사관논총』12 ; 손승철, 「국교재개와 교린체제의 재편」『조선후기 대일정책의 성격연구』, 성균관대학교대학원 박사학위논문, 1989 등이 있는데, 각 논고의 시각은 본문에서 상술하도록 한다.

6	1601. 5	朝→對	조선측의 최초 회답서를 대마에 보냄. 군공정 金達, 교생 朴希根, 통사 李希萬등 3인이 왜사에 동행함. 침략을 성토, 명의 평계를 댐.	선조33년 6월병술
7	6	橘智正	宗義智,柳川調信,寺澤正成의 강화요청 서계. 전현감 南忠元등 피로인 250명 송환.	선조34년 6월갑오
8	11	橘智正	宗義智,柳川調信의 강화요청 서계. 재침설, 방위강화, 진상품헌상, 토산물 회사.	선조34년11월무술
9	1602. 2	朝→對	동래소모군 천총 全繼信, 통사 孫文彧 파견. 일본정세파악.	선조36년 2월병인
10	5	倭使 2인	5통의 書契와 수미상의 피로인 송환.	선조35년 5월을축
11	7	橘智正	왜사에 대한 군기누설, 잠상매매우려. 왜사물품을 公家都賣함.	선조35년 7월기사
12	8		강화요청 서계, 피로인 229명 송환.	선조35년 8월임진
13	12	橘智正	통신사의 칭호로 사신파견 요청. 조선인 피로 전원쇄환과 전쟁사죄요구.	선조35년12월임진
14	1603. 3	橘智正	허화 요청서계. 피로인 94명 송환. 加藤淸正 서한 사죄. 家康 재침 위협함. 왜사 물품 경상도와 상인이 반씩구입.	선조36년 3월경진
15	6	橘智久	宗義智→禮曹書契 (德川家康의 手押) 藥物과 緞子요청. 明 經略 방위강화요청	선조36년 6월기해
16	10	橘智正	河東儒生 金光 송환. 강화와 재침에 관한 상소	선조36년10월갑진
17	1604. 6	朝→對(幕府)	승 유정과 孫文彧을 탐적사로 쓰시마에 파견. 쓰시마에 개시 허락. 8월 부산출발, 1605년 4월 귀국	선조37년 6월신축 通航一覽.권27
18	1605. 4	橘智正	유정일행 귀국시 동행, 피로인 3000여구송환 (선조 38년 5월 정유조에는 1390인 송환)	선조수정 38년4월
19	11	要汝文	宗義智와 柳川景直의 서계. 강화재촉. 柳川調信 사망통보, 피로 122명, 표류 1명 송환.	『海行錄』上. 을사 12월 초10일
20	1606. 1	橘智正	특별한 기록 없음	선조39년 4월임술
21	4	源信安	宗義智,柳川景直이 6통의 서계. 강화독촉 先致國書, 범릉적 박송 요구. 기미책으로 허화	선조39년 4월임술 선조39년 5월경진
22	6	古沙汝文	강화독촉.	선조39년 6월을묘
23	6	藤信尙	두조건 家康에게 보고, 8월 사신도해 요청	선조39년 7월계유
24	8	朝→對	全繼信 差官으로 쓰시마에 파견. 일본동정확인. 德川家康 국서 개서 요청.	선조39년 8월기미

| 25 | 11 | 橘智正 | 德川家康 국서와 犯陵賊 2인 박송 | 선조39년11월기묘 |
| 26 | 1607. 2 | 朝→幕府 | 제1차 회답겸쇄환사 파견. 국서교환
1608년 7월 귀국. 피로인 1240명 송환 | 선조40년정월기사
『海槎錄』 |

* 1. 출처는 사료의 통일성을 위해 가능한 한 『朝鮮王朝實錄』을 기본으로 했다.

　2. 『海行錄』은 서울대학교 규장각문서 No.9888이며, 『海槎錄』은 慶暹의 기록임.

　3. 강화교섭을 위한 양국간의 사절왕래는 총 26회에 달하고 있는데, 이중 조선에
　　서 일본에 사절을 파견한 것이 쓰시마에 4회(사료-6, 9, 17, 24), 막부에 2회
　　(사료-26)로 총 5회(사료-17은 쓰시마와 막부)이고, 일본(쓰시마)에서 조선에
　　파견한 사절은 21회에 달하고 있다.

임란의 강화교섭은 전쟁이 끝나기 직전이었던 1598년 8월에 이미 명과
의 종전 협상 중에 언급되었다는 설이 있고,[2] 또 1599년 3월에도 대마도
주가 德川家康의 명에 따라 강화교섭을 위한 사자를 파견했다는 기록이
있지만,[3] 조선측의 기록에 의하면 1599년 6월, 대마도주 宗義智의 家臣
柳川調信의 명의로 부산첨사 이종성에게 보낸 서계가 처음이다.

이 서계에 의하면 豊臣秀吉의 뒤를 이어 그의 아들 秀賴가 장군직에 오
른 것을 알리고, 명 질관의 差人 5인과 조선피로인 유오·정희득[4] 등 15
인을 송환한다는 것, 일본이 철병한 후 조선에서 사신을 파견한다고 하였
는데 소식이 없고, 전에 일본에서 파견하였던 선주 康近과 要時羅 등을
귀환치 않는 이유를 묻고, 앞으로도 피로인을 송환하고자 하니, 이 뜻을
예조대인에게 전달해 달라는 내용이었다.[5]

이러한 쓰시마의 화호요청과 조선사신의 파견요구가 쓰시마의 단독제

---

2) 中村榮孝, 『日鮮關係史の硏究』下, 3, 江戸時代の日鮮關係(1969, 吉川弘文館),
　　254쪽.

3) 松浦允任, 1978, 『朝鮮通交大紀』卷4, 「萬松院公」, 名著出版, 147쪽.

4) 鄭希得(1572~1640)은 1597년 9월 정유재란때에 영광군의 연해에서 왜군에
　　게 잡혀가서 3년간의 피수 생활 후에 자신의 피로인 생활을 기록한 『海上
　　錄』을 남기고 있다.

5) 『宣祖實錄』권115, 선조 32년 7월 신유.

의인지 아니면 豊臣政權의 뒤를 이어 정권을 장악한 德川家康의 요구인지는 명확하지는 않지만,6) 이듬해 2월에도 쓰시마는 德川家康이 임란을 일으킨 豊臣秀吉과는 아무런 관련이 없다는 것과 화호가 德川家康의 뜻임을 거듭 강조하고, 160여명의 피로인을 송환해 오면서 사신을 파견해 줄 것을 요청했다.7)

그러나 조선에서 별다른 반응이 없자, 그 이듬해인 1600년 4월에 일본에 억류되어 있던 명의 질관을 송환해 오면서, 小西行長과 寺澤正成이 연서한 서신과 宗義智와 柳川調信의 서신을 명군을 통해 예조에 전달했다. 이 서신에서는 과거 조선에 파견되었다가 억류된 쓰시마의 사자를 돌려보내 줄 것과, 만약 조선이 화호에 응하지 않으면 일본군의 재침이 있을 것이라고 자못 위협적인 태도를 보이기도 했다.

일본의 일방적인 강화요청에 대해 조선의 입장이 최초로 일본측에 전달된 것은 1601년 5월이었다.8) 그러나 그 내용은 일본과의 화호를 다룬

---

6) 일본측의 강화교섭이 德川家康의 뜻이었는가, 아니면 쓰시마의 단독제의인가에 대하여는 여러가지 학설이 있다. 예를 들면 中村榮孝는 처음부터 德川家康의 뜻으로 보았고(『日鮮關係史の硏究』下, 253쪽), 田中健夫는 1600년 9월 세끼가하라 싸움에 의해 德川의 정권장악이전은 쓰시마의 독단이고 그 이후는 德川家康의 지시를 받아서 이루어진 것으로 파악하고 있다(『中世對外關係史』, 261~262 ; 앞의 손승철 편저, 『근세한일관계사』, 34쪽). 이에 대해 한국학자들의 견해는 임란 후 통교가 단절되자 경제적인 궁핍을 받았던 쓰시마의 사정과 德川막부의 정치적 안정이 이루어진 시기를 생각하면 쓰시마의 단독적인 제안일 가능성이 높은 것으로 보는 견해(이현종, 1964, 「기유약조 성립시말과 세견선수에 대해」『港都釜山』제4호, 232쪽)와 전적으로 처음부터 德川政權의 강한 통제 하에서 이루어졌다는 견해로 나누어 볼 수 있으나, 필자는 강화교섭 자체를 막부의 의사와 무관하게 시작했다고 볼 수는 없으나, 교섭의 모든 과정을 획일적으로 막부의사냐 아니면 쓰시마의 단독인가로 나누는 것은 문제가 있다고 생각하며, 역시 사안에 따라 보아야 한다.

7) 『宣祖實錄』권122, 선조 33년 2월 정유, 무술, 3월 기미.

8) 『宣祖實錄』권128, 선조 33년 6월 병술.

것이 아니라 임란 때의 침략행위를 꾸짖고, 그동안 사자가 돌아가지 못한 것은 임란에 참전하였던 명나라에서 일의 처리를 위해 데리고 갔기 때문이라고 해명하면서, 조선과의 화호도 명의 의사를 외면할 수 없다는 입장을 설명했다.9) 이같이 명을 핑계대어 교섭을 지연시켜 시간을 버는 방법을 '借重之計'에 의한 '遷就之計'라고 하는데, 뒤에서 상술하지만 이러한 대일정책이 강화교섭에 나타나는 조선의 기본입장이었다.10)

그러면 정작 명의 조선에 대한 입장은 어떠했을까. 그 점에 관하여는 1599년 2월 명에서 일어난 '조선의 통왜혐의'에 관한 조사에 명확히 나타나고 있다.11) 이 보고에 의하면 명은 조선전기의 조일관계가 독자적으로 전개되어 왔음을 익히 알고 그것을 인정하고 있었다는 것과 조일관계가 명을 위협하는 것이 아니라면 관여하지 않는다는 기본입장을 분명히 하였던 것이다.12)

1600년 8월 조선에서는 임란 후에도 계속 주둔하고 있던 명의 잔류병력에 대한 철수명령이 내려져 명군의 경리 萬世德이 돌아가고,13) 일본에서

---

9) 『宣祖實錄』 권125, 선조 33년 5월 정미, "不幸我國 與敵爲隣 初無啓釁之事 稱兵犯順 以結今日之禍者 是誰之故 非我自絶 彼先絶我 一切之後 義無相交 而今乃致書要款 實所區測 彼旣有書 不可無答 着令禮曹 略修回書 以試敵情 如何耳."

10) 「借重之計」 : 다른 것으로부터 힘을 빌려 자기를 보호하는 계책으로 『宣祖實錄』 권165, 36년 9월 병진조에 의하면 "只慾得一介天將 以爲借重之計"라는 표현이 있다.
    「遷就之計」 : 적당히 이유를 대가면서 맞추어 가는 계책으로 『宣祖實錄』 권165, 36년 8월 신묘조에 의하면 "對馬倭人 終不得不羈縻 … 但今以虛辭 遷就者 已抵三年"(선조 36년은 1603년이므로 이미 3년이나 이 계책을 써왔다고 하는 것은 1600년부터 이러한 계책을 써왔음을 말하는 것이다).

11) 『宣祖實錄』 권118, 선조 32년 2월 기사.

12) 명의 조선에 대한 인식은 조일관계를 互市나 釜山爲市, 市易으로 보았고, 조선이 중국에 대하여는 恭順을 일본에 대하여는 기미를 해오고 있다는 것, 그때문에 조선의 대일관계는 결코 '通倭'해 명을 해하는 것이 아니라는 입장을 분명히 하고 있다(민덕기, 「조선후기 조일강화와 조명관계」, 175쪽).

는 豊臣秀吉의 아들 秀賴를 옹립하려는 파와 德川家康측의 전쟁(소위 세끼가하라 싸움)에 의해 德川정권이 확립되었다. 물론 조선에서의 명군철수는 일본군의 재침이 없을 것이라는 인식 하에서 이루어진 것이었다. 그러나 세끼가하라의 싸움을 전후해 일본으로부터 사자왕래가 뜸해지자, 이에 의혹을 품고있던 조선에서는 일본국정에 대한 탐색의 필요성이 새롭게 제시되기도 했다.14) 그리하여 1601년 2월에는 김대함을 파견하기로 결정하였으나 실행되지는 못했다.15)

그러던 중 1601년 4월, 하동교정 강사준 등이 송환되면서 일본의 정세가 상세히 보고되었고,16) 그 해 7월에는 조정에서 2품 이상의 중신들이 모여 일본의 국내정세에 관한 사항과 계속되는 피로인의 송환과 강화요구에 대한 본격적인 논의를 하기에 이르렀다.17)

당시 논해진 내용을 보면, 일본에 대한 강화를 쓰시마에 대한 許和와 德川정권과의 講和로 분리해서 생각하고 있다. 예를 들면,

---

13) 『宣祖實錄』 권129, 선조 33년 9월 경술.

14) 『宣祖實錄』 권134, 선조 34년 4월 경진.

15) 『宣祖實錄』 권134, 선조 34년 2월 경오.

16) 『宣祖實錄』 권136, 선조 34년 4월 경오, 당시 姜士俊이 보고한 내용은
   1. 세끼가하라 싸움의 결과 德川家康이 집권했다는 점.
   2. 宗義智는 家康의 명에 의해 강화를 요청하고 있다는 점.
   3. 예조에서 경자년(1600) 5월에 보낸 회답서계를 對馬島主가 家康에게 보고했다는 점.
   4. 조선에서 일본의 강화요청에 응해주면 南忠元(선조의 庶妹夫) 등을 송환하겠다는 점.
   5. 家康은 柳川調信을 쓰시마에 보내어 조선에 계속해 강화를 요청하고 있다는 점.
   6. 자신은 쓰시마 宗義智 등의 책임이 무거워 조선에서는 강화를 허락하지 않을 것이라고 말했다는 점 등이다.

17) 『宣祖實錄』 권139, 34년 7월 기해.

> 쓰시마는 우리에게 가장 가까운 적이지만 옛부터 우리가 자손처럼 보살
> 핀지 오래되었다. 그래서 일본의 다른 왜와는 다르다. 오늘날 다시 수호를
> 하고자하면 과거처럼 '기미지책'을 쓰되, 아주 끊기는 어려울 것이다.[18]

라고 해 쓰시마는 비록 적이지만 일본의 다른 왜와는 구별되는 존재이며 오늘날 쓰시마가 수호를 원하는 것은 사실일 것이므로, 과거부터 실시해 온 '기미지책'으로 이들을 상대해 갈 것이지 아주 끊어서는 안될 일이라고 그 기본입장을 밝히고 있다.

그러나 쓰시마와의 관계가 기미관계에 의해 재편성되더라도, 일본관계가 쓰시마에서 끝나지 않는다는 것을 이미 예상하고 이 문제에 대해 논의를 계속한다. 이는 곧 앞으로 막부와의 관계를 어떠한 형식으로 재개할 것인가에 대한 사전 논의로 해석할 수 있다. 즉,

> 허화를 한 후에는 諸酋樓들이 다투어 서계를 보내 올 것이다.[19]
> 이미 쓰시마에게 허화를 하게 되면 일본에서 뒤를 이어 사자를 보낼 것이라는 사실은 삼척동자도 다 아는 일이다.[20]

라고 해, 쓰시마에 일단 허화를 하게 되면 일본의 諸酋勢力이나 막부가 조선과의 관계 회복을 위해 사신을 파견해 올 것을 이미 예상하고 있었다.

그러나 중신 회의에서의 논의는 결정을 보지 못하고, 이덕형의 의견을 따라 '許和'를 요청하는 陳奏使를 명에 파견해 그 처치를 요청하기로 했다. 당시 이덕형의 의견은

---

18) 『宣祖實錄』 권139, 선조 34년 7월 기해, "對馬之賊最近我頃 從前仰哺我者久矣 非如日本他倭之比 今日欲修故事 似是實情 在我羈縻之策 亦難一切斥拒."
19) 『宣祖實錄』 권139, 선조 34년 7월 을묘, "許和之後 諸酋 書契紛紜出來 不可說也."
20) 『宣祖實錄』 권139, 선조 34년 7월 기사, "旣許馬島 則日本踵之使 在理必然 尺童所知."

> 우리나라에서는 쓰시마와 일본의 차이를 논하지마는, 명에서는 쓰시마와 일본의 차를 논하지 않을 것이고, 쓰시마에 허화를 한다면, 이어 일본에 許和를 해야함이 필연의 이치이며, 일본의 求和에 대해 許, 不許하는 것은 우리의 사정에 맞추어야 한다. 우리가 일본의 求和를 불허하면 그들의 흉화를 입을지 모르고, 허락하면 그 폐단 또한 클 것이다. 그러니 쓰시마에게 일본의 강화요청을 못하게 하는 조건으로 許交의 기미책을 임시로 취해 적정을 살피고 국력의 증진을 도모해야 할 것이다.21)

라고 했다. 즉 조선에서는 일본에 대해 강화하는 것은 아직은 불가하지만 쓰시마에 대하여는 점차 許和를 하되, 그 형태는 기미책을 쓴다는 것이었다. 다시 말해 임란후의 일본과의 강화는 쓰시마에 대한 '허화'로 시작하지만, 그 형태는 조선전기 쓰시마에 대한 교린형태였던 '기미정책'의 재개였다는 점을 알 수 있다.22)

조선은 위의 결정에 따라 '허화'를 요청하는 진주사를 8월에 명에 파견했다. 그러나 다음해 4월 명의 '허화' 거부가 진주사로부터 조선에 전해졌다. 이 사실을 기록한 사관은 명이 의로써 '허화'를 불허한 것은 조선에게는 아주 다행한 일이라고 평가하고 있다.23) 그러나 조선의 허화요청을

---

21) 『宣祖實錄』 권140, 선조 34년 8월 기사.

22) '기미정책'에 관한 건의는 이미 1600년 5월 피납되었다가 귀환한 강항의 『看羊錄』에서도 구체적으로 개진되고 있다. 즉 "기미하는 정책을 조만간에 실시해야 할 것이다. 그리고 北道의 野人을 연향하는 예에 의해 감사·병사가 미리 부산·동래에 집합해 대응하는 것이 좋을 것이며, 서울로 끌어들이어 번거로운 비용을 내며 도성의 허실을 알게 해서는 안된다. 그리고 북도의 야인을 상사하는 예에 의해 대략 토산품으로 그 예물에 응하는 것이 좋으며, 영남의 전세를 수송해서 도적놈의 식량을 싸주어서는 안된다(『看羊錄』 西海道九國, 對馬)"라고 하였듯이, 매우 현실적인 제안을 하고 있다. 이 예를 통해 볼 때, 조선측에서는 이미 강화교섭이 이루어지기 전부터 쓰시마에 대하여는 기본적으로 이러한 '기미'의 입장을 갖고 있었던 것이 아닌가 생각한다.

23) 『宣祖實錄』 권149, 선조 35년 4월 기유.

불허했다는 점은 앞의 명의 조선에 대한 불간섭원칙의 입장을 생각할 때 의문의 여지가 있다. 이점에 관해 민덕기씨는 명의 구체적인 통보가 없는 한 이것은 신빙성이 적다고 하면서, 두 가지의 가능성을 제시하고 있다. 즉 명이 조선측의 쓰시마에 대한 허화를 일본에 대한 화호로 오해하였거나, 아니면 '許和'의 결정이 명의 소관이라고 주장해 온 조선의 입장을 쓰시마에 인식시키기 위해 거짓으로 꾸몄을 가능성이 높다고 했다.[24]

이점은 같은 시기인 1602년 1월 조선사정을 잘 알고 있었던 총독 만세덕으로부터 조선에 파견된 차관 담종인이 선조와 대화 중 '和와 不和'는 천조가 주단하는 일이 아니므로 조선의 국왕과 중신의 의견을 듣고 돌아오면 그에 의거해 명제에게 복주할 것이다[25]라는 내용을 통해서도 확인할 수 있다. 그리고 이후의 정황을 보더라도 후자의 견해는 타당성이 있다고 보아진다.

이러한 과정 속에서 1602년 2월 전계신과 손문욱이 일본의 재침설에 대한 정보확인과 강화요청의 진의를 확인하는 목적으로 쓰시마에 파견되었다.[26] 당시 지참한 휴정의 서계에는, 휴정이 만세덕의 휘하에서 '和好'의 건을 품달하는 중이며, 쓰시마가 공순을 표하면 만세덕이 이를 보고 '和事'를 처리할 것이라고 해 명을 이용한 '借重之計'를 전면에 제시하고 있다.[27] 이러한 '借重之計'의 입장은 그 해 5월 柳川調信의 강화요청에 대한 이덕형의 입장에도 그대로 나타나고 있다. 당시 이덕형은

> 조선이 開市를 근간에 허락할 예정이라면 倭使에게 그 뜻을 은밀히 전할 것이며, 동시에 명군 문위관에게도 의향을 타진해야 할 것이다. 그러나 開市를 불허할 생각이라면 명의 위엄을 빌려 즉시 그 뜻을 분명히 전함이 옳을 것이다. 왜냐하면 쓰시마가 다시 사람을 보낼 때에는 어느 정도 開市를 허

---

24) 閔德基, 앞의 논문, 171~181쪽.

25) 『宣祖實錄』 권145, 선조 35년 정월 정미.

26) 『宣祖實錄』 권146, 선조 35년 2월 병인.

27) 『宣祖實錄』 권145, 선조 35년 정월 경술.

　락할 것인즉, 이를 실망시키면 화를 재촉할지도 모른다. 그러나 그렇다고 해 開市를 쉽게 허락하면 후일에 후회하게 될 것이므로, 적의 계략을 먼저 파악해 대응하는 것이 중요하며, 최종적으로 명의 위관과 상담해 開市를 결정하는 것이 좋다.28)

고 하면서 쓰시마에 대한 開市를 고려하고 있음을 볼 수 있다.

　이어 5월과 7월, 8월, 12월에도 쓰시마에서는 강화를 청하는 사자가 피로인을 대동하고 재차 도항하였는데, 이에 대해 倭使가 가져온 물품을 公家都賣하는 등 접대를 하는 동시에 군기누설 금지 등 대외방위책을 강화해가면서, 명을 핑계대어 화호의 시기를 연기했다.

　이듬해 1603년 1월 조일간에는 加藤淸正이 명에 직접 보낸 서한을 둘러싸고 양국간에는 새로운 문제가 발생했다. 즉 1603년 1월 加藤淸正이 조선을 경유하지 않고 명에 직접 화호의 교섭을 요청하는 서한을 보낸 일이 있었는데, 이에 대해 3월에 도항한 橘智正은 加藤淸正의 행위에 사과를 했다. 이때 손문욱은 橘智正에게

　　이는 일본장군의 뜻이 아니라 가등청정의 계책으로, 그 내용이 심히 불손했다. 이에 조정에서는 뜻이 같지 않으니 … 피차의 사정을 살핀 후에 대처해야 할 것이다.29)

라고 했다. 여기서 불손한 내용이란 조선이 수호에 불응하면 병선을 보내어 해를 끼칠 것이라는 것이며, 서한의 끝에는 일본의 연호를 사용하였는데 이것도 예에 벗어난 행위라고 비난하였던 것이다.30)

　그러면 加藤淸正이 이러한 서한을 조선에 직접 보내지 않고 명을 우회한 이유는 무엇일까, 그것은 아마도 쓰시마의 대조선정책에 대한 반발이

---

28) 『宣祖實錄』 권152, 선조 35년 7월 기묘.
29) 『宣祖實錄』 권158, 선조 36년 정월 기미.
30) 『宣祖實錄』 권160, 선조 36년 3월 경진.

며, 동시에 조선에 대한 또 다른 형태의 압력 내지는 위협으로 볼 수 있다.

반면 쓰시마는 어떤 입장에서 이 사실을 구체적으로 조선에 알려왔고 加藤淸正의 행위를 비난했을까. 그것은 橘智正의 사죄행위를 통해 볼 때, 쓰시마는 조선과의 교섭에 있어 쓰시마의 대행적 역할을 누구에게도 빼앗길 수 없다는 쓰시마의 적극적인 의도이며, 조선과의 교섭을 성사시키기 위해서는 조선이 원하는 형태로 화호가 이루어져야만 그것이 가능하다고 생각했기 때문일 것이다. 즉 외교서한에 일본 연호를 써서는 안된다는 과거의 외교서식을 상기하고 있다는 점에서 스스로 동아시아의 외교질서나 조선과의 외교규범을 인식하고 있었다고 볼 수 있다.

한편 당시 이 사건에 대한 조선의 입장은 어떠했을까. 예조참의 이철은 柳川調信에게 보내는 답서를 통해 명에서는 加藤淸正의 행위에 의해서 오히려 침략의 기운이 일본에 있다고 믿게 되었고 그 결과 조선이 주선하는 화호교섭도 불신하기에 이르렀다는 것이다.[31] 따라서 이러한 상황에서는 화호의 조기실현도 기대하기가 어렵게 되었으니 쓰시마는 더욱더 화호를 위한 정성을 배가하지 않으면 안된다고 독려하고 있다. 이러한 조선의 태도는 화호를 갈망하고 있는 쓰시마의 입장을 이용해 위협적인 대조선교섭을 억제하고자하는 의도로 이해할 수 있다.

상황이 이렇게 쓰시마에게 불리하게 전개되자, 1603년 6월 쓰시마에서는 3월에 도항한 橘智正이 조선에 체류하고 있음에도 불구하고, 또 다른 사자를 파견해 왔다. 당시 예조 앞으로 보낸 宗義智에 서계에는 德川家康의 手押(서명)이 있었는데, 서계에는

> 양국간의 화호의 일은 宗義智외에는 아무도 명을 받은 사람이 없습니다. 德川家康의 手押에 이르기를 의지는 이것으로 증거를 삼을 것이며 아무도 이것을 방해할 수 없다고 했습니다.[32]

---

31)『宣祖實錄』권161, 선조 36년 4월 무자, 임진.
32)『宣祖實錄』권163, 선조 36년 6월 기해.

라고 해, 德川家康이 手押을 통해 宗義智를 양국의 강화교섭에 있어 전임
자로 임명한다는 것과 그 이외는 누구도 이것을 방해해서는 안된다는 것
이었다. 그렇다면 이 시기에 德川家康의 수압이 등장하는 이유는 무엇일
까. 그것은 분명 앞서의 加藤淸正의 서한과 연관이 있다고 생각한다. 즉
강화가 德川家康의 의사라는 점, 그리고 宗義智만이 德川家康이 인정하
는 강화교섭의 대리인이라는 점을 직접 조선에 인식시키려 했던 행위로
해석할 수 있을 것이다.

그러던 중 1603년 10월 薩摩에 억류되어 있었던 하동유학 김광이 玄蘇
의 서장을 받아서 귀국했다. 김광의 송환은 쓰시마의 요청에 의해 德川家
康이 직접 허락한 것으로, 家康의 집권과 강화의욕에 대한 내용을 직접
조선에 전달하기 위한 의도에서 이루어진 것이라고 한다.[33]

귀국 후 김광은 즉시 상소를 통해 일본의 동향을 전하고 있는데, 그는
조선이 화호를 불허하면 일본이 재침할 가능성이 있다고 하면서, 이것은
家康의 뜻이라기 보다는 과거 豊臣 세력을 의식하기 때문이라는 것이다.
여기서 우리는 德川家康의 신사요청이 단순하게 화호만을 위한 것이 아니
라는 사실을 알 수 있다. 즉 家康政權은 조선과의 화호를 통해 국내적으로
는 豊臣政權을 극복한다는 정치적인 목적을 가지고 있었다는 것이다.[34]

金光의 상소에 의한 국내의 동요는 적지 않았다. 당시 비변사에서는 김
광의 상소를 심각하게 받아들여, 임란 후 지금까지 4년간 쓰시마의 화호
요청에 대해 항상 명에게 결정권이 있다고 핑계를 대어 이를 회피해 왔는
데, 그 계책이 일본에 간파되었다면 양국간에 전쟁이 일어날 위험도 있다
고 우려했다. 그리하여 일본의 재침설과 화호요구에 대한 진위를 확인하
기 위한 탐적사의 파견이 구체적으로 논의하게 된다.[35]

---

33) 『宣祖實錄』 권167, 선조 36년 10월 갑진 ; 『通航一覽』 권27, 朝鮮國部 3.
34) 三宅英利, 1987, 『近世日朝關係史の硏究』, 文獻出版, 152쪽 ; 손승철, 번역
   본, 130쪽.

Ⅱ. 탐적사의 파견과 대일강화조건

1604년(선조 37) 3월, 조정에서는 전부터 계획하고 있었던 유정의 쓰시마 파견을 결정했다.36) 이때 비변사에서는 유정의 파견에 대하여는 探倭唐官(明)에게는 알릴 것이 없으며, 유정은 승려의 개인 자격으로 가기 때문에 서계를 지참하지 않아도 되므로 명이나 일본에 대해 응답하기가 좋을 것이라는 밀계를 내렸다. 또한 선조는 적중정세를 잘 파악하려면 敵情을 잘 알아야 하므로 일본사정에 밝은 손문욱과 대동하도록 했다. 그리하여 명에 파견되었던 손문욱을 기다려 함께 파견하기로 하였으며, 탐적사 일행의 승선은 명의 探倭委官이 체류하는 부산을 피해서 金海 竹島에서 승선하고, 多大浦에서 橘倭 일행을 만나도록 했다.37)

때마침 5월에 이르러 명에 파견되었던 손문욱이 돌아왔다. 그런데 손문욱의 편에 조선의 대일정책에 관한 명의 분명한 입장이 전달되었다. 즉 명은 欽差巡撫 遼東御使에 의해 보내진 자문에서

> 오직 해당국이 스스로 알아 勢에 따라 계책을 세워 대응할 일이며, 일의 기미를 보아 구분해 대처하는 일 역시 해당국 스스로의 책임이지 天朝가 일일이 지휘해야 할 일이 아니다. … 더구나 수호를 맺어 우호를 도모하는 일은 더욱 천조가 간여할 일이 아니다.38)

라고 해, 조선의 대일관계는 원래부터 명의 소관이 아니니 조선 스스로가

---

35) 『宣祖實錄』 권172, 선조 37년 2월 경술.
36) 『宣祖實錄』 권175, 선조 37년 6월 정해.
37) 『宣祖實錄』 권175, 선조 37년 6월 무자.
38) 『宣祖實錄』 권174, 선조 37년 5월 신미, "惟該國自知之 則觀勢策應 相機區處 亦惟該 國自任之 固非天朝所能一一指揮 而講信修睦事 … 尤非天朝之所可指揮者也."

행해야 마땅한 일이라는 입장을 분명히 하고 있다. 6월이 되자 探賊使 惟政일행의 쓰시마 파견이 단행되었다.[39] 그런데 종래에 일인학자들은 탐적사 파견을 명을 종주국으로 받들고 있던 조선이 명의 허락을 얻어 비로소 결정한 사항이라고 단정해, 유정의 파견과 명의 자문을 인과관계로 설명해 조선의 대일정책이 시종 명의 지시에 의한 것으로 해석해 왔다.[40]

그러나 유정의 파견은 이미 2년 전부터 계획되었던 일이고, 또한 파견 결정도 명의 자문이 조선에 전달되기 한달 전에 정해진 사항이라는 점을 생각할 때, 하나의 편견임을 알 수 있게 된다.[41] 오히려 이점은 조선이 명의 존재를 대일교섭에 전략적으로 이용하고 있었음을 확인하게 해준다고 볼 수 있겠다.

유정이 파견이 임박해지자 비변사에서는 밀서를 내려 이들이 쓰시마에 갔을 때, 만약 쓰시마측이 막부에 가줄 것을 요구할 때에는 과거 休政과의 약속(1602년 1월에 전계신의 쓰시마 파견 때에 유정을 파견하기로 함)을 지키기 위해서 쓰시마에 간 것이지, 막부에까지 갈 필요가 없다는 점을 강조하도록 했다. 그러나 이번 사행의 목적이 일본의 국정을 탐색하는 것이기 때문에 쓰시마에서 막부에 가주기를 강청하면, 그 경우는 못이기는 척하면서 동행하도록 지시하기도 했다.

6월 말 탐적사 유정일행은 宗義智 앞으로 보내는 예조참의의 서계를 가지고 쓰시마를 향해 출발했다. 서계에는 일본의 강화요청을 명에 보고하니, 명에서는 임란 중에 일본이 명에 대해 불손한 행위가 많았던 만큼, 일본의 화의는 믿을 수가 없다고 했다. 그리고 만일 일본이 조선을 침입한다면 명군과 일본을 협공해 국위를 나타내 보일 것이라고 하면서 일본의 재침위협에 대해 강경하게 경고했다. 그리고 쓰시마에 대하여는 조선을 향한 '貴島革心向國之意'를 잘 안다고 하면서, 일본과의 강화에 대하여는

---

39) 『宣祖實錄』 권175, 선조 37년 6월 신축.
40) 中村榮孝, 『日鮮關係史の研究』 下, 263쪽.
41) 민덕기, 「조선후기 조일강화와 조명관계」 『국사관논총』 제12집, 187~188쪽.

> 일본이 만약 지금부터라도 다시 성의를 가지고 시종 태만하지 아니하면
> 제왕의 待夷之道로써 관대해 질 것이며, 천조도 단절하지 않을 것이다.[42]

라 했다. 이러한 내용을 통해 볼 때, 조선측의 대일강화의 기본방침은 역시 쓰시마를 기미권에 편입시키며 일본을 명을 중심으로 하는 동아시아의 외교질서에 순응시키는 형태로 회복하려 했다고 생각된다. 그리고 쓰시마에게는 공식적으로 開市를 허락함으로써 조선과의 교역을 가능하게 했다. 그러나 막부에는 허락하지 않음으로써 '許和'의 문제는 쓰시마에 한정해서 해결을 보게 되었다.[43]

1605년 3월 京都에서 德川家康을 만난 탐적사 유정 일행은 4월에 피로인 3000여인을 인솔해 귀국했다.[44] 당시 이들을 호행해 파견되었던 橘智正은 재삼 강화의 조속한 타결을 요청했다. 이에 대해 조선은 쓰시마의 강화요청은 德川家康이 원하는 것이 아니라 쓰시마가 자신의 욕심을 이루고자 요청하는 사적인 행위라고 비난하고, 家康 자신이 조선과의 강화를 원한다고 하면서도 지난번 惟政일행이 家康을 만났을 때 강화에 관련된 어떠한 서계도 보내지 않았음을 상기시키며 쓰시마에 대해 더욱 의심하기 시작했다.[45]

그리하여 1606년(선조 39) 2월, 조정에서는 이 문제를 논의한 결과, 通信이란 신의 속에서 이루어져야 하기 때문에 지금 상황에서는 일본의 요구를 들어줄 수는 없지만, 王道로 夷狄을 끝내 거부할 수는 없으며, 또 조선

---

42) 『通航一覽』 卷27, 朝鮮國部 3, "日本若能 自此更輸誠意 終始不怠 則帝王待夷之道 自來寬大天朝 亦豈有終絶之理哉."

43) 『宣祖實錄』 권187, 선조 38년 5월 정유, "此島獨許和 亦與本國不和."

44) 『宣祖修正實錄』 선조 38년 4월. 그러나 『宣祖實錄』 권187, 선조 38년 5월 정유조에는 橘智正이 가져온 서계의 별폭에는 쓰시마와의 화호에 대한 감사의 표시로 쓰시마에 모여 있던 피로인 1,390명을 송환한다고 기록되어 있다.

45) 위와 같은 사료 중 備邊司啓.

과 일본은 지리적으로 매우 가까우므로 오랫동안 끝내 단교를 할 수는 없는 일이라 했다. 그리하여 대체로 일본의 강화에 관대해 허화를 원칙으로 하되, 신중히 대처할 것과 허화는 기미책으로 해야 할 것이 주장되었다. 특히 이덕형은 대일외교는 현실적으로 국민을 편안하게 하고 백성을 이롭게 하는데 바탕을 두어야 하며, 특히 기미정약을 하는데 있어서 완벽하게 하지 않으면 회가 막급할 것이라고 하며 신중한 대책을 강조했다.[46] 그리고는 우선은 통신사보다는 관리를 파견해 쓰시마의 요구를 들어주는 체하면서 일본의 국정을 탐색하되, 쓰시마를 통하지 말고 직접 막부에 차인해 막부의 진의와 일본국정을 탐색하기로 했다.[47]

이에 조정에서는 '差人'편에 막부에 보낼 서계를 작성하였는데, 발신은 禮曹判書官銜, 수신은 日本國執政大臣으로 했다. 서계의 내용은 秀吉을 '萬歲不忘之讐'로 비난하고는, 그에 반해 家康은 임란 때 자군을 조선에 파견하지 않았다는 점, 秀吉에 반하는 행동을 취해왔고 피로인의 쇄환에 협력하고 있다는 점 등을 열거하고는, 家康이 '復修舊好'를 바라고 있는 것이 사실이라면 일본과의 강화를 배척하지는 않겠다고 했다. 그리고는 家康이 왜 지금껏 강화를 요청하는 서계를 보내지 않고 쓰시마를 통하는가를 따지면서, 德川家康이 직접 서계와 '범릉적'을 보내주면, 이를 명에 알리고 종묘사직에 고한 후, 새로운 화호를 열어 가겠다고 하는 소위 강화를 위한 두 가지의 조건을 제시했다.[48]

---

46) 『宣祖實錄』 권198, 선조 39년 4월 계묘, "王者之待夷狄 唯爲安國家而百姓 而相議以圖善處耳 此外又何盡較焉 所可慮者 羈縻定約之時 如不出於十全 則 後悔大矣."

47) 『宣祖實錄』 권199, 선조 39년, 5월 기묘.

48) 『宣祖實錄』 권199, 선조 39년 5월 기묘. 그러나 양국관계에서 중간 대리인으로 자임해왔던 쓰시마의 강한 반발과 조선에서 쓰시마를 거치지 않고 막부에 직접 '差人'을 한다는 것은 교통의 문제 등 현실적으로 어려움이 많았기 때문에 서계의 내용을 일부 수정한 후, 종전과 같이 쓰시마를 통해 전달하기로 했다. 수정된 내용은 秀吉에 대한 비판이 생략되고, 家康의 뜻

Ⅲ. '회답겸쇄환사'의 파견

강화의 조건으로 제시된 두 가지 조건인 家康의 '국서'와 범릉적의 소환은 한일관계사에 매우 중대한 의미를 갖는다. 즉 당시 강화가 성립되지 않은 상태에서 어느 한쪽의 집권자가 먼저 국서를 보낸다는 것은 상대국에 대해 항복을 자인하는 것을 행위로 이해되고 있었던 것이다.[49] 따라서 조선의 家康에 대한 '先爲致書'(국서를 먼저 보내라)의 요구는 일본이 임진왜란의 침략행위를 사죄하지 않으면 강화요청에 응할 수 없다는 강한 의지를 나타낸 것이라 할 수 있다.[50] 뿐만 아니라 조선에서는 막부가 보내올 서계양식에 관해서도 家康이 '일본국왕'임을 칭하도록 요구하고 있다.

전년에 천조가 秀吉을 일본국왕에 봉하였는데, 이는 진실로 너의 나라에 막대한 경사이나 册使를 멸시해 접대하고 다시 군병을 일으키었으니 그 죄는 용서받기 힘들 것이다. 지금 家康이 비록 秀吉에 반하는 행위를 한다고 하나 우리나라가 어찌 감히 천조에 거슬리게 국왕의 호칭을 마음대로 쓰겠는가 …

家康이 치서하는 경우 반드시 일본국왕이라고 칭한 이후라야, 우리 회답서에서도 일본국왕의 호를 쓸 것이다.[51]

을 '貴國'으로 바꾸었으며, 犯陵賊의 요구도 문면에서는 삭제하고 구두로 하기로 하였으나, 다른 안건보다 우선적으로 제안하기로 했다. 이러한 이유는 확실하지는 않지만 秀吉의 잔당이 아직도 건재하다는 정보를 의식한 전략적인 대처가 아닐까 한다(민덕기, 앞의 논문, 191쪽).

49) 『宣祖實錄』 권199, 선조 39년 5월 경인, "先自送書於我矣 賊之意 正欲要我先遣使致書 謂我爲遣使乞和 惑指稱乞降納款等語 誇張後世耳."

50) 이러한 인식에 대하여는 민덕기, 앞의 논문, 193쪽 ; 荒野泰典, 앞의 논문, 136쪽 ; 中村榮孝, 앞의 책, 265쪽 ; 이현종, 『한국사』 12, 357쪽 참조.

51) 『宣祖實錄』 권200, 선조 39년 6월 계해, "昔年天朝 封秀吉爲日本國王 此誠爾國莫大之慶 而蔑待册使 再動軍兵 日本罪不容於天地 今者家康 雖反秀吉所

라고 해, 家康 스스로가 일본국왕의 호칭을 사용토록 했다.

이 내용은 양국관계사에 있어 매우 중요한 의미를 갖는다. 즉 이 사료의 문맥으로 보아서 적어도 다음 세 가지의 의미를 생각할 수가 있는데, 첫째, 豊臣秀吉은 명을 중심으로 한 동아시아의 책봉질서를 파괴했다는 점. 둘째, 德川家康이 일본의 최고통치자로 인정받기 위해서는 명으로부터 일본국왕으로 책봉을 받아야 한다는 것. 셋째, 조선은 명의 책봉을 받은 日本國王과 대등한 입장에서 강화를 하겠다는 것이다. 다시 말해 당시 조선에서는 일본과 강화를 할 경우, 일본의 최고통치자와 강화를 하겠다는 것이고, 조선이 인정하는 일본의 최고통치자란 명의 책봉을 받은 자이어야 한다는 것이다. 조선 측의 이러한 요구는 결국 조일양국의 강화를 통해 명을 중심으로 한 동아시아의 외교질서를 재편하겠다는 의도로 이해할 수 있다고 본다.

강화의 전제가 된 또 하나의 조건은 '犯陵賊縛送'[52]이었다. 中村榮孝는 범인이 불명확한데도 일본군의 소행이라고 하면서 범인을 요구한 것은 조선측이 내정상의 난문제를 해결하려는 터무니없는 요구라고 했다.[53] 그러나 당시 조선측에서 범릉적의 문제를 제기한 것은 범릉의 행위를 결코 개인적인 범죄가 아니라 조선이란 국가를 범한 것에 대한 응징을 의미하는 내용을 가지고 있었던 것이다.[54]

조선측에서 제시한 두 가지의 강화조건은 1606년 8월 전계신의 파견에 의해 쓰시마에 전달되었는데,[55] 조선에서는 이들의 파견을 쓰시마와의 사전교섭 없이 독자적으로 파견했다.[56] 쓰시마에서의 주된 교섭내용은 앞서

爲 我國何敢逆天朝 而擅書國王之號乎 此家康書 不可無一也 … 家康雖或致書 必稱日本國王而後 我國回書 亦稱日本國王之號矣 此一節 亦不可無也."

52) 犯陵賊이란 임란 당시 宣陵(成宗 貞顯王妃의 묘)와 靖陵(中宗의 묘)를 도굴한 범인을 말함.

53) 中村榮孝, 앞의 책, 265쪽.

54) 『宣祖實錄』 권204, 선조 39년 10월 신축.

55) 『宣祖實錄』 권202, 선조 39년 8월 기미.

조선에서 논의된 家康으로부터의 국서와 범릉적의 소환문제였다. 그런데
이 교섭은 의외로 빨리 이루어져 쓰시마 도항 후 불과 1개월만인 9월에
家康國書의 초안이 조선에 보내지고, 전계신은 앞으로 막부에 파견될 사
신의 임명·서계·예단 등에 대한 요청을 하였으며, 조정에서는 1590년
(선조 23)의 예에 따라 준비를 해 10월 15일경에는 이미 삼사의 선발을 끝
내고 있다. 이로 보아 조선측에서는 이미 제시한 조건이 이행될 것을 예상
하고 있었으며, 신사파견의 준비를 진행시키고 있었음을 알 수 있다.57)

11월이 되어 橘智正이 파견되어 정식으로 德川家康의 국서와 범릉적으
로 쓰시마인 두 사람을 압송해 왔다. 조선에서는 예상보다 빠르게 매우 어
려운 조건이 실행이 되자, 적지 않은 의혹과 함께 家康國書나 犯陵賊의
진위 문제 등에 대한 논의가 있었다. 물론 조선에서는 전계신의 치계 등에
의해 그것들이 僞書와 僞者임을 알고있었다. 그러나 명분상 조선의 요구
가 관철되었고, 강화교섭의 주도권을 조선이 갖게되어 당초의 계획대로
강화를 성립시키기로 하고 강화를 위한 신사를 파견하기로 결정했다.

이렇게 해 마침내 1607년 1월, 강화를 위한 조선의 사절단이 막부에 파
견되게 되었다. 그러나 앞서도 제기되었던 바와 같이, 당시의 상황에서 조
선측은 사절단의 명칭을 통신사로 할 수는 없었다. 당초부터 賊中의 情形
이 미심해 通信이라는 칭호는 사용할 수 없으니, 일부 통유로 하자는 제안
도 있었지만, 선조는 隣國에 諭자를 쓰는 것은 어려움이 있다고 하면서
일본의 치서에 대해 회답을 하는 것이니 회답으로 하자고 했다.58) 그러나
당시 조선의 실정으로 볼 때, 국내적으로 임란 때 납치되어간 피로인의 송

---

56) 『宣祖實錄』 권203, 선조 39년 9월 기묘조에 의하면, 전계신 등이 對馬島 豊
崎에 도차한 다음날 橘智正과 만났을 때, 橘智正이 쓰시마에 온 의도가 무
엇이냐고 물었을 때, 전계신이 '更探日本動靜'이라고 답변하자 그들은 몹시
당황하였고, 일방적인 파견에 항의를 받았다고 한다.

57) 『海行錄』(서울대 규장각문서, No.9888), 병오 9월 14·15일.

58) 『宣祖實錄』 권203, 선조 39년 9월 계유.

환문제도 최대의 중요한 과제였다. 따라서 조선에서는 사절의 등정일이
가까워진 정월에 다시 이 문제를 논의했다.

> 우리의 禮儀之民을 虜庭에 그대로 둘 수가 없으니 回答使가 적지에 도착
> 하면 刷還事를 적극 추진해야 한다. 그런 소임를 맡게 하는데에는 회답사의
> 명칭에는 서계를 전달한다는 뜻만 있고, 아국인 쇄환의 뜻이 없어 마땅치
> 않다. 예조의 치서에 아국피로인의 전체송환을 요청하는 내용이 들어있고,
> 그로써 양국의 화호를 시험해 본다는 뜻도 말하고 있으니 사신의 명칭도 被
> 虜人刷還의 뜻을 밝혀 回答 刷還으로 하자.[59]

고 해, 사신이 출발하기 앞서 불과 일주일 전에 回答兼刷還使로 결정했
다.[60]

그리고는 만약 일본측으로부터 通信使라고 칭하지 않은 것에 대한 비
난이 있는 경우에는 家康國書가 온 것에 대한 회답사이며, 일본에 도착하
면 조선인을 쇄환시키는 일은 이미 양국이 충분히 알고 있는 사실인 만큼
사절단의 칭호를 의심할 필요가 없다는 점을 강조하도록 했다. 그리고 비
변사에서는 사신들이 막부관리들을 만났을 때를 미리 예상해, 임진란에
대한 실상과 그 후의 상황, 금번 사행의 이유, 교역의 재개, 명에의 진공,
피로인의 쇄환, 금후 양국사신의 파견문제 등에 관한 내용이 교시되었으
며, 출발에 즈음해서는 家康國書의 진위가 에도 도착 후에는 판명이 될
것이므로 쓰시마에서는 문제삼지 말고 에도에서 문책할 것이며, 또한 피
로인 쇄환에 관하여는 幕府執政에게 별도의 서계가 전달될 것이기 때문
에 쓰시마에서도 적극적인 협조를 할 것이며, 피로인들에 대해도 귀국 후
장래의 불안을 염려할 경우를 대비해 귀국후의 면죄나 면천·면역 등에
대해 충분히 알려줄 것을 당부하였고, 사행도중 밀매나 잠상에 대해 절대
로 엄금했다.[61]

---

59) 『宣祖實錄』 권207, 선조 40년 정월 무진.
60) 『宣祖實錄』 권207, 선조 40년 정월 기사.

　인원의 편성은 비변사로부터 1590년의 예에 따라서 정사에 여우길, 부사에 경섬, 종사관에 정호관을 임명했다. 일행의 총인원에 관하여는 기록에 따라 차이가 있지만,[62] 실제로 귀국 후 복명을 위해 기록한 부사 경섬의 『海槎錄』에 의하면 406명으로 되어있다. 이들은 1607년(선조 40) 1월 12일 한양을 출발해, 2월 29일에는 부산을 떠나 쓰시마를 거쳐 大阪까지는 해로를 이용해 갔고, 4월 12일 京都를 거쳐 5월 24일에 에도에 도착했다. 이어 6월 6일 선조의 회답국서를 전달한 후,[63] 德川秀忠 명의의 회답서를 받은 후, 동 14일에 에도를 떠나 귀로에 올라 7월 17일, 피로인 1,240여명과 함께 한양에 돌아와 선조에게 복명했다.[64]

　이로써 임진왜란에 의해 단절된 양국의 국교가 정식으로 회복되었다고 할 수 있다. 그러나 이 사절단의 명칭은 '通信使'가 아니라, 일본에서 먼저 보내온 국서에 답하고, 피랍된 조선인을 귀환시킨다는 의미의 '回答兼刷還使'였다. 그리고 일본에서 먼저 보내온 家康의 국서는 쓰시마가 강화를

---

61) 『海行錄』, 丁未 정월 11일.

62) 회답겸쇄환사의 인원은 기록에 따라 약간씩의 차이가 있는데, 일본의 기록인 『歷朝來聘』에는 406명, 『隣交始末物語』에는 469명으로 되어 있고, 이에 대한 연구로 松田甲 504명, 中村榮孝, 田中健夫 467명의 설이 있으나, 三宅英利는 『近世日朝關係史の硏究』, 166쪽(손승철 번역본, 121쪽)에서 원칙적으로 부사로 직접 참여한 慶暹 『해사록』의 504명을 따라야 한다고 주장하고 있다.

63) 당초 조선측의 회답서는 德川家康에게 보내는 것이었으나, 조선사절이 大阪에 이르렀을 때, 家康은 장군직을 아들인 秀忠에게 전위하였으므로 에도(江戶)의 秀忠에게 회답서를 전달하도록 했다. 이러한 家康의 태도 변화에 대해 조선사절을 秀忠에게 돌린 것은 회답사라는 명분을 상실케 하기 위해서라는 학설(新井白石, 「復號紀事」 『新井白石全集』 제3권)이 있지만, 그보다는 오히려 德川政權이 이 회답사를 조공사로 둔갑시켜 秀忠에게까지 가게 함으로써 막부정권의 정당성 구축을 위한 도구로 삼으려 했던 정치적인 의도로 보아야 한다(ロナルト·トビ, 『近世日本の國家形成と外交』, 59~66쪽).

64) 이 회답겸쇄환사에 관하여는 부사로 참여하였던 경섬의 『海槎錄』에 자세하다(민족문화추진위원회, 국역 『海行摠載』 제2권에 수록).

갈망한 나머지 위작 내지는 개서한 것이었고, 조선에서는 이를 묵인하면서 이루어졌던 변칙적인 외교였던 것이다.

한편 회답겸쇄환사의 일본파견에 의해서 양국간에 강화가 정식으로 수립되었지만, 쓰시마의 주된 목적이었던 교역관계가 다시 허가된 것은 아니었다. 그래서 쓰시마에서는 회답겸쇄환사의 귀국 후 또다시 사신을 파견해 교역을 위한 본격적인 협상을 시작했다. 물론 앞서 언급한 바와 같이 쓰시마측의 강화요청을 위한 사절을 파견하면서 進獻을 하였고, 조선에서는 회사를 하는 형식으로 교역이 이루어졌고, 또 1605년 4월부터는 開市가 허락되었지만, 쓰시마의 요구에는 훨씬 못 미치는 것이었기 때문에 그에 대한 요청이 빈번했다.

그러던 중 1608년 2월, 선조가 서거하고 광해군이 즉위했다. 그러자 쓰시마에서는 사자를 파견해 선조의 조문을 위한 進香使를 핑계로 상경을 요구하였지만, 조선에서는 德川將軍의 국서가 없으면 안된다고 거절했다. 이듬해 3월 쓰시마에서는 '대장군의 사신'을 칭하는 외교승 玄蘇와 柳川景直을 비롯한 324명의 대사절단이 부산에 왔다. 물론 이들은 진위를 알 수는 없지만 德川秀忠의 국서를 지참하였으며, 쓰시마도주의 서계에는 명에 대한 진공의 길을 빌려달라는 요구까지 들어 있었고, 상경을 해 선조에 대해 진향을 하겠다는 것이었다.[65]

그러나 조선에서는 이들의 상경요구를 거절하고는 선위사 이지완으로 하여금 부산에서 응접케 했다. 당시 위장된 將軍使 玄蘇일행은 계속 부산에 머무르면서, 드디어 그 해 6월에 그동안 쓰시마의 오랜 숙원이던 교역을 위한 약조의 강정에 성공한다.[66]

---

65) 『광해군일기』 권14, 광해군 원년 3월 정미.

66) 기유약조 성립에 대하여는 『東萊府接倭事目抄』 만력37年 기유5월조에 「十二件條約講定」으로 되어 있어 5월경에 양국간에 합의를 본 것으로 되어 있으나, 이것이 일본측과 최종합의를 보아 서계로 일본측에 통보된 것은 6월의 일이며(『광해군일기』 권17, 원년 6월 정축), 『通文館志』 권5, 「交隣」 上,

Ⅳ. 기유약조의 체결과 성격

기유약조는 1609년 6월 조선측의 선위사 이지완과 일본측 사절인 외교 승 玄蘇와의 사이에 합의된 것으로, 그 내용은 조선조 건국 이후 임란에 의해 통교가 단절되기 전까지 일본과의 사이에 맺었던 모든 약조를 종합한 것이라 할 수 있다. 즉 조선전기 일본과 맺었던 약조는 1443년(세종 25)의 계해약조, 1512년(중종 7)의 임신약조, 1547년(명종 2)의 정미약조 등이 있는데, 이들 약조는 모두가 일본과의 관계에 있어 파생된 문제를 그때그때 교섭을 통해 해결하는 형식으로 누증적으로 체결하였음에 반해, 기유약조는 임란전까지의 모든 대일경험과 임란전까지의 모든 경험과 내용을 토대로 집약적으로 약조문을 완성했다 볼 수 있다.[67]

기유약조의 내용은 자료에 따라서 약간씩의 차이가 있지만 대략 다음과 같은 13개의 조항으로 집약된다.

1. 왜관의 접대는 國王使一例, 對馬島主特送一例, 對馬島受職一例로 하되, 畠山殿 이하 諸巨酋使臣은 거론하지 않는다.
2. 국왕사가 올 때는 상선과 부선으로 한다.
3. 대마도주에게 보내는 세사미두는 모두 100석으로 한다.
4. 대마도주의 세견선은 모두 20척으로 한다.
   도주특송선은 3척으로 하되 세견선내에 포함시키며, 그 밖의 사선도 모두 세견선에 순부해야 한다.

만력기유약조와 『增正交隣志』 권4, 「약조」에 그 내용이 상세하다.
67) 기유약조의 체결과정과 내용에 관하여는 李鉉淙, 1964, 「己酉約條의 成立始末과 歲遣數에 대해」『港都釜山』제4호 ; 田代和生, 『近世日朝通交貿易史の研究』제1부 ; 中村榮孝, 앞의 책, 下, 3, 「江戶時代の日鮮關係.附. 己酉約條の成立」참조.

세견선 종류는 대선 6척, 중소선을 각기 7척으로 한다.

5. 수직인은 1년에 1회에 한해 내조하며, 다른 사람은 파견할 수 없다. 내조할 때의 伴從人은 평상시와 같이 1인으로 한다.

   수도서선인으로 玄蘇와 柳川景直 2인은 1년 1회 내조한다.

   임란전의 수직인은 모두 접대하지 않으며, 임란후의 유공자 5인만을 수직인으로 접대한다.

6. 선박의 형태는 대·중·소의 세 종류로 하며, 선부도 그에 따른다. 배의 길이가 25척하는 소선으로 하되 선부는 20인이고, 26척 내지 27척은 중선으로 하되 선부는 30인이며, 28척 내지 30척은 대선으로 하되 선부는 40인으로 정한다. 선체는 반드시 척량하며, 선부는 정해진 숫자를 초과할 수 없고, 그 수가 미달할 때에는 점검한 선부수에 따라 급료한다.

7. 입항한 모든 선박은 島主文引을 소지해야 한다.

8. 대마도주에게는 전례에 따라 圖書를 만들어 주되, 그 모양은 종이에 찍어서 예조와 교서관, 그리고 부산포에 두어 서계가 올 때마다 그 진위와 격식이 틀린 것을 선박별로 검사해 격식이 틀린 자는 모두 돌려보낸다.

9. 문인이 없는 자와 부산포 외에 배를 대는 자는 적으로 간주한다.

10. 바다를 건너는데 필요한 過海量은 쓰시마인에게 5일분, 대마도주 특송인에게 10일분, 국왕사에게 20일분을 지급한다.

11. 왜관에 체재하는 기일은 대마도주 특송선은 110일로 하며, 나머지 세견선은 85일로 하되, 표류인 송환차왜와 각항별 差倭는 55일로 한다.

12. 대마도주의 아들 平彦次의 세견선은 대·소를 구별하지 않는다.

13. 기타는 전례에 따른다.

기유약조에 의해 허락된 양국의 교역형태는 교린체제의 기본구조가 조

128 · 조선시대 한일관계사 연구

선전기의 것을 부활하는 형태였던 것처럼, 조선전기의 제도를 계승하는
조공적 교역관계를 회복하는 것이었다. 그러나 내용적으로는 <표 2>에
서 알 수 있듯이 교역자체가 임란전보다 훨씬 엄격히 통제되었고, 그 양도
현저히 감소된 것이었다.

<표 2> 대일교역에 관한 약조 비교

항목	계해약조 (1443)	해동제국기 (1471)	임신약조 (1512)	정미약조 (1547)	기유약조 (1609)
제사정례	대마도주	국왕사	대마도주	대마도주	국왕사
		거추사			대마도주
		구주절도사			수직5인
		대마도주			수도서5인
		수직왜인			
사선정수	도주50척	국왕사 2-3척	도주 25척	도주 25척	국왕사 2척
	특송선	대마도주 50척 거추사 1-2척 수직인 1척씩 특송선			도주 20척 (특송 3척) 수직인 1척씩 특송선 1척씩
세사미두	200석		100석		100석
사선대소 및 선부		대선 40인 중선 30인 소선 20인			대선 40인 중선 30인 소선 20인
유관일한		국왕사 무기한			대마도주특송 110일
		대마도주 35일 거추사 5-10일			대마도세견선 85일 기타차왜 55일
과해료		국왕사 20일 대마도인 5일 일기도인 15일 구주인 20일			국왕사 20일 대마도주 10일 대마도인 5일
上京	허용	허용	허용	허용	불허

예를 들면 도항선의 경우, 국왕사선, 대마도주 세견선, 수직인선, 수도
서선 및 畠山殿이하 諸巨酋使가 보내는 사선이 있었으나, 국왕사선과 거

추사선은 사실상 폐지되었고,[68] 대마도주 세견선도 계해약조 때 50척이었던 것이 20척으로 감해졌고, 수직인선과 수도서선도[69] 5척씩만을 인정하되, 그들의 내조도 년 1회에 한정시켰다. 이들 교역이 허가된 사송선을 정기적인 사행의 의미를 지닌 年例送使라 했다. 또한 교역을 위해 조선에 도항하는 모든 선박은 사송선의 형식을 취해야 했고, 그에 따라 모든 선박은 입항에서부터 출항에 이르기까지 별도의 외교의례를 행해야 했다. 예를 들면 모든 사송선은 초량왜관에 입항하면 사송선의 책임자인 정관은 동래부사와 부산첨사에게 도해의 인사를 하는데 이것을 다례의라고 하였고, 조선국왕을 향해 숙배를 바쳐야 했다.[70]

연례송사에게 공식적으로 인정된 교역형태는 進上, 回賜, 求請, 公貿易, 開市의 다섯 종류가 있는데, 모든 사송선은 매 1척마다 이 다섯 종류의 교역을 모두 행했다. 그중 진상, 회사, 구청, 공무역은 외교적인 절차를 밟아야 했고, 개시는 왜관에서 일반적인 교역방법에 의해 이루어졌다. 따라서 이러한 의미로 본다면 일본과의 교역은 무역이라기보다는 외교의례를 통한 물자의 교환형식을 취하였으며, 그 방법도 대등한 관계에서 이루어 진 것이 아니라, 조선이 상국이라는 입장에서 遠人을 구휼한다는 遠人厚待의 방침 아래 이루어진 교역이었다. 결국 이러한 교역방법은 외교체제가 쓰

---

68) 「論公貿易之由」『春官志』권3에 의하면 "萬曆 己酉年에 약조를 정한 후에 국왕 및 모든 추장들이 사선을 보내는 규례가 없어지고 대마도주세견선만 있었으며, 그 헌상하는 方物도 매선에 모두 정해진 수량이 있고, 物目도 모두 예조 앞으로 오는 서계에 기록해 놓았으며, 인솔해오는 왜의 칭호도 進上押物이라 했다"고 기록되어 있다.

69) 己酉約條의 제5조항에는 受圖書人으로 玄蘇와 柳川景直 2인으로 되어있으나, 『通文館志』(권5, 交隣, 接待 對馬島人 新定事例)에 의하면 副特送使(柳川送使), 萬松院送使, 流芳院送使, 以酊庵送使, 兒名送使(平彦三, 平義眞送使) 등 5인이다.

70) 이것은 일종의 입국수속이라고 볼 수 있는데, 「東萊府使接倭圖」(국립박물관 소장, 鄭敾筆)『朝鮮通信使繪畵集成』(日本, 講談社, 1986년간), 60쪽에 그 광경이 묘사되어 있다.

시마와의 기미관계의 재확립을 목표로 했다면, 기유약조를 통한 교역체제는 기미관계를 확립시켜 주는 제도적인 장치였다고 볼 수 있을 것이다.

이상의 내용을 통해 기유약조의 특징을 다음과 같이 정리할 수가 있겠다.

첫째, 기유약조는 임란전의 조선과 쓰시마 및 막부와의 통교체제를 계승하면서도 과거 다원적인 통교체제를 幕府·對馬島主·對馬受職人의 삼자로 한정해 그 관계를 보다 체계화해가면서 대등·기미관계를 재편성해 간다는 점이다.

둘째, 막부와는 관계없이 통교의 권한을 쓰시마 宗氏에게 집중시킴으로써 보다 확실한 기미관계를 인식시켰고, 宗氏를 조선의 일본에 대한 이해의 대변자 및 대일외교의 창구로 설정한다는 것이다.

셋째, 교역에서 생기는 조선측의 경제적인 손실을 막기 위해서 무역에 관한 내용을 구체화해 그 제한을 보다 엄격히 통제해나가고 있다는 점이다.

그러나 양국의 교역관계가 이 약조에 의해 곧바로 재개된 것은 아니고, 실제적인 교역은 1610년 9월에 다시 왜관개시의 약정이 맺어져 왜관교역에 관한 제규정이 강정된 후,71) 1611년(광해군 3) 9월에 쓰시마로부터 최초의 세견선이 파견되면서부터 본격적으로 본궤도에 오르게 되었다.72)

V. 중화적 교린체제의 부활

이상에서 임란직후부터 시작된 조일간의 강화교섭과정에 대해 살펴보았다. 그러면 교섭의 당사자들이 그렇게 복잡하고 무리한 과정을 밟아가

---

71) 『光海君日記』 권33, 광해군 2년 9월 경술.

72) 『朝鮮通交大紀』 5, 慶長十六年條, 『通航一覽』 第3, 473쪽.

면서 강화를 성립시키려 했던 이유는 어디에 있었으며, 그 입장은 어떠했을까. 그리고 재개된 양국간의 교린체제는 조선전기 교린체제와 비교해 어떠한 차이와 특징을 갖고 있었던 것일까에 대해 구체적으로 정리해 보기로 하자.

먼저 강화문제에 있어서 끈질기게 사절을 파견하였고, 끝내는 강화를 성립시키기 위해 국서의 위작 내지는 개작도 서슴지 않았던 쓰시마의 입장을 보자. 주지하는 바와 같이 조선 초부터 조선과의 통교무역에 의해 생존권을 영위해 온 쓰시마로서는 전쟁에 휘말리면서 침략자의 입장에 있었음에도 불구하고 그들이 입은 손해는 막대한 것이었다. 전쟁에 잃은 손해는 인원, 물자, 직할영토의 황폐뿐만 아니라 생명줄이었던 교역이 단절이어서 조선과의 강화와 교역재개는 그들의 사활이 걸린 문제였다. 따라서 이미 살펴본대로 조선과의 교섭에 나타나는 일관된 입장은 단절된 통교무역을 조선전기의 형태로 부활시키는 것이었다.

쓰시마는 이 목적을 달성하기 위해 조선과 일본의 중간에 위치하고 있다는 지리적·정치적 입장을 강조하고, 또 확인시키기 위해 수단과 방법을 가리지 않고 사자를 파견하면서 전력을 다했던 것이다. 쓰시마가 강화를 위해 조선에 처음 제시한 조건은 조선인 피로인을 쇄환하고, 그 반대급부로서 조선과 일본의 전쟁상태를 종결짓고 강화를 맺게 하는 것이었다.73) 사실 피로인쇄환 문제는 인도상의 큰 문제였고, 조선측도 국내의 정치와 매우 밀접한 관련이 있는 문제였기 때문에 자국민의 쇄환에 열의를 나타낸 것은 말할 것도 없는 일이지만, 쓰시마로서도 바로 이 같은 조선측의 국민감정에 편승해 피로인쇄환을 미끼로 교섭을 유리하게 전개시키려는 속셈이 있었던 것이다.

또한 쓰시마가 조선에 보인 태도로 빠트릴 수 없는 사항은 宗氏가 항상

---

73) 이현종, 「임란후의 대일관계」『한국사』12, 360쪽에 의하면 1600년 2월 160명을 송환한 것으로부터 1607년 7월 기유약조가 강정되기 전까지 쇄환된 피로인의 총수는 6,900여명에 이르고 있다.

幕府政權의 대변자 또는 대리인을 자처한다는 사실이다. 예를 들면 豊臣秀吉의 사망 후에는 秀賴의 습직을 알리면서 德川家康이 그 보좌역할을 한다고 하다가는, 1600년 세끼가하라 전쟁에서 德川家康이 승리하자 이번에는 德川정권을 옹호하면서 쓰시마와의 강화가 막부정권과의 수호회복이라는 점을 강조하기도 했다. 뿐만 아니라 德川정권에 대하여는 조선을 대변하는 행세를 하였던 것이다. 이러한 쓰시마의 이중적인 입장과 행위에 의해 의외로 빨리 강화가 이루어지기는 했지만, 결국 많은 문제점을 남기게 했던 것이며 국서의 위작 내지는 개작이라는 전대미문의 사기극을 만들어 냈던 것이다.

한편 당시 德川막부의 기본입장과 조선정책은 어떠했던가에 대해 살펴보자. 막부정권의 대조선교섭은 모두 쓰시마의 宗氏가 막부의 명을 받아서 행했다. 물론 임란 직후의 단계에서부터 이미 家康에게 조선과의 수호의사가 있었는지는 알 수 없지만, 일본측의 기록인 『朝鮮通交大紀』에는 막부측의 의도가 자세히 기록되어 있다. 그 내용을 보면 德川家康은 조선과의 화호의 이유로 네 가지를 들고 있는데, 첫째, 가장 가까운 나라와 인교를 맺는 것은 국제관계의 도리라는 점. 둘째, 임진란의 직후이기 때문에 조선과 명나라는 일본에 대해 복수를 생각할 것이므로, 조선의 내정을 미리 파악해 대비하는 동시에 조선과 화호를 맺어두면 조선으로부터 군사적인 위협을 방지하는 전략상의 이점이 있다는 점. 셋째, 조선과의 수호에 의한 우호교류는 대외적으로는 장군권력의 국제적 승인을 의미하므로 일본의 무용을 이국에 미치게 하는 보국영구의 책이 되며, 국내적으로는 제후와 서민통치에 유효하게 되어, 인심을 복종시키고 태평을 초래하게 하는 국내 정치상의 이점이 있다는 점. 넷째, 조선과 일본의 우호적인 교류는 당사국간의 교류뿐만 아니라 막부의 통일권력이 명에게도 알려지게 될 터이므로 장차 이것을 일·명 교섭의 단서로 삼겠다는 것이다.[74]

德川家康의 이러한 의도가 1600년 세끼가하라 이전부터의 생각인지 아

닌지는 확실히 알 수 없다. 그러나 적어도 이러한 맥락에서 德川막부의 대
조선정책을 이해할 수 있다고 생각한다. 결국 德川막부는 쓰시마가 조선
과의 교역에 전적인 관심을 가지고 있었던 것과는 달리, 경제적인 이득은
별로 바라지 않고 정치적인 관계의 확립이 최대의 관심사였던 것이다. 여
기서 정치적인 관계란 우선 조선과 정식의 강화를 성립하는 것, 즉 명확한
국제관계를 수립하는 것으로 그 형태는 조선으로부터의 信使(通信使)의
파견이었던 것이다. 이점은 1604년 探賊使 일행의 京都 방문과 1607년 회
답겸쇄환사의 파견 때에 조선사절단을 정치적으로 어떻게 이용하였던가
를 살펴보면 의심할 나위가 없다고 생각한다.[75]

　이와 같이 쓰시마와 막부의 서로 다른 속셈은 조선으로 하여금 대일정
책에 혼선을 빚게 하기도 하였으며, 그 대응형태를 복잡미묘하게 만들어
갔던 것이다.

　그러면 끝으로 강화교섭에 나타난 조선측의 대일정책에 대한 기본입장
을 살펴보도록 하자. 일본과의 강화에 대한 조선측의 입장은 처음부터 거
부적인 분위기가 넓게 퍼져 있었다. 조선이 일본과의 강화나 통교를 원하
지 않았던 가장 큰 원인으로는 일본이 임란의 적대국이었고, 전쟁의 참화
와 원한이 그대로 남아있어 불구대천의 원수의 나라로 표현될 만큼 적대
감정이 대단하였기 때문이다. 그래서 오히려 강화보다는 복수심을 갖고
쓰시마의 정벌을 건의하기도 했다. 그러나 일본과의 전쟁상태를 종결해
민심을 안정시켜 생업에 전념하게 함으로써 전쟁의 참화를 극복하고, 임
란에 끌려간 피로인을 쇄환시켜야 한다는 국내정치의 현안문제라던가, 대
외적으로는 일본의 재침설이나 북방의 後金세력의 팽창에 대한 새로운

---

74) 荒野泰典, 1988, 「大君外交體制の成立」『近世日本と東アジア』, 日本, 東京大
　　學出版會, 225쪽.

75) ロナルト・トビ, 1990, 「承認のレンズ－幕府の正當性確立における外交－」『近
　　世日本の國家形成と外交』第3장, 創文社 참조.

경계의식과 위기의식이 고조되어 가고 있었기 때문에, 가능한 한 남쪽의 일본과의 관계를 안정시킬 필요성이 점차 고조되어갔다. 그리하여 임란 때 피랍되었던 사람들이 돌아오면 이들로부터 일본에 대한 정보를 상세히 들으면서 일본에게 재침의 의지가 있는지, 또는 德川家康과 豊臣秀吉의 관계가 어떠한지 등에 대해 촉각을 곤두세우기도 했다.

한편 일본의 국내사정을 알려고 했던 것은 조선뿐만 아니라 명도 마찬가지였다. 그래서 조선에서는 요동지방에 주둔하고 있는 명의 유격장군 도지휘사에게 정기적으로 일본의 사정을 보고하였고, 명과의 이러한 관계를 대일강화교섭에 최대한 이용을 해 '借重之計'나 '遷就之計'를 써서 교섭을 지연시키거나 일본을 견제하였다. 종래 이점에 있어서 조선의 대일정책의 자주성문제가 지적되기도 했다. 왜냐하면 강화교섭이 이루어지지 않았던 이유로, 조선과 명이 종주국관계에 있었기 때문에 명의 의사를 외면한 채 단독으로 처리할 수 없었기 때문이라고 설명해 왔기 때문이다. 그러나 앞서 살펴본 바와 같이 1604년 5월, 탐적사의 파견 때, 명의 咨文에서 조선의 대일관계는 명의 소관이 아니라는 의사를 분명히 하였을 뿐만 아니라, 탐적사나 회답겸쇄환사의 파견과정에서 보았듯이 조선 스스로가 중신회의를 통해 결정하였다. 따라서 조선의 입장에서 명과의 관계를 전혀 고려하지 않았던 것은 아니겠지만, 대일정책의 주체성과 자율성에 의심이 갈 만큼 명의 간여가 있었다고 생각하지 않는다. 오히려 조선의 경우, 명과의 관계를 적절히 역이용해 '借重之計'나 '托辭遷退'의 방법에 의해 일본과의 교섭을 조선측에 유리하게 이끌어 가기 위한 수단으로 활용했다.

그러나 일본과의 강화를 언제까지나 미룰 수만은 없었다. 그리하여 조선에서는 허화를 하되, 그 순서는 우선 쓰시마에게 개시를 허락해주어 조선과의 기미질서를 확립하고, 막부에 대하여는 일본국왕호를 쓴 家康國書와 犯陵賊縛送의 두 가지 조건을 제시해 이에 순응하게 함으로써 교린관계를 재편성하고자 했다. 앞서 서술한 바와 같이 德川家康으로 하여금 일본국왕호를 사용하게 하는 것은 양국관계뿐만 아니라 동북아 국제관계에 있어 매우 중요한 의미를 갖는다고 볼 수 있다. 즉 德川家康이 일본국왕을 칭해야만 일본의 최고통치자임을 인정받게 된다는 것을 상기시키되, 일본국왕호에는 명의 책봉이 전제가 되고 있다는 사실을 인식시키고 있다는 점이다. 그리고 장군의 서계에 일본국왕호가 사용된 이후라야 조선의 회답서에서도 일본국왕을 칭함으로써 대등관계의 강화가 이루어질 수 있다는 의사를 분명히 하였던 것이다.

그러나 당시 일본은 명으로부터 책봉을 받을 수가 없었고, 이러한 조선측의 요구는 쓰시마에 의해 국서의 위작 내지는 개작이라는 변칙적인 방법에 의해 이루어지게 된다. 물론 조선측에서는 쓰시마로부터 보내진 장군의 국서와 범릉적이 위서와 위자임을 알았다. 그러나 조선의 요구가 일단은 해결된 이상 더 이상의 추궁은 의미가 없다고 판단해, 강화사를 파견해 임란 후 적대관계를 교린관계로 재편해나가게 되었다. 그러나 이 강화사의 명칭은 '通信使'가 아니라 '回答兼刷還使'였다. 따라서 이 '회답겸쇄환사'에 의해 양국간에 강화는 성립하였지만, 적어도 이 단계에서 조선이 일본을 교린의 상대국으로 보았다고 생각되지는 않는다.

1607년 회답겸쇄환사에 의해 양국사이에 국교는 재개되었지만, 모든 실제적인 통교가 바로 회복된 것은 아니었다. 그리하여 양국간의 실제적인 통교관계는 1609년에 별도로 그 담당자인 쓰시마와 기유약조를 맺어 '신하의 예'를 취하는 교역의 형태를 취하게 함으로써 기미관계에 의한 교린체제를 다시 부활시켰다.

결론적으로 이상의 내용을 종합해 볼 때, 임란 후 대일강화 교섭과정에서 취한 조선의 대일정책은 기본적으로 조선전기의 중화적 교린체제를 부활하는 것이었다. 즉 명의 책봉을 전제로 한 조선국왕과 일본국왕간의 대등관계를 회복하고, 그 관계 아래에서 쓰시마와의 기미관계를 재편성하는 이원적인 교린체제를 원했던 것이었다.

제2절 국서개작과 교린체제

Ⅰ. 조일관계와 쓰시마

1607년 파견된 회답겸쇄환사부터 1635년 국서개작사건(일본에서는 柳川一件이라 함)이 폭로되기까지 10여 차례에 걸쳐 자행된 국서개작사건의 규명을 위해서는 우선 조일관계에 있어 쓰시마의 위치와 역할에 대해 먼저 이해하지 않으면 안된다.

건국 직후부터 왜구의 금압과 회유를 위해 많은 왜인(당시 조선과의 통교를 원했던 많은 세력)들과 접촉했던 조선은 그들의 통제를 위해 쓰시마의 지위와 역할을 확립시켜, 조선과의 통교를 원하는 모든 일본세력을 통제할 수 있는 위치로 부상시켰다. 그 결과 대마도주는 다원적이며 계층적인 관계를 대변하는 대표자의 형태로 조선과의 모든 통교권을 장악하게 되었는데, 통교형태는 쓰시마가 외교적인 형식을 취한 사자를 조선에 파견해 교역을 행하는 조공무역의 형식을 취해야만 했다.

조선은 이같은 방법에 의해 쓰시마를 비롯한 통교희망자들을 기미질서에 편입시킴으로써 왜구세력을 회유하고, 한편으로 통제해 가는 대일정책을 완성해 갔던 것이다. 그리고 중앙의 足利幕府와는 중국의 책봉을 전제로 한 대등한 위치에서 수호교린을 한다는 대등외교의 입장을 가지고 막부정권과의 관계를 유지해 갔다. 그러나 이러한 막부와의 대등외교에 있어서도 대마가 반드시 중간자로 개입해 양국관계의 대변인 또는 대리인 행세를 해왔다.

이 과정에서 쓰시마에는 외교와 무역에 대한 전문적인 지식과 기술을

가진 통교의 전담자가 생겨나게 되었고, 쓰시마는 이들을 이용해 양국정
부에 대해 상대방을 대변하는 대리자로서의 위치를 확립하게 되었다. 그
리하여 조선국왕으로부터는 일본에서 조선에 도항하는 모든 사송선의 업
무를 대행하는 권한을 획득하고, 德川장군으로부터는 조선과의 관계를 임
의로 처리하는 것을 묵인받아 왔다.[1]

양국관계에 있어 쓰시마의 이러한 역할은 1587년 豊臣秀吉이 쓰시마를
장악한 후, 소위 '무위'에 의한 외교를 주변국에 요구하면서 그 성격이 변
질되기 시작했다.[2] 즉 1587년 6월 豊臣秀吉은 대마도주 宗氏에게 조선으
로 하여금 入貢을 하도록 명했다. 그러나 조선의 사정에 정통했고 조선과
의 통교관계가 섬의 사활을 좌우하는 것을 잘 알았던 宗氏로서는 이 뜻에
따를 수가 없었다. 그래서 宗氏는 조선의 입공요구를 마음대로 통신사 파
견요청으로 슬쩍 바꾸어 조선과의 교섭을 진행했다. 그러나 조선에서는
그들이 가져온 서계가 종래와는 달리 오만한 문구가 있다고 하면서, 부산
에 도착했을 때부터 응접의 가부를 놓고 논란을 거듭하던 중, 결국 조선이
해로에 어둡다는 이유를 들어 통신사 파견을 거절했다.[3]

그러나 단념할 수 없었던 쓰시마는 1588년 10월과 1589년 6월 두 차례
에 걸쳐 공작과 조총을 바치면서 통신사 파견을 간청하는 한편, 앞서 전라
도 損竹島를 약탈한 왜구를 잡아 보내는 등 환심을 보였다.[4] 결국 조선에
서는 1590년 3월 정사 황윤길과 부사 김성일 일행을 통신사로 파견해 일
본의 국정을 탐색하고 돌아왔다.[5] 이러한 쓰시마의 자의적인 교섭태도는

---

1) 田中健夫, 1975, 「朝鮮との通交關係の成立」『中世對外關係史』, 東京大學出
版部, 142쪽.
2) 北島万次, 1989, 「中世の日朝關係」『日朝關係史を考える』, 青木書店, 72쪽 ;
손승철・야마사토 역, 1992, 『한일관계사의 재조명』, 이론과출판, 72쪽.
3)『宣祖實錄』권22, 선조 21년 3월 정해.
4)『宣祖實錄』권23, 선조 22년 기묘, 계묘.
5) 당시의 제 상황에 관하여는 통신사 부사로 파견되었던 김성일의 『海槎錄』
에 상세히 수록되어있다(민족문화추진위원회편, 『海行摠載』제1권에 수록).

이미 전부터 자행되어 왔던 것으로 자신의 목적을 이루기 위해서 조선에게는 물론 일본막부에 대해도 수단과 방법을 가리지 않았던 것이고, 이후에도 양국간의 현안 문제를 으레 이러한 방법으로 해결해 나갔다.[6]

그러나 豊臣秀吉의 무모한 침략전쟁은 단행되었고, 이때 쓰시마는 조선 침략군 제1진이었던 小西行長에게 배속되어 침략의 선봉을 담당했다.[7] 임란당시 침략군의 선봉이 되었던 쓰시마는 그동안 조선관계에서 익힌 축적된 지식을 십분 활용하였고, 실제로 일본군의 진격로는 과거 일본으로부터의 사신이 한양을 향하던 상경로를 그대로 이용하였던 것이다. 이런 이유로 임란 후에는 일본사신의 상경을 일체 금지하는 조치가 취해지게 되어, 1629년 일본국왕사를 사칭한 玄方일행 이외에는 단 한번도 상경이 허락되지 않았다.[8]

임란이 종식된 이후, 전쟁의 선봉역할을 자행했던 쓰시마였지만, 그들

---

6) 당시 통신사 일행이 京都에서 豊臣秀吉을 인견하였을 때, 이들을 入貢使로 생각하였던 豊臣秀吉은 대단히 기뻐하였으며, 회답서는 김성일의 반대에도 불구하고 경계 밖에서 대기하고 있을 때 전해졌다. 그러나 그 서한에는 확실하게 명에의 침공과 조선의 입조를 요구하고 있었다. 이에 김성일은 일본이 先驅入朝를 운운하는 것은 교린의 의에 어긋난다고 하면서, 玄蘇에게 개서를 요구하며 서계와 예물을 거부했다. 그러나 그 뜻이 받아들여지지 않은 채 그대로 귀국했다(金誠一,『海槎錄』4). 이 부분에 관해 中村榮孝는 당시 쓰시마는 별도의 국서를 개작해 조선에 휴행시키려 했다고 했다(中村榮孝,「壬辰倭亂の發端と日本の假道入明交涉」『朝鮮學報』제70집).

7) 임란당시 쓰시마의 역할에 관하여는 田中健夫,「文祿慶長の役と對馬」『中世對外關係史』第5章 ; 北島万次, 1987,「宗義智·小西行長の釜山·東萊奇襲」『朝鮮日々記·高麗日記』, -秀吉の朝鮮侵略とその歷史的告發-(そしえて, 1982) ; 국방부 전사편찬위원회,『임진왜란사』; 최영희, 1978,「일본의 침구」『한국사』12, 국사편찬위원회 등 참조.

8)『仁祖實錄』권20, 인조 7년 윤4월 신사. 이에 관한 연구로는 田代和生,「寬永六年(1629) 對馬使節 朝鮮國 '御上京之時每日記'とその背景」『朝鮮學報』제96·98·101집과『書き替えられた國書』(1984, 中公新書, 694)와 손승철·유재춘역,『근세한일외교비사』(1988, 강원대학교출판부)가 있다.

이 입은 피해는 막대했다. 우선 전쟁에 의해 입은 인명, 재산의 손실은 물론이었고, 무엇보다도 가장 심각했던 것은 조선과의 교역이 단절된 것이었다. 따라서 조선과의 강화 및 교역회복은 쓰시마의 사활이 걸린 생존권에 관계된 사항이었기 때문에, 쓰시마의 경우 이미 앞장에서 서술한 것처럼 강화를 위한 집요한 요청과 수차에 걸친 사절파견은 당연한 것이었으며, 국서개작이라고 하는 외교적인 기만까지도 반복하지 않을 수 없었던 것이다. 하지만 쓰시마의 입장이 어쩔 수 없었다고 해 그 행위가 정당화될 수 없음은 물론이다. 그러나 종래 이점을 일인학자들은 쓰시마의 비정상적인 행위에 대해 매우 타협적으로 평가해 왔으며, 심지어는 정당화하고 두둔하는 경우가 있었음을 지적하지 않을 수 없다.[9]

임란 직후 이러한 상황에 처해 있던 쓰시마는 앞서 살펴 본대로 德川政權의 대조선 및 대명정책에 편승하면서도, 독자적으로 조선과의 강화교섭을 진행했다. 당시 쓰시마의 강화목적은 크게 두 가지로 요약할 수 있는데, 하나는 조선전기와 마찬가지로 양국관계의 대변자임을 양국정부에 인식시켜 강화교섭을 쓰시마에 유리하게 이끌어 가는 것이었고, 또 하나는 이 방법에 의해 통교상의 제권익, 특히 일본의 대조선 교역권을 독점해 간다는 것이었다. 따라서 쓰시마는 강화교섭을 진전시키기 위해 자신이 강화교섭에 임하고 있는 것이 德川家康의 뜻이며, 德川정권은 豊臣정권과는 성격이 다르다는 것을 애써 강조하기도 했다. 그리고는 임란 때 강제로 피랍된 피로인 송환에 열의를 나타내어 강화에 성의를 가지고 있다는 것을 조선측에 이해시키며 집요하게 강화를 요구해 왔다.

그러나 피침략국이었던 조선의 입장에서는 강화교섭의 주도권을 쥐고,

---

9) 辻善之助, 1930, 『海外交涉史話』, 內外書籍, 267쪽에서 쓰시마에서 국서를 위조해 보낸 것에 대해 조선이 속았으므로, 막부가 먼저 국서를 보낸 것이 아니라는 것이며, 오히려 위조된 국서에 대해 조선측에서 회답서를 보내왔으므로, 결과적으로는 조선이 먼저 국서를 보내 온 것이라고 해 강화교섭에 조선이 굴복한 것이라는 논조를 펴고 있다.

전쟁의 책임을 일본에 묻는다고 하는 외교적인 실리와 명분이 필요했던 것이고, 그 과정에서 강화교섭의 선결과제로 德川家康의 국서와 범릉적의 송환이 요구되었던 것이다. 그리고 국서의 양식은 당연히 종전의 명 중심의 책봉체제의 것과 같아야 했다. 조선이 제시한 이러한 조건들은 당시의 정세로 보았을 때, 그렇게 간단히 해결될 수 있는 성질의 것은 아니었다. 그리하여 쓰시마에서는 이를 해결하기 위해 어처구니없게도 국서의 위작과 범릉적의 위인이라는 기만적인 사기극을 연출하였다. 조선은 이것이 거짓임을 알았지만 家康國書에 대한 회답과 피로인의 송환을 명분으로 내세워 1607년 제1차 회답겸쇄환사를 파견해 강화를 성립시켰다.

<표 3> 국서의 현존유무 현황

서기(각국의 연호)	국서의 행선	현존	수록자료	
			조선	일본
1607년 제1차 회답겸쇄환사 만력 35, 선조 40, 경장 12	조선 ← 일본	유	實錄, 春, 行	
	→	유	同, 春, 海	續, 通, 外
	←	유	同, 春, 海	續, 通, 外
1609년 기유약조 만력 37, 광해 1, 경장 14	조선 ← 일본	무		
	→	유		續
1617년 제2차 회답겸쇄환사 만력 45, 광해 9, 원화 3	조선 ← 일본	무		
	→	유		續, 通, 外
	←	유	同, 春, 扶	續, 通, 外
1624년 제3차 회답겸쇄환사 천계 4, 인조 2, 관영 1	조선 ← 일본	무		
	→	유	淸	續, 通, 外
	←	유	同, 春, 東	通, 外

* 1. 서기연대는 실제로 사절단이 파견된 해를 기준으로 했다.
  2. 수록된 사료는 모두 첫 글자만을 썼다.
     조선측 同 : 『同文彙考』, 春 : 『春官志』, 海 : 『海槎錄』(慶暹), 扶 : 『扶桑錄』(李石門), 東 : 『東槎錄』(姜弘重), 淸 : 『淸陰錄』(金尙憲)
     일본측 續 : 『續善隣國寶記』, 通 : 『通航一覽』, 外 : 『外蕃通書』

  임란 후 국서의 왕래는 1607년 이래, 1624년 제3차 回答兼刷還使에 이르기까지 총 11회[10)]에 달하는데 그 현황은 <표 3>과 같다.[11)]

Ⅱ. 1606년 德川家康 국서의 진위문제

임란 이후 국교재개의 역사적 추이에 관하여는 이미 살펴본 대로이다. 그리고 그 과정에서 제시된 두 가지의 조건도 앞에서 다룬 바와 같이 피침략국이었던 조선으로서는 당연한 요구조건이었다. 그러나 이 조건을 조선측의 요구대로 이행한다는 것은 쉬운 일이 아니었다. 왕실의 능묘(성종 정현왕비의 宣陵과 중종의 靖陵)를 파헤친 일은 전쟁 중에 있었던 일이므로 쓰시마측에서도 범인을 알 수 없었던 일이고, 또 당시의 외교관례상 국서를 먼저 보낸다고 하는 일은 상대국에게의 저자세 내지는 전쟁의 책임을 시인하는 일이었으므로, 장군의 무위를 내세우는 德川정권이 그 요구에 순순히 응할 것인가에 대해서도 예측하기 힘든 문제였다. 더구나 보다 근본적인 문제로서는 국서의 양식을 종전대로 한다는 것은 명의 책봉을 받지 않은 상태에서는 불가능한 문제였기 때문이었다.

그러나 조선측의 요구를 받은 쓰시마는 그 조건의 내용보다도, 이같은 조건제시 자체를 강화에 대한 조선측의 호의적인 태도변화로 보고, 이 기회에 어떻게든 해결을 하기 위한 대책에 부심했다. 그래서 임란 때에 豊臣秀吉의 명령을 바꾸었던 것처럼, 정상적인 국제관계에서는 상상도 할 수 없었던 국서의 위작 내지는 개작이라는 계책을 만들어 내었다. 이렇게 해 조선에서 조건을 제시한지 불과 1개월 후인, 1606년 9월에는 德川家康의

---

10) 총 11회 가운데에 1609년, 1617년, 1624년에 일본에서 조선에 보낸 德川將軍의 국서는 모두 현존하지 않는다. 그러나 당시 조선에서 보낸 국서는 모두 회답서계의 형식을 갖추고 있으며, 특히 1617년과 1624년의 조선사절단은 그 명칭이 회답겸쇄환사의 명칭을 띠고 있다는 점에 있어서 기본적으로는 德川將軍의 국서에 대한 회답을 의미한다고 볼 수 있다.

11) 임란 후 국서개작에 관한 연구로는 유재춘, 1986, 『임란후 한일국교재개와 국서개작에 관한 연구』, 강원대학교대학원 석사학위논문 참조.

국서초안이 제시되었고, 3개월 후인 1606년 11월에는 德川家康의 國書와 범릉적 2인을 조선에 압송해 왔다.12)

당시 조선에서는 범릉적이나 국서의 眞僞를 둘러싸고 여러 차례 논의를 거듭했다. 그러나 강화의 당위성은 이미 역사적 추이로서 인식된 상태였고, 또 조선에서 제시한 조건이 수락되었다는 명분과 국가의 체면도 세워졌으므로, 드디어 강화를 성립시키기 위한 회답겸쇄환사를 파견하게 된다.

그런데 이 1606년 德川家康 국서의 진위에 대해 종래 일본학자의 상당수는 이 국서가 德川家康과는 전혀 상관없이 쓰시마가 임의로 위조 한 것으로 기술하고 있다.13) 그러나 이러한 주장은 한일관계사를 연구하는 기본시각과 관련해 보아도 문제점을 내포하고 있다고 생각된다. 왜냐하면 쓰시마의 독단적인 행위냐 아니냐에 따라서 당시 일본외교의 성격이 전혀 다른 입장에서 해석되어지기 때문이다. 만약 이들이 주장하는 것처럼 쓰시마의 독단인 경우, 강화교섭자체가 막부 즉 일본 중앙정권의 뜻이 아니기 때문에 조선이 제시한 조건을 만족시킨 것은 막부가 아니고 쓰시마라는 의미가 되므로, 막부의 체면과 명분에 전연 관계가 없다는 입장을 갖기 때문이다.

어쨌든 쓰시마에서 爲人·僞書를 하던 관행은 조선에는 이미 알려져 있던 사실이었다. 즉 강항의 『看羊錄』에는

신이 포로가 되어 왜의 땅에 와서 왜승에게 자세히 들어보니, 평상시에

---

12) 당시 박송된 범릉적 2인은 麻古沙九와 麻多化之였는데, 조선에서는 이들을 각각 孫作과 又八이라고 했다. 물론 나중에 밝혀진 일이지만 이들은 능의 도굴과는 전혀 상관이 없던 자들로 쓰시마의 감옥에 수용되어 있던 잡범들이었다(『宣祖實錄』 권205, 선조 39년 11월 정축, 기묘, 신사, 임오).

13) 三井大作, 1900, 「德川幕府初代に於ける朝鮮との修交貿易」『史學雜誌』 10, 3~5쪽. 그 외에 中村榮孝, 田中健夫, 荒野泰典, 田代和生氏 등도 같은 입장이다.

있었던 이른바 倭使라는 것이 모두 대마도주가 보낸 私人이다. 이른바 왜의 국서라는 것도 모두 대마도주가 지어 보낸 僞書로서, 이 사실을 비단 왜들이 전혀 모르고 있을 뿐만 아니라, 비록 壹岐·肥前의 여러 왜장들도 역시 전혀 들어보지 못한 사실이라고 한다.[14]

하면서, 이미 여러차례 쓰시마에서는 막부와는 전여 상관도 없이 위장된 사절단과 위조된 국서를 보내오고 있음을 지적하고 있다.

또한 당시의 국서가 진본이 아니라는 사실은 1607년 회답겸쇄환사 일행이 파견되어 쓰시마에 잠시 머무는 동안 부사 경섬이 玄蘇와 나눈 대화 중에서도 분명히 오가고 있다.

술자리가 그윽해 玄蘇·義智 등에게 묻기를, "關白이 왕의 칭호가 없다 하는데 그렇소" 하였더니, 玄蘇가 대답하기를, "그렇습니다" 했다. "전에 전계신 등이 가지고 간 서계가 과연 家康의 서계였소" 하니, 玄蘇가 "과연 그렇습니다. 어째서 묻습니까" 했다. "王의 칭호가 없으면 印文을 어떻게 '日本國王'이라고 새겼소" 하니 현소가, "그것은 전에 중국조정의 칙사가 주고 간 것입니다. 그때 關白을 王으로 봉한다는 명을 받지는 않았으나, 印은 칙사가 두고 갔습니다. 그러므로 그대로 늘 사용합니다" 했다.

우리 일행들이 웃으며 말하기를, "王으로 봉한다는 명은 받지도 않았으면서 印은 그대로 사용하고 있으니, 너희나라 일을 알 수 없다"고 하자, 玄蘇 등도 빙긋이 웃으며 대답하지 않았다.[15]

당시의 기록은 여기서 중단되고 있지만, 이 기록은 적어도 위작의 사실을 일부 확인할 수 있는 중요한 단서가 된다고 본다.

이상의 내용을 통해서 볼 때, 당시 최초로 보내온 德川家康의 국서가 진본이 아닌 것은 틀림없지만, 그것이 쓰시마의 단독소행인지는 밝힐 수

---

14) 姜沆, 『看羊錄』 倭國八道 六十六注圖, "及臣被俘來倭中 因倭僧細聞 平時之所謂使者 皆馬島主所送使人 所謂倭國書 皆馬島主所撰僞書 不惟群倭了與知誰壹岐肥前諸將倭 亦不得聞."

15) 慶暹, 『海槎錄』 上, 3월 15일.

가 없다. 따라서 그것이 쓰시마의 단독소행이라고 판단하기보다는 오히려 德川家康이 작성한 서계를 쓰시마에서 개작하였거나, 아니면 德川家康이 직접 작성은 하지 않았더라도 묵인이나 간여한 가운데 작성되었을 가능성이 높아진다.

한편 德川家康이 작성한 서계임을 입증하는 자료로는 주로 일본측의 사료인데, 『朝鮮通交大紀』에

> 경장 12년 정미년에 조선의 선조왕은 지난겨울 德川家康이 서신을 보낸 데 대한 회답으로 여우길 등을 내빙케 했다.[16]

고 기록하고 있으며, 『古事類苑』에는

> 살피건데 경장 병오년에 조선 예조가 보낸 서한에서 통화를 원한다면 먼저 장군의 국서를 보내라고 청함에 橘智正으로 하여금 장군의 국서를 전달했다. 그 서계는 僧 承兌가 초안한 것인데 그 글은 전하지 않는다.[17]

또한, 『通航一覽』에 의하면,

> 경장 11년, 조선국 예조참의로부터 서한이 왔는데 …, "지금 만약 전대의 과오를 뉘우치고 서계와 왕릉을 파헤친 범인을 잡아 보낸다면, 또한 상보하는 바가 없겠는가"라고 하자, 조속히 그 취지를 보고하니 德川家康이 기뻐해 즉시로 井手彌六左衛門을 어전으로 불러 어명으로 하사품을 내주었는데, 그 물건들은 지금 쓰시마 창고 안에 보관되어져 영구히 보물이 되었다. 그 해 德川家康으로부터 조선국왕에게 서한이 보내지고 또한 왕릉을 파헤친 범인을 잡아서 넘겨주었다.[18]

---

16) 松浦允任, 『朝鮮通交大紀』 卷5(田中健夫, 1979, 田代和生校訂, 日本名著出版, 173쪽).
17) 『古事類苑』 外交部 9, 朝鮮2, 附 方策新編.

고 기록되어 있다. 따라서 이상의 기록들을 통해 보건대, 당시 조선에 보내진 국서가 德川家康의 뜻과 전연 무관하게 작성되었다고 보기는 어렵다.

그런데 여기서 이제까지 간과했던 사실로서, 11월에 범릉적과 家康國書가 오기 전인 9월에 전계신 등이 일본의 국정탐색을 위해 쓰시마에 파견되었을 때, 宗義智를 비롯한 柳川景直, 玄蘇 등과 강화교섭에 관한 논의를 한적이 있었는데, 이 자리에서 家康國書의 초안과 사신접대가 거론되었던 사실이 있었다.

> 智正이 말하기를 "얼마 전에 內府(德川家康)의 서계를 받아낼 때, 內府는 처음에 불응하며 말하기를 '어찌 먼저 서신을 보내어 구구하게 화호를 애걸하겠는가, 도리어 병세를 과장해서 할 일이다'라고 했다. 그런데 진실로 寵臣 正純의 도움을 받아 이 서계를 얻어낼 수 있었으니 참으로 다행이라 하겠다"고 했다.
> 20일 아침에 智正이 종이 한 장을 가지고 와서 은밀히 이르기를, "이것이 內府의 서계를 베껴온 초고이니, 본 후에 조선에 알려서 속히 遣使하면 심히 다행이라 하겠다"고 해, 신등이 그 글을 보니 간혹 불손하기도 하였으며, 범릉적을 잡아보낸다는 말도 없었습니다.
> 이에 신등이 답하기를, "버리지 않은즉 고치는 것이 옳고, 만약 고치지 않은즉 버리는 것이 옳다"고 하니 智正이 말하기를, "고치는 것은 극히 어렵고 중지하는 것 또한 어려운 것입니다. 비록 힘을 다해 주선하고자 하나 가능할 지 모르겠습니다. 內府는 이 말을 듣지 않을 뿐만 아니라 반드시 노할 것입니다"고 했다.[19]

즉 조선에서 家康國書를 요구하였지만 장군이 거절하였는데, 다행이 당시 총애를 받던 本多政純의 도움으로 간신히 서계를 얻어 낼 수 있었다는 것이다. 그러나 조선 측에서 그 문안을 본 결과 불손한 대목이 있었

---

18) 『通航一覽』 권27, 朝鮮國部 3, 322쪽.
19) 『宣祖實錄』 권203, 선조 39년 9월 무인.

으며, 또 왕릉을 파헤친 범인을 보낸다는 말이 없었기 때문에 이에 대해 항의를 하니, 橘智正이 몹시 곤란해하면서 고치는 것은 지극히 어렵고 교섭을 중단하는 것 또한 어렵다는 쓰시마의 사정을 하소연했다는 것이다. 그리고 비록 힘을 다해서 주선은 하지만 막부에서는 이 말을 들어주지 않을 뿐만 아니라 반드시 노하게 될 것이라고 하면서 몹시 난처해했다는 것이다.

이 기록에 의하면 적어도 국서가 전달되기 이전에 이미 초안이 있었고, 이 초안에 대해 교섭의 당사자들 간에 상당한 이견이 있었다는 점이 확인되는 셈이 된다. 따라서 이러한 사실이 확인되는 이상 적어도 조선 측의 家康國書와 범릉적의 요구가 직접 전달되었을 가능성이 높아지고, 그에 대해 막부에서는 그 나름대로의 답서를 작성해 초안의 형식으로 조선 측에 제시하였지만, 조선 측에서 이를 수용할 수 없다는 자세를 표명하자, 더 이상 막부를 설득할 수 없었던 쓰시마는 결국 조선의 요구를 충족시키는 형식으로 제2의 국서를 만들었다는 결론을 유추하는 것은 그리 어려운 일이 아니다.

어쨌든 1606년 11월, 조선이 요구한 犯陵賊 2인과 함께 德川家康의 국서가 전달되었다. 이때 선조는

> 그 서계를 보니 倭書의 예가 아닌 것 같으며, 또 천조 연호를 썼고, 家康이 섭정한다고 하면서 자칭 국왕이라고 했다. 그리고 서계에는 일찍이 德有隣의 圖書를 찍었는데, 이번에는 일본국왕의 圖書를 찍었으니 모두 僞字이며 이번의 서계는 僞書임에 틀림없다. 그러나 그들이 이미 서계를 보내어 우리가 받았으니, 견사회답하지 않을 수 없다.[20]

---

20) 『宣祖實錄』 권206, 선조39년 12월 무자, "觀其書詞 似非倭書之禮 又書天朝年號 家康攝政云 而自稱國王書之 書契曾踏德有隣圖書 而今踏日本國王圖書 而皆僞字 今此書契 予以爲必僞書也 彼旣致書在我 不可不遣使回答 而予意則如此耳."

고 하면서, 僞書임을 알았지만 회답겸쇄환사를 파견하기로 결정하였던 것이다. 당시 보내온 德川家康의 국서는 다음과 같다.[21]

1606년 德川家康 國書[22)

日本國王 源家康拜復

朝鮮國王殿下

累年命義智 調信等 求尋好盟未完其事 而調信就鬼 故去年以來 繼命其子景直而求之矣 義智 頃日飛稟曰 屢次請和于貴國 貴國嫌疑未釋 遲延至今親修書契請之可也 是以通書至于一件事 則幸在對馬島 是亦固命義智 義智必縛送之 陋邦改前代非者 去年說與于僧松雲及孫僉知 今更何言乎 所望殿下 快早許使過海 俾六十餘州人民 知和好之實 則彼此大行也 餘順序 爲國自珍 不宣 萬曆三十四年 九月初七日

이상의 내용을 종합해 볼 때, 결국 1606년 德川家康 국서의 진위문제는 다음과 같은 결론에 도달하게 된다. 첫째, 德川家康의 國書는 조선으로부터 요구가 제시된 1개월 후에 작성된 초안과 3개월 후 조선에 전달된 두

---

21) 『宣祖實錄』 권205, 선조 39년 11월 정축 ; 『海行錄』, 丙午 11월 12일조.

22) 이 국서를 번역을 하면, "일본국왕 원가강은 조선국왕전하께 답서를 올립니다. 여러 해 동안 義智와 調信에게 명을 내려 好盟을 구하였습니다만, 그 일을 이루지 못하고 조신이 죽은 이래 그 아들 경직이 명을 이어 계속 구하였습니다. (그런데) 의지가 어느날 달려와 아뢰기를 귀국에 누차 청화하였으나, 귀국에서는 혐의를 풀지 않고 지금까지 지연하더니 친히 쓴 서계가 가하게 되어 통서를 하니 쓰시마로서도 다행한 일입니다. 또 의지에게 명을 내렸으니 義智가 반드시 잡아 보낼 것입니다. 우리나라에서 전대에 잘못한 것은 지난해에 僧 松雲과 孫僉知에게 말하였으니 지금 다시 무슨 말을 하겠습니까. 전하에게 바라옵건데 빨리 사신을 허락하시어 바다를 건너게 하시면 저희 육십여주 백성이 화호를 안즉은 피차간에 큰 행복입니다. 나머지 일은 나라를 위해 진중하시기를 비옵니다. 갖추지 못하옵니다. 만력 34년 9월 초7일."

가지의 國書가 있었다는 것. 둘째, 초안의 國書는 적어도 막부의 의사에 의해 작성되었다는 것. 셋째, 초안의 내용이 조선측의 심한 반발에 의해 거부되어지자 강화교섭의 대리인을 자처해 온 쓰시마는 곤궁에 빠지게 되었다는 점. 넷째, 조선에 전달된 국서는 쓰시마의 손에 의해 德川家康의 의지와는 전혀 다르게 그 내용이 조선측의 요구 및 서계형식에 준해 改作 내지는 僞作되었을 가능성이 높아진다. 이러한 사실은 이후에도 쓰시마가 임의로 국서를 개작한다는 사실을 통해서도 명확해진다.

Ⅲ. 1607년 국서개작문제

　1607년 정월, 정사 여우길, 부사 경섬, 종사관 정호관을 비롯한 제1차 회답겸쇄환사 일행 460여명이 일본에 파견되었다. 그리고 이들은 쓰시마를 거쳐 5월에 에도에 도착해 당시 막부장군이 된 德川秀忠을 만나 조선국왕 선조의 국서를 전달했다. 그러나 이들이 휴대한 국서는 회답사라는 사절단의 명칭에서도 알 수 있듯이, 앞서 德川家康으로부터 보내진 서계에 대한 회답서의 형식을 갖추고 있었다. 따라서 먼저 조선에 보냈던 장군의 국서가 진본이 아닌 이상, 쓰시마에서는 이 국서를 그대로 전달되게 방관할 수는 없었던 것이다. 1635년 국서개작사건이 폭로가 되면서 밝혀진 사실이지만, 쓰시마의 국서개작 내지 위작사건은 모두 대마도주 宗義智와 그의 외교승이었던 玄蘇, 그리고 도주의 家臣이었던 柳川調信과 그의 아들 智永 등이 꾸민 일이었다.[23]

---

23) 國書改作 暴露事件(柳川一件)에 대한 종합적인 연구로는 田代和生, 1984, 『書き替えられた國書』, 中公新書, 694 ; 손승철·유재춘역, 1988, 『근세한일

이때의 국서개작은 당시 사행기록인 부사 경섬의 『海槎錄』에 수록된 국서와 일본측의 사료인 『外蕃通書』의 기록을 비교하면 확연하게 개작내용이 드러난다.

다음의 두 국서를 비교하면, 원본에서 지워진 글자의 수는 총 24자이며, 새로 써넣은 글자는 밑줄 친 18자이다. 그러면 이 내용을 좀더 자세히 살펴보면서 어떠한 이유에서 첨삭이 되었는가를 알아보자.

우선 서두에 조선국왕이 답신을 보낸다는 의미의 '奉復'의 복이 서로 개서되어 '奉書'가 되었다. 봉복이란 먼저 서신을 받고 그에 대한 회답을 보낸다는 의미이고, 봉서란 먼저 글을 올린다는 의미로서, 조선에서는 앞서 장군의 국서를 받았기 때문에 봉복이라고 했으나, 쓰시마에서는 이 사실을 은폐하기 위해 봉서라고 고쳤던 것이다. 따라서 이것은 앞서의 德川家康 국서가 진본이 아니었음을 뜻하는 것이다.

뿐만 아니라 원본에서 '革舊而新問札先及謂'를 지우고 새로 '承聞'(전해 듣는다는 의미)을 삽입해, 막부에서 먼저 서계를 보내어 과거의 잘못을 시인하는 부분을 삭제함으로써, 이러한 사실을 풍문에 의한 것으로 개작했다. 나아가 조선에서 사신을 보내는 이유는 일본에서 먼저 성의를 보여주어서 이에 답한다는 것인데, 그러한 의미의 '庸答來意'를 '以爲和交之驗'으로 바꾸어 강화가 조선에서 요청해 이루어지는 것처럼 개작해, 원래의 내용이나 조선의 의사와는 전연 다른 내용으로 바꾸어 버렸다.

외교비사』, 강원대학교출판부 ; 荒野泰典, 1988, 『近世日本と東アジア』, 東京大學出版會, 191~211쪽에 상세하며, 이에 관한 1차 사료는 『柳川調興公事記錄』과 『柳川一件記』가 東京大學 史料編纂所에 소장되어있다.

1607년 조선국왕 국서[24)]

朝鮮國王 李昖 奉復

日本國王　　殿下

交隣有道自古而然二百年來海波不揚何莫非

天朝之賜而蔽邦亦何負於

貴國也哉壬辰之變無故兵動構禍極慘而至及

先王丘墓蔽邦君臣痛心切骨義不與

貴國共載一天六七年來馬島雖以和事爲請實是蔽邦所耻今者

貴國革舊而新問札先及謂改前代非者致款至此苟如斯說豈非兩國生靈之

福也此馳使价庸答來意

不腆土宜具在別幅統希

盛亮

萬曆三十五年正月　日

朝鮮國王 李昖

---

24) 慶暹, 『海槎錄』上, 丁未年 정월 12일. 이 국서를 번역해 보면,
　"조선국왕 이연은 일본국왕전하에게 답서를 올립니다.
　이웃나라와의 교제는 예로부터 그랬던 것입니다. 2백년동안 전쟁이 없어
바다가 조용해진 것은 모두 중국 조정의 덕택이지만, 우리나라인들 어찌
귀국을 저버렸겠습니까. 임진의 변란은 까닭 없이 군대를 일으켜 극히 참
혹한 화란을 만들고 심지어 선왕의 능묘에까지 욕이 미쳤으므로, 우리나라
군신의 마음이 아프고 뼈가 저리어, 의리로서는 귀국과 한 하늘 밑에 살지
못하게 되었던 것입니다. 6~7년 동안 쓰시마가 비록 강화할 것을 청해 오
기는 하였으나, 실로 우리나라가 수치스럽게 여겼던 것입니다. 이제 귀국이
옛일을 혁신해 위문편지를 보내와 전대의 잘못을 고쳤다하며 성의를 보이
니, 참으로 이 말과 같다면, 어찌 두 나라 생령의 복이 아니겠습니까. 이에
사신을 보내어 보내온 후의에 답하는 것입니다. 변변찮은 토산물을 별폭에
갖추어 놓았습니다. 모두 잘 살펴주시기 바랍니다. 만력 35년 정월 일."

改作된 朝鮮國書[25)]

朝鮮國王 李昖 奉書

日本國王　　殿下

交隣有道自古而然二百年來海波不揚何莫非

天朝之賜而蔽邦亦何負於

貴國也哉壬辰之變無故兵動構禍極慘而至及

先王丘墓蔽邦君臣痛心切骨義不與

貴國共載一天六七年來馬島雖以和事爲請實蔽邦所耻承聞今者

貴國改前代之非行舊交之道苟如斯則豈

非兩國生靈之福也故馳使价以爲和交之驗

不腆土宜具載別幅統希

盛亮

萬曆三十五年正月　日

朝鮮國王 李昖

여기서 참고로 국서의 형태에 관해 보면,

　　대제학에서 찬 함(櫃는 은으로 장식해 붉은 칠을 하고, 금으로 용을 그리며 안에는 紅段甲裸로 싸고, 밖에는 홍초갑보로 싸서 모두 금으로 용을 그렸다). 겉면 바른 쪽가에는 「奉書」라 쓰고, 왼쪽가에는 '日本國大君殿下'라고 썼다(처음에는 日本國王이라고 하다가 숭정 병자년(1636)에 그들의 청에 의해 '大君'이라 했다). '奉'자는 '日'자와 나란히 쓰고, '書'자는 '下'자와 나란히 쓰는데, 다른 서계에도 다 이와 같이 했다. 合袗한 곳에 '朝鮮國王姓某'라고 썼다. 爲政以德이라 새긴 옥새를 찍었다. 무릇 姓·某라 쓴 곳에는 다 이 옥새를 찍었다.[26)]

고 되어 있고, 주첩(몇 폭으로 접은 두루마리)의 크기에 관하여는 길이가

─────────────

25) 近藤守重, 1905, 『外蕃通書』 제1책, 國書刊行會, 11~12쪽.

26) 『春官志』 하권, 권2, 國書式.

152·조선시대 한일관계사 연구

2척 4촌, 폭이 5촌 5분이며 매첩에는 4행씩 쓰도록 되어 있다.[27]
그리고 안에 쓰는 법식은

> 제3첩의 한가운데에 二行에서부터 '朝鮮國王(한자 띄고) 姓諱(한자 띄고) 奉書'라고 쓰고, 제4첩의 한가운데에 평행으로 '日本國大君(한자 띄고) 殿下'라고 쓴다('朝'자는 '日'자와 나란히 쓰고, '書'자는 '下'자와 나란히 쓴다. 다른 서계도 이와 같다).
> 제5첩의 평행에서 시작해 사연을 云云하고 끝에 不備라고 쓴다(옛날에는 '不宣'이라고 썼는데, 관백의 이름을 피해 宣을 備로 고쳐 不宣이라고 썼다).
> 평행으로 某年某月日이라 쓰고, 말첩의 한가운데 2행에서부터 '朝鮮國王'(한자 띄고 姓諱를 쓰되 年月과 나란히 쓴다).[28]

라고, 그 형식이 규정되어 있다.

한편 국서의 개작행위는 본문에서만 아니라 예물의 품목과 수량을 적은 별폭에서도 이루어졌다.

『古事類苑』에 의하면, 조선에서는 1604년 탐적사의 예에 따라서 간소하게 하였으나, 쓰시마의 관계자들은 그때와는 사정이 다르다는 것을 강조하면서 조선의 三使와 의논해 개서를 하고 예물을 조정해 맞추었다고 한다.[29] 그리고 개작된 국서에 사용한 조선국왕의 印信은 쓰시마의 匠人이 위조하였으며, 국서개작에 조선의 사절이 가담한 것으로 기록하고 있다.[30]

---

27) 『交隣志』國書式, 『增正交隣志』 권5, 國書式, "周帖長二尺四寸(周尺)廣五寸五分每帖四行." 1尺은 30.303센티이므로 한첩의 크기는 가로 72.72센티 세로 16.66센티이다.
28) 『交隣志』國書式.
29) 『古事類苑』外交部 9, 朝鮮 2, 附 方長老口上覺書.
30) 『外蕃通書』제1책, 12쪽.

별폭의 개작

원래의 별폭		개작된 별폭	
白苧布　30필		白苧布　30필	
黑麻布　30필		黑麻布　30필	
白綿紬　50필		白綿紬　50필	
人　蔘　50근	→	人　蔘　200근	
彩花席　20장		花文席　20장	
虎　皮　10장	→	虎　皮　30장	
豹　皮　5장	→	豹　皮　20장	
厚白紙　50권		白　紙　50권	
淸　蜜　10기		삭　제	
黃　蜜　100근		삭　제	
靑斜皮　10장		靑　皮　10장	
없　음	→	蒼　鷹　50연	
없　음	→	帽　段　200필	

그러나 이 사실은 조선의 기록에서는 찾을 수가 없고, 오히려 쓰시마에서는 개작한 국서를 원본과 바꿔치기 위해 몹시 애를 쓰고 있는 모습을 발견할 수 있다. 그리하여 국서가 바꿔치기 된 것을 결국 사절단이 에도에 입성한 후, 장군을 알현할 즈음에 가서야 겨우 이루어졌다.

> 신사가 등성하는 날에 柳川智永님이 소매에 위서를 가지고 있다가 틈을 타서 살짝 바꿔치기 했다.[31]

만약 조선의 관리들이 여기에 관계가 되어 있다면 국서를 바꿔치기 하는 일 자체는 그렇게 힘들지 않을 것이다. 이러한 점을 보아도 조선 사신이 직접 관여했다고 보이지는 않는다.

그러면 조선의 국서가 전달된 후, 이에 대한 德川秀忠의 답서는 어떠했을까. 회답겸쇄환사의 부사 경섬은 『海槎錄』에서 회답서를 받는 장면을 다음과 같이 기록하고 있다.

---

31) 孫承喆·柳在春 共譯, 『近世韓日外交秘史』, 38쪽.

11일(壬寅). 새벽에 비, 아침 맑음. 에도에 머물렀다. 아침밥을 든 뒤에 관백이 佐渡守正信, 相模守忠弼 및 도주 平義智 등이 와서 회답국서를 전해주었다. 황금 그림의 궤에 담아 오색무늬 비단보자기에 싸고, 백금으로 장식해 비단 끈으로 묶고, 칠궤에 황금쇄를 채웠다. 印은 篆刻으로 源秀忠印의 넉 자를 찍었다. 대개 일본의 풍속은 국왕이 서로 전해주는 印信이 없기 때문에 관백이 된 자가 스스로 제 이름을 새겨서 사용했다 한다. 이로써 살펴본다면 전날 馬島에서 국왕서계라 칭한 印文에 새긴 日本國王이라 한 것은 마도에서 위조한 印信임을 알 수 있다.

玄蘇는 萬曆年號를 쓰려하고, 承兌는 日本年號를 쓰려해 관백에게 여쭈었더니, 관백이 말하기를 "우리나라가 大明을 섬기지 않았으니, 그 연호를 쓸 수 없고, 만약 일본 연호를 쓴다면 사신이 온전치 못한 뜻이 있으니, 둘 다 쓰지 않는 것만 못하다"고 했다. 그래서 龍集 丁未라고 썼다. 용집이란 우리나라의 세차와 같은 것이라 한다. 일본연호는 경장 12년이다.[32]

이어서 당시 장군으로부터 받은 회답서를 다음과 같이 소개하고 있다.

1607년 德川秀忠의 回答書[33]

日本國源 秀忠 拜復
　朝　鮮　國　王　殿下

玉章落手 拜披薰讀 卷舒罔措 不勝歡悰 矧又呂祐吉慶暹丁好寬三使 不遠千里海陸 到蔽邦而傳靈區之異產 如別幅所載 件件納受 懇情盆切 感愧交加 夫吾邦於貴國 結隣盟者 所從來太久矣 今要修舊交 蔽邦亦何 存疎之乎 勢利之交 古人所羞 只宜以信義爲心也 維時綠竹風靜 黃梅雨香 伏祈順序保嗇 不宣

龍集丁未夏五月　日
日本國源秀忠

---

32) 慶暹, 『海槎錄』 하, 6월 11일.

33) 이 국서를 번역해 보면 다음과 같다(국역 『海行摠載』 제2권, 604~605쪽

　그런데 일본측의 기록은 이것과는 조금 다르게 되어있다. 즉 본문은 『海槎錄』과 모두 같은데, 『外蕃通書』와 『善隣國寶記』에는 拜復이 奉復으로 되어 있고, 연대의 경우 『外蕃通書』에는 龍集丁未로 되어 있으나, 『善隣國寶記』에는 慶長 12년 丁未로 되어 있다. 따라서 이 내용만으로 개작이 되었다고 보기는 어렵지만,[34] 이때의 회답겸쇄환사는 이 회답서가 문제가 되어 귀국 후 처벌이 논의되기도 했다. 그 이유는 회답서에 일본국왕이 쓰여지지 않았다는 것과 '拜復'이란 용어와 '今要修舊交 蔽邦亦何存疎之乎'라는 무례한 표현을 쓴 회답서를 받아 왔다는 것이 비난의 대상이 되었던 것이다. 그러나 논죄의 결론은 선조의 교시에 의해 하옥시키는 것이 보류되었다.[35]

　이상의 내용을 통해 당시 조선의 대일인식 및 대일정책의 한 단면을 보게 된다. 즉 원칙적으로 일본국왕이라고 칭하지 않을 경우 조선국왕과 대

　참조).

　　"일본국 원수충은 조선국왕전하에게 답서를 올립니다. 玉章(남의 편지에 대한 존칭)이 손에 들어와서 삼가 열어 읽으매, 폈다 말았다하면서 어찌할 줄을 몰라 기쁨을 이기지 못하였습니다. 더구나 여우길·경섬·정호관 세 사신이 해로와 육로 만리길을 멀게 여기지 않고, 폐방에 와서 靈區(신성한 지역)의 기이한 물건을 전하였음에 있어서랴. 별폭에 기록된 대로 다 받아들이매 정이 더욱 간절해 감사와 부끄러움이 아울러 더해집니다. 대저 우리나라가 귀국에게 인맹을 맺어온지 매우 오래되었습니다. 이제 옛 국교를 닦으려 하는데 폐방이 또한 어찌 소홀한 뜻이 있겠습니까. 세력이나 이익으로 사귀는 것은 옛날 삶이 부끄럽게 여기는 바이니, 다만 신의로써 마음먹어야 할 뿐입니다. 지금 綠竹風(푸른 대나무 숲에서 부는 바람)은 고요하고 黃梅雨(매화가 피는 5월의 비)는 향기롭습니다. 비옵건대 철에 따라 보중하소서. 이만 줄입니다. 용집 정미 5월 일본국 원수충."

34) 任絖, 『丙子日本日記』 12월 28일의 기록에는 "柳川調興이 무도한 행위를 저질러 천황 연호 두 글자를 龍集으로 고쳤다"라고 되어 있어, 개작의 가능성은 있지만 더 이상은 알 수 없다.

35) 『宣祖實錄』 권216, 선조40년 8월 경인 ; 9월 신묘, 갑오, 을미, 병신, 경자, 신축, 임인, 갑진, 을사, 병오, 정미.

등한 적례교린을 할 수 없다는 종래의 입장이 고수되고 있으며, 拜復이나 要修舊交가 조선의 뜻이라는 데에 대한 반발심은 피침략국의 입장과 강화교섭을 주도하겠다는 조선의 자존심을 건드렸던 것이다. 다시 말해 일본국왕호의 사용요구는 일본과의 교린이 어디까지나 명의 책봉을 전제로 하는 동아시아 외교질서를 바탕으로 전개되어야 한다는 전통적인 외교규범과, 일본과의 강화는 조선측에서 먼저 요구한 것이 아니라 일본의 요청을 조선이 들어주는 형태에서 이루어져야 한다는 생각을 강하게 갖고 있었던 것이다.

Ⅳ. 1609년의 국서문제

1607년 회답겸쇄환사의 파견에 의해 단절되었던 양국의 국교가 재개되었지만, 그것이 곧 모든 교역관계의 부활을 의미하는 것은 아니었다. 즉 교역의 부활을 위해서는 별도로 교역에 관한 약조가 필요했다. 이에 쓰시마에서는 계속해 교역재개를 위한 교섭을 위해 여러 차례에 걸쳐 사절을 파견해 왔고, 조선에서도 이미 수호관계가 이루어졌고, 또 부분적이지만 왜관에서 開市가 허락된 상태이어서 교역에 관한 구체적인 규제가 필요했다. 그래서 1608년 정월부터는 왜관에 선위사 이지완을 파견해 쓰시마 사신과 약조강정에 관한 사항을 논의하게 했다. 그런데 선위사란 본래 일본국왕사의 접대를 위해 중앙에서 파견했던 관리였던 만큼, 이 명칭으로 보아서는 이때의 쓰시마 사절단도 막부장군의 사절로 가장했음이 틀림없다.36) 그러나 교섭은 별 진전이 없었다.

그 후 2월에 선조의 뒤를 이어 광해군이 왕위를 계승하게 되자, 쓰시마

---

36) 『東萊府接倭狀啓謄錄可考事目錄抄』, 만력 36년 무신 정월.

에서는 幕府將軍의 進香使를 칭하고 상경을 원하면서 다시 교역을 청해왔다. 그러나 조선에서는 장군의 국서가 없고, 교역에 관한 구체적인 약조가 정해지지 않아 허락할 수 없다고 거절했다. 이에 쓰시마에서는 3월에 다시 '大將軍'의 사신을 자처하면서 玄蘇 및 柳川景直 등 324명의 대사절단이 부산포에 도항해 왔다. 그들은 조선측의 요구대로 장군의 국서를 휴대하였고, 재차 상경하기를 요청해 왔다.[37] 당시 휴대한 국서도 쓰시마가 위작한 것으로 생각되지만 현존하지 않아 그 내용은 알 수 없다.

당시 조선에서는 이지완으로 하여금 이들의 요구를 거절하고 부산포에서 장군의 국서를 수령했다. 이들은 이후 약 2개월간 부산포에 체류하면서 드디어 그동안 현안이 되어왔던 교역에 관한 기유약조를 강정했다. 그리고 약조를 강정한 후, 6월에 앞서 장군국서에 관한 광해군의 회답국서를 받아서 쓰시마로 돌아갔다. 당시 이들이 받아가지고 간 광해군의 회답서는 유일하게 『善隣國寶記』에 수록되어 있는데 그 내용은 다음과 같다.[38]

1609년 광해군의 국서[39]

<table>
<tr><td>

朝鮮國王李 揮 奉復

日 本 國 王　殿下

使至得　惠書仍審　委倭兩价渡海　足見貴邦欲修隣好　不違昔日之厚意　良慰良慰

隣好之義　惟在誠信　誠信不替　則實兩國之幸也

委貺別幅　益領勤款　餘全溽暑　起居保嗇　不宣

萬曆三十七年五月　日

</td></tr>
</table>

---

37) 『東萊府接待倭目錄抄』, 萬曆三十七年己酉三月條.

38) 『善隣國寶記』, 史籍集覽, 제28책, 313쪽.

39) 이 국서를 번역하면 다음과 같다.

"조선국왕 이휘는 일본국왕전하에게 답을 올립니다. 사신이 이르러 은혜로 물론 이 국서는 막부장군에게 전달할 필요도 없던 것이기 때문에 다시 개작할 필요가 전연 없었을 것이다. 따라서 여기서 국서개작 여부를 논할 수는 없지만, 이 국서의 내용을 통해 위작의 국서인줄 알면서 그에 대한 답서를 작성해 보내는 조선의 대일자세, 즉 일본과의 관계에 있어 형식적인 것이라도 반드시 외교적인 절차를 밟아야만 한다는 원칙을 고수한다는 점, 그리고 일본에 대해 성신과 신의를 강조하면서 양국관계를 우호적으로 유지하려는 노력을 엿볼 수 있다.

V. 1617년의 국서개작

제2차 회답겸쇄환사의 파견요청은 1613년 9월 德川秀忠의 혼인을 축하하기 위한 사절을 파견해 달라는 것으로부터 시작되었다. 이에 대해 조선에서는 그러한 예는 과거에도 없었던 일이라 해서, 사자의 접대조차도 하지 않는 방법으로 묵살했다. 그러나 쓰시마에서는 집요하게 신사파견을 요청했다. 그러던 중 1615년이 되면서 점차 상황이 달라지게 되었다. 당시 만주지역에서는 후금의 누루하치세력이 주위의 여진족을 통합해갔고, 이러한 후금세력의 팽창은 명과 조선에 대해 심각한 위협이 되었다. 그러던 중 1615년 2월 대마도주 宗義智의 부음을 알려왔고, 이것을 이유로 橘智正이 부산에 와서 통신사의 파견을 요청했다. 그러나 조선에서는 일본의 경조를 이유로 통신사를 파견한 예가 없다고 하면서 거부했다.[40]

운 국서를 받아 보았습니다. 왜 사신이 두번이나 바다를 건너온 것을 보니, 귀국의 인호하려는 뜻이 전날과 다르지 않음을 족히 알겠습니다. 참으로 좋습니다. 인호의 뜻은 성신에 있으니, 성신이 바뀌지 않는다면 실로 양국에 다행한 일입니다. 별폭을 따로 드리니 더욱 정성을 다하고자 합니다. 오직 바라건데 더위에 조심하시어 기거에 편안하십시요. 갖추지 못합니다. 만

그러나 쓰시마는 단념하지 않고, 그 해 11월 다시 사자를 보내어 통신사의 파견은 德川家康이 간절히 바라고 있는 사항이므로 만약에 일이 성사되지 않으면 쓰시마가 막부로부터 죄를 받게 된다고 하소연하면서, 조선에서도 신사를 파견하면 일본에 있는 피로인을 쇄환해 갈 수 있다는 사실을 강조하면서 신사파견을 강력히 요청해 왔다.[41] 당시 만주에서는 군사적인 위협이 날로 고조되어 갔고, 또한 일본으로부터도 德川家康의 사망과 일본의 재침에 대한 소문도 있어, 조선으로서도 일본의 정정에 대해 의혹이 깊어가고 있었다.

드디어 조선에서는 1616년 4월, 예조참의 이원의 명의로 대마도주에게 답서를 보내어, 일전에 쓰시마의 요청에 따라 통신사 파견에 대한 내용을 명에 알려 허락을 구하였으나 명에서는 허락하지 않았다고 하면서 명의 핑계를 댄 후, 그러나 금일의 사리를 숙고할 때 과거 일본에서 막부장군이 국서를 보내어 통신사를 요청해 이에 회답한 전례가 있으므로, 지금 만약 일본이 전례를 준수해 장군의 국서를 보내어 성의를 보인다면, 조선에서도 전례에 따라서 명나라에 알린 후 사신을 파견할 용의가 있음을 통보했다.[42] 그러자 1617년 5월 쓰시마로부터 '日本國王 源秀忠奉書'가 도착했다.[43] 이 국서도 현존하지 않기 때문에 내용은 알 수 없지만, '日本國王'이라는 호칭으로 보아, 위작되었다는 사실은 쉽게 짐작할 수 있다.

그러나 국서의 진위 여부에 관계없이 당시 조선을 둘러싼 국제정세는 매우 긴박한 상황에 있었으며, 조선에서는 전례에 따라 1617년 7월에 제2차 회답겸쇄환사를 파견했다. 조선에서는 이 사절을 파견하기에 앞서 '倭情咨文'을 명에 알리고 있다. 이 자문에는 豊臣秀吉의 침략 이후 일본제

력 37년 5월 일.”

40) 『朝鮮通交大紀』 권6, 光雲院公(宗義成), 208~209쪽.

41) 『通航一覽』 권31, 朝鮮國部 7, 383쪽.

42) 『朝鮮通交大紀』 권6, 光雲院公(宗義成), 209~210쪽.

43) 『光海君日記』 권115, 광해군 9년 5월 계사 ; 『備邊司謄錄』 제1책, 광해군 9년 5월 초2일.

장들의 동향, 德川家康과 秀忠의 집권과정, 부산에서 쓰시마와의 교섭 등을 상세히 기록하고, 사절파견의 이유로 대마도주의 견제, 피로인의 쇄환, 일본국정의 탐색을 들고 있다.[44)]

　제2차 회답겸쇄환사는 정사 오윤겸, 부사 박재, 종사관 이경직 등 총인원 428명으로, 이들은 1617년 7월 7일 부산을 출발해 그 해 10월 18일 귀환했다. 당시의 사정은 오윤겸의 『東槎上日錄』과 이경직의 『扶桑錄』에 상세하게 기록되어 있다. 그런데 『扶桑錄』에는 광해군이 보낸 국서는 없고, 德川秀忠의 회답서만 있는데, 『外蕃通書』에는 광해군의 국서와 德川秀忠의 회답서가 모두 수록되어 있다.

1617년 광해군의 국서

朝鮮國王 李 琿 奉書

日本國王　殿下

此間因廷臣啓稟 屢聞對馬島主義成柳川調興 傳致

貴國勤款疑意 要請敝蔽信使 而爲緣錄非常例 夫敢輕議 今也

貴國平定大坂 統合日域 豈非彼此生靈之福哉 況今日修好敦睦 茲遣使

介 爲報殷懇 將此曲折 已奏

天朝只願貴國益嗣好音 毋負信義 不勝幸甚 不腆土宜 付在別幅 統希誠諒

不宣

萬曆四十五年五月 日

朝鮮國王 李 琿

---

44) 『光海君日記』 권115, 광해군 9년 5월 계사 ; 『備邊司謄錄』 제1책, 광해군 9년 5월 27일, 6월 26일. '倭情咨文'이 회답겸쇄환사의 파견전에 보내진다는 사실 때문에 회답겸쇄환사의 파견에 명의 관여가 있지 않았는가를 의심할 수도 있겠으나, 자문의 내용에서 확인할 수 있듯이, 파견결정 및 집행을 조선 스스로 하고 있으며, 다만 추후에 통보하는 형식을 취하고 있음을 볼 때, 그 자율성을 의심할 이유는 없다(三宅英利 著·손승철 역, 『근세한일관계사연구』, 139쪽).

이에 의하면 회답겸쇄환사의 파견은 수차례에 걸친 쓰시마의 요청에 의한 것이며, 일본의 大坂平定을 축하한다는 것으로 앞으로도 신의를 잃지 말고 수호를 하자는 내용이었다. 이러한 내용이 모두 조선의 뜻인지는 분명치 않은데, 우선 국서의 서두가 '朝鮮國王 李揮 奉書'로 시작하고 있음을 볼 때, 앞서 일본에서 보낸 국서는 가짜임을 알 수 있다. 또 어느 부분이 개작되었는지 구체적으로 알 수 없지만, 적어도 쓰시마에서 필요한 부분만큼은 모두 개작하였으리라는 짐작은 쉽게 할 수 있다. 왜냐하면 이 사절단은 德川政權이 그동안 재기를 꿈꾸던 豊臣勢力을 완전히 제압하고 일본전역을 통일한 '大坂平定'을 축하하기 위해 파견해 달라는 요청에 의한 사절단이었기 때문에, 그 내용에 따라 국서의 내용도 개작되었을 것이기 때문이다.

한편 德川秀忠의 회답서에 관한 기록으로 오윤겸의 『東槎上日錄』과 이경직의 『扶桑錄』이 있는데, 두 내용에는 약간의 차이가 있다. 즉 『東槎上日錄』에는

> 9월 5일, 식사 후에 上野·板倉이 관백의 답서를 가지고 왔다. 그래서 사신은 관대를 갖추고 나가 정청에서 접견하고 열어보니, 王이란 글자를 쓰지 않았다. 묻기를 "어찌해 王이란 글자를 쓰지 않았습니까" 하니, 上野 등이 대답하기를 "정미년(1607)에도 역시 쓰지 아니하였기 때문에 이와 같이 한 것입니다" 했다.
>
> 사신이 대답하기를 "만약 왕이란 글자를 쓰지 아니하면 우리국왕과는 예를 당적하지 못할 것이니, 고쳐 왕이란 글자를 써야 옳을 것입니다. 또 국서 가운데 領納의 納자와 賀蔽邦의 賀자와 舊盟의 盟자가 모두 온당치 못하니 아울러 개정하기를 바랍니다" 하니, 上野가 대답하기를 "마땅히 관백에게 여쭈어서 고치게 하겠습니다"고 했다.
>
> 9월 6일, 새벽에 朴大根을 執政에게 보내어 調興과 함께 국서를 개정하는 일을 주선하게 하였더니, 朴大根이 돌아와 당연히 개정해 보내겠다고 말했다고 했다. 또 智正의 편지를 가지고 왔는데, 그 편지에 이르기를 "이미 관

백에게 여쭈어서 개정하기를 허락 받았습니다"고 했다.

9월 9일, 調興등이 국서 및 집정의 서계를 가지고 왔는데 열어보았더니, 비로소 王이란 글자를 쓰고 다른 미흡한 곳도 다 개정했다.[45)

그러나 『扶桑錄』에는 이미 8월 30일조에 橘智正·內匠 등이 국서와 예단을 상의할 일로 德川장군이 있는 伏見城으로 간다고 하였고, 이어 內匠 등이 돌아와서 박대근을 불러 국서의 초본을 제시한 것으로 되어 있다. 그 내용을 보면,

8월 30일, 맑음. 橘智正과 內匠 등이 국서와 예단을 상의할 일로 복견에 간다고 하였고, 大坂에서 온 사공들도 간다고 했다. 내장이 돌아와서 국서초 본을 내보였다.

고 되어 있다.

1617년 德川秀忠의 회답서[46)

日本國 源秀忠 奉復

朝 鮮 國 王 殿下

珍翰焚誦 卷舒數過 特勞三貝官使 兼贈多般奇產 如目錄領納 厚意難謝 感
欣有餘 抑大坂孤主 企叛逆陰謀 爲太平姦賊 速誅戮之 靡有孑遺 今也國平
民樂 海晏河淸 事已聞貴國急奏天朝 而賀獘邦之無爲 實宿契堅也 彌不渝
舊盟 永可修隣好 餘蘊付 在三使舌頭而已 維時晚秋 自愛珍重

龍集丁巳九 月

日本國 源秀忠

---

45) 吳允謙, 『東槎上日錄』丁巳年, 9월 5일, 6일, 9일.

46) 이 국서를 번역해 보면,
　　"일본국 원수충은 조선국왕전하에게 답서를 올립니다. 진중한 서한은 분향

라고 했다.[47] 곧 박대근을 불러 말하기를,

  "이웃나라와 교제하는 문서는 事體가 중대한 것인데, 만약 '日本國源秀忠'이라고 한다면 어떻게 감히 이웃나라의 임금과 대등한 예가 되겠는가, 반드시 王이라는 글자를 써야 한다. 領納이라는 納자와 蔽邦을 賀禮한다는 賀자와 舊盟의 盟자와 自愛라는 두 글자는 모두 타당하지 못하니, 모름지기 네가 執政에게 보여서, 빼고 고쳐야 한다" 하니, 內匠이 말하기를, "이 초고를 겨우 구득해 낸 것이니 여러 사신도 아직 모르는 일이므로 나의 뜻으로 가서 도모하겠습니다."

라고 했다.

  9월 5일, 內匠이 伏見에서 돌아와 말하기를, "쇄환의 일과 문서를 고치는 일을 執政에게 힘껏 말하였더니, 장차 주선해 마음에 맞도록 해 주겠다고 하였습니다. 그러나 傳 長老가 말하기를 前代將軍 때부터 王자를 쓰지 않는 것이 규례로 되어 있으니, 지금 고칠 수 없다고 했습니다. 그런데 道春이라는 중이 옆에 있다가 말하기를, 장군이 일본에 있어서 실제로 왕의 일을 행하고 있으니, 王자를 쓰는 것은 실상 존대해 지는 것이니 쓰는 것이 좋겠으나, 천조는 조선에서 높이는 것이니 일본에서 極行으로 쓸 것이 아니라고

하고 읽으며 말았다 폈다하기를 여러 차례 하였습니다. 세사신을 수고롭게 보내셨고, 겸해 주신 여러 가지 산물은 목록대로 영납하였습니다. 후의를 어떻게 사례할 수 없사오며 감사와 기쁨이 한이 없습니다. 또 대판의 孤主가 반역 음모를 기도해 태평한 시대에 간사한 도적이 되었으므로 급속히 잡아 죽여 남김없이 하였습니다. 지금은 나라가 평화롭고 백성이 즐거우며, 바다가 고요하고 河水가 맑아졌습니다. 이 일이 벌써 귀국에 알려지매 급히 천조에 아뢰어 폐방에 아무 일 없음을 축하해 주시니 실로 오랜 계분이 든든합니다. 더욱 옛 맹약을 저버리지 않고 영원히 인국과의 인호를 닦아야 하겠습니다. 나머지는 세사신의 구두전달에 맡길 뿐입니다. 늦가을인 이 때에 자애하시어 진중하십시요. 용집 정사 9월 일."

47) 국서의 내용 중, 본문 두 번째 행의 '速誅戮之'의 速자가 『善隣國寶記』에는 連자로 되어 있으나, 『古事類苑』에도 速으로 되어 있어 速자가 맞는 것 같다(『古事類苑』外交部 9, 朝鮮 2, 古事類苑刊行會本, 1933, 553쪽).

하였습니다. 그러자 長老는 조선에 보내는 글은 조선의 禮대로 쓰지 않을 수 없다고 했습니다. 내일은 板倉·上野 등이 장군의 예물과 회답문서를 가지고 올 터인즉, 만약 원본을 보면 고쳤는지 고치지 않았는지 알게 될 것입니다.”

9월 5일, 橘智正 등이 먼저 와서 등대하기에, “문서 중 타당하지 못한 곳을 고쳤는가?” 하고 물었더니 답하기를 “힘껏 말했습니다만, 아직 알지 못합니다. 원본을 보시면 알 수 있을 것입니다” 했다. 사신이 꾸짖기를, “전일 家康이 있을 때에 馬島에서 전달한 국서와 저번에 전달된 국서에 모두 王자를 썼는데, 유독 이번에만 쓰지 않음은 무슨 이유인가, 이것으로써 執政에 말해 전례가 역시 그렇지 않았음을 밝혀야 한다”고 했다.

智正 등이 실색을 하면서, “그 사이에 곡절이 있었습니다. 사신께서 고쳐야 할 곡절을 청하면 반드시 고쳐질 것이지만, 도주 등이 모두 죽음에 이르게 될 것입니다. 사신께서 이를 불쌍히 여겨 주십시오” 하며 자못 황황한 빛이 있었다. 智正과 內匠 등이 같은 말로 애걸했다. 전날에 농간한 정상을 여기에서 알 수 있으니 너무도 가증스러운 일이다.

9월 9일, 이른 아침에 調興이 와서 개정한 서계를 전하는데, 王자를 썼고, 納자는 受자로, 賀자는 遠慰로, 盟자는 交자로 썼으며, 珍重이란 자도 또한 한 줄 올려서 썼다.[48]

이상의 내용을 통해서 보건데, 『扶桑錄』 9월 5일자의 종사관 이경직의 탄식에서도 알 수 있듯이 국서개작은 모두 중간자였던 쓰시마의 농간에 의해 이루어지고 있었다. 더구나 이 기록을 보건대 당시 조선사신은 분명히 고쳐진 국서가 전달되었음에도 일본측의 기록들에서는 당시 회답서의 내용은 모두 초고의 것이 그대로 수록되어 있으며, 고쳐진 사료는 그 어디에서도 찾을 수가 없다. 따라서 1617년 德川秀忠 회답국서의 경우도 조선측에게는 개작된 국서가 전달되었음을 쉽게 짐작할 수 있는 일이다.

---

48) 이경직, 『扶桑錄』, 9월 4일, 5일, 9일.

VI. 1624년의 국서개작

1624년(인조 2) 제3차 회답겸쇄환사가 일본에 파견되었던 때는 조·일 양국 모두 새로운 정권이 들어선 직후였다. 우선 조선의 경우를 보면, 1623년 3월 인조가 서인세력에 의해 옹립되어져 새로 왕위에 올랐다. 그리고 일본에서는 1623년 7월 德川秀忠의 뒤를 이어 德川家光이 장군직을 계승해 정권확립에 주력했던 시기였다. 이에 막부에서는 과거에도 그랬듯이 막부권력의 고양49)이라는 정치적 목적 하에 쓰시마로 하여금 통신사 파견을 주선하도록 했다.

막부의 통신사 파견 요청은 습직 직후인 8월, 그 습직 사실을 알림과 동시에 시작되고 있다. 그러나 조선에서는 이괄의 난에 의해 국정이 혼란하였고, 또한 장군습직에 사신을 파견한 전례가 없었기 때문에 쉽게 결정을 내리지 못했다. 그러자 쓰시마에서는 다시 외교승 玄方을 보내어 거듭 신사파견을 요청했다. 당시 조선에서는 신사파견은 중대사이므로 1~2년의 여유를 가지고 결정하자는 의견이 있었지만, 당시 부산왜관에 체류하는 왜인이 거의 천 여명에 이르렀고, 또한 신사파견을 요청하는 사자도 연속적으로 오기 때문에 그들의 접대도 문제가 되었을 뿐만 아니라, 언제 예기치 못한 변이 일어날지도 모른다는 우려 때문에 신사파견의 시기는 정확치 않지만, 초여름까지는 결정지을 것을 통보했다.50)

---

49) 제3차 回答兼刷還使의 부사였던 姜弘重의 기록인 『東槎錄』 갑자년 12월 18일조에는 "家康이 비록 秀賴를 멸망시키고 일본전국을 영위해 자손에게 전수하고 3대에 이르렀으나, 공로가 많은 자에게 승습시키지 않았으므로 사방의 인심이 아직 진압되지 않았습니다. 그리하여 사신이 오는 것을 기다려 그 공적을 과장하고 인심을 진압시키려 하였는데, 사신의 행차가 마침 이즈음에 왔으므로 장군이 매우 기뻐합니다"라는 기록이 있다.

50) 『備邊司謄錄』제3책, 인조 2년 2월 30일.

그러나 3월이 되자, 쓰시마에서는 다시 사자를 보내어 막부는 조선신사의 파견에 의해 인심을 진정시키려는 목적을 가지고 있다고 설명하면서, 이 이상의 지연은 양국의 우호를 깨뜨릴지도 모를 뿐만 아니라, 일이 그르치면 島主와 柳川調興이 반드시 처벌을 면치 못할 것이라는 하소연을 했다. 이러한 행위는 어떻게 하든 교섭을 성공시키려는 속셈에서 나온 쓰시마의 발상으로 생각된다.

당시 쓰시마의 사자가 통신사 파견을 요청하는 德川家光의 國書를 가지고 왔는지에 대해서는 조선이나 일본의 어느 기록에도 나와 있지 않다. 다만 『朝鮮通交大紀』에 보면 1624년 회답겸쇄환사가 휴대한 인조의 국서가 쓰시마에 의해 개작되었다고 하였는데, 그 이유는 앞서 쓰시마에서 통신사 파견을 요청하는 국서를 德川家光의 명의로 했기 때문에, 그것을 숨기려고 다시 그 회답서의 형식을 띤 인조의 국서를 개작할 수밖에 없었을 것이라고 했다.51) 따라서 이 내용을 보면 언제인지는 알 수 없지만, 쓰시마에서는 통신사 파견요청을 위해 德川家光의 국서를 僞作해 조선에 보냈음이 틀림없다.

어쨌건 신사파견 요청을 받은 조선에서는 장군 습직 축하를 위해 사신을 파견한 선례가 없었으므로 매우 신중한 태도를 보였지만, 후금세력의 팽창에 따른 긴장감의 고조와 함께 왜관에 왜인들이 밀집하고 연속적인 쓰시마의 사자파견 및 그에 따른 경제적인 부담의 증가와 일본에 대한 의혹으로 인해, 당초 통보한 기일보다도 앞당겨 3월말에는 삼사를 임명했다.52) 조선의 이러한 조치는 북방에 대한 긴장감이 증대되는 가운데 남방인 일본과의 우호관계는 조선의 국방 및 국가안위를 위해서는 필수적이라는 대일정책의 기본관념이 작용했던 것으로 볼 수 있다. 그렇지만 조선에서는 이 사절단의 명칭을 일본측이 원하는 통신사가 아니라, 어디까지나 일본장군의 국서에 회답한다는 회답과 임란에 의해 끌려간 조선인을 쇄환

---

51) 『朝鮮通交大紀』 권6, 光雲院公(宗義成), 앞의 책, 213쪽.
52) 『仁祖實錄』 권5, 인조 2년 3월 기묘.

한다는 의미를 합친 회답겸쇄환사였던 것이다.

1624년 회답겸쇄환사는 정사 정립, 부사 강홍중, 종사관 신계영 이하 460여명의 대사절단을 구성해, 8월 20일 한양을 출발해 약 7개월 후인 1625년 3월 23일 다시 한양에 돌아왔다. 그러면 이들이 휴대하고 갔던 조선국왕 인조의 국서가 어떻게 개작되었는가에 대해 살펴보자.

인조의 국서는 조선의 기록에는 김상헌의 『淸陰先生文集』에만 남아있고, 일본에는 『續善隣國寶記』 『外蕃通書』 『通航一覽』 『朝鮮通交大紀』 등 몇 개의 기록이 있는데, 사료에 따라 내용에 차이가 있음을 볼 수 있다. 즉 『淸陰集』[53)과 『朝鮮通交大紀』[54)에는

1624년 인조의 국서[55)

上年貴國遠勞使价 越海脩聘 良荷善意 屬因皇朝毛師奉命東來駐箚蔽境 饔餼札繁邦內少暇靡遑報謝 迄用歉然 昨因馬島傳報憑審賢王光承令緒 思繼舊信隣好之誼 寔切懽慶茲遣近臣 顓備賀儀兼脩答禮 土宜甚薄 愧欠六幣 所冀益固鴻基 茂膺休祉 毋忘畏天之誠 永思保國之道 不宣

라고 되어 있다(사료에는 조선국왕과 일본국왕의 행선 및 날짜가 기재되

---

53) 金尙憲, 『淸陰集』.

54) 『朝鮮通交大紀』 권6, 光雲院公, 國書致日本國王, 앞의 책, 216쪽.

55) 이 국서를 번역해 보면, "작년에 귀국에서 멀리 바다를 건너 수빙을 하시니 그 좋은 뜻을 어찌 헤아리겠습니까. 때마침 명나라 毛師(毛文龍)가 우리 국경에 주둔해 희생의 예가 빈번하게 되어 틈을 낼 수가 없어서 감사에 보답할 경황이 없다가 마침내 지난번 쓰시마의 보고에 의해, 어지신 왕이 후사를 계승해 예전의 믿음과 인호의 뜻을 이어 가신다고 하시니, 이에 가까이 있는 신하를 보내어 진실로 경축하며 아울러 답례를 갖추어 보냅니다. 그러나 토산품이 심히 조잡하고 六幣에도 부족합니만 우의를 다지고 더욱 돈독히 해 경사가 이어지기를 비웁니다. 하늘을 경외하는 진심을 잊지 말고 나라를 보존하는 도를 깊이 생각하소서 갖추지 못합니다."

어 있지 않고, 다만 國書致日本國王으로 되어 있다).

그러나 다른 일본사료인 『續善隣國寶記』56)・『外蕃通書』57)・『通航一覽』58)에는 그 내용이 다음과 같이 다르다.

朝鮮國王 李 倧 奉書
日 本 國 王 殿下

上年貴國遠勞使价 越海修聘 良荷善意 昨者馬島傳報憑審 賢王光承令緒
思篤前好隣交之義 寔切懽慶 茲遣近臣 顓備賀儀 兼修盛札 土宜甚薄 媿欠
六幣 所冀益固鴻基 茂膺休祉 不宣

天啓肆年八月 日

이 사료들을 비교해 보면, 두 내용에 상당히 다른 차이가 있음을 볼 수 있다. 이중 어느 것이 진본인지, 혹은 두 가지 모두 위서인지 알 수는 없으나 사료의 성격을 보아서는 『淸陰先生文集』과 『朝鮮通交大紀』가 진본에 가까우리라고 생각한다. 위에 제시된 국서 중 밑줄 그은 부분이 뚜렷이 개작되어 졌다고 보이는 부분인데, 우선 '上年貴國'을 '上年對馬'로 바꾼 것은 앞서 통신사를 요청한 장군국서를 보낸 사실을 숨기기 위한 행위로 볼 수 있다.

또한 '屬因'부터 '令緒'까지의 내용은 앞서 쓰시마로부터의 신사요청이 있었을 때, 조선에서 明將이 조선에 와있다는 이유를 들어 연기했던 사실이 있었는데, 이 내용은 조선의 입장이 그대로 표현된 것으로 보인다. 그러나 쓰시마에서는 그 사실을 완전히 삭제함으로써 신사파견이 지연된 사

---

56) 『續善隣國寶記』(『續群書類縱』第參拾輯 上, 418쪽).
57) 近藤守重, 『外蕃通書』第3册(앞의 사료, 22쪽).
58) 『通航一覽』권94, 朝鮮國部 70, 98쪽.

실을 막부에 숨기고, 신사파견을 쓰시마의 공으로 하려는 의도가 엿보인다. 또 '答札'을 '誠札'로 바꾼 것도 貴國을 對馬로 바꾼 것과 같은 맥락에서 이해된다.

그리고 '毋忘' 이하 하늘을 두려워하는 성신을 잊지 말고, 나라를 보전하는 길이 우호에 있음을 강조한 내용을 완전히 삭제한 것도 신의를 강조하는 조선의 대일자세에 대해 막부의 반감이 생기는 것을 두려워 한 나머지 그 부분을 아주 없애버린 것으로 생각된다. 앞에서도 지적하였지만 신의를 강조하는 조선의 대일정책은 임란 이후 더욱 고조된 일본에 대한 불신감을 단적으로 나타내주는 표현으로 일본이 이 구절을 지극히 싫어했음은 말할 것도 없다.

이러한 개작행위는 국서의 본문에서만이 아니라 예물 목록인 별폭에서도 이루어지고 있는데, 당시 사행기록인 강홍중의『東槎錄』에서는 그 사실을 다음과 같이 기록하고 있다.

> 장군과 접견할 때이다. 국서를 전하기 전에 가져온 예물을 먼저 楹外에 진열하였는데, 각색 물목이 그 수효가 매우 많았다. 사신이 가져온 禮單이 당초에 이같이 많지 않았으므로 괴상히 여겨 그 연고를 물으니, 모두 말하기를 "마도의 사사예단을 그 가운데에 첨부해 이같이 많습니다" 했다. 그 사이의 사정은 자못 의심스러운 것이 많았으나 힐문할 곳이 없었다. 대개 저 사람들이 우리나라의 예단이 적은 것을 혐의해 그 수효를 늘려 여러 장수의 보는 곳에서 생색을 낸 것이다.[59]

이 예문을 통해서 알 수 있는 바와 같이 쓰시마는 임의로 국서의 본문뿐만 아니라 별폭을 개작해 예물의 수량을 늘림으로써 조선의 사신들과 막부의 제장들 앞에서 자신의 주선능력을 과시함과 동시에 막부장군의 환심을 사려했던 것이며 이러한 행위를 1607년 제1차 회답겸쇄환사 이후 상

---

59) 姜弘重,『東槎錄』, 갑자년 12월 19일.

습적으로 자행해 왔던 것이다.

회답겸쇄환사일행이 德川家光을 접견해 위와 같이 개작된 인조의 국서를 전한 것은 12월 19일이었다. 그리고 그로부터 3일 후인 22일, 德川家光의 회답서가 전해졌다. 그러나 장군의 국서에는 과거에도 문제가 있었던 日本國王의 王자가 쓰여있지 않았고, 德川장군을 가리키는 余자와 納자가 쓰여져 있었으므로 조선측에서는 놀라움을 이기지 못하고 곧 玄方을 불러 그 회답서를 돌려보내면서 다시 고쳐줄 것을 요구했다.[60]

그러자 이번에도 큰 어려움 없이 2일 후인 24일, 柳川調興 등이 새로 고친 장군의 국서를 가지고 왔다. 물론 이것도 쓰시마의 관계자들의 모략에 의해서 개작된 것임을 말할 나위도 없다.[61]

『東槎錄』에 수록된 德川家光의 회답서는 다음과 같다.[62]

---

60) 앞의 책, 12월 22일.

61) 이때의 국서개작에 관하여는 1635년 국서개작폭로사건(柳川一件) 때에 柳川調興의 고소장에 분명히 밝히고 있다(田代和生, 1984, 『書き替えられた國書』(中公新書, 694)와 孫承喆·柳在春 譯, 『近世韓日外交秘史』(1988, 江原大學校出版部)에 이 부분에 관한 상세한 서술이 있다).

62) 이 국서를 번역해 보면 다음과 같다(『東槎錄』, 갑자년 12월 24일).
"일본국왕 원가광은 조선국왕 전하에게 답서를 올립니다. 섣달의 차가운 일기가 사람을 핍박하는데, 한봉의 서신과 세사신의 따듯한 방문을 받으니, 한덩이의 화기가 봄바람 가운데 앉은 듯합니다. 과인이 다행히 日域(일본의 영토)을 통섭하게 된 것이 귀국에까지 소문에 들어가 예절을 세워 치하하시고, 약간의 진귀한 토산까지 보내주시니 감사합니다. 선열을 계승해 交隣의 정의를 돈독하게 하는 뜻은 더욱 기쁘고 위로되오며, 두 나라의 만대에 경사가 연면할 것을 확약하는 것이니, 어찌 감히 소홀하겠습니까. 오직 시세에 따라 나라를 위해 자애하심을 바라옵니다. 갖추지 못하옵니다. 용집 갑자년 겨울 12월 일. 일본국왕 원가광"

1624년 德川家光의 회답서

日本國源 家光 奉復

朝 鮮 國 王　　殿下

維時臘寒天氣逼人 玆蒙一封書三官 使之溫訊 一團和氣 恰如坐春風中 寡
人幸統領日域 忽達貴聞 修禮致賀 若干珍產來贈 感佩繼前烈 篤隣交之良
意益切忻 慰確約兩國 流慶萬代敢勿間闊矣 伏冀順時 爲國自愛 不宣

龍集甲子冬十二月　日

日本國王源 家光

『東槎錄』에는 關白書契라고 소개하면서 日本國 아래에 처음에는 王자
가 쓰여 있지 않았었고, 余자를 寡人으로 바꾸었으며, 納자를 贈자로 바꾸
었다고 기록하고 있다.[63]

Ⅶ. 국서개작과 교린체제의 성격

　이상에서 1607년 국교재개 이후 1624년에 이르기까지 양국의 외교교섭
과정에 나타난 국서개작 내지 위작의 내용에 관해 살펴보았다. 이상의 내
용을 통해 임란 후 재개된 대일 교린체제의 구조와 성격에 대해 다음과
같은 결론을 내릴 수 있다.

　우선 국서내용 중 양국간에 가장 큰 문제가 되었던 것은 역시 幕府將軍
의 호칭에 國王을 붙이는 문제였다. 이것은 결국 조선 측과 일본 측이 기
본적으로 서로 다른 입장에서 양국관계를 원하고 있다는 사실을 단적으로
나타내주는 것이다. 즉 임란에 의해 기존의 동아시아 외교질서가 붕괴되

---

63) 앞의 책, 12월 24일조, "日本國下初不書王字 余字改寡人 納字改以贈字."

자, 외교적으로 서로 다른 입장이 국서양식에 그대로 반영되었고, 그에 따라 서로가 원하는 외교형식에 차이가 있을 수밖에 없었다.

특히 앞절에서 살펴본 바와 같이 조선의 경우는 기존의 동아시아 외교질서를 지켜야 한다는 기본입장에서 명을 중심으로 하는 중화적 교린체제를 부활시켜, 그 질서 안에서 동양삼국의 공존을 모색했다고 볼 수 있다. 그래서 조선에서는 계속 '日本國王'을 써 줄 것을 요구했고, 명으로부터 책봉을 받을 수 없었던 막부로서는 '日本國王'을 쓰는 것을 거부했던 것이다. 그러나 이 문제는 조선과 막부 당사자간에 합의가 이루어지지 않는 한 본질적으로 해결될 수 없었고, 결국 조선과 막부의 중간에 있었던 쓰시마에 의해 국서개작 내지는 위작이라는 비정상적인 방법으로 해결되었던 것이다. 그리고 이러한 국서개작이나 위작의 행위가 반복된 이유도 근본적으로는 양국의 외교정책 및 체제에 그 원인이 있었던 것이 아닐까 생각한다. 그러나 종래에는 이점을 소홀히 해 국서개작이 반복된 원인을 단순히 최초의 거짓을 숨기기 위한 반복된 행위로 해석해 왔으나 이것은 매우 단편적인 해석이다.

결론적으로 이상의 논의를 종합적으로 분석해 볼 때, 임란 직후 대일교린정책의 기본구조와 성격은 임란전의 중화적 교린체제를 부활하는 것을 지향하고 있었다고 볼 수 있으며, 또한 後金으로부터의 군사적인 위협에 대처하기 위한 일본과의 우호관계의 필요성이 국서개작 행위를 묵인하는 또 하나의 요인이 되었다고 볼 수 있다.

그러나 단순히 우호관계만을 위해 국가의 주체성을 배제한 것은 아니었다. 그 점은 조선에서 파견한 사절단의 명칭이 계속 '회답겸쇄환사'였다는 점에서도 알 수 있으며, 국서개작이 계속되더라도 대등적례의 상징인 '日本國王'호를 계속 주장하며, 실제적인 교역자인 쓰시마를 기유약조를 통해 '기미질서'에 편입시켜 조선의 요구에 따르게 한다는 점에 있어서 대일외교의 주체성을 확인할 수 있다.

제4장

조선후기 탈중화의 교린체제

제1절 1636년 병자통신사와
탈중화의 교린체제

Ⅰ. 교린체제의 변화요인

1616년 후금의 건국 전후부터 일기 시작한 만주에서의 세력변동은 동아시아 국제관계에 커다란 변화를 가져 왔다. 연이은 명과 조선에의 침입은 중화적 국제질서를 무너뜨리는 하나의 예고였다. 그러나 기존의 외교질서에 의해 주변국과의 상호공존관계를 유지하려 했던 조선은 1627년 정묘호란 때에도 형제지맹을 맺음으로써 국가의 안전을 도모했다.[1] 이점은 당시 조선의 기본입장이 종래의 대명관계를 전제로 한 後金과의 교린, 즉 명의 책봉을 전제로 한 국제질서를 지키자는 것임을 말해준다.[2]

그러나 계속되는 후금의 세력팽창은 조선에게는 더욱 군사력의 열세를 초래하였고, 1632년부터는 형제지맹을 군신지의로 바꿀 것을 강요해 왔다. 하지만 조선에서는 군신지의의 요구를 기존의 동아시아 외교질서를 후금 중심으로 개편하려는 행위로 받아들여 강하게 거부했다. 그러자 결국 1636년 병자호란을 피할 수 없게 되었고, 그 결과 힘의 강요에 의한 사대관계를 맺게 되었다.[3] 그리하여 청에 대해 사대와 책봉을 거부할 수 없

---

1) 『仁祖實錄』 권15, 인조 5년 3월 경오.
2) 『仁祖實錄』 권15, 인조 5년 12월 임인에 의하면, 조선에서는 後金에 국서를 보내어 '事大交隣'의 도를 설명하고, 조선이 後金과 和好를 맺는 것은 양국이 交隣을 해 우호관계를 유지함에 있다고 했다.

게 된 조선은 표면적으로는 그 관계를 유지하지만 내면적으로는 자국문화에 비중을 두면서, 스스로를 명의 멸망 후 중화문명의 계승자라는 소중화사상에 의해 자존의식을 강화하였고, 그 구체적인 움직임이 한때 북벌론으로 나타나기도 했다.

이와 같이 대중국관계에 기본적인 변화가 초래하게 되자, 조선의 입장에서는 대일정책의 전환이 불가피하게 되었고, 그에 따라 여러 가지 통교체제를 개편해 갔다. 그리하여 일본에 대하여는 종래 명의 책봉을 전제로 한 중화적 교린체제의 형식을 포기하는 대신, 淸을 견제하고 대비하기 위한 새로운 탈중화의 독립적인 교린체제를 수립하였던 것이다. 이 개편에 결정적인 계기가 되었던 것은 역시 쓰시마에서 발생한 국서개작 폭로사건(柳川一件)이었고, 조선은 1636년 병자통신사를 파견함에 의해서 조선후기 탈중화적 교린체제의 여러제도를 개편해 갔던 것이다.

그러나 종래 이시기 한일관계사 연구는 다음과 같은 여러 가지 문제점을 내포하고 있다고 생각한다.

첫째, 이제까지의 연구동향에 있어 조선시대 대일정책을 시기구분 없이 단순히 획일적인 교린체제로만 서술해, 조선조 대일정책사에 있어 전·후기의 시대구분이나 성격구분이 없었다는 점.

둘째, 조선후기 교린체제 개편에 결정적인 계기가 되었던 國書改作 暴露事件과 書式改正 요구가 일본으로부터 제기되었다는 사실에 의해, 조선후기 통교체제의 개편이 일본에 의해서 주도되었고, 조선은 이에 피동적이었다는 인식과 개편된 통교체제가 조선에 불리했다는 견해는 과연 타당

---

3) 당시 청과의 사이에 맺은 화약의 조건중 중요한 것을 보면, 1)청과 조선은 군신의 의를 맺으며, 2)명의 연호를 버리고 명에서 받은 誥命册引을 淸에 바치며, 3)인조의 長子와 다른 왕자 1인 및 대신의 자제를 인질로 하며, 4) 청의 정삭을 받고, 萬壽·千秋·冬至·元旦과 그 밖의 경조시에 공헌의 예를 행하며 사신을 보내어 奉表를 하되 이들 의절은 명과의 구례와 같이 하는 등 명에 대한 사대의 예와 같이 하도록 강요하고 있다. 전해종, 1978, 「여진족의 침구」『한국사』12, 국사편찬위원회, 346쪽.

한 것인가.

셋째, 명청이 교체된 이후, 동북아세계에 있어 청·조선·일본의 삼각관계와 조·일관계는 기본적으로 조선전기 중화적 교린체제와 어떻게 다른 성격을 가지고 있는 가의 문제 등이다.

제4장에서는 특히 이러한 문제들을 연구사의 정리와 함께 사실적으로 재검토함으로써, 조선후기 교린체제의 구조와 성격을 새롭게 정의를 위한 시론적 연구로 삼고자 한다.

Ⅱ. 서식개정의 요구

조일간의 서식개정 요구는 1635년 3월, 소위 '柳川一件'이라는 국서개작 폭로사건의 판결로부터 시작된다. '柳川一件'이란 대마도주 宗義成과 그의 가신 柳川調興 사이에 일어난 세력다툼으로 1631년 柳川調興이 도주 宗義成으로부터 받고 있던 知行[4]과 歲遣船[5]의 권리를 반납하면서 발생했다. 이에 도주 宗義成은 柳川調興을 '不臣'으로, 柳川調興은 宗義成을 '橫暴'으로 막부에 서로 고발해, 막부에서는 이 사건을 조사하기 시작

---

4) 지행이란 大名 또는 무사에게 주는 영지나 봉토로서 토지를 영위해 조세를 징수하는 제도로서, 당시 柳川家는 막부가 대마도주 宗氏에게 1605년 유정 일행을 파견해 오게 했다는 공로로 내린 2800석의 토지 중 1000석에 관한 知行勸을 가지고 있었다.

5) 柳川氏의 세견선 권리는 수도서선으로 柳川送使와 流芳院送使가 있었다. 柳川送使는 원래는 수직왜인 平景直(柳川景直)의 사선이었으나, 柳川氏가 바빠서 스스로 도항할 수 없게끔 되자 1611년 圖書를 발급해 수도서선으로 도항하게끔 되었다. 流芳院送使는 1605년 柳川調信이 죽자 그의 법명을 따라 1622년부터 萬松院送使의 에에 따라 발급되었던 수도서선이다(『通文館志』권5, 交隣, 年例送使).

하였고, 그 과정에서 그동안 수차례에 걸쳐 자행된 국서개작사건이 폭로되었던 것이다.[6] 德川막부는 이 사건을 통해 대조선 외교체제를 개편·정리하는 계기로 삼았는데, 우선 사건의 처리과정에서 대마도주의 지위를 확립시켜 줌으로써 대조선외교를 대마도주 宗氏에게 일원화시켰다. 그러나 조선통교에 관한 모든 일을 종전처럼 무단히 하지 말고 반드시 막부의 사전지시를 받도록 했다. 그리하여 막부는 조선과의 외교문서를 직접 취급하는 승려를 그 해 10월부터 京都의 五山에서 2년 임기의 윤번제로 쓰시마의 이정암에 파견하는 '以酊庵輪番制'를 실시하게 된다. 이로써 막부는 幕府－對馬島主－朝鮮王朝라는 외교의 지휘계통을 확립할 수 있었다.[7]

그러나 막부나 쓰시마에서는 이 사실을 조선에 알리지 않았다. 그리고는 자신들이 개정한 서식에 의해 직접 조선에 대한 통교교섭을 시작하였기 때문에, 조선과의 사이에 외교적인 마찰이 빚어졌던 것이다. 이 과정에 대해 조선의 기록인 『東萊府接倭狀啓謄錄可考事目錄抄』에서는,

> 을해(1635) 12월, 부사 정양필의 때에 差倭가 와서 玄方, 流芳, 調興 등의 圖書를 반납하는 하였는데, 그 서계에 崇貞 연호를 쓰지 않고, 龍集이나 星

---

6) '柳川一件'에 관한 내용은 田代和生, 1984, 『書きえられた國書』, 中公新書, 694 ; 손승철·유재춘 역, 1988, 『근세한일외교비사』, 강원대학교출판부 ; 荒野泰典, 1982, 「大君外交體制の確立」 『鎖國』, (講座 日本近世史 2), 有斐閣 ; 손승철 편, 「도꾸가와정권의 대군외교체제」 『근세한일관계사』 제4장에 자세하다.

7) 이 '柳川一件'에 관하여는 여러 학자의 견해가 있다. 예를 들면 中村榮孝, 『日鮮關係史の硏究』下, 483～497쪽 ; 田中健夫, 『中世對外關係史』, 251쪽 ; 田代和生, 『近世日朝通交貿易史の硏究』, 121쪽 등이 있으나, 이 '柳川一件'에 의해 '以酊庵輪番制'를 비롯한 막부의 대조선외교체제가 확립되어 幕府－宗氏－朝鮮王朝의 삼자관계가 명확하게 되는 신체제가 형성되었다는 데에는 이론이 없다(三宅英利·손승철 역, 1991, 『근세한일관계사연구』, 이론과실천, 178쪽).

舍를 썼고, 또 路引의 내외면에도 문자를 새로 넣어 전례에 어긋나는 일이 많았다. 이에 본도도사가 접대할 때에 격식에 어긋나는 서계는 받지 말도록 했다. 그러자 왜에서는 일본이 大明의 신하가 아니어서 崇貞 연호를 쓰는 것은 불가하기 때문에 星名을 쓰는 것이라 했다. 또 에도에서 새로 보내 오는 서계는 승려가 양국의 통서를 전담하기 때문에, 文引 역시 전과 다르다고 했다. 또 조선에서 막부에 보내는 회답서에도 장군을 국왕이나 관백이라 하지말고 大君으로 칭하는 것이 가하다고 했다.

丙子(1636) 3월, 차왜가 서계를 보내 왔는데, 東萊·釜山兩令公足下라고 했다. 차왜로 하여금 閣下로 개서하도록 한 후에 회답서를 보내어 信使의 許送을 알리었다.

4월, 세견선 서계 중에 공무역을 거론하면서 별폭을 만들었는데, 그 이유를 물으니, 무릇 모든 문서는 도주가 마음대로 할 수 없고, 오로지 璘西堂僧이 전담한다고 하였으며, 또 單子를 청하니, 도주가 역시 璘西堂을 꺼려해 이루지를 못했다.

5월, 회답 서계 중에 進上 두 자가 있었는데, 歲倭 등이 封進 두 자로 고쳐 달라고 해 전례를 깨고 고치도록 했다.8)

이 내용에 관해『仁祖實錄』에는

일본이 우리나라에 보내는 문서에는 大明年號를 쓰고, 대마도주는 예조에 閣下라는 칭호를 쓰는 것이 항례였다. 그러나 이때에 이르러 關白이 승려 璘西堂을 쓰시마에 보내어 문서를 주관하면서 大明年號를 쓰지 않고는 말하기를 일본은 大明의 臣이 아니니 그 연호를 쓰는 것은 불가하다고 했다. 그리고 예조에 보내는 서식을 고쳐 足下라고 칭하면서, 조선과 일본은 等夷之國이고, 마도와 예조는 相敵하니, 閣下라고 칭하는 것은 불가하다고 했다. 상계서 예에 다르다고 그 문서를 받지 않으려고 하였으나, 묘당에서 불화가 생길까 두려워 遠夷와 이 조그마한 예절로 다투는 것은 불가하다고 힘써 권해 마침내 그것을 받았다. 그러나 도주가 足下라는 두글자는 쓰지 않도록 명했다.9)

---

8)『東萊府接倭狀啓謄錄可考事目錄抄』(서울大學校 奎章閣圖書. No.9764).

9)『仁祖實錄』권31, 인조13년 12월 계사, "日本與我國文書 例用大名年號 對馬島主於禮曹 稱閣下 至是 關白送僧人璘西堂於島中 主掌文書 而不用大明年號

라고 기록되어 있으며, 「進上」에 대하여는 그 이듬해인 1636년 6월에도

> 쓰시마에서 특견선이 왔는데, 그 進貢單子에는 進上의 두 자를 쓰지 않았
> 다. 이것은 구례에 어긋나는 것으로 모두 우리를 업신여기는 짓이다.[10]

고 해, 그 과정과 내용에 대해 상세히 언급하고 있다.

이상의 내용을 정리해 보면, 조선 측에 알려진 서식의 새로운 변경사항
은, 1)干支 앞에 과거 龍集[11] 등 별자리의 이름을 쓰던 것을 일본천황의
연호를 쓴다는 것, 2)조선에서 일본에 보내는 국서에 장군의 칭호를 大君
이라고 칭해 달라는 것, 3)대마도주가 예조참의, 부산첨사, 동래부사를 호
칭할 때, 과거 閣下라고 했는데 足下라고 고친 것, 4)조선에의 모든 서계
는 璘西堂의 僧(以酊庵의 승려)이 주관한다는 것, 5)조선국왕에게 바치는
공무역품을 과거 進上이라 하던 것을 封進으로 바꾼다는 것이었다.

이중 특히 주목되는 사항은 1403년 이후, 足利幕府가 명으로부터 책봉
을 받으면서 조선과의 국서에서 사용해 왔던 장군의 호칭인 關白이나 國
王 대신에 大君을 써 달라는 요청이다. 그리고 조선국왕에게 바치던 폐물
을 과거에는 조공형식의 진상이라 하였는데, 이후 단순한 사무적인 의미
의 封進으로 바꾼다는 점이다.[12] 이러한 점들은 확실히 조일외교형식의

日日本非大明之臣 其年年號不可用 因改書式於禮曹 稱足下曰 朝鮮日本等夷
之國 馬島之於禮曹亦於相敵 不可稱閣下云云 上以違例 不欲受其文書 廟堂恐
其生釁 力言不可與遠夷爭此小禮節 竟受之 只令島主 不用足下二字."

10) 『仁祖實錄』 권33, 인조 14년 6월 무술, "對馬島特遣船出來 其所進貢單子 不
書進上二字 有違舊例 盖侮我也."

11) '龍集'이란 龍은 木星, 集은 별이 깃드는 곳, 즉 木星의 성좌가 일년에 한
번씩 깃들이는 일. 곧 歲次(木星이 머무는 위치)를 말함(『漢韓大字典』, 民衆
書館刊, 1432쪽).

12) 「進上」: 윗사람에게 보내는 서식에서 쓰는 말로 경의를 나타내는 의미가
포함되어 있다.
「封進」: 의견서를 봉함해 진헌한다는 의미로 공식적인 관계에서 쓰는 일

새로운 변화를 의미한다.

그러나 종래의 연구들은 이러한 요구가 모두 일본측의 요구로부터 이루어지고 있다는 표면적인 이유를 들어, 이후의 제도변화를 모두 일본의 입장에서만 해석함으로써,[13] 일본외교는 능동적이었으나 조선외교는 피동적이었다는 설명으로 일관해 왔다. 물론 표면적으로 볼 때, 이러한 요구들이 모두 조선측의 수락에 의해 이행되고 있다는 점에 있어 피동적인 형태를 띠어 가는 듯하지만, 보다 근본적으로 따져보면 국서개작사건이 문제가 되자,[14] 조선에서는 이미 이에 대한 정보를 수집하기 위해 1631년 9월(역관 형언길 등), 1632년 8월(당상역관 한상), 1635년 1월(역관 홍희남 등 마상재)에 사신을 쓰시마와 에도(江戶)에 파견하였으며,[15] 1635년 馬上才의 파견 때부터는 대일무역체제의 개편을 위한 '兼帶'의 제도를 모색하였고, 그 후 1636년 10월 병자통신사를 파견해 서식개정에 관한 최종합의를 본다는 점을 생각하면 종래의 해석이 매우 일방적이었음을 알 수 있다. 이점에서 서식개정 및 새로운 통교체제의 성격을 논할 때, 일본측의 요구와 병행해 이것을 수락했던 조선의 제상황이 함께 고찰되지 않으면 안된다고 생각한다.

특히 대륙의 정세를 고려할 때, 명청의 세력교체는 조일양국 모두에게 청을 비롯한 상대국에 대해 새로운 관계확립을 불가피하게 했을 것이고,

---

상적인 용어이다.

13) 中村榮孝는 이부분에 대해 쓰시마와 조선과의 왕복서한에 대해 명분상 옳지 못한 것을 바로 잡은 것이며, 大君外交體制의 확립은 德川政權의 外交 上에 있어 征夷大將軍의 칭호를 정착시킨 획기적인 사건으로 높이 평가하고 있다(中村榮孝, 1966, 『日本と朝鮮』, 至文堂, 218쪽).

14) '柳川一件'에 대한 기록은 이미 1631년(인조 9) 9월에 보인다. "9月 調興과 義成의 분쟁이 심해지고 있다. 調興이 몰래 사자를 보내왔는데, 그 서계 중에는 我國에 전하는 凶言이 있었다"(『東萊府接倭狀啓謄錄可考事目錄抄』, 辛未, 9월).

15) 『邊例集要』 권18, 使臣 附 渡海, 국사편찬위원회 간행본, 588~589쪽.

양국 모두가 대륙의 상황을 고려하면서 상호공존을 모색했다는 점이 새로이 규명되어야 할 것이다. 따라서 이후의 신체제는 어느 한쪽의 입장이 강조되는 성격에서가 아니라, 양쪽의 필요충분조건이라는 측면에서 고찰되어야 한다고 본다.

동시에 이 문제는 단순한 서식개정뿐만 아니라, 1636년에 임란 후 처음으로 '通信使'의 정식명칭을 띤 조선사절이 파견되기 시작했다는 점, 아울러 쓰시마 파견의 '問慰行'이 정례화되었다는 점, 또 '八送使'의 정기사행이 이루어지고, '差倭'의 내왕이 공식화된다는 점, 그리고 교역의 면에 있어서도 '兼帶'를 실시해 쓰시마의 입장을 옹호해 주고 보다 체계적으로 쓰시마를 통제한다는 점 등이 포괄적으로 함께 다루어져야 한다. 결국 이러한 조선후기 교린체제의 변화는 명을 중심으로 한 기존 책봉체제의 붕괴상황과 막부의 대조선외교의 직접 간여로 기인된 총체적인 변화의 시각에서 다루어야 한다고 생각한다.

Ⅲ. 통신사와 대군호

그동안 요청되었던 외교적인 서식의례의 개정은 1636년 통신사의 파견을 통해 쌍방의 합의 하에 개편해 갔다. 임란 후 조선에서는 수 차례에 걸쳐 막부에 사절을 파견하였지만, 通信使의 정식 명칭이 붙여진 것은 이때가 처음이다.16) 이 사절의 파견요청은 1636년 2월 쓰시마로부터였다. 쓰시마도주 宗義成은 예조참의 앞으로 태평축하의 사절을 파견해 달라는 요

---

16) 임란 후 조선에서 박부에 파견한 사절은 4회가 있었는데 1604년 探賊使, 1607년 회답겸쇄환사, 1617년 회답겸쇄환사, 1627년 회답겸쇄환사의 명칭을 띠고 파견되었다.

청을 했다.17) 그리하여 조선에서는 통신사 파견여부를 놓고 의론을 거듭
했다. 그러나 당시 조정에서 거론된 내용은 일본의 태평축하가 문제가 아
니라, 동아시아정세와 남변의 안전, 그리고 대마도주의 입장옹호에 관한
문제였다. 예를 들면,

> 崇禎 9년(1631) 3월 府使 鄭良弼 때에 差倭 橘成供이 말하기를 關白이 交
> 隣誠信의 뜻을 알기 위해 도주에게 영을 내려 신사를 청하라고 하니, (인조
> 는) 예조에 영을 내려 신사를 보낼 것인가, 말 것인가를 조속히 의논해 계를
> 올리도록 했다. 回啓에 지금 島差가 온 것은 관백의 영에 의한 것이니, 國書
> 가 오지 않았음에 구애받을 것이 없으며, 또 아국의 형세가 이전과 다르니
> 權時의 策으로 신사를 보내는 것을 허락하는 것이 남쪽의 우환을 줄이는 것
> 이라고 대신들이 건의해 윤허했다.18)

라고 해, 이전과는 달리 장군국서의 유무에 불구하고 남변의 안전을 위해
신사를 파견하자고 했다. 그리고는 곧이어 4월에는 역관 洪喜男을 쓰시마
에 파견을 해 신사파견에 대한 '渡海譯官講定節目'을 성립시키는데, 강정
절목에는 신사의 파견시기를 늦가을과 초겨울 사이로 정하고, 조선국왕국
서에 막부장군을 日本國大君殿下로 할 것을 명시했다.19)
　또한 병조판서 崔鳴吉은 신사의 예단문제로 해 논란이 있는 것을 듣
고는,

> 교린의 도는 당연히 정식을 따라야 하지만, 만약 일과 때가 다를 경우는
> 세에 따라 변통해야 하지, 구례만을 지키는 것은 불필요하다. 중요한 것은
> 보국안민일 뿐이다. 근래 일본에서 일의 기미가 차츰 달라지고 있어, 지난
> 번에도 미봉책으로 마상재도 보내고, 서식도 변경해 쓰시마의 청을 들어주

---

17) 『通航一覽』 제1, 권31, 朝鮮國部 7, 宗氏通信使伺幷掛合, 318쪽.

18) 『邊例集要』 下, 권18, 병자, 국사편찬위원회간행본, 512쪽.

19) 앞의 책, 513~514쪽, "四月 渡海譯官講定節目. 一, 信使 今年秋末冬初間入
　　送事. 一. 信使時 國書 以日本國大君殿下書送事 …."

> 었으면서, 단지 예단문제만 가지고 허락치 않는 것은 계책이 아니라고 생
> 각한다.[20]

고 하면서, 과거 德川家康에 대한 예단이 많지 않았기 때문에 대마번에서 덧붙였던 사실을 상기시켰다. 그리고 신사파견의 이유에 대해, 현재 調興의 참언으로 도주에 대한 의심이 쌓여있고, 璘西堂의 쓰시마체제도 도주에게는 압력인데, 만약 도주가 죄를 입고 調興이 다시 임용되면 화가 양국에 미칠 것이니, 도주의 안전이 곧 조선 남변의 안전이라고 주장했다. 그리고 예단의 추가분에 대해도 변경의 우환에 대비한 방위비에 비교하면 별 것이 아니라는 것이며, 하물며 통신사를 10년에 한번씩 보내도 일의 이해득실을 고려하면 오히려 대마도주의 제안을 받아들이는 것이 옳다고 했다.

당시 조선은 後金과의 상황이 더욱 절박해져가고 있는 상황이었다. 후금에서는 이미 2년 전에 형제지맹을 군신지의로 고칠 것과 후금사신에 대한 접대의례를 명에 하는 것과 같이 해 줄 것을 요구해왔다. 그리고 통신사 파견요청이 있던 그 해 4월에는 국호를 청으로 고치고, 황제의 즉위식에서 조선사신에게 陪臣의 예를 행할 것을 요구했다. 그러나 조선사신이 이를 거부하고 귀국하자, 조선이 왕자를 보내어 사죄하지 않으면 대군을 보내어 정벌하겠다는 내용의 국서를 보내왔던 것이다.[21]

이러한 북방과의 대외적인 사정을 고려할 때, 남쪽 일본과의 우호관계 유지는 국가안위에 절대적인 선행조건이었다. 이점은 당시 비국당상 회의에서도 일본에 대한 대비문제가 수시로 논의된 사실을 통해서도 잘 알 수 있다고 생각된다.[22] 그러므로 통신사 파견의 문제나 서식개정에 대한 수락도 이러한 정세를 배경으로 이해해야 한다고 본다. 결국 당연한 일이지

---

20) 『仁祖實錄』 권33, 인조 14년 7월 을축.
21) 『仁祖實錄』 권32, 인조 14년 4월 경자.
22) 『仁祖實錄』 권31, 인조 13년 11월 계축 ; 권32, 인조 14년 6월 경인.

만 당시 조선의 대일정책은 전적으로 청과의 위기감 속에서 모색되었을 것이고, 이렇게 볼 때 최명길의 주장처럼 조선의 입장에서는 청과 명 그리고 일본 사이에서 어떻게 보국안민할 것인 가가 가장 중요한 문제로 인식되었다고 보아야 한다. 그리고 이점은 후에 통신사 정사였던 임광도『丙子日本日記』에서

> … 이것은 다름이 아니라 調興을 위하는 자는 그 일당에게 의심을 받을까 두려워하고, 義成을 편드는 자는 義成에게 해가 있을까 두려워서 입니다. 이번 사행은 이웃끼리 다투는 데에 증거인 노릇하는 것 같으니 실로 극히 걱정입니다.[23]

라고 하였듯이, 당시 대마도주의 입장을 두둔하기 위해 신사가 파견되고 있음을 기록하고 있다.

이상의 내용을 통해서 볼 때, 당시 조선의 대일정책의 기본은 북방 청에 대처하기 위해 남방 일본과의 우호를 필수로 하고, 그 구체적인 방법으로는 쓰시마의 내분이 도주에게 유리하게 처리된 것으로 보아, 조선으로서도 도주를 옹호하는 것이 적절한 대책이라고 판단했다고 생각된다. 그러므로 조선은 일본으로부터 요청된 서식 변경에 있어 기본적으로 쓰시마의 입장을 수용하는 정책으로 일관하였던 것이다. 따라서 통신사 파견의 목적도 이러한 맥락에서 이해하면, 표면적으로는 일본의 '泰平祝賀'를 내세우고 있지만, 실제로는 '柳川一件' 後의 정확한 정보수집, 막부의 대조선정책 변경의 진의파악, 나아가 국정전반에 관한 탐색 등이 주가 되었던 것이다.[24] 그리고 이러한 내용은 장군의 회답서를 받았을 때, 행해진 논쟁을 통해서 확인할 수 있다.[25]

---

23) 任絖, 『丙子日本日記』, 12월 9일.
24) 三宅英利 · 손승철 역, 『근세한일관계사연구』, 185쪽.

그러면 서식변경 중 특히 大君號와 연호문제에 대한 양국의 입장과 거기에 나타난 칭호변경의 새로운 성격에 대해 구체적으로 살펴보자. 정사 임광의 『丙子日本日記』에 의하면,

> 12월 28일(무술)
> … 신시에 執政 大炊와 讚岐 두 사람이 서계를 받들고 왔다. 그들은 大君의 말을 전하기를 "국왕의 후한 뜻에 어떻게 감사드릴 바 없습니다. 약간의 方物을 바치어 微枕을 표합니다. 또 奸敵 調興이 부도한 짓을 엎치락 뒤치락하고, 문서와 도장을 바꾸어 고쳐서 두나라를 기만하였습니다. 그 하나는 '王'자인데 '日本國'이란 글자 밑에 첨석하였고, 다른 하나는 일본연호인데 천황의 연호 대신에 '龍集'으로 고쳤습니다. 또 다른 하나는 예단입니다. 그것은 귀국에서 보낼 때에 양이 정해져 있는데 중간에서 첨가 보충했고, 기타 교묘한 거짓이 한두가지가 아닙니다. 그래서 우리가 바야흐로 통탄해 하던 참인데, 이제 특별히 사신을 보내고 또 예물을 주시매 성의가 겹쳤으니, 다시는 의심이 없고 調興의 일이 더욱더 명백해 집니다. 이제부터는 두나라의 우호가 백년이 하루 같으니, 어찌 좋은 일이 아닙니까."26)

라고 해, '柳川一件'에 대한 설명을 함과 아울러 통신사의 파견을 양국우호의 상징으로 받아들이고 있음을 분명히 했다. 이로써 이 통신사의 기본 목적이 대륙의 불투명한 정세 속에서 서로가 상대방에 대한 우호확인을 위한 사행임을 명백히 한 셈이 되고, 조선에서는 '柳川一件'에 대한 진상확인이 되었으며, 막부로서는 이제부터 자신이 대조선외교를 담당한다는 의지를 직접 알리는 계기가 되었던 것이다.

이에 조선사신들은 서식변경에 대한 막부의 진의를 묻는다. 즉 연호를 마음대로 변경한 이유와 大君號를 자기들은 쓰지 않는 이유가 무엇인가를 물었다.

---

25) 任絖, 『丙子日本日記』, 12월 28일, 29일의 내용 참조.
26) 任絖, 『丙子日本日記』, 12월 28일, 무술.

　　이전 서계에 쓰지 않던 연호를 이번에 썼으니, 전례에 어긋나는 처사입니다. 王자야 비록 쓸 수 없다고 하더라도 大君이라 쓰지 않은 것은 무슨 까닭입니까.27)

라고 하자, 막부측은 예상했던 질문이라고 하면서,

　　우리나라에서 天皇의 연호를 쓰는 것은 귀국에서 명나라 연호를 쓰는 것과 같습니다. 이전 서계에서 이 두 글자를 없앤 것은 調興의 큰 죄입니다. 두 나라가 각기 연호를 사용하고, 각기 옛 구례에 따르는 것은 당초 서로 굴복시키려 함이 아닌데, 이제 만약 강요하려 하신다면 이는 誠信이 아닙니다. 그리고 '大君'이라는 두 글자는 우리나라 안에서 사사로이 높이는 호칭입니다.
　　집정의 답서에서 '大君'이라고 일컫는 것은 당연하지만, 사사로이 높이는 호칭을 가지고 어떻게 감히 이웃나라에 써 보낼 수 있겠습니까.28)

라고 하면서, 일본에서 천황의 연호를 쓰는 것은 조선에서 명의 연호를 쓰는 것과 같다고 했다. 그리고 양국이 서로 연호를 사용하는 것이 상대국에의 우위나 굴복이 아님을 강조하고 있으며, 또한 大君의 칭호도 자국에서 장군을 높여 부르는 호칭이기 때문에 스스로 자칭하는 용어로 쓸 수 없다는 해명을 했다.

　여기서 연호와 대군호에 대한 막부측의 해명은 조선후기 한일관계사연구에 매우 중요한 의미를 갖는다. 왜냐하면 종래 일본에서 천황의 年號를 사용하는 의미를 일본이 명과 동급으로 자처하기 위해서였고, 대군이라는 호칭를 사용한 것은 조선이 국왕호를 쓰고 있기 때문에 같은 호칭을 쓰지 않고 그것과는 다른 호칭을 고안해 사용함으로써, 조선을 한 단계 아래로 취급하려는 발상이었다고 설명해 왔기 때문이다.29)

---

27) 위와 같음.
28) 위와 같음.
29) 荒野泰典, 1989, 「大君外交體制の確立」『近世日本と東アジア』, 東京大學出

그러나 이러한 해석은 막부 스스로가 성신을 강조하면서, 천황연호가 서로가 굴복시키려는 의도에서 쓰고 있지 않다고 한 설명과 大君號는 자신들이 평소에 쓰고 있는 호칭이었다는 해명을 토대로 생각해 보면 전혀 맞지 않는 주장임을 알 수 있다. 뿐만 아니라 앞서의 『仁祖實錄』 13년 12월 계사조의 '조선과 일본은 等夷之國이고, 마도와 예조는 相敵'이라고 한 일본측의 통보에 의해서도 확인할 수 있다. 그리고 이러한 막부의 주장과 조선측의 이해는 다음의 설명을 통해서 더욱 분명히 알 수 있다.

> 우리 大君께서 삼대 째 차례를 이으며, 왕은 아니지만 왕의 권한을 가진 것은 천하가 다 아는 바입니다. 그리고 大君이라는 글자를 쓰지 않은 것은 어려운 일이 아니지만, 그것을 쓰는 것은 오히려 귀국을 존경해서인데 어찌 그것을 의심하십니까. 또 우리나라는 바다 가운데 따로 있는 나라로 높이는 바는 천황입니다. 그러므로 천황의 연호를 쓰고 있는데, 이 연호를 뺀다면 다만 연월일만 쓰라는 것입니까. 만일 사신의 말씀대로 한다면 무슨 연호를 쓸까요. 이웃나라에 보내는 답서에 연호를 쓰지 않을 도리가 없는데 이같이 말씀하시니 자못 알 수 없습니다.[30]

라고 해 大君이라고 쓸 경우, 조선이 일본을 높이는 결과가 된다고 설명하고는, 명의 책봉을 받지 않은 일본의 입장에서는 외교문서 서식상 천황의 연호밖에 다른 방도가 없음을 오히려 호소하고 있다. 여기서 우리는 일본 천황의 연호사용 의미가 우월의 의미보다는 오히려 외교서식상 대등한 격식을 차리기 위한 성격이라는 점을 발견할 수 있다. 이러한 성격은 다음 내용을 통해서도 유추할 수 있다.

> 12월 29일(기해)
> 大炊가 말하기를 "어제 사신의 말씀을 大君께 보고하였더니, 大君께서

版會, 213쪽.

30) 任絖, 『丙子日本日記』, 12월 28일, 무술.

'우리가 천황연호를 쓰지 않고 조선이 명나라 연호를 쓰지 않는다면, 이것이 어찌 성실한 답서가 되겠는가. 나의 글 중에 調興의 간교한 일을 언급하고, 전의 것을 고친다고 한 것은 실로 이것을 두고 한 말인데, 사신은 도리어 내 마음을 분명히 살피지 못했다'고 하였습니다."

라고 장군의 말을 전하면서,

大炊가 저에게 사사로이 말하기를 "우리나라로 하여금 寬永의 연호를 쓰지 못하게 하려면 어찌 명나라에 通貢하게끔 길을 빌려주지 않는가. 大明의 臣이 된 후에는 寬永의 두 글자를 없앨 것이나, 그렇지 않고서 우리에게만 연호를 없애라는 것은 절대 터무니없는 일이다. 만약 두 나라가 서로 연호를 없애려고 한다면 서로 약조를 한 후에 그때부터 시행해도 또한 늦지 않다"고 하는데, 그 말이 불측해 극히 통분하고 해괴하였습니다.[31]

라고 한 것을 보면, 당시 일본도 분명히 명 연호의 사용의미를 인식하고 있었으며, 그것이 불가능한 상황을 서로가 인식했다고 볼 수 있다. 즉 외교문서의 형식상 날짜 위에는 반드시 연호를 써야 하는데, 일본의 경우 써야 할 연호가 없기 때문에 천황의 연호를 쓰는 것이고, 그래야 誠信이 된다는 것이다. 물론 여기서 말하는 誠信이란 양국통치자(王)간의 대등교린을 의미하는 것이다. 따라서 막부의 입장에서 볼 때는 우월의 입장보다는, 오히려 이제까지 조일양국의 관계가 對等하지 못했다고 느꼈기 때문에 大君號나 年號의 변경을 요구했던 것이 아닐까 한다. 그래서 조선에서 이 의미를 오해하니 오히려 섭섭하다는 심경을 토로하고 있으며, 이것이 교착상태에 빠지자 명에의 진공을 하게 해줄 것인가, 아니면 서로 정식으로 약조를 맺어 연호를 없애자고 하였던 것이다.

이점에서 양국은 이미 명을 중심으로 한 동아시아 책봉체제가 붕괴해 간다는 것을 인지했던 것이 아닐까. 그렇다면 명을 배제한 양국간의 새로

---

31) 앞의 책, 12월 29일, 기해.

운 외교관계를 모색하고 있었다고 보아도 무리가 없지 않을까. 그래서 당시 국서개작사건이 폭로가 되자 양국관계를 정비하려고 했던 막부로서는 그 이상의 방법이 없다고 설명하고 있으며, 조선도 더 이상 달리 대안을 제시하지 못했던 것이라고 생각한다.

이렇게 해 국서개작사건 폭로직후인 1635년 12월부터 시작된 大君號, 年號, 足下, 封進 등의 서식과 칭호의 변경요청은 1636년 12월 조선통신사가 장군의 회답서를 받으면서 양국간에 완전히 합의가 되었다. 그리고 회답서의 내용에는 이러한 사실을 분명히 명시되어 있는 것이다. 즉,

> 이제 義成과 調興이 서로 송사한 것을 듣고, 書와 印을 위조한 것을 바꾸려고 합니다. 이 내용은 귀국도 이미 들어 알았은 즉 이제 지난 일을 고치고 새롭게 하니, 이에 이르러 진실로 옳은 일입니다.[32]

이상의 논의를 통해 우리는 다음과 같은 결론에 도달할 수 있다고 본다.

첫째, 大君號와 연호문제는 국서개작사건이 폭로된 이후, 대조선외교체제를 정비하려는 막부의 내부사정에 의해 이루어진 일이므로, 그 용어 자체에 상대국에의 우월을 나타내는 의미가 내재한다고 볼 수 없으며, 오히려 연호는 명의 책봉이 불가능한 상황 속에서 조선과의 대등한 관계를 재설정하려는 의도에서 쓰여지고 있다는 점이다. 그리고 당시 조선에서도 그 점을 충분히 납득했다는 점에 있어서도 병자통신사는 명을 중심으로 하는 책봉체제가 붕괴되는 상황 속에서 새로운 대등외교체제를 모색하기 위한 외교교섭이었다는 점이다.

---

32) 『通航一覽』 第3, 卷94, 「朝鮮國部」 70, 兩國書儀物信使御瑕等.寬永度, 『古事類苑』 外交部 9, 朝鮮 2에 수록되어 있는 德川家光의 回答書翰, "日本國源家光 奉復 朝鮮國王 殿下 聘价遠馳 禮意益敬 見書就慶我治平 贈其物產 依數領之 懇款深切 慰悅殊甚 爰聽義成調興相訟 則有僞造書印者 革正糾察焉 貴國早聞 知 而今改往自新 至此誠可也 交道有義 不渝舊約 則彼此好也 不宣 寬永十三年 十二月 二十七日 日本國源家光."

둘째, 이상이 현안문제를 해결하기 위해 파견된 조선사절단의 명칭이 임란 후 최초의 통신사였다는 점이다. 그것은 이제까지의 조선사절의 명칭이 探賊使, 回答兼刷還使였다는 점을 생각할 때, 이 통신사의 명칭은 조선후기 한일관계사에 있어 새로운 의미를 갖는다고 볼 수 있다. 왜냐하면 '通信'이란 교린국으로서 서로가 신의를 통한다는 의미로 형식적으로는 대등관계에서의 우호교린을 의미하기 때문이다. 따라서 이 병자통신사를 계기로 조일 양국은 서로가 합의한 새로운 외교의례에 의해 조선후기의 한일관계를 시작해간다고 보아야 할 것이다.

셋째, 일본의 경우 막부로부터의 통신사요청은, 조선 및 대륙의 정세에 의혹을 갖고 있던 막부가 국서개작폭로사건 이후 정비된 새로운 외교체제에 의해 조선과의 우호교린과 그 연대감을 확인해 德川家康 이래의 국제적 위용을 내부적으로 과시한 것이다. 그리고 조선의 경우는 북방 청의 위협이 가중되는 가운데, 남쪽의 일본과의 우호가 절대적으로 요청되고 있던 시기인 만큼, 대마도주 옹호를 원칙으로 일본의 의례변경요구를 수락하면서 새로운 한일관계를 모색했다는 점이다.

결국, 이러한 의미에서 1636년의 통신사는 동시기 동아시아 국제환경의 격변 속에서 청을 견제하기 위해, 조일 양국 서로가 새로운 외교체제수립에 의해 우호와 연대의식을 확인한 국제적 표현이라고 규정지을 수 있으며,[33] 나아가 명의 책봉체제가 붕괴되는 상황에서 중국을 중심으로 하는 전통적인 외교질서를 배제한 '탈중화적인 교린체제'의 새로운 수립이라고 볼 수 있다.[34] 그리고 이 같은 사실은 1644년 명이 완전히 멸망한 이후, 조

---

33) 三宅英利·손승철 역, 『근세한일관계사연구』, 203쪽.

34) 이점에 관해 종래의 견해를 살펴보면, 中村榮孝는 1630년대의 '大君外交'의 확립은 동아시아를 지배하고 있는 화이질서로부터의 독립선언이라고 했으며(『日鮮關係史の研究』 下, 483~497쪽), Ronald.Toby는 한층 구체적으로 '大君外交의 確立'을 德川정권의 대외관계구조의 성숙이라고 보아, 이것을 '일본형화이사상'의 성숙과 연결 지어 설명했다(1990, 『近世日本の國家形成と外交』, 創文社, 77쪽). 그리고 荒野泰典은 德川정권은 '大君'호를 설정하는

선 스스로도 대일외교문서에는 명의 연호는 물론이고 청의 연호도 사용하
지 않고, 단지 干支만을 사용하고 있다는 점에 있어서도 간접적으로 증명
이 된다고 볼 수 있다.[35]

Ⅳ. 통교제도의 개편

1636년 병자통신사를 전후해 개편되기 시작한 통교제도는 크게 외교관
계와 교역관계로 구분해 생각해 볼 수 있다.

우선 외교관계를 보면, 조선국왕이 일본 막부장군에게 파견하는 '通信
使'와 예조참의의 명의로 대마도주에게 파견하는 '問慰行'이 있었다. 한편
일본에서는 기유약조에 정해진 정기적인 사송선인 '年例送使'와 양국간에
외교적인 사항이 있을 때마다 명칭을 달리해 부정기적으로 파견하는 임시
사신인 '差倭'가 있었다. 그리고 조선에서는 부산에 '倭館'을 설치해 양국
간의 통교업무를 총괄하도록 했다.[36]

것에 의해 조선을 한 단계 아래에 두는 종래부터 의식구조를 체계화하는
동시에, 명 중심의 국제질서를 전제로 한 일조관계에서도 벗어나려 하고,
더욱 그것을 조선측에 명시시키려고 했다(荒野泰典, 앞의 논문, 213쪽)고 해
모두 일본의 입장에서만 의미를 부여하고 있다.

35) 국사편찬위원회,『對馬島宗家關係文書』, 서계목록집에 의하면 1644년 12월
까지의 모든 서계에는 명의 연호가 쓰여져 있으나(No.628), 1645년 정월의
서계(No.629)부터는 단지 간지만 표기되어 있으며, 이후의 조선국왕국서도
모두 마찬가지로 간지만으로 표기했다. 손승철, 1999,「명·청 교체기 대
일외교문의 연호와 간지」『근세조선의 한일관계연구』제3장, 국학자료원)
참조.

36) 양국의 외교관계를 일람표로 작성하면 다음과 같다.

　　　朝 鮮　　　　　　　　　　　　日 本

通信使 (1636~1811) 9회

그러면 개편된 外交制度에 관해 구체적으로 그 형태와 성격에 대해 살펴보자.

조선국왕이 막부장군에게 파견하였던 통신사는 1636년부터 정례화되어 1811년까지 9차례 파견되었고, 예조참의 명의로 대마도주에 파견하는 '問慰行'도 1636년부터 정례화되어 1860년까지 53회에 걸쳐 행해졌다. 조선국왕이 막부장군에게 사절을 파견하였던 것은 고려 말 왜구금지 요청에서 비롯되지만, 사절의 명칭은 일정하지 않았다. 예를 들면 조선 초기에는 '報聘使', '回禮使', '回禮官', '通信官', '通信使', '敬差官' 등으로 기록 되어 있고, 그 행선지나 목적·편성·예물 등 모두 달랐다.[37]

기록에 의하면 최초의 통신사는 1429년(세종 11) 박서생이 足利義教의 습직을 축하하기 위해서 파견된 것이 처음이다.[38] 당시 '通信'이란 용어는 양국 사이의 우의와 친목을 돈독히 하고 신의를 통한다는 의미로 붙여진 호칭이며,[39] 이때부터 막부장군에게 파견되는 사절단은 '通信使'라는 호

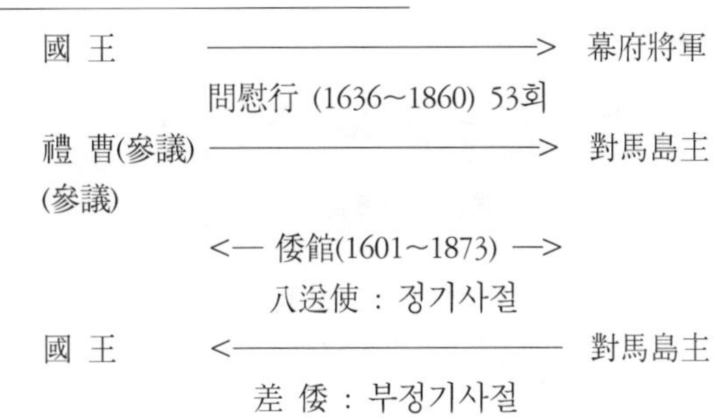

37) 조선에서 파견된 사절단의 명칭이나 행선지에 관해서는 민족문화추진위원회,『海行總載』제1권, 解題에 상세하다.

38) 조선전기 최초의 통신사는 1413년(태종 13) 박분이었으나, 그는 경상도에서 발병해 중간에서 취소가 되었고, 통신사의 명칭으로 사행의 임무를 완수한 최초의 사절단은 1429년(세종 11)에 파견된 朴瑞生의 通信使이다(三宅英利·손승철 역,『근세한일관계사연구』, 43쪽).

39)『世宗實錄』권42, 세종10년 12월 무인, "日本通信使大司成朴瑞生 副使大護軍李藝 書狀官前副校理金克柔 發行 賀新主嗣位 致祭前主 書契曰 … 惟貴國與我邦 世修舊好 未嘗少渝 今善繼善述 益敦信義 以永終譽 豈非兩國之幸歟

칭을 사용해왔다.

임란 후는 1604년에서 1624년까지 강화교섭을 포함해 모두 4차례의 사절단이 막부에 파견되었는데, 모두 探賊使 또는 回答兼刷還使라는 명칭이었다. 따라서 통신사의 명칭이나 파견목적, 편성 등이 정례화되어 대일항례의 대등외교 형식을 갖춘 것은 역시 1636년 병자통신사로부터였던 것이다. 물론 파견목적을 구체적으로 보면 각 시기마다 다르지만, 표면적으로는 장군 습직 축하를 통한 양국의 우호증진이었던 것이다.

<표 1> 회답겸쇄환사 일람표

순번	년대		사신의 사명	총인원	사행록
1	1607년	선조 40 경장 12	(조) 강화, 국정탐색, 피로인쇄환 (일) 강화	467	慶暹『海槎錄』
2	1617년	광해 9 원화 3	(조) 국정탐색, 피로인쇄환 (일) 大坂平定 축하	428(78)	吳允謙『東槎上日錄』 朴梓『東槎日記』 李石門『扶桑錄』
3	1624년	인조 2 관영원	(조) 승습축하, 피로인쇄환 (일) 家光습직축하	460	姜弘重『東槎錄』

* 총인원 중 ( )의 숫자는 大坂에 머무른 인원임.

<표 2> 통신사 一覽表

순번	년대		사절의 사명	총인원	사행기록	기타
1	1636	인조14, 관영13	태평축하	478	任統, 『丙子日本日記』 金世濂, 『海槎錄』 黃屎, 『東槎錄』	日本國大君號 日光山參詣
2	1643	인조21 관영20	家綱탄생축하	477	趙絅, 『東槎錄』 申濡, 『海槎錄』 작자미상, 『癸未東槎錄』	日光山參詣
3	1655	효종 6 명력 원	家綱습직축하	485(100)	趙珩, 『扶桑日記』 南龍翼, 『扶桑錄』	日光山參詣
4	1682	숙종 8 천화 2	綱吉습직축하	473	金指南, 『東槎日錄』 洪禹載, 『東槎錄』	

… 昔嘗修講 以信以睦 發還俘虜 …"

5	1711	숙종 37 정덕 원	家宣습직축하	500(129)	趙泰億, 『東槎錄』 金顯門, 『東槎錄』 任守幹, 『東槎錄』	新井百石의 개정 大君→國王
6	1719	숙종 45 형보 4	吉宗습직축하	475(109)	洪致中, 『海槎日錄』 申維翰, 『海槎錄』 鄭后僑, 『扶桑紀行』 金潝, 『扶桑錄』	新井百石의 개정을 이전상태로 환원
7	1748	영조 24 연형 5	家重습직축하	475(83)	趙命采, 『奉使日本時見聞錄』 洪景海, 『隨槎日錄』 작자미상, 『日本日記』	
8	1764	영조 40 보력 원	家治습직축하	477(106)	趙曮, 『海槎日記』 吳大齡, 『癸未使行日記』 成大中, 『日本錄』	崔天淙 피살
9	1811	순조 11 문화 8	家齊습직축하		柳相弼, 『東槎錄』 金淸山, 『島遊錄』	對馬易地通信

* 총인원 중 ( ) 안의 숫자는 大阪에 머무른 인원임.

　한편 '問慰行'이란 예조참의 명의로 대마도주에게 파견하는 사절로 대마도주가 江戶參府를 마치고 돌아왔거나, 대마도주가 죽고 후계자가 습직한 경우 등에 위문을 위해 파견하는 사절을 말한다.[40]
　문위행의 시작에 대해 『交隣志』에는

　(인조) 14년 병자에 義成이 에도로부터 쓰시마에 돌아와 調興이 쫓겨났다는 소식을 자세히 보고하면서, 賀禮하는 사신을 청해 그 섬의 무리들에게 자랑하고자 했다. 이에 조정에서는 특별히 당상 홍희남과 당하 강위빈을 보내어 위로하게 했다. 이로부터 대마도주가 에도에서 돌아오기만 하면, 경조할 일이 있다해 왜인을 보내어 사신을 청하였는데, 조정에서는 그때마다 허락해 이것이 항례가 되었다.[41]

---

40) 홍성덕, 1990, 「조선후기 문위행에 대해」 『한국학보』 제59집 여름호. 홍성덕은 1632년 8월 渡海譯官 堂上 韓詳, 堂下 崔義吉 등의 역원 54명의 쓰시마파견을 문위행의 시초로 보고, 조선후기 문위행을 총 54회로 파악했다.

41) 『交隣志』 問慰各年制.

고 해, 국서개작사건 폭로 후 에도에 갔던 대마도주 宗義成이 쓰시마에 돌아와 축하사절을 요청하자 특별히 홍희남을 보내어 위로한 것이 그 시작이라고 기록하고 있다. 문위행에는 당상역관을 문위관으로 임명하는데 이를 도해역관이라고 하였으며, 예조참의의 명의로 대마도주를 위로하는 서계와 별폭을 휴대하도록 했다. 결국 이 문위행의 파견은 조선왕조의 대마도주 옹호책을 위한 구체적인 외교행위라고 말할 수 있다. 따라서 통신사가 막부와의 우호관계수립 및 그 유지를 위한 사절단이었다면, 문위행이란 통교실무자인 쓰시마와의 관계를 지속적으로 유지하기 위한 사절단이었으며, 이 사절단은 모두 조선의 중앙정부가 직접 파견한 사절단이었다는 점에 있어 조선왕조의 대일자세를 직접 표현하는 외교행위였다고 말할 수 있다.

한편 일본으로부터 조선에 파견된 사절은 기유약조에 의한 대마도주 세견선 20척과 대마도 수직인선 및 수도서선 각 5척씩이 있다. 이들의 목적은 물론 무역이었지만, 규정상 세견선마다 사신이 동승해 외교적인 절차를 밟아야 했고, 또 년 1회에 한정시켰기 때문에 이들을 정기적인 사행의 의미를 지닌 연례송사라고 했다. 즉 모든 세견선에는 正官 1인씩 승선하였는데, 정관은 반드시 외교문서를 휴대하였으며, 그로 하여금 외교·무역의 업무를 총괄하도록 했다.[42]

그러나 이 연례송사제도는 1637년 '兼帶의 제'가 실시되면서, 8개의 사절단으로 나누어 매년 1, 2, 3, 6, 8월 중에 각각 순번에 의해 규칙적으로 도항하게 되었고, 이를 연례팔송사라고 부르게 되었다.[43] 그리고 외교사절이 동승하는 배도 8척으로 한정했다.[44] 이들 송사선에 승선한 정관들은

---

42) 『通文館志』 권5, 交隣, 接待對馬島人新定事例, 『交隣志』 接待對馬島人新定事例.

43) 1637년 당시에는 대마도주 아들(平彦三, 彦滿送使)이 포함되어 九送使이었으나, 이것이 1702년 중단이 되면서 팔송사가 되었다. 田代和生, 『日朝通交貿易史の研究』, 앞의 책, 78쪽 ; 손승철·유재춘 역, 『근세한일외교비사』, 앞의 책, 216쪽.

모두 예조와 동래부사 앞으로 보내는 서계를 지참해 표면적으로는 외교사절의 형식을 갖추지 않으면 안되었다. 그 이유는 말할 것도 없이 조선의 대일정책, 즉 모든 통교자는 진상사절의 형식을 갖추어야만 교역이 허가되었기 때문이다.[45]

한편 연례적으로 정기적인 사신이었던 팔송사와는 달리 양국간에 외교적인 현안문제가 있을 때마다 수시로 파견된 임시사절인 '差倭'가 있었다.[46] 이 제도는 조선전기에는 전연 없었던 것으로, 1608년 기유약조 체결 당시 講定과 사절의 상경을 요청한 때에 '島主差倭'라는 칭호를 사용한 것에서 비롯된다. 그러나 차왜의 역할이 정착되고, 그 응접기준이 정례화된 것은 역시 '겸대의 제'에 따라 사선의 도항이 엄격히 규제되면서부터이다.[47]

---

44) 年例八送使를 표로 작성해 보면 다음과 같다.

연례팔송사 일람표

도항월	송사의 명칭	겸대	기승	선수	유관일
1월	歲遣第1船送使			본선1, 수목선1	85일
	歲遣第2船送使		第3船送使	본선1	85일
	歲遣第3船送使			본선1	85일
2월	以酊庵送使		第4船送使	본선1	85일
	歲遣第4船送使	歲遣第5-17船		본선1	85일
3월	1特送使	2,3特送使		본선1	110일
		中絶船		부선1, 수목선1	110일
6월	萬松院送使			본선1, 수목선1	85일
	(平彦三, 彦滿送使)			(본선1)	(85일)
8월	副特送使			본선1, 부선1, 수목선1	110일

45) 앞의 책, 「接待對馬島人新定事例」.

46) 홍성덕, 1992, 「17세기 별차왜의 도래와 조일관계」『전북사학』 제15집, 109쪽에서 "關白이나 대마도주의 죽음·승습, 통신사행이나 문위행의 요청·護行·護還 등이 발생하였을 때 파견한 일본의 대조선 임시사절은 차왜가 아닌 별차왜로 파악했다. 즉 일본에서 도항하는 연례송사를 제외한 모든 왜인을 '差倭'로 규정하고, 차왜들 중 외교의례에 관한 업무를 수행하고, 조선정부로부터 일본의 대조선 사행으로 인정받은 차왜를 '別差倭'로 분류했다."

‘差倭’는 막부나 쓰시마에서 일어나는 각종의 일을 통보하거나, 통신사에 관계된 외교교섭, 혹은 조선의 국왕이나 왕비서거에 조의를 표하는 등, 원래 막부가 행해야 하는 외교적인 현안문제를 대마도주가 대신해 해결하는 역할을 했다. 물론 쓰시마에서는 이 일을 대행함으로써 가능한 한 많은 왕래를 통해 무역량을 증가시키려는 방편으로 이용했지만, 조선에서도 이들을 허용함으로써 일본국정 탐색의 기회로 삼았던 것이다. 차왜는 파견목적과 내용, 그 중요도에 따라서 예조참판 또는 참의와 대마도주 사이에 서계를 주고받았는데, 참판에게 오는 차왜는 ‘大差倭’라고 해 중앙에서 접위관을 파견해 접대하였으며, 이를 ‘參判使’라고 했다. 그리고 참의에게 오는 차왜를 ‘小差倭’라고 해 그 접대에 차등을 주었다.[48]

그런데 이상의 팔송사와 차왜는 비록 외교사절적인 성격을 가졌더라도, 조선에서는 이들에게 대마도주의 문인을 휴대하도록 했다. 따라서 대마도주는 조선전기와 마찬가지로 이 문인발급제도를 통해 재원을 확충했고, 대조선 외교와 무역에 있어 실질적인 주도권을 계속 장악하였던 것이다. 그래서 쓰시마의 입장에서 보면, ‘以酊庵輪番制’에 의해 쓰시마의 외교권이 약화된 것은 사실이지만, 문인발급권에 의해 대조선통교에 관한 기득권을 계속 유지해 갔으며, 조선도 역시 쓰시마 옹호책에 의해 이 권리를 계속 인정해줌에 의해서, 대일관계를 쓰시마 중심으로 일원화시키고 통제해갔다고 생각된다. 또한 조선에서는 모든 송사가 왜관에 입항해 출항할 때까지, 접대를 포함한 모든 통교행위의 전 과정을 조선에서 정한 규례에 따라 행하게 하였으며, 이것을 준수하지 않는 일체의 통교행위는 허락하지 않았다. 따라서 이점에 있어서도 조일통교체제는 기본적으로 조선에서 주도권을 가지고 있었으며, 결코 피동적인 대일관계가 아니었다고 본다.[49]

---

47)『邊例集要』권1, 別差倭,『交隣志』差倭.

48) 대소차왜의 명칭 및 목적, 그 구성과 인원 등에 관하여는 홍성덕, 앞의 논문, 116~122쪽에 상세하다.

다음으로 조선후기 교역방법의 대변화였던 '겸대'에 관해 보자.

'兼帶'란 기본적으로는 쓰시마로부터 조선에 도항해 오는 사송선의 접대 및 교역방법을 간소화하기 위해 새로이 실시한 제도인데, 이 제도에 관해『增正交隣志』에서는 다음과 같이 설명하고 있다.

> 인조 13년(1635) 을해에 역관 홍희남이 왕명을 받아 에도에서 변무하고 돌아오는 길에, 쓰시마에서 도주 平義成을 타일러서 세견수를 줄여 1특송으로 하여금 2특송과 3특송을 겸대하게 하고, 제4선으로 하여금 제5선이하 제17선에 이르기까지 겸대하게 했다. 그리고 그 료와 어가미, 별폭, 구청, 육물, 공무의 대목등 관례에 따라 주는 물품은 공대관에게 주어 보낸다. 그리고 구청 등의 잡물도 그들이 원하는 바에 따라 쌀로 환산해주어 접대 및 연향의 비용을 덜었다. 이것을 소위 겸대라 한다.50)

즉 겸대란 1635년 국서개작폭로사건의 마무리 단계에서 막부가 대마도주 宗義成의 대조선교섭 능력을 시험하기 위해 마상재의 초빙을 의뢰하였을 때, 에도에 파견되었던 마상재의 역관 홍희남이 귀국 도중 쓰시마에서 약조한 새로운 교역방법이다. 그 내용은 과거 기유약조에 의해 규정된 연례송사 20척에 매 사선마다 정관의 직함을 가진 외교관이 승선하였던 것을 개정해, 조선 측으로서는 15척의 사자에 대한 접대 부담이 줄어들게 되었다.51) 그리고 교역방법도

---

49) 홍성덕, 앞의 논문, 122~127쪽, 외교문서와 입국절차 참조.

50)『增正交隣志』권1, 兼帶.

51) 기유약조에 규정된 세견선 20척 중 겸대에 의해 정관이 승선하는 배는 세견제1선, 세견제2선, 세견제3선, 세견제4선, 1특송선 등 5척이었다. 사송선 1척의 접대비용은 料米와 餅米가 58석 14두, 大豆 14석 11두, 供饋하는 酒饌의 대가를 쌀로 환산하면 총 115석 14두 3승 7홉 4작 5리였다(『交隣志』, 歲遣第一船送使). 따라서 이를 15척분으로 환산하면 그 양은 1,725석에 달한다.

　　진상·공무역 등의 물화도 또한 그 배에 붙이지 않고, 따로 공대관을 정해 1년의 鐵物을 도합해 바치게 하고, 鐵의 대가로 주는 포목·쌀은 기년조에 자세히 나온다. 手標를 작성해 훈도·별차에게 주어서 받아가게 하고, 훈도별차의 교체가 있을 때마다 회계를 빙고하게 했다.52)

는 내용으로 개편했다. 그리하여 이 개혁에 의해 사절은 서계와 별폭만을 지참할 뿐 교역의 업무에서 해방되었으며, 따로 代官으로 하여금 전담하도록 했다. 즉 여기서 외교와 무역의 업무가 분리되었던 것이다.53) 그러나 이 겸대의 제도는 홍희남의 귀국 후 곧바로 실시된 것은 아니고 그 후 수차례의 교섭을 통해 1637년 5월부터 정례화되었다. 즉

　　정축(1637) 5월, 이때 이후로 특송 2척, 平彦三送使, 세견선 13척은 정관이 없이 다만 서계만 가지고 왔다. 公貿의 목면, 쌀, 콩 및 五日雜物 등을 모두 줄여서 지급하였고, 기타의 향연, 다례, 당일 연회 등 잡물을 모두 감해 폐단이 없게 했다. 이일로 부사, 역관 홍희남, 강우성, 이장생 등이 함께 상을 받았다.54)

고 해, 1637년 5월부터 실시하였고, 이일로 조선의 협상자들이 상을 받았다고 기록하고 있다.

　　그러나 대마번에서는 이 겸대의 실시에 대해 막부에 보고하지 않았다. 이 사실은 겸대 실시 후, 약 100년이 지난 다음에 쓰여진 雨森芳洲에 의해 기록되어 있는데, 그는 겸대의 실시에 의해 사자의 도항수가 감해졌다는 사실이 막부에 알려지면, 막부로부터 외교실무의 태만이라는 책임 추궁이 있을까 두려워해 보고를 회피했다는 것이다.55) 이러한 생각은 당시 대마

---

52) 『交隣志』, 公貿易.

53) 田代和生, 1982, 『近世日朝通交貿易史の硏究』, 第6章, '兼帶の制' 成立と貿易仕法の改變, 創文社, 148쪽.

54) 『東萊府接倭狀啓謄錄可考事目錄抄』(서울大學校 奎章閣圖書. No.9764), 丁丑.

55) 1983, 『交隣提醒』, 雨森芳洲全書 3, 日本, 關西大學出版部, 53쪽.

도내의 일반적인 인식이었던 것 같다. 즉 『朝鮮通交大紀』에서도 겸대를 기록하면서

> 생각컨데 이일은 우리주(쓰시마)에게는 별로 이득이 되는 계책은 아니었다. 이것에 의해 세견선이 전보다 줄어들기 시작하였으며, 한때의 조그마한 이익때문에 저들의 간계에 넘어가 가볍게 이전의 약조를 저버린 것이다.[56]

라고 해 쓰시마로서는 이득이 되는 제도가 아니라고 평가하고 있다.[57]

어쨌든 이 겸대의 실시에 의해 외교체제의 개편과 함께 교역제도에 획기적인 개편이 이루어 진 것은 사실이며, 조선의 쓰시마 옹호책과 연결지어 생각해보면, 겸대의 제도는 외교권이 약화된 쓰시마의 입장을 교역면에서 그 기득권을 인정해주어 쓰시마의 지위를 강화시켜나간 것이고, 한편 교역방법을 체계적으로 개편해 쓰시마를 효과적으로 통제해 간다는 방침에서 취해진 현실적인 조치였다고 해석된다.

V. 탈중화적 교린체제의 성격

이상에서 살펴본 바와 같이 조선후기의 대일관계는 1636년 병자통신사 파견을 전후해 새로운 교린체제로 대개편이 이루어졌으며, 그것은 어느 한쪽의 우월한 입장에서가 아니라 양국 모두가 대륙의 상황을 고려하면서

---

56) 『朝鮮通交大紀』 卷7, 寬永12년.

57) 이에 대해 田代和生은 "오히려 이 제도는 조선측이 의도했던 것과는 달리, 결과적으로 대마번이 행하는 외교와 무역을 분리시켜 넓게는 사무역의 거래를 확대시켜 갔으며 …"라고 해 전체적으로는 쓰시마의 이득이었다고 주장하고 있다(앞의 책, 148쪽).

상호공존을 모색한 신체제였다고 생각한다.

그러나 종래 이시기의 한일관계사연구는 조선전기와 후기의 시기구분이나 그 성격규명이 전혀 없었을 뿐만 아니라, 조선후기 교린체제의 개편에 결정적인 계기가 되었던 국서개작 폭로사건과 서식개정이 일본으로부터 제기되었다는 사실에 의해, 조선후기 통교체제의 개편이 일본에 의해서 주도되었고, 조선은 피동적이었으며, 따라서 개편된 통교체제가 조선에 불리했다는 견해가 통설이었다.

그러나 이같은 견해는 다음과 같은 사실을 전제로 해 수정하지 않으면 안된다고 본다.

첫째, 당시 양국이 처한 국제환경을 고려할 때, 조일 양국은 명청의 세력교체에 대해 상호공존을 위한 새로운 관계수립이 불가피하게 되었다는 점.

둘째, 조선에서는 일본에서 국서개작사건이 폭로되어 문제가 되자, 이에 대해 세심한 관심을 기울이고 있었으며, 이미 1631년부터 역관을 쓰시마에 파견하였고, 1635년에는 마상재를 에도(江戶)에 파견해 일본의 국정을 정탐하고 있으며, 1636년에는 정식의 통신사를 파견해 서식개정요구를 양국 합의 하에 해결하고 있다는 점.

셋째, 대군호와 천황년호의 사용의미가 일본의 우월을 나타내는 것이 아니라, 오히려 일본 쪽에서 느낀 외교서식과 의례의 불평등구조를 대등하게 하고자 한 개정이었다는 점.

넷째, 통교체제의 개편이 조선조의 쓰시마옹호정책에 의해서 구체화되어갔다는 점, 이점은 '問慰行'의 정례화, '兼帶의 制' 실시 등에서 확인이 된다.

결론적으로 이 같은 내용을 전제로 조선후기 대일교린체제의 성격을 규정한다면 다음 두 가지 측면을 강조할 수 있다고 본다.

첫째, '통신사'를 통해 양국의 현안문제를 합의하고 정례화시킴으로써, 명의 책봉체제가 붕괴되는 상황에서 중국을 중심으로 하는 전통적인 외교질서를 배제한 독립적 대등외교를 수립한다는 점. 특히 이점에서 조선후기 대일교린체제의 탈중화적 성격을 엿볼 수 있다고 본다.

둘째, 실제통교자인 쓰시마와의 관계인 전통적인 기미질서를 개편해 효과적으로 통제해 간다는 원칙이 세워졌다는 점이다. 즉 일본측의 대조선 외교체제의 개편에 의해 쓰시마의 외교권이 약화되자, 대일안전을 위해서는 쓰시마를 옹호한다는 기본정책에 의해, '문위행'을 정례화하고 '兼帶의 制'를 실시함으로써, 외교와 교역면에서의 쓰시마의 지위를 강화시켜주어 그 기득권을 인정해 주면서, 교역방법을 조선이 주도적으로 개편해 통제해 간다는 것이다.

따라서 조선후기 양국관계의 개편은 어느 한쪽의 입장이 강조되는 성격에서가 아니라, 양국의 필요 충분 조건의 완성이라는 측면에서 이루어졌다고 본다.

제2절 '조선중화주의'과 '일본형화이의식'의 대립

Ⅰ. 문제의 제기

1592년 일본의 조선침략에 의해 붕괴되기 시작한 명 중심의 중화적 국제질서는 1600년대에 들어서면서 후금세력의 성장에 의해 더욱 급속히 진행되어, 중국에서 명청의 세력이 교체되는 1630~1640년대에는 동북아지역에 탈중화의 새로운 국제질서를 구축했다.[1]

그러나 임란 후 조선조 대외정책의 기본입장은 명을 중심으로 하는 중화적 국제질서의 회복이었고, 1627년 정묘호란 때에 후금과 형제지맹을 맺을 때도 그러했다. 그리고 1632년, 후금에서 '형제지맹'을 '군신지의'로 바꿀 것을 요구할 때에도 이를 후금 중심의 새로운 국제질서의 개편으로 받아들여 강하게 거부했다. 그 결과 1636년에는 병자호란을 피할 수 없게 되었으며, 힘의 열세에 있었던 조선은 표면적으로 청과의 사이에 책봉관계를 맺을 수밖에 없었다. 그러나 반면에 내면적으로는 자국문화가치에 비중을 두면서, 스스로를 중화문명의 계승자라고 하는 '조선중화주의'에 의해 자존의식을 강화해 갔고, 그 구체적인 움직임이 한때 북벌론으로 나타나기도 했다. 그리고 그와 함께 일본과의 관계도 명 중심의 중화적 교린체제에서, 청을 견제하고 대비하는 탈중화적 교린체제로 전환해 갔다.

한편 일본의 경우도, 1607년 조선과의 관계는 회복하였지만, 이후 명과

---

1) 孫承喆, 1993, 「朝鮮後期 對日交隣體制の脫中華的性格」『歷史學硏究』 제647호.

의 국교관계 수립에 실패하고, 포르투갈과 네덜란드 등 유럽세력과 통교권이 수립되자, 德川막부는 국내외에 자정권의 정당성을 확립하기 위해 일본중심주의의 '일본형화이의식'[2]에 의해서 대외관계를 새로이 개편했다. 그리고는 이 과정에서 유구를 정복하고, 수차례에 걸쳐 조선사절을 초빙해가면서 소위 '대군외교체제'에 의해 조선과의 관계를 탈중화의 교린체제로 재편성하였던 것이다.

이와 같이 1630~1640년대는 조일 양국 모두가 탈중화의 교린체제를 새로이 확립해, 중화로부터 독립적인 양국관계를 재정립해 갔다.[3] 그러나 '조선중화주의'도 '일본형화이의식'도 모두 상대국에 대하여는 '자민족중심주의'의 독선과 허구성을 내재하고 있었던 것이며, 이 모순에 의해 양국관계가 표면적으로는 선린우호의 교린관계였던 것 같았지만, 실상은 외교적인 갈등을 수없이 반복해가면서 양국관계를 유지해 갔던 것이다.

이 절에서는 이러한 문제의식을 가지고, 첫째, 양국 외교체제의 탈중화과정을 동아시아 국제관계 속에서 폭넓게 파악해 본질적으로 어떠한 차이와 특성을 가지고 있는가. 둘째, 그것이 구체적으로 이후의 양국관계에 어떻게 나타나는가를 1636년의 병자통신사, 1711년의 신묘통신사, 1719년의 기해통신사 때에 양국간에 외교문제가 되었던 德川장군의 호칭과 빙례변경의 문제를 중심으로 비교사적인 관점에서 살펴보고자 하며, 셋째, '조선중화주의'와 '일본형화이의식'의 검토를 통해 이것이 조선후기 교린체제의 역사적 추이와 성격에 어떠한 영향을 미치는가를 시론적으로 검토하고자 한다.[4]

---

2) 荒野泰典, 1987, 「日本型華夷秩序の形成」『日本の社會史』제1권, 岩波書店, 213~220쪽 ; 同, 1988, 『近世日本と東アジア』, 東京大學出版會, 154쪽.

3) 이러한 의미에서 조선후기 한일관계사의 시대구분은 1636년 병자통신사를 그 기점으로 해야 하며, 그 특징은 탈중화적 성격이었다고 규정하고 싶다. 손승철, 1989, 『조선후기 대일정책의 성격연구』, 성균관대학교대학원 박사학위논문, 154쪽.

4) 이러한 문제의식은 종래 조선후기 한일관계사를 일본에 의한 일방적인 관

Ⅱ. 탈중화적 형태의 비교

1. 조선의 탈중화 과정

1) 중화질서의 동요

16세기 후반 만주에서 여러 부족을 통합해가던 여진의 누루하치(奴兒哈赤)는 1589년, 國主를 자칭하면서 정치적으로나 군사적으로 완전한 하나의 독립세력을 확립했다. 그리고 임진왜란이 일어나자, 명의 요동주차군이 조선에 파견되었던 틈을 이용해 세력을 더욱 확장해가면서 조선에 원병파견까지 제안했다. 그 후 조선과 일본사이에 국교재개의 교섭이 한창 진행되고 있을 무렵인 1605년에는 누르하치는 국왕의 호칭을 사용한 서계를 보내어 여진과 조선이 피차간에 대등한 입장에서 화호를 맺자고 했다.5)

그러나 임란 직후 일본과의 국교회복과정에서 보았듯이, 명을 중심으로 하는 중화적 국제질서를 재확립하는 것이 대외정책의 기본방침이었던 조

계, 다시 말하면 일본은 능동적이었고 조선은 피동적이었다는 단순논리나 또는 통신사의 문화교류의 측면을 강조해 우호교린을 내세우는 견해에 대한 간접적인 비판(물론 통신사의 문화사적인 의미를 축소하려는 의도는 아니나, 문화교류의 측면이 이후 일본 내에서 전개되는 조선멸시론이나 정한론을 설명하지 못하기 때문이다)이며, 이 시기 교린체제의 역사적 실상을 밝혀 19세기에 들어서서 시작되는 비극의 역사에 대한 의문을 풀어가고자 하는 의도에서 시작되었다(필자는 이러한 문제제기를 1992년 12월 3일, 성균관대학교 인문과학연구소 주최『18세기 한일양국의 문학교류』에서 이 글의 초고를 가지고 밝힌바 있다).

5)『宣祖實錄』권30, 선조 25년 9월 신미, 갑술. 이 과정에 대하여는 崔豪鈞,「宣祖朝 建州女眞의 朝鮮被虜人 刷還考」의 2.壬辰倭亂의 勃發과 建州女眞의 援兵 自請.

선으로서는 도저히 용납할 수 없는 제안이었던 것이다. 따라서 이러한 대외정책의 원칙을 준수하고 있었던 조선으로서 여진과의 관계를 우호적으로 이끌어가는 것은 그리 간단한 문제가 아니었다. 그리하여 이후에도 조선과 여진 사이에는 여러 차례 갈등이 계속되어 갔다.6)

그러던 중 결혼정책과 무력정벌로 각 부족을 통합한 누루하치는 1616년 만주의 興京에서 후금을 세운 뒤, 1618년 3월에는 명에 선전포고를 하고 征明의 군을 일으켜 撫順·淸河지방을 함락시켰다. 그러자 명에서는 조선에 후금군의 토벌을 위한 출병을 요청하였고, 후금으로부터는 이에 앞서 이미 4~5개월 전부터 對明擧兵의 불가피성을 통고해 주면서 중립을 지켜줄 것을 요구하는 서계를 보내오기도 했다.7) 이에 조선에서는 원병파견과 대기론을 놓고 의견이 분분하던 중,8) 6월에 이르러 명의 신종황제로부터 다시 원병을 요청하는 간곡한 칙서가 당도하자, 더이상의 지연은 무리라고 판단한 광해군은 도원수 강홍립에게 일단 참전은 하되, 명과 후금의 전세여하에 따라 태도를 결정하도록 밀지9)를 내려, 무모하게 싸워서 병력의 손실을 당하는 일이 없도록 했다. 결국 명의 주력부대가 사르후 전

---

6) 이 시기의 조선과 여진관계에 관하여는 서병국, 1970, 『선조시대 여진교섭사연구』, 교문사에 자세하며 이병도, 1959, 「광해군의 대후금 정책」『국사상의 제문제』가 참고가 된다.

7) 『備邊司謄錄』 제1책, 광해군 9년 12월(국사편찬위원회, 영인본, 67쪽).

8) 『光海君日記』 권127, 10년 윤4월 갑신 ; 『備邊司謄錄』 광해군, 무오 윤4월 24일(국사편찬위원회)에 의하면, 광해군은 원병파견 문제에 대해 二品 이상의 중신을 모아서 의논을 하였는데, 다수인이 명분상 援兵의 불가피함을 주장하였으나, 광해군은 명에 사신을 파견해 조선의 군사가 약한 것을 구실로 명을 설득시켜, 될수록 원병파견을 하지 않도록 했다.

9) 광해군의 밀지에 관하여는 그것이 광해군을 몰아낸 서인들의 날조라는 설도 있다(稻葉岩吉, 1933, 「光海君時代之滿鮮關係」, 186~196쪽). 그러나 이병도(앞의 논문, 159쪽)와 최호균(1986, 「광해군의 대후금정책에 관한 일고찰」『상지전문대학논문집』 제5집)은 이를 부정해 밀지를 기정의 사실로 받아들이고 있다.

투에서 대패를 당하자, 강홍립은 접전을 기피하면서 후금군에게 투항해 버렸다. 그러자 후금에서도 강홍립을 비롯한 일부 將을 제외하고는 대부분의 군사를 귀환시키면서, 조선에 대해 평화적인 노선을 견지하고 있음을 표명했다.

이상에 서술한 바와 같이, 1608년 왕위에 오른 광해군은 일본에 대하여는 종전의 외교질서를 전제로 하는 중화적 교린체제를 유지해가지만, 반면 중국에 대하여는 명과 후금 사이에서 중립을 지킨다는 현실적인 외교자세를 견지했다. 이는 당시의 국제상황을 염두에 둘 때, 조선에서는 이미 명 중심의 중화적 질서가 동요되어가고 있음을 의미하는 동시에, 명의 책봉체제가 붕괴해 가는 것을 예고하는 것이었다.

그러나 조선의 경우 이러한 중화질서의 동요가 곧바로 탈중화로 이어지지는 않았다. 그것은 1623년 3월 광해군을 몰아낸 서인일파가 집권하는 즉시 친명배금의 중화주의를 천명하였기 때문이다. 당시 광해군의 폐위를 단죄하는 인목대비의 교서에 의하면, 광해군의 폐위죄목으로 廢母后, 殺害兄弟, 先祖舊臣의 척축, 명의 재조의 은혜를 배신하고 奴夷(후금)에 통한 것 등을 들고 있다.[10] 이러한 친명정책에의 복귀는 후금을 크게 긴장시켰으며, 이후 후금과의 관계는 피할 수 없는 파국으로 치달아 결국 정묘호란의 직접적인 원인이 되었다.[11]

---

10) 『仁祖實錄』 권1, 인조 원년 3월 갑진, "我國服事天朝二百余歲 義卽君臣 恩猶父子 壬辰再造之惠萬世不可忘也 … 先王臨御四十年 至誠事大 平生未嘗背西而坐 光海忘恩背德 罔畏天命 陰懷二心 輪疑奴夷 … 使我三韓禮儀之邦 不免夷狄禽獸之歸 …."

11) 정묘호란의 원인은 비단 조선의 친명배금 정책만이 아니라, 1622년 이후 明將 毛文龍이 압록강의 입구인 椵島에 '東江鎭'을 설진해 후금의 배후를 위협하였기 때문에, 이를 완전히 제압하고, 또한 명의 본토 공략에 앞서 조선을 정벌해 후환을 없애려는 등의 이유 등이 있었다(손승철, 1993, 『한국전쟁사 – 조선시대편 – 』 제4장, 호란편, 국방부 국방군사연구소편).

2) 중화질서의 붕괴

1627년 정묘호란의 강화교섭에서 가장 큰 문제가 되었던 것은, 조선의 對明關係, 會盟儀式의 절차, 禮弊 등이었다. 후금은 조선이 명과의 관계를 끊고, 명의 연호를 쓰지 말 것을 요구하였으나, 조선은 명과의 관계는 끊지 않되 후금과 형제지맹을 맺으며, 후금에 보내는 국서에는 어느 나라의 연호도 사용하지 않는 것으로 결말을 지었다.12) 그러나 양국은 모두 강화의 조건에 만족하지 못하였고, 특히 후금에서는 해마다 많은 액수의 세폐를 요구하면서 조선을 강박해 왔고, 조선에서는 침략을 당한 원한과 후금의 강압에 불만이 더욱 고조되어 갔다. 그러던 중 1632년 후금에서는 후금 사신에 대한 예를 명과 같이 해줄 것과 형제지맹을 군신지의로 고칠 것을 요구했다.13) 이에 조정에서는 후금과 絶和를 하고, 군비를 갖추어야 한다는 논의가 비등하였지만 결정하지는 못했다.

그 후 1636년 3월, 후금은 융알다이(龍骨大), 마푸다(馬夫大) 등을 조선에 보내어 후금의 汗에게 황제의 존호를 올리고자 하니 조선에서 臣從해 주도록 강요했다. 이에 조선에서는 후금의 국서를 받지 않고 사신을 감시하도록 하자, 후금의 사신들은 사태가 험악한 것을 눈치채고 도망을 했다. 그러자 조정에서는 팔도에 충의의 병사를 모집하도록 하교하였고, 의주를 비롯한 西道에 병기를 보내도록 했다. 그리고 絶和防備의 諭書를 평안감사에게 내렸는데, 도망하던 후금사신들에게 이것을 빼앗기게 되어 후금에서도 조선의 척화결의가 굳음을 알게 되었다.14)

드디어 1636년 4월, 후금은 국호를 청으로 고치고, 연호를 숭덕으로 하면서 태종은 황제를 칭했다. 당시 심양에 가있던 춘신사 나덕헌과 回答使 이곽 등은 그 즉위식에 참가하였는데, 청은 이들에게 배신의 예를 강요하

---

12) 『仁祖實錄』 권15, 인조 5년 2월 무오, 경신, 신유, 계해.
13) 『仁祖實錄』 권27, 인조 10년 9월 임술, 10월 무진.
14) 『仁祖實錄』 권32, 인조 14년 3월 임자.

였으나 응하지 않고 귀국해 버렸다. 그들이 귀국할 때에 청 태종은 국서를 보내왔는데, 그 서식은 종전과는 달리 대청황제라 하였으며, 조선을 爾國이라 해 하대하였으며, 왕자를 보내어 사죄하지 않으면 대군으로 정벌하겠다고 위협했다.[15] 이 국서에 접한 조선은 격분해 국서를 가지고 온 나덕헌 등을 유배시켰고, 종래의 척화론을 주장하였던 최명길, 이민구 등을 몹시 탄핵하면서 청의 요구를 묵살했다.

이러한 사태를 주시하던 청 태종은 11월에 왕자와 척화대신들의 입송을 요구하던 중, 12월 조선을 재차 침략(병자호란)하였고, 군사적인 열세를 면할 수 없었던 조선은 청에 굴복을 해 정축화약을 맺고 말았던 것이다.[16]

정축화약의 내용 중 외교에 관한 사항은 ①조선은 청에 대해 군신의 예를 지킨다. ②조선은 명의 연호를 버리고 국교를 끊으며, 명에서 받은 誥命冊印을 청에 바친다. ③청의 정삭을 받고 만수, 천추, 동지, 원단과 경조시에 貢獻의 예를 행하며 사신을 보내어 奉表하되 명과의 구례와 같이 하고, ④일본과의 무역은 종전대로 하며, 일본의 사신을 인도해 청에 내조케 한다는 것 등이었다. 이와 같이 군사력의 열세에 있었던 조선은 어쩔 수 없이 청과의 사이에 새로운 책봉체제에 조인을 하고 말았다.[17]

이러한 내용을 통해 볼 때, 병자호란과 정축화약의 외교사적 의미는 조선에서 건국 이후 대외정책의 기본방침이었던 명의 책봉체제를 바탕으로 한 중화적 국제질서가 붕괴라고 규정지을 수 있겠다. 즉 청은 명을 대신해 동아시아 국제질서를 청 중심으로 재편하려 했던 것이다. 결국 임란 이후, 명 중심의 중화질서를 재확립해 동아시아의 국제질서를 회복시키려 했던

---

15) 『仁祖實錄』 권32, 인조 14년 4월 경자.

16) 丙子胡亂에 관하여는 國防部戰史編纂委員會, 1986, 『丙子胡亂史』과 孫承喆, 『韓國戰爭史』, 제6권, 『歷代戰爭史』, 「朝鮮時代戰爭」 참조.

17) 강화의 조건과 그 내용에 관해서는 『仁祖實錄』 권24, 인조 15년 정월 무진 ; 『承政院日記』, 崇禎 10년 정월 28일 ; 『大東野乘』 권33, 續雜錄 정축년 ; 『淸太宗實錄』 권33, 숭덕 2년 정월 28일.

조선의 외교적 노력은 청에 대한 군사적인 열세에 의해 포기될 수밖에 없었던 것이며, 자의건 타의건 간에 명 중심의 중화질서로부터 이탈하는 탈중화의 과정을 걷게 되었던 것이다.

그리하여 조선에서는 명의 고명과 인신을 청에 반납하고, 그 해 11월에는 인조가 청으로부터 다시 책봉을 받았으며, 청의 정삭을 받고 年貢의 사절을 보내게 되었다.[18] 그러나 조선에서는 다음해 정월 초하루에는 여전히 명에 대한 망궐례를 행하였고, 또 연호에 있어서도 심양에 납치된 세자 일행의 관소를 비롯해 한강이북지방과 관상감과 역서 등 청인의 눈에 쉽게 띄는 곳에서만 청의 연호를 사용하고, 그밖에 충청·강원·전라·경상도와 왜관 등 남부지방과 일반의 제향축사, 그리고 일본과의 외교문서에는 명의 연호나 혹은 간지만을 사용했다.[19] 뿐만 아니라 이와 병행해 내면적으로는 자국의 문화적인 가치에 비중을 두는 '조선중화론'에 의해 자존의식을 강화해 갔으며, 그 구체적인 움직임이 한때 북벌론으로 나타나기도 했다. 그리고 이러한 인식은 조선후기 대외인식 및 정책의 큰 주류를 이루게 되었다.[20]

3) 조선중화주의

제1장에서 살펴본 바와 같이 조선시대 대외인식의 기본 틀은 주자학적 세계관의 형성에 의해 정착된 '華夷觀'에 바탕을 두고 있다.[21] 그러나 중국의 화이관이 그대로 조선인의 대외인식으로 이식·정착된 것은 아니다.

---

18) 『仁祖實錄』 권35, 인조 15년 11월 갑신, "… 仍封爾姓諱爲朝鮮國王 嘉乃恭順 金章寶册重新 作我藩屏 帶礪山河不改 立一時之名分 定萬載之綱常 天地無移 冠履不易 王其洗心滌慮 世修職貢之常 善始令終 永保平康之福 敬祗懋哉 勿替朕命."

19) 『仁祖實錄』 권36, 인조 16년 정월 을축삭, "上於宮庭設位 西向中原哭拜 爲皇明也 是時 內外文書 多用淸國年號 而祭享祝辭 仍用大明年號."

20) 박충석·유근호, 1980, 『조선조의 정치사상』, 평화출판사, 131쪽 이하.

21) 본서의 제1장 제1절, 「중화의식과 사대관념」 참조.

그것은 조선의 경우, 초기부터 대외인식의 기본이념이었던 '事大交隣'의 성격에서 알 수 있는 것처럼 대외인식 및 그 관계는 지극히 현실적이며 주체적인 성격을 지니고 있었던 것이다.

즉 조선의 경우 중국(명)에 대한 사대는 군사적인 열세를 회피하기 위한 수단이었을 뿐만 아니라, 문화가치의 면에 있어서는 조선의 문화수준을 중국문화와 동일하게 보아, 요·순과 단군, 주 문왕과 기자를 대비시켜 조선의 문화가 곧 중화의 문화라는 '문화적 자존의식'을 갖고 있었다. 그러나 국력과 군사력에 있어서는 대소·강약의 차이가 있기 때문에, 명을 정점으로 하는 책봉질서에 편입되어 평화공존의 외교관계를 수립하였던 것이다. 따라서 중국과 사대관계를 맺었다고 해도, 그것이 곧 중국에의 종속이나 예속을 의미하는 것이 아님은 물론이다.

이러한 점에 있어서 조선인의 대외인식은 '화이관'을 바탕으로 하면서도, 문화적인 가치인식에 있어서는 중국과 동일문화·동일수준이라는 문화적인 자존의식에 의한 주체성을 가지고 있었다. 그리고 군사적인 열세를 보완하며, 자국의 생존권을 유지하기 위한 외교형태로서 조공과 책봉에 의한 사대의 외교노선을 택함으로써, 형식에 있어서는 비록 불평등이 전제되지만 국가의 주권과 모순되지 않았으며, 현실적이며 상황주의적인 사고패턴을 갖는 '관념적인 화이론'과 '현실대응의 외교'라는 양면성을 갖고 있었다.

그러나 이러한 대외인식은 16세기 이후 주자학이 크게 발전해 중화적 세계관, 특히 춘추대의의 명분론이 강조되면서 그 현실적인 성격이 변질되어 갔다. 예를 들면 퇴계(이황 : 1501~1570)의 경우,

> 하늘에는 두개의 해가 없고, 백성에게는 두 임금이 없으니, 春秋의 대일통이라는 것은 천지의 常經이요 고금의 通義이다. 대명은 천하의 중주로서 海隅日出(朝鮮)이 신하로서 복종하지 않은 적이 없었다.[22]

---

22) 『退溪全書』 권8, 禮曹答日本國左武衛將軍源義淸, "天無二日　民無二王　春秋

라고 해, 사대의 근원을 어디까지나 춘추의 대의명분론에 두고 있으며, 율곡(이이 : 1536~1584)의 경우도,

> 신이 듣건데, 下가 上을 섬김에 있어서는 쉽고 어려움 때문에 그 마음을 바꾸어도 안되고, 성쇄 때문에 그 禮를 폐해도 안된다. … 지금 일단 以小事大로서 군신의 分이 정해졌으니, 時의 어려움과 쉬움을 헤아리지 말고 勢의 이해에 구애됨이 없이 그 誠을 다하는데 힘 쓸 뿐이다.[23]

라고 해, 과거 명에 대한 군사적인 열세를 극복하거나 신흥왕조의 정통성을 보장받는 등의 조선초기의 현실주의적인 실리성이 외면되고, 오히려 사대 그 자체를 목적으로 지향하는 명분론적인 성격을 띠어가고 있음을 볼 수 있다. 하지만 이경우도

> 우리 동방은 멀리 海表에 있어서 비록 따로 一區를 이루고 있다고는 하지만, 九疇의 敎와 禮樂의 俗이 華夏에 뒤떨어지지 아니하니, 마침내 一帶之水로 인해 스스로 이역이 될 수 없는 것이다. 그래서 중화와 修貢했다.[24]

라고 해, 조선의 강토는 중국과 따로 독립되어 있다는 것이고, 문화적으로 중국과 동질이라는 자존의식 속을 가지고 있었던 것이다.

그러나 춘추대의론을 앞세우는 이러한 규범주의의 경향은 임진왜란과 병자호란을 거치면서, 일본과 청에 대한 적대감의 고조와 함께 절대불변

大一統者 乃天地之常經 古今之通義也 大明爲天下宗主 海隅日出 罔不臣服."

23) 『栗谷全書』 拾遺 권4, 雜著 貢路策, "臣聞 下之事上 不以夷險而易其心 不以盛衰而其廢其禮 … 今夫以小事大 君臣之分已定 則不度時之難易 不摧勢之利害 務盡其誠而已."

24) 앞의 책, 貢路策, "臣聞 天無二日 民無二主 惟我東方 邈在海表 雖若別爲一區而九疇之敎 禮樂之俗 不讓華夏則終 不可限以一帶之水而自爲異域 故修貢中華."

의 도리로서 더욱 경직화되어 갔다. 그리하여 주자학적 세계관에 의해 중화문명 내지는 그것과 동질성을 갖지 않을 경우, 화이구분론에 의해 철저히 천시되고 배격되면서 조선과 명의 문화만을 동일선상에 놓고 그 외의 다른 모든 나라는 이적시했다.

특히 송시열(1607~1689)에 의하면 존화양이의 원칙은 공자가 춘추를 지어 예와 의를 천하에 밝힌 후 불변의 진리가 되었으며, 명과 조선은 '사대의 예'와 '자소의 은'과 '충의의 절'로서 '군신의 의'를 정한 나라이고, 반면 청은 명을 멸망시킨 군부의 원수일 뿐 아니라, 문화적으로도 아주 열등한 야만족으로 멸시하고 있다. 그래서 그는 이적의 집단인 청에 의해 역전된 국제질서를 중화질서로 회복하기 위해 천리와 도리를 지킬 것을 주장했다. 즉,

> 小로서 大를 섬김은 天理이고, 치욕을 참고 원수를 섬기는 것은 사람의 욕심이다.[25]

라고 해 명과의 관계는 천리이고, 청과의 관계는 인욕이므로 인욕을 억제해 도리를 찾아야 한다고 했다. 즉 성리학에 있어서의 인성론인 천리와 인욕의 이분법을 그대로 대외관계인 대명·대청관계에 그대로 적용하였던 것이다. 그리하여 중화는 역전되었지만 대외인식에 있어서는 화이질서를 지키기 위한 도덕론이 강조되었던 것이다. 그 결과 송시열의 만년에 이르러 중화인 명이 멸망하자, 그 중화문명의 담당자로서 조선이 설정되고, 조선이 그 주체가 되어 명을 계승한다는 '조선중화주의'가 팽창하게 된다.[26]

---

25) 宋時烈, 『宋子大全』 권5, 封事, "小事大者天理 而忍耻事讐人欲也."

26) 정옥자, 1992, 「정조대 대명의리론의 정리작업」『한국학보』 제69집, 115~116쪽. 그에 의하면 북벌론은 호란당시의 척화론을 계승한 논리로 17세기 중반 명청교체기의 대청·대명관계의 설정이었다. 그러나 1645년 명이 남천하고, 1662년에 완전히 멸망하자 북벌론의 가능성은 희박해지고 대명의 이론인 尊周論이 점차 강화되었던 것이다. 존주론이란 당시 국제사회에서

  그는 조선의 문화가 오래된 점을 강조하고, 특히 주자학 전래 이후의 도학에 관심을 갖고 있었다. 즉 여말에 정몽주와 같은 주자학자가 나와 나라 안에 도학을 보급시켰으며, 晦齊－退溪－栗谷－牛溪에 이르러 道學이 전성했다고 설명하고, 이제 조선을 東夷라고 부르는 것은 부적당하다고 주장했다.[27] 조선문화에 대한 이러한 자부심은 조선이 명의 뒤를 이어 중화문명의 정통적인 계승자로 될 수 있는 논리적인 기반을 마련했다.

  그리고는 화이의 구별은 문명의 작흥 여하에 달린 것임을 강조하면서, 맹자의 말을 빌어 舜이 東夷의 사람이고, 또 文王이 西夷의 사람이면서도 훌륭한 성인이 된 점을 지적해 중화문명이 결코 한족의 전유물이 아님을 명백히 했다. 또 南夷의 지역이었던 七閩에서는 朱子가 나온 이래 중화의 예악문물이 크게 융성한 곳이 된 점을 들어, 중화문명이 지리적으로 중원에서만 꽃을 피우는 것이 아니라는 점을 강조했다.[28]

  이러한 논리선상에서 조선은 명의 뒤를 이어 정통유학의 전통을 유지·발전시켜야 하는 유일한 나라로 등장하는 것이며, 중화문명의 정통성은 堯－舜－禹－湯－文－武－周－孔－孟－周－張－程－朱에서 조선에 계승되게 되는 것이다. 즉 문화적인 가치에 있어서는 중화문명이지만, 그 실체는 조선이 가지고 있으며 조선에서 찾는다는 조선중심주의의 가치관이었다.

조선의 정당성을 확보하고자 한 당시대인의 성리학적 세계관의 표현이었고 와해된 동아문화질서를 회복하고자 한 원망이었다. 여기서 周室은 한족의 정통성을 갖는 중화문명의 명이었고, 명이 실재하였을 때에 조선은 소중화였지만, 그 존재가 멸절된 상황에서는 조선만이 중화문화를 계승한 후계자라는 인식이다.

27) 『宋子大典』, 권31, 雜著, "我東雖曰東夷 … 奧自麗末圃隱鄭先生出 而當路蔚然 出幽遷喬 一以禮義變其舊俗 而又得朱子書於中州 以敎於國中 自後道學漸明 以至於晦退栗尤 則道學大明於世矣."
28) 『宋子大典』 권31, 雜著, "中原人指我東爲東夷 號名雖不雅 亦在作興之如何耳 孟子曰 舜東夷之人也 文王西夷之人也 苟爲聖人賢人 則我東不患不爲鄒魯矣."

그리하여 1644년 명이 멸망하자, 명에 대한 의리론과 함께 중화질서의 회복을 위한 북벌론이 제기되었으나, 1622년 三皇帝의 명맥이 완전히 끊어진 후에는 북벌론의 비현실성을 자각하고 조선이 중심이 되어 중화문화질서를 회복하고자 하는 '尊周論'을 주창하게 되며, 이 존주리론에 의해 '조선중화주의'를 체계화시켜 갔던 것이다.[29]

이렇게 볼 때, '조선중화주의'는 명의 멸망에 의해 중국대륙에서 '중화'가 소멸함에 따라, 조선이 자기를 '중화'로 재규정한 '조선중화주의'의 자존적인 자기확인 인식이었다는 긍정적인 측면을 가지고 있기도 하다. 그러나 '조선중화주의'에 바탕을 둔 대외인식은 자기중심주의의 고립주의로 경직화되어, 청 및 일본에 대해 늘 이러한 명분론을 강조해 현실적인 대응능력을 둔화시키는 장애요인이 되었던 점을 부인할 수 없다.[30]

2. 일본의 탈중화과정

1) 德川정권의 정당성 확립

豊臣秀吉의 뒤를 이어 통일정권이 된 德川막부는 집권 초기부터 이미 自정권의 정당성을 국제관계를 통해 검증하려고 했다. 이러한 경향은 소위 장군권력의 武威性에 내재되어 있는 하나의 특질로서 이미 豊臣秀吉의 조선침략에서도 그 실상을 볼 수 있다. 德川정권의 경우도 기본적으로는 정당성의 근거를 '무위'에서 찾았으며, 그것을 검증하는 방법으로 주변 제국이 막부의 '무위'에 복속하는 형태로 국제관계를 위장하였던 것이

---

29) 정옥자, 1992, 「정조대 대명의리론의 정리작업」『한국학보』제69집, 겨울호, 115~117쪽.

30) 손승철, 「상호인식 및 대외정책의 사상적 특질」『근세한일관계사』제7장, 211~216쪽.

다.31) 그리고 조선관계에 있어서 장군권력의 '무위'는 실질적인 무력 대신에 '三韓征伐'이나 '신국의식'에 보이는 천황가의 허구성과도 결합되어 있었다.32)

임진왜란 직후의 한일관계는 이러한 무위의 허구성에서부터 시작된다. 征明假道의 요구로 시작된 조선침략도 豊臣정권의 무위의 선양을 목적으로 하였지만,33) 끝내는 참담한 실패로 끝났다. 그러나 무위를 전제로 했던 德川정권은 이 전쟁을 일본의 패배로 인정하지 않았으며, '武威'정권으로서의 위신을 세우기 위해 조선으로부터 강화의 사절을 파견해주도록 요청했다.34) 그리고 이러한 德川정권의 뜻을 받았던 대마도주는 조선국왕과 德川장군 사이에 왕래한 국서를 위조한다거나 개작을 거듭해가면서 강화를 실현시켰다. 이렇게 해 재개된 양국관계는 조선에서 요구한대로 명 중심의 중화적 교린체제의 부활이었지만, 국교회복을 위해 1607년 에도에 갔던 회답겸쇄환사가 일본국내를 향해서는 '사죄의 사절', '복속의 사절'로 탈바꿈되었던 것이다.35) 德川정권은 이와 같은 방법으로 조선사절의

---

31) 朝尾直弘, 1970, 「鎖國制の成立」, 講座 『日本史』 4, 東京大學出版會, 80~87쪽.

32) 北島万次, 1990, 「豊臣政權の神國意識」 『豊臣政權の對外認識と朝鮮侵略』, 校倉書房, 126쪽 이하 참조.

33) 예를 들면, 豊臣秀吉이 조선침략에 앞서 北政所에 보낸 서한에서, "壹岐, 對馬는 인질을 보내고 출사할 것, 또 고려의 국왕에게 일본의 궁궐에 출사하게끔 서둘러 배를 보내어 통보하고, 만약 출사하지 않는다면 내년에 정벌할 것을 알리며, 唐國까지 손에 넣는 일을 내가 살아있는 동안에 이루어지도록 하였으면 좋겠다"(天正 15년 5월 29일, 北政所宛 豊臣秀吉書狀 「妙滿寺文書」 ; 山里澄江·손승철 역, 1992, 『한일관계사의 재조명』, 이론과실천, 74쪽)라고 했다.

34) 손승철, 1987, 「도꾸가와정권의 대군외교체제」 『근세한일관계사』 제4장, 강원대학교출판부, 156쪽 ; 荒野泰典, 1982, 「大君外交體制の確立」 『鎖國』, 講座, 日本近世史 2, 有斐閣, 134~138쪽.

35) 1607년 조선에서 파견된 제1회 회답겸쇄환사에 대한 일본측의 기록을 보면, 크게 다섯 가지의 형태로 나타난다. 즉 통호와 화호의 설, 德川秀忠의 장군습직에 대한 祝賀說, 德川家康의 서계에 대한 회답설, 명군철퇴를 위한

일본방문을 몇 차례씩이나 실현시킴으로써, 막부정권에 복속해 오지 않았던 大名들에게 자신의 무위를 허위로 검증시켰던 것이며, 또한 일반 서민들에게는

> 朝鮮信使의 래일은 臣從을 나타내고 또 공물을 헌상하기 위해서이다. 만약 그렇게 하지 않으면 장군은 그들에 대해 다시 전쟁을 할 것이다.36)

라고 기록이 될 정도로 허상을 심어주었던 것이다.

이와 같이 德川정권은 豊臣秀吉의 조선침략이 실패로 끝났음에도 이를 인정하지 않고, 장군권력의 정당성을 확보하기 위해 '武威'의 허구성을 계속 증폭해 갔던 것이며, 1609년 薩摩藩主 島津氏의 유구정복이나 1610년 유구국왕사의 에도방문도 이러한 맥락에서 이해할 수 있으며,37) 막부는 이러한 행위에 의해 자신의 무위를 널리 선전해 막부권력의 권위의 정당성을 확보하려 했던 것이다.

설, 來貢使라는 설 등이다. 이중 來貢使라는 기록은 「慶長日記」(『通航一覽』 第一 권27, 朝鮮國部 3, 修好始末)에 "최근에 천하가 右大將에게 양위되었으며, 근년에 또 朝鮮來貢使가 에도에 보내졌다"라고 되어 있다. 이러한 래공사라는 해석은 일본인의 전통적인 조선관이나 임진란의 전승감에서 나온 발상이지만 이것이 실제로 무사사회의 일반적인 해석이었다(三宅英利 著 · 손승철 역, 1991, 『근세한일관계사연구』, 이론과실천, 119쪽).

36) 東京大學史料編纂所, 『日本關係海外史料 · イギリス商館長日記』 譯文編, 下, 77~78쪽.

37) 1603년 薩摩藩主 島津氏는 德川家康의 취임식에 琉球의 慶賀使를 파견해 줄 것을 요구했으나 유구는 거절했다. 이에 德川家康은 島津氏로 하여금 유구를 징벌해 일본에의 항복과 에도에 사절을 강요하도록 했다. 당시 유구를 공격한 표면적인 이유는 일본에 臣從하는 조공을 거부했다는 이유였다. 결국 유구정복이 단행되었고 유구사절의 에도파견은 유구의 '복속'을 의미하게 되었다(ロナルド · トビ, 1990, 『近世日本の國家形成と外交』, 創文社, 54쪽).

2) 중화질서로부터의 소외

임란 직후부터 시도된 조선과의 국교재개 교섭이나 대명 국교회복의 노력은 외교사적인 의미에서 볼 때, 그동안 따돌림 받아왔던 명을 중심으로 한 중화질서에의 복귀를 희망한 것이었다고 판단된다.[38] 이것은 德川정권이 豊臣秀吉의 조선침략에 의해 소외된 중화질서에의 복귀를 의미하는 것이라고 볼 수 있다. 그러나 일본이 중화질서에 들어가기 위해서는 우선 명의 年號를 쓰고, 장군자신을 명의 신으로 지칭하는 表文형식으로 명의 황제에게 청원해야만 했지만, 足利義滿이 명의 황제로부터 '國王'의 칭호를 받았다는 것[39]에 의해 일본의 주권을 손상시켰다고 하는 후대의 비난을 알고 있고,[40] 또 '武威'정권으로서의 위신을 내세우려 했던 막부로서는 그렇게 할 수는 없었다. 더구나 명의 입장에서도 기존의 중화질서를 파괴한 조선침략을 용서할 수 없었으며, 명의 연안지방에는 1610년대까지도 왜구의 활동이 근절되지 않았던 것이다.[41] 따라서 명의 입장에서도 일본의 중화질서에의 복귀를 인정할 수 없었으며, 일본의 경우도 무위정권과 表文의 모순이 해결되지 않는 한은 중화질서에의 복귀는 불가능한 것

---

38) 이미 살펴본 바와 같이 일본은 임란 직후부터 조선과의 강화교섭을 시작해 1607년에 개작된 국서이기는 하지만 일본국왕호를 사용한 국서를 교환함으로써 조선과의 국교를 회복하였고, 명에 대하여는 1609년 3월 景轍玄蘇와 柳川景直을 통해 한양에의 상경과 명에의 공로를 요구했다(『光海君日記』 권14, 원년 3월 기유, 권15, 4월 계축).

39) 足利義滿은 명으로부터 일본국왕에 봉해 짐으로써 명중심의 중화질서에 편입됨으로써, 일본이 중국과 직접 접할 수 있는 소위 '勘合符'를 장악하게 되었다. 그리고 이 '勘合符'의 분배권을 통해 강력한 守護나 寺社勢力을 통제할 수 있게 되었던 것이다(田中健夫, 1961, 『倭寇と勘合貿易』, 至文堂 참조).

40) 足利義滿과 義持의 대명외교자세에 대하여는 高橋公明, 「室町幕府の外交姿勢」『歷史學研究』제546호, 20~25쪽 참조.

41) 왜구의 중국에 대한 침략에 관하여는 田中健夫, 1982, 『倭寇』, 歷史新書 66, 敎育社, 207쪽의 도표 참조.

이었다.

당시 德川幕府의 대외자세는 1610년, 왜구의 금압을 호소하기 위해 내항한 福建의 海商 周性如에게 부탁해 福建總督 앞으로 보낸 서한에 잘 나타나 있다.[42] 이 서한의 주요내용은 임란 후 일명교섭이 순조롭지 못해 일명관계가 단절된 것을 애석하게 여기며, 德川家康의 국내통일에 의해 일본국내는 평화롭게 되었으며, 조선을 비롯해 동남아·유럽인까지 그 덕화에 복종해 일본에 조공하기 시작했다고 하면서 나아가 中華(명)와의 국교회복을 바란다는 것, 그리고 유구의 침략사실을 '琉球稱臣'으로 탈바꿈시켰다. 그리고 周性如가 내일해 서장을 보내어 국교회복을 위한 감합부와 遣使를 구한다고 하면서 명에서 감합부를 보내주면 일본에서는 견사를 할 것이며, 앞으로 주인장을 지참하지 않은 선박이 있으면 왜구와 같이 처벌해도 좋다는 내용 등이었다.[43]

그러나 이 서장은 表文의 형식을 갖추지도 않았을 뿐만 아니라, 명의 연호와 德川家康의 서명, 중국을 지칭하는 경칭을 쓰지 않는 등 명 중심

---

42) 이 서한은 德川家康의 뜻을 받아 本多正純의 명의로 작성되었으며, 그 문장의 기초는 당시 막부의 외교정책을 수립한 林羅山과 長崎奉行 長谷川左兵衛가 담당하였으므로 막부의 대외정책을 그대로 반영하고 있다고 보아도 큰 무리가 없다(荒野泰典, 1987, 「日本型華夷秩序の形成」『日本の社會史』第1卷, 列島內外の交通と國家, 波書店, 217쪽).

43) 『林羅山先生文集』卷12, 外國書上「遣大明國」『古事類苑』外交部十四(1934, 內外書 籍刊行本, 74쪽에서 인용), "日本國臣本多上野介藤原正純奉旨呈書 福建道總督軍務都察院都御史所 … 然前世當朝 鮮忿擾之時 雖有 中華之貴价 來我邦 而譯者枉旨 執事牴牾 而其情意 彼此不相通 此來海波 揚 而風舶絶 可謂遺憾 方今吾日本國主源家康 一統閭國 撫育諸島 … 其化之所及 朝鮮入貢 琉球稱臣 安南交趾占城暹邏呂宋西洋柬埔寨等 蠻夷之君長酋帥 各無不上 書輸賓 由是慕 中華 而求和平之意無忘于懷 … 明歲福建商舶來 我邦 期以長崎港爲湊泊之處 隨彼商主之意 交易有無 開大關市 豈非二國之利乎 … 亦承 大明天子之旨 以賜勘合之符 則必 我邦遣使船 … 若餘船之無我印書而到者 非我所遣也 乃是寇賊姦宄 伏竄島嶼 而猾 中華之地境之類 必須有刑法 … 歲舍庚戌 季冬十六日."

의 중화질서권 내에서 통용해야만 하는 외교형식을 무시해 버렸다. 뿐만
아니라 조선침략도 사죄하지 않았고, 유구의 침략사실 대신에 '琉球稱臣'
으로 미화시켰으며, 德川 정권의 정당성을 주장하는 기도로서, 중국의 번
속국 중 조선으로부터 동남아에 이르는 나라들이 일본에 조공을 시작했
다는 주장을 해, 마치 동아시아의 華夷秩序에 있어 일본이 중국의 지위를
대신하는 것 같은 내용으로 명에서 도저히 받아들여 질 수 없는 내용이
었다.[44]

막부정권의 중화질서에의 복귀노력도 2대장군 德川秀忠의 습직에 의해
장군권력이 안정되고, 1617년 조선의 회답겸쇄환사 파견, 주인장제도의
확립에 의한 중국 및 동남아무역의 확보, 네덜란드와 포르투갈인과의 교
역 등이 이루어짐에 따라 점차 희박해갔다. 이것은 한편으로 幕府정권의
국내외에 대한 외교적 입장을 시사하는 것으로 1621년 명으로부터의 회답
서를 거부한 것에서 확인할 수 있다고 생각한다.

이 서한은 명으로부터 막부정권에 최초로 보내진 것으로, 1619년에 작
성되어 명의 浙江總督으로부터 德川將軍과 長崎奉行 앞으로 보내졌다.
이것은 명으로부터 막부정권에 보내진 최초의 서한으로, 내용은 주로 왜
구의 금압과 상선의 도행을 비난하면서 상선의 단속을 요구하는 등 비난
투의 문장이었다.[45] 막부에서는 이 서한의 수용문제를 놓고 여러 차례 회

---

44) ロナルド・トビ, 1990, 『近世日本の國家形成と外交』, 第3章　承認のレンズ,
　　創文社, 56쪽.

45) 원문은 앞의 책, 『外蕃通書』, 76쪽, "欽差總鎭浙直地方總兵官中軍都督府僉
　　使王　爲靖安邊以杜商患事　照得丁巳年間　據福建軍門海道申報　貴邦送回中軍
　　官董伯起等情　具表申奏朝廷 … 貴邦交易　商名盜行　眞僞難分　虎攘孤藏　憲典
　　幕及　倘非察剿　是養奸胎患　皆有國者之恥也 … 齎文前往將軍樣麾下　投遞乞
　　行令各郡　將所到商船　逐一査理　及一切經年流落商人　或賭博棍徒　皆易爲盜者
　　悉宜細勘　俾人贓得實　卽嚴刑懲治　庶上伸三尺之王章　而商利允沾　下杜兩邦之
　　盜患　而邊彊永靖　益信昔日惠　歸我人之非虛矣 … 大明萬曆肆拾漆年陸月日
　　承行典吏張文相."

의를 거듭하였으나 결국 거부하고 말았다. 그 이유는 같은 내용을 장군과 장기봉행에 보낸 것은 상하의 구별이 없는 짓이고, 또 장군을 '日本國將軍樣'이라 한 것은 무례하다고 하면서,

> 大明이 일본에 대한 通信을 할 때에는 근래 조선에서 쓰시마에 고하였고, 쓰시마에서 이를 주상하였는데, 지금은 무례하게 이 경로를 무시하고 보내고는 홀연히 자기나라로 돌아갔다. 그러므로 조선역관을 통해 그 구하는 바를 적도록 하는 것이 가하다.[46]

고 하면서 엉뚱하게 일본의 대명관계에 조선을 개입시키면서 거절하고 말았다. 즉 막부정권은 이 시기에 이르게 되면 명과의 직접관계를 맺음으로써 이제 막 안정되기 시작한 막부권력의 국내외의 정당성 구조를 손상시킬 필요를 느끼지 않았던 것이며, 이러한 외교자세는 대조선 외교에 또 하나의 허구를 만들어 내었던 것이다.

이상의 내용을 통해 볼 때, 일본의 경우 탈중화의 과정은 조선과는 매우 다르게 전개되어짐을 알 수 있다. 즉 일본의 탈중화는 중화질서에 편입하려는 막부의 요구에 대한 명의 거부로부터 시작되며, 그 전개과정은 막부정권의 국내외에 대한 외교적 정당성의 확보와 밀접한 관계 속에서 이루어지고 있다는 점이다. 즉 명의 거부에 의해 명과의 공식적인 관계는 단절되었지만, 기존의 대명관계 루트였던 조선과의 관계를 지속하였으며, 중국인의 밀항과 유럽선박의 교역을 그대로 인정함으로써 중국과의 무역로를 확보했다. 반면 조선과의 관계는 쓰시마가 조선에 '신하의 예'를 취해 이루어지는 교역형태였으며, 반대로 조선사절은 '복속'의 사절로 둔갑하는 것 같은 허구성으로 나타났다.

---

46) 앞의 책, 『古事類苑』, 外交部十四, 77쪽, "大明日本之通信 近代自朝鮮告對馬 對馬奏上之 今猥無由執奏之 忽還邦 而以朝鮮譯通 可述所求之事者也."

3) 일본형화이의식

명의 서한을 거부할 당시, 막부의 대외자세는 이미 탈중화적 경향을 명확히 하였고, 이러한 경향은 1610년 중국에 보낸 서한 중에 조선 및 동남아 여러 나라들이 막부에 조공을 시작했다는 문구에서 분명히 드러난다. 예를 들면 중국에 보낸 서한에는 조선 및 유구 등의 사절을 하위나라가 상위나라에 납공을 의미하는 '來貢' 또는 '入貢'사절로 표현했는데, 실제로 대다수의 일본인들은 그렇게 인식하고 있었다.

이와 같이 외국사절(조선·유구·네덜란드 등)을 조공사절로 둔갑시키는 행위는 일본(장군)을 중심으로 하는 '국제조공제도', 즉 규모는 작지만 명의 '중화세계질서'와 유사한 '일본형화이질서'라고 하는 환상을 만들어냈고, 이러한 대외자세에 의해 1621년 浙江 총독으로부터의 서한도 거부하였다. 그리고 이후 막부는 동아시아 및 유럽제국에 대해 자신이 만든 외교질서의 제규칙에 따르지 않는 나라는 일본적 세계질서에서 제외시킨다고 하는 '일본중심관'을 확장시킨 공상적인 국제환경을 만들어 갔다.

일반적으로 '일본형화이의식'의 특질에 관하여는 다음 세가지로 요약할 수 있다.[47)]

첫째, 일본 스스로 '華'라고 하는 근거를 '武威'와 '天皇'의 존재에 두고 있다. 즉 '武威'란 장군권력의 정치적 기반이 무력에 두고 있으며, 이러한 인식이 영주계급의 자의식은 물론 일반서민의 수준에서도 공유되었다. 이러한 인식은 德川정권이 조선침략을 패배로 인정하지 않는다는 사실이나 조선과의 강화교섭 당시 재침의 위협이라던지, 조선사절단을 복속의 사절단으로 둔갑시키며, 그것을 그대로 믿었던 서민들의 의식에서 단적으로 표현된다고 말할 수 있다.

---

47) 荒野泰典, 1989, 「近世の日朝關係」『日朝關係史を考える』, 歷史學硏究會, 104 ~106쪽(山里澄江·손승철 역, 1991, 『한일관계사의 재조명』, 이론과실천, 104~105쪽).

또한 '天皇'의 존재를 부각시켜 일본 국내통치에 있어서도 천황의 宣下에 의해 장군의 통치권을 집행하며, 국서개작사건의 폭로 이후에는 외교문서에서 국왕호를 폐하고 대군을 칭하였고, 일본의 연호를 쓰고 있다. 그리고 이러한 방법에 의해 조선국왕과 德川장군은 대등하면서도, 장군 위에 천황을 위치시킴으로써 결과적으로는 조선의 상위에 서려고 했던 것이다.[48]

둘째, 일본은 '神國'이라는 의식을 가지고 있었다. 신국이란 1587년 豊臣秀吉이 내린 기독교선교사 추방령에 잘 나타나 있는 바와 같이, '일본은 신국이므로 기독교국에서 邪法을 받아들이는 것은 절대로 불가하다'[49]는 인식이다. 이러한 신국의식은 德川家康에게도 그대로 계승되어 그가 에스파니아 총독 앞으로 보낸 서한에서는 '군신충의의 도를 견고히 하고, 覇國交盟의 약속에 변함이 없을 것을 신에게 맹세해 믿음의 증거로 삼고자 한다'고 하는 등, 일본은 신국이기 때문에 이적이 감히 침할 수 없다는 종래의 의식이 그대로 이어져 가고 있다.

셋째, 이러한 의식에 의해 德川將軍과 주변 제국과의 관계를 예적인 관계로 구축하고, 그 구체적인 표현으로서 어떤 형태이든 복속의례를 따르게 한다는 것이다. 그리고 그에 복속하지 않는 나라나 제민족에 대하여는 정벌이나 단교와 같은 조치를 취함으로써 무가정권의 권위를 내세웠던 것이다. 그 예로서 豊臣政權의 조선침입이나 薩摩藩의 유구침입, 아이누족의 정벌[50] 등을 들 수 있다. 그리고 조선통신사나 유구사절, 심지어는 長崎의 네덜란드 상관장의 江戶參府도 모두 이러한 의미로 인식하였던 것이다.

---

48) 荒野泰典, 1988, 『近世日本と東アジア』, 東京大學出版會, 57쪽.

49) 箭內健次·沼田次郎, 1975, 『海外交涉史の視点』 2, 近世, 日本書籍, 45쪽 사료부분.

50) 소위 샥사인란이라고 하며, 1669년 북해도 아이누족이 샥사인추장의 통솔 하에 和人의 부정교역과 松前藩의 아이누 분단정책에 반발해 일으킨 싸움, 이 싸움을 통해 松前藩은 아이누의 지배를 강화했다(高柳光壽, 竹內理三 編, 日本史事典, 角川書店, 456쪽).

결국 이러한 자기중심적이며 자만적인 '일본형화이의식'에 의해 이민족·이문화에 대한 조소와 멸시감이 증폭되었고, 뒤에서 구체적으로 언급되듯이 막부의 외교정책의 사상적 기반을 형성해 갔던 것이다. 그리고 이러한 '일본형화이의식'에 의해 소위 일본을 중심으로 하는 '일본형화이질서'('일본형세계질서')를 구축하려고 했던 것이다.[51]

이상에서 언급한 바와 같이, 일본에서도 탈중화의 과정을 전후해 일본중심주의의 새로운 '일본형화이의식'이 나타나게 되었고, 이것이 대일교린체제에 있어서 제도적으로 완성되는 계기가 되었던 것이 소위 '柳川一件'의 국서개작 폭로사건과 1636년의 병자통신사였던 것이다.

Ⅲ. 장군호칭과 의례변경

1. 대군호와 통신사

조일관계에 있어서 탈중화적 현상이 양국관계에 직접적으로 반영되기

---

51) 荒野泰典은 이 과정을 '일본형화이질서'의 확립과정으로 설명하고 있다 (1988, 『近世日本と東アジア』, 東京大學出版會, 33쪽). 그러나 Ronald Toby는 '중국형세계질서'와 '일본형세계질서'와의 사이에는 엄청난 의미의 차이가 있다고 하면서, '중국형세계질서'에 일본을 바꾸어 넣는 것은 "일본적 환상에서 발상된 대용질서로서 재통일된 德川政權下의 일본에 새롭게 만들어지는 중심성, 통합성을 반영하는 것 같은 자세인 것 같다"고 하면서 그 허구성을 지적했다. 즉 '중국형세계질서'는 그 사상적 전제조건이 주변 제국으로부터 넓게 인정되고 지지를 받지만, '일본형세계질서'는 일본의 영역을 넘어서는 그 누구도 납득할 수 없는 것으로서, 규범적인 개념의 '화이'와 객관적인 '질서'를 구별해 쓸 것을 주장했다(Ronald Toby, 1992, 「變貌する '鎖國' 概念」 『國際交流』 第59號, 國際日本研究센타, 25쪽).

시작하는 것은 1635년 3월, '柳川一件'이라는 국서개작폭로사건이 일단락되고, '以酊庵輪番制'를 실시함에 의해 막부 - 쓰시마 - 조선의 외교지휘계통을 새로이 확립하면서부터이다.

그러나 일본측에서는 이 사실을 공식적으로는 조선에 알리지 않았다. 그리고는 자신들이 개정한 서식에 의해 직접 조선에 대한 통교를 시작해 왔기 때문에, 조선과의 사이에 외교적인 문제가 되었던 것이다. 당시 조선에 통보해 온 서식의 변경사항은, ①조선에서 일본에 보내는 국서에 將軍의 호칭을 大君이라고 써 달라는 것, ②干支 앞에 과거 龍集 등의 별자리 이름을 쓰던 것을 일본천황의 연호를 쓴다는 것, ③예조참의, 부산첨사, 동래부사를 칭할 때 閣下라고 했는데 足下라고 고친 것, ④조선국왕에 바치던 공무역품을 進上이라고 하던 것을 封進으로 바꾼다는 것이다.[52] 이 중 특히 주목되는 내용은 1403년 이후, 足利幕府가 명의 책봉을 받으면서 조선과의 국서에서 사용해 오던 장군의 호칭을 國王 대신에 大君으로 써 달라는 것과 장군의 국서에 天皇年號를 쓴다는 점이다. 이러한 점들은 확실히 임란 후 재개된 중화적 교린체제로부터의 탈피를 의미한다.

그러나 종래의 연구는 이러한 변화가 일본측의 요청에 의해 이루어지고 있다는 이유와 소위 '대군외교체제'의 확립이라는 측면을 강조함으로써, 일본외교는 능동적이었으나 조선외교는 피동적이었다는 설명으로 일관해 왔다. 물론 표면적으로 보면 그러한 인식을 갖기 쉽다. 그러나 조선의 입장에서 이 문제를 살펴보면, 국서개작 사건이 문제가 되자 일본의 국정을 살피기 위해 이미 1631년 9월부터 역관을 파견해 그에 대한 정보를 수집하였고, 1635년 1월부터 6월 사이에는 쓰시마를 경유해 에도(江戶)에 역관 홍희남 일행의 마상재를 파견하였으며, 이들의 귀국시에 '兼帶'가 모색되었고, 그 후 외교서식의 변경요구를 1636년 10월 병자통신사를 파견해 최종합의를 본다는 점을 생각하면, 그러한 인식이 매우 일방적인 편견

---

52) 『東來府接倭狀啓登錄可考事目錄抄』 을해, 병자(서울대학교규장각도서 No.9764).

임을 알 수 있다.

더욱이 이시기의 국제환경을 고려하면 더욱 자명해진다. 즉 조선에서는 청의 위협이 날로 가중되어 감에 따라, 대일안전을 모색하기 위해 일본과의 관계를 어떻게 할 것인가를 늘 논의하였으며, 대륙에서의 명·청세력 교체에 즈음해서는 양국 모두가 대륙의 상황을 고려하면서 상호공존의 길을 모색했다는 점에 있어서 충분히 입증되는 것이다. 따라서 이후의 새로운 교린체제는 어느 한쪽의 입장이 강조되는 것이 아니라, 양쪽의 필요충분 조건의 완성이라는 측면에서 고찰되어야 할 것이다.[53]

예를 들면, 이러한 성격은 병자통신사 파견 때에 논의된 대군호와 연호문제에 대한 양국의 입장과 거기에 나타난 칭호변경의 이유를 통해 확인할 수 있다. 당시 정사였던 임광의『丙子日本日記』를 보면, 大君과 天皇 年號의 사용은 국서개작사건이 폭로된 후, 대조선 외교체제를 정비하려는 막부의 내부사정에 의해 이루어진 일이므로, 그 용어 자체에 상대국에 대한 우위를 나타낸다고 볼 수 없으며, 오히려 명 중심의 중화질서가 붕괴되어 명의 책봉이 불가능한 상황 속에서 조선과의 대등한 관계를 재설정하려는 의도에서 쓰여지고 있다고 한 점이다. 그리고 또 하나의 주목할 만한 사실은 당시 조선사절단의 명칭이 임란 후 최초의 통신사였다는 점이다. 그것은 이제까지 사절단의 명칭이 探賊使, 回答兼刷還使였다는 점을 감안할 때, 통신이란 교린국사이에 서로가 신의를 통한다는 의미로 형식적으로는 대등관계에서의 우호교린을 의미하기 때문이다.

이러한 의미에서 볼 때, 1636년의 병자통신사는 명청의 교체기에 청을 견제하기 위한 새로운 외교체제의 수립에 의해 조일간의 우호와 연대의식을 확인한 국제적 표현이라고 규정할 수 있으며, 나아가 중국을 중심으로 하는 전통적인 외교질서를 배제한 탈중화적이며 독립적인 대등 외교의 수립이라고 볼 수 있다. 그러나 '武威'를 바탕으로 한 德川정권의 조선사절

---

53) 孫承喆, 1993,「朝鮮後期 對日交隣體制の脫中華的性格」『歷史學硏究』, 647, 36~37쪽.

단에 대한 인식과 접대에는 통신사를 복속의 사절로 선전을 한다든지, 德川家康의 日光墓에 참배를 시키는 등 선린우호의 대등외교와는 많은 괴리가 있었던 것이다.[54]

2. 국왕호와 빙례변경

　1711년 신묘통신사는 6대장군 德川家宣의 습직을 축하하기 위한 사절단이었다. 그런데 막부에서는 이미 장군습직 직후인 1709년 6월부터 新井白石에 의해 聘禮改定이 추진되었다. 개정의 내용은 일본장군의 칭호를 다시 대군에서 국왕으로 바꾸고, 將軍嗣子에 대한 빙례 정지, 예조로부터 老中에의 書·弊의 정지, 노연과 객관에서의 의례법, 사신 도착시 숙소 방문, 국서는 정사가 봉진할 것, 拜位와 향연에 三家相伴을 중지하는 것 등이었다.[55] 그러나 조선에서는 이 사실을 전혀 몰랐으며, 이중 통신사가 출발하기 전에 통보된 것은 將軍嗣子에 대한 빙례정지와 예조에서 老中에게 보내는 서폐의 정지뿐이었다. 그리고 통보의 방식도 재판왜에 의해 구두로 동래부사에게 전달되었을 뿐이었다.[56]

　新井白石이 개정을 실시한 이유에 대하여는, 장군사자가 아직 너무 어리기 때문에 전례의 분쟁을 고려해 사퇴한다는 것이고, 노중 서폐에 관하여는

　　　근래 그 나라의 예조가 우리 執政에게 서폐를 보내는 의식이 있는데, 옛

---

54) 任絖, 「병자일본일기」 『해행총재』 2, 338쪽.

55) 三宅英利·손승철 역, 1991, 「근세한일관계사연구」의 제2부 제3장 ; 1991, 「1711년 辛卯通信使와 聘禮制度의 改定」, 이론과실천, 286~293쪽.

56) 『通信使謄錄』, 제5책, 경인 六, 十三(서울대학교 규장각영인본 제2권, 73쪽) ; 『邊例集要』 상, 권1, 경인 6월(국사편찬위원회 한국사료총서 16, 55쪽).

날 京都의 때에는 九州探題라도 그 나라 의정부에서만 통하였지 지금과 같
은 일은 일찍이 없었다. 이 일은 그 나라 의정부에서도 바라지 않는 일이고,
우리나라도 받아들일 수 없는 일이니 이를 지키도록 쓰시마에 지시해야 한
다. … 우리나라의 執政이라고 하는 것은 그 나라 의정부의 의정과 같은 것
이니, 원컨데 우리나라의 사신이 이르렀을 때 그 나라 의정부의 의정이 우
리사신의 객소에 온 적이 없으므로 우리나라의 執政으로 하여금 그 나라 사
신을 위로해서는 안된다.57)

는 것이었다. 이러한 논리에 의하면 新井白石의 소위 '대등, 화평, 간소
론'58)이 타당성을 갖는 것 같지만, 그 논리의 바닥에는

　　옛날에는 三韓(조선)의 나라들이 전부 本朝(일본)의 西藩이 되어 그나라의
　　임금과 백성이 모두 본조의 臣屬이었다.59)

라는 인식과 임란 후 조선과 국교를 맺은 것도 조선의 입장에서는 '再造
의 恩'으로 보아야 한다는 엉뚱한 주장이 깔려 있었던 것이다.60)
　그러던 중, 통신사가 부산에서 출발하기 직전 쓰시마로부터는 다시 장
군의 호칭을 大君에서 國王으로 바꾸어달라는 요청이 있었다. 復號 이유
로는 국왕호는 이미 명이나 조선관계에서 써왔던 전례가 있고, '大君'호가

---

57) 「折たく柴の記」『新井白石全集』 3 중.
58) 宮崎道生, 1958, 『新井白石の研究』, 吉川弘文館, 49쪽.
59) 『新井白石全集』 3, 五事略, 殊號事略, 下, 大君の御號を止められし事, "古の
　　時には三　韓の國國本朝西藩にて, 其國國の君, 皆これ本朝に臣屬して其國に
　　王たりき, 今の朝鮮の君は　彼三韓の地を併せてこそ其國には王たれ, 然る其僞
　　官を以て我國の君に加へ稱しまるいらせんは冠履其所を易たりとも申べきか."
60) 『新井白石全集』 4, 朝鮮聘使後議, "… 東照宮御代をしろしめされて前代の非
　　を改られし　事共を傳へ聞又朝鮮の男女我國の兵の爲にとらはれしものとも還
　　し遣はされし所前後三千　人に及びければやがて兩國の和事なりて夫より此か
　　た彼國東西の民兵革の事を相忘れし且　既に百年に及たり我國再造の恩におい
　　ては彼國の君臣長く忘るべからざる所也 …."

일본에서는 天皇의 존호이며, 조선에서는 王子의 칭호이기 때문에 모순이라는 것이며, 복호 사용의 목적은 동아시아 국제사회에서의 일본 지위와 장군 체면의 선양이었다고 밝히고 있다. 이러한 논리도 표면적으로는 대등관계로 바로잡는다는 명분을 가지고 있는 것 같지만, 실상 그가 주장하는 대등관계란 일본천황과 중국천자를 대등관계에 두고 德川장군을 일본국왕으로서 조선국왕과 대등하게 설정해, 결과적으로 조선을 일본보다 하위에 두려는 의도였음은 말할 나위가 없다.[61]

일본측의 개정요구가 이와 같이 일방적으로 거듭 요청되자, 조선에서는 1636년 병자통신사 이후 계속 써왔던 大君의 칭호를 상호이해 없이 바꾸는 태도는 조선을 지휘하는 자세로서 '嚴辭峻斥'해야 한다는 의견이 많았다. 즉 영의정 서종태는

> 지금 서식을 개정하는 이유는 알 수 없으나 關白이 새로 등극해 매사에 자만심이 심하다. … 더구나 그 나라가 禮單과 서식개정을 마음대로 하고자 하니 그 곡절을 알 수가 없다. 만약 지휘하는 자가 있다면 嚴斥해야 한다. … 나의 뜻은 우리나라가 大朝가 되어서 사신을 보내는 것을 끊을 수가 없으니 사리를 밝혀 답하는 것이 좋겠다.[62]

고 했다. 그러나 숙종은 일본에서 '王'이라고 칭하는 이유는 국내제후에게 장군권위를 과장하려는 것으로 '鎭服人心'의 계책이라고 볼 수 있는데, 만약 척퇴하였을 때에는 일본과의 사이에 갈등이 생길 것이며, 蠻夷와의 교린의 도는 우리를 깔보는 문서라고 해도, 그것을 받는 것이 제왕의 도이라

---

61) 失澤康祐, 1969, 「江戶時代における日本人の朝鮮觀について」『朝鮮史硏究會論文集』제6집, 23쪽.

62) 『備邊司謄錄』제62책, 숙종 37년 신묘 6월 초3일, "… 今書式改書之請 事情不可知 抑是關白新立 每事務自矜大 … 而彼國 以禮單及此事 送言無難 惟意所言 何可惟其言曲從乎 有若指揮 事當嚴斥 … 而臣意則以爲大朝 何必絶勿使之上送 據理答之."

는 주장[63]과, 처음부터 일본과의 국서에는 日本國王이라고 했고, 후에 大君이라고 고쳤기 때문에 조선에서 개서하였던 것인데, 지금에 와서 다시 왕이라고 칭하는 것을 금할 필요가 없으니, 그들이 요청하였기 때문에 한다는 생각보다는 일의 가부가 중요하다는 주장을 받아들여, 국서를 급히 고쳐 출발을 대기하고 있는 부산으로 급송했다.[64]

이후에도 사행도중에 沿路五處設宴 등 분쟁이 있었으며, 또 에도에서도 범휘문제에 의해 국서교환도 전례없이 귀국길에 쓰시마에서 이루어졌고, 이로 인해 삼사는 귀국 후 삭탈관작 문외출송의 처벌을 받기도 했다.[65]

이상에서 언급한 바와 같이 빙례변경이나 국왕호의 개정은 외교상의 중요한 문제임에도, 상대국의 사정을 전혀 참작하지 않고, 구두나 또는 사절단이 한양을 출발한 후에 요청하는 것 등은 국제의례를 전적으로 무시한 행동이었다. 이는 결국 조선측의 '鎭服人心'의 주장에서처럼, 국왕호의 복호는 대군호에 의해 성립된 '일본형화이의식'의 모순이 조선관계에 무리하게 적용된 결과였다고 본다. 그리하여 결국 이렇게 사용된 국왕호도 일회적인 사용에 그치고 말았다. 한편 이러한 복호요청에 대한 조선의 반응도 처음에는 강한 거부를 표시하지만, 결국에는 조선의 의향을 강행하면 태욕을 초래한다는 국방상의 우려와 일본을 만이로 보는 '조선중화주의'에 의해 '제왕의 도'의 명분을 내세워 일본의 요구를 수용하는 쪽으로 결정되었던 것이다.

---

63) 앞의 책, 같은 부분, "… 彼旣稱王 崑然自大 又要信使改定書式 以爲夸耀國中 鎭服人心之計 則其望者 如何 而今若斥退不許 豈無生梗之慮耶 且與蠻夷交隣之道 雖有嫚書 古之帝王 尙惑勉從 況此島主書契云云 本無相慢之意 且有祖宗朝已許之規 則此非斥絶之事 …."

64) 『肅宗實錄』 권50 상, 숙종 37년 5월 을묘.

65) 『肅宗實錄』 권51, 숙종 38년 3월 임진.

3. 대군호의 부활

1719년 기해통신사는 제8대 장군 德川吉宗의 습직을 축하하기 위한 사절이었다. 이 통신사의 시행이 대마번에 지시된 것은 습직한 1년 후였던 1717년 5월이었는데, 빙례절차는 1711년 병자통신사의 예를 폐하고 1682년 임술통신사의 구례를 따르도록 다시 변경되었다.[66]

쓰시마로부터 신사파견요청이 된 것은 1717년 10월이었고, 11월에는 '강정절목'을 위한 역관의 쓰시마 파견을 요청했다. 그러나 조선에서는 '강정절목'만을 위한 역관은 파견한 예가 없다고 반대하였고, 더구나 그러한 요청을 구두로 하는 것에 심한 불쾌감을 보이면서, 이것을 대마번이 막부에 공명심을 보이기 위해서 행하는 일로 비난했다.[67] 격렬한 반대논의가 있었지만, 역관을 쓰시마에 파견해 '강정절목'을 정했다. 개정된 절목은 지난 번에 복호된 國王號 대신에 다시 '大君'이라 하였고, 예조로부터 노중에 보내는 서폐나 연로향응이나 城中에서의 국서봉지 등 빙례의식에 관한 한 將軍嗣子에 대한 예단을 제외하고는 대부분이 1682년의 예로 돌아가자는 것이었다.[68]

그 이유로는 新井白石의 빙례개정이 雨森芳洲를 비롯한 대조선외교의 실무자들로부터 많은 이론이 있었으며, 德川吉宗의 정치이념이 德川家康으로 상징되는 막부 초기로의 정치형태로 부활하는 것을 이상으로 하였기 때문이라는 지적이 통설로 되어있다.[69] 결국 여기서 막부 초기의 정치로의 부활이란 대외인식에 있어서는 '일본형화이의식'에 의한 국제관계를

---

66) 『有德院殿御實紀』 권4, 6월 28일.

67) 『備邊司謄錄』 제71책, 숙종 44년 무술 7월 1일.

68) 『邊例集要』 下, 권18, 信使, 戊戌(1718) 윤8월, 國史編纂委員會, 韓國史料叢書 16, 547~548쪽.

69) 三宅英利 · 손승철 역, 앞의 책, 313쪽.

재확립하는 것을 의미하는 것임은 물론이다.

한편 조선조정에서는 '강정역관'의 쓰시마 파견 요청에 대해 비판과 불만을 가지고 격론을 벌였지만, 정작 대군호의 부활이나 빙례의식의 변경에 대하여는 1711년의 경우와 같은 격렬한 논의나 반대는 없었다. 다만 절목에 관한 불만 부분에 관해 '自我書給節目'을 별도로 추가해 모든 일을 임술년의 예에 따르도록 하면서, 사행의 안전과 대우에 배려를 요구하는 정도였다. 그 이유는 말할 것도 없이 사행도중에 있을지도 모르는 대마번, 각번, 막부와의 논쟁을 염두에 두었기 때문이다.[70]

결과적으로 1719년의 기해통신사는 1711년 이전의 '교린체제'로 돌아가는 것이었다. 그러나 전통적으로 대일정책에 있어 쓰시마를 옹호해 대일 안전을 유지한다는 원칙과 제왕의 도로서 일본과의 교린을 주장해 온 조선으로서는 1682년 임술통신사의 예로 돌아가는 것을 반대하지 않고, '自我書給節目'을 추가하는 선에서 통신사 파견을 결정하였던 것이다. 이렇게 해 국교 재개 후 國王 － 大君 － 國王으로 변경을 거듭한 장군 칭호는 다시 大君으로 변경되어, 1636년 이래의 교린체제가 부활됨으로써, 이후 개항기에 이르기까지 양국교린체제의 정형화를 가져왔다.

Ⅳ. 맺음말

이상에서 조선후기 탈중화적 교린체제의 형성과정 및 거기에 나타나는 조일 양국의 상반된 대외인식인 '조선중화주의'와 '일본형화이의식'의 구조와 특징, 그리고 그것이 양국관계에 구체적으로 어떻게 나타났던가를 장군호칭과 빙례변경의 문제를 중심으로 살펴보았다.

---

70) 『肅宗實錄』 권61, 숙종 44년 정월 무진, 3월 계유.

　앞서 언급한 바와 같이, 조일 양국의 탈중화과정은 매우 다른 길을 걷고 있었다. 즉 조선의 경우 전통적인 대외인식이었던 중화의식이 명청세력의 교체 분위기에서 동요되기 시작해, 명의 멸망 후 주변제국이나 제민족에 대해 문화적인 우월감으로 바뀌어가면서, 조선을 '華'로 하고 他를 '夷'로 설정하는 '조선중화주의'를 정착시켜, 이를 바탕으로 유교적인 예적 질서의 속에서 일본과의 교린을 모색해 갔던 것이다. 한편 일본의 경우는 德川幕府 정권의 정당성 확립을 위한 '武威'와 '天皇'의 존재를 '華'로 설정하고, 주변의 나라가 그것에 복속하는 형태로 국제관계를 재편성하는 '일본형화이의식'에 의해 조선과의 교린관계를 구축하였던 것이다.

　이와 같이 조일양국은 상호간에 탈중화의 교린체제를 새로이 확립해 중화로부터의 독립적인 양국관계를 맺게 되었지만, '조선중화주의'와 '일본형화이의식'이라는 '탈중화의 이질화현상'은 양국관계에 계속적으로 갈등을 야기시킬 수밖에 없었던 것이다. 왜냐하면 '조선중화주의'도 '일본형화이의식'도 결국 상대적으로는 자민족중심주의의 독선과 허구성을 내포한 것이었기 때문이다. 그리하여 양국간에는 이 상반된 대외인식에 의해 외교적인 갈등이 야기되었고, 반면에 그 허구성에 의해 갈등이 수용되는 모순을 반복해 갔던 것이다. 그리고 그러한 예는 장군호칭이나 빙례의 변경 문제에 첨예화되어 나타났던 것이다. 즉 장군호나 빙례문제의 개정을 통해 보았듯이, 외교적인 갈등의 시작은 '일본형화이의식'에 의해 일방적인 개정요구로 나타나지만, 또 그것의 해결은 '조선중화주의'의 제왕의 도라는 명분에서 수용되는 형태로 수습이 되고, 이러한 과정을 거듭해가면서 양국관계는 표면적으로 '교린체제'를 유지해 갔던 것이다.

　결론적으로 이러한 의미에서 조선후기 한일관계는 중화질서로부터의 독립을 의미하는 탈중화의 새로운 교린관계로 시작이 되었지만, '조선중화주의'와 '일본형화이의식'이라는 상반된 대외인식과 거기에 내재된 허구성에 의해, 표면적으로는 우호관계였으나 실상은 항상 외교적인 갈등을 야기시켜 가면서 위험스런 교린관계를 유지해갔던 것이다. 그리고 이러한 탈중화의 괴리성과 자민족중심주의의 허구성은 19세기에 들어가 양국관계를 파종시키고, 일본이 또다시 침략의 길을 걸을 수밖에 없게 했던 돌이킬 수 없는 역사의 비극을 만들어 갔던 것이다.

이러한 의미에서 종래 조선후기 양국관계를 일본에 의한 일방적인 관계, 다시 말하면 일본은 능동적이었고 조선은 피동적이었다는 단순논리나 또는 통신사의 문화교류만을 강조해 우호교린을 내세우는 등의 견해는 재고되어야 하며, 그 역사적 실상이 제대로 규명될 때에 19세기에 들어서 시작되는 양국관계의 비극의 역사에 대한 의문도 풀어지리라고 생각한다.

제5장

교린체제의 종말

제1절 역지통신과 교린체제의 변질

Ⅰ. 통신사 파견의 연기

조선후기 조일관계에 있어 최후의 통신사인 1811년 신미통신사는 이전의 사행과는 달리 아주 다른 형태로 이루어졌다. 즉 이제까지의 모든 통신사는 에도를 방문해 德川장군을 직접 만나서 국서를 교환하고 접대를 받았지만, 이 통신사는 여러 차례의 교섭 끝에 겨우 실현되었으나, 그 장소도 에도가 아닌 쓰시마로 장소를 바꾸는 '易地通信'1)으로 이루어졌고, 국서교환도 도주 저택에서 양국의 관리사이에 이루어진 아주 이례적인 형태의 통신사였다.2)

---

1) 종래 조선에서 일본에 통신사를 파견하는 경우, 그 장소는 德川將軍이 거처하고 있던 에도였고, 통신사는 대마도주 및 노중의 안내를 받아 장군을 직접 만나 조선국왕의 국서를 전달하고, 후에 회답서를 받는 것이 항례화되어 있었다. 그러나 1811년 신미통신사는 그 장소를 대마도로 바꾸어 도주의 저택에서 국서가 교환되었던 이례적인 통신사였다. 그런데 이 행사를 조선의 기록에는 어의 그대로 장소를 바꾸어 신의를 통한다는 의미로 '易地通信'이라고 기록하고 있다(예 : 『交隣志』 信使各年例, "純祖十一年辛未始許易地通信遣金履喬李勉求閏三月越海"). 그러나 일본측의 기록은 한결같이 '易地聘禮'라고 기록해 의미상 조선에서 예를 갖추어 찾아뵙는다는 의미의 빙례라는 용어를 쓰고 있다. 따라서 1811년의 신미통신사는 의미 그대로 '易地通信'이라고 호칭함이 마땅하다.

2) 1811년 「易地通信」에 관한 연구로는 田保橋潔, 1940, 「朝鮮國通信使易地行聘考」『近代日鮮關係の研究』下卷, 朝鮮總督府中樞院 ; 長正統, 1978, 「倭學譯官書契よりみた易地行聘交涉」『史淵』第115輯, 九州大學文學部 ; 糟谷憲

1624년 德川家光의 습직을 축하하기 위해 정사 정립 이하 460여명의 제3차 갑자 회답겸쇄환사를 파견한 것이 전례가 되면서, 그 후 장군이 습직할 때마다 조선에서는 장군습직 축하의 사절단을 파견하였고, 이 통신사들은 양국의 우호를 확인하는 외교적 역할을 수행했다는 것은 이미 살펴본 대로이다.[3]

막부의 제10대 장군 德川家治의 죽음은 1786년(정조 10) 윤 7월로 이 소식이 조선에 전해진 것은 그로부터 3개월 후 왜관으로부터 훈도가 전해들은 것에 의해서였다.[4] 그리고 이 소식은 12월 告訃大差倭의 파견을 통해서 정식으로 조선에 통보되었다.[5] 그 후 6월에는 제11대 장군 德川家齊의 습직을 告慶大差倭에 의해 통보하였으며,[6] 이에 대해 조선에서는 전례에 따라 京接慰官과 差備官을 초량 왜관에 파견해 연회를 베풀어 접대를 하

一, 1979, 「なぜ朝鮮通信使は廢止されたか－朝鮮史料を中心に－」『歷史評論』 355 ; 荒野泰典, 1979, 「朝鮮通信使の終末－申維翰「海游錄」によせて－」『歷史評論』 355 ; 三宅英利·손승철 역, 1991, 「1811년 신미통신사와 역지빙례」『근세한일관계사연구』, 이론과실천 ; 손승철, 1990, 『역지통신과 교린체제의 변질」『조선후기 대일정책의 성격연구』, 성균관대학교박사학위논문 ; 池內敏, 1990, 「朝鮮信使大坂易地聘禮計劃をめぐって」『日本史硏究』 336 ; 이원식, 1991, 『조선통신사』 제7장, 신미년(1811) 사행, 민음사 ; 정성일, 1991, 「대마도역지빙례에 참가한 통신사일행에 대해」『호남문화연구』 제20집, 전남대 호남문화연구소 ; 동, 1991, 「역지빙례실시전후 대일무역의 동향」『경제사학』, 경제사학회 등이 있다.

3) 이 책의 제4장 제1절 「1636년 병자통신사와 탈중화의 교린체제」의 Ⅳ. 통교체제의 개편중 통신사일람표 참조.

4) 『正祖實錄』 권22, 정조 10년 10월 병오, "日本關白源家治死 東萊府使洪文泳 馳啓言 訓導鄭思鈺等手本 謂館守倭言 弊邦無祿 今年八月初八日 關白源家治 身死 弊邦之八月 卽貴國之閏七月."

5) 『備邊司謄錄』 제169책, 정조 10년 병오년 12월 11일, "司 啓曰 卽見東萊府使洪文泳 狀啓 則以爲關白身死告訃 大差倭 匪久出來 京接慰官及差備譯官 預先差出 所贈宴禮 公私禮單 依例擧行事."

6) 『備邊司謄錄』 제170책, 정조 11년 정미 6월 18일.

였으며, 12월에는 당상역관 이명화 일행을 문위행으로 쓰시마에 파견해 애도와 축하의 뜻을 전했다.[7]

그런데 조선에서는 德川家治의 죽음을 정식으로 알리는 고부차왜가 파견되기 전 왜관으로부터 가치의 죽음이 전해지면서, 바로 3년 내에 통신사 요청이 있을 것을 예상해 호조판서 정일상은 이미 일본에 보낼 예단으로 인삼 200근의 준비를 강계부사에게 준비시킬 것을 건의하고 있다.[8] 즉 조선에서는 막부장군의 죽음에 대한 정보를 입수하자마자 전례대로 통신사의 파견을 예상하고 그에 대한 준비를 하였던 것이다.

그러나 막부에서는 습직 1년 후인 1788년 3월에 비로소 전례에 따르도록 쓰시마에 지시하였으나, 그로부터 3개월 후인 6월에는 이 지시를 변경해 통신사 파견 자체를 연기해줄 것을 쓰시마에 다시 명령했다.[9] 이 지시를 받은 쓰시마에서는 그 해 10월 通信使請退差倭를 파견해 延聘使라고 일컬으면서 예조참판 앞으로 다음과 같은 서계를 보내어,

> 信行을 마땅히 즉시 와서 청해야 할 것이나, 에도(江戶)에 화재가 있었고, 또 흉년을 만나 어떻게 조처할 수 없으니 勢에 따라 장차 잠깐 연기해야겠습니다.[10]

라고 해 연기를 요청하였지만, 조선에서는 통신사 연기의 전례가 없다고 해 접대를 허락치 않았다. 그러자 '통신사청퇴차왜' 일행은 왜관에 머무르면서 계속 서계를 수령해 주기를 요청했다. 이에 동래부사 김이희는 이들의 장기체류에 대해 '不職之罪'로 처벌할 것을 비변사에 요청하였는데, 비

---

7) 『交隣志』문위각년례.

8) 『正祖實錄』권22, 정조 10년 10월 신해, "戶曹判書鄭一祥啓言 關白新立後 三年內來請通信使 舊例然也 禮單人蔘二百斤 請令江界府 趁丹黃等把準貿爲 宜 允之."

9) 『通航一覽』권33 ; 『朝鮮國部』9.

10) 『交隣志』差倭, 「通信使請退差倭」.

변사에서는 자고로 교린의 도는 약조를 지키는 것이므로 규정 이외의 사자는 접대할 수 없으니, 엄중히 책망해 귀국시키자는 제안을 정조에게 상계하였으나, 정조는 이 사행은 통상의 약조를 위반한 것은 아니니 접대를 해 주도록 교시를 내렸다.[11] 그리하여 이듬해인 1789년 2월에는 동래부사 및 접위관 등에 의한 접대가 이루어져 對馬島主의 서계가 수령되고, 예조참판의 서계와 예물이 전달되었다. 조선에서는 예조참판의 서계에 통신사 파견 연기연한에 대해 회답해 줄 것을 요구하였지만, 막부측에서는 그 이상의 교섭은 진전시키지 않았다.[12]

그러면 막부에서는 어떠한 이유로 통신사 파견을 연기하자고 했으며, 정조는 왜 그 요청을 수락하였을까. 우선 막부에서의 통신사 연기 요청에 관하여는 대개 두 가지로 이유로 생각할 수 있다.[13]

첫째는 당시 일본의 국내적인 사정으로, 통신사의 영접에는 막대한 경비가 소요되었는데, 막부 및 제번이 경제적으로 곤궁해 그것을 부담할 수 없을 정도로 재정상태가 악화되었기 때문이다.

이즈음 당시 老中으로 있던 松平定信은 통신사의 문제에 대해

> 통신사의 예를 다시 정해 正德新令(1711)과 같이 해야한다. 그래서 이 聘使는 쓰시마에서 영접해 끝내야 한다. 이일을 논의하였으나 동료 중에 아직 그런 주장을 하는 사람은 없었다. 당시 조선으로부터 聘使의 방문이 가까웠기 때문에 우선 延聘의 뜻을 세워 五山 相國寺의 장로들을 설득해 연빙의 뜻을 행하게 했는데 그들도 받아들였다. 그 연빙의 이유는 요즈음 기근이

---

11) 『備邊司謄錄』제174책, 정조 13년 기유 2월, "此與尋常違越約條有異 信使當送之限 以其事力之擧裸 有此退期之請 則在我交隣之道 豈可以送使之差違元定 一向防塞 以貽久淹 官館之弊乎 特令許施 仍卽差遣接慰官 以爲接待之地 可也."

12) 三宅英利 著·손승철 역, 1991, 『근세한일관계사연구』, 이론과실천, 409쪽.

13) 역지통신의 이유에 관한여는 정성일, 1991, 「역지빙례 실시전후 대일무역의 동향」『經濟史學』, 3~7쪽에 조선조정, 德川막부, 대마번의 입장을 잘 정리하고 있다.

계속되고 있어 비용을 감당할 수 없다는 것이다. 지금의 형편상 백성을 구
하는 것보다 큰일이 없기 때문이다.

라고 했다. 즉 계속되는 재정궁핍의 이유 때문에 쓰시마에서의 易地를 제
안하였으나 동조자가 없자 우선 통신사의 연기를 추진하고 있으며, 그 이
유를 조선측에 자세히 알려 동의를 구하고자 했던 것이다.

　한편 경제적인 이유에 관하여는 예조참판 앞으로 보내는 서계에서도
구체적으로 언급하고 있는데,

　　본국은 요사이 흉년이 들어 곡식이 여물지 않아 백성은 곤궁에 빠져 있습
　니다. 대군의 새로운 정치는 어질고, 관리들은 그것을 받들고 행하는 바, 오
　직 백성을 구제하는데 힘쓰고 있습니다. 그러나 바라건데 현재는 은택이 이
　루어지지 않고 있으니, 이때에 귀국의 대사가 근엄히 오신다면, 백성들은 접
　대에 황망히 동요될 것이오니, 그 노고의 형상은 초목이 꺾이고 뽑히는 것
　같습니다.14)

라고 해 통신사 연기 요청에 관한 구체적인 이유를 적어 보냈다. 결국 이
상의 내용을 통해서 볼 때, 통신사 연기의 일차적인 이유는 경제적인 데에
있었음이 확연해진다.

　둘째, 또 다른 이유의 하나는 新井白石 이후의 조선멸시관과 역지통빙
건의가 조선관계에 받아들여졌다는 점이다. 당시 노중이었던 松平定信은
유학자 中井積善의 영향을 많이 받았는데, 그는 신정백석의 견해를 그대
로 계승한 인물이었다.15) 中井積善의 대조선외교에 관한 입장을 보면,

　　멀리 떨어져 있는 한인을 만리나 항해해 오게 하는 것은 경사스러운 일이
　기는 하다. 그러나 옛일을 생각하면 천년이나 속국이었던 小夷를 시세에 따
　라 隣交를 맺고 예로 대하는 것은 있을 수 있는 일이기는 하지만 …, 원래

---

14)『通信使初謄錄』己酉 三月 初七日(규장각도서번호 15067).

15) 三宅英利 著 · 손승철 역, 앞의 책, 409~411쪽.

> 보잘 것 없는 사절을 지금은 屬國이 아니더라도 이렇게까지 천하의 財栗을
> 기울여 영접할 것은 없다.16)

고 해 기본적으로 조선멸시관에서 출발하고 있다. 그리고는 통신사에 관하여는,

> 韓人來聘은 隣交의 예에 없어서는 안되는 일이지만 오늘날에는 양국의
> 고 질병이 되었으니, 서로 줄이고 隣交의 예를 세우는 것이 마땅하다. 先儒
> 도 논한 바가 이와 같아서 그 나라에서는 적은 인원으로 쓰시마까지 와서
> 國書聘物을 하니 좋고, 일본도 國書 및 酬幣를 쓰시마에서 서로 교환해 쌍
> 방이 쓰시마에서만 예를 끝내고 使者를 돌리면 이로써 일이 끝난다. 그렇게
> 하면 그 나라에서도 크게 기뻐할 것이고, 官에서도 경비가 절약되며 천하의
> 제후와 백성들도 편안해 질 것이다. 이는 진실로 간단하고 편리한 방법의
> 하나를 마련하는 것이다.17)

라고 해 新井白石(先儒)의 통신사 빙례의례개정에 적극 찬동하면서 역지
빙례의 이유가 막부의 재정악화임에도 불구하고 표면적으로는 조선멸시
관을 앞세워 자신의 주장을 합리화하고 있는 것이다.

이상의 내용을 종합해 볼 때, 당시 막부는 재정적 궁핍으로 인해 양국
교린체제에 정례화되어 왔던 장군습직을 축하하는 통신사의 접대에 막대
한 경비를 감당할 수 없게 되자, 新井白石 이후 대두되는 조선멸시관을
앞세워 통신사 연기의 명분을 합리화시킨 후 파견을 연기시킨 다음, 그 대
안으로 경비를 절감하기 위해 쓰시마에서 國書交換의 의례적인 절차를
행함으로써 통신사의 문제를 해결한다는 방침을 세웠던 것이다. 그리고는
조선에 대하여는 오직 재정의 궁핍만을 이유로 들어 연기를 요청했던 것
이다.

한편 통신사 연기에 대한 조선의 반응은 처음부터 거부적이었다. 이미

---

16) 中井竹山, 『草芽危言』 권4, 朝鮮の事(日本經濟大典 제23권), 420~424쪽.
17) 앞의 책, 같은 부분.

德川家治의 죽음에 대한 소식을 전해 듣자마자, 통신사 예단을 준비할 정도로 관례를 중시했던 조선으로서는 일본의 갑작스런 통신사 연기 이유를 납득할 수가 없었던 것이다. 그래서 通信使請退差倭의 서계도 접수하지 않은 채 해를 넘겼던 것이고, 이에 대해 동래부와 비변사에서는 엄중히 다스릴 것을 정조에게 건의했던 것이다. 그러나 정조는 통신사청퇴차왜는 약조위반이 아니고, 또 규약에 구애되어 교섭을 지연하는 것은 체류의 피해를 더하는 일이므로 접대할 것을 결정했다.

사실 정조가 이러한 결정을 하는 데는 조선도 나름대로 이유가 있었던 것이다. 즉 조선의 경우도 당시 흉년과 가뭄, 홍수 등이 계속되어 경제사정이 좋지 않았으며,[18] 사자의 장기체류에 의해 그들에 대한 부담 및 마찰이 우려되었기 때문에 굳이 연기하자는 제안을 현실적으로 거부할 특별한 이유는 없었던 것이다. 따라서 서계가 접수되고 그들에 대한 접대가 이루어 졌던 것이다. 그리고 延期年限에 대해 구체적으로 제시해 줄 것을 요구하였던 것이다.[19]

이로써 1624년 이후 240여년간 정례화되어 왔던 장군습직 축하의 통신사는 이후 20여년에 걸친 오랜 연기교섭 단계에 들어가게 되었으며, 이는 곧 1607년 국교재개 이후 계속되어 온 조선후기 '교린체제의 변질'을 의미한다고 볼 수 있다.

Ⅱ. 쓰시마역지통신의 교섭

그러나 이미 역지통신의 뜻을 품고 있었던 막부로서는 통신사 연기연

---

18) 『正祖實錄』 권23, 정조 11년 4월 병진 ; 『備邊司謄錄』 제172책, 정조 12년 무신 6월 22일, 12월 10일.

19) 『交隣志』 信使各年例, "正宗十年丙午關白家治卒子家齊立不請通信使."

한에 대해 아무런 회답을 하지 않고, 그로부터 2년 후 1791년 5월 직접 쓰시마에 대해 역지교섭을 추진하도록 지시했다. 쓰시마에서는 이 교섭에 난색을 나타냈지만 결국 막부의 뜻을 거부할 수는 없었다. 그리하여 1791년 11월 '의빙사'라는 명칭으로 '통신사의정차왜'를 보내어 흉작을 이유로 내세워 통신사 접대에 어려움이 있지만, 자꾸 연기를 하는 것도 인교의 예에 어긋나니 쓰시마에서 빙례를 하자는 서계를 보내왔다.

> 聘禮를 통하는 일은 간단하지 아니하며, 피차간에 번거롭고 비용이 많이 드는 일이니, 어찌 기다려 말을 하겠습니까. 더구나 해가 갈수록 흉년이 거듭하니 다시 연기를 청하는 것은 양국이 수교하는 본뜻을 깨뜨릴까 두렵습니다. 요컨데 간편하게 하는 것이 상책입니다. 이 때문에 귀국사신이 本州(對馬)에 이르면 즉시 빙례를 하는 것은 다른 뜻이 아니오니, 바라옵건데 통교의 때는 간이하게 빙례할 것을 영구히 서로 약속해 제정하고자 합니다.[20]

그러나 당시 동래부사 유형과 비국당상회의에서는 이 사절단에 대해 '의빙사'란 전례에 없었던 사절로 이것은 왜의 교활한 속임수이니 엄중히 문책해 조속히 돌려보내야 한다고 정조에게 건의하였고, 정조도 이에 동의했다.[21] 다시 말해 당시 조선에서는 이들 사절단에 대해 議聘이란 전례에도 없는 명칭이라는 이유를 들어 사절단 자체를 인정하지 아니하였던 것이다. 그러나 이들은 왜관에 머무른 채 계속해 역관을 통해 교섭을 하다가, 쓰시마에서는 자신들의 사명이 막부의 지시인 이상, 전면적인 거부를 받는다면 쓰시마의 안위가 위태로워진다고 하면서 서계의 수락만이라도 해달라고 간청을 하자, 조선에서도 그 이상의 접대거부는 양국의 우호를

---

20) 三宅英利 著·孫承喆 譯, 『議聘御用御書翰往復之眞文』, 宗家文庫, 앞의 책, 412쪽.

21) 『備邊司謄錄』 제179책, 정조 15년 신해 12월 25일, "有倭人之稱以議聘 規外出來者矣 議聘二字 實前所未有之事 倭情之狡猾 萬萬痛惡 分付萊伯 使之各別責諭 徒速還送 斷不可已 事係邊情 敢此仰 達矣."

위해 바람직하지 못하다고 판단하고 부사도 이 요청을 수락해 서계는 받
되 예물은 거절한다는 방침을 세워 비변사에 건의했다.[22] 이에 비변사에
서는 서계와 예물을 받도록 하고 이 議聘使에 대한 접대에 필요한 잡물을
지급토록 하는 한편, 역지통신에는 따를 수는 없지만 연기하는 것에 대하
여는 문제삼지 않는다는 방침을 세웠다. 그러나 예조의 회답서에서는 역
지에 대하여는 전혀 언급하지 않았다.[23]

그 뒤 역지통신이 다시 거론된 것은 1796년 8월 德川家齊의 세자가 죽
어 다시 세자를 세우고, 대마도주 宗義功이 에도에서 돌아왔을 때, 당상역
관 박준한 등을 致賀 겸 問慰·弔慰하도록 하였는데,[24] 당시의 기록에 의
하면 『交隣志』에는 통신사에 관해 다음과 같이 언급하고 있다.

　　21년(정조) 정사에 그때의 문위당상의 역관 박준한이 관수왜 및 쓰시마
의 여러 봉행들과 에도에 왕복할 일을 상의하였는데, 10년을 물려서 정하
기로 관수왜 源暢明의 약서를 받아가지고 왔다. 그 약서에 말하기를 '이번
에 본주 봉행인이 에도에 가서 통신사는 10년 기한으로 물려 정한 것을 겨
우 東武(德川將軍)에 품해서 결정지었는 바, 통신사가 오는 것은 교린의 정
의에 불가불 행하지 않으면 안되는 것이 예로 되어있다. 그러니 그때를 당
해서 응당 사신이 오기를 청하는 일이 있을 것이니, 다시는 시기를 늦추지

---

22) 『交隣志』差倭, 「通信使議定差倭」에 의하면, "15년 辛亥에 島主 平義功이
　　關白의 명령으로 차왜를 보내어 議聘使라고 일컬으며 예조참판에게 올리는
　　서계를 가지고 와서 청하기를 '통신사의 행차는 에도(江戶)에 가지말고 다
　　만 對馬島에만 다녀가게 해 피차간의 폐를 덜게 하고 이어 그것을 관례로
　　삼도록 합시다'라고 했다. 朝廷이 규정 밖이라고 해 접대를 불허하니 차왜
　　가 마침내 돌아가지 아니하고 4년 동안이나 버티다가 18년 甲寅에 이르러
　　서 비로소 서계만 바치고, 바친 서계가 접수된 뒤에 돌아가겠다고 하므로
　　허락했다"고 되어 있다.
23) 『備邊司謄錄』제182책, 정조 18년 갑인 8월 30일 ;『정조실록』권40, 정조
　　18년 8월 신사.
24) 『交隣志』問慰各年例, "正宗 二十年 丙辰 關白家齊儲君死 更立儲島主義功
　　還島 遣堂上朴俊漢崔昌謙堂下林瑞茂致賀兼問慰弔慰."

> 않을 것이므로 미리 약정을 하고 일을 기다리는 바이다. 무오 8월 일'이라
> 고 했다.[25]

라고 해 박준한이 對馬府中에서 쓰시마 당사자들과 통신사의 파견을 10
년 연기를 합의한 내용에 관해 기록하고 있다. 그런데 『邊例集要』에 의
하면

> 병진년 박준한의 때에 쓰시마영빙의 일을 간청하자, 준한이 답해 말하기
> 를 귀국 후에 조정에 건의해 반드시 이루어지도록 해 주겠다고 약속하고 동
> 철 2천근과 각종 물품과 계를 받아 가지고 돌아갔다.[26]

고 해, 박준한이 임의로 쓰시마역지통신을 약속하고 뇌물을 받았다는 것
이다. 당시 쓰시마의 사료에는 이 일을 무오협정으로 기록하고 있는데, 당
시 조선역관과 약속된 내용은 통신사 삼사 중 1인을 줄이고, 예단 인삼은
3분지 1로 하고, 통신사 파견은 7, 8년 연기한다는 것이다. 그리고 이에 관
한 구체적인 협정을 3년 이내에 다시 맺을 것을 약속했다는 것이다.[27]
　그러나 이 일은 1805년 8월 통신사행절목을 강정할 때 폭로되어, 당시
의 관련자들이 모두 처형이 되었다.[28]

---

25) 『交隣志』 信使各年例, 正宗 二十一年 丁巳, 그런데 위의 기록을 살펴보면,
　　역관 朴俊漢이 관수왜의 約書를 받아 온 시기가 정사(1797)년이라고 기록하
　　였는데, 約書 말미의 시기는 무오(1798)로 되어 있어 전후가 맞지 않는다.
26) 『邊例集要』 권14, 雜犯, 乙丑, "舊館守源暢明曰 丙辰年朴俊漢渡時 以馬島迎
　　聘事懇請 則俊漢答云 歸陳朝廷 期於必成云 而銅鐵二千斤及物貨各種 成文書
　　受去."
27) 『宗家記錄』 「文化信使記錄」 第一冊, 江戸書留.
28) 『純祖實錄』 권7, 순조 5년 8월 무신, 9월 경신. 이 사건에 관한 연구로는
　　長正統, 1978, 「倭學譯官書翰からみた易地行聘交涉」 『史淵』 115(九州大學文
　　學部)와 三宅英利 著·孫承喆 譯, 앞의 책, 413~415쪽에 자세하다. 이들 연
　　구에 의하면 이것은 譯官 朴俊漢 등의 단독소행이 아니라 양측 정부가 모
　　두 알고 있는 상태에서 이루어진 일이라고 논증하고 있다.

그 후 막부에서는 1805년 12월, 쓰시마로 하여금, 10년 후인 1809년에 쓰시마역지빙례를 실시하자는 내용의 서계를 휴대한 사자를 조선에 파견했다.[29] 이에 역관 현의순 등은 서계의 내용이 병진년의 내용과 다르다는 것과 역지통신은 전에 처형된 역관들의 위조로 판명되었기 때문에 서계를 받을 수 없다고 거절했다. 그러나 쓰시마측의 사자들은 쓰시마에서는 위조사실을 전연 모르고 있으며, 역지빙례가 막부의 지시라는 이유를 들어 계속 서계를 받아주기를 요청했다.[30] 결국 조선에서는 1806년 5월 이들에 대한 접대를 거행하고 서계를 접수한 후, 예조참판·동래부사·부산첨사의 회답서계를 전달했다. 그러나 이들 서계의 내용은 모두 역지통신을 거절하는 내용이었다.[31]

사태가 이렇게 되자 막부와 조선사이에서 고립된 쓰시마는 다시 1807년 7월에 국면타개를 위해 부산에 사자를 파견했다. 그러나 상황에 진전이 없자 왜관에 체류하고 있던 왜인 110여명이 집단적으로 동래부사에게 면회를 요청하는 난동을 부렸다.[32] 쓰시마에서는 이 사건을 수습하는 과정에서 자체적으로 통신사청래차왜의 도선주를 처벌했다. 이에 조선에서는 유연한 태도변화를 보이면서 막부의 의사를 직접 확인해 역지통신에 대한 조선의 입장을 결정하기로 방침을 정하게 된다. 그 결과 이듬해 1808년 4월 쓰시마에서는 막부의 朝鮮人來聘 御用掛에서 작성했다는 서계를 가지고 부산에 입항해 역지빙례를 다시 요청했다. 그러나 조선에서는 여전히 易地가 막부의 직접 지시인가에 대해 의심을 하고 있었다. 즉,

우의정 김재찬이 말하기를 "왜국서계의 규정을 보면, 대마도주는 예조참

---

29) 『通信使草謄錄』 제15책, 乙丑年 12월 10일(奎章閣圖書 15067).

30) 『純宗實錄』 권7, 순종 5년 11월 신유.

31) 『純宗實錄』 권9, 순종 6년 5월 정묘.

32) 『備邊司謄錄』 제198책, 순종 7년 정묘 7월 28일 ; 『通信使草謄錄』 순종 정묘년 7월 20일.

의 앞으로 보내오고 관백은 예조참판 앞으로 보낸다. 그런데 이번에 差倭가 가지고 온 서계는 예조참판 앞으로 되어있는데, 그렇다면 관백이 보낸 것으로 생각된다. 그러나 관백이 한 것이 사실이라면 우리 역관들을 조사해 법규가 아님을 책망해 명분을 바르게 해야 할 것이다. … 그러나 그 나라는 가뭄이 연속되고 기근이 심한 형세로서 실로 에도(江戶)에서 신사를 접할 수 없다하며 양국의 폐해를 줄인다는 이유를 들어 쓰시마에서 행하기를 청하며 이번에도 차왜를 보내왔는데 京接慰官으로 하여금 그들을 접대했다. 그러자 上(純祖)이 어떻게 할 것인가"를 물은 즉, 재찬이 답하기를 "양국의 중대한 일이므로 差倭의 말만 믿는다는 것은 옳지 않으며, 서계가 관백으로부터 오면 조선에서 따로 에도에 사신을 보내어 그 진의를 탐지한 후에 결정하는 것이 옳다"고 해 서장보를 접위관으로 했다.[33]

그리하여 역관을 에도에 파견하기로 하였으나, 동래부사의 제안으로 도해역관의 에도파견 대신에 쓰시마에 체제중인 막부관리와 조선역관이 직접 회견하는 것으로 합의가 되었다.[34] 사실 조선에서도 에도에 직접 사신을 파견한다는 것은 무리한 일이었고, 또 양국관계에 있어 쓰시마의 입장도 생각해 그같이 결정하였던 것이다. 그리하여 1809년 7월 쓰시마에서 막부측이 파견한 사자와 조선의 당상역관 현의순이 만나 '通信使信行節目'을 강정하게 된다. 그 사실에 대해,

　　동래부사 윤노동이 도해역관의 보고를 알려왔는데, 7월 15일 대마도주의 집에서 東武官貝과 만나 역지통신에 관한 사항을 논의했다. … 東武官貝의 서신에 이르기를 "역지통사는 東武에서 나온 것으로 그 뜻이 대마태수를 통해 수년동안 간청되고 있으며, 나도 그 뜻을 지시 받았다. … 세 譯使가 조선에 돌아가 보고해 그 뜻이 이루어지면 심히 다행이다."[35]

---

33) 『純宗實錄』 권11, 순종 8년 5월 을축.

34) 『純宗實錄』 권11, 순종 8년 8월 기해 ;『通信使草謄錄』 순종 무진 8월 5일, 7일.

35) 『純宗實錄』 권12, 순종 9년 8월 을묘 ;『通信使草謄錄』 순종 기사년 8월 27일.

라고 기록하고 있으며, 계속해 11월에 대마도주는 예조판서 앞으로 서계를 보내어, 역지가 막부로부터 주장된 것을 거듭 알리면서 파견의 시기를 빨리 결정해 주기를 탄원했다.[36] 그리하여 조정에서는 역지통신이 막부의 지시에 의한 것임과 그 이유가 폐단을 줄이는 것에 있음을 확인하고는, 그것이 조선에게 손해가 아닌 이상 교섭을 연기한다면 믿음으로 양국관계를 편히 하는 것이 아니니, 역지통신 허가의 서한을 보내고, 신행절목에 관하여는 다시 의논하기를 순조에게 건의했다. 이러한 건의에 접한 순조는 이를 정식으로 받아들여 역지통신를 결정했다.[37]

이상의 과정을 통해 볼 때, 결국 조선의 역지통신에 대한 기본입장은 역지자체가 재정적으로 조선에게도 유리하기 때문에 거절할 이유는 없었지만, 德川정권의 직접적인 요구가 아니면 안된다는 명분론이 가장 우선적으로 작용했다. 물론 조선측의 이러한 요구가 형식적인 명분론으로 보일 수도 있지만, 본래 통신사행이란 처음부터 막부를 대상으로 한 것이라는 점을 생각하면 이것은 당연한 요구라고 생각된다. 더구나 조선의 입장에서 통신사가 가지는 의미가 양국의 우호 뿐만 아니라 일본 국내 정보의 수집도 겸하고 있었다는 점을 고려한다면 조선이 처음부터 易地通信에 대해 부정적인 입장을 취했던 것은 명분 이상의 의미를 내재하고 있는 것이다.

그러나 양국간의 통신사교섭이 1786년 德川家齊의 습직 이후 23년이나 지연되었고, 그것도 에도가 아니라 쓰시마에서의 역지통신이라는 점을 생각할 때, 조선이나 막부 모두 외교의 긴박성이 그만큼 감소된 결과로 보여지며, 교린체제의 상징이었던 통신사의 파견 자체가 형식화·의례화되어 간다는 것을 의미하는 것이라고 생각된다.

---

36) 『純宗實錄』 권12, 순종 9년 11월 신미 ; 『通信使草謄錄』 기사년 8월 27일 (『通信使謄錄』 제14책, 규장각자료총서 금호시리즈 대외관계편 통신사등록 5).
37) 『純祖實錄』 권13, 순조 10년 정월 기사.

Ⅲ. 신행절목과 역지통신의 시행

이어 1809년 10월 도해역관 현의순과 도해역관호송재판 사이에 다음과 같은 내용의 信行節目이 강정되었다.

「강정절목」

- 역지통신은 지금 비로소 하는 것으로, 서로 약속한 조건을 길이 지키고 어긋남이 없도록 할 것.
- 두 나라의 서식은 옛 규정에 따를 것.
- 大號는 마땅히 大君이라 할 것이며, 예조에서 일본사신에게 보내는 글과 쓰시마에 보내는 글은 모두 貴大君으로 쓸 것.
- 조선사신은 부사 이상을 차출하고, 일본사신도 또한 부사 이상을 차출한다.
- 양국사신의 상견례는 피차 동일하게 한다.
- 두 나라 국서와 영송하는 의식절차는 피차 똑같이 한다.
- 조선사신은 기일을 곧 써서 보내고, 일본은 휘자를 써서 보낸다.
- 사신의 직명과 성명을 한결같이 옛 규정에 의해 써서 보내고 일본 사신의 성명도 써서 보낼 것.
- 일행의 인원은 350인을 초과하지 말 것.
- 사람 타는 배 2척, 짐 싣는 배 2척으로 바다를 건널 것.
- 마상재는 없앨 것.
- 별폭의 물건은 두 나라가 서로 공경해 제일 좋은 물건으로 골라서 할 것.
- 매와 준마는 예에 의해 가려서 들여보내되, 죽을 염려가 있으므로 수효를 더 보낼 것. 매치는 사람 1~2인을 예에 의해 데리고 가고, 말 다

　스리는 사람과 준마에는 안장을 갖추어 먼저 보낼 것.
◦ 글 잘하고 글씨에 능한 사람을 데리고 갈 것.
◦ 사신은 금년 섣달에 가서 내년 정월에 돌아올 것.
◦ 상상관은 사정을 익히 알고, 말이 잘 통하는 사람으로 보낼 것.
◦ 조선국서 및 일본 두 사신의 서계 초본을 떠나기에 앞서 베껴 보내고 일본 답서도 역시 베껴 보낼 것이며, 피차가 쓰시마에서 만났을 때 체류하는 폐단이 없이 할 것.
◦ 바다나 육지에서는 일행이 각별히 불을 금할 것.
◦ 일행에게는 각별히 타일러서 피차 다투는 일이 없게 할 것.
◦ 사신이 江戸에 들어가지 않을 것이므로 執政, 京尹, 宗室 및 沿路의 응접하는 모든 관리에게 예조의 서계와 사신들의 사사로운 예는 일체 없앨 것.
◦ 조선에서 보내는 公私의 예단은 기록에 의해 시행하고 以酊庵, 加番長老, 萬松院 등에게 주는 것을 피차 없앤다.
◦ 일본의 휘자는 康, 忠, 光, 綱, 吉, 宣, 繼, 宗, 重, 治, 基, 齊, 慶임.
◦ 일본 上使는 小笠原大膳大夫 源忠固, 副使는 脇坂中務大輔 藤安薰이다.
◦ 일본국 정사는 源公閣下이다. 일본국 부사는 藤公閣下이다.
◦ 江戸의 접대관 6명의 성명은 쓰시마에 도착한 후 자세히 써줄 것.
◦ 對馬島에서 쓸 사신들의 사사예물은 옛 예에 의할 것.
◦ 이 밖에도 임시로 예물을 보낼 곳이 있을 것이니, 수효를 넉넉하게 해 궁색한 폐단이 없도록 할 것.
◦ 이번 사신 일행의 禁酒 유무를 미리 통지해 줄 것.
◦ 이외에 강정에서 의논하지 않은 것은 추후에 다시 강정한다.[38]

---

38) 『邊例集要』 권18, 信使.

등, 세세한 부분에 대해서까지 합의를 보았다. 그리고 장군에게 보내는 예물의 성폐도 과거 1748년 및 1764년의 통신사에 비교하면 거의 절반이나 감소하고 있다.[39] 그리고 에도에서 필요했던 三家, 老中, 若年寄, 京都所司代와 以酊庵 加番長老, 萬松院에 보내는 예단과 사신들의 사적인 예단도 모두 폐지했다.

드디어 1811년 2월 12일 정사 김이교 이하 336명은 한양을 출발해 3월 29일 對馬府中에 도착했다.[40] 한편 막부에서도 井上美濃守 이하 일행이 2월 29일 江戶를 출발해 4월 15일 對馬府中에 도착해, 5월 22일 쓰시마도주의 자택에서 조선국왕의 국서와 별폭이 전달되었다. 그리고 이에 대한 德川將軍의 회답서는 6월 15일 조선측에 전달되었다.[41] 그런데 당시 교환된 국서는 이미 조선에서 통신사가 출발하기 이전에 막부에 원본이 보내졌는데, 이는 쓰시마에서의 체류기일을 줄이기 위한 방편으로 이루어졌던 것이다.

---

39) 『增正交隣志』에 규정된 선례와 비교하면 다음과 같다.

人蔘 33근(50), 大繻子 5필(10), 大緞子 5필(10), 白苧布 15필(30), 生苧布 15필(30), 白綿紬 25필(50), 黑麻布 15필(30), 虎皮 7장(15), 豹皮 10장(20), 靑黎皮 15장(30), 魚皮 50장(100), 色紙 15권(30), 彩花席 10장(20), 各色筆 30자루(50), 眞墨 30홀(50), 黃蜜 50근(100), 淸蜜 5기(10), 鷹子 10연(20), 駿馬 1필(2) 안장.

40) 1811년 신미 역지통신사 일행의 수에 대해서는 여러가지 이견이 있다. 예를 들면 『信使一行座目其外雜記』(국사편찬위원회소장 쓰시마도종가문서 기록류 No.1069), 『辛未通信日錄』(통문관 영인본, 1981), 『東槎錄』(1981, 『海行叢載』 10, 민족문화추진위원회) 등은 336명, 『純祖實錄』(권13, 순조 10년 10월 신묘)에는 329명으로 기록되어 있으며, 田保橋潔은 328명(『近代日鮮關係の硏究』 하, 801쪽), 中村榮孝는 336명(『日本と朝鮮』, 222쪽), 三宅英利는 328명(손승철 역, 『근세한일관계사연구』, 430쪽), 이원식은 336명(『조선통신사』, 263쪽), 정성일은 336명(「쓰시마역지빙례에 참가한 통신사일행에 대해」 『湖南文化硏究』 제10집, 전남대, 86쪽)을 각기 주장하고 있으나, 필자도 336명을 가장 타당하게 생각한다.

41) 易地通信의 시행과정에 관하여는 三宅英利 著·孫承喆 譯, 앞의 책, 434~437쪽에 자세하다.

당시 교환된 조선국왕의 국서 및 장군의 회답서는 다음과 같다.

　　조선국왕서[42]

　조선국왕 이 공은 일본국 대군전하께 글을 보냅니다. 빙사의 예가 벌어진
지 48년이나 되었습니다. 멀리서 듣자옵건대 전하께서 대통을 계승하사 문
덕을 펴서 나라를 위무하신다고 하니, 아름다운 소문이 미치는 바에 기쁨이
치솟습니다. 이에 예전의 상도를 좇아서 하례를 올립니다. 易地行聘의 거사
는 양국의 돈호한 뜻을 나타내는 것입니다. 변변치 못한 토산물로써 멀리서
정성을 보냅니다. 오직 좋은 계책에 더욱 힘쓰시어 많은 행복을 받으시기를
바라오며 이만 줄입니다. 신미년 2월 일.

　　장군회답서[43]

　일본국 源家齊는 조선국왕 전하께 회답을 보냅니다.

　사신이 돌아오고 華緘이 따라 도달하였습니다. 살피옵건대 기거가 평안
하시니 欣幸하옵기 더할나위 없습니다. 이번에 나의 承統때문에 循聘의 의
식과 진귀한 예물을 받으니 자못 융의에 감사하옵니다. 津島에서 성례를 하
였음은 일은 비록 새것을 좋았으나 뜻은 옛것을 따른 것이오니, 이것은 시
의를 맞추어서 양국의 호의를 돈독히 하고자 합입니다. 이에 변변치 못한

---

42) 1811년 辛未易地通信使의 朝鮮國王書의 원본은 현재 日本 外務省 外交史料
館에 소장되어 있으며, 그 사진이 李元植, 1991, 『朝鮮通信使』, 民音社, 266
~267쪽에 게재되어 있다. 그 원문을 소개하면 다음과 같다.
　“日本國大君殿下　聘使之禮曠蹂四紀　迭承殿下克纘洪緒　誕撫區域休聞所及欣
聳曷已　茲循故常　備伸賀儀　至於易地行聘之擧　寔出兩國惇好之義也　不腆土宜
聊寓遠忱惟冀　益懋令猷茂膺休祉　不備　辛未年　二月，”

43) 德川家齊 將軍의 回答書의 부본 역시 日本外務省 外交史料館에 소장되어
있으며, 그 사진을 李元植, 앞의 책 271쪽에 수록하고 있다. 원문을 소개하
면 다음과 같다.
　“日本國源家齊敬復　朝鮮國王殿下岫价戻至　華緘隨達　因悉啓居寧謐欣幸靡極
今者以吾承統業蒙脩聘儀　珍胎稠疊　殊感隆誼　如其成禮津島則事雖從新　意在
循舊　所以度時制宜　而敦兩國之好也　茲具輶品寄諸還便　惟00彌揚景烈允受純
00　不備　文化八年　辛未月　日.”

> 물건을 갖추어서 돌아가는 편에 부칩니다. 오직 밝은 빛을 더욱 드날려 진실로 대복을 받으시기를 바라나이다. 이만 줄입니다. 문화 8년 신미.

이로써 쓰시마 역지통신의 행사가 이루어지고, 막부의 사절단은 6월 19일 쓰시마를 출발해 에도로 돌아가고, 조선의 통신사도 6월 25일 쓰시마를 떠나 7월 27일 한양에 돌아와 순조에게 복명함으로써, 곡절을 거듭한 쓰시마 역지통신의 모든 절차를 끝냈다.[44]

그러나 이제까지의 다른 통신사행과 관련지어 생각할 때, 1811년의 역지통신은 확실히 조선후기 한일관계에 있어 이례적인 통신사였다. 물론 양국의 우호관계를 확인하는 국서의 교환은 이루어졌지만, 통신사 일행에 대한 화려한 접대 및 諸藩과의 학술·문화의 교류도 없었으며, 장군에 대한 알현도 없었다. 이점에 있어 종래의 통신사와 비교할 때, 실질적으로 양국관계의 긴박성이나 상호관계의 현실성이 그만큼 희박해져 간 것을 의미한다고 볼 수 있다.

예를 들면 일본의 경우, 德川정권 초기 임란 후 전쟁상태의 종결과 조선에 대한 불안감 해소를 위한 국교회복의 요청, 조선사절단의 일본방문에 의한 장군권력의 국제적 공인 및 이를 바탕으로 동아시아 사회에의 연대성 확인, 또 국내적으로 불안한 정치상황 등의 이유에 의해 朝鮮과의 교린관계 수립의 필요성이 이 시기에 이르면 그 필요성이 거의 감소되어 갔다는 것이다.

한편 조선의 경우도 임란직후 일본에 대한 복수심이나 경계심이 약화되어 감에 따라, 통신사의 중요한 목적 중의 하나였던 일본 국정탐색의 필요성도 그만큼 감소되었고, 청에 대한 燕京使에서도 상징되는 바와 같이 조·청 양국간에 사대관계가 안정되어 감에 따라 북방에 대한 군사적 위협감이나 援明抗淸의 대중국긴장감도 사라지게 되었던 것이다.

결국 이러한 동아시아 삼국간의 외교적인 긴장감의 소멸이 조일간의

---

44)『純祖實錄』권14, 순조 11년 7월 임인.

교린관계에 역지통신이라는 현상을 가져왔다고 생각한다. 따라서 이러한 국제관계에 대한 인식을 바탕으로 조일관계를 생각한다면, 막대한 경비를 지출하는 통신사행에 대해 양국정부가 내정문제로서 재검토한 것은 너무나 당연한 조치라고 생각한다. 더구나 이 시기는 양국 모두 경제적으로 어려운 시기였기 때문이다. 조선의 경우를 보더라도 당시는 이미 양반체제가 동요되어가는 상황 속에서 가뭄과 홍수가 계속되어 기아민의 문제는 이미 심각한 사회문제가 되어가고 있었다.45) 이러한 상황에서 일본으로부터의 통신사 연기요청이나 역지통신의 교섭을 구태어 거부할 이유는 없었던 것이다. 더구나 청과의 관계도 안정되었고 일본과의 현실적인 긴장감이 없던 상황이었기 때문에 재정적으로 이득이 되는 역지통신이었기 때문이다.

이와 같이 궁극적으로는 양국모두가 역지통신를 원했지만 그것이 이루어지기까지 20여년의 시간이 흘렀다. 그렇다면 그 이유는 어디에 있었을까.46) 거기에는 여러 가지 이유가 있었겠지만 역시 항례를 중시하는 조선의 전통적인 대일정책에 그 주된 원인이 있었다고 생각한다. 즉 조선의 입장에서 보면 통신사행이란 전통적으로 막부장군을 대상으로 한 것이었고, 소위 '교린체제' 하에서는 양국 사이에 가장 상징적인 우호확인을 위한 외교적인 행사이었기 때문에 그것을 갑작스럽게 변경할 수는 없었던 것이었다. 따라서 조선으로서는 일차적으로 거부적인 입장이었고, 역지통신에 대한 막부의 의사를 직접 확인한다는 정책을 최우선으로 하였던 것이다.

---

45) 1804년(순조 4) 6월(『純祖實錄』 권6, 4년 6월 경오) 경기도 통진등 5개지역의 기아민이 3만 3천 9백 78명, 황해도 지역은 5만 6천 4백 95명, 1806년 5월(『純祖實錄』 권9, 6년 5월 신유)에는 전라도의 기아민이 43만 8천 55명, 1807년 5월(『純祖實錄』 권10, 7년 5월 신유)에는 경상도 지역의 기아민이 8만 9천 30명이었다. 이러한 기아민의 증가는 이미 1811년의 대규모 농민봉기인 洪景來亂의 예고였다고도 볼 수 있다. 당시의 사회적 실상에 관하여는 鄭奭鍾, 1981, 「洪景來亂」 『傳統時代의 民衆運動』 下, 풀빛 참조.

46) 三宅英利 著 · 孫承喆 譯, 앞의 책, 439쪽.

물론 거기에는 쓰시마에 대한 불신감도 있었지만, 현실적으로 막부의 진의를 직접 확인 요구한다는 점에 있어서 대일관계의 주도권을 유지하려는 의도가 내재되었었다고 보아진다.

어쨌든 조일 양국은 이러한 여러 우여곡절 끝에 이례적이었지만 양국 모두가 현실적 상황에서 타당하다고 생각한 역지통신를 성립시켜, 쓰시마에서 양국 사절단의 대표자가 우호의 상징인 국서를 교환하였던 것이다. 그러나 이 역지통신은 조일간의 전통적인 교린체제에서 볼 때, 이미 그 궤도를 벗어난 변질된 형태로 전개되어 가고 있었던 것이다.

Ⅳ. 대판역지통신과 교린체제의 변질

그 후 1837년 4월 德川家齊의 뒤를 이어 德川家慶이 장군직을 습직하자, 대마도주 宗義賢은 항례에 의한 통신사의 파견에 대해 막부에 그 의사를 타진했다. 그리고 1838년 2월에는 장군습직과 더불어 세자의 취임 등 국가의 경축을 전례에 따라 조선왕조에 통보하고 통신사 파견을 요청할 것을 제안했다. 이에 대해 막부는 쓰시마에 기한은 추후에 지시한다고 하면서, 전례대로 쓰시마에서의 빙례를 교섭하도록 지시했다.[47] 그러나 쓰시마에서는 왜관을 통해 江戶城의 화재와 흉작을 이유로 통신사 파견 시기를 잠시 늦추어주기를 요청해 왔다. 그 후 1841년 8월 쓰시마에서는 通信使請來差倭를 파견해 예조참판 앞으로의 서계에 전례에 따라 쓰시마에서 빙례하되 갑진년(1844)에 파견해 주도록 요청했다. 이에 대해 영의정 조인영은

---

47)『通航一覽』續集, 권5, 朝鮮國部 1, 宗氏通信御用.

　　통신사를 요청하는 서계 중에 信行을 쓰시마에서 그치게 하고, 시일도 갑진년에 하자고 하였는데, 이것은 약조에 어긋난 일이므로 동래부에 엄하게 영을 내려 고치도록 했다. 그러나 동래부사의 장계에 의하면 差倭·館守 등은 信行易地는 이미 강정에 기재된 것이며 서계를 고치는 것은 말로서는 안 되는 일이니, 에도에 보고해 특별히 회답을 간청하겠다고 한다. 이것은 교활한 왜의 실상으로서 지극히 통감할 일이다.[48]

라고 해 역지통신이 항례에 어긋난다는 기본입장과 일본에 대한 불신감에서 거절했다. 이에 대해 差倭는 반론을 제시하면서 지난번 역지통신의 강정을 제시해 그 정당성을 주장하고 1844년이 불가능하면 1846년으로 해줄 것을 요청했다. 즉

　　신축년(1841)에 차왜가 나와서 통신사를 청하였는데, 갑진년(1844) 봄에 쓰시마로 오라고 한다. 그 행동이 제 마음대로이고 미리 청하는 것이 格禮에 어긋나기 때문에 허락하지 않았다. 그러자 왜인이 말하기를 기사년(1809)에 강정한 절목 중에 역지통신의 약조가 있었는데, 年條에 있어서는 오직 답서를 줄 때에 시기를 정한다 했기 때문에 자기들은 우리가 시기를 정할 것으로 알고 글을 바쳤으며, 시기를 병오년(1846)으로 정해 놓았다는 것이다.[49]

라고 해, 쓰시마에서는 1811년 역지통신때의 쓰시마역지를 전례로 삼아 요청했다.

　　그런데 그사이 막부에서는 1841년부터 幕閣을 중심으로 막부의 권력강화와 재정위기를 극복하기 위해 소위 '天保改革'을 시작하였는데, 그에 따라 대조선 외교정책도 변화를 꾀했다. 즉 과거에도 조선통신사의 에도(江戶) 방문을 장군권력의 고양이라는 정치적인 목적에 이용하였듯이, 조선통신사를 재정상의 문제 때문에 에도까지 오게 할 수는 없어도, 大阪까지

---

48) 『備邊司謄錄』 제229책, 헌종 7년 신축 8월 20일.
49) 『交隣志』 信使各年例, 憲宗 3년.

만이라도 오게 해 정치적인 시위를 해 막부권력 강화에 이용한다는 방침을 세웠다.[50] 만약에 역지통신이 이전처럼 쓰시마에서 이루어진다면, 사실 막부정권에게는 아무런 도움이 되지도 못할 뿐만 아니라, 오히려 그 접대를 위해 대마번에게 재정적인 원조만 해주어야 하기 때문이다.[51]

그러나 이러한 제안이 통신사 파견에 막대한 재정적 도움을 받았던 쓰시마에게나, 또 이미 쓰시마 역지통신을 수락한 조선에게는 쉽게 받아 들여질리 없었다. 하지만 거듭된 막부의 지시를 거역할 수 없었던 쓰시마는 1843년 11월 다시 大阪易地를 조선에 요청해 왔다.

> 9년 癸卯에 왜인이 또 나와서 말하기를 '통신사를 강정한 일에 대해 東武의 명령을 전하는 바, 易地라는 것은 이미 약속을 정한 것이어서 마땅히 약속에 의할 것이나, 本州(對馬島)가 비좁아서 다시 大阪으로 정했다'한다. 이에 우리는 약속이 어긋난다 해 책망해 물리쳤으나 왜인은 끝내 돌아가지 않았다.[52]

즉 조선에서는 쓰시마가 임의로 약속을 변경한데 대해 엄중 항의를 하며 거절했다. 그러나 쓰시마의 사신은 大阪易地가 막부의 뜻임을 내세우면서 돌아가지 않고 거듭 요구를 하자, 결국은

> 10년 갑진에 부사 임영수의 장계에 의하면, '처음에 쓰시마로 정했다가 다시 大阪으로 고친 것은 무슨 이해가 있으며, 왜 약속을 어기는가를 물었다. (전에 조선에서) 만일 10년을 다시 연기한다면 허락하겠다고 했었는데, 왜인이 이 말을 관백에게 가서 고한 후에 글로 써서 보내었기 때문에 막부

---

50) 三宅英利 著·孫承喆 譯, 앞의 책, 441쪽.

51) 실제로 막부에서는 對馬藩에 통신사의 파견을 명목으로 여러 차례에 걸쳐 재정적인 도움을 주었다. 예를 들면 1805년부터 1863년까지 金 165,500兩, 米 50,000石을 지급하였는데, 이중 금 128,5000兩은 통신사 파견 교섭을 위한 명분으로 지급했다. 荒野泰典, 『近世日本と東アジア』, 234쪽의 表 5.

52) 『交隣志』信使各年例, 9년(헌종) 癸卯.

의 회답 중에는 정미(1847)부터 병진(1856)까지 10년을 물린다는 뜻을 갖추어 왔습니다'고 했다.[53]

조선에서는 이를 근거로 10년을 연기하는 조건으로 大阪易地를 허락했다. 그러나 막부에서는 이 소식을 듣고 江湖城의 화재를 이유로 내세워 13년 연기를 지시했으나, 쓰시마는 막부의 지시를 덮어둔 채 막부의 뜻도 10년 연기라고 조선에 통보해, 양국사이에는 大阪易地通信을 1856년에 시행하는 것으로 합의를 보았다.[54]

그러나 1851년 4월 쓰시마는 예조판서 앞으로 서계를 보내어 1856년의 大阪易地通信의 연기를 요청해, 그로부터 5년간 다시 연기가 되었다. 그런데 1853년 6월 德川家慶의 뒤를 이어 德川家定이 장군직을 습직하게 되었다. 따라서 다시 양국간에는 장군습직의 축하에 대한 통신사의 방문이 논의가 되어, 쓰시마는 이 기회를 이용해 다시 역지통신을 쓰시마에서 실시할 것을 획책하였고, 결국 막부의 내락을 얻어 1866년 쓰시마에서의 易地交聘을 합의하게 된다. 이로써 易地는 大阪에서 다시 對馬로 변경되어졌다.[55]

그러던 중 1858년 7월 德川家定의 대를 이어 家茂가 장군직을 습직했다. 이에 쓰시마에서는 통신사 요청에 대한 지시를 막부에 요청하였는데, 막부에서는 이미 1866년 실시를 약속했으므로 그대로 시행하도록 했다. 그리하여 1861년 10월부터 다시 통신사 파견문제가 논의되었으나 양국사이에는 쉽사리 합의가 이루어지지 않다가, 1864년 3월에 이르러서야 강정역관 김계운과 왜관관수 사이에 2년 후로 임박한 1866년 병인년의 역지통신을 다시 10년 후에 실시하기로 결정을 보았다.[56]

---

53) 『交隣志』 信使各年例, 10년(憲宗) 甲辰.

54) 『同文彙考』 附編續通信一, 『本邦朝鮮往復書』 卷114, 弘化 2년 朝鮮國規外回翰.

55) 이시기의 역지통신 교섭과정에 관하여는 田保橋潔, 앞의 책, 869~872쪽 참조.

그 후 1867년 3월 쓰시마에서는 德川家茂의 죽음과 德川慶喜의 습직을 알리는 참판사가 파견되었으나, 곧이어 그 해 10월 德川慶喜의 大政奉還에 의한 江戶幕府의 종언에 의해 더이상의 통신사 교섭은 이루어지지 않았다.

이상에서 조일 양국의 교린체제에 있어 장군 습직시 정례화되어 왔던 통신사에 관해 1811년을 전후한 역지통신을 중심으로 살펴보았다. 이미 서술한 바와 같이 德川막부에서 장군이 습직하였을 때, 조선으로부터의 통신사 파견은 조일 양국의 우호교린체제를 상징하는 주요한 행사였다. 그러나 1787년 德川家齊(1787~1837)장군의 습직 이래 家慶(1837~1853), 家定(1853~1858), 家茂(1858~1866), 慶喜(1866~1867) 이래 몇 차례에 걸친 습직에도 불구하고 단 1차례만 파견되었고, 그것도 종전에 예가 없이 20여년간이나 연기를 거듭하다가 쓰시마에서 역지통신으로 이루어진 이례적인 통신사행이었다. 뿐만 아니라 그 이후에도 4차례나 장군습직이 거듭되었음에도 불구하고 그 장소를 쓰시마에서 大阪으로 그리고 다시 大阪에서 쓰시마로 거듭 바꾸어 역지통신하기를 합의하였지만 결국은 이루어지지 않게 된다.

이는 곧 역지통신의 시기가 되면, 통신사를 양국관계의 평화적인 연대감의 상징으로 본다던지, 장군습직시 통신사를 통해 國內大名의 위압이나 장군권력의 국제적 위용으로 삼는다고 하는 정치·외교적인 의미는 사라지고, 의례적인 국서와 예물의 교환이라고 하는 단순한 외교절차로서만 인식하고 있었다는 것을 의미한다.

그러면 결론적으로 이 시기에 와서 통신사가 연기되면서 역지통신이 이루어지고 결국에는 폐절되는 이유는 무엇일까. 그 이유에 관해 여러 견해가 있다.

예를 들면 먼저 조선의 경우, 경제적인 이유를 들어 조선왕조측의 예단

---

56)『日省錄』李太王 甲子年 8월 17일 ;『交隣志』信使各年例, 今上 元年 甲子.

인삼의 부족을 지적하고 있으며, 또 당시 조선도 외세의 압력이 가중되어 갔던 시기이므로 일본보다는 중국에 의존하려는 정책을 취해 결론적으로 통신사 폐지의 결정적인 요인으로 대일정책의 비중저하를 들고 있다.[57]

그리고 막부의 경우는 통신사 접대에 따른 막대한 경비부담에 대한 재정적 이유[58]와 조선에 대한 멸시감의 증폭,[59] 그리고 통신사의 방일에 대한 정치적 목적의 소멸 등을 지적하고 있으며,[60] 대마번의 경우는 막부의 지시를 따르지 않을 수 없는 입장과 역지통신이 이루어지면 막부로부터 원조에 의해 경제적인 이득을 얻을 수 있다는 이득이 있었기 때문에 적극적으로 추진했다는 점[61] 등을 들고 있다.

물론 이러한 이유들을 절대로 무시할 수는 없다. 그러나 보다 근본적인 문제는 당시의 국제상황 속에 그 이유가 있다고 생각한다. 즉 19세기 중반 이후 조선은 물론 일본도 모두 이미 서구세력의 지대한 영향을 받고 있던 시기였다. 그리고 이러한 위협은 조일 양국 상호간의 통신사 왕래문제보다도 훨씬 절박하게 인식되었다. 따라서 종래의 교린체제 유지에 의한 탈중화의 연대감보다는 오히려 서구세력에게 어떻게 대처해 가는가가 훨씬 중요한 과제로 부상이 되었으며, 전통적인 방식에 의한 교린체제 유지는 더이상 양국의 대외관계에 있어 그렇게 큰 의미를 갖을 수가 없었던 것이다. 그리고 이와 같은 국제상황이 결국 통신사행의 연기와 역지통신이라는 '교린체제의 변질'을 가져오게 한 가장 중요한 원인이었다고 생각한다. 그리고 이점은 다음 장에서 언급되듯이 조일양국의 서구세력에 대한 대응방식의 차이점을 통해 반증될 수 있다고 생각된다.

---

57) 粕谷憲一, 1979, 「なぜ朝鮮通信使は廢止されたか」『歷史評論』 제355호.

58) 荒野泰典, 1979, 「朝鮮通信使の終末」『歷史評論』 제355호.

59) 李元植, 1991, 『朝鮮通信使』, 民音社, 261쪽.

60) 鄭成一, 1991, 「易地聘禮 實施前後 對日貿易의 動向」『經濟史學』 제15호, 주) 17.

61) 荒野泰典, 앞의 논문, 『歷史評論』, 355, 70~72쪽.

제2절 왜관점령과 교린체제의 종말

Ⅰ. 문제제기

근래 조선후기 한일관계를 통신사의 문화적인 역할이나 양국이 교린관계였다는 관념적인 인식에 의해 '평화우호적인 관계'였다고 강조하고 있다. 그러는 한편 개항기를 전후한 근대 한일관계는 일본에 의한 '침략적인 관계'로 설명하고 있다. 그렇다면 우리는 이 역사적 모순을 어떻게 이해해야 할 것인가.[1]

다시 말해 개항기 한일관계를 접할 때, 우리는 임진왜란 이후 250여년 간이나 지속해 온 '교린체제'가 왜, 어떠한 이유로 인해 갑작스럽게 침략과 피침략의 적대관계로 돌변하였던가에 대해 구체적인 설명이 없이 양국관계의 전환기를 만나야 했다. 이점에 관해 종래 대부분의 해석은 조선의 쇄국체제를 강조해 폐쇄적인 대외관계에 모든 책임이 있었던 것으로 치부해, 결국 조선사회의 후진성이라는 자학적 역사의식을 만들어내어 개항기 조선의 역사를 부정적으로 평가해야 하는 모순에 이르게 되었던 것이다.

즉 개항기의 역사를 다루는 대부분의 역사서는 서구열강에 대한 조선의 쇄국정책을 강조함으로써, 우리 역사가 스스로 근대화에 길을 개척해 가지 못한 책임을 쇄국체제에 전가함으로써 조선후기사와 개항기 역사인

---

1) 荒野泰典, 1989, 「近世の日朝關係」『日朝關係史を考える』, 靑木書店(山里澄江·손승철 역, 1991, 『한일관계사의 재조명』, 이론과 실천, 102쪽).

식에 차별성과 단절을 가져왔던 것이다. 그러나 조선후기 한일관계와 개항기 한일관계가 돌연변이의 상황이거나 단절된 별개의 역사는 아니다.

　이 절에서는 이러한 문제의식을 가지고, 개항기를 전후한 한일관계의 역사적인 추이를 동아시아의 국제상황과 대내적인 정치상황, 그리고 정책결정의 배경을 이루는 사상적 요인의 전개과정을 종합적으로 다루면서, 그것이 동시기의 양국관계를 어떻게 결정지어 갔으며, 급기야는 어떠한 결과로 교린체제의 종말을 가져왔던가를 살펴보고자 한다.

Ⅱ. 위정척사사상과 정한론의 고조

　19세기 이후 개항기에 걸쳐 조선인의 대외인식을 지배한 사상적 조류는 위정척사사상이었고, 그것이 고조된 요인으로는 서학(교)에 대한 사상적 토착주의,[2] 그리고 서구세력에 대한 위기감과 정치적인 혼란 등 여러 가지 이유를 들 수 있겠다.

　조선에 서학이 처음 수용된 것은 17세기 전반, 초창기에는 주로 역학에 대한 관심에서였다.[3] 그러나 서학이 학문적으로 본격적인 관심의 대상이

---

2) '사상적 토착주의'란 개념은 정재식, 1982, 「유교문화전통의 보수리론」『宗敎와 사회변동』, 연세대출판부, 173쪽의 Ralph Linton의 토착주의운동(Nativistic Movements)의 개념, 즉 전통적인 사회를 의례 자연적인 현상으로 생각하고, 특히 기성세력을 가진 사람들이 그것을 당연한 질서로 여기면서, 의식적으로 적극적으로 자기의 사회와 문화를 지키려는 태도, 즉 그 기존 사회와 문화의 어떤 본질적인 요소를 부흥시키거나 영속시키기 위한 의식적이고 조직적인 노력을 말한다.

3) 조선의 서학사에 관한 연구로는 이원순, 1986,『조선서학사연구』, 일지사 ; 조광,『조선후기 천주교회사연구』, 고려대학교민족문화연구소 ; 최소자, 1988,『동서문화교류사』, 삼영사 ; 강재언, 1989,『조선의 서학사』, 민음사

되어 체계적으로 수용되기 시작한 것은 18세기 후반, 실학자 李瀷에 의해서였다. 경세치용의 실학자 이익은 서학을 학문적인 측면과 종교적인 측면으로 인식했다는 점에 있어서 서학수용의 새로운 의미를 부여하였고,[4] 사실 이때부터 조선의 서학은 학술사상적인 측면과 종교적인 측면을 소위 '信西派'와 '功西派'로 구분해 수용되기 시작했다. 그리하여 학술적인 측면은 북학파를 중심으로 상당한 진전을 보았으며, 朴齊家의 경우는 서학의 수용을 위해 서양선교사까지도 초빙할 것을 건의하기도 했다.[5]

한편 조선에서 천주교회가 창설된 것은 1783년 북경의 천주교회에서 이승훈이 세례를 받고 귀국하면서부터이다. 귀국 후 그는 조선 천주교회 창설에 중심인물이 되어 1785년에 한양의 명례동에 있던 김범우의 집에서 주일미사를 보면서 교세를 확장해 갔다. 그러나 형조에 발각이 되어 김범우는 유배되어 조선천주교회의 최초의 순교자가 되었으며, 이때부터 천주교에 대한 종교적인 탄압이 시작되었다. 그럼에도 불구하고 한양과 경기도 일원에서 발생한 천주교의 신앙운동은 점차 전국적으로 확산되어갔고, 그 계층도 사인층에서 점차 중인 및 서민층으로 확산되어 갔다.[6]

당시 조정의 입장에서는 서교(천주교)의 전파를 양반사회, 가부장적인 가족제도, 유교지상주의의 사회에 대한 사상적인 도전으로 받아들였다. 그리고 서교가 사회문제가 되었던 것도 역시 典禮問題에서였다. 그리하여 조정에서는 서교를 사교로 단정해 1786년 이래 한역서학서의 유입을 금지시켰다. 그러한 가운데에서도 서교는 급속하게 확산되어 1791년에는 정약용의 외종이었던 윤지충이 북경주교의 지시에 의해 모친의 제사를 폐하고

등의 업적을 참조.

4) 孫承喆, 1993, 「朝鮮の實學と西學」『アジアのなかの日本史』第6卷, 78쪽.

5) 朴齊家, 『北學議』外編, "丙午正月二十二日朝參時,典設署別提朴齊家所懷" ; 손승철, 1982, 「북학의의 '존주론'에 대한 성격 분석」, 강원대 인문학연구 제17집 참조.

6) 姜在彦, 앞의 책, 155쪽.

신주를 불살랐던 소위 '珍山事件'에 의해 국가의 禁令이 공포되었다. 이때부터 '信西派'와 '功西派'의 대립에 의해 정쟁은 계속되었다. 그러나 1799년 신서파 채제공이 죽고, 이듬해에 정조가 서거하자, 1801년에는 대왕대비 김씨의 하교에 의해 서교에 대한 본격적인 탄압이 시작되었고,[7] 특히 '황사영백서'[8]사건은 조정에 대한 커다란 위협이 되어 이후 반서학, 반서교의 '위정척사'가 정치 이데올로기화하면서 조선사회의 지배사조가 되어버렸다.

'西敎' 및 '西學'을 '邪敎'와 '邪學'으로 규정한 '정학'은 '小中華' 내지는 '조선중화주의'에 의해 경직화된 '주자학 일존주의의 도통사상'을 말한다. 이 시기 위정척사사상의 대표적인 인물인 이항로는 도통과 학통에 대해,

> 堯舜에서 周公에 이르기까지는 道를 행하는 統이며, 孔子로부터 尤翁(宋時烈)에 이르는 學을 행하는 統이다. 공자는 요순에 유사하고, 맹자는 禹에 유사하며, 朱子는 주공에 유사하고, 尤翁은 맹자에 유사하다.[9]

---

7) 『純祖實錄』 권1, 순조 원년 정월 정해, "선왕은 정학을 밝히면 邪學이 저절로 없어진다고 자주 말했다. 지금 들으니 邪學이 依舊해 서울에서 畿湖에 이르기까지 날로 퍼지고 있다고 한다. 사람이 사람됨은 인륜이 있기 때문이며, 나라가 나라됨은 교화가 있기 때문이다. 오늘날에 소위 邪學은 아비도 없고 임금도 없으며 人倫을 파괴하고 敎化에 배치되어 스스로 夷狄禽獸로 돌아가게 한다. 저 어리석은 백성들이 점점 詿誤에 오염되니 마치 어린 아이가 우물에 빠져 있는 것 같다. 어찌 측연하고 상심하지 않을 수 있겠는가. 감사나 수령들은 자세하게 효유해 사학을 믿는 자들오 하여금 마음을 고치도록 하고, … 개전하지 않는 무리들은 법률로써 다스려야 한다."

8) 黃嗣永帛書의 주요 내용은, 서양 여러 나라에 의한 재정원조, 北京 天主堂과의 연락방법, 로마교황이 청나라 황제에게 요청해 조선국왕이 선교사를 받아들이도록 칙령을 내리게 할 것, 청나라가 안주와 평양에 撫按司를 두어서 친왕을 임명해 감호케 하고, 공주를 시집보내어서 조선국왕을 부마로 삼게 할 것, 洋舶 수백척에 정병 5~6만명을 파견해서 무력으로 개교를 강요할 것(강재언, 앞의 책, 176쪽).

라고 해, 堯-舜-禹-湯-文-武-周公까지를 道統으로, 孔子-孟子-程子-朱子-宋子까지는 학통으로 보았는데, 이러한 논리에 의해 宋子(송시열)를 포함한 당시의 주자학을 유일사상으로서 정학으로 체계화하였던 것이다.

宋時烈(1607~1689)은 앞장에서도 언급한 바와 같이, 노론계를 주도한 철저한 주자학자로서, 주자의 반금적인 양이사상을 그대로 계승하였는데, 그는 호란을 일으켜 조선을 침입하고, '中華'인 명을 멸망시킨 청을 철저히 배척한 열렬한 반청적 양이론자였다. 이와 같이 주자학의 학통에 송시열을 추가한 위정척사사상은 주자의 반금적이며, 송자의 반청적 양이사상을 계승한 사상적 바탕 위에서, 그 상대를 호로(청)로부터 洋夷로 대치시킨 '尊中華·攘夷的'인 도통사상이었던 것이다.[10]

따라서 이러한 사상적인 분위기 속에서 서학이건 서교이건 간에 전혀 용납될 수가 없었던 것이며, 서교에 대한 탄압은 계속되어, 1839년에는 기해사옥, 1846년에는 병오사옥이 계속해 일어났다. 그러나 1860년 북경조약이 체결되기 전까지만 해도 서구에 대한 직접적인 위기의식을 느끼지는 않았던 것 같다. 그 예로 1840년 청에서 아편전쟁이 일어나, 그 소식이 곧바로 청에 파견되었던 사은사에 의해 조선에 알려지게 되었는데, 당시 아편전쟁에 관한 조선의 반응은 영국이 청의 廣東·福建·浙江을 함락시킨 사실을 알았지만, 일시적인 현상으로 보고 그렇게 심각하게 생각하지는 않았다.

뿐만 아니라 1854년 일본이 '미일화친조약'을 맺고 개항을 한 이래 영국·러시아·네덜란드·프랑스 등과 연이어 조약을 체결하고, 1859년부터는 이들과 무역을 하기 시작하였는데, 이러한 사실이 1860년 쓰시마에

---

9) 李恒老, 『華西集』 「雅言」 권12, 「堯舜」 제36.

10) 위정척사사상의 사상적 배경과 그 내용에 관하여는 강재언, 『조선의 개화사상』 ; 박충석, 1982, 「존화양이사상」 『한국정치사상사』, 삼영사, 200쪽 참조.

의해 조선에 전달되었고, 조선도 이에 대해 회답을 보냈다.[11] 그러나 거기에 나타난 조선의 반응은 일본이 기독교의 대책만 엄중히 한다면, 일본과 구미와의 통상은 '柔遠之道'이므로 그대로 인정한다고 하였던 것이다. 이것은 당시까지만 해도 '衛正斥邪'를 하더라도 구미제국을 攘夷의 대상으로까지 간주하지 않았음을 뜻한다.

이러한 상황에서 1860년 제2차 아편전쟁의 참패결과 북경조약에 의해 청이 미·불 등에게 양자강 이북지방을 개방하고, 아편무역과 기독교 포교의 공인, 그리고 러시아에 대해 연해주를 할양하게 되자, 조선은 러시아와 국경을 접하게 되었고, 점차 대외적인 위기감이 고조되기 시작했다.[12] 이러한 국제상황 속에서 서구에 대한 위기의식이 고조되어 갈 즈음, 1866년 7월의 제네랄 셔어만호의 대동강 침입사건, 그리고 9월부터의 프랑스 로즈함대의 침입에 의한 병인양요, 1868년 4월의 독일인 오페르트의 남연군묘 도굴사건 등은 조선이 서양세력으로부터 무력시위를 받은 최초의 사건이었으며, 이 사건들은 조선으로 하여금 서구에 대한 의구심과 위기의식을 갖게 하기에 충분한 사건이었다.[13]

이점에서 1866년 서양세력에 의한 직접적인 위협이 있기 전까지만 해도 '위정척사사상'의 배척대상은 어디까지나 서학 또는 서교를 의미하는 것이었고, 구미세력 그 자체가 배척의 대상은 아니었음을 알 수 있다.

병인양요 당시 李恒老는 주전론은 '國邊人之說'이라 하고, 主和論은 '敵邊人之說'이라고 하면서, 主戰과 主和는 인간과 금수를 구별하는 시금석이라 했다. 그는 공조참판을 사직하는 상소문에서

---

11) 『철종실록』 권48, 철종 11년 8월 기사.

12) 原田環, 1984, 「19世紀 朝鮮の對外的危機意識」『朝鮮史研究會論文集』 21, 74쪽.

13) 백종기, 1981, 「흥선대원군의 양이쇄국정책과 병인·신미양요」『한국근세사연구』, 박영사 ; 동, 1977, 「개국전의 양이쇄국정책」『근대한일교섭사연구』, 정음사 참조.

> 안으로 有司로 하여금 邪學의 당을 주륙하고, 밖에서 壯士들이 入海한 外
> 賊들을 정벌하는 것, 이것에 의해 인간이 되던가, 금수가 되던가, 죽던가 살
> 던가 결정을 해야 한다.[14]

고 했다. 이러한 사상적 풍조는 1866년 프랑스함대가 강화도에 침범하자, 대원군이 묘당에 보낸 친서에 그대로 반영되는데,

> 그 괴로움을 참지 못해 화친함은 곧 나라를 파는 것이며, 그 독을 참지 못
> 해 교역을 허락함은 곧 나라를 망치는 것이며, 적이 京城에 박두하였을 때
> 왕도를 떠나는 것은 곧 나라를 위태롭게 하는 것이다.[15]

고 해, 主和는 매국이며, 交易은 망국이고, 非戰은 危國이라는 攘夷의 3대 원칙으로 집약되어 전국에 斥和碑를 세우게 된다. 물론 당시까지만 하더라도 양이의 대상은 곧 서양을 의미하는 양이였다. 그러나 이러한 양이의 논리도 일본에 대한 위기감이 고조되면서 곧이어 '倭洋一體'의 척왜운동으로 전개되어 갔다.

한편 조선에서 '위정척사사상'이 고조되어가고 있던 즈음, 일본의 대외인식은 어떻게 전개되어 가고 있었을까.

조선후기 일본인의 조선관은 『古事記』와 『日本書紀』의 전승 이래, 소위 '任那日本府'설에 의해 조선을 '조공국'으로 보는 의식이 흐르고 있었다. 예를 들면 조선전기 足利幕府의 조선에 대한 우월감이나 豊臣秀吉의 조선침략도 기본적으로는 그 맥락을 같이하고 있는 것이다. 그러나 조선전기까지만 해도 이러한 인식은 한정된 권력층에 머물러 있었고, 반면에 한편으로는 조선인에 대한 문화적 열등의식도 내재되어 있었다.[16]

---

14) 李恒老, 앞의 책, 권3, 疏箚, 「辭工曹參判疏」.
15) 『龍湖間錄』 병인년 9월 14일, 自雪峴送政府堂上坐起處諭示錄紙.
16) 村井章介, 1988, 「中世人の朝鮮觀をめくる論爭」『歷史學硏究』 No.576, 39쪽.

특히 임진왜란에 의해 많은 조선의 전적이 탈취되어 일본으로 들어가고, 또한 피로인들에 의해 주자학이 교습되어 지면서, 일본지식인들 사이에는 조선을 문화적 선진국으로 보는 인식도 고조되고 있었다. 예를 들면 일본주자학을 확립한 藤原惺窩, 林羅山, 山崎闇齊 등은 이퇴계에게서 큰 영향을 받았으며,[17] 피로인으로 잡혀간 강항, 홍호연, 이진영이나 통신사의 방일 때에 이루어진 일본유자들과의 문화적인 교류를 통해 잘 나타난다.[18]

그러나 조선 문화에 대한 존경이나 숭배의 감정이 조일관계에 그대로 나타난 것은 아니었다. 조선에 대한 일본인의 관심은 주자학이나 인쇄 · 도자기 기술 등 문화적인 것에 한정하였을 뿐이었다.[19] 17세기 후반에 이르면 '일본형화이의식'과 소위 일본의 '國學'이 발달하면서, '조선멸시관'으로 변질되어 권력층뿐만 아니라 학자 전반에게 지배적인 조선관으로 파급되어 갔다. 그리고 이러한 사상적 경향은 막말에 이르러 '정한론'이 되고, 결국 조선침략의 사상적 배경을 이루게 되었던 것이다.[20]

德川시대 초기부터 조선멸시관을 내세운 熊澤蕃山(1619~1691)은,

> 九夷의 안에서는 조선 · 일본 · 유구가 가장 우수한데, 그 삼국 중에서는 일본이 가장 빼어나다. 따라서 中夏의 밖, 四海의 안에서는 일본에 버금가는 나라가 없다. 이것은 天照皇 · 神武帝의 덕이다.[21]

---

17) 조선주자학이 일본에 미친 영향에 관하여는 阿部吉雄, 1965, 『日本朱子學と朝鮮』, 東京大學出版會.

18) 통신사의 문화적인 교류와 그 의미에 관하여는 이원식, 1991, 『조선통신사』, 대우학술총서 59, 민음사.

19) 이준걸, 1986, 『조선시대 일본과의 서적교류』, 홍익제 참조.

20) 조선후기 일본인의 조선관에 관하여는 三宅英利 · 하우봉 역, 1990, 『역사적으로 본 일본인의 한국관』, 풀빛, 106과 失澤康祐, 1969, 「江戸時代における日本人の朝鮮觀について」 『朝鮮史研究會論文集』 제6집 ; 손승철, 1987, 「조선후기 한일양국인의 상호인식 및 정책의 사상적 특질」 『사회과학연구』 제25집, 강원대학교 사회과학연구소 참조.

라고 해, 조선을 일본보다 열등하게 인식하고, 그 근거를 神功皇后의 三韓
征伐과 任那日本府說에 두고 있다.

또 山鹿素行(1622~1685)은 일본의 삼한정벌을 찬미하면서,

> 조선·신라·백제는 모두 일본의 藩臣이었다. … 고려도 本朝의 속국이
> 었고, 文과 武 모두 外朝(중국)에 비할 바가 못되니, 中華(일본)과는 비교도
> 안된다. 뿐만 아니라 中朝(일본)의 문무를 두려워한다.[22]

고 해, 조선은 일본을 두려워하는 소국이라고 멸시하고 있다. 특히 그는
일본을 中華라 하고, 조선을 속국, 그리고 중국을 外朝라고 부를 만큼 이
미 국수주의화되어 있었다. 이러한 논리는 이미 동아시아 세계를 일본 중
심으로 재인식하는 '일본형화이의식'의 발로라고 볼 수 있다.

문제는 이러한 인식을 가진 인물들이 막부의 대외정책 결정에 중요한
역할을 하는 점이다. 그리하여 이후 '일본형화이의식'은 인접국(조선)과의
상호이해나 민족적인 연대감을 차단시켜 갔고, 일반인들도 이러한 차별의
구조 속에서 대외관계를 인식하였던 것이다.

이미 언급하였던 바와 같이 1711년 新井白石의 통신사 빙례규정의 개
정은 이러한 인식이 노골적으로 표면화된 대표적인 사건이다. 나아가 이
러한 조선멸시관은 18세기 후반에 이르러 일본내의 대기근과 통신사의 정
치·외교적 의미의 감소에 따라, 장군습직을 축하하기 위한 통신사 파견
이 관례를 깨고 연기되면서, 더욱 고조되어 결국에는 역지통신이라는 교
린체제의 변질을 가져왔던 것이다.

조선멸시관은 이후 林子平(1738~1793)에 이어지면서, 러시아의 남하와
그에 대비한 海防論이 주장되는 가운데 '조선침략론', 소위 '征韓論'으로
탈바꿈하게 된다.

---

21) 熊澤蕃山, 『蕃山全集』 제1책, 「集義和書」 권8, 199쪽.
22) 『山鹿素行全集』, 思想篇, 제12권, 「中朝事實」.

> 神武帝는 통일의 대업을 이루고서 人統을 세웠다. 神功皇后는 삼한을 신
> 복시켰고, 太閤은 조선을 토벌하였으나, 조선이 지금에 이르러서는 본방에
> 복종하지 않는다.[23]

라고 해 조선침략을 찬미한 후, 네덜란드와 같은 나라도 군비를 확충해 식민정책을 한다고 하면서, 조선·유구·북해도에의 침략의 필요성을 역설하였고, 동양에는 대일본, 서양에는 대영제국이 세계에서 가장 큰 두 부국과 강대국이 될 것으로 호언장담하였던 것이다. 즉 이 시기가 되면 조선침략은 일본의 海防을 위한 해외침략론으로 전개되고, 나아가 해외침략을 통해 일본을 부국화하고 해외로 발전한다는 이론적 기초를 만들어 갔던 것이다.[24]

이러한 사고는 결국 근대일본의 사상적 조류를 국내모순의 개혁과 서구의 위협, 그리고 일본의 발전을 위해 조선을 그 탈출구로 하는 조선침략론(정한론)으로 전개되어 갔던 것이다.

그 예로 佐藤信淵(1769~1850)은

> 무릇 타국을 경략하는 법은 허약해서 취하기 쉬운 곳에서부터 손대어 가
> 는 것을 원칙으로 한다. 지금에 이르러 세계 여러 나라 중에서 皇國이 공략
> 해 얻기 쉬운 땅은 중국의 만주이상 없다. 먼저 韃靼을 얻고 난 후에 조선·
> 중국도 이어서 도모해야 할 것이다.[25]

라고 했다. 조선침략론은 吉田松陰(1830~1859)에 이르면 더욱 명백해진다.

---

23) 『林子平全集』 제1책, 「海國兵談」 제16권, 349쪽.

24) 矢澤康祐, 1969, 「江戸時代における日本人の朝鮮觀について」 『朝鮮史究會論文集』 제6집, 30쪽.

25) 『佐藤信淵家學全集』, 중권, 「混同大論」, 197쪽.

옛 고대에는 신하로 따르지 않은 곳이 있으면 海內·海外를 막론하고 동서로 정벌해 반드시 강경하게 제거해 버렸다. … 근년에 이르러 러시아·미국이 맹렬하게 밀려오는데 관리는 구차하게 편의적으로 처분한다. 이것이 어찌 영세토록 변하지 않겠는가, 黃天이 우리나라를 사랑해 돌보아 주시고, 반드시 장차 영명하고 밝은 군주를 내셔서 한번 변해 옛날의 번성함으로 돌아가는 바 있을 것이다.[26]

라고 해 명백한 정복사관에 입각해 攘夷를 주장하며, 天皇制에의 복귀를 역설하였던 것이다. 이어

조선과 만주는 서로 연해져 있는데, 神州의 서북쪽에 있으며 모두 바다를 사이에 둔 가까운 나라이다. 그리고 조선의 경우에는 옛날 우리나라에 신하로 복속했는데도 지금은 점점 거만해졌다. 무엇보다도 그 나라의 풍속과 종교 등을 상세히 알아서 그것을 다시 수복하지 않으면 안될 것이다. … 지금 시급히 군사적인 장비를 정비해 함선과 대포가 대충 갖추어지면 바로 蝦夷를 개간하고 그 사이에 加模察加(캄차카)·隩都加(오호츠크)를 탈취하고, 유구를 타일러서 일본천황에게 알현하게 하고, 조선을 책해 인질을 바치고 조공을 하게 하는 것을 옛날과 같이 하게 하고, 북쪽으로는 만주 땅을 분활하고, 남쪽으로는 대만·呂宋(필리핀)제도를 손에 넣어 점점 진취의 진세를 보여야만 할 것이다.[27]

라고 해, 이제는 조선뿐이 아니라 全아시아에 대한 奪取를 주장하였던 것이다. 그리고 그 구체적인 방책으로서

러시아·미국과 일정하게 도모해 결연히 이것(동아시아제국)을 쳐부술 것이다. 信義를 오랑캐에게 잃으면 안된다. 다만 규칙을 엄격히 하고 신의를 두텁게 하고, 그 사이에 국력을 길러 얻기 쉬운 조선·만주·중국을 쳐올라간다. 교역에서 러시아에게 잃는 바는 조선과 만주에서 보상받아야 한다.[28]

---

26) 『吉田松陰全集』 제1권, 「幽囚錄」 自序.

27) 앞의 책, 「幽囚錄」 本文.

이 논리는 곧 서구와 수교해 그 압력을 잠시 완화하면서 국력을 키워 동아시아 제국을 침략해 서구에 의해 잃은 것을 조선에서 찾는다는 논리로, 이후 일본의 조선 및 아시아에 대한 침략은 이러한 논리선상에서 전개되어 갔음은 이미 자명한 사실이다.[29]

이러한 정한론은 막말에 이르러 勝海舟(1823~1899)에 이르러 더욱 구체화되면서, 막말 및 명치유신 초기의 대한정책을 결정해 갔다. 그는 1863년 대마번의 대조선교섭의 실무자였던 大島正朝(大島友之允)와 桂小五郎(木戸孝允)의 방문을 받고 논의하였는데,

> 지금 바야흐로 아시아주 가운데 구라파인에 저항할 나라가 없다. 모두 규모가 협소해 그들의 원대한 계획에 미치지 못하기 때문이다. 지금 우리나라(일본)에서 함선을 내어 널리 아시아 각 국의 군주에게 설득해 종횡으로 연합해 공동으로 해군을 크게 일으켜서 학술을 연구하지 않으면 그들의 유린을 피할 수 없을 것이다. 우선 가까운 나라인 조선부터 이를 설득시키고 그 뒤에 중국에 미치고자 한다.[30]

즉 이것은 유럽열강과 아시아 제국의 차가 현저함을 인식하고, 그에 대비하기 위해 아시아 제국의 조속한 연합, 특히 해군의 확충이나 학문 · 기술교류의 필요성을 조선이나 중국에 설득하자고 하는, 소위 아시아연대론 혹은 공동방위론이다.

여기에는 종래 주장된 바와 같이 일본을 방위하기 위한 수단으로서 조선을 침략하는 정한론의 입장은 배제되어 있다. 그리고 이러한 주장은 대조선교섭의 실무자들과 막부당국자 사이에 논의되었다는 점에 있어서 특별히 실천적이고 효용적인 국제의식을 가졌다고 평가되고 있다.[31]

---

28) 앞의 책, 「獄是帖」.

29) 三宅英利 著 · 河宇鳳 譯, 1990, 『역사적으로 본 일본인의 한국관』, 풀빛, 137쪽. 그리고 그 구체적인 상황은 白鍾基, 앞의 책 참조.

30) 『海舟全集』 제9권, 「海舟日記」 1863년 4월 27일.

　그러나 이러한 구상도 일시적이었을 뿐 러시아의 남하가 구체화하자, 러시아의 조선침입이 일본의 안전에 위태로움을 지적하고, 그것을 방지하기 위해 조선에 원조와 충고를 하되, 만약 그것을 거절하면 "때에 따라서는 군사적인 위세로써 복종시킬 수 있다"고 해 결국 정한론을 주장하였던 것이다. 그리고 勝海舟의 이러한 주장은 1864년 3월 '朝鮮國情探索의 儀'가 하달되어 실제적으로 행동화되어 갔다.

Ⅲ. 쓰시마의 '조선진출론'

　18세기 후반 이후 조선과 대마번의 무역이 쇠퇴해 가자, 재정적으로 궁핍한 상태에 이른 쓰시마는 막부에 대해 원조를 요청했다. 이에 막부는 조일외교와 무역의 원활한 유지를 위해 대마번에 대한 재정적인 원조를 계속할 수밖에 없었다.[32]

　이시기 통신사의 계속된 연기와 쓰시마·대판 역지통신도 이러한 재정적 궁핍과 무관하지 않다고 보아진다. 재정이 어려웠던 쓰시마에 또다시 새로운 위협이 되었던 것은 1859년이래 영국과 러시아 군함의 출현과 정박에 의한 대외적인 위기감의 고조였다.[33] 1862년 8월 존왕양이파가 쓰시

---

31) 三宅英利 著·하우봉 역, 앞의 책, 141쪽.

32) 荒野泰典, 1988, 『近世日本と東アジア』, 東京大學出版會, 233쪽.

33) 쓰시마근해에 異國船이 출몰한 것은 1859년 영국의 악티온호의 내항과 1861년 러시아의 포사토닉호가 6개월에 걸쳐 쓰시마 아소만에 정박한 사건이 있었다. 당시 쓰시마에서는 이 사건을 계기로 쓰시마의 개항과 막부에 의한 직접관리를 요구하는 移封을 추진하면서, 조일간의 무역외교체제의 변혁을 기도하기 시작한다. 木村直也, 1993, 「幕末の日朝關係と征韓論」『歷史評論』516, 28쪽.

마의 실권을 장악하자, 존왕파는 도주로 宗義達을 습직시키고, 번의 재정
위기와 방위문제를 해결하기 위해 막부에 대해 매년 3만석의 재정원조를
요청했다. 이때 대마번은 재정궁핍을 호소하는 문건에서 '食糧을 異邦에
서 받는다'고 하는 굴욕적인 상황을 강조하였고, 열강에 대한 쓰시마의
방위는 곧 황국전체에 관련된 문제임을 중앙 막부에 인식시키려고 노력
했다.34)

그 예로 당시 쓰시마의 大島友之允은 막부 중앙의 실력자들에게 운동
해 양이의 차원에서 쓰시마의 방위가 중요하다는 칙서를 내리도록 건의하
였고, 이러한 건의는 軍艦奉行 勝海舟의 협력 하에 적극적으로 추진되어
드디어 '朝鮮國體偵探索'의 내명을 지시하기에 이르렀던 것이다. 이러한
경위를 거치면서 1863년 5월 12일 대마번에서 京都幕府에 제출된 원조요
구서에는 서구열강이 조선을 점령하면 황국전체의 위기가 되기 때문에 열
강이 진출하기 전에 조선에 진출해야 하며, 처음에는 조선에 신의를 가지
고 설득을 해 보지만, 듣지 않으면 무력을 행사한다고 하는 종래 정한론자
들의 논리가 그대로 계승되어 나타난다. 그리고 그러한 사태에 대처하기
위해서 대마번에 충분한 원조를 해주어야 한다는 것이다.35)

이러한 大島友之允의 적극적인 활동에 의해 1864년 10월 幕府에서는
관리를 쓰시마에 보내어 조선사정을 정탐하도록 하였는데, 이에 앞서 大
島友之允은 막부에 대해 조선진출에 관한 건백서를 보내었다. 이 건백서
는 2개항의 서론부분과 7개항의 구체적인 내용으로 되어 있다.36)

우선 서론 부분에서는 조선진출론의 기본자세에 대해 언급하고 있는데,

---

34) 木村直也, 1987, 「文久三年對馬藩援助要求運動について－日朝外交貿易體制
    の矛盾と朝鮮進出論－」(田中健夫編)『日本前近代の國家と對外關係』, 吉川弘
    文館 참조.

35) 앞의 논문, 719~721쪽.

36) 이 건백서의 전문과 내용에 관하여는 木村直也, 1988, 「元治元年大島友之允
    の朝鮮進出建白書について」(上)『史學』제57권 4호.

첫째, 조선은 원래 자존의 국풍을 가지고 있기 때문에 금방 속국의 人臣之禮를 취하지는 않을 것이기 때문에, 먼저 은덕을 앞세우도록 하였고, 만약 德化에 복종하지 않는다면 응징의 용단을 내려야만 한다고 했다. 두번째로 外夷의 침략에 대한 위기를 충고하면서, 脣齒와 같이 萬世相保하려는 성의를 가지고 담판하지만, 조선은 평소부터 의심을 하는 國風을 가지고 있고, 秀吉 이후 원한이 쌓여 굴복시키는 일이 어려울 것이므로, 시간이 걸리더라도 恩·威·利의 세 가지를 모두 활용해 다음의 구체적인 7가지를 실행해야 한다고 했다. 그 구체적인 시행안을 보면,

제1책, 양국교제의 규칙을 고치자는 주장으로, 종래의 여러 가지 양국교제의 규제를 바꾸어 편협하고 고루한 구폐를 일신하고, 조선의 여러 곳을 개항해 일본인을 식민시키자는 것.

제2책, 조선인의 민심을 굴복시키자는 주장으로, 조선의 정도는 가혹하기 때문에 천황의 '御仁恩'으로 민심을 끌어들이면 일본의 인정을 사모할 것이며 그 나라의 풍속은 탐간해 염치가 없으므로 이익으로써 민심을 꼬이도록 하자는 것.

제3책, 양국의 禁制를 파하자는 주장으로, 양국간의 편협하고 고루한 법금을 고쳐야 하는데, 조선의 嚴禁을 파하기 위해서는 일본의 國禁을 파해야하고, 그중 우선 무기수출금지를 해제하자는 것.

제4책, 彼我간에 物産을 열자는 주장으로, 부강실현을 위해 조선에 기술자를 보내어 광업을 비롯한 제산업의 개발에 노력하면, 조선에도 일본에도 유익할 것이며 그 국민이 굴복해 우리에게 화할 것이니, 그들이 소유한 것을 가지고 그들을 제압할 수 있다는 것.

제5책, 神州의 무위와 용기를 과시하자는 주장으로, 조선을 굴복시키기 위해 '御恩德'을 앞세우지만, 조선의 국속으로 미루어 볼 때 어려운 일이므로, 자연스럽게 두려움을 느끼게 하기 위해서는 무비를 정돈하고, 군함을 내어서 군사연습을 행하며, 조선인에게 황국의 의용과 상무의 기상을

보여줄 것.

　제6책, 청국과 상로를 열자는 주장으로, 조선은 부국이라고 볼 수 없기 때문에 조선과 통한 후에는 조선을 모개로 해 北京과의 상로를 열어야 한다는 것.

　제7책, 해군을 크게 흥기시키자는 주장으로, 부국강병을 위해서는 해군 흥기 외에 책략이 없으며, 그 재원을 확보하기 위해 조선·청국과 교역을 하자는 것이다.

　조선멸시관과 황국우월관에 의한 이러한 주장이 1864년 당시 실현될 가능성은 적었지만, 쓰시마와 막부에서는 이미 조선침략에 대한 구체적인 계획을 세워놓고 있었던 것이다.

　그러던 중 1866년 7월 미국 상선 제네랄 셔어만호 사건이 일어나고, 같은 해 9월 프랑스 선교사 9인의 처형에 항의하는 로즈함대의 강화도 침입 사건인 병인양요가 일어나자, 이를 물리친 조선정부는 이 사건을 전하는 서한을 쓰시마에 보내었다. 특히 이 서한에서는 양국의 隣誼를 돈독히 하기 위해 프랑스함대의 침입 상황을 자세히 알려준다고 하면서, 이번의 양이는 대양을 항해해 다니기 때문에 언제 일본에 출몰할지 예측할 수 없다고 하면서 경계를 해 줄 것을 촉구하고 있다.[37]

　그런데 이 사건을 이미 알고 있었던 막부는 스스로 미국·프랑스와 조선 사이에서 조정을 획책하고 外國奉行 平山敬忠을 조선에 파견할 계획을 세웠다. 그러나 이 계획은 조선측의 거부로 이루어지지 않았다. 이 일련의 계획은 조선을 국제사회로 선도한다고 하는 명분을 가지고 있는 듯하지만, 사실은 막부정권이 佛·美의 환심을 얻으면서 외교권을 장악하는 통치자로서의 정치외교적인 목적이 내재되어 있었고, 한편으로는 종래부터 주장해 왔던 조선진출의 구실을 찾는 것에 불과하였던 것이다.[38]

---

37) 『日省錄』 李太王 丙寅 10월 15일.

38) 木村直也, 「幕末の日朝關係と征韓論」, 31쪽.

Ⅳ. 서계거부와 교린체제의 붕괴

1868년 3월 德川막부가 무너지면서 성립한 명치 신정부는 조일간의 외교를 관리할 능력이 아직은 없었다. 그리하여 명치정부는 대마번주 宗義達에 대해 종래대로 조·일통교를 가역으로 정하고는 '王政刷新'을 조선에 전하도록 지시했다. 그러나 대마번에서는 이 기회를 이용해 大島友之允 등이 중심이 되어 명치신정부와 교섭을 해 조일외교체제와 대마번의 재정원조를 또다시 획책했다.

그리하여 윤 4월 대마번은 번주의 명의로 조·일외교의 쇄신을 구하는 上書를 정부에 제출했다. 上書에서는 종래의 조일외교무역체제를 비판하면서, 대마번은 식량을 韓土에서 받아먹으며, 조선에 대해 번신의 예를 취한다 하였고, 조선측은 쓰시마에 공작미 등 물화를 의도적으로 지연시킨다는 점, 그 외에도 조선에서 圖書를 받는 것 등 굴욕적인 형식을 취한다는 점, 무역의 쇠퇴에 의해 대마번의 재정이 궁핍해 방위능력이 결여되고 있다는 점, 종래이 제도를 개혁해 일본의 국위를 세우며, 조일관계를 대마번에만 맡기지 말고 전국적인 대처를 해갈 것을 주장했다.[39]

이러한 주장은 이미 1862년 이래 대마번이 취해 왔던 조선에 대한 일관된 노선으로, 1864년 大島友之允의 건백서와도 일맥상통한다. 자신의 건백서를 관철하려 했던 大島友之允은 명치정부에 교섭을 진행해, 번주 종의달의 관위를 승진시키고, 조선으로부터 교부된 圖書를 폐하고, 정부로부터 지급된 新印을 서계에 찍고, 더욱이 조선에서는 청을 상대로만 사용하는 '皇', '勅' 등의 문자를 써서 일본천황을 지칭하도록 했다.[40] 그리고 이미 『朝鮮進出建白書』에서도 언급한 바와 같이 조·일통교체제의 변혁

---

39)『大日本外交文書』제1권 제1책, "朝鮮ト／通交刷新建議／件."
40) 田保橋潔,『近代日鮮關係の研究』上, 138~143쪽.

에 대해 조선측이 강하게 반발할 것을 예상하고, 서계가 조선에 전달되기도 전인 1868년 10월 대마번주 宗義達로 하여금 왜관에서의 철공철시등 조선측의 조치에 미리 대비하도록 대마번 내에 시달하고 있다.41)

　일본측의 왕정복고를 알리는 서계는 두 차례에 걸쳐 전달되었다. 우선 王政復古와 圖書를 변경한다는 사실, 그리고 이 사실을 정식으로 통보하기 위한 大差使를 가까운 시일 안에 파견한다는 내용을 알리는 서신과 이를 정식으로 알리는 大修大差使가 휴대하고 온 서계 등이다. 이들 서계는 모두 左近衛少將對馬守平朝臣義達의 명의로 되어 있는데, 왕정복고와 도서변경을 알리는 서계는 禮曹大人, 東萊釜山兩令公 앞으로 한 통씩, 그리고 大修大差書契는 예조참판, 예조참의 앞으로 한 통씩 전부 4통으로 되어 있다.42)

　이중 王政復古와 圖書變更을 알리는 서계를 예시해 보면,

日本國左近衛少將對馬守平調臣義達
奉書朝鮮國禮曹大人閣下　季秋遙惟　文候介寧　瞻依良深　告者本邦頃時勢一交邊政權歸一皇室　在貴國隣誼固厚　豈不欣然哉　近差別使　具陳顚末　不贅于玆　不佞嚮奉勅朝京師　朝廷特褒舊勳　加爵進官左近衛少將　更命交隣職　永傳不朽　又賜證明印記　要之兩國交際益厚　誠信永遠罔渝　叡慮所在感佩曷極　今般別使書翰押新印　以表朝廷誠意　貴國亦宜領可　舊來受圖書事　其原由全出厚誼所存　則有不可容易改者　雖然卽是係朝廷特命　豈有以私害公之理耶　不佞情實至此　貴國幸垂體諒　所深望也　餘冀順序保嗇　肅此不備
　　　慶應四年戊辰九月　左近衛少將對馬守平朝臣義達
* 밑줄 그은 부분은 조선측이 문제삼았던 자구임.

---

41) 田保橋潔, 앞의 책, 152~153쪽.
42) 田保橋潔, 앞의 책, 151~156쪽에 원문이 제시되어 있음.

그 해 12월 18일 부산왜관에서 이 서계의 등본을 받은 왜학훈도 安東晙은 서계 중에 皇室奉勅 등의 자구가 있는 것과 또 조선으로부터 사급한 島主圖書를 폐하고 마음대로 新印을 찍은 格外의 서계임을 들어 즉시 척퇴할 것을 주장했다. 그러나 다음날 다시 大修大差使가 도착해 왜관가서 大修大差使 正官 樋口鐵四郞을 면접했다. 정관은 앞서와 마찬가지로 왕정복고의 대요를 설명하고, 新印의 이유를 설명하면서 선례에 의한 접위관의 접대를 요구하였지만, 훈도는 大修大差使는 格外일뿐만 아니라, 또 서계 중에 규정 외의 문자가 많은 것을 지적하고 즉시 귀환할 것을 엄중 요구했다. 이후 訓導는 이 사실을 동래부사에게 보고하였고, 동래부사는 이를 중앙에 보고했다. 이에 조정에서는 1년여의 협의 끝에 議政府를 통해 대마도주의 직함이 바뀌고 朝臣이라고 쓴 것, 格例에 특히 위배되는 것 등을 개수해 다시 바치도록 책유하고, 3백년 약조의 본뜻을 지키도록 개유하고 일본의 서계를 거부하도록 지시했다.[43]

당시 훈도 안준경의 명의로 전달된 두 통의 각서는 다음과 같은데, 그 서계에는 조선측에서 문제로 삼았던 자구에 대한 상세한 이유를 제시하고 있다.

覺

一. 左近衛少將

(功에 따라서 혹 붙이고 떼일 수는 있으나 본국에서 행해야 한다. 교린의 법에는 講定이 있어 바꿀 수는 없는 것인데, 어찌 이와 같이 몇 자씩을 더 넣는가. 우리나라의 예조참의인 경우 원래 우시랑

---

43) 『日省錄』高宗 己巳年 12월 13일, "議政府啓言 卽見東萊府使鄭顯德狀啓 則訓別手本以爲 對馬島主平義達書契中 以左衛少將書來者 誰惑有此等可援之例 至於平字下朝臣二字 曾所未有 大違格例令任 譯等嚴加責諭 使之改修正納云矣 職名之與 前有異 旣非恒式恒例 則三百年約條本意 何嘗如此乎 另辭開諭 使之改修書契之意 請分付 允之."

이고, … 전부터 쓰지 않았는데, 귀국에서 어찌 마음대로 증감을 하
는가. 전례를 준수하지 않는 것이다).

一. 平朝臣

(지난 서첩을 보면 비록 고관대직의 자라도 성명의 중간에 관직의
군더더기를 붙인 적이 없다. 이는 격외의 일이다).

一. 書翰押新印

(귀국은 封彊之臣으로 원래 인장이 있어 본국에 행했다. 그러므로
귀국에서는 반드시 아국에서 준 印章을 서계에 써서 憑信의 뜻을
보이고자 법규를 바꾸지 않았으나 이제 다른 印으로 바꾸고자 하
니 결코 받을 수 없다).

一. 禮曹大人公

(公이란 君公의 칭호로 五等侯伯의 爵으로 대인에 비교해 낮추는
것은 아니지만, 대개 서계의 칭호로는 大人을 삼백년이나 써왔는데
지금 갑자기 公을 칭하는 것은 格外이니 역시 전례를 따르는 것이
당연하다).

一. 皇室

(皇은 천하를 통일해 온 땅을 다스리는 칭호이다. 비록 귀국에서 쓴
다고 하나 귀국과 아국간에 왕래한 서계 중에는 交隣이래로 없었
던 일이다. 이 같은 字句는 결코 받을 수 없다).

一. 奉勅

(勅은 天子의 詔令으로 비록 귀국에서 높여 쓴다고 하나 교린 이래
로 쓰지 않은 문자이니 다시 논하지 않겠다).

一. 厚誼所存 有不可容易改者

(貴州에서 대대로 我印을 받음은 交誼가 있음인데, 이에 이르름은
私로써 公을 해하는 문구이니 어찌 사사로이 서계에 찍을 수 있겠
는가. 이는 귀국의 典州之官이 사사로이 인국에서 인장을 받는 것
과 같은 바, 귀국의 일이 어찌 이와 다르겠는가).

一. 대저 양국의 약조는 변할 수 없는 문자이므로 왕복서계에는 방만한 문자가 아니더라도 한 마디라도 규격에 틀리고 한 자라도 거슬려서는 받아들일 수 없다. 비록 백년을 기다리더라도 단지 인호를 해칠 뿐이니 어찌 일이 이루어지기를 기약할 수 있겠는가 귀국 역시 일의 도리를 깊이 아는 사람이 있을 것이나 종시 깨닫지 못하니 진실로 개탄할 뿐이다).

기사 11월

이상의 내용을 통해 볼 때, 당시 조선에서는 양국관계의 우호를 지속하기 위해서는 종전대로의 교린체제를 원칙으로 삼았으며, 이를 어길 경우는 교섭을 할 수 없다는 기본입장을 취하고 있었던 것이다. 즉 조선측의 자세는 일본이 종래대로의 교린관계를 원한다면 양국간의 '약조'에 의해 수백년 간 계속해온 종래의 형식을 취하라는 것이며, 일본의 국제가 변했다고 해도 그것은 일본측의 사정에 불과하다는 입장을 고수해 쓰시마를 배제하는 외무성 관리와의 직접교섭은 불허한다는 태도로 일관하였던 것이다. 이러한 입장은 동시에 종래부터 행해 온 '교린체제'의 제형식에 의해서만, 두 나라 사이는 물론 동아시아의 전통적인 국제관계가 유지될 수 있다는 대외정책의 기본입장을 나타낸 것이라고 볼 수 있다. 또 하나 일본에 대한 깊은 불신감과 서구에 대한 위기의식의 고조는 일본과 구미세력의 통모에 대한 의심을 지적하지 않을 수 없다.44) 따라서 교린체제 하에서의 전례를 무시한 명치신정부의 일방적인 통보는 조선측의 강한 반발을 야기시켰고, 종전의 교린체제를 포기하지 않는 이상은 타협될 수도 없는 상황이 될 수밖에 없었다.

한편 이러한 사실이 일본에 전해지자, 침한의 구실을 찾던 명치정부의 대한정책은 강경파의 정한론이 득세하게 되었고, 이미 변질되기 시작한

---

44) 荒野泰典, 1989, 「明治維新期の日朝外交體制 '一元化' 問題」『近世日本と東アジア』, 東京大學出版會, 280쪽.

교린체제는 명치정부의 일방적인 서계양식의 변경과 그 수락여부를 둘러 싸고 급속도로 붕괴되어 갔던 것이다.

V. 왜관점령와 교린체제의 종말

서계접수의 거부 후 조일간의 교섭은 매우 혼미한 상태에 이르게 된다. 명치정부에서는 大修大差使 樋口鐵四郎을 대신해 대마번 參政 大島正朝를 파견해 구례의 방식을 따르는 타협안을 내놓아 어느 정도 진전이 되어 가는 듯 하였지만, 독일군함 헤르타호의 부산항 시위사건으로 중단되고 말았다.45) 그러자 명치정부는 1870년 5월 대마번주 宗氏의 직임을 회수하고, 직접 대조선외교에 나서게 되었다. 그리하여 12월 佐田白茅·森山 茂, 그 이듬해 10월에는 吉岡弘毅 등 外務省 官吏를 파견하게 대조선 교섭에 임하게 했다. 당시 왜관에 주재하고 있던 大修大差使 樋口鐵四郎에게 명치정부의 외무경 澤宣嘉는 다음과 같이 대조선교섭 지침을 시달했다.46)

一. 조선은 접양구교의 나라이므로 관원을 파견해 친교를 구하는 것은 당연하다. 그러나 그 나라에 사정이 있다하니 잠시 방책을 강구하며 그 나라의 위급함을 염려하는 뜻을 표시하고, 그 해를 피하는 일을

---

45) 국사편찬위원회,『고종시대사』고종 7년 5월 4일. 당시 주일독일공사 브란 트가 독일군함 헤르타호에 탑승, 5월 3일 부산에 입항해 조선에 대한 외교 교섭을 모색하려 하였으나 조선측에서 거부하자 공포로 위협사격을 하고 돌아간 일이 있었다. 그런데 이 배에는 쓰시마의 역관등 일인이 타고 있었으므로 조선에서는 洋倭가 함께 공모했다는 혐의를 갖고, 교섭을 중단시켜 버렸다.

46) 三宅英利 著·손승철 역, 앞의 책, 310쪽.

권함으로써 인접국의 親情을 나타내야 한다.

一. 미국과 구교는 없었다 해도 이미 정부와 공공연히 우호를 맺고 있
다. 그러나 조선은 정부와 아직 우호를 맺고 있지 않기 때문에 일본
의 공적인 입장은 미국을 돕는 일에는 義가 있고, 조선을 돕는 일은
이치가 맞지 않는다. 그러므로 조선과 일본이 우호를 맺기에 앞서
일이 일어나면 미국이 하는 일을 감히 방해할 수는 없다. 미국과 우
호를 저버리는 일은 합당치 않다.

一. 조선은 접양구교를 맺고 있으니 더욱 교역을 추진해야 한다. 그러나
미국도 공적인 友國이니 필요한 것은 우리와 함께 할 수 있다. 일본
에 있어 양국의 관계는 이와 같다. 따라서 만일 어느 한나라가 우리
에게 청원을 해오면 즉시 우호를 나타내어 그 청한 바를 충족시켜
야 한다. 따라서 지금의 형세에 잘 통해 차질이 없게 해야 한다.

一. 조선의 뜻은 지금 미국과 상반되나 우리는 지금 미국과 뜻을 동일
하게 해야 한다. 그러나 갑자기 개국의 뜻을 나타내면 혐의를 면치
못해 위기에 이르게 되니 해가 될 것이다. 삼가 미국에는 신의를 지
키고, 조선에서는 혐의를 받아 위기를 초래하는 일이 없도록 해야
한다.

一. 지금의 형세는 조선이 거부하지만 오래지 않을 것이다. 반드시 개국
하지 않을 수 없을 것이니 장래를 잘 판단해야 한다. 이상이 미국과
조선에 대한 우리의 입장이니 함부로 조치해서 뒤에 우환을 초래하
는 일이 없도록 해야 한다.

명치 4년 신미 3월 외무경

즉 이 방침이 나타내는 것은 조선과는 이미 수백년에 걸쳐 교린체제에
의한 우호관계를 유지해 왔음에도 불구하고, 국가간에 조약이 맺어 있지
않으므로 수호통상조약을 맺은 미국과의 관계가 우선한다는 것이다. 또한
가까운 장래에 조선이 개국할 것을 예상하고 그때에 일본이 불리함을 자

초하지 않도록 대비하도록 지시하고 있다. 이는 이미 명치정부의 공식적인 입장이 서구외교의 원리에 입각하고 있음을 시사하는 것으로,47) 종래의 교린체제를 부정하는 입장에선 것을 명백히 한다고 볼 수 있다.

그러나 교섭을 진행해도 조선의 입장은 조금도 변함이 없이 거부적이었고, 의정부로부터는 서계를 개수하라는 지시가 내려질 뿐이었으며, 신미양요에 의해 양국의 교섭은 다시 중단되기에 이르렀다.48)

그 후 1872년 1월 명치정부는 대마도주 宗義達을 外務大丞에 임명해 조선에 파견할 계획을 세우고, 大修大差使 樋口鐵四郎을 귀국시키고 森山茂·廣津弘信으로 하여금 대마도주 宗義達이 폐번치현에 의해 해직되었다는 사실과 그 임무를 명치정부에서 행한다는 사실을 알리며 교섭을 진행시켰다. 그러나 동래부사 정현덕은 이 사신이 구례에도 없으며, 또한 왜사가 기선에 탑승하는 것은 이양선으로 오해받기 쉬우므로 접대할 수 없다고 거절했다. 그러던 중 조일교섭이 교착상태에 빠지자, 1872년 5월 외무성관리였던 相良正樹는 倭館館守 深見正景과 관원들을 이끌고 왜관을 나와 동래부사에게 직접 교섭을 요청했다.49) 그러나 동래부사는 이 '왜관난출' 행위에 대한 책임을 물어 관수의 직무를 정지시키고, 8월에는 一代官으로 하여금 관수의 일을 대행하도록 문서로 정식으로 통보했다.

이렇게 왜관과 통래부 사이에 관계가 악화되어 갈 무렵, 명치정부에서는 그동안 추진해 왔던 왜무성의 왜관접수를 단행하기에 이른다. 이미 1871년 7월 宗氏의 조일외교관장의 家役을 파했던 명치정부는 조일외교에 관한 모든 권한을 장악하게 되었고, 1862년 정월부터는 이미 그 기능이 정지된 상태였다. 당시 왜관에 새로 파견되어 교섭을 관장하던 외무성관리 森山茂·廣津弘信은 왜관에서 대마번관리를 모두 소환하고 외무성에서 직접 관리를 파견하겠다는 방침을 세우고, 1872년 정월부터 그 구체적

---

47) 毛利敏彦,「明治外交の朝鮮觀」『國際政治』51, 國際政治學會, 40쪽.

48)『承政院日記』, 고종 6년 12월 13일.

49)『高宗時代史』1, 고종 9년 6월 7일.

인 방안을 모색해 6월에 다음 세항목을 명치정부에 상신했다.[50]

그 내용은 첫째, 왜관에서 구대마번 관리를 완전히 소환하고 외무성직원으로 대치할 경우, 양국관계가 극도로 악화될 것을 우려해, 왜관의 접수는 실제로 행하더라도 이를 비밀에 부쳐서 외관상으로는 대주번 소관의 옛 모습을 그대로 나타낼 것. 둘째, 문인은 옛 도서를 그대로 사용할 것. 셋째, 구 대주번의 부채를 청산해 줄 것 등이었다. 이에 외무성은 첫째와 둘째 조항은 그대로 허가하고, 셋째 항은 대장성과 협의하도록 했다. 그리하여 명치정부로부터 1872년 9월 왜관접수의 권한을 위임받은 外務大丞 花房義質은 군함 春日과 기선 有功丸에 보병 2개 소대를 승선시켜 왜관에 상륙했다.

'왜관난출'사건 이후 왜관과 동래부 사이에 관계가 악화되고 있던 그 즈음, 갑작스런 花房義質이 승선한 일본군함의 출현은 사태를 더욱 악화시켜 갔음은 말할 나위가 없다. 花房義質은 관수 深見正景을 새로이 외무성 직속의 館司의 직함을 주어 교섭을 요청하였지만, 10월 훈도 안동준과 별차 현풍서는 館司 深見正景 이하 왜관원을 인정하지 않고, 드디어 왜관에 대한 식량지급과 교역을 중지하는 철공철시를 단행하고, 모든 잠상행위를 엄근하는 포고문을 왜관수문에 게시함으로써 모든 관계를 단절시키고 말았다. 당시의 포고문의 내용을 보면 이미 倭夷를 곧 洋夷와 마찬가지로 위정척사의 대상으로 삼고 있음을 볼 수 있다.[51]

본래 왜관은 당초 건설될 당시부터 그 목적이 왜를 회유하기 위해 조선에서 세운 것으로, 그 건축비와 체재하는 왜관원에 대한 모든 비용을 조선에서 부담해 대마도주의 책임 하에 그 사용을 허가한데 지나지 않는다. 그러나 명치신정부가 이를 마치 자신들의 대외공관인양 이를 접수한 것은 조선정부를 기만한 침략행위였던 것이며, 1872년 9월 명치정부의 왜관접

---

50) 田保橋潔, 앞의 책, 214쪽.

51) 田保橋潔, 앞의 책, 295쪽에 인용된 원문 중 "近聞來接館中 其形貌衣服 多
非日本人 彼之變形易俗 非我所管 … 猝有洋船洋服之至者 不可謂日本人也."

수는 접수가 아니라 분명히 조선에 대한 침략적인 최초의 행위라고 규정 지을 수 있으며, 일본측의 이러한 행위에 의해 서계 변경 사건 이후 일방 적으로 파기되어온 교린체제도 조선측의 철공철시에 의해 완전히 종말을 고했다고 볼 수 있겠다.

결국 명치정부의 기만된 왜관점령에 의해 임란 이후 재개된 조일간의 교린체제도 막을 내리게 되고, 이후 양국관계는 교린체제 하에서의 교섭 형태가 아닌 명치정부의 외무성관리와의 직접 교섭의 단계로 접어들게 되었다. 뿐만 아니라 이러한 침략행위는 이후 명치정부의 대조선 정책을 결정해 간 木戸孝允[52]과 西郷隆盛[53] 등에 의해 더욱 구체적인 무력도발 행

---

52) 木戸孝允는 "德川氏의 關政이래 혹은 때에 따라 빙례를 받아들인 일이 있었지만, 그것도 오지 않은 바가 벌써 20여년이나 되었다. … 그들은 마땅히 한번 와서 정성과 감사를 올려야 할 것인데, 인습에 위탁하고 구습을 요행으로 생각한다. 번번이 대마번을 통해 함부로 문필을 농하니 믿을 수 없고 치우치며 꾸민다. 道를 교류하는 정리를 말하지 않고 감히 上國에 대항하려 한다. … 조선과의 교류를 단연히 끊어야 하며, 그러기 위해서는 兵貝·함선·군수물자를 준비해야 한다"(「朝鮮交際始末」『木戸孝允文書』 제1권)고 하면서 통신사단절의 책임을 조선에 전가하고는 상국에 대항하려는 조선을 응징하기 위해 침략준비를 해야할 것을 주장했다.

53) 西郷隆盛(1827~1877)은 "지금의 사태로서도 公法上 밀어 부치면 조선을 토벌할 명분은 이것을 전부 이유가 있는 것으로 해야 합니다. 천하의 사람들이 아는 바가 없으면 오늘에 이르러 모두 싸울 뜻을 가지지 않습니다. 조선이 교린을 가벼이 한 행동을 책망하고, 또 지금까지의 불손함을 바로하게 하고, 일본에서 기왕의 교린을 두텁게 하는 뜻을 보인다는 구실로서 사절을 보내면, 반드시 그들은 경멸하는 대접을 해 보일 뿐만 아니라 사절을 폭살하게 하는 행동이 틀림없이 있을 것입니다. 그때에는 천하의 사람들이 모두 일어나 조선을 토벌할 만한 죄를 이해할 수 있을 것입니다. 반드시 이러한 때에 이르지 않으면 도와주지 않을 것입니다. 이것은 내란을 바라는 마음을 밖으로 돌려 나라를 흥하게 하는 원대한 전략입니다. 물론 舊政府(德川幕府)가 기회를 놓치고 무사함을 꾀하다가 마침내 천하를 잃었던 바 그 까닭에 대한 확증을 가지고 논하려는 것입니다"(『山路愛山編·南洲全集』, 1873년 8월 17일, 「奉書坂垣退助」)라고 해, 조선을 침략할 명분을 조

위로 이어진다. 西鄕隆盛 등의 정한론은 1873년 10월 시기상조론으로 패하였지만, 그 본질은 岩倉具視와 大久保利通 등에게 그대로 이어져, 유신정부로부터 직접적인 사절파견에 의한 교섭과 그것이 이루어지지 않는 경우, 무력행사를 행한다는 조선침략의 도식[54]에 의해, 드디어 1875년 운양호사건을 도발시킴에 의해 본격적인 조선침략행위로 구체화되어 이후의 한일관계를 돌이킬 수 없는 수렁으로 몰아가면서, 임란 이후 지속되어 왔던 교린체제를 완전히 붕괴시켰던 것이다.

결론적으로 이러한 상황을 놓고 볼 때, 조·일 교린체제의 파종은 물론 조선의 쇄국체제에도 그 책임은 있겠지만, 그보다는 오히려 일본의 조선침략론에 그 직접적인 원인이 있다고 생각되며, 이점에 있어 개항기 조·일관계사의 올바른 이해를 위해서는 교린체제의 파종과 조선침략론의 본질에 대한 규명이 재삼 요구된다.

선측에게 책임이 있는 것으로 전가하고, 일본국내 정국의 불안을 밖으로 돌리고자 했다.

54) 荒野泰典, 1988, 「明治維新期の日朝外交體制 '一元化' 問題」 『近世日本と東アジア』, 東京大學出版會, 260쪽.

〈맺음말〉

– 교린관계에서 침한으로 –

1.

1392년 조선왕조가 건국할 당시의 동북아 국제환경은 매우 복잡·다단했다. 주지하다시피 중국 대륙은 원·명 교체기였으며, 일본은 남북조의 통일기였고, 조선 스스로도 신흥왕조의 건국기였다. 이러한 국제환경은 조선으로 하여금 대외적으로 국제관계를 안정시키기 위한 새로운 국제질서의 확립을 무엇보다도 필요로 했다. 이 단계에서 조선이 취한 대외정책의 기본틀이 바로 '사대교린' 정책이었던 것이다.

즉 명에 대한 '事大'를 취해 대륙으로부터의 군사적인 위협을 완화하고, 나아가 명의 책봉체제 안에 들어감으로써 명을 중심으로 하는 중화적 국제질서에 편입되어 국가의 안전을 도모했다. 그리고는 중화적 국제질서(책봉체제) 안에서 일본과의 사이에 '交隣' 관계를 맺음으로서, 왜구의 문제를 해결해 대 일본관계를 우호관계로 전환시킴으로서 넓게는 동북아시아 삼국의 평화공존관계를 구축하였던 것이다. 그리고 이러한 중화적 국제질서의 틀 속에서 각종 제도와 약조를 체계화해 통치권자간의 '對等交隣'과 대마도주를 정점으로 하는 '羈縻交隣'이라는 이중구조의 독특한 교린체제를 완성하였던 것이며, 이 틀은 이후 조선시대 전기간을 통해 조·일 관계의 기본형식이 되었다.

임란직후 재개된 양국관계의 틀도 기본적으로는 조선전기의 중화적 교린체제를 부활하는 것이었다. 수년간의 강화교섭에 의해 양국관계는 종전의 형태로 다시 회복되었지만, 조·일관계에 있어서의 이러한 기본형식은 결국 국서개작이라는 전대미문의 외교적인 사기극을 유발시키기도 했다. 그러나 회복된 양국관계도 명·청의 세력교체라는 동아시아 국제질서의 변동을 맞이해 다시금 '탈중화의 교린체제'로 개편되었던 것이다.

2.

조선후기 명·청의 세력교체는 곧 동아시아 국제사회에서 명 중심의 중화질서가 붕괴한다는 것을 의미하는 것이었고, 조·일 양국은 1636년 병자통신사를 전후해 탈중화의 새로운 교린체제를 구축하였던 것이다. 탈중화의 교린체제는 기본적으로 양국관계에 있어 중국(청)을 배제시킨 독립성을 지녔으며, 또한 청을 견제하는 연대의식도 가지고 있었다. 그러나 반면에 양국은 '조선중화주의'와 '일본형화이의식'이라는 서로 상반된 '자민족중심주의'의 독선과 허구성을 형성해 갔고, 이것은 결국 양국관계를 다시 대립과 갈등의 역사로 몰아갔던 것이다. 그러나 1636년 이후 조일 양국간에는 진실로 信義를 通한다는 '通信使'가 파견되어 표면적으로는 선린우호의 교린관계가 지속되는 것 같았지만, 내면적으로는 계속해 대립과 갈등을 반복해 갈 수밖에 없었던 것이다. 그 대표적인 예가 장군호칭과 빙례의례의 거듭된 변경에 잘 나타난다.

탈중화의 이질화 현상에 따른 괴리성과 자민족중심주의의 허구성은 18세기 이후, 조선에서는 西學에 대한 배척사상으로 '사상적 토착주의'를 강화시켜 나가 외래문화 수용의 가능성을 말살시켜 갔고, 일본에서는 상대적으로 조선에 대한 멸시관을 증폭시켜, 19세기에 들어와 서구에 대한 위기의식이 고조되면서 각기 '위정척사사상'과 '정한론'을 고조시켜 갔다. 그리고 이러한 사상적 조류속에서 통신사의 정치·외교사적인 의미도 약화되어 '역지통신'이라는 교린체제의 변질을 가져왔다.

19세기 전반기의 이러한 배타적인 사상이 양국의 대외정책을 주도해 가는 상황 속에서 1868년 9월, 일본의 왕정복고와 서계양식의 변경을 알리는 통보는 임란 이후 250여년간 지속되어 왔던 '교린체제' 붕괴에 결정적인 원인이 되었다. 당시 조선에서는 '위정척사사상'이 비록 대외정책을 주도해 가고 있었지만, 일본을 종래와 같이 '교린대상국'으로 생각하고 있었고, 양국간에 우호관계를 지속하기 위해서는 종전대로 교린체제가 지켜져야 할 것을 주장했다. 즉 일본이 종래와 같이 교린관계를 원한다면 과거 양국간에 맺어진 '약조'에 의해 수백년간 취해 온 교린체제의 형식을 취하라는 것이며, 明治維新에 의해 일본의 國制가 변하였어도 그것은 일본측의 사정에 불과하다는 입장을 고수해, 종래의 교린체제를 무시한 교섭은 불허한다는 태도로 일관하였던 것이다.

이것은 당시 조선의 대일정책의 기본입장이 종래부터 행해 온 '교린체제'의 제형식에 의해서만 두 나라 사이는 물론 동아시아의 국제관계가 유지될 수 있다는 것으로, 일본의 일방적인 이러한 통보는 양국관계는 물론 동아시아의 국제질서를 파괴하는 기만행위로 밖에 인식할 수 없었던 것이다. 따라서 교린체제의 전례를 무시한 일본측의 도발적인 일방적인 행위는 조선측의 강한 반발을 야기시킬 수밖에 없었으며, 종전의 교린체제의 제형식을 바꾸거나 포기하지 않는 이상, 양국 사이에 더이상의 교린관계는 지속할 수 없었던 것이다.

그러자 '정한론'에 의해 무력침한의 구실만을 찾던 명치신정부는 1870년 5월 교린체제하에서 조선과 일본 사이의 모든 교섭의 대리인이었던 대마도주 宗氏의 직함을 회수한 후, 외무성의 관리로 하여금 대조선 교섭을 추진해가던 중, 드디어 1872년 9월 外務大丞 花房義質을 파견해 왜관을 점령함으로써 침한을 위한 무력도발의 첫 행위를 단행하게 되고, 조선에서는 '왜관난출'의 책임을 물어 '철공철시'를 단행함으로써 교린체제 하에서의 왜관의 기능은 막을 내렸다.

이로써 1404년 조선의 태종과 足利幕府 장군 사이의 국서교환에 의해 성립된 460여년간의 '조선과 일본의 교린관계'는 종말을 고하게 되고, 이후 양국관계는 일본의 침략에 대한 피침략이라는 적대관계 속에서 돌이킬 수 없는 역사의 수렁으로 빠져들게 되었던 것이다.

3.

이상에서 조선시대 한일관계의 역사적인 추이를 '교린체제의 구조와 성격'을 중심으로 통시적으로 고찰했다. 이 분석을 통해 우리는 결론적으로 다음과 같은 역사적인 사실에 주목하지 않을 수 없다.

첫째, 조선시대 교린체제는 기본적으로 조선국왕과 일본장군 사이의 적례관계를 지향하는 '대등교린'과 실제적인 통교자는 쓰시마를 정점으로 하는 '기미교린'이라는 이중구조의 독특한 구조를 가지고 있었다는 점.

둘째, 동아시아 국제관계 속에서의 조·일 교린체제는 조선전기의 경우 중화적 국제질서에의 편입을 전제로 하였으며, 병자호란 이후 조선후기에는 탈중화의 교린체제를 지향하고 있었으며, 이 체제는 기본적으로 조일관계를 평화적으로 유지하려는 상호관계라는 점.

셋째, 탈중화의 교린체제는 중국으로부터의 독립과 견제의 의미를 갖고 있지만, 반면 '자민족중심주의'의 배타성과 허구성을 고조시켜 대립과 갈등의 역사를 반복시켜 갔다는 점.

넷째, 전기의 교린체제가 豊臣秀吉의 조선침략으로 무너졌던 것처럼, 후기의 교린체제는 명치정부의 왜관점령으로 무너졌으며, 그 붕괴과정은 다르지만 일본의 일방적인 무력침공이라는 똑같은 형태로 반복되었다는 점.

다섯째, 교린체제의 파괴는 쓰시마와 일본의 중앙정권(막부나 명치정부)이 조선을 기만하는 형태로 이루어지며, '조선에 대한 멸시감'과 '일본의 국익'만을 생각하는 '자기중심적 사고'에서 출발하고 있다는 점 등이다.

물론 이 연구가 위의 사항들을 결론으로 도출하기 위해 진행된 것은 아니다. 그러나 결과적으로 교린체제의 종말이 일본의 침략행위에 의해 일방적으로 파기된다는 점을 상기하면, 다시 한번 조선과 일본사이에 '교린'이라는 용어의 역사적인 진실이 무엇인가를 재조명하지 않으면 안된다고 생각한다.

  당연히 이러한 이유는 전적으로 '교린'이 갖는 본질적인 의미, 다시 말
해 '선린우호'의 기본적인 성격을 긍정적으로 재인식하고, 한일관계의 현
재와 미래를 영원한 '교린관계'로 이끌어 가야만 한다는 역사적인 절대성
때문이다.

조선시대 한일관계사료의 소개*

Ⅰ. 들어가는 말

조선시대 한일관계사 사료로는 『朝鮮王朝實錄』을 비롯해 『備邊司謄錄』, 『承政院日記』, 대일외교를 담당했던 禮曹와 典客司・承文院과 東萊府 등의 지방관청에서 기록한 등록류와 기록이 있다. 그리고 통신사 등 일본사행 후에 남긴 각종 사행록이 있으며, 임란시의 전황기록과 피로인들이나 표류인의 기록, 실학자를 비롯해 개인문집에는 수많은 일본에 관한 기록들이 다양한 형태로 수록되어 있다.

이들 대일관계 기록이나 저술은 한일관계사를 연구하는데 없어서는 안될 중요한 자료이다. 그러나 이제까지 한일관계사 연구에서는 『朝鮮王朝實錄』이나 『海行摠載』 등 몇몇의 사료를 제외하고는 충분히 이용되지 않고 있다. 특히 등록류는 제대로 소개도 되지 않았는데, 등록은 대일외교를 담당하는 해당 관청이나 실질적으로 교섭을 수행했던 지방관청 및 관원의

---

* 이 글은 2002년 6월 27일 일본 동경대학 사료편찬소주관 국제심포지움에서 기조강연으로 발표된 것으로 일본학계에 조선시대 한일관계사료를 소개하기 위한 목적으로 썼다.

기록이기 때문에 한일관계사 연구에 있어 가장 중요한 자료라고도 볼 수 있다.

또한 국사편찬위원회에 소장되어 있는『對馬島宗家文書』의 경우도 마찬가지다. 이 자료도 최근에 마이크로 필름으로 공개하기 전까지는 몇몇 연구자를 제외하고는 구경도 할 수 없었기 때문이다. 한편 최근에는 이러한 기록류의 사료 외에도 회화자료가 발굴되어 한일간의 문화교류 및 관계의 제양상을 파악하는데 좋은 사료가 되고 있다.

이 글에서는 이들 사료에 대한 본격적인 연구는 뒤로 미루고, 우선 사료의 종류 및 편찬연대, 편제와 내용 그리고 이들 사료의 가치 및 이용방법에 대해 개괄적으로 소개하고자 한다.[1]

Ⅱ.『朝鮮王朝實錄』

1. 조선전기

『朝鮮王朝實錄』은 1392년 조선건국에서부터 1863년까지 470여년 간의 역사적 사실을 연월일순으로 상세하게 기록한 한국 최고의 사료라 할 수 있다. 일부에서는 관찬사료의 한계성도 지적되고 있지만, 그 사료적 가치는 높이 평가되고 있다.『朝鮮王朝實錄』에 수록된 일본관계기사는 이미 1970년대부터 東京敎育大學 동양사학교실 관계자를 중심으로 '중국·한국의 史籍에 있는 日本史料編纂會'가 결성되어 중국 및 한국사료에 대한

---

1) 한국의 사료에 관해서는 三宅英利, 1983,『近世日朝關係史の硏究』, 文獻出版과 田代和生, 1981,『近世日朝貿易關係史の硏究』, 創文社에 부분적으로 소개되어 있다.

편찬을 시작했다. 중국 및 한국의 삼국·고려에 대한 편찬은 이미 완료되었으나, 『朝鮮王朝實錄』은 그 방대한 양 때문에 2002년 현재 宣祖實錄 제65권, 1595년도 분까지 『日本史料集成』으로 12권이 출판되었으나 현재는 중단된 상태이다. 그 이유는 정확히 알 수 없지만 『日本史料集成』은 왕조실록 가운데 사료를 발췌해 활자본으로 재출판하기 때문에 발췌과정에서 누락이 있었고, 또 활자본에 오자나 탈자가 있는 경우가 있었다. 이러한 결함을 보완하기 위해 본인은 원문기사를 그대로 발췌·복사해 원문과 함께 한글 번역문을 첨부해 본문 29권과 그 기사를 육하원칙에 의해 색인집 3권으로 추가해 『韓日關係史料集成』 총 32권을 2004년 5월에 출간했다.

『朝鮮王朝實錄』에 수록된 일본관계 기사에 대하여는 有井智德씨에 의해 이미 태조부터 선조대까지를 분석한 논문이 있다.[2] 여기서는 이 논문을 중심으로 간단히 설명하겠다. 먼저 有井智德씨는 '일본관계사료'란 협의로는 일본의 정치·사회·경제·문화 등에 대해 기술한 사료 및 조선과 일본과의 교류에 대해 기록한 사료를 말했고, 광의로는 조선의 일본에 대한 정치·경제·군사 그 외 제방면에 대한 시책과 시설 등에 대해 기술한 사료라고 정의했다.

그는 조선전기(태조~선조)에 수록된 광의의 일본관계사료를 개별적으로 발췌해, 사료의 내용을 종류별·연도별로 나누고, 그것이 연도에 따라서 어떻게 변화하고 있는가를 살폈다. 그리고 각 왕대별 일본관계기사의 내용(종류별로 나눈 일본관계사료의 수와 그 변화, 왕대별 일본관계사료의 특색 등)에 대해 개관하고, 그것에 기초해서 조선전기 일본관계사료의 상태와 성격을 규명하려 했다.

有井智德氏에 의해서 작성된 조선전기 일본관계사료 일람표는 <표 1>과 같다. 이 표를 중심으로 조선전기 일본관계기사의 특징을 들어보면,

---

2) 有井智德, 1993, 「『李朝實錄』の日本關係史料の研究」 『青丘學術論集』 第3集.

첫째, 기사 항목이 변화하고 있다. 처음 태조대에는 10개 항목(倭寇對策, 倭寇浸透, 對倭孝子·順孫·節婦, 日本으로부터의 피로반환, 피로의 中國解送, 日本으로 遣使, 日本에서의 遣使, 일본인의 來投, 기타)으로 분류했으나, 공통으로 보이는 것은 왜구대책, 왜구침투, 일본으로부터 견사, 기타 등 4항목에 불과했고, 일본에의 견사는 중간에만 있고, 왜인통교무역 통제도 중간에 새로 만들어졌다. 이것은 양국관계가 시대에 따라 변화하고 있다는 증거이다.

<표 1> 『朝鮮王朝實錄』의 일본관계사료 일람(조선전기)

왕대별	년도	倭寇對策	倭寇侵寇	對倭孝子/順孫/節婦	被虜送還	被虜中國解送	日本遣使	朝鮮遣使	向倭倭人	倭人通交貿易統制	기타	계
太祖	1392-1398	122	30	1	8	2	22	3	2			190
定宗	1399-1400	15	5		2	1	11	2			3	39
太宗	1401-1418	154	63	1	32	13	263	16	3		80	625
世宗	1418-1450	656	30	10	22	38	584	23	20		694	2080
文宗	1450-1452	70	1				52	1	4	16	34	178
端宗	1452-1455	40					118		1	6	52	217
世祖	1455-1468	102	1			2	315	1	31	23	226	701
睿宗	1468-1469	4					29		3	4	13	53
成宗	1469-1494	419	56			1	756	14	44	173	575	2038
燕山君	1494-1506	100	12				138			15	142	407
中宗	1506-1544	994	44				55			222	611	1926
仁宗	1545	4					1			4	4	13
明宗	1545-1567	415	17				14			62	233	741
宣祖	1567-1608	3010	18				5	7			1224	4267
修正實錄	1567-1608	441	35				6	4			42	528
計		6546	312	12	64	57	2369	71	108	525	3933	13997

둘째, '왜구대책'과 '왜구침투'의 내용도 시대에 따라 다른데, 태조대부터 명종대까지는 일반적인 왜구침략과 대책이지만, 선조대는 국가적 침략과 그에 대한 대응이다.

셋째, 이들 사료를 중심으로 조선전기 한일관계를 개관하면, 국초부터 태종 중기까지 왜구대책을 중심으로 한 시기, 태종 중기 이후 성종 초기에 이르는 왜인통교무역체제가 완성되는 시기, 통교무역체제의 모순이 자주 나타나지만 조정이 되는 1591년까지의 시기, 이후 양국의 선린체제가 일거에 붕괴되는 1592년 이후의 시기로 나눌 수 있다.

넷째, 왜구침구사료는 312건이며 대책사료는 654건으로, 이를 통해 조선이 왜구대책에 어떻게 노력했던 가를 알 수 있다.

다섯째, 일본에서 조선에 파견된 사절은 2,369건인데, 조선에서 일본에 파견한 사절은 71건으로, 이 숫자를 통해 양국관계의 성격을 짐작할 수 있다.

여섯째, 조선전기 『朝鮮王朝實錄』에 수록된 일본관계사료수는 총 13,997건이다. 물론 이것을 정확한 숫자라고 할 수는 없다. 왜냐하면 사료 발췌와 분류가 주관적일 수밖에 없기 때문이다. 예를 들면 有井智德氏는 조선전기 일본에서 조선에 파견된 사절 총수를 2,369건으로 했지만, 한문 종씨는 거의 두 배가 넘는 4,842건을 제시하고 있다.

이것은 연구자의 사료분류 방식에 따라 큰 차이를 보일 수밖에 없다는 증거이며, 이 점을 충분히 감안해 가면서 『朝鮮王朝實錄』의 일본관계기사에 접근해 가야 할 것이다.

2. 조선후기

조선후기의 경우도 본인이 파악한 바에 의하면 1608년 광해군대부터 1863년 철종대까지 255년간 1,587건의 기사가 나온다. 이를 내용별로 분석해보면 <표 2>와 같다.[3]

조선후기 광해군대부터 철종대까지 256년간 일본관계기사가 가장 많았던 왕대는 광해군대이고, 다음이 인조·숙종·영조·정조의 순이며, 가장 적은 왕대는 철종·경종·헌종대이다. 물론 기사의 많고 적음은 재위

---

3) 손승철, 2000, 「조선왕조실록 일본관계기사 내용분석(조선후기편)」『조선시대사학보』第15집.

302 · 조선시대 한일관계사 연구

기간과도 관련이 있지만, 그것보다는 일람표에서 알 수 있듯이 임란 직후
가 가장 많았고, 개항 직전인 19세기 중반에 가장 적었다. 임란 직후에 기
사가 많은 것은 임란 후 전쟁의 후유증과 뒤처리 및 단절된 한일관계를
재개하는데 따른 여러 가지 문제, 그리고 명·청 교체시기의 한일관계 등
을 고려하면 그 이유가 납득이 되지만, 19세기 중반기에 적은 이유에 대해
서는 아직 충분히 설명하기가 어렵다.

<표 2> 『朝鮮王朝實錄』의 일본관계사료 일람(조선후기)

왕대별	년도	倭亂關係	褒賞關係	日本情勢	日本對備	朝鮮遣使	日本遣使	倭館貿易	貿易	外交儀礼	漂流	中國關係	琉球關係	기타	計
光海君	1608~1622	18	48	8	28	21	8	18	34	33	1	49	22	13	301
仁祖	1623~1649	24	17	31	24	17	18	7	25	33	19	31	9	19	274
孝宗	1649~1659	1	3	8	5	6	4	5	6	9	4	6	1	8	66
顯宗	1659~1674	2	14	1	2		2	45	17	4	16	1	6	24	134
肅宗	1674~1720	11	22	14	21	13	6	27	32	49	9	10	4	50	271
景宗	1720~1724	1			1		1		1	2					6
英祖	1724~1776	12	27	7	15	6		14	10	26	6	4	1	27	155
正祖	1776~1800	3	21	4	10	2	3	8	5	12	14	7	27	16	132
純祖	1801~1834	1	25	7	1	4	9	6	1	31			6	21	112
憲宗	1835~1848		1			1		1		4	1	1	1	5	15
哲宗	1848~1863								1					4	5
計	1608~1863	73	178	80	107	70	51	131	132	203	701	109	80	187	1471

한편 내용별로 보면, 외교의례에 관한 기사가 제일 많다. 이것은 조선후
기 한일관계가 기본적으로는 양국의 국가적인 통제 하에 각종의 외교적인
틀 속에서 전개되었기 때문에 마찰이 항상 있어 왔다는 것을 시사하는 것
이다. 그리고 이와 관련해 상호간에 많은 사절왕래가 공식적으로 이루어
지고 있기 때문에 그에 관한 기사가 많을 수밖에 없을 것이다. 예를 들면
조선에서는 12회에 걸쳐 막부 장군에게 사신(회답겸쇄환사 3회, 통신사 9
회)을 파견했고, 대마도주에게는 54회에 걸쳐 문위행을 파견했다. 한편 일
본에서는 대마도가 매년 정기적으로 八送使를 파견하고 부정기적으로 대
차왜·소차왜를 수시로 파견했음을 고려하면,[4] 양국사이의 외교관계가

얼마만큼 다양하게 이루어지고 있는가를 짐작할 수 있다.

둘째, 임란 때의 전공자 및 殉節·孝子·殉孫들에 대한 논공행상 및 포상기사이다. 뿐만 아니라 일본의 정세와 대비에 관한 내용도 상당한 숫자임을 볼 때, 조선왕조의 일본인식은 기본적으로 적대감과 경계의식을 바탕으로 하고 있다.

셋째, 왜관관계 기사인데, 이것은 1609년 기유약조 이후 양국 사이에 무역이 이루어지면서, 왜관에 일본인의 거주가 허용되자, 이들 간에는 물론 조선인들과 각종의 마찰이 생겨나게 되었다. 뿐만 아니라 잠상과 밀매에 관한 사건도 적지 않게 등장하는 등 왜관을 무대로 많은 사건이 발생했다.

넷째, 중국과 유구에 관한 기사도 많다. 이들 기사들은 조선과의 개별관계가 아니라, 모두 일본에 관련된 기사들이다. 예를 들면 중국관계의 경우 광해군·인조대에는 후금과 청에 관한 기사가 많은데, 중국에서의 정세변동이나 조선침략 기사 등에 관한 조일양국의 정보교환 기사가 많다. 한편 유구관계 기사도 많은데 1609년 유구가 薩摩州의 침공에 의해 일본에 복속이 되었음에도 불구하고 조선과의 교류가 북경을 통해서 계속적으로 이루어지고 있었다는 사실도 주목할 만하다. 이러한 점에서 조선시대 한일관계의 연구가 단순히 조선과 일본만의 관계차원에서 다루어서는 안되며, 동아시아 국제관계 속에서 폭넓게 분석되어져야 한다. 그 외 표류에 관한 기사가 있고, 기타로 분류된 항목에서는 다양한 관계를 보여주는 기사가 많아, 이를 통해 조일관계의 여러 모습을 살펴볼 수 있을 것이다.

이상의 통계를 통해볼 때, 조선후기 한일관계의 가장 큰 현안은 역시 임진왜란 이후 전쟁의 후유증과 뒤처리 문제, 둘째, 일본에 대한 적대감과 경계의식, 셋째, 단절된 통교관계의 회복, 넷째, 왜관의 운영문제였다고 여겨진다. 그리고 한일관계가 단순히 조선과 일본의 일원적인 관계가 아니라 중국과 유구를 포함한 동아시아 국제관계 속에서 전개되고 있다는 점

---

4) 홍성덕, 1998, 『17세기 조·일 외교사행 연구』, 전북대학교 대학원 박사학위논문 참조.

도 간과해서는 안된다.

그런데 이러한 기사의 특징을 조선전기와 비교하면 매우 흥미로운 사실을 시사해준다. 즉 조선전기(태조 - 선조) 총 13,997건 중 왜구대책 사료가 6,546건, 사절왕래가 2,369건인 것을 보면,[5] 조선전기의 현안은 어떻게 하면 왜구를 통교자로 전환시킬 수 있는가가 가장 큰 문제였음을 알 수 있다. 이러한 관점에서 조선후기의 한일관계의 틀도 역시 조선전기에 확립한 교린체제를 통신사와 왜관을 통해 유지해 간다는 원칙을 지켜가고 있었다고 생각된다. 나아가 중국과 유구관계를 통해서 볼 때, 대일정책의 기본 틀은 동아시아 국제관계 속에서 교린체제를 유지해 가는 것이었다고 볼 수 있다.

Ⅲ. 각종 일본사행록

1. 『국역 해행총재』

일본사행록은 통신사가 일본사행을 하면서 남긴 기행기록이다. 그런데 1970년대에 이들 사행록을 『海行摠載』로 엮어서 국역하여 발간한 이후로는 『해행총재』가 일본사행록의 대명사로 인식되고 있다. 그러나 『해행총재』에 수록된 사료들을 분석해 보면, 통신사의 기록뿐만 아니라 다른 내용도 포함되어 있다.

『해행총재』라는 용어는 1748년에 홍계희가 통신사 정사로 임명된 후, 그때까지의 사행록을 수집해 『해행총재』라고 命名하면서부터이다. 그 뒤

---

5) 有井智德, 앞의 논문, 324쪽 표 참조.

1763년 통신사 정사인 서명응이 이것을 翻謄해 61편으로 편집해『息波錄』이라 하였는데, 통신사가 급하게 교체되어 새로 임명된 조엄이 서기 성대중의『海槎日記』와 함께 사행 후에『海行摠載』라는 이름으로 발행했다. 그러나 조엄·성대중의『해행총재』는 산일되어 전체내용은 알 수 없고, 다만 거기에 수록된 사행록의 서명이『海槎日記』에 기록되어 있을 뿐이다.『海槎日記』에 수록된 서명은 고려 말 정몽주의『奉使時作』과 통신사 사행록 25종, 그리고 임진왜란 때 피로인이었던 강항의『看羊錄』이 들어 있다.

<표 3>『국역 해행총재』 일람표

서명	사행년대	저자	직책	권	책	장	소장처	비고
東槎日記	1617(광해9)	朴梓	副使	1	1	59	서울대학도서관	신
扶桑日記	1655(효종6)	趙珩	正使	1	1	96	미국 Havard대학	신
日本紀行	동상	李東老	軍官	1	1	36	日本 天理大學圖書館	신
東槎錄	1711(숙종37)	金顯門	押物通事	1	1	104	日本 京都大學圖書館	원
海槎日錄	1719(숙종45)	洪致中	正使	2	2	102	상동	원
扶桑紀行	동상	鄭后僑	子弟軍官	2	1	71	상동	원
扶桑錄	동상	金瀗	軍官	2	1	81	국립중앙도서관	신
隨使日錄	1748(영조24)	洪景海	子弟軍官	3	2	146	서울대학도서관	신
日本日記	동상	미상	未詳	1	1	68	日本 京都大學圖書館	신
日觀記	1763(영조39)	南玉	製述官	10	4	331	국사편찬위원회	신
日本錄	동상	成大中	書記	2	2	137	고려대학도서관	신
乘槎錄	동상	元重擧	書記	4	4	267	상동	신
和國志	동상	동상	同上	3	3	263	日本御茶ノ水大學	신
槎錄	동상	惠洙	軍官	1	1	107	고려대학도서관	신
東槎日記	동상	吳大齡	漢學上通事	1	1	85	국립중앙도서관	신
癸未隨槎錄	동상	미상	未詳	1	1	38	상동	신
辛未通信日錄	1811(순조11)	金履喬	正使	3	1	311	通文館 刊	신
島遊錄	동상	金善臣	書記	1	1	79	국립중앙도서관	新

그 이후『해행총재』가 다시 간행된 것은 1914년 조선고서간행회에서, 산일되었던 원본『해행총재』의 사행록 중 당시 남아 있던 것을 편집했는데, 원본에서 8종이 빠진 대신에 李志恒의 북해도표류기인『漂舟錄』이 추가되었다. 그 후 1970년대에 민족문화추진회에서 고전국역총서 사업의 일

환으로『국역 해행총재』를 간행하였는데, 여기에는 조선고서간행회본에
11편이 추가해 총 31편이 수록되었다. 그러나 11편 중에는 5종의 사행록
이외에 임란피로인의 견문록 2편, 개항 이후 수신사 등의 기행견문록 4편
이 포함되어 있다.

『국역 해행총재』수록되어 있는 사행록의 목록과 내용은 <표 3>과 같다.

2. 새로 발견된 사행록

한편『국역 해행총재』에 수록되지 않은 자료로 최근 발견된 사행록 18
편이 있다.6) 이들 사행록은 한국의 국립중앙도서관, 국사편찬위원회 도서
관, 서울대학교 도서관, 고려대학교 도서관과 일본 京都大學 도서관, 천리
대학 도서관, 御茶の水大學圖書館, 그리고 미국의 Havard 大學 燕京學舍
등에 소장되어 있다.

<표 4> 새로 발견된 일본사행록 목록일람

책별	서 명	편 저 자	개 요
1	前後使行備考 奉使日本作詩	鄭夢周 (1337-1392)	고려 우왕 3년(1377) 저자가 일본에 사신으로 가서 보고들은 것을 시로 적은 고려 때 유일의 日本往還記錄.
	海東諸國紀	申叔舟 (1417-1475)	조선 성종 2년(1471)에 왕명에 의해 撰進한 일본국·쓰시마 및 琉球의 제도 풍속 등을 자세하게 적은 조선초기와 室町幕府 시대 조일관계의 기본사료.
	海槎錄	金誠一 (1538-1593)	선조 23년(1590) 일본에 통신사의 副使로 다녀 온 저자의 기행시와 上司 黃允吉, 일본 접반사 玄蘇 등과 주고받은 서찰 및 위국충정의 시 등을 수록.
	海遊錄(上)	申維翰 (1681-?)	숙종 44년(1718) 일본 關白의 즉위를 축하하기 위해 파견된 사행에 제술관이라는 신분으로서 문명을 떨친 저자의 시문과 일본의 지리·풍속·제도에 대해 서술.
2	海遊錄(下)		
	看羊錄	姜沆 (1567-1618)	정유재란 때에 의병으로 활약하다가 왜적의 포로가 되어 4년 동안 일본에 머물면서 보고들은 적정을 기록해 몰래 사람을 시켜 본국에 알린 기록.

---

6) 하우봉,「새로 발견된 일본사행록들 –『해행총재』의 보충과 관련해」『歷史
學報』제112집 참조.

	海槎錄	慶暹 (1562-1629)	임진왜란으로 국교가 중단된 일본과 수호를 열기 위해 선조 40년(1607)에 파견된 회답겸쇄환사의 부사로서 1천 5백명의 포로를 쇄환한 전말을 기록.
	東槎上日錄	吳允謙 (1559-1636)	광해군 9년 (1617) 임진왜란 때 일본에 잡혀간 포로를 쇄환하기 위해 상사로서 일본에 가 120명의 포로를 본국으로 송환한 기록.
3	扶桑錄	李景稷 (1577-1640)	광해군 9년(1617)의 일본 사행 때, 종사관으로 따라간 저자가 그곳의 산물·인정·복제·음식 등을 상세하게 소개한 1백여 일간의 기록.
	東槎錄	姜弘重 (1577-1642)	인조 2년(1624) 때, 부사로서 일본에 간 저자의 기행문. 특히, 일본의 지리·직제에 대한 기록이 많으며 이 사행에서 일본의 지도를 작성하였음.
	丙子日本日記	林絖 (1579-1644)	인조 2년(1624) 임진왜란으로 그동안 중단된 대일국교를 정식으로 재개하는 최초의 통신사 기록. 德川家康의 혁신정치에 대한 소개가 상세함.
	漂舟錄	李志恒	영조 때 무인 출신이던 저자가 우연한 일로 배를 탔다가 폭풍을 만나 일본 북해도 지방에 표류되면서부터 본국에 돌라오기까지 전말을 적은 흥미진진한 기록.
4	海槎錄·槎上錄	金世濂 (1593-1646)	인조 14년(1636) 통신부사로서 일본에 간 200여 일간의 일기체 기행문. 付錄「見聞雜錄」에는 일본의 군병·수세·장군에 대한 기록이 상세하며,『槎上錄』은 이 때 얻은 시를 모아서 만든 별책.
	東槎錄	황호(?-?)	인조 14년(1636) 任絖·金世濂을 따라 종사관으로 일본에 가 보고들은 바를 적은 사행기록. 부록「聞見總錄」에는 일본의 刑法·嫁娶·喪葬·祭祀 등에 대한 고찰이 자세함.
5	東槎錄	趙絅 (1586-1669)	인조 21년(1643) 일본 關白의 아들 탄생을 축하하기 위해 통신부사로 일본에 간 龍洲 趙絅의 기행 시문. 관백설·日本姓氏錄題·倭國三都說 등이 서두에 실려 있음.
	海槎錄	申濡 (1610-1665)	인조 21년(1643) 일본 關白의 아들 탄생을 축하하기 위해 파견된 통신사 尹順之 일행의 종사관인 저자의 기행시. 그곳의 名士·名僧들과 수창한 시가 많이 수록되었다. 저자는 申叔舟의 후손.
	癸未東槎日錄	未詳	인조 21년(1643)에 파견된 통신사 尹順之 일행을 따라간 作者未詳의 日記. 문장이 간결하고 그곳의 명승고적에 대한 기록이 자세하다. 특히 저자는 일본의 국력이 우리나라가 미치지 못할 정도로 강성하다고 서술함.
	扶桑錄	南龍翼 (1628-1692)	효종 6년(1655) 일본 관백의 즉위를 축하하기 위해 파견된 통신사·종사관의 기행 시문. 員役名數·書契·禮單의 수량을 적은 賷去物件, 해신에게 제사지내는 祝文 등 통신사 제도 연구에 자료적 가치가 많음.

6	聞見別錄	同上	『扶桑錄』의 저자가 일본 연구에 도움이 될 만한 자료를 별도로 모은 책. 일본 천황의 세계, 관백의 서열, 官制·州界·道里·人物·風俗·兵糧 등을 상세하게 기술.
	東槎六	洪禹載 (?-?)	숙종 8년(1682) 통신사 일행을 따라 일본에 간 역관이 견문을 일기체로 적은 기행문. 일본과 외교적 교섭의 경위, 우리 사신과 일본 관리들과의 相見禮 등의 절차와 양국간의 교역 상황을 자세하게 적고 있음.
	東槎日錄	金指南 (1654-?)	숙종 7년(1681) 역관으로 통신사를 따라 일본에 간 저자의 기행문. 저자는 신분이 비록 역관에 불과하지만 박학해 의서인 『新傳煮硝方』과 조선시대 외교관계의 귀중한 자료인 『通文館志』를 찬술.

이상과 같이 조선시대 통신사들의 일본사행록은 몇 차례의 정리와 간행에도 불구하고 아직 집대성되지 못하고 있다. 그 이유는 공식적인 차원에서 체계적으로 보존 정리가 되지 못하였기 때문이다. 예를 들면 원본 해행총재에는 서명이 기록되어 있으나 현존하지 않는 사행록이 4편이나 있다.7) 따라서 이것들 외에도 아직 공개되지 않은 사행록이 있을 가능성은 많으며, 또 통신사 일행의 개인문집 속에도 일본과 관계되는 기록이 있을 것이다. 이점에서 계속적인 조사와 발굴작업이 필요하다.

Ⅳ. 각종 등록류8)

1. 대일관계 등록의 종류

등록이란 전례를 적어놓은 기록으로, 조선시대 官衙에서는 소속관아의

---

7) 金哲佑의 『東槎錄』, 黃璿의 『東槎錄』, 南泰耆의 『槎上記』, 譯官輩의 『草本槎上記』 등 4편을 말한다.

8) 등록류에 관해서는 한문종, 1999, 「조선후기 일본에 관한 저술의 조사연구－對日關係 謄錄類를 중심으로－」『國史館論叢』 제86집의 내용을 참조해 작성했다.

문서와 관아 사이에서 주고받은 공문서를 謄寫收錄해 책자로 만든 것이다. 대일관계 등록은 주제별 기준에 의해 謄寫해서 편찬했는데, 필요에 따라서는 목록류와 같이 주요한 사항만을 뽑아서 기록한 것도 있다. 등록의 편찬은 국가의 중요 문서를 영구적으로 보존하기 위해서 행해졌다. 그리고 등록은 대일정책의 수립 및 각종 외교 의례의 참고자료로 활용되었다. 예를 들어 通信使行의 파견이나 그들이 가지고 가는 禮單 및 別幅의 품목과 수량, 차왜에 대한 접대내용, 歲遣船·歲賜米豆의 賜給 등 당시의 모든 외교사안은 '前例' 또는 '舊例'에 따라 행해 졌는데, 그 대부분이 각종 등록에 수록되어 있는 기록을 참고로 했다. 또한『邊例集要』나『增正交隣志』 등의 외교자료집도 이들 대일관계 등록을 바탕으로 해 정리한 것이다.

현재 조선시대의 대일관계 등록류는 대부분이 서울대학교 규장각에 소장되어 있는데, 그 중 조선후기 대일관계 등록은 모두 30종에 102책에 달한다. 이들 등록의 수록년대와 내용, 편찬관서, 책 수 등을 간략하게 정리해보면 <표 5>와 같다.

<표 5> 조선후기 대일관계 등록 일람표

등록명	수록 년대	등록의 내용	편찬 관서	책수	규장각 청구번호
各樣差倭謄錄目錄 (表題各樣目錄下)	1637(인조 15) - 1731(영조 7)	대일관계 등록 16종에서 주요한 사항을 뽑아 정리해 놓은 목록.	예조전 객사	1책	9910
告訃差倭謄錄	1645(인조 23) - 1754(영조 30)	關白 및 對馬島主 등의 죽음을 알리는 차왜와 그에 대한 접대 내용을 기록	예조전 객사	1책	12896
公作米謄錄	1637(인조 15) - 1751(영조 27)	일본과 公貿易의 대가로 지불하는 公作米와 그에 대한 연한의 연기 요청 및 운송에 대한 기록	예조	2책	12968
島主告還差倭謄錄	1640(인조 18) - 1691(숙종 17)	대마도주가 江戶에 갔다가 還島하였음을 알리는 차왜의 출래 및 問慰譯官의 파견에	예조전 객사	2책	12891
告還謄錄	1692(숙종 18) - 1716(숙종 42)	대한 기록	예조	1책	12921
島中失火	1660(현종 1) - 1714(숙종 40)	일본본토,쓰시마,초량왜관에서의 실화사건과 조선정부의 구급 내용을 기록	예조전 객사	1책	12914

東萊府接待謄錄	1653(효종 4) - 1841(헌종 7)	通信使 請來差倭와 護行差倭의 출래 및 그들에 대한 접대내용을 해당 接慰官이 기록함	동래부	8책	18108
東萊府接倭狀啓謄錄可考事目錄抄册	1608(선조 41) - 1694(숙종 20)	왜관을 중심으로 전개된 대일교섭에 관한 기록을 東萊府狀啓謄錄에서 뽑아 정리함	동래부	1책	9764
論賞賜米謄錄	1637(인조 15) - 1674(헌종 15)	歲遣船 감축 등 대일관계에 공이 많은 왜인에게 賜米·受職하는 내용과 조선에서 일본에 구청한 물품, 路引이 없이 출래한 왜선에 대한 처리 등을 기록	예조	1책	12967
別差倭謄錄	1637(인조 15) - 1753(영조 29)	외교적인 교섭 등을 위해서 쓰시마에서 별도로 파견한 차왜와 그에 대한 접대내용, 외교사안의 처리과정 등을 수록	예조전객사	10책	12871
書契違式謄錄	1637(인조 15) - 1686(숙종 12)	조일 양국간에 주고받은 서계 중에 내용이나 용어가 不恭하거나 서계의 恒式에 어긋나는 부분과 그에 대한 처리과정을 기록	예조전객사	2책	12885
歲船鷹連謄錄	1637(인조 15) - 1683(숙종 9)	歲遣船에 사급하는 매의 조달과정과 왜인들이 沙器를 燔造하는데 필요한 물품 및 匠人의 조달에 관한 기록	예조전객사	1책	12996
歲船定奪謄錄	1637(인조 15) - 1677(숙종 3)	조선과 대마간의 세견선 감축 및 도서의 교대, 세견선에 대한 접대규정 등을 기록	예조전객사	2책	12881
歲船恒式出來謄錄	17C 중엽, 18C 초	己酉約條 이후 조선에 온 입국왜선 및 각 양 차왜에게 준 회례예단의 품목과 수량 등을 기록	예조전객사	1책	12977
譯官上言謄錄	1637(인조 15) - 1692(숙종 18)	외교교섭의 실무 담당자인 漢譯,倭譯,淸譯 등의 역관들이 譯官의 차정과 역관체아직의 복설 등을 상언한 기록	예조전객사	1책	12963
倭館修理謄錄	1724(경종 4) - 1745(영조 21)	초량왜관의 수리에 관한 제 사항을 기록한 것으로 왜관이건등록에 연속됨	예조	1책	12923
倭館移建謄錄	1640(인조 18) - 1723(경종 3)	豆毛浦倭館을 草梁倭館으로 이건하기까지 조선과 대마간의 교섭과정과 이건 후 왜관의 수리에 관한 기록	예조전객사	2책	12892
倭人求請謄錄	1637(인조 15) - 1724(경종 4)	왜인들이 구청한 물품과 그에 대한 조선정부의 처리내용, 물품의 조달 등을 기록	예조전객사	8책	12955
倭人作挐謄錄	1690(숙종 16) - 1692(숙종 18)	倭館을 중심으로 해서 일어난 潛奸과 潛商에 대한 사건의 전말과 治罪 내용을 기록	예조전객사	1책	12962
裁判差倭謄錄	1683(숙종 9) - 1739(영조 15)	조일간의 外交나 交易 등의 현안문제를 해결하기 위해 래조한 차왜와 각 안건에 대한 처리 내용을 기록	예조전객사	5책	12957
典客司別謄錄	1699(숙종 25) - 1753(영조 29)	숙종-영조대의 대일관계의 제반 업무 및 왕명으로 실시된 다른 부서와의 관련 업무를 기록	예조전객사	8책	12961

弔慰差倭謄錄	1649(인조 27) - 1731(영조 7)	왕이나 왕비의 죽음을 弔慰하기 위해 래조한 차왜와 그들을 접대한 내용	예조전객사	1책	12899
陳賀差倭謄錄	1650(효종 1) - 1725(영조 1)	왕의 즉위를 축하하기 위해 래조한 차왜와 그들을 접대한 내용 기록	예조	1책	12910
徵債謄錄	1637(인조 15) - 1672(현종 13)	商賈들에게 부채를 징수하기 위해 래조한 차왜에 관한 기록과 그에 대한 처리과정을 기록	예조전객사	1책	12965
致賀(差倭)謄錄	1637(인조 15) - 1690(숙종 16)	討賊의 致賀와 問慰譯官의 파견에 대한 회사, 도주의 生男 등을 알리는 차왜의 래조와 그에 대한 접대내용을 기록	예조전객사	1책	12882
通信使謄錄	1641(인조 19) - 1811(순조 11)	1643년 癸未通信使에서 1811년 辛未通信使까지 8회에 걸쳐 일본에 파견된 통신사행에 관한 기록	예조전객사	14책	12870-1.2.3
通信使往還時廣州府板橋站擧行謄錄	1811(순조 11)	1811년 辛未通信正使가 광주부 板橋站을 往回할 때에 필요한 준비 및 접대 내용을 기록	광주부	1책	15068
通信使草謄錄	1786(정조 10) - 1808(순조 8)	외교 교섭상의 문제나 일본측의 요청으로 정지 취소된 통신사행에 관한 草謄錄	예조전객사	1책	15067
漂倭入送謄錄	1637(인조 15) - 1692(숙종 18)	조선에 표류한 왜인·왜선에 대한 問情報告 및 그들을 일본에 송환하는 절차, 표민	예조전객사	1책	12884
漂倭入送回謝謄錄	1692(숙종 18) - 1737(영조 13)	송환에 대한 대마도주의 謝禮·回謝에 관한 기록		1책	12920
漂人領來謄錄 漂人領來差倭謄錄	1641(인조 19) - 1751(영조 27)	일본의 연해에 표류한 조선 漂流民의 송환과 그들을 데리고 온 차왜를 접대한 내용, 표류민의 처리문제 등을 기록	예조전객사	7책 12책	12956 12954
回謝差倭謄錄	1637(인조 15) - 1678(숙종 4)	표류왜인의 송환이나 問慰譯官의 파견, 왜관의 신축 등에 대한 回謝·謝使差倭에 관한 기록	예조전객사	1책	12883

2. 수록년대와 편찬부서

등록의 수록연대는 1608년부터 1841년까지이며, 그 대부분이 인조부터 영조 대에 집중되어 있음을 알 수 있다. 특히 『東萊府接倭狀啓謄錄可考事目抄冊』을 제외한 모든 등록은 병자호란 직후인 1637년, 또는 그 이후의 시기부터 수록되어 있다. 이와 같이 등록의 수록년대가 1637년을 기점으로 해 시작하는 이유는 첫째, 정묘·병자호란 등의 전란으로 인한 공문서의 소실을 들 수 있다. 전란의 결과 등록편찬에 필요한 공문서가 거의 소실되어 현존하는 등록의 대부분은 병자호란 이후의 것이고, 그 이전의 기록은 『東萊府接倭狀啓謄錄可考事目錄抄册』에 목록만이 남아 있다.

둘째, 병자호란 이후 대청관계의 변화와 그에 따른 남방의 안전을 도모하기 위해서는 대일관계를 새롭게 정비할 필요성이 대두되었기 때문이다. 게다가 '柳川一件'으로 불리는 국서개작사건을 계기로 德川막부는 京都 五山의 승려를 쓰시마 以酊菴에 파견해 외교문서를 직접 관장하도록 하는 한편 대마도주에게 대조선 무역을 독점하도록 했다. 이와 같은 외교체제의 변화에 따라 조선정부는 대일외교와 관련된 각종 기록을 정리해 편찬하기 시작했다. 그 후 등록의 편찬은 1731년(영조 7)『各樣差倭謄錄目錄』의 편찬으로 일단락 되었던 것 같다.

현재 규장각에 소장되어 있는 대일관계 등록 중에 1731년 이후까지 수록된 등록은 통신사 관련 기록, 표류인의 송환에 관한 기록, 차왜에 관한 기록 등인데, 이들 등록도 통신사 관련 등록을 제외한 모두는 1754년까지 밖에 수록되어 있지 않다. 이와 같이 영조대 이후 등록의 편찬이 계속되지 않은 이유는 일본의 은 수출 중단 등으로 인한 왜관무역의 쇠퇴[9]와 그에 따른 차왜의 감소, 일본 내에서의 통신사행에 대한 인식의 변화 그리고 대청관계의 안정으로 대일외교에 대한 필요성이 감소하였기 때문이다. 그 결과 대일관계가 점차 쇠퇴하고 일본에 대한 관심도 줄어감에 따라 대일관계 등록의 편찬도 영조대 이후에는 거의 행해지지 않게 되었던 것이다.

이들 대일관계 등록은 예조와 그의 속사인 典客司·東萊府·廣州府에서 편찬했다. 그 중에 『東萊府接待謄錄』과 『東萊府接倭狀啓謄錄可考事目抄册』은 동래부에서, 『通信使往還時廣州府板橋站擧行謄錄』은 廣州府에서 편찬되었을 뿐 그 나머지는 모두 예조와 전객사에서 편찬했다. 그런데 예조에서 편찬한 것으로 되어 있는 등록도 실제로는 속사인 전객사에

---

9) 田代和生, 1981, 『近世日朝通交貿易史の研究』, 創文社.

서 편찬한 것이라 생각한다.[10]

대일관계 등록의 주요한 편찬관서인 전객사는 1405년(태종 5) 六曹屬司
制가 정립될 때 예조의 屬司로 설치되었으며, 1894년 갑오개혁 때에 폐지
되었다. 『經國大典』에 의하면, 전객사는 정이품아문으로 중국의 사신 및
왜인·야인의 영접, 외국의 조공, 외국의 사신에 대한 宴享의 설치와 그들
에 대한 사급 등에 관한 일을 담당했다.[11] 한편 동래부는 왜관이 위치한
곳으로 대일교섭의 실질적인 창구였으며, 廣州府는 통신사 정사가 지나가
는 연로에 위치하고 있었다. 이와 같은 배경으로 대일관계 등록은 주로 전
객사와 동래부·광주부에서 편찬했다. 그러나 현존기록이 없을 뿐이지,
광주부 이외의 지방에서도 통신사행과 관련된 등록을 편찬하였을 가능성
은 배제할 수 없다.

3. 등록의 내용 및 사료적 가치

대일관계 등록은 그 내용에 따라 등록의 목록, 通信使 관련, 표류인 송
환, 差倭 관련, 歲遣船과 倭人求請, 倭館移建 및 受理, 倭館에서의 作弊,
書契違式 및 기타 등록 등으로 나눌 수 있다. 이들 등록의 서술체제는 등
록마다 약간의 차이가 있지만, 대체로 외교사안에 대한 동래부사·부산첨
사 또는 경상감사의 장계와 그에 대한 예조·비변사의 回啓를 주제별로
나누어서 연월일순으로 기록했다. 그리고 등록에는 각 건마다 頭註가 붙

---

10) 같은 외교사안을 수록한 『島主告還差倭謄錄』과 『告還謄錄』의 경우 편찬기
　　관이 전객사와 예조로 되어 있으나 『告還謄錄』도 전객사에서 편찬한 것이
　　라 생각한다. 이는 각종 차왜에 관한 등록의 목록인 『各樣差倭謄錄目錄』을
　　전객사에서 편찬한 사실로 볼 때 『告還謄錄』도 실제로는 전객사에 편찬하
　　였지만 예조의 속사이었기 때문에 '예조'라고만 표기한 것으로 생각된다.
11) 『經國大典』 권1, 正二品衙門, 掌使臣倭野人迎接外方朝貢燕設賜與等事.

어 있으며, 맨 앞장에 연대별 목차가 있는 것도 많아서 내용을 일목하는데 도움이 된다.

대일관계 등록의 사료적 가치는, 첫째로 대일관계 등록은 통신사 관련 등록을 제외한 대부분이 1637년부터 1754년까지의 내용을 수록하고 있어서 17세기 중엽부터 18세기 중엽까지의 조·일 외교관계를 연구하는데 매우 중요한 자료이다. 특히 등록이 편찬되기 시작한 바로 전 해인 1636년은 일본과의 외교체제가 정비된 시기이다. 따라서 대일관계 등록은 새로운 외교체제의 실시 및 정착과정을 살펴볼 수 있는 중요한 자료이다.

둘째, 등록은 대부분이 역관이나 동래부사, 경상감사의 장계와 그에 대한 예조와 비변사의 回啓로 구성되어 있어 대일외교의 실무를 담당하는 지방관청과 중앙관서간의 업무처리 및 연락과정을 살펴볼 수 있다. 또한 등록에는 공문서의 형식이나 이두 등이 잘 보존되어 있어서 조선후기 공문서의 보존 방법 및 이두를 연구하는데 매우 유용한 자료이다.

셋째, 통신사행이나 문위행의 각종 예단 및 별폭의 품목과 수량은 물론이고 일본의 연례송사나 각종 차왜가 진헌하는 물품과 수량 그리고 그에 대한 조선 정부의 回禮單 및 별폭, 각종 宴享時에 지급하는 宴禮單 등이 자세하게 기록되어 있다. 따라서 등록은 양국의 공무역의 규모와 성격, 특징을 밝히는데 귀중한 자료이다.

넷째, 연례송사 및 차왜에 대한 접대절차 및 과정이 자세하게 기록되어 있어서 조선정부의 대일외교에 대한 인식의 변화를 엿볼 수 있다. 조선에서는 연례송사나 차왜를 접대할 때에 외교사안에 대한 중요성이나 사절의 신분 고하에 따라서 차등 접대하였는데 이를 통해 조선의 대일인식 및 정책의 기본방향을 분석해 볼 수 있다.

다섯째, 『論賞賜米謄錄』, 『歲船定奪謄錄』, 『東萊府接倭狀啓謄錄可考事目抄册』 등에는 수직·수도서에 대한 기록이 있어서, 임진왜란 이후 양국간 외교체제가 확립될 때까지 그들의 역할에 대해 파악할 수 있다.

여섯째, 『島主告還差倭謄錄』, 『漂倭入送謄錄』에는 왜관에 머물고 있는

倭人의 총수가 기록되어 있어 거주왜인의 규모 및 실상을 파악하는데 도움이 된다. 각종 등록에 기록된 留館倭人數는 다음 표와 같다.

<표 6> 조선후기 유관왜인의 수

년 월 일	유관왜인수	출 전
1691(숙종 17) 7. 1	747 명	『島主告還差倭謄錄』 신미 7월 초1일
1691(숙종 17) 윤7. 25	667 명	『漂倭入送謄錄』 신미 윤7월 25일
1692(숙종 18) 4. 12	567 명	『島主告還差倭謄錄』(12921) 임신 4월 12일
1693(숙종 19) 4. 29	539 명	『島主告還差倭謄錄』(12921)계유 4월 29일
1693(숙종 19) 8. 14	534 명	『島主告還差倭謄錄』(12921)계유 8월 14일
1693(숙종 19) 9. 6	538 명	『島主告還差倭謄錄』(12921)계유 9월 6일
1693(숙종 19) 9. 8	658 명	『島主告還差倭謄錄』(12921)계유 9월 8일
1694(숙종 20) 2. 12	800 명	『漂倭入送謄錄』(12920) 갑술 2월 12일
1694(숙종 20) 8. 30	694 명	『漂倭入送謄錄』(12920) 갑술 8월 30일
1695(숙종 21) 3. 30	680 명	『島主告還差倭謄錄』(12921)을해 3월 30일
1695(숙종 21) 5. 21	549 명	『島主告還差倭謄錄』(12921)을해 5월 21일
1696(숙종 22) 4. 26	652 명	『島主告還差倭謄錄』(12921)병자 4월 26일
1696(숙종 22) 6. 23	664 명	『島主告還差倭謄錄』(12921)병자 6월 23일
1696(숙종 22) 7. 11	505 명	『島主告還差倭謄錄』(12921)병자 7월 11일
1696(숙종 22) 8. 14	579 명	『島主告還差倭謄錄』(12921)병자 8월 14일
1715(숙종 41) 4. 16	495 명	『漂倭入送謄錄』(12920) 을미 4월 16일
1734(영조 10) 4. 11	1100 명	『漂倭入送謄錄』(12920) 갑인 4월 11일

위의 표는 1691년부터1734년까지 43년간에 걸친 유관왜인의 기록이다. 당시 왜관에는 머문 왜인이 많을 경우에는 1100명에 달한 때도 있었으나 대개 500~700명이었다. 이로서 보면 왜관에 머무르는 왜인의 수는 일정하지 않고 매우 유동적이었음을 알 수 있다.

일곱째, 왜관 및 그의 주변에서 왜인과의 접촉과정에서 나타난 폐단, 즉 交奸事件이나 潛商, 商賈들의 채무관계, 蘭出 및 왜인들의 난동사건의 발생과 처리과정 등을 살펴볼 수 있는 중요한 자료이다.

여덟째, 통신사 관련 등록과 표류민 송환 등록, 왜인구청에 대한 등록에는 조선과 일본간의 인적·문화적 교류를 파악할 수 있는 자료가 많이 있다. 이들 기록에 의하면 당시 일본은 조선으로부터 유교경전과 문집류, 대장경, 의학 관련 서적 등을 많이 구해갔는데, 특히 그 중에서도 『東醫寶

장경, 의학 관련 서적 등을 많이 구해갔는데, 특히 그 중에서도『東醫寶鑑』,『備急草本』등의 의학 관련 서적도 많이 구해갔다.

그밖에도 등록에는 일본의 풍습에 대한 내용도 수록되어 있다. 예컨대『告訃差倭謄錄』에는 1651년 大君 家光이 죽었을 때에 평소 大君이 親愛하였거나 대군과 정분이 두터운 신하들이 스스로 대군을 따라서 할복 자살하는 풍습이 수록되어 있다.[12]

이상에서 살펴본 바와 같이 대일관계 등록은 조·일간의 외교관계 뿐만이 아니라 양국간의 무역 및 문화교류, 상호인식 등을 규명할 수 있는 중요한 자료이다. 그러나 대일관계 등록은 다음과 같은 사료상의 한계를 가지고 있다.

첫째, 등록편찬에 있어서의 분류기준이 정확하지 않아 각 등록간에 중복된 내용이 많다. 예를 들면『東萊府接待謄錄』에 통신사 관련 기록이 있으며,『回謝差倭謄錄』에 표류인 송환과 관련된 기사가 수록되어 있다든지,『論賞賜米謄錄』에 교간사건이나 왜인작란기사가 있는 등 내용이 다른 주제에 관한 기록을 쉽게 발견할 수 있다. 또한 중간에 누락된 부분도 상당히 많다. 가령『告赴差倭謄錄』의 경우 1645년부터 1754년까지 수록되어 있으나 그 중간에 1681년부터 1750년까지의 기록이 누락되어 있다. 따라서 이러한 점을 보충하기 위해서는『增正交隣志』,『邊例集要』,『通文館志』등의 외교자료집을 비롯해서『朝鮮王朝實錄』,『備邊司謄錄』은 물론 일본의 사료 등과 반드시 비교 검토하지 않으면 안된다.

둘째, 등록에 수록된 편찬기간이 주로 병자호란 이후부터 영조대에 집

---

12) 大君自春夏間得微恙　因以漸重四月二十日　既已卒逝　而執政阿部對馬守　內田信濃守　堀田加賀守三人　及常時親愛頭倭三枝土佐守　奧村茂佐衛等二人　願從地下自割其腹而死　後阿部對馬守從倭四人　內田信濃守從倭二人　亦願從其主於地下云云　又割其腹而死是如云云爲臥乎所　此則日本之法　平日愛恤情親之人　從而自殺於主死之日　乃稱其忠義故例有如此之事是齊(『告訃差倭謄錄』, 신묘 11월 3일).

중되어 있고, 그 전후의 기록은 거의 없다. 이러한 점에서 대일관계 등록은 임진왜란 이후의 국교 교섭 및 재개과정이나 영조대 이후의 대일관계를 파악하는데 한계가 있다.

셋째, 대일관계 등록은 조일간의 사절의 왕래를 통해서 이루어진 공무역에 대해서는 자세하게 기록되어 있으나 개인간에 행해진 사무역이나 밀무역에 대해서는 거의 기록되어 있지 않다. 따라서 이들 등록을 통해서 조일간의 무역의 전체적인 규모나 성격을 파악하는데는 한계가 있다. 이는 등록이라는 책이 갖는 성격상의 한계이기도 하지만 조선후기 대일관계 사료가 갖는 공통적인 한계점이기도 하다.

넷째, 대일관계 등록은 대일외교과 관련된 지방관청 및 중앙관서 간에 주고받은 공문서를 정리한 것이기 때문에 개인이나 민중차원의 상호인식에 대해서는 거의 기록되어 있지 않다. 이 역시 일본사행록이나 筆談唱和錄, 漂流·被擄人의 기록, 개인문집 등을 통해서 보완되어져야 할 것이다.

한편 현재 국사편찬위원회에는『典客司日記』가 소장되어 있는데, 일부는 등록류로 새로 편찬이 되어 규장각에 소장되어 있지만, 이 사료도 전반적으로 재검토되어야 한다.『典客司日記』는 전객사에서 일상 사무의 내용과 그에 따른 각종 文式과 儀禮 등을 망라한 총 99책의 방대한 필사 正本이다. 시기적으로는 1640년부터 1886년에 이르는 246년간의 기록이다. 따라서 등록류의 기록이 1754년 이후는 발간되지 않았음을 상기할 때, 등록류를 보완해주는 중요한 사료라고 생각된다.

책의 형태는 별도로 권차를 적지 않고 대부분 1~3년분을 1책으로 분철하였는데, 특히 1663년에서 1752년에 이르는 90여년간을 비롯한 적지않은 량이 散秩되었다. 현존하는 각 책을 왕대별로 분류하면 다음과 같다.

제1~4책 : 인조, 제5~6책 : 효종, 제7~8책 : 현종, 제9~24책 : 영조, 제25~47책 : 정조, 제48~77책 : 순조, 제78책~91책 : 헌종, 제92~95책 : 철종, 제96~99책 : 고종시대

각 책 중에는 쓰시마와의 각종의 사신왕래와 예물을 주고받는 내용, 차

왜, 대마도주의 동태, 일광산 치제, 연례송사 및 공작미문제 등, 등록류의 내용을 포함해 대일관계 전반에 관한 사항들이 일기체로 상세히 수록되어 있다. 후기로 내려와서는 고종조의 개항 이후 서구제국과의 통상·의례에 관한 기사가 대부분이다. 책별 제명은 『典客司日記』·『典客司日記草本』·『典客司謄錄』 등으로 표시되어 있다. 2004년부터 국사편찬위원회에서 『各司謄錄』 93에서 98까지 37책이 활자본으로 발간되었다.

Ⅴ. 각종 외교자료집, 기록, 개인문집 등

예조나 외교 관련 부서에서 편찬한 외교자료집으로는 『春官志』(禮曹), 『邊例集要』(禮曹典客司), 『邊例續集要』(禮曹典客司), 『同文彙考』(禮曹 承文院), 『同文考略』(禮曹 承文院) 등이 있으며, 역관 등이 편찬한 외교자료집으로는 『攷事撮要』(魚叔權), 『通文館志』(金指南·金慶門), 『交隣志』(李宗模), 『增正交隣志』(金健瑞), 『攷事新書』(徐命膺) 등이 있다.

임진왜란 때 일본에 붙잡혀 간 피로인의 기록으로는 姜沆 『看羊錄』과 鄭希得 『月峰海上錄』, 魯認 『錦溪日記』가 있으며, 일본에 표류한 표류인의 기록으로는 1696년(숙종 22) 무인 李志恒의 북해도 표류기인 『漂舟錄』과 1815년 李鍾德의 五島 표류기인 『漂海錄』이 있다.

조선후기 실학자들의 저술 중에 일본에 관한 내용이 수록되어 있는 책은 『再造藩邦志』(申炅), 『彙纂麗史』(洪汝河), 『東事』(許穆), 『星湖僿說』(李瀷), 『順菴先生文集』·『雜同散異』·『東史外傳』·『東史綱目』·『列朝通紀』(安鼎福), 『青莊館全書』·『蜻蛉國志』·『盎葉記』(李德懋), 『與猶堂全書』·『日本考』·『備禦考』·『民堡議』(丁若鏞), 『海東繹史』(韓致奫) 등이 있다.[13)]

　그밖에 개인의 문집 속에도 일본에 관한 기록이 단편적으로 수록되어
있는데, 식민통치기에 사료편찬소에서 이를 모아서 편찬한 것이 『日本關
係朝鮮史料』(東京大學 史料編纂所 所藏)이다. 『日本關係朝鮮史料』는 고
려·조선시대의 문집 127종 중에서 일본관계 기록만을 뽑아서 필사해 놓
은 것으로 총 17책으로 구성되어 있다. 그 중 임진왜란 이후 일본관계 기
록은 41종의 문집에서 발췌했다. 참고로 『日本關係朝鮮史料』에 수록된
임란 이후의 일본관계 기록 41종의 문집의 제목과 저자를 소개하면 다음
과 같다.

　　1책 ―『靑泉集』(申維翰),
　　3책 ―『月汀集』(尹根壽),
　　5책 ―『白沙集附錄』(李恒福) 『沙西文集』(金湜) 『九畹集』(李春元) 『南
　　　　坡集』(洪宇遠) 『龜峯集』(宋翼弼),
　　6책 ―『白沙集』(李恒福) 『於于集』(柳夢寅) 『蒼石集』(李埈) 『白沙集附
　　　　集』(李恒福),
　　7책 ―『五峯集』(李好閔) 『芝峯集』(李晬光) 『梧里續集』(李元翼),
　　8책 ―『東岳集』(李安訥) 『敬亭集』(李民宬) 『漢陰集』(李德馨) 『霽湖
　　　　集』(梁慶遇) 『石潭集』(李潤雨),
　　9책 ―『淸陰集』(金尙憲) 『厚齋集』(金榦) 『谿谷集』(張維) 『月沙集』(李
　　　　廷龜) 『玄洲集』(李昭漢),
　　15책 ―『漫浪集』(황호), 16책 『龍洲集』(趙絅) 『順菴集』(安鼎福) 『愚伏
　　　　集』(鄭經世) 『遲川集』(崔鳴吉) 『訥隱集』(李光庭) 『東州集』(李敏
　　　　求) 『樂全堂集』(申翊聖),
　　17책 ―『壺谷集』(南龍翼) 『冶谷集』(趙克善) 『竹南堂稿』(吳竣) 『騏峯集』
　　　　(李時省) 『竹堂集』(申濡) 『湖洲集』(蔡裕後) 『松谷集』(趙復陽) 『后

---

13) 이들 자료에 대한 내용분석은 하우봉, 1989, 『조선후기 실학자의 日本觀研
　　究』, 일지사 참조.

溪集』(趙裕壽)『恕菴集』(申靖夏) 등이다.

『日本關係朝鮮史料』에 수록된 임란 이후의 일본관계 기록의 내용은 대일사행을 떠나는 동료나 친구들에게 지어 준 시문이 대부분을 차지하며, 그 외에는 황호·趙絅·南龍翼·申濡의 일본사행록, 대일사행원의 行狀, 예조참의와 예조참판의 회답서계, 大猷院(家康의 廟堂)의 祭文, 犯陵賊의 송환, 유구관련 기록 등이 있다. 따라서『日本關係朝鮮史料』는 한일관계사 뿐만이 아니라 조선후기의 대일사행원의 교우관계 및 사행문학을 연구하는데 귀중한 자료라고 생각한다. 그러나 이 책은 전후관계를 파악할 수 없을 정도로 너무 간략하게 필사된 부분이 많은 사료상의 한계점이 있다.

VI. 조선·유구관계사료[14)]

한국에는『朝鮮王朝實錄』을 비롯해 조선·유구 관계사에 관한 많은 사료가 현존하는데, 발췌의 대상이 된 사료는 유구에 관한 최초의 기록이 나오는『高麗史』를 비롯해『朝鮮王朝實錄』,『備邊司謄錄』,『承政院日記』, 『通文館志』,『增訂交隣志』,『春官志』,『經國大典』,『續大典』,『大典通編』,『大典會通』,『邊例集要』,『同文彙考』,『漂人領來謄錄』,『燕行錄選集』,『海東諸國紀』,『對馬島宗家文書』 등 17종이다. 그 내용을 간략하게 검토해보면,

---

14) 손승철, 1999,「조선·유구관계 사료에 대해」『근세조선의 한일관계연구』제 3장, 국학자료원 참조. 또한 조·유관계사료집을 손승철 외, 1998,『朝鮮· 琉球史料集成』, 한국사연구지원보고자료집 제4집, 국사편찬위원회 참조.

1. 『高麗史』

총 2건이 列傳과 世家에 수록되어 있다. 그 내용은 1389년 8월에 유구국 사신이 와서 고려 조정에 대해 稱臣했다는 것과 그에 대해 고려 조정이 金允厚 일행을 유구에 파견했다는 것, 그리고 유국국에서 바친 蘇木과 胡椒를 昌王이 여러 궁중에서 사용하고자 하였으나 判內府寺事 柳伯濡가 그에 대해 반대했다는 기사가 있다.

2. 『朝鮮王朝實錄』

『朝鮮王朝實錄』에는 1392년부터 1840년까지 총 437건의 유구관계 사료가 수록되어 있다. 또한 사료의 내용을 보아도 조·유관계의 모든 부분을 망라하고 있어서 조유관계를 파악하는데 가장 중요하고 기초적인 사료라고 할 수 있다. 유구관계 사료의 내용을 종류별과 연대별로 분류해보면 다음표와 같다.

이 표를 통해『朝鮮王朝實錄』에 수록된 유구관계 사료의 특징을 정리해 보면 다음과 같다.

첫째, 조선과 유구가 국가간의 공식적인 교류는 주로 조선전기에 이루어지고 있으며, 후기에는 표류민 송환이나 중국 또는 일본에 관련된 사료가 대부분이다.

둘째, 조·유간의 사신왕래는 주로 유구에서 조선에 온 사신이 대부분이고, 조선에서는 단지 2번만 사신이 파견되었다.

셋째, 유구에서 조선에 온 사신들은 거의 상경해 조선국왕을 알현했으며, 조선에서는 이들은 상국의 입장에서 후한 접대를 행했다.

322 · 조선시대 한일관계사 연구

넷째, 조선측의 유구사신에 대한 우대는 위사의 발생을 초래했고, 이들
은 경제적인 이익이나 불경청구를 목적으로 왕래했다.

<표 7> 유구관계 사료 일람표

| 왕 대 | 유구사신옴 | 조선사신감 | 조회 | 접대 | 위사관련 | 피로인 | 표류민 | | 무역 | 유구사정 | 일본관련 | 중국관련 | 불경청구 | 기타 | 계 |
							유구	조선							
태조(1392-1398)	4		2			2								1	9
정종(1398-1400)	1														1
태종(1400-1418)	2	1				3						1		2	9
세종(1418-1450)	5	2	6	2	3	2	6	1	2	1	3	1		14	48
문종(1450-1452)			1											3	4
단종(1452-1455)	1			2	1		1		1						6
세조(1455-1468)	15		8	13	8	2	2	2	1	2	7		4	6	70
예종(1468-1469)														1	1
성종(1469-1494)	13		1	33			3		5		7	3	5	16	86
연산(1494-1506)	2			2	1		4		1		1	2	1	3	17
중종(1506-1544)	3			1	2		18	11	1		2	16		4	58
명종(1545-1567)							1			1	2	1			5
선조(1567-1608)							3				18	17		5	43
광해(1608-1623)							7				3	4		8	22
인조(1623-1649)							3				1	1		4	9
효종(1649-1659)											1				1
현종(1659-1674)							6								6
숙종(1674-1720)							2				1	3		1	7
영조(1724-1776)							1								1
정조(1776-1800)							10					14		3	27
순조(1800-1834)							6								6
헌종(1834-1849)														1	1
총 계	46	3	18	51	16	10	59	28	10	5	46	63	10	72	437

다섯째, 조선초기 조류관계는 피로인쇄환을 명분으로 시작되며, 중·후
기에는 양국의 표류민 송환의 명분으로 바뀌어진다.

여섯째, 양국교류의 경제적인 측면을 보면 유구에게 절대적으로 유리한
무역이며, 조선은 유구를 통해 동남아산 물자를 수입하고, 유구는 동남아
산 물자의 중계역할을 행했다.

일곱째, 조선은 사신이나 표류민을 통해 유구사정에 깊은 관심을 가지
고 있었으며, 유구의 정황이나 지도를 정확히 파악하고 있었다.

여덟째, 조선과 유구의 교류가 제일 빈번했던 시기는 15세기 중반부터 1세기 간이며, 조선중기인 양란을 전후해서는 일본의 정세를 자세히 알려오고 있으며, 조선후기에는 주로 중국을 통해서 교류가 이루어지고 있다.

아홉째, 조선은 유구 이외에도 동남아의 久邊國이나 爪蛙國과도 여러 차례에 걸쳐 교류를 행하고 있다.

이상에서 조유관계사료에 나타난 특징을 간단히 정리를 했지만, 이외에도 보는 시각에 따라 다른 여러 가지 특징을 추출해 낼 수 있음은 물론이다.

3. 『備邊司謄錄』

총 13건의 유구관계 기록이 수록되어 있다. 주로 표류인에 관한 사료로 『朝鮮王朝實錄』에 없는 사료도 있으며, 사건 자체는 기록되어 있으나 내용에 다소 차이가 난다. 『備邊司謄錄』에 수록되어 있는 사료의 일람표를 제시해 보면 다음과 같다.

번호	서기	왕년월일	기 사 내 용	왕조실록 유무
1	1717	숙종43,01,03	표류민송환에 대해 유구에 사례할 것을 건의함	○
2	1741	영조17,11,06	표류민송환에 자문을 보내어 사은표문할 것을 건의함	×
3	1741	영조17,11,23	제주인 김철중등 18명과 나주인 1명이 유구에 표류했다가 북경을 통해 돌아옴	×
4	1781	정조5,02,15	전라도 영암인 이재성등 12명이 유구에 표류했다가 북경을 통해 돌아옴	×
5	1794	정조18,10,18	유구표류인 상경과 송환에 관한 일	○
6	1794	정조18,10,21	전라감사 이서구의 장계에 유구언어를 배울 것을 건의함	×
7	1794	정조18,10,22	표류유구인에 대한 문답사항	○
8	1794	정조18,10,22	표류우구인의 송환과 호송에 관한 일	×
9	1794	정조18,10,24	표류유구인의 송환에 관한 일	×
10	1794	정조18,11,05	표류유구인 호송에 관한 충청감사의 장계	×
11	1820	순조20,07,02	제주목사가 유구표류인 5인이 표착함을 치계함	○
12	1832	순조32,10,11	제주도 표류유구인 송환에 관한 일	×
13	1832	순조32,10,13	제주도 표류유구인 송환에 관한 일	×

4. 『承政院日記』

총 8건으로 양국간에 발생한 표류민의 처리에 관한 내용이 대부분이다.
그 내용은 대체로 『朝鮮王朝實錄』의 기사와 동일하며 왕조실록과 똑같이
기록된 사료가 있는 반면, 내용은 있지만 다른 사료도 있다. 『承政院日記』
의 유구관계사료 일람표를 작성해 보면 다음과 같다.

번호	서기	왕년월일	기사내용	왕조실록 유무
1	1774	숙종43,01,02	표류민 송환에 대해 유구에 사례할 것을 건의함	○
2	1794	정조18,10,21	표류한 유구인에 관해 전라도 관찰사가 치계함	○
3	1794	정조18,10,21	전라우수사가 보낸 유구표류인 장계에 판부사의 이름이 틀려서 되돌려 보냄	×
4	1794	정조18,10,22	동지사편에 유구표류인을 돌려보내는 일을 논함	×
5	1794	정조18,10,22	서울에 가까이 온 류구표류인을 잘 접대하라고 함	○
6	1794	정조18,10,23	표류우구인의 접대에 관해 승지와 관찰사가 보고함	○
7	1794	정조18,10,24	홍의호가 유구표류인의 일을 아룀	×
8	1832	순조32,10,11	제주 대정현에 표착한 유구인 2명을 육로로 호송하는 일을 논의함	×

5. 『通文館志』

권5 交隣條 「接待日本人舊定事例」에 보인다. 이 사료는 유구인에 대한
접대를 일본인접대와 같은 예로 한다는 내용으로 되어 있다.

6. 『增正交隣志』

「接待日本人舊定事例」에 보이는데, 여기에는 유구인에 대한 접대를 일
본인과 같은 예로 한다는 내용이 있다.

7. 『春官志』

권3 來聘과 通信의 두 부분으로 구성되어 있다. 「來聘」 부분에는 1397년(태조 6)과 1477년(성종 8)의 유구국 사신 내빙 사실을 적고 있다. 「通信」 부분에는 1530년(중종 25), 1600년(선조 33), 1606년(선조 39) 등 세 차례에 걸쳐 북경을 통한 양국간 교류의 사례를 기록하고 있다.

8. 『經國大典』, 『續大典』, 『大典通編』, 『大典會通』

『經國大典』 중에서 琉球와 관련된 기사는 禮典의 「待使客條」에 보이는데, 琉球國王에 대한 접대의 경우 별도로 규정을 두지 않고 日本國王에 대한 규정을 준용하는 것으로 되어 있다. 이러한 체제는 『續大典』·『大典通編』·『大典會通』 등 그 이후의 法典에도 그대로 적용되고 있다.

9. 『邊例集要』

『邊例集要』上, 권3 漂差에는 1627년부터 1824년까지 일본에 표착한 조선인을 송환해 온 사례가 약 270건 정도 수록되어 있는데, 이 가운데 유구에 관한 것은 3건(1662, 1663, 1669)에 불과하며, 모두 유구에 표착한 조선인의 송환에 관한 기록이다.

유구는 1609년 이후 정치적으로 일본의 薩摩藩에 복속되어 있었으므로, 이시기 유구에 표착한 조선인은 일본에 표착한 조선인으로 취급되어 대마번 사자에 의해 송환되었다. 따라서 『邊例集要』에 수록되어 있는 3건의 유구 관계 기사는 유구에 표착한 조선인 송환에 관한 것임에도 불구하고 일본관계기사로 취급되고 있다. 구체적으로는 『邊例集要』 권3 「漂差」와 그 부록인 「漂民」에 각각 3건씩 아주 간단하게 실려 있는데, 「漂民」의 기사는 앞의 「漂差」와 연결된 문건으로서 동일 사건을 「漂民」 중심으로 엮은 것에 불과하다.

내용상의 특징으로는 기본적으로 조선에 송환된 이후 동래부의 장계와 禮曹 · 備邊司의 回啓, 조선 내에서의 漂差倭 및 漂民 취급에 관한 내용을 기록한 것이지만, 그 내용이 아주 단편적이기 때문에 반드시 동시대의 다른 자료와의 대조를 요한다.

10. 『漂人領來謄錄』

예조 전객사에서는 편찬된 『漂人領來謄錄』은 일본에 표착한 조선인이 송환되어 온 사례에 관한 기록만을 엮어 놓은 책이다. 그 가운데 유구에 표착한 조선인의 송환 사례가 3건(1662, 1663, 1669)이 수록되어 있다.

『漂人領來謄錄』은 기본적으로 유구에 표류했다가 대마번 사자가 데리고 온 조선인 표류민의 신병이 조선측에 넘겨진 이후 조선 내에서의 표차왜 및 표민의 취급에 관한 기록이다. 『漂人領來謄錄』의 유구 관계 기사역시 이와 같은 절차에 따라 수록되어 있으며, 동래부의 장계를 비롯해서 표민의 취급 과정에서 발생한 여러 종류의 문건을 한데 엮어 놓은 일괄문서로서의 성격을 지니고 있다.

특히, 동래부 장계 속에 들어 있는 표류민에 대한 捧招(招辭, 또는 問情書)에는 표류민들의 거주지 · 성명 · 나이 · 신분 등을 비롯해, 항해를 시작한 시기 · 목적과 표류 과정, 그들이 탄 배의 주인이나 소속 관서, 유구에서의 표착지, 유구 및 일본 내에서의 경유지, 그리고 그곳에서 받은 접대 등이 기록되어 있다. 따라서 이를 통해서는 당시 조선인의 해상활동의 실태는 물론, 유구와 일본과의 정치·외교적 관계까지도 알 수 있다.

11. 『同文彙考』

『同文彙考』의 편제를 보면 사대문서는 원편·별편·보편에, 그리고 교린문서는 부편에 수록되어 있다. 그러나 유구관계 사료는 교린국으로 취급하고 있었음에도 불구하고 부편의 교린문서 속에 따로 분류하지 않고, 對淸文書(事大文書)나 對日文書(交隣文書)안에 수록되어 있다.

즉 유구가 1609년 일본의 薩摩에 복속된 후, 1698년까지는 유구에 표착한 조선인이라 하더라도 일본에 표착한 외국인과 마찬가지로 취급되어 막부 주도 표민 송환 절차에 따라 조선으로 송환되었다. 때문에 이시기 조선과 유구 양국에 표착한 표민의 송환에 관한 유구관계 문서는 대일본외교문서가 수록된 「附編」의 「漂風」편에 수록되어 있다. 그러나 1698년 이후 淸의 展海令을 계기로 유구가 중국인과 조선인을 일본을 거치지 않고 직접 淸(福建)으로 보내 송환하는 절차를 거치게 되면서부터는 유구에 표착한 조선인 송환에 관한 문서를 淸과 주고받았다. 따라서 1698년 이후 유구에 표착한 조선인의 송환이나, 조선에 표착한 유구인의 상호 송환에 관한 문서는 각 각 대청문서의 「原編」, 「漂民」, 「我國人」, 「原編 續」, 「漂民」, 「上國人」에 들어 있다.

<표 8> 조선인 유구표착 일람표

순번	표착	송환	표착지	출신지, 인원	송환방법	출전	실록유무
1	1661	1662	유구	전라 무안, 남녀18인	薩摩-對馬	부편, 권29	×
2	1662	1663	유구	전라 해남, 김려휘등 28인	薩摩-對馬	부편, 권29	×
3	1669	1669	永良部島	전라 해남 21명	薩摩-對馬	부편, 권29	×
4	1697	1698	古米山	전라 영암, 안민남등 8인	福建-北京	원편, 권66	×
5	1714	1716	安田浦	전라 진도, 김서등 9인	福建-北京	원편, 권66	○
6	1726	1728	烏岐奴	전라,제주, 손응성등 9인	福建-北京	원편, 권66	×
7	1733	1735	慶良間島	경상, 서후정등 남녀 12인	福建-北京	원편, 권66	×
8	1739	1740	德之島	전라 영암, 강세찬등 20인	福建-北京	원편, 권67	×
9	1779	1780	大島	전라 영암, 이재성등 12인	福建-北京	원편, 권69	×
10	1794	1795	山北지방	전라 강진, 안태정등 10명	福建-北京	원편, 속	×
11	1795	1796	유구	황해 장연, 장삼돌등 7인	福建-北京	원편, 속	×
12	1796	1797	大島	전라 강진(?), 이창빈등10인	福建-北京	원편, 속	×
13	1802	1804	大島	전라 흑산도, 문순덕외 4인	福建-北京	원편, 속	×
14	1814	1816	太平山	전라, 천일득등 7인	福建-北京	원편, 속	×
15	1825	1826	大島笠利郡	전라 해남, 황승건등 5인	福建-北京	원편, 속	×
16	1827	1829	勝連津堅泊	전라 해남, 김광현등 12인	福建-北京	원편, 속	×
17	1831	1833	伊江島	전라, 제주, 고성상등 26인	福建-北京	원편, 속	×
18	1832	1834	八重山	전라 전주, 이인수등 12인	福建-北京	원편, 속	×
19	1833	1837	八重山	전라 해남, 손익복등 9인	福建-北京	원편, 속	×

<표 9> 유구인 조선표착 일람표

순번	표착	송환	표착지	출신지, 인원	송환방법	출전	실록유무
1	1794	1794	제주 대정현	유구 八重山島 11인	福建 경유	원편, 속	○
2	1820	1820	제주 정의현	유구 5인	福建 경유	원편, 속	○
3	1821	1821	제주	유구 大島 5인	福建 경유	원편, 속	○
4	1827	1828	老島	유구 3인	福建 경유	원편, 속	○
5	1831	1831	제주 대정현	유구 那覇 3인	福建 경유	원편, 속	○
6	1832	1832	제주 대정현	유구 那覇 4인	福建 경유	원편, 속	○
7	1860	1860	제주 대정현	유구 那覇 6인	福建 경유	원편, 속	○

12. 『燕行錄選集』

청나라 견문록인 『燕行錄選集』에 수록되어 있는 유구관계 사료의 목록
은 다음과 같다.

순번	사 료 명	저 자	내 용
1	錦南先生漂海錄	崔溥	1488.4.6 및 17일 유구사람 陳善, 蔡賽등이 玉河館에 가서 음식과 선물을 주고 갔다. 陳善의 아버지가 20년 전에 조선표류민을 송환한 적이 있다.
2	荷谷先生朝天記中	許篈	1574.8.28 鴻臚寺 張主簿와 함께 술을 마셨다. 張主簿는 유구국통사라서 유구국 사정을 물었다.
3	東岳集卷二朝天錄	李安訥	1601.8.26 유구국사신 蔡奎에게 8言律詩 一首를 봉증한다.
4	燕行記事下	李坤	1778.1.9 조선진공사와 유구국사신이 朝賀하지 못했기 때문에 10월에 皇帝 祈穀壇에 제사지낸 다음에 天顔을 뵈도록 하라는 主客司의 公文.
5	〃	〃	1778.1.10 조선사신 임의로 出遊할 수 있지만 유구사신은 正陽門 밖까지 못 나간다.
6	〃	〃	1778.2.8 皇帝가 天壇에 행차시 조선, 유구사신들은 午門에 祗送하도록 한다.
7	燕行記事下 · 聞見雜記下	〃	유구국의 年貢物 내용.
8	心田稿 燕薊記程	朴思浩	1828.12.27 禮部에서 유구사신이 祗迎參宴하고, 조선사신이 天顔을 볼 때 制止하지 말라는 特旨를 보내 왔음.
9	心田稿 留館雜錄	〃	太和殿에서 황제에게 朝賀할 때 유구사신이 조선의 뒤에 있다.
10	〃	〃	옛날 유구왕자가 탐라사람에 의해 강탈 · 살해당한 일이 있어서 탐라사람이 유구에 표착할 때 他道出身이라고 해야 화를 면할 수 있다고 한다.
11	留館錄上	金景善	1832.12.23 유구국사신이 제주도 표류민 26名을 禮部를 통해서 送還했다. 琉球館記를 첨부.
12	〃	〃	1832.12.25 ① 皇帝가 鱘鰉魚를 조선, 유구에게 半씩 나누어 주 었다. ② 濟州漂人問答記
13	〃	〃	1832.12.26 조선, 유구사신 등이 鴻臚寺에서 儀禮연습.
14	〃	〃	1832.12.30 保和殿宴會에서 유구사신을 조선사신보다 우선 上殿시켰기 때문에 예부시랑이 중책을 받았다.
15	燕轅直指卷四, 留館錄中	〃	1833.1.1 朝賀할 때 유구사신이 엄숙하지 못한 모습에 슬프다고 느낌.
16	〃	〃	1833.1.4 皇帝가 紫光閣宴會에서 조선, 유구사신들에게 하사품을 次等하게 주고, 몇 일 전 保和殿에서 조선, 유구 班序착오에 대한 책임자 처벌의 시정문서를 내렸다.
17	〃	〃	1833.1.12 皇帝圓明園御制詩에 대한 조선, 유구 正副使의 和答詩.
18	〃	〃	1833.1.28 午門에서 冬至正朝方物에 대한 回賜品 品目을 조선, 유구국 왕을 비롯해 사신, 통사 등 각각 차등이 있었다
19	〃	〃	1833.2.1 禮部에서 下馬宴

| 20 | 夢經堂日史 編二 | 徐慶淳 | 1855.11.27 조선사신이 會同館에 머물어 서쪽에 있는 유구관으로 방문하려고 하지만 타국사관에 갈 경우 禮部에 咨文을 보내야 된다고 한다. |
| 21 | 夢經堂日史 編三 | 徐慶淳 | 1855.12.1 皇帝의 景山으로 祈雪行次에 조선, 유구사신이 祗迎으로 같이 자리에 있다. 유구사신의 용모, 의복, 성씨가 기재되어 있다. |

이상 연행록선집에 수록되어 있는 유구관계 사료는 다음과 같은 특징을 갖는다.

첫째, 『燕行錄』에서 발췌한 사료를 보면 명대에는 주변국가 사신간의 접촉이 비교적 자유로웠으나, 청대에는 그렇지 못했다. 예를 들면 崔溥의 『漂海錄』이 이러한 점을 잘 보여준다.

둘째, 유구는 조선인 표류인의 구제와 송환에 매우 적극적이었다는 점이다. 예를 들면 1832년(순조 32, 청 선종 12)『燕轅直指』의 「濟州漂人問答記」를 보면 유구에 표류한 조선인이 8개월 동안 특별한 시기에는 물론, 평일에도 유구에서 매일 세끼의 식사를 제공받았고, 9월부터 유구사행과 같이 중국의 남쪽으로부터 북상하면서 3개월 동안 많은 중국의 명승지를 구경했다는 내용을 담고 있다. 그래서 제주도 표류인은 후한 대접을 탐내 일부러 표류(故漂)한 자들이라고까지 평했다.

셋째, 조선과 유구의 사신에 대한 중국측의 예우에 차이가 있었는데, 유구사신보다는 조선사신을 우대하고 있다. 예를 들면『心田稿』의 「留館雜錄」, 『燕轅直指』의 「鴻盧寺演儀記」에는 禮部侍郎이 그 순위를 소홀히 하면 문책을 받았으며, 조선사신에게도 과오를 시정한 문서를 보낼 정도로 신중했다.

넷째, 중국이나 조선, 유구 모두 왜구의 동향에 대해 민감했다는 점 등을 특징으로 지적할 수 있는데, 연구자의 관점에 따라 다양한 평가가 가능하다.

13. 『海東諸國紀』

해동제국이란 곧 일본본국·구주·대마·일기의 두 섬과 유구국까지를 총칭한 것으로, 이 책의 내용은 이들 제국의 지세를 지도로 기술하고, 국정을 논한 후, 조선과의 교빙연혁과 사신접대의 절목 등을 기록했다.

「琉球國紀」는 國王代序, 國都, 國俗, 道路里數의 4항목으로 되어있다.

「國王代序」에는 국왕이 세습임을 알리고, 조선과의 왕래가 1390년 중산왕 찰도의 내조로부터 시작되었다고 적고 있다. 그 후 해마다 사신을 보냈다고 하면서, 특히 1409년부터 1471년까지 9차례의 사신은 국왕명을 구체적으로 적고 있다. 사행은 자기나라 사람이나 혹 일본사람을 대신 보낸다고 했으며, 書를 錢 혹은 咨文 혹은 書狀으로 해 격식이 일정치 않음을 밝혔다.

「國都」에는 유구국이 36개의 섬으로 이루어졌으며, 남북이 길고 동서가 짤막한 지형을 소개했다. 그리고 유황이 특산물이며 중국에 사신을 보낸다고 했으며, 유구국왕 이외에도 梁回·李金玉·等悶憙가 사자를 보낸다고 했다.

「國俗」에는 유구가 해상무역으로 업을 삼으며, 중국·남만·일본·조선과 교역하며, 한해에 두 번 수확을 하고, 남녀의복이 일본과 대동소이하다고 했다. 또한 정치체제를 간단히 소개했다. 「道路里數」에는 부산포에서 유구국도에까지 이르는 거리를 적었는데 우리나라 이수로 총 5,430리라고 했다.

「琉球國」에는 14개 항목에 걸쳐서, 유구의 지형·농업·정치제도·풍속·중국인거주·조서·장례습관·형벌·제사 등 심지어는 소유구국의 食人習慣을 기록하고 있다.

「語音飜譯」에는 169개에 달하는 일상적인 유구어의 발음과 그 뜻을 열거해, 당시 유구어의 구성에 대해 짐작할 수 있다. 중국어와 일본어가 혼용되어 있음을 알 수 있다.

14. 『對馬島宗家文書』(국사편찬위원회 소장본)

1) 서계류

서계란 전근대 조선이 일본과 유구 등 교린국과 교제할 때 주고받은 서간식 외교문서로 조선에서는 예조 승문원에서 작성했다. 현재 국사편찬위원회에 소장되어 있으며 對馬島宗家關聯文書로 취급되고 있는 대일외교문서 書契 9,442점(이중 원본은 9,326점) 가운데는 유구와 관련된 예조의 서계가 2건이 전하며, 국사편찬위원회에 등록된 번호에 따르면 다음과 같다.

> No. 1026 (1662년 禮曹參議 趙胤錫 답서)
> No. 1077 (1663년 禮曹參議 洪處尹 답서)

시기적으로 17세기 유구에 표착한 조선인의 송환시 예조에서 작성한 이 서계는 내용상으로는 각각 전라도 무안 남녀 18명의 송환과 전라도 주민 김려휘 일행의 송환에 대한 것으로, 표류민을 송환해 온 대마번에 대해 감사하다는 취지를 담은 답서이다.

2) 기록류

현재 국사편찬위원회 소장 대마도종가문서 중 記錄類는 6,592책이 전하고 있다. 이 가운데 유구와 관련된 기록은 4책에 불과하며, 내용상으로는 모두 조선인과 유구인이 항해하다가 만난 해류나 강풍, 파도 때문에 상대국에 漂着한 사건과 관련된 것들이다.

국사편찬위원회 소장 대마도 종가문서 안에 전하는 유구 관계 기록 4책은 다음과 같다.

① No.2789

「寬文元年同八年朝鮮人薩州幷琉球へ漂着對州へ送-來候節,朝鮮都之樣子御尋被遊候付申上候書付之寫」

② No. 2877

「文久元年辛酉年より同二壬戌年至薩州山川浦船貳拾三端帆貳拾四人乘外ニ薩州樣御家來三人便乞一人琉球人三人都合參拾壹人乘一艘且薩州樣御手船拾端帆拾壹人乘一艘同御手船拾端帆九人乘一艘朝鮮江漂着長崎江被差送候記錄」(表御書札方)

③ No. 2878

「文久元辛酉年越後國之者拾壹人外ニ便乞長州之者壹人長崎之者壹人都合拾三人乘艘漂流記錄書狀控添同年薩州之者貳拾九人內琉球人三人乘同所之者拾壹人乘同所之者九人乘都合三艘漂流記錄書狀控添元治元甲子年薩州之者貳十人乘壹艘漂流記錄書狀控添但內壹人於朝鮮國病死」(朝鮮方)

④ No. 6567

「寬永拾一年より元祿六年迄朝鮮人日本幷琉球江漂流記日本人大淸幷朝鮮江漂流記」「(朱)諸記錄一番」

위의 네 사료는 모두 조선인과 유구인의 漂着사고와 관련된 것들이다. 내용상의 특징으로는 일본 내에서 막부 중심의 송환체제나 루트, 나아가서는 조선·일본·중국·유구 등 동아시아에서의 송환절차를 알 수 있다.

Ⅶ. 기타사료

1. 각종 회화자료

근세한일간의 회화교류는 통신사행을 따라 일본을 왕래했던 화원들을 중심으로 전개되었다. 圖畵署의 전·현직 요원 중에서 선발된 이들 수행원은 사절단의 繪事를 담당했던 전문화가로 당시 두 나라 사이의 회화교류를 증진시키는데 중요한 역할을 했다.[15] 화원이 일본을 다녀온 사실을 기록하고 있는 가장 오래된 사료는 1607년 慶暹의 『海槎錄』인데, 이에 의하면 일본으로 가는 사절단에 화원을 대동하는 제도는 1590년 통신사행때부터 정례화되었으며, 이에 대한 규정이 『通文館志』, 『增訂交隣志』, 『大典會通』에 기재되어 있다.

수행화원을 선발하는데는 무엇보다도 '善畵者擇送'을 원칙으로 했고, 일본측에서도 '能書畵之人帶來'를 강하게 희망했다. 그리고 이러한 요구와 원칙은 양측 합의 하에 확정되었던 '通信使講定節目'에 요약되어 있다. 12회에 걸쳐 선발된 수행화원의 명단은 다음과 같다.

연대	수행화원	연령	관직	연대	수행화원	연령	관직
1607	李泓충	40		1682	咸梯健		前教授
1617	柳成業		司果	1711	朴東普		副司果
1624	李彦弘	29		1719	咸世輝		前司果
1636	金明國	37	教授	1748	李聖麟 (崔北)	30 37	主簿
1643	金明國 李起龍	44		1764	金有聲 (卞璞)	39	前僉使 東萊將校
1655	韓時覺	35	前司果	1811	李義養	44	副司果

<hr>

15) 조·일간의 회화교류에 관해서는 洪善杓, 1995, 「조선후기 通信使 隨行畵員의 파견과 역할」 『美術史研究』 제205호 ; 同, 1998, 「조선후기 通信使 수행화원의 繪畵活動」 『美術史論壇』 제6호 ; Ronald P. Toby, 1988, 「朝鮮通信使와 近世日本의 庶民文化」 『東洋學』 제18집, 檀國大學校 東洋學研究所 ; 『조선통신사회화집성』, 『こころの交流』 등 참조.

수행화원의 역할에 대해 구체적으로 명시한 내용은 없다. 그러나 일본 지도나 지형을 그리게 한다든지, 기물 등을 그린 것으로 보아 국방 또는 군사적인 대책에 사용할 목적이 있었던 것 같다. 그 대표적인 예로 1748년 李聖麟이 그린『槎路勝區圖』가 주목된다.

이러한 공무적인 기록물 제작 이외에 사적인 기행관련 繪事를 수행하기도 했다. 예를 들면 1655년 종사관 南龍翼의 부탁에 의해 그렸던『扶桑詩畵帖』, 1748년 崔北의『延子髮齡依母圖』등이 있다. 그러나 근세 한·일 회화교류에 있어 가장 중요한 것은 사행시 일본인들의 서화구청 등에 응하면서 문화적인 유대관계를 증진시킨 것이다. 즉 통신사 일행이 방일하면 接伴僧과 接待儒者를 비롯한 일본의 지식인들은 조선사행원들과 筆談이나 詩文의 贈答, 그리고 書畵의 求請 등이 있었고, 이 때 남겨진 작품들이 한일관계사를 연구하는데 없어서는 안될 귀중한 사료로서 남게 되었던 것이다. 현재 한국에는 국립중앙박물관, 국립중앙도서관, 국사편찬위원회, 장서각 등에 회화물이 소장되어 있으며, 개인의 소장품도 다수 잔존하고 있으며, 계속 발굴 수집되어야 할 것이다.

2. 對馬島宗家文書

현재 국사편찬위원회가 소장하고 있는『對馬島宗家文書』는 원래 對馬島 宗家文庫에 전래하고 있던「宗家文書」의 일부로서, 1926년과 1938년 2회에 걸쳐 朝鮮史編修會가 朝鮮史編修資料로서 宗家로부터 사들인 것이다. 이 종가문서는 1945년 해방이 되면서 그대로 국사편찬위원회에 소장되어 현재에 이르고 있다. 이 문서들은 1988년 국사편찬위원회가 현재의 果川廳舍로 옮기면서 정리를 시작해 1990년에『對馬島宗家文書記錄類目錄集』1권을 발간하였고, 이어서 1994년까지『書契目錄集』5권, 1996년까지『古文書目錄集』2권을 발간하였으며, 동시에 전체문서를 마이크로필름에 수록했다. 현재 확인된 『對馬島宗家文書』는 5종류, 28,741점이다. 종류별로는 記錄類 6,592점, 書契類 9,442점, 古文書類 11,200점, 繪圖類 1,485점, 印章 22개이다. 특히 기록류는 「信使記錄」·「每日記」·「譯官記錄」·「裁判記錄」·「送使記錄」·「漂差使記錄」 등 45개 항목으로 대별되는데, 그 내용을 보면 <표 10>과 같다.

<표 10> 대마도종가문서기록류 목록일람

No.	記錄類 · (每日記)	册數	No.	記錄類 · (每日記)	册數
1-1157	通信記錄	1157	3189-3580	參判使記錄	392
1158-1481 4130-4166	每日記	360	3926-3945	八鄕村帳	20
			3972-3999	判物帳寫諸印判帳	28
1482-1778	譯官記錄	297	4167-4227	日帳書拔	61
1780-1974	裁判記錄(寬永4-明治4)	195	4236-4247	諸方來狀	12
1775-2065	第一·二·三船送使記錄 (正德2-明治4)	291	4343-4390	諸家系譜·系圖	48
			4392-4418	吉宗樣御代公私御用 書拔	27
2066-2147	以酊庵·第四船送使記錄 (元文元-明治4)	82	4421-4488	諸目錄	68
			4501-4594	分類紀事大綱	94
2149-2239	一特送使記錄(元文元-慶応2)	91	4611-4620	書契控	10
			4626-4708	條書書付	83
2240-2322	副特送使記錄(宝永2-明治5)	83	4715-4741	書翰寫	27
2323-2426	万松院送使記錄(享保7-明治4)	104	4747-4787	善隣通書	41
2427-2514	一巡漂差使記錄(享保6-文久2)	88	4794-4812	倭館修理記錄	19
2515-2588	二巡漂差使記錄(享保6-明治5)	74	4813-4828	申含內密	16
2589-2644	三巡漂差使記錄(享保8-文久3)	56	4829-4886	各藩主實錄	58
2645-2681	四巡漂差使記錄(享保3-明治4)	37	4909-4937	御連狀	29
2682-2709	五巡漂差使記錄(享保11-文久元)	28	4982-5004	異船一件	23
2710-2721	六巡漂差使記錄(安永9-万延元)	12	5005-5038	以酊庵記錄	34
2722-2730	七巡漂差使記錄(安永9-明治2)	9	5039-5061	送使記錄	23
2731-2734	八巡漂差使記錄(天明4-天保3)	4	5062-5088	人參關係記錄	27
2735-2901	諸漂差使記錄	167	5109-5143	朝鮮御代官記錄	35
2923-3040 3811-3814 4425-4428	朝鮮日本間往復書	126	5144-5150	知近錄	7
			5151-5161	津島紀事	11
			5162-5180	経國大典	19
3042-3188 4011-4098 5884-5961 6219-6362	書狀控·往復書狀控	457			

　그러나 이 종가문서의 해독은 그리 만만치가 않다. 왜냐하면 상당부분이 草書(くずし字)로 쓰여진데다가, 古語·變体假名·對馬島의 방언 등이 섞인 근세문서이기 때문에 전문지식이 없이는 불가능하다. 물론 지금까지는 공개도 안되었지만, 해독능력을 갖춘 학자가 그리 많지 않아 연구에 활용되지 못했다. 그래서 국사편찬위원회에서는 94년 이후부터 매년 1년과정(한국초서반 20명, 일본초서반 10명 정원)으로 草書練修課程을 설치해 전문해독자를 양성하고 있다. 머지않아 이 문서의 내용이 연구에 활용될 것을 기대한다.

Ⅷ. 결 론

　이상에서 현재 한국에 현존하고 있는 전근대한일관계사료에 관해, 사료의 종류 및 편찬연대, 편제와 내용, 그리고 이들 사료의 가치에 관해 개괄적으로 검토했다. 그러면 이들 사료의 이용방법에 관해 안내를 하면서 결론에 대신하고자 한다.

　우선 한국역사학계에서 가장 대표적인 사료인『三國史記』·『三國遺事』·『高麗史』·『高麗史節要』·『朝鮮王朝實錄』에 관해서 보면, 모두 原文과 한글번역본이 공간되어서 누구나 쉽게 접할 수 있다. 또한 최근에는 이들 사료가 모두 CD-Rom에 원문과 번역문이 수록되어 있어 검색 및 편집까지도 가능하다. 이 가운데『조선왕조실록』의 원문과 번역문은 2006년부터 국사편찬위원회의 홈페이지에서 검색이 가능하다. 그리고 이들 5종의 사료에 수록되어 있는 한일관계 또는 일본관련기사 총 2만여건이『한일관계사료집성』(총 32권, 경인문화사)으로 간행되었다.

　각종 일본사행록의 경우는 31편이 1970년에『國譯 海行摠載』로 원문과 번역문이 발간되었다. 그러나 새로 발견된 사행록 18편은 소장처만 밝혀져 있다. 또한 각종 등록류의 경우는 서울대학교 奎章閣에서 『通信使謄錄』(색인포함) 5권(1991), 『倭人求請謄錄』 3권(1992), 『典客司別謄錄』 3권(1992), 『漂人領來謄錄』(색인포함) 7권(1993)에 영인본으로 간행되었으나, 나머지는 아직 未刊行이다. 그러나 마이크로필름에 수록되어 있어 열람이 가능하다.

각종외교자료집, 기록, 개인문집들도 모두 영인본으로 간행되어 쉽게 구해볼 수 있다. 이중 『春官志』·『增補文獻備考』·『通文館志』·『增訂交隣志』 등은 국역이 되어 있다. 그 외의 개인문집들도 民族文化推進委員會에서 모두 영인본으로 간행되어 있다. 그리고 조·유관계사료는 1997년 國史編纂委員會에서 본인외 4인의 공동작업으로 『朝鮮·琉球關係史料集成』으로 출간되었다.

그 외에 각종회화자료는 국립중앙박물관·국립중앙도서관·국사편찬위원회·장서각 등에 소장되어 있으나, 특별한 경우에만 열람이 가능하다. 다만 그동안 여러차례 전시회를 하면서 도록을 발간하였는데, 이들 도록을 통해 부분적으로 접해 볼 수가 있다. 그리고 『對馬島宗家文書』는 국사편찬위원회에서 목록집을 간행하였고, 역시 마이크로필름을 통해 열람이 가능하다. 끝으로 이들 사료들은 최근에 각종 한국학관련 인터넷 홈페이지에서 자료검색이 가능하게 되었다.16)

---

16) 한국학관련 인터넷 주소는 다음과 같다.

한국역사정보시스템	http//www.koreanhistory.or.kr
국사편찬위원회	http://kuksa.nhcc.go.kr
규장각	http://kyujanggak.snu.ac.kr
한국학중앙연구원(장서각)	http://www.aks.or.kr
민족문화추진위원회	http://minchu.or.kr
국학진흥원	http://koreastudy.or.kr
국립중앙도서관	http://nl.go.kr
국립중앙박물관	http://museum.or.kr
한일관계사학회	http://hanilhis.or.kr/

조선시대 한일관계사 연구 논저 목록*

Ⅰ. 韓 國

1. 單行本

李鉉淙, 1964, 『朝鮮前期 對日交涉史研究』, 韓國研究院.

金柄夏, 1969, 『李朝前期 對日 貿易 研究』, 韓國研究院.

朴壽伊, 1974, 『李朝貿易政策攷』, 民衆書館.

崔永禧, 1975, 『壬辰倭亂中의 社會動態』, 韓國研究院.

金泰俊, 1977, 『壬辰亂과 朝鮮文化의 東漸』, 韓國研究院.

中村榮孝외저 · 金龍鮮역, 1982, 『朝鮮通信使』(東湖歷史選 2), 東湖書館.

金義煥, 1985, 『朝鮮通信使의 발자취』, 正音文化社.

蘇在英 · 金泰俊편, 1985, 『旅行과 體驗의 文學』(일본편), 民族文化文庫刊行會.

서울신문사, 1985, 『日本對馬 · 壹岐島綜合學術調査報告書』.

---

* 朝鮮時代 韓日關係史에 관한 자료 및 연구논저에 관하여는 1993, 『韓日關係史論著目錄』, 韓日關係史研究會編 ; 孫承喆 編, 1987, 『近世韓日關係史』, 江原大學校出版部 ; 三宅英利, 1986, 『近世日朝關係史의 研究』, 文獻出版 ; 金義換, 1985, 『朝鮮通信使의 발자취』, 正音文化社 ; 李元植, 1991, 『朝鮮通信使』, 民音社, 한일관계사학회 ; 2002, 『한일관계사연구의 회고와 전망』, 국학자료원 참조.

李俊杰, 1986,『朝鮮時代 日本과 書籍交流研究』. 弘益齋.

孫承喆편, 1987,『近世韓日關係史』, 江原大學校出版部.

孫承喆·柳在春역, 1988,『近世韓日外交秘史』, 江原大 出版部.

鄭光, 1988,『司譯院 倭學研究』, 太學社.

河宇鳳, 1989,『朝鮮後期實學者의 日本觀研究』, 一志社.

鄭光, 1990,『朝鮮朝 譯科試券研究』, 成均館大 大同文化研究所.

하우봉역, 1990,『역사적으로 본 일본인의 한국관』, 풀빛.

孫承喆역, 1991,『근세한일관계사연구』(三宅英利著), 이론과실천.

李元植, 1991,『朝鮮通信使』, 民音社.

金泰俊外, 1991,『韓日文化交流史』, (주)민문고.

李元淳, 1992,『朝鮮時代史論集 - 안과 밖의 만남의 역사 - 』, 느티나무.

山里澄江, 손승철역, 1992,『한일관계사의 재조명』, 이론과실천.

국방군사연구소편, 1993,『倭寇討伐史』, 국방군사연구소.

손승철, 1994,『朝鮮時代 韓日關係史研究』, 지성의 샘.

三宅英利(趙學允 譯), 1994,『近世日本과 朝鮮通信使, 경인문화사.

신성순·이근성, 1994,『朝鮮通信使』, 중앙일보사.

한일관계사학회편, 1996,『독도와 대마도』, 지성의 샘.

三宅英利(김세민 외 옮김), 1996,『조선통신사와 일본』, 지성의 샘.

李慧淳, 1996,『朝鮮通信使의 문학』, 이화여대출판부.

한일관계사학회편, 1998,『한일양국의 상호인식』, 국학자료원

한일관계사학회편, 1998,『한국과 일본, 왜곡과 콤플렉스의 역사』 1-2, 자작나무.

하우봉·손승철·이훈·민덕기·정성일, 1999,『朝鮮과 琉球』, 아르케.

손승철, 1999,『近世朝鮮의 韓日關係研究』, 국학자료원.

정성일, 2000,『조선후기 대일무역』, 신서원.

이훈, 2000,『조선후기 표류민과 한일관계』, 국학자료원

한일관계사학회편, 2001,『조선시대 한일표류민연구』, 국학자료원.

한일관계사학회편, 2001,『한일관계사연구의 회고와 전망』, 국학자료원.

朴贊基, 2001,『조선통신사와 일본근세문학』, 보고사.

한일관계사학회편, 2004,『『조선왕조실록』속의 한국과 일본』, 경인문화사.

손승철 편, 2004,『한일관계사료집성』(전32권), 경인문화사.

한문종, 2005,『조선전기 향화·수직왜인연구』, 국학자료원.

이훈, 2005, 『대마도, 역사를 따라 걷다』, 역사공간.
한일관계사학회편, 2005, 『한·일 도자문화의 교류양상』, 경인문화사.
강재언, 2005, 『조선통신사의 일본견문록』, 한길사.
나카오 히로시, 유종현역, 2005, 『조선통신사이야기』, 한울.
김래주, 2005, 『대조선인 안용복』 1·2, 늘푸른소나무.
한일공동역사교재제작팀, 2005, 『조선통신사』, 한길사.

2. 論文

1) 조선전기

申奭鎬, 1938, 「朝鮮中宗時代の金銀問題」『稻葉博士還曆記念 滿鮮史論集』.
李仁榮, 1948, 「壬辰倭亂前後의 對外關係」『新天地』; 3-10.
金永鍵, 1948, 「壬辰倭亂과 遣日使節」『黎明期의 朝鮮』.
朴種和, 1957, 「四溟大師와 壬辰倭亂」『白性郁博士頌壽紀念 佛敎學論文集』.
申基碩, 1957, 「高麗末期의 對日關係－麗末倭寇에 關한 研究－」『社會科學』 1,
    한국사회과학연구회.
李鉉淙, 1959, 「李朝初期 倭人接待考」(上)(中)(下) 『史學研究』 3·4·5.
申奭鎬, 1959, 「麗末鮮初의 倭寇와 그 對策」『國史上의 諸問題』 3, 국사편찬위
    원회.
李鉉淙, 1959, 「朝鮮初期 向化倭人考」『歷史敎育』 4.
李鉉淙, 1960, 「朝鮮初期倭人收稅考－三浦恒居倭人과 釣魚倭人을 中心으로－」
    『史學研究』 9.
李鉉淙, 1960, 「朝鮮前期 서울에 온 倭野人에 대해」『鄕土서울』 10.
李鉉淙, 1960, 「三浦倭亂原因考」『海圓黃義敦先生古稀紀念史學論叢』.
李鉉淙, 1961, 「三浦倭亂後 對倭交涉再開始末에 對해」『歷史敎育』 5.
李鉉淙, 1962, 「三浦倭亂後 倭人接待貿易에 對해」『韓日文化』 1-1, 釜山大學校.
장덕순, 1962, 「日本紀行의 日東壯遊歌」『현대문학』 95.
金龍基, 1962, 「明朝의 對日政策에 대해－使僧修交策을 中心해서－」『韓日文
    化』, 1963.

丁仲煥, 1963, 「日本記錄에서 본 壬辰亂－釜山關係史料를 中心으로－」『港都釜山』3, 부산시사편찬위원회.

李鉉淙, 1964, 「朝鮮前期 對倭使節派遣의 種別과 意義」『史學硏究』17, 한국사학.

金龍基, 1964, 「李朝 成宗代 倭物庫에 대해」『論文集』, 부산대학교.

김창수, 1965, 「서평: 朝鮮前期 對日交涉史硏究(이현종저)」『東國史學』8, 동국대학교 사학과.

金柄夏, 1965, 「李朝前期에 있어서 對日南海貿易」(상)(중)(하)『經濟學硏究』13·14·15, 韓國經濟學會.

閔丙河, 1965, 「李朝成宗時倭物庫에 대해」『國際文化』3, 성균관대 국제문화연구소.

閔丙河, 1966, 「麗末鮮初의 琉球國관의 관계」『國際文化』3.

孫弘烈, 1966, 「麗末鮮初의 韓·日關係史論－韓國과 日本의 今川·大內兩諸侯間의 關係」『國際法學會論叢』11-1.

曺永祿, 1966, 「水牛角貿易을 통해 본 鮮明關係」『東國史學』9·10.

金重成, 1966, 「李氏朝鮮의 對琉球에 관한 外交史的硏究」, 연세대대학원논문.

姜尙雲, 1966, 「麗末鮮初의 韓日關係史論」『大韓國際法學論叢』11-1, 대한국제법학회.

송정현, 1966, 「완도와 왜구－이조시대를 중심으로－」『호남문화연구』4, 전남대 호남문화연구소.

李載昌, 1966, 「麗末鮮初의 對日關係와 高麗大藏經」『불교학보』3·4, 동국대학교 불교문화연구소(이재창, 『한국불교사의 제문제』, 우리출판사, 1993).

金柄夏, 1967, 「李朝前期에 있어서의 日本國內生產物의 輸入」『商經論叢』7, 단국대.

李鉉淙, 1967, 「서평: 中世對外關係史(田中健夫著)」『건대사학』5, 건국대학교 사학과.

金良善, 1967, 「仁·孝 兩朝 蘭人의 漂到와 韓·中·日 三國의 外交關係」『鄕土서울』, 30.

丁淳睦, 1968, 「李退溪의 思想이 近世日本敎育에 미친 影響－그 外形的 발자취를 더듬어－」『師大學報』4, 중앙대.

金柄夏, 1968, 「李朝前期의 對日貿易性格」『亞細亞硏究』11-4(32호).

金柄夏, 1969, 「李朝前期 織物生産과 對日輸出」『논문집』 6, 경희대학교.

金柄夏, 1969, 「高麗大藏經과 對日輸出」『李朝前期 對日 貿易 研究』, 한국연구원.

金龍基, 1969, 「壬辰倭亂의 被虜人刷還關係 – 新資料海東記考 –」『大邱史學』 1.

劉鳳榮, 1970, 「倭寇와 十勝之地」『白山學報』 8.

劉元東, 1970, 「서평 : 李朝前期 對日 貿易 研究(金柄夏 저)『역사학보』 45, 역사
　　　　　학회.

李章熙, 1971, 「壬亂時 投降倭兵에 대해」『韓國史研究』 6, 韓國史研究會.

阿部吉雄, 1972, 「日本儒學의 發達과 李退溪」『亞細亞學報』 10, 亞細亞學術研究會.

崔書勉, 1973, 「壬辰倭亂의 볼모 '오다아 줄리아'에 關한 史的 考察」『鷺山李殷
　　　　　相博士古稀紀念民族文化論叢』.

李鉉淙, 1973, 「왜인관계」『한국사』 9, 국사편찬위원회.

李銀圭, 1974, 「15世紀初 韓・日交涉史研究 – 對馬島征伐을 中心으로 –」『湖西
　　　　　史學』 3.

李鉉淙, 1974, 「왜구」『한국사』 8, 국사편찬위원회.

李鉉淙, 1974, 「壬辰倭亂時 琉球・東南亞人의 來援」『日本學報』 2, 한국일본학회.

金鍾旭, 1974, 「壬亂時의 被虜人 刷還」『日本研究』, 1974년 7월호.

孫弘烈, 1975, 「高麗末期의 倭寇」『史學志』 9, 단국대 사학회.

孫弘烈, 1975, 「麗末・鮮初被倭俘虜의 刷還」『史叢』 19, 고려대 사학회.

安輝濬, 1976, 「朝鮮王朝初期의 繪畵와 日本室町時代의 水墨畵」『韓國學報』 3,
　　　　　一志社.

權重憲, 1976, 「壬辰倭亂을 中心으로 한 三國(韓・中・日)의 外交關係」『院鳳』
　　　　　3, 경희대 대학원.

金泰俊, 1976, 「鶴峰 金誠一의 日本日錄」『明知語文學』 8, 명지대.

曹永祿, 1977, 「入關前 明・鮮時代의 滿洲女眞史」『백산학보』 22.

李鉉淙, 1977, 「한일관계의 역사적 성찰」『전북사학』 1, 전북사학회.

鄭鉉在, 1979, 「朝鮮初期의 敬差官에 대해」『慶熙史學』 1.

羅鐘宇, 1980, 「高麗末期의 麗日關係 – 倭寇를 中心으로 –」『全北史學』 4, 전북
　　　　　대 사학회.

李鍾學, 1980, 「實戰에서의 兵力動員問題」『한국사론』 7, 국사편찬위원회.

정현재, 1980, 「조선초기 경차관에 대해」『慶熙史學』 6・7・8, 경희대 사학회.

李炫熙, 1980,「朝鮮前期 來朝野人의 政略的 待遇에 對해」『史學硏究』18, 한국사학회.

韓容根, 1980,「高麗末 倭寇에 대한 小考」『慶熙史學』6·7·8, 경희대 사학회.

姜周鎭, 1980,「壬辰倭亂과 淸道十四義士論」『韓國學論集』7, 계명대 韓國學硏究所.

李鉉淙, 1981,「高麗·朝鮮時代 韓日關係의 展開」『日本學』1, 동국대 일본학연구소.

李鉉淙, 1981,「琉球南蠻關係」『한국사』9, 국사편찬위원회.

W.J. Boot, 1981,「退溪學과 日本」『退溪學報』31, 퇴계학연구원.

趙英彬·鄭杜熙, 1981,「朝鮮初期 支配層의 日本觀 – 申叔舟의『海東諸國紀』를 중심으로 – 」『人文論叢』9, 전북대 인문과학연구소.

安炳周, 1982,「退溪의 日本觀과 그 展開」『退溪學報』36, 퇴계학연구원.

송정현, 1982,「乙酉倭變에 대해 – 강진주변을 중심으로 – 」『호남문화연구』12, 전남대학교 호남문화연구소.

李鉉淙, 1982,「對倭貿易」『한국사론』11, 국사편찬위원회.

山崎道夫, 1982,「稻葉默齊와 退溪學」『退溪學報』36, 퇴계학연구원.

金鐘圓, 1983,「朝淸交涉史硏究」, 서강대 박사학위논문.

張學根, 1983,「朝鮮의 對馬島 征伐과 그 支配政策 – 對外政策을 중심으로 – 」『論文集』8, 해군사관학교.

李鉉淙, 1984,「조선전기의 일본관계」『동양학』14, 단국대학교 동양학연구소.

車勇杰, 1984,「高麗末 倭寇防守策으로서의 鎭戌와 築城」『史學硏究』38, 한국사학회.

宇野精一, 1984,「李退溪와 日本」『退溪學報』44, 퇴계학연구원.

申基碩, 1985,「朝鮮王朝 初期의 對日關係」『學術院論文集』24, 인문사회과학편.

金炯泰, 1985,「'方長老'と 南部藩」『韓國文化』7-9.

安輝濬, 1985,「日本에 미친 朝鮮初期繪畵의 影響」『季刊美術』36.

申基碩, 1985,「朝鮮朝 前期의 對日通交 – 三浦恒居倭人問題를 中心으로 – 」『玄岩申國柱博士華甲紀念 韓國學論叢』.

李元淳, 1985,「壬辰·丁酉倭亂時의 朝鮮俘虜 奴隷」『邊太燮博士華甲紀念 史學論叢』.

崔世和, 1986,「對馬歷史民俗資料館藏本 千字文의 字釋에 대해」『日本學』5, 동국대일본학연구소.

韓嬉淑, 1986,「朝鮮初期의 伴倘」『歷史學報』112.

李東英, 1988,「退溪學硏究의 韓日間 業績」『日本硏究』6, 부산대 일본문제연구소.

鄭 光, 1988,「譯科의 倭學과 倭學書」『韓國學報』50.

차용걸, 1988,「고려말 조선전기 대외관방사 연구」, 충남대 박사학위논문.

白玉敬, 1988,「朝鮮前期 譯官 性格에 대한 일고찰」『梨大史苑』22·23.

孫承喆, 1988,「朝鮮朝 事大交隣 政策의 成立과 그 性格」『溪村閔丙河敎授停年記念史學論叢』.

林東錫, 1989,「朝鮮時代 外國語敎學에 對한 一考」『學術誌』(인문사회과학편) 33, 건국대.

韓文鍾, 1989,「朝鮮初期 李藝의 對日交涉 活動에 대해」『全北史學』11·12, 전북대 사학회.

金柄夏, 1989,「乙卯倭變考」『탐라문화』8, 제주대 탐라문화연구소.

羅鐘宇, 1989,「朝鮮前期 韓日文化交流에 대한 硏究－高麗大藏經의 日本傳授를 중심으로－」『龍巖車文燮敎授華甲紀念論叢 朝鮮時代의 諸問題』

李敏昊, 1990,「光海君朝의 對日關係 考察」『龍巖車文燮敎授華甲紀念論叢 朝鮮時代史研究』.

孫鍾聲, 1990,「壬辰倭亂時 對明外交－請兵外交－」『國史館論叢』14, 국사편찬위원회.

羅鍾宇, 1990,「朝鮮初期의 對日本統制策에 관한 고찰」『如山柳炳德博士華甲紀念論叢 韓國哲學宗敎思想史』.

河宇鳳, 1990,「朝鮮初期 對日使行員의 日本認識」『國史館論叢』14, 국사편찬위원회.

羅鐘宇, 1992,「朝鮮初期의 對倭寇政策」『中齋張忠植博士華甲紀念論叢 歷史學篇』.

孫承喆, 1992,「朝鮮前期 對琉球 交隣體制의 構造와 性格」『西巖趙恒來敎授回甲紀念論叢 韓國史學論叢』.

李謙周, 1992,「壬辰倭亂前 朝鮮의 國防實態」『韓國史論』22(壬辰倭亂의 再照明), 국사편찬위원회.

韓文鍾, 1992,「朝鮮前期의 對馬島敬差官」『全北史學』15, 전북대 사학회.

李元淳, 1992,「朝鮮前期 朝鮮廷臣의 琉球認識」『裵鍾茂總長退任紀念 史學論叢』.

池斗煥, 1992, 「세종대 對日政策과 李藝의 對日活動」『韓國文化研究』5, 부산대 한국문화연구소.

丁仲煥, 1992, 「왜구에 대한 일고찰 – 고대 및 고려후기의 왜구를 중심으로」『港都釜山』9.

손승철, 1993, 「朝鮮의 事大交隣政策과 敵禮關係」『新實學의 탐구』, 열린책들.

손승철, 1993, 「朝鮮時代 交隣體制의 分析과 그 문제점」『한일관계사연구』 1, 한일관계사연구회.

李慶喜, 1993, 「高麗末 倭寇의 침입과 對倭政策의 一端面」『부산여대사학』 10·11합집, 부산여대사학회.

鄭章植, 1993, 「宋希璟이 본 中世日本」『일본학』 12, 동국대 일본학연구소.

羅鍾宇, 1994, 「조선전기 한·일관계의 성격연구」『동양학』 24, 단국대 동양학연구소.

羅鍾宇, 1994, 「홍건적과 왜구」『한국사』 20, 국사편찬위원회.

鄭暎錫, 1994, 「조선전기 湖南의 倭變에 대해」『전통문화연구』 3, 조선대 전통문화연구소.

河宇鳳, 1994, 「조선전기의 대일관계」『강좌한일관계사』, 현음사.

楊秀芝, 1994, 『朝鮮琉球關係研究 – 조선전기를 중심으로 – 』, 한국정신문화연구원 한국학대학원 박사학위논문.

河宇鳳, 1994, 「朝鮮前期의 對琉球關係」『國史館論叢』 59.

민덕기, 1994, 「室町幕府시대의 대명책봉관계의 성립과 변화」『淸大史林』 6, 청주대학교 사학과.

河宇鳳, 1995, 「琉球와의 관계」『한국사』 22, 국사편차위원회.

노계현, 1995, 「朴葳, 金士衡의 對馬島征伐」『부산사대논문집』 30.

孫承喆, 1995, 「"歷代寶案"을 통해서 본 朝鮮과 琉球관계」『부촌 신연철교수 정년퇴임기념논총』.

李元淳, 1995, 「"歷代寶案"을 통해서 본 朝鮮前期의 朝琉關係 – 直接通交期를 중심으로」『국사관논총』 65.

閔德基, 1995, 「室町幕府의 對明朝貢 仲裁요청과 조선의 대응」『日本歷史研究』 창간호, 일본역사연구회.

孫承喆, 1995, 「조선시대 日本天皇觀의 유형적 고찰」『사학연구』 50, 한국사학회(손승철, 1999, 『近世朝鮮의 韓日關係研究』, 국학자료원 소수).

崔永禧, 1995,「倭亂 전의 정세」『한국사』 29, 국사편찬위원회.

河宇鳳, 1995,「일본과의 관계」『한국사』 22, 국사편찬위원회.

韓文鍾, 1995,「조선전기 대마도의 통교와 대일정책」『한일관계사연구』 3.

김동철, 1996,「국제교역의 발달과 마찰」『한국사』 28, 국사편찬위원회.

閔德基, 1996,「寧波의 亂과 朝鮮·日本·明의 관계」『重山鄭德基博士華甲記念
　　　　韓國史學論叢』.

朴相國, 1996,「大藏都監과 高麗大藏經版」『한국사』 21, 국사편찬위원회.

손승철, 1996,「대마도 조일(朝日) 양속관계」『독도와 대마도』 지성의 샘(손승
　　　　철, 1999,『近世朝鮮의 韓日關係硏究』 국학자료원 소수).

孫承喆, 1996,「조선전기 서울의 東平館과 倭人」『향토서울』 56, 서울시사편찬
　　　　위원회(손승철, 1999,『近世朝鮮의 韓日關係硏究』, 국학자료원,
　　　　所收).

김재승, 1996,「한국·유구간 표류에 의한 문화적 접촉」『東西史學』 2, 한국동
　　　　서사학회.

한문종, 1996,『조선전기 대일외교정책연구 - 대마도와의 관계를 중심으로 - 』,
　　　　전북대 박사학위논문.

홍종필, 1996,「유구왕국의 도조가 된 張獻功에 대해」『인문과학연구논총』 14,
　　　　명지대학교.

李　領, 1996,「고려말기 왜구구성원에 관한 고찰」『한일관계사연구』 5, 한일관
　　　　계사연구회.

이재범, 1996,「三浦倭亂의 역사적 성격에 대한 再檢討」『韓日關係史研究』 6집.

이창훈, 1996,「대마도와 한일외교관계」『정치외교사논총』 14, 한국정치외교사
　　　　학회.

이채연, 1996,「조선전기 대일 사행문학에 나타난 일본인식」『한국문학논총』
　　　　18, 한국문학회.

張得振, 1996,「고려말 倭寇侵略期 '民'의 동향」『국사관논총』 71, 국사편찬위원회.

하우봉, 1996,「한국인의 대마도인식」『독도와 대마도』, 지성의 샘.

韓文鍾, 1996,「朝鮮前期의 受圖書倭人」『韓日關係史研究』 5, 한일관계사학회.

金琪燮, 1997,「14세기 倭寇의 동향과 고려의 대응」『한국민족문화』 9, 부산대
　　　　한국민족문화연구소.

朴漢男, 1997, 「공민왕대 왜구침입과 禹玄寶의 '上恭愍王疏'」『군사』 34, 국방군사연구소.

山內民博, 1997, 「일본내 고려조선시대사 연구동향」『역사와 현실』 25.

李 領, 1997, 「'倭寇의 공백기'에 관한 고찰」『일본역사연구』 5, 일본역사연구회.

孫承喆, 1997, 「朝鮮·琉球관계 史料에 대해」『成大史林』 12·13합집.

韓文鍾, 1997, 「조선초기의 왜구대책과 대마도정벌」『전북사학』 19·20, 전북대학교 사학회.

홍성익, 1997, 「16세기 왜구에 대한 연구」, 경희대 대학원 석사학위논문.

민덕기, 1998, 「조선시대 교린의 이념과 국제사회의 교린」『민족문화』 21, 민족문화추진위원회.

나종우, 1998, 「왜구는 일본 호족들이 조종한 해적집단이다」『한국과 일본 왜곡과 콤플렉스의 역사』 1, 자작나무.

羅鍾宇, 1998, 「中世 日本人의 韓國認識」『한일양국의 상호인식』, 국학자료원.

閔德基, 1998, 「조선시대 交隣의 이념과 국제 사회의 교린」『민족문화』 21, 민족문화추진회.

李慶喜, 1998, 「高麗後期 對日貿易史 연구동향과 과제」『白楊史學』 15, 신라대.

李正守, 1998, 「15·16세기의 대일무역과 경제변동」『부대사학』 22, 부산대학교 사학회.

장득진, 1998, 「왜구는 일본인인가 한국인인가」『한국과 일본 왜곡과 콤플렉스의 역사』 2, 자작나무.

장득진, 1998, 「왜구를 징벌한 대마도정벌」『한국과 일본 왜곡과 콤플렉스의 역사』 2, 자작나무.

정우택, 1998, 「일본에 있는 고려불화와 팔만대장경」『한국과 일본 왜곡과 콤플렉스의 역사』 1, 자작나무.

村井章介, 1998, 「中世 韓日兩國人의 相互認識」『한일양국의 상호인식』, 국학자료원.

하우봉, 1998, 「韓日關係와 相互認識」『한일양국의 상호인식』, 국학자료원.

韓文鍾, 1998, 「대마도는 한국땅이다?」『한국과 일본 왜곡과 콤플렉스의 역사』 2, 자작나무.

김보한, 1999, 「一揆와 倭寇」『日本歷史硏究』 10집, 일본역사연구회.

小幡倫裕, 1999, 「鶴峯 金誠一의 日本使行에 대한 思想的 고찰 – 鶴峯의 사상과
        華夷觀의 관련을 중심으로 – 」『한일관계사연구』 11, 한일관계사
        학회.
손승철, 1998, 「조 · 유 교린체제의 구조와 특징」『강원사학』 13 · 14합집.
유재춘, 1999, 「14~17세기초 한일양국 平地治所城 발달에 관한 비교연구 – 성
        곽의 치소 · 군사기능의 분리와 통합을 중심으로 – 」『사학연구』
        57, 한국사학회.
유재춘, 1999, 「세종대 崔浣사건과 한일관계의 추이」『한일관계사연구』 10, 한
        일관계사학회.
유재춘, 1999, 「한일양국의 山城에 대한 비교연구 – 14~17세기경을 중심으로 – 」
        『한일관계사연구』 11, 한일관계사학회.
李　領, 1999, 「일본인이 보는 왜구의 정체 – '庚寅 이후 倭寇'와 일본 국내정세
        를 중심으로 – 」『역사비평』 통권46호, 역사문제연구소.
김주창, 1999, 「신숙주의 대일인식연구」, 강원대 대학원 석사학위논문.
李　領, 2000, 「庚寅年 倭寇와 일본의 국내정세」『國史館論叢』 92, 국사편찬위
        원회.
韓文鍾, 2000, 「조선전기 對馬 早田氏의 對朝鮮通交」『한일관계사연구』 12.
閔德基, 2000, 「日本史上의 '國王'稱號 – 일본 중 · 근세를 중심으로 – 」『한일관
        계사연구』 13, 한일관계사학회.
李　薰, 2000, 「朝鮮前期 漂流 · 漂着에 대한 조선의 인식과 漂流民送還」『朝鮮
        後期 漂流民과 韓日關係』, 국학자료원.
韓文鍾, 2000, 「조선전기 日本國王使의 對朝鮮通交」(한일관계사학회 월례발표
        요지, 2000년 12월).
이정수, 2000, 「중세 일본에서의 조선통화 유통 – 일본의 出土備蓄錢을 중심으
        로 – 」『부산사학』 39.
손승철, 2001, 「조선전기 피로 · 표류민송환과 동아시아 국제질서」『조선시대
        한일표류민 연구』, 국학자료원.
이　훈, 2001, 「조선전기 조 · 일간의 표류민송환과 교린」『조선시대 한일표류민
        연구』, 국학자료원.
韓文鍾, 2001, 「朝鮮前期 왜인통제책과 한일관계」『京畿史論』 4 · 5, 경기대 사학회.
김보한, 2001, 「少貳冬資와 倭寇의 일고찰」『日本歷史研究』 13집, 일본역사연구회.

김보한, 2001, 「海洋文化와 倭寇의 소멸」『문화사학』16,

高橋進, 2001, 「이퇴계와 일본」『퇴계학보』110.

韓文鍾, 2002, 「조선전기 한일관계연구의 회고와 전망」『韓日關係史의 回顧와 展望』, 國學資料院.

佐伯弘次, 2002, 「전후 일본에 있어서 중세 일조관계사연구」『韓日關係史의 回顧와 展望』, 國學資料院.

韓文鍾, 2002, 「조선전기 일본의 大藏經求請과 한일간의 문화교류」『韓日關係史研究』17집, 한일관계사학회.

이지선, 2002, 「朝鮮前期 日本國王使 研究」, 강원대 석사학위논문.

하우봉, 2003, 「조선전기 대외관계에 나타난 自我認識과 他者認識」『韓國史研究』123집.

양수지, 2003, 「조선인이 본 15세기 유구왕국」『조선시대의 정치와 제도』, 집문당.

한문종, 2003, 「고려말 조선초의 '倭萬戶'」『전북사학』26.

한문종, 2004, 「조선전기 일본국왕사의 조선통교」『韓日關係史研究』21집,

정성일, 2004, 「조선의 동전과 일본의 은화 – 화폐유통을 통해 본 15~17세기 한일관계」『한일관계사연구』20.

방기철, 2005, 「조선전기 교린국 사신의 위차」『사학연구』79.

김보한, 2005, 「중세 한일 어업 문화의 비교」『文化史學』18, 한국문화사학회 50.

한문종, 2005, 「위사의 연구현황과 과제」『한일역사공동연구보고서』제2권, 한일역사공동연구위원회.

한문종, 2005, 「조선전기 왜인통제책과 통교위반자처리」『한일역사공동연구보고서』제2권, 한일역사공동연구위원회.

손승철, 2005, 「일본역사서의 중·근세 한일관계사에 대한 왜곡실상」『왜구·위사문제와 한일관계』, 한일역사공동연구위원회.

권선홍, 2005, 「조선시대 사대관계와 책봉체제」『왜구·위사문제와 한일관계』, 한일역사공동연구위원회.

김보한, 2005, 「중세 麗·日 관계와 왜구의 발생」『왜구·위사문제와 한일관계』, 한일역사공동연구위원회.

이 영, 2005, 「왜구의 주체」『왜구·위사문제와 한일관계』, 한일역사공동연구위원회.

유재춘, 2005, 「조선전기 왜구통제책과 통교위반자처리」『왜구·위사문제와 한일관계』, 한일역사공동연구위원회.

신동규, 2005, 「조선왕조실록속의 일본국왕사와 위사」『왜구·위사문제와 한일관계』, 한일역사공동연구위원회.

이 훈, 2005, 「유구국왕사와 위사」『왜구·위사문제와 한일관계』, 한일역사공동연구위원회.

2) 조선후기

李鉉淙, 1956, 「李朝倭館略考」『成均』7, 成均館大.

金容旭, 1962, 「釜山倭館考」『韓日文化』1-2, 부산대 韓日文化研究所.

韓炳植, 1962, 「韓日文化故事 – 文祿·慶長役과 日本文化 –」『漢陽』1-9 .

李完永, 1963, 「東萊府 및 倭館의 行政小考」『港都釜山』2, 부산시사편찬위원회.

李鉉淙, 1964, 「己酉約條成立始末과 歲遣船數에 대해」『港都釜山』4, 부산시사편찬위원회.

金良善, 1964, 「壬辰倭亂從軍神父세스페데스의 來韓活動과 그 影響」『史學研究』18, 한국사학회.

金鍾圓, 1965, 「『通文館志』의 編纂과 重刊에 대해 – 田川氏의 說에 대한 몇가지 存疑 –」『歷史學報』26.

高柄翊, 1966, 「近世中·韓·日의 鎖國(上)」『震檀學報』29·30.

高柄翊, 1970, 「外國에 대한 李朝 韓國人의 觀念」『白山學報』8.

崔永植, 1970, 「釜山倭館의 職官考」『朴元杓先生回甲紀念 釜山史研究論叢』.

李俊杰, 1971, 「對馬島宗家文書概觀」『도협월보』12-7, 도서관협회.

李元植, 1972, 「純祖11年 辛未日本通信使差遣에 대해 – 對馬島 易地交聘을 중심으로 –」『史學研究』23, 한국사학회.

李俊杰, 1973, 「日本派遣 朝鮮通信使의 歷程」『圖書館』28-2, 국립중앙도서관.

李鉉淙, 1973, 「己酉約條內容의 史書別 綜覽檢討」『大邱史學』7·8.

金鍾旭, 1973, 「以酊庵輪番(交代)에 대해」(上·下)『도서관』28-5·6, 국립중앙도서관.

金鍾旭, 1973, 「朝鮮後期通信使點描」『國會圖書館報』9·10.

이원식, 1973, 「純祖11年 辛未日本通信使差遣에 중심으로」『史學研究』23.

이준걸, 1973, 「日本派遣 朝鮮通信使의 歷程」『도서관』28-2, 국립중앙도서관.

최박광, 1973, 「18世紀 韓日間의 漢文學 交流 – 淸泉 申維翰과 新井白石 – 」『전통문화연구』1, 명지대학교 한국전통문화연구소.

김종욱, 1973, 「朝鮮後期通信使點描」『국회도서관보』9·10.

金鐘旭, 1974, 「移館考 – 釜山 豆毛浦倭館에서 草梁倭館까지 – (上)(下)」『國會圖書館報』11-1·2(통권 97·98호).

金斗鍾, 1974, 「日本에 건너간 우리나라의 活字印刷術」『學術院論文集』13.

金鐘旭, 1974, 「移館考·草梁倭館의 成立始末」『日本硏究』1974.8.

金鐘旭, 1974, 「壬亂後의 朝鮮과 日本의 復交」『日本硏究』1974.6.

金鐘旭, 1974, 「以酊菴輪番(二交代)에 대한 小考(上)(下)」月刊『日本硏究』10·11.

金泰俊, 1975, 「日本新儒學의 成立과 朝鮮學者 – 壬亂前後의 朝鮮文化의 對日影響을 中心해 – 」『論文集』8, 明知大.

金鐘旭, 1975, 「對馬의 萬松院」『日本硏究』1975.2.

尹炳泰, 1975, 「倭諺大字考 – 捷海新語를 中心으로 – 」『도서관』30-4, 국립중앙도서관.

崔永禧, 1976, 「鄭敾의 東萊府接倭使圖」『考古美術』129·130, 韓國美術史學會.

전해종, 1977, 「임란후의 한일관계」『한국사』12, 국사편찬위원회.

源了圓, 1978, 「近世日本實學에 있어서의 李退溪思想의 受容」『退溪學報』18, 퇴계학연구원.

柳承宙, 1978, 「17世紀私貿易에 관한 一考察 – 朝·淸·日間의 焰硝·硫黃貿易을 中心으로 – 」『弘大論叢』10, 홍익대.

吳 星, 1979, 「朝鮮後期 '蔘商'에 대한 一考察 – 私商의 擡頭와 관련해 – 」『韓國學報』17, 一志社.

洪善杓, 1979, 「17·18世紀의 韓日間 繪畵交涉」『考古美術』143, 한국미술사학회.

이경희, 1979, 「壬辰倭亂에 포로된 陶工들의 行方」『論文集』1, 대구공전.

金章東, 1980, 「朝鮮朝小說에 나타난 日本觀」『韓國文學硏究』3, 동국대 한국문화연구소.

李鉉淙, 1982, 「對倭貿易」『韓國史論』11, 국사편찬위원회.

中村榮孝, 1982, 「에도시대의 조선통신사」『朝鮮通信使』(金龍鮮역), 東湖書館.

崔博光, 1982, 「靑泉 申維翰と日本」『論文集』6, 건국대 교육연구소.

李元淳, 1982,「朝鮮西學과 日本蘭學－對西洋學問的 對應의 比較的 接近－」
　　　　『日本學報』10, 韓國日本學會.

趙成大, 1982,「日本 德川家康幕藩體制 研究」『論文集』10, 關東大 人文社會科
　　　　學篇.

倉田康夫, 1982,「日本近世封建社會のおける朱子學と韓國(李朝時代)の關係」『日
　　　　本學報』10, 한국일본학회.

李玉順, 1982,「對馬島主 宗氏家門의 根源과 16世紀까지의 系譜」『東亞論叢』
　　　　19, 東亞大.

田代和生, 1982,「對馬藩과 倭館貿易」『朝鮮通信使』(金龍鮮역), 東湖書館.

芳賀登, 1982,「朝鮮通信使의 발자취」『韓國學論集』2, 한양대 한국학연구소.

弓民峯, 1983,「朝鮮通信使服飾의 一研究」, 이화여대 석사학위논문.

이경자·弓民峰, 1983,「조선통신사 服飾의 一研究」『服飾』, 제7호 83-102.

柳鐸一, 1984,「한국고서적일본간행고 : 조선조를중심으로－」『한국문화논총』
　　　　6·7, 한국문학회.

崔博光, 1983,「18世紀 韓日間의 漢文學 交流－淸泉 申維翰과 新井白石－」『傳
　　　　統文化研究』1, 明知大學校 韓國傳統文化研究所.

河宇鳳, 1983,「茶山 丁若鏞의 日本觀」『金哲俊博士華甲紀念 史學論叢』.

金義煥, 1983,「『和館事考』について」『日本文化史研究』5.

金玉姬, 1983,「壬亂 때 被拉된 朝鮮女性들의 日本에서의 殉敎와 信仰生活」『史
　　　　學研究』36, 한국사학회.

이민호, 1984,「조선후기의 통신사행 연구」, 단국대 석사학위논문.

南基鶴, 1984,「幕末에 있어서의 對外意識의 轉回」『東洋史學科論集』8, 서울대
　　　　동양사학과.

崔文誠, 1984,「新井白石의 朝鮮認識」『日本學』4, 東國大學校 日本學研究所.

柳根鎬, 1984,「日本에 있어서의 天主敎排斥의 論理－朝鮮朝關衛論과 比較考
　　　　察－」『大東文化研究』18, 성균관대 대동문화연구소.

河宇鳳, 1984,「星湖 李瀷의 日本認識」『全北史學』8, 전북대 사학회.

金文琯, 1984,「李朝後期 朝日貿易量에 관한 考察」『論文集』18, 제주대.

李乙浩, 1984,「丁茶山의 對日觀」『茶山學報』7, 茶山學會.

渡部學, 1985,「李朝後期'事大交隣'思想의 變貌過程小考」『玄岩申國柱博士華甲
　　　　紀念 韓國學論叢』.

李聖萬, 1985,「壬亂後の朝日兩國の交涉に關する硏究」『日本學報』14, 한국일본학회.

林性哲, 1985,「朝鮮通信使往還における日本側の接待問題」『論文集』3, 부산외대.

田中健夫, 1985,「壬辰倭亂과 韓日貿易關係」『東洋學』15, 단국대 동양학연구소.

河宇鳳, 1985,「李德懋의 蜻蛉國志에 대해」『全北史學』9, 전북대 사학회.

孫承喆, 1985,「17~18세기 韓國思想의 進步性과 保守性의 葛藤에 관한 硏究 - 특히 實學思想의 對 外認識을 中心으로 -」『江原史學』1, 강원대 사학회.

崔文誠, 1985,「新井白石의 古代史 硏究 -『日本書紀』神功皇后紀 新羅關係記事의 理解를 中心으로 -」『玄岩申國柱博士華甲紀念 韓國學論叢』.

金義煥, 1985,「趙曮이 본 18世紀 後半期의 日本社會와 朝日關係 - 그의 『海槎日記』를 중심으로 -」『玄岩申國柱博士華甲紀念 韓國學論叢』.

金義煥, 1985,「對馬島宗家文庫本 중『和館事考』에 對해」『千寬宇先生還曆紀念 韓國史學論叢』.

이원식, 1985,「조선통신사의 遺墨 - 일본에 남아 있는 書畫를 중심으로」『여행과 체험의 문학·일본편』, 민족문화문고간행회.

임성철, 1985,「朝鮮通信使派遣路交涉狀況의 展開」『釜山外大文化硏究』, 부산외국어대.

이성후, 1986,「조엄과 김인겸의 對日觀 연구」『금오공대 논문집』7, 금오공과대학.

송 민, 1886,「朝鮮通信使의 일본어 접촉」『어문학논총』5, 국민대 어문학연구소.

김영숙, 1986,「朝鮮時代 通信使 및 隨行員 服飾의 通時的 考察」『문화재』19, 문화재관리국.

朴光淳·鄭成一, 1986,「朝鮮後期 對日私貿易의 市場과 商品構造 - 17세기초~18세기 중엽을 中心으로 -」『經營論叢』11, 전남대 경영대학원.

柳在春, 1986,「壬亂後 韓·日國交再開와 國書改作에 관한 硏究」『江原史學』2, 강원대 사학회.

河宇鳳, 1986,「새로 발견된 日本使行錄들 - 海行摠載의 보충과 관련해 -」『歷史學報』112.

姜在彦, 1986,「丁茶山의 日本觀 - 특히 日本儒學을 중심으로 -」『丁茶山과 그 時代』, 民音社.

李敏昊, 1986,「日本 江戸時代 退溪學小考」『史學志』20, 단국대 사학과.

崔在喆, 1986,「日本文學속에 나타난 韓國像」『日本文化研究』2, 한국외국어대 일본문화연구회.

李啓煌, 1986,「江戸時代의 對外認識과 歷史的 機能」『學林』8, 연세대.

李敏昊, 1987,「朝鮮中期 對日外交 研究 – 國交再開問題를 중심으로 – 」, 단국대 문학박사학위논문.

민덕기, 1987,「임진왜란 이후의 조·일강화교섭과 대마도 1-2」『사학연구』39· 40, 국사편찬위원회.

김윤향, 1987,「18세기 申維翰의 일본인식에 관한 고찰-통신사기록 '海遊錄'을 중심으로」, 이화여대 석사학위논문.

임성철, 1987,「朝鮮通信使路程記研究」『釜山外大論叢』5, 부산외국어대.

손보기, 1987,「壬辰倭亂과 日本의 活字印刷術」『애산학보』5.

孫承喆, 1987,「朝鮮後期 韓日兩國人의 相互認識 및 政策의 特質」『社會科學研究』25 江原大.

河宇鳳, 1987,「李德懋의 日本觀에 대한 연구」『人文論叢』17, 전북대 인문과학 연구소.

李泰鎭, 1987,「經國大典의 德川幕府 流傳」『三佛金元龍敎授停年退任紀念論叢』Ⅱ.

金泰俊, 1987,「동아시아 문학의 自國主義와 中華主義의 위기 – 18세기 韓日文學 交流의 한 樣相 – 」『日本學』6.

宋 敏, 1987,「朝鮮通信使의 母國語體驗」『어문학논총』, 국민대.

김정일, 1988,「朝鮮後期對日交隣政策研究 – 1936年 通信使와 朝鮮의 對馬島認識을 중심으로」, 숙명여대 석사학위논문.

河宇鳳, 1988,「17세기 지식인의 日本觀」『東亞研究』13, 서강대 동아연구소.

李慧淳, 1988,「申維翰의『海遊錄』研究」『論文集』18, 崇實大.

河宇鳳, 1988,「順菴 安鼎福의 日本認識」『全羅文化論叢』2, 전북대 전라문화연 구소.

河宇鳳, 1988,「茶山 丁若鏞의 日本儒學 研究」『韓國文化』9, 서울대 한국문화 연구소.

金泰俊, 1988,「18세기 한일문화교류의 양상 – 『江關筆談』을 중심으로 – 」『論文集』18, 崇實大.

李慧淳, 1988,「18세기 韓日文學의 交流」『제5회 국제학술회의논총』, 정신문화연구원.

Ronald P. Toby·朴銀順譯, 1988,「朝鮮通信使와 近世日本의 庶民文化」『東洋學』18, 단국대 동양학연구소.

李東宇, 1988,「十九世紀를 前後한 韓日文化交涉」『韓國宗敎』13, 원광대.

蘇在英, 1988,「18세기의 일본체험 -『日東壯遊歌』를 중심으로-」『論文集』8, 崇實大學校.

車守正, 1989,「朝鮮後期 人蔘貿易의 展開課程 - 18世紀初 蔘商의 成長과 그 영향을 中心으로-」『北岳史論』1, 국민대 사학과.

박창기, 1989,「朝鮮時代 通信使와 日本의 文壇 - 1711년 使行時 林家 및 木下順庵門과의 交流를 중심으로-」『日本學報』23, 한국일본학회.

吳 星, 1989,「朝鮮 後期 蔘貢人의 上納 實態」『東亞研究』17, 西江大 東亞研究所.

河宇鳳, 1989,「南人系 實學派의 日本認識」『碧史李佑成教授定年紀念論文集』, 創作과 批評社.

鄭章植, 1989,「近世日本の知識人に見る朝鮮認識の原点」『日本學報』22, 한국일본학회.

金泳圭, 1989,「朝鮮後期의 對日抗禮外交와 對馬東藩意識 - 通信使行錄을 中心으로-」, 서울대 교육학석사학위논문.

河宇鳳, 1989,「元重擧의『和國志』에 대해」『全北史學』11·12, 전북대 사학회.

하우봉, 1989,「17세기 지식인의 일본관」『동아연구』17, 서강대.

朴慶洙, 1989,「十八世紀의 都市商人資本과 幕藩體制 - 三井家를 中心으로-」『日本學誌』9, 啓明大學校.

泉澄一, 1989,「對馬島 宗家文書의 分析研究 - 國史編纂委員會 所藏의 記錄類(6,592점)를 중심으로-」『國史館論叢』7, 국사편찬위원회.

孫承喆, 1989,「朝鮮後期 對日政策의 性格研究」, 成均館大 博士學位論文.

閔德基, 1989,「壬辰倭亂 以後의 朝·日 講和交涉과 對馬島(1)(2)」『史學研究』39·40, 韓國史學會.

김영규, 1990,「朝鮮後期의 對日抗禮外交와 對馬東藩意識 - 通信使行錄을 中心으로」, 서울대 교육대학원 석사학위논문.

洪性德, 1990,「朝鮮後期 問慰行에 대해」『韓國學報』59, 一志社.

張舜順, 1990,「朝鮮後期 通信使行의 製述官에 대한 一考察」『全北史學』13, 전북대 사학회.
閔德基, 1990,「朝鮮後期 朝日講和와 朝明關係」『國史館論叢』12, 국사편찬위원회.
하우봉, 1990,「조선초기 대일사행원의 일본인식」『국사관논총』14.
小林幸夫, 1991,「朝鮮通信使와 民衆」『日本學年報』23, 일본문화연구회.
崔永禧, 1991,「朝鮮後期 通信使와 倭館의 役割」『韓日關係學術會議 發表要旨』, 韓國史學會.
李元植, 1991,「通信使行과 文化交流」『韓·日關係學術會議 發表要旨』, 한국사학회.
鄭成一, 1991,『朝鮮後期 對日貿易의 展開過程과 그 性格에 관한 硏究－1790년대~1870년대를 중심으로－』, 전남대 박사학위논문.
李 薰, 1991,「朝鮮譯官使와 對馬島」『朝鮮後期 韓日關係史學術講演會 發表要旨』, 한국사학회.
鄭成一, 1991,「對馬島易地聘禮에 참가한 通信使 일행에 대해」『湖南文化硏究』20, 전남대 호남문화연구소.
李進熙, 1991,「草梁倭館의 役割」『朝鮮後期 韓日關係史學術講演會 發表要旨』, 한국사학회.
李 薰, 1991,「朝鮮後期 對馬島의 漂流民送還과 對日關係」『國史館論叢』26.
姜東燁, 1991,「18세기 朝鮮朝小說에 나타난 中國과 日本」『日本學』10, 동국대 일본학연구소.
李慧淳, 1991,「18세기 韓日文士의 교류양상」『대동문화연구』26, 성균관대 대동문화연구소.
田代和生, 1991,「朝鮮後期 韓日間의 經濟交流」『韓日關係學術會議 發表要旨』, 한국사학회.
孫承喆, 1991,「朝鮮後期 對日交隣體制의 改編과 性格」『白山朴成壽敎授華甲紀念論叢 韓國獨立運動史의 認識』.
朴均燮, 1991,「看羊錄에 나타난 日本敎育文化의 斷片」『論文集』28, 청주교육대.
田中健夫, 1991,「朝鮮王朝期 韓·日交流의 性格」『韓·日關係學術會議 發表要旨』, 한국사학회.
河宇鳳, 1991,「『通信使謄錄』의 史料的 性格」『韓國文化』12, 서울대 한국문화연구소.

하우봉, 1991, 「朝鮮後期 韓日關係에 대한 再檢討-사절왕래를 중심으로」『東洋學』 27-1, 단국대학교 동양학연구소.

황창윤, 1991, 「조선통신사인식에 대한 재검토」, 강원대 석사학위논문.

泉澄一, 1991, 「釜山窯에 대해」『朝鮮後期 韓日關係史學術講演會 發表要旨』, 한국사학회.

芳賀徹, 1991, 「伊藤若沖와 朝鮮民畵」『日本學』 10, 동국대 일본학연구소.

金東哲, 1991, 「朝鮮後期 水牛角貿易과 弓角契貢人」『韓國文化硏究』 4, 부산대 한국문화연구소.

鄭成一, 1991, 「易地聘禮 실시전후 對日貿易의 動向」『經濟史學』 15, 韓國經濟史學會.

정성일, 1991, 「명치유신 직전 조일무역의 존재형태-1867년의 공무역을 중심으로-」『산업경제연구』, 전남대학교 기업경영연구소.

崔博光, 1991, 「唱和集にあらわれた韓日間の詩交流」『日本學』 10, 동국대 일본학연구소.

金錫禧, 1991, 「朝鮮後期 通信使에 대해」『朝鮮後期 韓日關係史學術講演會 發表要旨』, 한국사학회.

최영희, 1991, 「조선후기 通信使와 倭館의 역할」『조선후기 한일관계학술회의 강연회발표요지』, 한국사학회.

金義煥, 1991, 「부산의 草梁倭館과 對日通信使外交」『韓日文化交流史』, 민문고.

辛基秀, 1991, 「通信使의 길에 비친 韓日交流」『韓日文化交流史』, 민문고.

蘇在英, 1991, 「『海行摠載』의 檢討」『韓日文化交流史』, 민문고.

柳承宙, 1991, 「朝鮮後期 朝·淸貿易小考」『國史館論叢』 30, 국사편찬위원회.

鄭成一, 1991, 「明治維新 직전 朝日貿易의 존재형태」『産業經濟研究』 14, 전남대 기업경영연구소.

정성일, 1991, 「역지빙례 실시전후 대일무역의 동향」『경제사학』 15.

李元淳, 1991, 「國學思想과 日本의 歷史觀」(제13회 국제학술발표회 발표논문), 한국일본학회.

李元植, 1991, 「朝鮮通信使의 訪日과 문화교류-使行錄과 필담창화집을 중심으로」『보산학보』 2, 보산학술연구소.

이원식, 1991, 「통신사가 남긴 문화」『한일교류사』, 민문고.

이원식, 1991,「通信使行과 文化交流」『韓·日關係 學術會議 발표요지』, 한국사
　　　　학회.

이혜순, 1991,「18세기 한일문사의 교류양상－己亥使行時 韓日文士의「唱酬集」
　　　　을 중심으로」『大東文化研究』26, 성균관대 대동문화연구소.

泉澄一, 1992,「1767(明和4)～1824(文政7) 年における對馬藩より朝鮮への音信物
　　　　等をめぐって」『水 邨朴永錫教授華甲紀念 韓國史學論叢』下.

淵上淸, 1992,「對馬島の顯彰碑と善隣友好」『水邨朴永錫教授華甲紀念 韓國史
　　　　學論叢』下.

黃明水, 1992,「韓日商人思想의 比較－柳壽垣과 石田梅岩의 比較－」『중재장충
　　　　식博士華甲紀念論叢 歷史學扁』.

鄭成一, 1992,「開港 직전 對日交易品의 특징(1874～1875)」『水邨朴永錫教授華
　　　　甲紀念 韓國史學論叢(上)』.

吳　星, 1992,「朝鮮後期 人蔘貿易의 展開와 蔘商의 活動」『世宗史學』1, 세종대
　　　　사학회.

李敏昊, 1992,「仁祖朝의 對日關係考察」『中齋張忠植博士華甲紀念論叢 歷史學扁』.

洪性德, 1992,「十七世紀 別差倭의 渡來와 朝日關係」『全北史學』15, 전북대 사
　　　　학회.

李　薰, 1992,「朝鮮後期 對日外交文書의 사료적 특징」『水邨朴永錫教授華甲紀
　　　　念韓國史學論叢』.

李元淳, 1992,「朝鮮後期(江戶時代) 韓·日交流의 位相」『水邨朴永錫教授華甲
　　　　紀念韓國史學論叢』.

河宇鳳, 1992,「壬辰倭亂이후의 釜山과 日本關係」『港都釜山』9, 부산시사편찬
　　　　위원회.

이성후, 1992,「金仁謙의 歷史認識」『韓國學論叢』, 향산변정환박사화갑기념논
　　　　총간행위원회.

李　薰, 1993,「朝鮮後期 對日外交文書－書契式의 定着을 중심으로－」『古文書
　　　　研究』4, 한국고문사학회.

이　훈, 1993,「조선후기 일본에서의 조선인 표민취급과 선린우호의 실태」『史
　　　　學研究』47.

鄭成一, 1993,「19세기 초 조선산 栽培蔘의 대일수출 교섭－禮單蔘을 중심으
　　　　로－」『國史館論叢』43.

鄭成一, 1993, 「조선산 인삼종자와 일본의 인삼 수입대체」『春溪朴光淳博士華甲紀念經濟學論叢』.

金東哲, 1993, 「18·19世紀 貢人 硏究」, 부산대학교 대학원 박사학위논문.

柳在春, 1993, 「朝鮮後期 朝·日國書 硏究」『韓日關係史硏究』, 창간호.

손승철, 1993, 「조선시대 교린체제의 분석과 그 문제점」『한일관계연구』창간호.

이 훈, 1993, 「조선후기 違式書契를 통해 본 朝·日交涉의 특질 – 조선측 서계를 중심으로」『韓日關係史硏究』창간호.

張舜順, 1993, 「조선후기 日本의 書契 違式實態와 조선의 대응 –『邊例集要』를 중심으로」『韓日關係史硏究』창간호.

金東哲, 1993, 「『東萊府商賈案』을 통해 본 19세기 후반의 東萊商人 –『東萊武任先生案』과의 비교 – 」『韓日關係史硏究』창간호.

金世民, 1993, 「일본에서의 鎖國論연구」『韓日關係史硏究』창간호.

孫承喆, 1993, 「朝鮮時代 交隣體制의 분석과 그 문제점」『韓日關係史硏究』창간호.

金康植, 1993, 「17·18세기 부산의 行政과 關防」『港都釜山』제10호, 부산시사편찬위원회.

鄭貳根, 1993, 「17·18세기 부산지방(東萊府)의 財政」『港都釜山』제10호, 부산시사편찬위원회.

金東哲, 1993, 「17·8세기 對日公貿易에서의 公作米問題」『港都釜山』제10호, 부산시사편찬위원회.

李勛相·閔善姬, 1993, 「조선후기 東萊의 지배 엘리트와 이에 관한 古文獻 資料」『港都釜山』제10호, 부산시사편찬위원회.

金承璨, 1993, 「17·18세기 釜山의 文化」『港都釜山』제10호, 부산시사편찬위원회.

洪淵津, 1993, 「釜山史 硏究現況」『港都釜山』제10호, 부산시사편찬위원회.

孫承喆, 1993, 「倭人作拏謄錄을 통해 본 倭館」『港都釜山』제10호, 부산시사편찬위원회.

김정일, 1993, 「1636년 通信使와 조선의 대마도인식」『淑明韓國史論』창간호.

이민호, 1993, 「壬亂과 韓·中·日의 外交關係」『壬亂水軍活動硏究論叢』, 해군군사연구실.

강신항, 1993, 「韓日兩國 譯官에 대한 비교연구」『인문과학』23, 성균관대 인문
　　　과학연구소.
정성일, 1993, 「19세기초 조선산 재배삼의 대일수출교섭 : 예단삼을 중심으로」
　　　『국사관논총』43.
김문자, 1994, 「島井宗室과 1590년 通信使 派遣問題에 대해서」『詳明史學』2.
하우봉, 1994, 「元重擧의 日本認識」『韓國史學論叢』, 이기백선생고희기념논문집.
하우봉, 1994, 「조선후기 實學과 古學의 비교연구시론」『한일관계사연구』8, 한
　　　일관계사학회.
손승철, 1994, 「1872년 일본의 왜관점령과 조선침략」『군사』28.
손승철, 1994, 「조선후기 脫中華的 交隣體制의 독립성과 허구성」『國史館論叢』
　　　57.
김재근, 1994, 「朝鮮後期通信使船:船型과 構造」『學術院論文集』33, 자연과학편.
정성일, 1994, 「1861-62년 대마번의 밀무역사건처리과정」『韓日關係史研究』2.
이혜순, 1994, 「17세기 통신사행집단의 문학과 의식세계 – 南龍翼의 「壯遊」를
　　　중심으로」『한국한문학연구』17.
임형택, 1994, 「癸未通信使와 실학자들의 일본관」『창작과 비평』, 1994 가을호.
민덕기, 1994, 「조선·유구를 통한 에도바쿠후의 대명접근」『한일관계사연구』2.
손승철, 1995, 「조선시대 日本天皇觀의 유형적 고찰」『史學研究』50.
손승철, 1995, 「18세기 조선인의 일본천황복권론에 대하여」『한국근현대사논
　　　총』, 오세창교수회갑기념논총간행위원회.
손승철, 1995, 「『역대보안』을 통해 본 조선과 유구관계」『사학논총』부촌 신연
　　　철교수정년기념논총.
이재원, 1995, 「18세기 일본지식인의 조선인식에 관한 일고찰 : 雨森芳洲와 新
　　　井白石의 조선인식을 중심으로」, 경성대 석사학위논문.
김경숙, 1995, 「18세기 朝鮮通信使 製述官 및 書記의 文學世界 ; 서얼의 신분과
　　　문학관을 통해」『溫知論叢』.
홍선표, 1995, 「조선후기 通信使 隨行畵員의 파견과 역할」『미술사학연구』205.
仲尾宏, 1995, 「朝鮮朝日本通信使の意義と日韓の將來」『日本學報』, 경상대일본
　　　문화연구소.
정성일, 1995, 「정유재란과 조선의 무역정책 – 1629년 일본국왕사의 상경과 관
　　　련하여 – 」『史學研究』49.

이 훈, 1995, 「조선후기 일본인의 조선표착과 송환」『韓日關係史研究』 3.

한태문, 1995, 「朝鮮後期 通信使 使行文學 硏究」, 부산대박사학위논문.

한태문, 1995, 「통신사행록에 반영된 對日 민속관」『초전장관진교수정년기념 국문학논총』.

홍성덕, 1995, 「임진왜란 지후 일본의 대조선 강화교섭」『한일관게사연구』 3.

한태문, 1996, 「조선후기 通信使 使行文學의 特徵과 文學史的 意義」『동양한문학연구』 10.

이동찬, 1996, 「癸未 通信使行 記錄의 장르選擇 :「海槎日記」와「日東壯遊歌」를 중심으로」『韓國文學論叢』 18.

김성진, 1996, 「朝鮮後期 通信使의 紀行詩文에 나타난 日本觀硏究」『陶南學報』.

김성진, 1996, 「조선후기 通信使의 日本文學認識」『韓國文學論叢』 18.

장순순, 1996, 「조선후기 왜관의 설치와 이관교섭」『한일관계사연구』 5.

손승철, 1996, 「조선전기 서울의 동평관과 왜인」『향토서울』 56.

田中敏昭, 1996, 「壬亂前의 豊臣政權과 對馬島主宗氏의 朝鮮外交 : 總無事令을 中心으로」, 단국대석사학위논문, 1996.

한문종, 1996, 「조선전기 對日外交政策 硏究－對馬島와의 관계를 중심으로」, 전북대박사학위논문.

이훈, 1996, 「조선후기 독도를 지킨 어부 안용복」『역사비평』 33.

정성일, 1996, 「조선후기 대일무역에 사용된 明文의 형식과 특징」『古文書硏究』 9.10.

민덕기, 1996, 「영파의 난과 조선·일본·명의 관계」『중산 정덕기박사회갑기념한국사학논총』.

안외순, 1996, 「개항전 한일관계와 대일정책－1864~1873을 중심으로－」『동방학』 2, 한서대학교..

홍성덕, 1996, 「조선후기 일본국왕사 검토」『한일관계사연구』 6.

한태문, 1997, 「甲子 通信使行記『東槎錄』연구」『人文論叢』 50, 부산대학교.

한태문, 1997, 「李彦瑱의 文學觀과 通信使行에서의 세계인식」『國語國文學』 34, 문창어문학회.

한태문, 1997, 「朝鮮後期 對日 使行文學의 實證的 硏究－釜山 永嘉臺 海神祭와 祭文을 중심으로－」『東洋漢文學硏究』 11.

배수영, 1997, 「趙曮의 海槎日記를 통해 본 일본인식」, 성신여대 석사학위논문.

이원식, 1997, 「通信使記錄을 통해 본 對日本認識」『國史館論叢』 76.

金瑞蘭, 1997, 「조선후기 通信使隨行 倭學譯官 硏究」, 단국대 석사학위논문.

김상보·장철수, 1997, 「朝鮮 通信使를 포함한 韓·日관계에서의 飮食文化 교류」『경영학연구』 13-4, 한국경영학회.

홍선표, 1997, 「조선후기 한일간의 화적의 연구」『미술사연구』 11.

疋田啓佑, 1997, 「일본에 있어서의 퇴계학 계승의 양상」『퇴계학』 9, 안동대학교 퇴계학연구소.

하우봉, 1997, 「실학파의 대외인식」『국사관논총』 76.

손승철, 1997, 「조선·유구관계 사료에 대하여」『成大史林』 12·13. 성균관대.

손승철, 1997, 「명·청 교체기 대일외교의 연호와 간지」『대동문화연구』 32.

손승철, 1997, 「조선중화주의와 일본형화이의식의 대립」『일본연구』 11, 한국외국어대학교 일본연구소.

정성일, 1997, 「조선과 유구의 물품교역 분석시론」『경제사연구의 동향과 과제』, 범성 이해주교수 정년기념논문집.

홍성덕, 1997, 「17세기 대일정책의 확립과정과 그 성격」『전북사학』 19·20.

홍선표, 1998, 「조선후기 통신사 隨行畵員의 繪畫活動」『미술사논단』 6.

홍성덕, 1998, 「十七世紀 朝·日 外交使行 硏究」, 전북대 박사학위논문.

홍성덕, 1998, 「통신사는 신의의 상징인가 조공의 상징인가」『한국과 일본 – 왜곡과 콤플렉스의 역사』 2, 자작나무.

한태문, 1998, 「『東槎錄』所載 書簡에 반영된 韓日文士의 교류양상 연구」『韓國文學論叢』 23, 한국문학회.

이민호, 1998, 「孝宗朝의 對日外交」『東西史學』 4.

이민호, 1998, 「광해군조 대일관계고찰」『東西史學』 4.

손승철, 1998, 「조·유 교린체제의 구조와 특징」『강원사학』 13·14, 강원대.

최종일, 1998, 「朝鮮通信使의 日光山致祭 연구」, 강원대 석사학위논문.

정성일, 1998, 「조선후기 대일무역에 참가한 商賈都中의 규모와 활동(1844-49)」『韓日關係史硏究』 8

정성일, 1988, 「일본에 표착한 전라도 지역 주민들의 이국체험(1627-1888)」『전남지역경제조사』 63.

이 훈, 1998, 「18세기 중엽 표선에 대한 잡물(五日糧)지급과 조·일교섭 왜곡」『韓日關係史硏究』 9.

신동규, 1998, 「耶蘇宗門禁制를 둘러싼 한일외교관계」『강원사학』 13·14합집.

김성진, 1998, 「부산왜관과 한일간 문화교류」『한국문학논총』 22, 한국문학회.

이진오, 1998, 「조선시대 대일외교와 불교」『한국문학논총』 22, 한국문학회.

하우봉, 1998, 「조선후기 실학과 日本 近世 古學의 비교연구시론」『한일관계사연구』 8.

하우봉, 1998, 「『增正交隣志』의 사료적 성격」『民族文化』 21.

양흥숙, 1998, 「17-8세기 왜학역관의 대일무역」, 부산대학교 석사학위논문.

이상규, 1998, 「17-8세기 동래부에 파견된 왜학역관의 기능」, 한국정신문화연구원 한국학대학원 석사학위논문.

홍성덕, 1999, 「조선후기 對日외교사절 問慰行의 渡航人員 분석」『한일관계사연구』 11.

이원식, 1999, 「한일선린외교와 조선통신사」『史學硏究』 58·19합집(내운최근영박사정년기념논문집), 한국사학회.

방기철, 1999, 「鶴峯 金誠一의 日本觀」, 서울대 석사학위논문.

이혜순, 1999, 「室鳩巢의 賦三韓事蹟詩 小考 – 18세기 문사의 한국사인식」『冠嶽語文硏究』 18.

장용걸, 1999, 「조선통신사의 의례성에 관한 고찰」『교육이론과 실천』 9, 경남대학교 교육문제연구소.

정장식, 1999, 「1636년 通信使의 日本認識」『일본문화학보』, 한국일본문화학회.

한문종, 1999, 「조선후기 일본에 관한 著述의 조사연구 – 對日關係 謄錄류를 중심으로 –」『國史館論叢』 86.

정성일, 1999, 「조·일 공무역 – 서계별폭(1614-99)의 분석 –」『史學硏究』 58·9합집.

정성일. 1999, 「조·일 사무역논쟁」『경제사학』 27.

손승철, 1999, 「17세기 耶蘇宗門에 대한 조선의 인식과 대응」『사학연구』 58·59합집.

신동규, 1999, 「네덜란드인 조선표착에 관한 재고찰 – 표착선·표착지·표착년을 중심으로 –」『사학연구』 58·59 합집.

김동철, 1999, 「조선후기 왜관 開市貿易과 被執蔘」『한국민족문화』 13, 부산대학교 한국민족문화연구소.

홍성덕, 2000, 「조선후기 對日外交使節 問慰行 硏究」『國史館論叢』 93.

원재연, 2000, 「조선후기 서양인식의 변천과 대외개방론」, 서울대 박사학위논문.

김문자, 2000, 「임진왜란에 있어서 명·일 강화교섭과 조선」『사명당 유정』.

강재언, 2000, 「1764年度의 朝鮮通信使의 日本使行에 대해」『亞細亞文化研究』 4.

김성진 2000, 「1711년 通信使와 朝鮮의 對應」『日語日文學研究』 40, 한국일어
일문학회.

정장식, 2000, 「1655년 通信使行과 日本研究」『日本學報』 44, 한국일본학회.

管宗次, 2000, 「朝鮮通信使の殘した發句短册について」『일본문화학보』 9, 한국
일본문화학회.

한태문, 2000, 「[海行摠載]소재 使行錄에 반영된 일본의 通過儀禮와 사행원의
인식」『한국논총』 26, 한국문학회.

양흥숙, 2000, 「조선후기 대일 접위관의 파견과 역할」『부산사학』 24.

김재승, 2000, 「절영도왜관의 존속기간과 그 위치」『東西史學』 6·7합집.

田中曉龍, 2000, 「일본 역사교과서의 근세일한관계 서술 – 한국교과서와의 비교」
『역사교과서속의 한국과 일본』, 혜안출판사.

淺倉有子, 2000, 「일본의 근세 일한관계 연구동향」『역사교과서속의 한국과 일
본』, 혜안출판사.

현명철, 2000, 「한국역사교과서의 근세한일관계사 서술」『역사교과서속의 한국
과 일본』, 혜안출판사.

민덕기, 2000, 「日本史上의 '國王'호칭 – 일본 중·근세를 중심으로 – 」『한일관
계사연구』 13.

장순순, 2001, 「조선시대 왜관변천사연구」, 전북대 대학원 박사학위논문.

한태문, 2001, 「17세기 通信使 使行文學의 전개와 문학사적 의의」『인문논총』
57, 부산대학교 인문학연구소.

정장식, 2001, 「1636년 通信使의 日本認識」『韓日關係史研究』 11, 한일관계사학회.

정장식, 2001, 「癸未(1643년)通信使行의 日本認識」『일본문화학보』 10, 한국일
본문화학회.

정장식, 2001, 「임술사행과 조일관계」『일본학보』 47, 한국일본학회.

민덕기, 2001, 「표류민을 통한 정보의 교류」『조선시대 한일표류민 연구』, 국학
자료원.

정성일, 2001, 「표류·표착의 지역적 특성과 그 현재적 의의」『조선시대 한일표
류민 연구』, 국학자료원.

池內敏, 2001, 「근세 일본 민중의 조선인식」『조선시대 한일표류민 연구』, 국학자료원.

하우봉, 2001, 「일본에 표착한 조선인의 일본인식」『조선시대 한일표류민 연구』, 국학자료원.

김선화, 2001, 「조선통신사의 회화 교류」『동북아 문화연구』1, 동북아시아문화학회.

홍선표, 2001, 「조선후기 한일 회화교류와 상호인식」『학예연구』2, 국민대 박물관.

손승철, 2001, 「조선전기 피로·표류민송환과 동아시아 국제질서」『조선시대 한일표류민연구』, 국학자료원.

정장식, 2002, 「1711年 通信使와 朝鮮의 對應」『일어일문학연구』40, 한국일어일문학회.

곽정숙, 2002, 「에도시대의 조선통신사가 본 京都의 服飾文化」, 동서대산업경영대학원 석사학위논문.

김문식, 2002, 「조선후기 통신사행의 대일인식」『대동문화연구』41, 성균관대 대동문화연구소.

김상보, 2002, 「조선통신사를 통해본 한일 음식문화」『조선통신사 한일학술대회』, 한일관계사학회.

하우봉, 2002, 「통신사행과 근세한일관계」『全北史學』25집.

하우봉, 2002, 「임란후 국교재개기 사명당 유정의 강화활동」『歷史學報』173.

하우봉, 2002, 「정약용과 오규소라이의 경학사상 비교연구」『茶山學』3집.

하우봉, 2002, 「통신사행과 근세 한일관계」『전북사학』25.

이자연, 2002, 「朝鮮前期 朝鮮通信使와 日本使臣 간의 交易品을 통해 본 服飾文化研究 - 일본으로부터의 收入品을 중심으로-」『服飾』52-4, 한국복식학회.

진해옥, 2002, 「조선통신사와 조일관계」, 인제대 교육대학원 석사학위논문.

한승희, 2002, 「己亥通信使의 儀式改正에 대한 새로운 검토」『韓日關係史研究』16, 한일관계사학회.

정성일, 2002, 「표류기록을 통해 본 조선후기 어민과 상인활동」『國史館論叢』99.

송재소, 2002, 「『해사록』을 통해 본 鶴峯의 인간적 풍모」『民族文化』25.

정희선, 2002, 「조선통신사 닛코(일광)유람의 문화관광학적 고찰」『문화관광연구』 4-2, 한국문화관광학회.

김태훈, 2002, 「숙종대 대일정책의 전개와 그 성과」『韓國史論』 47.

정성일, 2003, 「전라도주민의 일본열도 표류기록분석과 데이터베이스화(1592-1909)」『史學硏究』 72.

손승철, 2003, 「조선시대 '通信使'개념의 재검토」『조선시대사학보』 27, 조선시대사학회학회.

오바타미치히로, 2003, 「신유한의『海遊錄』에 나타난 일본관과 그 한계」『韓日關係史硏究』 19.

이 훈, 2003, 「표류를 통해본 근대한일관계」『韓國史硏究』 123.

김대길, 2003, 「병신년(1596) 통신사행에 관한 연구」『조선시대의 정치와 제도』 집문당.

김문자, 2003, 「16-17세기 한일관계에 있어서의 피로인귀환-특히 여성의 경우-」『祥明史學』 8·9 합집.

우인수, 2003, 「중·고등학교 국사교과서의 조선시대 한일관계사 서술분석」『조선사연구』 12, 조선사연구회, 경산.

강대민·이정은, 2003, 「조선통신사 수행화원 연구 1-수행화원을 중심으로-」『문화전통논집』 11, 경성대 한국학 연구소.

손승철, 2003, 「일본 역사교과서 고려·조선시대 기술의 왜곡실태분석」『韓日關係史硏究』 19.

橋本雄, 2004, 「宗貞國의 博多出兵과 僞使問題-『朝鮮遣使 붐』論의 再構成을 위해-」『韓日關係史硏究』 20.

須田 牧子, 2004, 「15세기 일본의 朝鮮佛具 수입과 그 의의-大內氏의 大藏經 수입을 중심으로-」『韓日關係史硏究』 20.

민덕기, 2004, 「임진왜란에 납치된 조선인의 귀환과 잔류로의 길」『韓日關係史硏究』 20.

米谷均, 2004, 「『近報倭警』에서 본 日本情報」『韓日關係史硏究』 20.

李尙奎, 2004, 「조선후기 川寧玄氏家의 譯官活動」『韓日關係史硏究』 20.

손승철, 2004, 「송운대사(사명당) 대일사행의 외교사적 의미」『韓日關係史硏究』 21.

민덕기, 2004, 「최천종 살해사건으로 본 19세기중반 통신사의 대마도 인식」『韓日關係史硏究』 21.

이 훈, 2004, 「1836년, 南膺中의 闌入사건 취급과 近世 倭館」『韓日關係史硏究』 21.

강석민, 2004, 「16세기말 17세기초 한일통교재개와 관련한 논의검토」『동국사학』 40.

양흥숙, 2004, 「17세기 두모포왜관의 경관과 변화」『지역과 역사』 15, 부경대.

이 훈, 2005, 「조선통신사접대와 대마번의 재정 – 1811년 신미통신사를 중심으로」『역사와경계』 55.

김문자, 2005, 「정보·통신과 임진왜란」『韓日關係史硏究』 22.

신동규, 2005, 「"VOC"의 동북아시아 진출에 보이는 조선무역의 단절과 일본무역 유지정책」『韓日關係史硏究』 22.

이승민, 2005, 「조선후기 대일무역상의 폐해와 己巳約條(1809)의 체결」『韓日關係史硏究』 22.

정성일, 2005, 「통신사기록의 데이터베이스구축」『역사와 경계』 55.

김덕진, 2005, 「1811년 통신사의 사행비와 호조의 부담」『역사와 경계』 55.

변광석, 2005, 「1811년 통신사파견과 경상도의 재정」『역사와 경계』 55.

양흥숙, 2005, 「17세기 전반 회답겸쇄환사의 파견과 경제적 의미」『항도부산』 21.

池內敏, 2005, 「일본의 조선통신사 접대와 도쿠가와 바쿠후의 재정」『역사와 경계』 55.

한태문, 2005, 「통신사 문학에 반영된 조선시대의 부산」『항도부산』 21.

장순순, 2005, 「통신사연구의 현황과 과제」『한일역사공동연구보고서』 제2권, 한일역사공동연구위원회.

홍성덕, 2005, 「조선후기 대일외교사행과 倭學譯官」『한일역사공동연구보고서』 제2권, 한일역사공동연구위원회.

조 광, 2005, 「통신사에 관한 한국학계의 연구성과와 쟁점」『한일역사공동연구보고서』 제2권, 한일역사공동연구위원회.

손승철, 2005, 「중·근세 한일관계사 인식의 공통점과 차이점」『한일역사공동연구보고서』 제2권, 한일역사공동연구위원회.

이철성, 2005, 「통신사와 연행사의 비교연구」『통신사·왜관과 한일관계』, 한일관계사연구논집, 한일역사공동연구위원회.

윤유숙, 2005, 「17세기후반–18세기초두 왜관통제와 한일교섭」『통신사·왜관과 한일관계』, 한일관계사연구논집, 한일역사공동연구위원회.

한태문, 2005, 「통신사왕래를 통한 문화교류」『통신사·왜관과 한일관계』, 한일관계사연구논집, 한일역사공동연구위원회.

현명철, 2005, 「통신사 단절과 서계문제」『통신사·왜관과 한일관계』, 한일관계사연구논집, 한일역사공동연구위원회.

조성을, 2005, 「한국과 일본의 화이관 변화와 상호인식」『통신사·왜관과 한일관계』, 한일관계사연구논집, 한일역사공동연구위원회.

Ⅱ. 日本

1. 單行本

松田甲, 1926～30, 『日鮮史話』 1～6, 朝鮮總督府.

淺川伯敎, 1930, 『釜山窯と對州窯』, 工政會出版部.

稻葉岩吉, 1933, 『光海君時代の滿鮮關係』, 大阪屋號書店.

岩生成一, 1934, 『近世初期の對外關係』(岩波講座 日本歷史 15-3).

中山久四郞, 1934, 『江戸時代來聘朝鮮信使迎接應對筆談唱和圖書目錄』(小田先生頌壽記念朝鮮論).

中村榮孝, 1934, 『江戸時代の日鮮關係』, 岩派書店.

秋山謙藏, 1935, 『日支交涉史話』, 內外書籍.

秋山謙藏, 1939, 『日支交涉史研究』, 岩波書店.

田保橋潔, 1940, 『近代日鮮關係の研究』上·下, 朝鮮總督府[宗高書房1972復刻]

小葉田淳, 1941, 『中世日·支通交貿易史の研究』, 刀江書院.

高木眞太郞, 1942, 『應永外寇前後–中世日鮮交涉』, 八木書店.

藤塚鄰, 1947,『日鮮淸の文化交流』, 中文館書店.

栗田元次, 1952,『新井白石の文化政治』, 石崎書店.

岩生成一, 1953,『日本近世海外交涉史』, 法政大學出版會 .

宮崎道生, 1954,『新井白石硏究序論』, 吉川弘文館.

宮崎道生, 1957,『新井白石』, 至文堂.

宮崎道生, 1958,『新井白石の硏究』, 吉川弘文館.

田中健夫, 1959,『中世海外交涉史の硏究』, 東京大學出版會.

田中健夫, 1961,『倭館と倭寇勘合貿易』, 眞珠社.

堀勇雄, 1964,『林羅山』, 吉川弘文館.

阿部吉雄, 1965,『日本朱子學と朝鮮』, 東京大學出版會.

中村榮孝, 1966,『日本と朝鮮』, 至文堂.

田村洋幸, 1967,『中世日朝貿易の硏究』, 三和書房.

日野淸三郎・長正統, 1968,『幕末における對馬と英露』, 東京大學出版會.

Herschel Webb, 1968, The Japanese imperial institution in the Tokugawa period Columbia University press.

Donald Keene, 1969, The Japanese Discovery of Europe 1720-1830 Stanford University press.

小葉田淳, 1969,『日支通交貿易史の硏究』, 刀江書院.

中村榮孝, 1969,『日鮮關係史の硏究』中, 吉川弘文館.

中村榮孝, 1969,『日鮮關係史の硏究』下, 吉川弘文館.

H.D. Harootunian, 1970, Toward Restoration－The Growth of political consciousness in Tokugawa Japan－California University press.

中村榮孝, 1971,『朝鮮－風土・民族・伝統－』, 吉川弘文館.

朴春日, 1972,『紀行・朝鮮使の道』, 新人物往來社.

宮崎道生, 1973,『新井白石の洋學と海外知識』, 吉川弘文館.

姜在彦, 1974,『譯注 申維翰海游錄』, 東洋文庫.

田中健夫, 1975,『中世對外關係史』, 東京大學出版會.

宮崎道生著, 1975,『新井白石の時代と世界』, 吉川弘文館.

內藤雋輔, 1976,『文祿・慶長役における被擄人の硏究』, 東京大學出版會.

李進熙, 1976,『李朝の通信使』, 講談社.

宮崎道生, 1976,『新井白石序論』, 吉川弘文館.

內藤雋輔, 1976, 『文祿慶長役における被擄人の研究』, 東京大學出版會.

李進熙, 1976, 『李朝の通信使－江戶時代の日本と朝鮮』, 講談社.

李炯錫, 1977, 『壬辰戰亂史－文祿・慶長の役』(上・中・下), 東洋圖書出版.

中田易直, 1977, 『近世對外關係史論』, 有信堂.

田中健夫・田代和生校訂, 1978, 「朝鮮通交大紀」, 名著出版

映像文化協會編, 1979, 『江戶時代の朝鮮通信使』, 每日新聞社.

Harold Cary and Shannon Mccune, 1980, The Collapse of the Tokugawa Bakufu 1862-1868 Hawaii University.

John Whiteny Hall, 1981, Nagahard Keiji and Kozo Yamamura 1981 Japan before Tokugawa--potitical consolidation and Economic Grouth 1500 to 1650-- Princeton University press.

田代和生, 1981, 『近世日朝通交貿易史の研究』, 創文社.

北九州大學古文書研究會, 1982, 『小笠原文庫・對州御在館中日記・對州御滯留日記』, 高塔印刷.

田中健夫, 1982, 『倭寇－海の歷史－』, 敎育社.

田中健夫, 1982, 『對外關係と文化交流』, 思文閣出版.

三宅英利, 1982, 『朝鮮觀の史的展開』, みき書房.

Ronald P. Toby, 1983, State and Diplomacy in Early Modern Japan, Asia in the Development of the Tokugawa Bakufu. Prinston University Press.

田代和生, 1983, 『書き替えられた國書－德川・朝鮮外交の舞臺裏』, 中央公論社.

李進熙, 1984, 『倭館・倭城を步く－李朝のなかの日本－』, 六興出版.

中田易直, 1984, 『近世對外關係史の研究』, 吉川弘文館.

宮崎道生, 1984, 『新井白石の研究』(增訂版), 吉川弘文館.

山內長三, 1984, 『朝鮮の繪・日本の繪』, 日本経濟新聞社.

宮崎道生, 1985, 『新井白石と思想家文人』, 吉川弘文館.

片野次雄, 1985, 『德川吉宗と朝鮮通信使』, 誠文堂新光社.

宮崎道生編, 1985, 『新井白石の現代的考察』, 吉川弘文館.

三宅英利, 1986, 『近世日朝關係史の研究』, 文獻出版.

長節子, 1987, 『中世日朝關係と對馬』, 戊午叢書.

蔭木英雄, 1987, 『蔭凉軒日錄－室町禪林とその周辺－』, そしえて.

李進熙, 1987, 『江戶時代の朝鮮通信使』, 講談社.

任鴻章, 1988,『近世日本と日中貿易』『東アジアのなかの日本歷史4』, 六興出版.

村井章介, 1988,『アジアのなかの中世日本』, 校倉書房.

荒野泰典, 1988,『近世日本と東アジア』, 東京大學出版會.

上垣外憲一, 1989,『雨森芳洲』, 中公新書.

加藤榮一・北島万次・深谷克己編, 1989,『幕藩制國家と異域・異國』, 校倉書房.

Ronald P. Toby, 1990,『近世日本の國家形成と外交』, 創文社.

永積洋子, 1990,『近世初期の外交』, 創文社.

三宅理一, 1990,『江戸の外交都市』, 鹿島出版會.

賴祺一監修, 1990,『廣島藩・朝鮮通信使來聘記』, 呉市・安芸郡下蒲刈町.

田中健夫(校注), 1991,『海東諸國紀－朝鮮人の見た中世の日本と琉球－』(申叔舟
　　　　著)(岩波文, 岩波書店庫).

浜下武志外編, 1991,『アジア交易圏と日本工業化 1500～1900』, リブロボ--ト.

靑木美智男・保坂智編, 1991,『爭點 日本の歷史 5－近世編(江戸時代)』, 新人物
　　　　往來社.

李元植外, 1992,『朝鮮通信使と日本人－江戸時代の日本と朝鮮－』, 學生社.

朴春日, 1992,『朝鮮通信使史話』, 雄山閣出版.

村井章介, 1993,『中世倭人傳』, 岩波新書.

宮崎道生, 1993,『新井白石 折たく柴の記(上)』, NHK出版.

三宅英利, 1993,『近世アジアの日本と朝鮮半島』, 朝日新聞社.

小葉田淳, 1993,『增補中世南島通交貿易史の硏究』, 臨川書店.

村井章介, 1993a,『中世倭人伝』, 岩波書店.

佐々木銀弥, 1994,『日本中世の流通と對外關係』, 吉川弘文館.

閔德基, 1994,『前近代東アジアのなかの韓日關係』, 早稻田大學出版部.

上田正昭編, 1995,『朝鮮通信使』, 明石書店.

村井章介, 1995,『東アジア往還－漢詩と外交－』, 朝日新聞社.

山本博文, 1995,『對馬藩江戸家老』, 講談社選書メチエ.

田中健夫(編), 1995,『譯注日本史料：善隣國宝記・新訂續善隣國宝記』, 集英社.

応地利明, 1996,『繪地図の世界像』(岩波新書), 岩波書店.

田中健夫, 1996,『前近代の國際交流と外交文書』, 吉川弘文館.

片野次雄, 1996,『德川吉宗と朝鮮通信使』, 誠文堂新光社.

海保嶺夫, 1996,『エゾの歷史－北の人びとと「日本」－』, 講談社.

田中健夫, 1996,『前近代の國際交流と外交文書』, 吉川弘文館.

応地利明, 1996,『繪地図の世界像』(岩波新書), 岩波書店.

大隅和雄・村井章介, 1997,『中世後期における東アジアの國際關係』, 山川出版
　　　　社(編).

田中健夫, 1997,『東アジア通交圏と國際認識』, 吉川弘文館.

村井章介, 1997,『國境を超えて－東アジア海域世界の中世－』, 校倉書房.

李元植, 1997,『朝鮮通信使の研究』, 思文閣出版.

仲尾宏, 1997,『朝鮮通信使と德川幕府』, 明石書店.

李啓煌, 1997,「「和好」・「通好」關係の成立」, 同著『文祿・慶長の役と東アジ
　　　　ア』臨川書店.

村井章介, 1997,『海からみた戰國日本－列島史から世界史へ－』, 筑摩書房.

村井章介, 1997,『國境を超えて－東アジア海域世界の中世－』, 校倉書房.

泉澄一, 1997,『對馬藩藩儒 雨森芳洲の基礎的研究』, 關西大學出版部.

紙屋敦之, 1997,『大君外交と東アジア』, 吉川弘文館.

孫承喆, 1998,『近世の朝鮮と日本』, 鈴木信昭監譯, 山里澄江・梅村雅英譯, 明石
　　　　書店.

池内敏, 1999,『「唐人殺し」の世界』, 臨川書店.

金光哲, 1999,『中近世における朝鮮觀の創出』, 校倉書房.

辛基秀, 1999,『朝鮮通信使－人の往來・文化の交流－』, 明石書店.

高島淑郎 譯注, 1999,『日東壯遊歌』金仁謙, 平凡社, 東洋文庫.

田代和生, 1999,『江戸時代 朝鮮藥材調査の研究』, 慶応大學出版會.

井原今朝男, 1999,『中世のいくさ・祭り・外國との交わり－農村生活史の斷面－』,
　　　　校倉書房.

仲尾宏, 2000,『朝鮮通信使と壬辰倭亂』, 明石書店.

西村毬子, 2000,『日本見聞錄にみる朝鮮通信使』, 明石書店.

京都文化博物館, 2001,『こころの交流　朝鮮通信使』, 京都文化博物館・京都新
　　　　聞社.

倉地克直, 2001,『近世日本人は朝鮮をどうみていたか－「鎖國」のなかの「異人」
　　　　たち－』, 角川選書.

上田正昭・辛基秀・仲尾宏, 2001,『朝鮮通信使とその時代』, 明石書店.

高正晴子, 2001,『朝鮮通信使の饗応』, 明石書店.

仲尾宏・曺永祿, 2002,『朝鮮義僧將・松雲大師と德川家康』, 明石書店.
伊藤幸司, 2002,『中世日本の外交と禪宗』, 吉川弘文館.
長節子, 2002,『中世 國境海域の倭と朝鮮』, 吉川弘文館.
關周一, 2002,『中世日朝海域史の研究』, 吉川弘文館.
伊藤幸司, 2002,『中世日本の外交と禪宗』, 吉川弘文館.
長節子, 2002,『中世 國境海域の倭と朝鮮』, 吉川弘文館.
田中健夫, 2003,『對外關係史研究のあゆみ』, 吉川弘文館.

2. 論文

1) 室町時代

上村閑堂(觀光), 1906,「室町時代五山禪僧の外交」『禪宗』133〜135.
上村閑堂, 1913「朝鮮僧松雲と日本僧玄蘇」『禪宗』225・227.
瀨野馬熊, 1915,「正統癸亥條約に就て」『史學雜誌』26-9.
上村閑堂(觀光), 1918,「我が中世の外交と禪僧」『禪宗』275.
上村閑堂(觀光), 1918,「足利時代本邦に齎されたる高麗藏経に就きて」『禪宗』285.
瀨野馬熊, 1919,「大內義弘と朝鮮との關係に就いて」『史學雜誌』30-1.
菅野銀八, 1924,「高麗板大藏経に就て」, 朝鮮史學會編『朝鮮史講座』, 特別講義編.
松田甲, 1927,「朝鮮に關する山陰道の懷古」『朝鮮』150.
松田甲, 1927,「靳の福禪寺と朝鮮信使」『朝鮮』140.
中村榮孝, 1928,「海東諸國紀の撰修と印刷」『史學雜誌』39-8, 9.
中村榮孝, 1929,「海東諸國紀とその地図に就いて」『朝鮮』164.
今村鞆, 1930,「足利氏と朝鮮の大藏経」『朝鮮』186.
中村直勝, 1930,「增上寺藏宋板一切経の由來」『內藤博士頌壽記念史學論叢』, 弘文堂.
中村榮孝, 1930,「倭人上京道路に就て」『歷史地理』56-2.
山口正之, 1931,「耶蘇會宣敎師の入鮮計劃」『靑丘學叢』3.
秋山謙藏, 1931,「一朝鮮使節の見たる室町初期の社會經濟事情」『歷史敎育』6-7・8.

三浦周行, 1931, 「足利時代に於ける日鮮貿易に關する一考察」『靑丘學叢』4.

川口卯橘, 1931, 「大藏經板求請と日鮮の交涉」『靑丘學叢』3.

山口正之, 1931, 「耶蘇會宣敎師の朝鮮俘虜救濟及敎化」『靑丘學叢』4.

秋山謙藏, 1932, 「室町前期に於ける宗像氏と朝鮮との通交」『靑丘學叢』7.

中村榮孝, 1932, 「鮮初に於ける歲遣船定約(上)(下)」『靑丘學叢』10.

山口正之, 1932, 「朝鮮役に於ける被擄人の行方(朝鮮被虜人賣買の一例)」『靑丘學叢』8.

中村榮孝, 1932, 「鮮初受圖書人考(上)(下)」『靑丘學叢』7·8.

伊波普猷, 1932, 「海東諸國記附載の古琉球語の研究－語音翻譯釋義－」『金澤博士還曆記念東洋語學乃研究』, 三省堂.

黑田省三, 1934, 「所謂服部傳右衛門朝鮮陣覺書に就て」『靑丘學叢』17.

黑田省三, 1935, 「冊封日本正使李宗城の奔還に就て(上)(下)」『靑丘學叢』20·24.

小田省吾, 1936, 「朝鮮史籍解題講義(一)」『靑丘學叢』23.

東恩納寬淳, 1937, 「申叔舟の海東諸國紀に現れたる琉球國図について」『史學』16-3.

金台復, 1938, 「麗末から李朝初期まで詩文集に現れた日鮮の交通關係」『朝鮮』280.

竹內理三, 1938, 「中世寺院と外國貿易」(上·下),『歷史地理』72-1, 2.

靑山定雄, 1939, 「李朝に於ける二三の朝鮮全図について」『東方學報』, 東京9.

黑田省三, 1948, 「朝鮮貿易の本質に就て」『日本歷史』10.

森克己, 1951, 「中世末·近世初頭における對馬宗氏の朝鮮貿易」『九州文化史研究所紀要』1.

石原道博, 1951, 「倭寇と壬辰の役」『朝鮮學會會報』6.

石原道博, 1953, 「朝鮮側からみた明末の日本乞師について」『朝鮮學報』4.

石原道博, 1954, 「日明交涉の開始と不征國日本の成立－明代の日本觀(1)－」『茨城大學文理學部紀要(人文科學)』4.

田中健夫, 1954, 「中世日鮮交通における貿易權の推移」『史學雜誌』63-3.

浜田敦, 1954, 「海東諸國紀に記載された日本の地名等について」『人文研究』5-4.

秋岡武次郎, 1955, 「朝鮮, 中國に伝わった行基式日本図」『日本地図史』, 河出書房.

黑田省三, 1955, 「中世朝鮮貿易に於ける輸出物資に就て」, 兒玉幸多編『日本社會史の研究』, 吉川弘文館.

江田俊雄, 1956, 「日韓國交を媒介した高麗版大藏経」『親和』35.

網野善彦, 1960, 「地域史研究の一視点－東國と西國－」, 佐々木潤之介・石井進編『新編日本史研究入門』, 東京大學出版會.

高橋保, 1960, 「對外交涉史上の日本刀について」『たたら研究』5.

堀池春峰, 1960, 「中世・日鮮交渉と高麗版藏経－大和・円成寺榮弘と增上寺高麗版－」『史林』43-6 堀池春峰,「室町時代における藥師・長谷兩寺再興と高麗船」『大和文化研究』5-9.

那波利貞, 1961, 「月峯海上錄攷釋」『朝鮮學報』21·22.

岩澤愿彦, 1962, 「秀吉の唐入に關する文書」『日本歷史』163.

田中健夫, 1962, 「リチャルト・コックスの觀た朝鮮使節來朝」『日本歷史』171.

中村榮孝, 1962, 「朝鮮官板の內賜記と國王印について」『朝鮮學報』25.

長正統, 1963, 「景轍玄蘇について－外交僧の出自と法系－」『朝鮮學報』29.

田中健夫, 1963, 「中世對外關係史研究の動向」『史學雜誌』72-3.[田中2003收錄]

長正統, 1964, 「『朝鮮送使國次之書契覺』の史料的性格」『朝鮮學報』33.

弥永貞三, 1966, 「『拾芥抄』及び「海東諸國記」にあらわれた諸國の田積史料に關する覺え書－中村教授 「海東諸國記の撰修と印刷」 の脚注として－」『名古屋大學文學部研究論集』, 史學14.

丸龜金作, 1966, 「高麗の大藏経と越後安國寺とについて」『朝鮮學報』37·38.

田中健夫, 1966, 「朝鮮·琉球間のおける中世の對馬」『朝鮮學報』39·40.

長正統, 1966, 「中世日鮮關係のおける巨酋使の成立」『朝鮮學報』41.

中村榮孝, 1967, 「『老松堂日本行錄』(井上本)の景印によせて」『朝鮮學報』45.

中村榮孝, 1967, 「前近代アジア外交史上の德川政權－‘日本國大君’外交の成立とその終末－」『朝鮮學報』45.

山本光正, 1968, 「朝鮮來聘使について－特に宿驛における狀態－」(講演要旨)『法政史學』20.

石原道博, 1968, 「朝鮮史書日本關係記事の集錄について」『朝鮮學報』48.

田中健夫, 1970, 「東アジア通交關係の形成」『岩波講座・世界歷史9(中世３)』, 岩波書店.

黑田省三, 1970, 「宗氏の承統と對馬守護の職稱」『朝鮮學報』55, 朝鮮學會.

長節子, 1971, 「黑田省三氏「宗氏の承統と對馬守護の職稱」批判」『朝鮮學報』58.

黑田省三,　1971,　「中世對馬の知行形態と朝鮮貿易權－「宗家判物寫」の研究－」
　　　　『人文學會紀要』3, 國史館大學.

田村洋幸,　1972,　「日韓通交史の問題點－十四～十五世紀の日韓關係を中心と
　　　　して－」『韓』8.

田中健夫, 1972,「中世の日本人は高麗·朝鮮をどのように考えていたか」『韓』8.

泉澄一,　1973,　「室町時代, 對馬における仰之梵高和尙について－對朝鮮交易書
　　　　契僧の始祖－」『對馬風土記』10.

內藤雋輔, 1974,「慶長丁酉の役被虜學人間の雅游について」『朝鮮學報』71.

田中健夫, 1975,「『朝鮮通交大紀』と外交上の秘密」『日本歷史』320.

田中健夫, 1976,「『朝鮮通交大紀』雜考」『朝鮮學報』79.

森崎蘭外, 1976,「朝鮮通信使の漢詩」『季刊三千里』7.

內藤雋輔, 1976,「中世外國史料に見える出雲と石見」『鄕土石見』1.

長節子, 1979,「「おふせん」論考－對馬の孤草島釣魚に關する一考察－」『朝鮮學
　　　　報』36.

多和田眞一郎,　1979,「十五·六世紀首里語の音韻－『語音翻譯』にみる－」(上·
　　　　下),『沖繩文化』51·52.

堀池春峰, 1980,「高麗版輸入の一樣相と觀世音寺」『南都仏敎史の研究』上(東大
　　　　寺篇), 法藏館.

佐伯弘次, 1980,「中世後期の博多と大內氏」『史淵』121.

杉谷昭, 1980,「朝鮮國遣使」の再檢討」『日本歷史』382, 日本歷史學會.

田中健夫, 1981,「勘合符·勘合印·勘合貿易」『日本歷史』392.

中村榮孝, 1981,「朝鮮史と私」『日本歷史』400.

高橋公明, 1982,「外交儀禮よりみた室町時代の日朝關係」『史學雜誌』91-8.

高橋公明, 1982,「外交文書, '書'·'咨'について」『年報 中世史研究』7.

高橋公明, 1982,「村井報告批判」『歷史學研究』510

村井章介, 1982,「中世日本の國際意識について」『歷史學研究別冊　民衆の生活
　　　　·文化と変革主体』靑木書店　［村井章介1988a收錄］

田中健夫, 1984,「『續善隣國宝記』について－所收史料の特質と撰述の経緯－」
　　　　『東洋大學文學部紀要』38·史學科編10.

多和田眞一郎,　1984,「沖繩語史的研究序說－『語音翻譯』再論－」『現代方言學の
　　　　課題』3(史的研究篇), 明治書院.

三宅英利, 1984, 「室町時代の朝鮮通信使－通信使の初期形態－」『北九州大學文學部紀要』(B系列) 16.

申基碩, 1986, 「15世紀の韓日通交」『アジア公論』15-2.

村井章介, 1985, 「建武・室町政權と東アジア」, 歷史學研究會・日本史研究會編『講座日本歷史』中世2, 東京大學出版會.

佐伯弘次, 1985, 「大內氏の博多支配機構」『史淵』122.

高橋公明, 1985, 「室町時代の外交姿勢」『歷史學研究』546.

奧深山親司, 1985, 「秀吉末期と家康時代の對外政策」『政經論叢』52, 國史館大學.

佐伯弘次, 1985, 「中世後期における大浦宗氏の朝鮮通交」『歷史評論』417, 歷史科學協議會.

村井章介, 1985, 「對馬仁位東泉寺所藏の元版新譯華嚴經について」『昭和59年度科學研究補助金(一般研究B)研究成果報告書』.

關周一, 1986, 「15世紀における'日本海沿岸地域'の交流」『日本史學集錄』3筑波大學日本史談話會.

田中博美, 1987, 「武家外交の成立と五山禪僧の役割」, 田中健夫編『日本前近代の國家と對外關係』, 吉川弘文館.

村井章介, 1987, 「春屋妙葩と外交－室町幕府初期の外交における禪僧の役割－」『木宮泰彦生誕一〇〇年記念論文集』學校法人常葉學園[村井1988a收錄]

村井章介(校注), 1987, 『老松堂日本行錄－朝鮮使節の見た中世日本－』(宋希璟著)(岩波文庫) (第1刷), 岩波書店.

村井章介, 1987, 「中世における東アジア諸地域との交通」, 朝尾直弘ほか編『日本の社會史1　列島內外の交通と國家』 岩波書店[村井章介1995收錄]

高橋公明, 1987, 「中世東アジア海域における海民と交流」『名古屋大學文學部研究論集』(史學) 33.

高橋公明, 1987, 「朝鮮遣使ブームと世祖の王權」『日本前近代の國家と對外關係』, 吉川弘文館.

村井章介, 1987, 「朝鮮に大藏經を求請した僞使について」『日本前近代の國家と對外關係』(田中健夫編) 吉川弘文館.

田中健夫, 1987,「足利將軍と日本國王號」『日本前近代の國家と對外關係』(田中健夫編), 吉川弘文館.

三鬼淸一郎, 1987,「關白外交體制の特質をめぐって」『日本前近代の國家と對外關係』, 吉川弘文館.

村井章介, 1988,「中世人の朝鮮觀をめぐる論爭」『歷史學研究』576 ［村井章介 1988收錄］

閔德基, 1988,「明代初期の日本征伐論と朝鮮の對應」『文學研究科紀要』(別册) 15, 早稻田大學大學院文學研究科.

田中健夫, 1988,「倭寇圖雜考－明代中國人の日本人像－」『東洋大學文學部紀要』41(史學科篇 13)

川添昭二, 1988,「鎌倉初期の對外關係と博多」『鎖國日本と國際交流』上, 吉川弘文館.

田中健夫, 1988,「『海東諸國紀』の日本・琉球圖」『海軍史研究』45.

田中健夫, 1989,「漢字文化圈のなかの武家政權－外交文書作成者の系譜－」『思想』796.

仲尾宏, 1989,「室町時代の朝鮮使節と京都」『前近代の日本と朝鮮－朝鮮通信使の軌跡－』, 明石書店.

閔德基, 1989,「朝鮮朝前期の'日本國王觀'」『朝鮮學報』132.

長節子, 1989,「十五世紀朝鮮南部沿岸海域における倭人の漁場」『九州産業大學教養部紀要』26-1.

關周一, 1990,「十五世紀における山陰地域と朝鮮の交流」『史境』20.

內藤正中, 1990·91,「山陰における日朝關係史(Ⅰ)(Ⅱ)」『經濟科學論集』16·17.

田村洋幸, 1990,「高麗倭寇および初期日朝貿易に關る史的方法論序說」『經濟經營論叢』, 京都産業大學經濟經營學會.

大塚秀明, 1990,「『海東諸國紀』の「語音翻譯」について」『(筑波大學)言語文化論集』32.

長節子, 1990,「孤草島釣魚禁約」, 網野善彦ほか編『海と列島文化3 玄界灘の島々』, 小學館.

佐伯弘次, 1990,「室町時代の遣明船警固について」, 九州大學國史學研究室編『古代中世史論集』, 吉川弘文館.

關周一, 1990,「書評：村井章介著『アジアのなかの中世日本』」『歷史學研究』603.

高橋公明, 1990, 「濟州島出身の官僚高得宗について」『名古屋大學文學部研究論集』, 史學36.

山室恭子, 1990, 「書評：村井章介著『アジアのなかの中世日本』」『史學雜誌』98-8.

田中健夫(校注), 1991, 『海東諸國紀－朝鮮人の見た中世の日本と琉球－』(申叔舟著, 岩波書店).

高橋公明, 1991, 「中世西日本海地域と對外交流」『日本海と出雲世界』, 小學館.

井上寬司, 1991, 「中世西日本海域の水運と交流」『日本海と出雲世界』, 小學館.

佐島顯子, 1991, 「文祿·慶長役期の秀吉朱印狀の送達について」『福岡女學院大學紀要』1.

關周一, 1991, 「倭寇による被虜人の性格をめぐって」『日本歷史』519.

高橋公明, 1991, 「中世日本海域と文化交流」『海と列島文化』2.

關周一, 1991, 「15世紀における朝鮮人漂流人送還體制の形成」『歷史學研究』617.

關周一, 1991, 「壹岐·五島の交流と朝鮮」『年報 中世史研究』16, 中世史研究會.

田中健夫, 1992, 「朝鮮王朝期韓·日交流の性格」『水邨朴永錫敎授華甲紀念 韓國史學論叢(下)』.

佐伯弘次, 1992, 「宗家文庫の中世史料」『水邨朴永錫敎授華甲紀念 韓國史學論叢』下.

高橋公明, 1992, 「外交称号, 日本國源某」『名古屋大學文學部研究論集』, 史學38.

村井章介, 1992, 「中世日朝貿易における経典の輸入」『日韓の交流と比較－歷史と現在－』東京大學文學部［村井1997收錄］.

河宇鳳, 1993, 「朝鮮初期對日使行員の日本認識」, 環日本海松江國際交流會編『高麗仏敎文化と山陰』(環日本海(東海)シリーズ92報告書), 同交流會.

古谷暢子, 1993, 「一六世紀朝鮮の大規模耕地開發と對中國・日本貿易－李泰鎭氏の一連の研究に寄せて－」『歷史評論』516.

長節子, 1993, 「興利倭船の研究」『朝鮮學報』216.

村井章介・荒野泰典・高橋公明・孫承喆, 1993, 「三浦から釜山倭館－李朝時代の對日貿易と港町－」『靑丘學術論集』3.

有井智德, 1993, 「『李朝實錄』の日本關係史料の研究」『靑丘學術論集』3.

關周一, 1993, 「中世の日朝關係－倭寇・朝鮮遣使ブーム·ア三浦－」『歷史と地理』457.

關周一, 1994, 「倭人送還交渉と三浦の形成」『社會文化史學』33［關周一2002收錄］

靑木勝士, 1993, 「肥後國菊池氏の對朝交易－『李朝實錄』『海東諸國紀』記事の分析から,『戰國史研究』26.

村井章介, 1993, 「漢詩と外交」, 荒野泰典・石井正敏・村井章介編『アジアのなかの日本史 6 文化と技術』東京大學出版會.

長節子, 1993, 「夷千島王遐叉の朝鮮への書契にみえる「野老浦」」『地方史研究』244.

村井章介, 1993, 「十五～十七世紀の日琉關係と五山僧」, 永原慶二編『中世の發見』, 吉川弘文館 [村井章介1995收錄]

關周一, 1994, 「中世「對外關係史」研究の動向と課題」『史境』28.

仲尾宏, 1994, 「『蔭凉軒日錄』にみる「高麗」記事と「日本國王使」の性格」『(京都芸術短期大學紀要)瓜生』16.

長節子, 1994, 「夷千島王遐叉の朝鮮遣使をめぐって(1)」『紀要』九州産業大・國際文化・1[長節子2002收錄]

佐伯弘次, 1994, 「室町前期の日朝關係と外交文書」『九州史學』111.

關周一, 1995, 「アジアの変動と國家・地域權力」, 佐藤和彦ほか編『日本中世史研究事典』, 東京堂出版.

田中健夫, 1995, 「十五世紀日朝知識人の相互認識」, 田中健夫編『前近代の日本と東アジア』, 吉川弘文館 [田中健夫1996收錄]

長節子, 1995, 「夷千島王遐叉の朝鮮遣使をめぐって(2)」『紀要』, 九州産業大・國際文化・2[長節子2002收錄]

長節子, 1995, 「朝鮮へ遣使した「夷千島王」の王名－遐義・遐叉・遐乂－」『西南地域史研究』10[長節子2002c收錄]

田代和生, 1995, 「宗家旧藏「図書」と木印」『朝鮮學報』156 米谷均.

米谷均, 1995, 「近世初期日朝關係における外交文書の僞造と改竄」『紀要』早稻田大・院・文・41.

田中健夫, 1996, 「外交史としての朝鮮通信使」, 申基秀・仲尾宏編『善隣と友好の記錄 体系朝鮮通信使2 丙子・寬永度 癸未・寬永度』明石書店[田中2003收錄]

仲尾宏, 1996, 「15世紀初頭の日朝通交と文物贈答－世宗期の交流を通じて－」『立命館言語文化研究』7-4.

橋本雄, 1996, 「中世日朝關係史の再檢討－枠組み・時期區分・相互認識－」『朝鮮史研究會會報』125.

關周一, 1997, 「室町幕府の朝鮮外交－足利義持·義敎の日本國王使を中心として－」, 阿部猛編『日本社會における王權と封建』, 東京堂出版.

橋本雄, 1997, 「中世日朝關係における王城大臣使の僞使問題」『史學雜誌』 106-2.

橋本雄, 1997, 「朝鮮への「琉球國王使」と書契·割符制－十五世紀の僞使問題と博多商人－」『古文書研究』 44·45合倂号.

橋本雄, 1997, 「『遺朝鮮國書』と幕府·五山－外交文書の作成と發給－」『日本歷史』 589.

橋本雄, 1997, 「書評と紹介:田中健夫著『前近代の國際交流と外交文書』『東アジア通交圈と國際認識』」『古文書研究』 46.

村井章介, 1997, 「「僧良心」を追って－東アジア世界と信州－」『信濃毎日新聞』 (1/14)[村井章介1997c收錄]

米谷均, 1997, 「一六世紀日朝關係における僞使派遣の構造と實態」『歷史學研究』 697.

米谷均, 1997, 「漂流民迻還と情報伝達からみた16 世紀の日朝關係」『歷史評論』 572.

佐伯弘次, 1997, 「外國人が見た中世の博多」, 村井章介·佐藤信·吉田伸之編『境界の日本史』, 山川出版社.

關周一, 1997, 「室町幕府の朝鮮外交－足利義持·義敎期の日本國王使を中心として－」, 阿部猛編『日本社會における王權と封建』, 東京堂出版

關周一, 1997, 「東アジア海域の交流と對馬·博多」『歷史學研究』 703. [關2002收錄]

高橋公明, 1997, 「外國人の見た中世日本」, 村井章介·佐藤信·吉田伸之編『境界の日本史』, 山川出版社.

河宇鳳, 1997, 「申叔舟と『海東諸國紀』－朝鮮王朝前期のある「國際人」の營爲－」, [大隅和雄·村井章介1997收錄]

長節子, 1998, 「三浦の亂以前對馬による深處倭通交權の入手」『産業経営研究所報(九州産業大學)』 30.[長節子2002收錄]

關周一, 1998, 「對馬·三浦の倭人と朝鮮」『朝鮮史研究會論文集』 36.

關周一, 1998, 「朝鮮王朝からの銅錢輸入」『出土錢貨』 9.

橋本雄, 1998, 「室町·戰國期の將軍權力と外交權－政治過程と對外關係－」『歷史學研究』 708.

米谷均, 1998,「中世後期, 日本人朝鮮渡海僧の記錄類について」『靑丘學術論集』12.

橋本雄, 1998,「室町幕府外交の成立と中世王權」『歷史評論』583.

橋本雄, 1998,「遺明船と遺朝鮮船の経營構造」『遙かなる中世』17.

米谷均, 1998,「史料紹介：東大史料編纂所架藏『日本關係朝鮮史料』」『古文書研究』48.

伊藤幸司, 1999,「中世後期の臨濟宗幻住派と對外交流」『史學雜誌』108-4.[伊藤幸司2002b收錄]

伊藤幸司, 1999,「室町幕府の外交と夢窓派華藏門派－「日本國王使」の外交僧をめぐって－」『朝鮮學報』171.[伊藤幸司2002收錄]

伊藤幸司, 1999,「一五・六世紀の日明・日朝交涉と夢窓派華藏門派－日本國王使の外交僧をめぐって－」『朝鮮學報』171.[伊藤2002收錄]

藤川誠, 1999,「石見國周布氏の朝鮮通交と僞使問題」『史學研究』226.

佐伯弘次, 1999,「室町期の博多商人宗金と東アジア」『史淵』136.

關周一, 1999,「朝鮮王朝官人の日本觀察」『歷史評論』592.

橋本雄, 1999,「史料紹介：丹波國氷上郡佐治莊高源寺所藏文書」『東京大學日本史學研究室紀要』3.

伊川健二, 2000,「中世後期における外國使節と遣外國使節」『日本歷史』626.

伊川健二, 2000,「諸國王使をめぐる通交制限」『遙かなる中世』18.

金光哲, 2000,「高麗大藏経と室町幕府」『東アジア研究』28.

橋本雄, 2000,「史料紹介：丹波國氷上郡佐治莊高源寺所藏文書(續)」『東京大學日本史學研究室紀要』4.

橋本雄, 2000,「室町幕府外交は王權論といかに關わるのか？」『人民の歷史學』145.

村井章介(校注), 2000,『老松堂日本行錄－朝鮮使節の見た中世日本－』(宋希璟著)(岩波文庫)(第3刷), 岩波書店.

米谷均, 2000,「解說・「玄方進獻卷子」について」, 田代和生・李薫監修『マイクロフィルム版　對馬宗家文書　第Ⅰ期朝鮮通信使記錄』別册下.

國原美佐子, 2001,「十五世紀の日朝間で授受した禽獸」『史論』54.

森勝彦, 2001,「中世九州の交易港と唐人町」『國際文化學部論集』2-1.

荒木和憲, 2002,「對馬島主宗貞茂の政治的動向と朝鮮通交」『日本歷史』653.

伊藤幸司, 2002, 「臨濟宗幻住派の動向と失政の外交姿勢－京都の宗金と博多の宗金をめぐって－」同著『中世日本の外交と禪宗』, 吉川弘文館.

伊藤幸司, 2002, 「中世後期における對馬宗氏の外交僧」『年報朝鮮學』8.

伊藤幸司, 2002, 「現存史料からみた日朝外交文書・書契」『九州史學』132.

長節子, 2002, 「夷千島王遐叉の朝鮮遣使に關する最近の研究について」, 同著『中世 國境海域の倭と朝鮮』, 吉川弘文館.

長節子, 2002, 「宗家旧藏「彈正小弼源弘」木印の性格」, 同著『中世 國境海域の倭と朝鮮』, 吉川弘文館.

長節子, 2002, 「朝鮮前期朝日關係の虛像と實像－世祖王代瑞祥祝賀使を中心として－」『年報朝鮮學』8.

長節子, 2002, 「弘治十三年正月日付琉球國王宛朝鮮國王李(燕山君)國書の性格」『東北アジア文化學會第五回國際學術シンポジウム』.

米谷均, 2002, 「豊臣政權期における海賊の引き渡しと日朝關係」『日本歷史』650.

米谷均, 2002, 「文書樣式論から見た一六世紀の日朝往復書契」『九州史學』132.

伊藤幸司, 2002, 「中世後期外交使節の旅と寺」, 中尾堯編『中世の寺院体制と社會』, 吉川弘文館.

須田牧子, 2002, 「室町期における大內氏の對朝關係と先祖觀の形成」『歷史學研究』761.

關周一, 2002, 「日本列島・朝鮮半島の異民族－被虜朝鮮人・中國人と倭人－」, 黑田弘子・長野ひろ子編『エスニシティ・ジェンダーからみる日本の歷史』, 吉川弘文館.

關周一, 2002, 「唐物の流通と消費」『國立歷史民俗博物館研究報告』92.

橋本雄, 2002, 「永正度の遣明船と大友氏－警固・抽分・勘合から－」『九州史學』130.

橋本雄, 2002, 「遣明船の派遣契機」『日本史研究』479.

ロビンソン・ケネス, 2002, 「『海東諸國紀』寫本の一考察」『九州史學』132.

荒木和憲, 2003, 「對馬島主宗貞盛の政治的動向と朝鮮通交」『朝鮮學報』189.

關周一, 2003, 「明帝國と日本」, 榎原雅治編『一揆の時代』(日本の時代史11), 吉川弘文館.

橋本雄, 2003, 「中世日本對外關係史の論点」『歷史評論』642.

柳父優子, 2003, 「滿濟と「蔭凉職」」『(法政大學大學院)紀要』50号.

山內謙, 2003, 『中世瀬戸內海の旅人たち』(歷史文化ライブラリー), 吉川弘文.館
太田 弘毅, 2003, 「倭寇の麥・米入手について--朝鮮半島への食糧調達行」『家庭科教育』77(10).
吉成 直樹, 福 寬美, 2003, 「琉球王國の成立と朝鮮半島-『おもろさうし』の政治的編纂意図から」『國際日本學』1.
松浦 章, 2004, 「朝鮮使節の琉球通事より得た台湾鄭経・琉球情報」『南島史學』63.
桑田 和明, 2004, 「宗像氏の朝鮮通交と称号」『海路』通号 1.
木村拓, 2004, 「15世紀朝鮮王朝の對日本外交における図書使用の意味-册封關係との接点の探求-」『朝鮮學報』191.
須田牧子, 2004, 「中世後期における赤間關の機能と大內氏」『ヒストリア』189.
竹田和夫, 2004, 「室町期對外交渉における五山僧の役割について-応永～応仁年間を中心に-」『(新潟大學大學院現代社會文化研究科) 資料學研究』新潟に-」, 大學大學院現代社會文化研究科プロジェクト「大域的文化システムの再構成に關する資料學的研究」) 1.
橋本雄, 2004, 「書評：田中健夫『對外關係史研究のあゆみ』」『日本歷史』675.

2) 德川時代

內藤耻叟, 1896, 「豊臣德川講和始末」『國家學會雜誌』2-6.
中村德五郞, 1897, 「德川幕府の初代に於ける朝鮮との舊好回復始末」『太陽』3-22.
三井大作, 1898, 「德川幕府初代に於ける朝鮮との修交貿易」『史學雜誌』9-12.
千住武次郞, 1898, 「德川幕府に於ける日韓の交渉」『太陽』4-12.
三井大作, 1900, 「德川幕府初代に於ける朝鮮との修好貿易」『史學雜誌』10-3-5.
近藤久太郞, 1901, 「德川時代朝鮮交通に就いて」『史學界』3-4-6.
萩野由之, 1903, 「近世朝鮮通聘始末」『國史論纂』.
阿部秀助, 1904, 「德川初期の外交」『國家學會雜誌』18-208·210·214.
藤田明, 1904, 「江戸時代に於ける朝鮮使節來朝について」『歷史地理』朝鮮號.
辻善之助, 1904, 「德川時代初期に於ける日韓の關係」『歷史地理』(朝鮮號).
柴謙太郞, 1905·1906, 「德川家康の外交政策」『史學雜誌』15-6·12 16-2·4·11·12 17-2·6.

杉敏介, 1908,「德川時代の對韓始末(1)(2)」『國學院雜誌』14-1·2.

小澤愛國, 1910,「德川初期の日韓關係」『三田學會雜誌』4-1·2.

吉田東伍, 1912,「寬永年中の日·韓·淸の國際情勢について」『歷史地理』19-6.

藤井甚太郎, 1917,「藍島の信使」『歷史地理』29-1,4,5.

黑木淸三, 1918,「白石と朝鮮聘使」『國史界』2-9·10.

栗田元次, 1920,「新井白石の政治思想と王號復行問題」『歷史と地理』5-1·4·6.

武田勝藏, 1922,「日鮮貿易史上の三浦と和館」『史學』1-3.

三浦周行, 1924,「新井白石と復號問題」『史林』9-3.

武田勝藏, 1925,「伯爵宗家所藏豊公文庫と朝鮮陣」『史學』4-3.

武田勝藏, 1925,「正德信使改禮の敎諭原本に就て」『史林』10-4.

阿部秀助, 1925,「江戶幕府の對外政策」『史學雜誌』36-12.

松田甲, 1925,「德川時代の朝鮮通信使」『朝鮮』122.

栗田元次, 1925,「新井白石の政治思想」『歷史と地理』15-5.

小田省吾, 1925,「釜山の和館と設門に就て」『朝鮮』125.

瀨野馬熊, 1926,「朝鮮通信使の江戶參向道中」『朝鮮』136.

武田勝藏, 1926,「宗家史料による復号一件」『史學』5-1.

武田勝藏, 1926,「宗家文書の中より(1)(2)」『史學』5-4·5.

武田勝藏, 1926,「寶曆信使來聘と宗敎」『中央史壇』12-7.

武田勝藏, 1926,「宗家史料による復號一件」『史學』5-1.

友納養德, 1927,「新井白石の鮮使待遇改正に就て」『歷史敎育』2-5.

今村鞆, 1927,「新井白石と朝鮮信使」『朝鮮』147.

松田甲, 1928,「毛利氏の朝鮮聘使接待」『朝鮮』155.

德島一郎, 1928,「新井白石の外交政策(上)(下)」『歷史と地理』22-3·4.

名越那珂次郎, 1928,「德川光國と朝鮮信使」『朝鮮』160.

鴛淵一, 1928,「淸初に於ける淸鮮關係と三田渡の碑文」『史林』13-1-3.

小田省吾, 1929,「李氏朝鮮時代に於ける倭館の變遷就中絶影島倭館に就て」『朝
　　　鮮支那文化の研究』.

名越那珂次郎, 1929,「水戶藩と朝鮮信使 2 史料」『朝鮮』170.

松田甲, 1929,「駿河の淸見寺と朝鮮信使」『朝鮮』171.

山田義直, 1929,「新井白石の朝鮮使者の待遇法改善」『歷史敎育』4-5.

植野武雄, 1929,「木下順庵父子と朝鮮使節」『朝鮮』174.

德島一郎, 1929, 「新井白石と德川幕府の對外文書に於ける將軍の稱號に就いて (1-8)」『歷史と地理』23-1·3·4.

三浦周行, 1930, 「新井白石と復號問題」『日本史の研究』2, 岩波書店.

松田甲, 1930, 「江戶城に於ける朝鮮人の曲馬」『朝鮮』176.

中村榮孝, 1930, 「朝鮮人曲馬上覽の起源」『朝鮮』176[中村榮孝1971收錄].

黑田省三, 1934, 「臨海·順和二君の生擒と其送還」『靑丘學叢』18.

浦廉一, 1934, 「明末淸初の鮮滿關係上に於ける日本の地位(1)(2)」『史林』19-2·3.

中村榮孝, 1934, 「江戶時代の日鮮關係」『岩波講座日本歷史』(旧版)岩波書店[中村榮孝1969收錄]

中村榮孝, 1934, 「朝鮮英祖朝の承政院日記改修に就いて」『小田先生頌壽記念朝鮮論集』.

中村榮孝, 1936, 「蘭船の朝鮮漂着と日鮮の交涉」『靑丘學叢』23.

多田正知, 1936, 「正德辛卯朝鮮通信使と日本の漢文學」『斯文』18-2.

平野隆, 1936, 「朝鮮貿易と對馬藩」『歷史學研究』6-6.

三浦叶, 1936, 「朝鮮通信使と備前漢文學界」『東洋文化』148.

田保橋潔, 1937·38, 「朝鮮國通信使易地行聘考」『東洋學報』23-3·4 24-2·3.

中山久四郎, 1937, 「朝鮮通信隣好史の一面」『歷史教育』12-9.

中山久四郎, 1937, 「朝鮮通信隣好史の一面」『外交時報』82-1, 84-3.

藤塚隣, 1940, 「金院堂を繞る日·鮮·淸の文化交流」『斯文』22-9.

小野均, 1942, 「朝鮮に於ける我國認識の展開」『日本諸學振興委員會研究報告 11』.

遠矢徹志, 1942, 「江戶時代に於ける對州藩の朝鮮貿易に就て」『史苑』 第14卷 第2號.

黑田省三, 1942·43, 「朝鮮通信使史話 1-9」『國民文學』2-9·10 3-1·7.

京口元吉, 1946, 「江戶時代の大陸政策－空疎なる世界政策論－」『新中國』6.

和田篤憲, 1950, 「近世における對馬藩の朝鮮貿易と其取締について」『同志社商學』2-2.

小葉田淳, 1950, 「松浦家文庫の海外交通史料について」『史林』33-6.

浦廉一, 1950, 「明末淸初における滿·韓·日關係の一考察」『羽田博士頌壽記念東洋史論叢』.

森克己, 1950, 「近世に於ける對鮮密貿易と對馬藩」『史淵』45.

宮崎道生, 1953, 「新井白石と趙泰億」『歷史』5.

伊東多三郎, 1953, 「將軍, 日本國王と稱す-その史的意味」『日本歷史』60.

伊東多三郎, 1953, 「殊號問題と將軍の權威」『日本歷史』67.

宮崎道生, 1953, 「新井白石と朝鮮聘使問題」『人文社會』3, 弘前大學.

宮崎道生, 1953, 「新井白石覺書」『日本歷史』67.

宮崎道生, 1953, 「國書復號記事批判」『藝林』4-4.

宮崎道生, 1953, 「正德の朝鮮來聘」『日本歷史』60.

田川孝三, 1953, 「『通文館志』の編纂とその重刊について」『朝鮮學報』4.

中村幸彥, 1954, 雨森芳洲とその外交, 『天理大學報』5-5.

田谷博吉, 1955, 「特鑄銀考-近世の日鮮貿易に關聯して-」『浪速大學紀要』(人
　　　　文社會科學) 3.

浦廉一, 1956, 「近世における中·鮮·日間の經濟交流」『廣島大學文學部紀要』9.

大塚鐙, 1956, 「芳洲文庫本『朝鮮信使東槎紀行』について」『朝鮮學報』10.

阿部吉雄, 1956, 「日本近世初期の儒學と朝鮮」『東京大學敎養學部人文科學科紀
　　　　要』7.

浜田敦, 1957, 「海行摠載に散見する日本語彙」『神田博士還暦記念書誌學論集』,
　　　　平凡社.

宮崎道生, 1958, 「日本國王號の復行」『新井白石の研究』, 吉川弘文館.

中村榮孝, 1958, 「蓬左文庫朝鮮本展觀書解說」『朝鮮學報』13.

中村質, 1959, 「戰後日本に於ける近世アジア諸國間の交涉史研究に就いて」『史
　　　　學研究』76.

大友信一, 1959, 「『客館璀粲集』による國語音の研究」『文芸研究』29.

大友信一, 1959, 「『桑韓筆語』による國語音の研究」『文芸研究』33.

村上四男, 1959, 「延亨五辰五月, 朝鮮人饗応献立」について, 『(和歌山大學學芸學
　　　　部)紀要(人文科學)』9.

三宅英利, 1961, 「李氏肅宗朝の日本聘禮と長州藩-近世日鮮外交の問題點を含
　　　　める-」『九州史學』17.

內藤雋輔, 1961, 「李朝史料による日鮮航路について」『岡山史學』10.

中村榮孝, 1962, 「月峯海上錄について」『朝鮮學報』25.

三宅英利, 1962, 「鎖國前後における日鮮關係」『歷史敎育』10-9.

中村榮孝, 1962, 「月峯海上錄と老松堂日本行錄」『日本歷史』173.

田中健夫, 1962,「リチャルド・コックスの觀た朝鮮使節來朝」『日本歷史』 171 [田中健夫1982收錄]

沼田次郎, 1963,「江戶時代の貿易と對外關係」『岩波講座 日本歷史－近世 5』.

中村榮孝, 1963,「朝鮮通信使點描」『韓來文化の後榮(中)』, 韓國資料研究會.

長正統, 1963,「景轍玄蘇について－一交僧の出自と法系」『朝鮮學報』 29.

中村榮孝, 1963,「尊海渡海日記について」『田山方南華甲記念論文集』.

三宅英利, 1963,「近世日鮮外交の一史料」『九州史學』 21.

田中健夫, 1964,「島井宗室と景轍玄蘇」『日本歷史』 193.

長正統, 1964,「『朝鮮通信使國次之書契覺』の史料的性格」『朝鮮學報』 33.

西川宏, 1965,「唐子踊りの謎を解く」『歷史地理敎育』 115.

田中健夫, 1965,「鎖國成立期日鮮關係の性格」『朝鮮學報』 34.

三宅英利, 1965,「近世李朝聘禮使と北九州」『九州地方史』 2.

田中健夫, 1966,「宗義智」『大名列傳』(兒玉幸多・木村礎編), 人物往來社.

長節子, 1966,「對馬島宗氏領國支配の發展と朝鮮關係諸權益」『朝鮮學報』 39·40.

中村榮孝, 1966,「朝鮮の日本通信使と大坂」『朝鮮學報』 39·40.

小林茂, 1967,「德川時代における朝鮮通信使の助鄕問題－淀藩の場合を中心として－」『朝鮮學報』 43.

小葉田淳, 1967,「近世の日朝貿易について－特に銅貿易に關して－」『朝鮮史研究會會報』 17.

三宅英利, 1967·68,「近世李朝通信使の九州觀察(1)(2)」『北九州大學文學部紀要』(B系列) 1-1·2.

那波利貞, 1967,「明和元年の朝鮮國修好通信團の渡來と我國の學者文人との翰墨上に於ける應酬唱和の一例に就きて」『朝鮮學報』42.

中村榮孝, 1967,「前近代アジア外交史上の德川政權－「日本國大君」外交の成立とその終末－」『朝鮮史研究會第五回大會報告論文集』.

中村榮孝, 1967,「外交史上の德川政權」『朝鮮學報』 45[中村榮孝1969b收錄]

長正統, 1968,「日鮮關係における記錄の時代」『東洋學報』 50卷 4號.

中村榮孝, 1968,「淸太宗の南漢山詔諭に見える日本關係の條件－十七世紀における東アジア國際秩序の變革と日本－」『朝鮮學報』 47.

三宅英利, 1968,「近世李朝通信使の福岡藩觀察」『九州史研究』(竹內理三編) お茶の水書房.

三宅英利, 1969, 「李氏孝宗朝日本通信使考」『北九州大學文學部紀要』(B系列) 3-1.

內藤雋輔, 1968, 「歸化医師泉大官とその系譜－附・朝鮮信使迎接日記について」『朝鮮學報』48.

中村榮孝, 1968, 「日光德川家康廟社堂扁額の模本について」『朝鮮學報』49.

三宅英利, 1968, 「近世李朝通信使の福岡藩觀察」, 竹内理三『九州史研究』, お茶の水書房[三宅英利1986a收錄]

矢澤康祐, 1969, 「江戸時代における日本人の朝鮮觀について」『朝鮮史研究會論文集』6.

石阪孝二郎編, 1969, 『朝鮮信使來朝歸帆官錄』, 岡方古文書刊行會[1992增補。明石書店]

西川宏, 1969, 「牛窓港に伝わる朝鮮の踊り」『日本のなかの朝鮮文化』3.

岡田精司, 1970, 「朝鮮人街道のこと」『日本のなかの朝鮮文化』6.

三宅英利, 1970, 「李氏英祖朝初回通信使と小倉藩」『北九州大學文學部紀要』(B系列) 4-1.

田代和生, 1970, 「近世對馬藩における日鮮貿易の一考察－'特鑄銀'を中心として－」『日本歷史』268.

岡田精司, 1970, 「朝鮮人街道のこと」『日本のなかの朝鮮文化』6.

加藤秀幸, 1970, 「住吉廣行筆春冬堂上放鷹之圖屏風下給及び「朝鮮信使來聘一件書類」」『美術研究』267.

中村榮孝, 1970, 「蓬萊故事について－十七世紀日鮮關係の一史料－」『朝鮮學報』57.

阿部吉雄, 1971, 「江戸初期の文藝復興と朝鮮」『日本のなかの朝鮮文化』11.

三宅英利, 1971, 「鎖國直後の朝鮮通信使」『北九州大學文學部紀要』(B系列) 5-1-2.

長正統, 1971, 「路浮稅考－肅宗朝癸亥條約の一考察－」『朝鮮學報』58.

李鉉淙, 1972, 「十七・八世紀韓日貿易關係の推移」『韓』12.

藤間生大, 1972, 「李朝末期の思想的課題－特に朝鮮國自立の意識と思想を中心として－」『朝鮮史研究會論文集』9.

三宅英利, 1972, 「近世朝鮮王朝日本觀の展開」『北九州大學開學25周年記念論文集』.

泉澄一, 1973, 「室町時代對馬における仰之梵高和尙について－對朝鮮交易書契・僧の始祖－」『對馬風土記』10.

長正統, 1973,「雨森芳洲とその時代−近世對馬の朝鮮外交−」(講演要旨) 福岡地方史談話會大會報告.

三宅英利, 1973,「元和朝鮮信使來聘理由への疑問」『九州史學』52.

泉澄一, 1973,「天龍寺塔頭.寶德院について−その建立と再興−」『史泉』47.

泉澄一, 1973,「天龍寺 二百四世中山亥中和尙について−對馬以酊庵輪番時代を中心にして−」『ヒストリア』63.

森山恒雄, 1973,「對馬藩」『長崎縣史』(藩政編) 吉川弘文館.

小川國治, 1973,「對馬藩の俵物生產と統制」『日本歷史』296.

田代和生, 1973,「近世日鮮私貿易における數量的考察−對馬藩の貿易收支帳をめぐって−」『大學院研究年報』3, 中央大學.

田代和生, 1973,「對馬藩の朝鮮輸出銅調達について−幕府の銅統制と日鮮銅貿易の衰退−」『朝鮮學報』66.

三宅英利, 1974,「寬永初回朝鮮信使」『九州史學』53·54.

姜在彦, 1974,「朝鮮人の日本觀−江戶期朝鮮通信使の日本紀行を中心として」『經濟評論』23-12.

山下幸子, 1976,「朝鮮信使の來朝」, 尼崎市立地域研究史料館『地域史研究』6-1.

李元植, 1974,「朝鮮純祖辛未通信使の訪日について−對馬における日韓文化交流を中心に−」『朝鮮學報』72.

泉澄一, 1974,「天龍寺第 204世蘭寶玄森和尙について−延寶三−五年對馬以酊庵輪番時代の行實」『對馬風土記』11.

三宅英利, 1974,「天和朝鮮信使考」『史學論集−對外關係と政治文化』.

泉澄一, 1974,「堺大安寺.開山堂と北村六右衛門」『史迹と美術』442.

三宅英利, 1974,「寬永十三年朝鮮信使考」『北九州大學文學部紀要』(B系列) 6.

中村榮孝, 1974,「大君外交の國際認識−華夷秩序のなかの日本−」『季刊 國際政治』51.

三宅英利, 1975,「享保朝鮮信使考」『北九州大學文學部紀要』(B系列) 7.

田代和生, 1975,「十七世紀末より十八世紀初に至る對馬藩の朝鮮貿易經營−貿易役人'元方役'の設置をめぐって−」『社會經濟史學』41-1.

藤村道生, 1975,「大君外交體制の論理」『名古屋大學日本史論集』下.

中村質, 1975,「島原の亂と鎖國」『岩波講座 日本歷史』9.

田中健夫, 1975,「『朝鮮通交大紀』と外交上の秘密」『日本歷史』320.

Ronald P. Toby, 1975, Korean－Japanese Diplomacy in 1711 Court and Shogun's Title, 『朝鮮學報』 74.

泉澄一, 1975, 「天龍寺第二百九世中山玄中和尙について」 『史泉』 50.

泉澄一, 1975, 「天龍寺第二一六世瑞源等禎和尙について－對馬以酊庵輪番時代の行實－」 『對馬風土記』 12.

田代和生, 1976, 「德川時代における銀輸出と貨幣在庫」 『日本經濟の發展』(梅林又次編).

田中健夫, 1976, 「『朝鮮通交大紀』雜考」 『朝鮮學報』 79.

李元植, 1976, 「壬亂僧將松雲大師墨跡の發見に寄せて」 『韓』 53.

泉澄一, 1976, 「天龍寺第二百二十二世湛堂令椿和尙について－對馬以酊庵輪番時代の行實－」 『日本歷史』 339.

田代和生, 1976, 「十七·十八世紀日朝貿易の推移と朝鮮渡航船」 『朝鮮學報』 79.

田代和生, 1977, 「鎖國成立期日朝貿易に關する一史料」 『中央史學』 創刊號 中央史學會.

李元植, 1977, 「明和度(一七六四)の朝鮮國信使－成大中との筆談唱酬詩卷を中心に－」 『朝鮮學報』 84.

李進熙, 1977, 「雨森芳洲の朝鮮語」 『季刊三千里』 11.

水田紀久, 1977, 「芳洲退休前後」 『文芸論叢』 「大谷大」 8.

三宅英利, 1977, 「寶曆朝鮮信使考」 『北九州大學文學部紀要·開學三十周年記念號』.

田中健夫, 1977, 「『朝鮮通交大紀』補考－宗家文庫本の紹介を中心に－」 『朝鮮學報』 84.

三宅英利, 1977, 「德川政權初回の朝鮮信使」 『朝鮮學報』 82.

泉澄一, 1977, 「江戸時代日朝外交の一側面」 『關西大學東西學術研究所紀要』 10.

泉澄一, 1977, 「江戸時代, 日朝外交の一側面－對馬以酊庵輪番制度と關係史料について」 『紀要』 「關西大·東西學術研」 10.

吉田宏志, 1977, 「李朝の畫員金明國について」 『日本のなかの朝鮮文化』 35.

ロナルド・トビ, 1977, 「初期德川外交における『鎖國』の位置付け－幕府正当性の確立の問題からみて－」, 社會経濟史學會編 『新しい江戸時代史像を求めて』 [ロナルド・トビ1990收錄]

三宅英利, 1978, 「文化朝鮮信使考－易地聘禮の成立－」 『北九州大學文學部紀要』(B系列) 11.

李元植, 1978, 「江戶時代における朝鮮國信使の遺墨について－墨蹟目錄－」『朝鮮學報』88.

長正統, 1978, 「倭學譯官書簡よりみた易地行聘交涉」『史淵』115, 九州史學會.

尾道博, 1978, 「近世日朝貿易における朝鮮人參座の構造と變遷についての一考察」『大學院論集』10-1, 福岡大學大學院.

田代和生, 1978, 「日朝貿易における白絲・絹織物の輸入と京都販賣」『史學雜誌』87-1.

正木啓二, 1978, 「續・朝鮮通信使」『伊那』26-8.

柳澤新治, 1978, 「唐子踊りの謎を解く」『歷史と人物』1978年12月号.

李元植, 1979, 「朝鮮通信使の遺墨」, [映像文化協會編1979收錄].

荒野泰典, 1979, 「朝鮮通信使の終末」『歷史評論』355.

大瀧晴子, 1979, 「明曆の朝鮮通信使」『朝鮮史叢』2.

李進熙, 1979, 「唐子踊りと朝鮮軸」『江戶時代の朝鮮通信使』(映像文化協會編), 每日新聞社.

糟谷憲一, 1979, 「なぜ朝鮮通信使は廢止されたか」『歷史評論』355.

上田正昭, 1979, 「朝鮮通信使と雨森芳洲」『江戶時代の朝鮮通信使』(映像文化協會編), 每日新聞社.

角田豊正, 1979, 「朝鮮通信使と歌舞伎」『江戶時代の朝鮮通信使』(映像文化協會編), 每日新聞社.

大瀧晴子, 1979, 「日光と朝鮮通信使」『江戶時代の朝鮮通信使』(映像文化協會編), 每日新聞社.

大瀧晴子, 1979, 「日光と朝鮮通信使－寬永13年の通信使－」『朝鮮史叢』1.

大瀧晴子, 1979, 「日光と朝鮮通信使－寬永20年の通信使－」『朝鮮史叢』2.

日野照正, 1979, 「外國人時節の淀川往返と綱引役, 水尾浚役－朝鮮通信使來朝の場合－」『地方史研究』162.

姜在彥, 1979, 「朝鮮通信使と靮の浦」『江戶時代の朝鮮通信使』(映像文化協會編), 每日新聞社.

大瀧晴子, 1979, 「朝鮮通信使による日光山致祭」『朝鮮史叢』2.

中村榮孝, 1979, 「江戶時代の朝鮮通信使」『江戶時代の朝鮮通信使』(映像文化協會編), 每日新聞社.

吉田宏志, 1979, 「朝鮮通信使の繪畫」『江戶時代の朝鮮通信使』(映像文化協會編),

每日新聞社.

泉澄一, 1979·80,「江戸時代の日朝交流－釜山窯の御本燒物をめぐって(上)(下)」『關西大學東西學術研究所紀要』12.

李元植, 1979,「朝鮮通信使の遺墨」『江戸時代の朝鮮通信使』(映像文化協會編), 每日新聞社.

田代和生, 1979,「對馬藩の倭館貿易」『江戸時代の朝鮮通信使』(映像文化協會編), 每日新聞社.

大瀧晴子, 1979,「日光と朝鮮通信使」『朝鮮史叢』1.

李元植, 1980,「江戸時代の朝鮮通信使」,『韓國文化』2-1.

泉澄一, 1980,「江戸時代の日朝交流(上)(下)」『關西大學東西學術研究所紀要』12·13.

田代和生, 1980,「寬永六年御上京之時每日記」『朝鮮學報』95.

羽賀祥二, 1980,「和親條約期の幕府外交について」『歷史學研究』482.

李元植, 1980,「朝鮮通信使と深見玄岱－『日光山八景和韻』詩書卷を中心に－」『日本歷史』384.

大瀧晴子, 1980,「明曆の朝鮮通信使」『朝鮮史叢』3.

佐野正巳, 1980,「和韓唱酬における雲藩儒者の活躍－長澤二子(東海·樂浪)と桃白鹿－」, 神奈川大學『人文學研究所報』14.

杉谷明, 1980,「朝鮮國遣使」の再檢討,『日本歷史』382.

三宅英利, 1980,「新井白石の聘礼改変と朝鮮王朝」, 北九州大學文學部『紀要(B系列)』13.

柳澤新治, 1980,「唐子踊りに秘められた鄕愁」『歷史と人物』1980年6月号.

田代和生, 1980·81,「寬永六年(仁祖七, 一六二九)對馬使節の朝鮮國「御上京之時每日記」, とその背景.

大瀧晴子, 1981,「朝鮮使節のみた江戸と江戸城－慶長から明曆まで－」『歷史手帖』9-4.

佐野正巳, 1981,「朝鮮通信使と山田復軒」, 神奈川大學『人文學研究所報』15.

杉原隆, 1981,「朝鮮通信使と雲石諸藩の負担」『山陰史談』17(一)(二)(三)」『朝鮮學報』96·98·101.

尾道博, 1981,「對馬藩の貿易資金調達について」『九州經濟學會年報』, 九州經濟學會.

泉澄一, 1981, 「正德享保期の釜山窯と注文燒物－宗家史料‘御燒物御注文類’を
　　　　めぐって－」『關西大學東西學術研究所紀要』14.

三宅英利, 1981, 「新井白石の聘禮改變と朝鮮王朝」『北九州大學文學部紀要』(B
　　　　系列) 13.

荒野泰典, 1981, 「大君外交體制の確立」『講座 日本歷史 2－鎖國』(加藤榮一・山
　　　　田忠雄編) 有斐閣.

中村榮孝, 1981, 「己酉約條再考」『朝鮮學報』101.

李元植, 1981, 「天和度(一六八二)朝鮮信使稗將洪世泰と日本文化との筆談唱酬に
　　　　ついて」『朝鮮學報』.

柴田實, 1981, 「朝鮮信使との筆談唱話にみる近世における日朝の文化交流」『關
　　　　西大學東西學術研究所創立三十周年記念論文集』.

三鬼淸一郎, 1981, 「江戶時代における朝鮮役の評價について」『歷史評論』373.

加藤榮一, 1981, 「鎖國と幕藩制國家」『講座日本歷史2 鎖國』(加藤榮一・山田忠
　　　　雄編) 有斐閣.

藤井讓治, 1981, 「朝鮮通信使と幕府初期の外交政策」『東アヅアにおける國際秩
　　　　序の形成と展開』(岩見宏編).

安江政一, 1982, 「江戶時代の佐渡における朝鮮人參の栽培硏究について」『藥史
　　　　學雜誌』17-1, 日本藥史學會.

田代和生, 1982, 「‘鎖國’時代の貿易－とくに日朝貿易と關連して－」『季刊 現代
　　　　經濟』47, 日本經濟新聞社.

仲尾宏, 1982, 「江戶時代の朝鮮通信使と京都」, 京都精華大學『木野評論』13[仲
　　　　尾宏1993a收錄].

山本秀夫, 1982, 「朝鮮通信使と岡山藩」『岡山地方史硏究會會報』32.

大瀧晴子, 1983, 「日光山輪王寺にのこる韓國文化－江戶時代の善隣外交の果實
　　　　－」『韓國文化』5-10.

姜在彦, 1983, 「前近代の東アジア世界と朝鮮－朝鮮の「事大」と「交隣」」『季刊三
　　　　千里』33.

芳賀登, 1983, 「朝鮮通信使と對馬」『韓國文化』5-8

八尾啓介, 1983, 「外交文書にみる近世初期の德川政權」, 藤野保先生還曆記念會
　　　　編『近世日本の政治と外交』, 雄山閣出版.

長鄕嘉壽, 1983, 「對馬藩提封の變遷について」『對馬風土記』19, 對馬鄕土硏究會.

鶴田啓, 1983, 「天保期の對馬藩財政と日朝貿易」『論集もんせい』8, 東京大學近世史研究會.

金義煥, 1983, 「釜山倭館の職官構成とその機能について－朝鮮の對日政策の一理解のために－」『朝鮮學報』108.

大瀧晴子, 1983, 「六鄕川と江戶時代の朝鮮使節」 大田區史編さん委員會編 『史誌』20.

荒野泰典, 1983, 「日本の鎖國と對外意識」『歷史學研究』別册特集(1983年度歷史學研究會大會報告)

李元植, 1984, 「朝鮮通信使に隨行した倭學譯官について－捷解新語の成立時期に關する確證を中心に－」『朝鮮學報』111.

大瀧晴子, 1984, 「日光と朝鮮通信使－韓國編－」(通信副使趙絧の墓に詣でて)『大日光』57.

長節子, 1984, 「松浦黨研究と朝鮮史料」『松浦黨研究』7.

田中健夫, 1984, 「『續善隣國寶記』について－所收史料の特質と撰述の經緯－」『東洋大學文學部紀要』(史學科編) 38-10.

長野暹, 1984, 「幕藩制社會における農民的顯彰の一考察－對馬藩田代領代官佐役賀嶋兵介の事業をめぐって－」『經濟史經營史論集』, 大阪經濟大學日本經濟史研究所.

後藤紀彦, 1984, 「韓客筆語」『東京大學史料編纂所報』18.

藤田覺, 1984, 「外壓と幕政」『歷史評論』, 歷史科學協議會.

明石善之助, 1984, 「福岡と朝鮮通信使」『季刊三千里』37.

井上朋義, 1984, 「朝鮮通信使と見物船－播磨灘沖での交歡」『韓國文化』6-9.

大瀧晴子, 1984, 「江戶っ子の見た朝鮮信使」『季刊三千里』37.

姜在彦, 1984, 「室町・江戶時代の善隣關係」『季刊三千里』37.

西川宏, 1984, 「鞆・日比・牛窓の交流」『季刊三千里』37.

貫井正之, 1984, 「通信使, 尾張をゆく」『季刊三千里』37.

辛基秀, 1985, 「朝鮮通信使の新しい資料・繪馬・繪畵・日記」『韓國文化』7-8.

三浦吉春, 1985, 「通信使來訪による東海道整備と村方負擔」『韓國文化』7-11(特集 朝鮮通信使 6).

辛基秀, 1985, 「みつかった朝鮮通信の繪馬」『未來』274.

荒野泰典, 1985, 「十八世紀の東アジアと日本」『講座 日本歷史 6－近世 2』, 東京大學出版會.

高橋公明, 1985, 「慶長12年の回答兼刷還使の來日についての一考察」『名古屋大學文學部研究論集(史學)』31.

上野隆生, 1985, 「幕末・維新期の朝鮮政策と對馬藩」『日本外交の危機意識』, 近代日本研究會.

姜在彦, 1985, 「江戶時代の朝鮮通信使」(特集朝鮮通信使1)『韓國文化』7-6.

三浦吉春, 1985, 「富士川の船橋」『韓國文化』7-9(特集 朝鮮通信使 4).

辛基秀, 1985, 「祭の中の通信使」『韓國文化』7-11.

吉田宏志, 1985, 「朝鮮通信使と洛中洛外圖」(特集朝鮮通信使(5))『韓國文化』7-10.

閔德基, 1985, 「朝鮮通信使と德川光國」『新韓月報』43.

李進熙, 1985, 「雨森芳洲と玄錦谷」『韓國文化』7-7.

三宅英利, 1985, 「朝鮮官人の白石像」『新井白石の現代的考察』(宮崎道生編).

李元植, 1985, 「新井白石と朝鮮通信使」『韓國文化』7-7.

李元植, 1985, 「新井白石と朝鮮通信使－筆談と唱和を中心に－」『新井白石の現代的考察』(宮崎道生編)

朴忠錫, 1985, 「19世紀後半の日本知識人の對韓觀」『アジア公論』1985년 11월호.

田中健夫, 1985, 「朝鮮の通信使」(特別展覽 朝鮮通信使・近世－200年の日韓文化交流), 東京國立博物館.

李元植, 1985, 「韓天壽と朝鮮通信使」『近畿文化』430.[李元植1997收錄]

石井正敏, 1985, 「朝鮮通信使關係研究文獻目錄」『特別展示朝鮮通信使図錄』, 東京國立博物館.

市川正明, 1985, 「李朝の通信使－江戶時代の日本と朝鮮」『韓國文化』7-2.

姜在彦, 1985, 「朝鮮通信使(1)－江戶時代の朝鮮通信使」『韓國文化』7-6.

李元植, 1985, 「朝鮮通信使(2)－新井白石と朝鮮通信使」『韓國文化』7-7.

李進熙, 1985, 「朝鮮通信使(2)－雨森芳州と玄錦谷」『韓國文化』7-7

辛基秀, 1985, 「朝鮮通信使(3)－朝鮮通信使の新しい史料：繪馬・繪畵・日記…」『韓國文化』7-8.

三浦吉春, 1985, 「朝鮮通信使(6)－通信使來訪による東海道整備と村方負担」『韓國文化』7-11.

辛基秀, 1985, 「朝鮮通信使の新しい資料・繪馬・繪畵・日記」『韓國文化』7-8.

金烔泰, 1985, 「『方長老』と南部藩－德川・朝鮮外交の舞台裏を中心に」『韓國文化』.

高橋公明, 1985, 「慶長十二年の回答兼刷還使の來日についての一考察」『名古屋大學文學部研究論集』ＸＣⅡ史學31.

鄭夏美, 1985, 「朝鮮通信使の江戶入府－江戶の町触と信使記錄の關連から」『人間文化研究年報』「お茶の水女子大」8.

仲尾宏, 1985, 「朝鮮通信使と京・近江」, 上田正昭ら編『日本と朝鮮の2000年』, 大阪書籍.

仲尾宏, 1985, 「通信使外交の終焉と明治維新」『岡本淸一先生傘壽記念論集』, 法律文化社.[仲尾宏1993b收錄]

三浦吉春, 1985, 「通信使來訪による東海道整備と村方負担」『韓國文化』7-11.

李元植, 1986, 「韓國研究院所藏朝鮮通信使關係資料について」『韓』102.

岡田芳朗, 1986, 「日本における曆の變遷」『歷史評論』430 歷史科學協議會.

森晋一郎, 1986, 「近世後期對馬藩日朝貿易の展開－安永年間の私貿易を中心として－」『史學』56-3, 慶應義塾大學 三田史學會.

Ronald P.Toby・佐藤正幸譯, 1986, 「近世における日本型華夷觀と東アジアの國際關係」『日本歷史』463.

原口淸, 1986, 「廢藩置縣研究の發展のために」『歷史學研究』561.

佐藤誠朗, 1986, 「廢藩置縣論序說」『歷史學研究』551, 歷史學研究會.

鶴田啓, 1986, 「十八世紀後牛の幕府・對馬藩關係－近世日朝關係への一視角－」『朝鮮史研究會論文集』23.

岸 浩, 1986, 「長門沿岸に漂着した朝鮮人の送還を巡る諸問題の檢討」『朝鮮學報』119・120.

李元植, 1986, 「林羅山と朝鮮通信使」『朝鮮學報』119・120.

李元植, 1986, 「韓國研究院所藏朝鮮通信使關連資料について－付資料目錄－」『韓』102.

上野日出刀, 1986, 「雨森芳洲について(2)」『活水論文集』「活水女子短大」29.

國重顯子(佐島顯子), 1986, 「豊臣政權の情報伝達について」『九州史學』96.

辛基秀, 1986, 「朝鮮と紀州德川家の交流－儒者李眞榮と賴宣」『韓國文化』8-7.

辛基秀, 1986, 「朝鮮と紀州德川家の交流(2)－李梅溪と光貞・吉宗」『韓國文化』8-9.

仲尾宏, 1986, 「『隔蓂記』の時代と朝鮮通信使, 京都精華大學『木野論評』17.[仲尾宏1993b收錄]

芳賀登, 1986, 「朝鮮通信使と日韓文化交流」『日韓文化交流史の研究』, 雄山閣出版.

三宅英利, 1986, 『近世日朝關係史の研究』, 文獻出版.

三宅英利, 1986, 「朝鮮使節の來朝」, 大石愼三郎編『海外視点　日本の歷史』10, ぎょうせい.

ロナルド・トビ, 1986, ＊近世における日本型華夷觀と東アジアの國際關係　佐藤正幸譯,『日本歷史』463.

三宅英利, 1987, 「近世朝鮮朝官人の日本天皇觀」『鎖國日本と國際交流・上』, 吉川弘文館.

木村直也, 1987, 「文久三年對馬藩援助要求運動について」『日本前近代の國家と對外關係』(田中健夫編), 吉川弘文館.

上垣外憲一, 1987, 「雨森芳州と韓國」『第二次日韓合同學術會議'比較日韓近代化'發表要旨』, 日韓文化交流基金.

孫承喆, 1987, 「朝鮮後期實學思想の對外認識」『朝鮮學報』122.

荒野泰典, 1987, 「明治維新期の日朝外交體制'一元化'問題」『日本前近代の國家と對外關係』, 吉川弘文館.

長郷嘉壽, 1987, 「朝鮮渡口御關所と御關所御用飛船をめぐって」『絶海を渡る－日韓友好親善の船－』, 長崎縣上縣郡上對馬町産業課.

山本博文, 1987, 「幕藩制初期の政治機構について」『日本歷史』474, 日本歷史學會.

鶴田啓, 1987, 「寛政改革期の幕府·對馬藩關係」『日本前近代の國家と對外關係』, 吉川弘文館.

藤田覺, 1987, 「嘉永二年(1849)の開國論」『日本歷史』464, 日本歷史學會.

田中優子, 1987, 「近世日本文化のおける連の方法」『第二次日韓合同學術會議'比較日韓近代化'發表要旨』, 日韓文化交流基金.

田中博美, 1987, 「武家外交の成立と五山禪僧の役割」『日本前近代の國家と對外關係』(田中健夫編), 吉川弘文館.

田代和生, 1987, 「近世日韓貿易のおける朝鮮米輸入と倭館枡」『第二次日韓合同學術會議 '比較日韓近代化' 發表要旨』, 日韓文化交流基金.

園田英弘, 1987, 「武士身分の解體とその後」『第二次日韓合同學術會議'比較日韓近代化'發表要旨』, 日韓文化交流基金.

久保貴子, 1987,「天和・貞享期の朝廷と幕府－靈元天皇をめぐって－」『早稻田
　　　大學大學院文學研究科紀要』別册 14(哲學・歷史).

荒野泰典, 1987,「日本型華夷秩序の研究」『日本の社會史』I.

Ronald P. Toby, 1987,「初期德川外交政策における「鎖國」の位置づけ」『新しい
　　　江戶時代史を求めて』(社會經濟史學會編), 東洋經濟新報社.

李元植, 1987,「朝鮮通信使のもたらした書跡」『韓國美術3 李朝美術』, 講談社.

辛基秀, 1987,「淀川の黃金船－朝鮮通信使船行－群馬縣土岐家秘藏の繪畫－」『韓
　　　國文化』8-7·9.

鶴田啓, 1987,「近世の日朝關係」『歷史と地理』382.

仲尾宏, 1987,「本能寺と朝鮮通信使－享保度通信使の京都所在－」, 京都芸術短
　　　期大學『瓜生』10.[仲尾宏1993a收錄]

三宅英利, 1987,「近世日朝交流の特質」, 北九州大學文學部『紀要』開學40周年記
　　　念号.

山內長三, 1987,「李聖麟と崔北－寬延度通信使隨行畫員について－」『中吉先生
　　　喜壽記念 朝鮮の古文化論讚』, 國書刊行會.

山內長三, 1987,「通信使畫員の繪」『韓國美術3 李朝美術』, 講談社.

三宅英利, 1988,「近世朝鮮官人の日本天皇觀」, 箭內健次編『鎖國日本と國際交
　　　流』下, 吉川弘文館.

金義煥, 1988,「釜山倭館貿易の研究」『朝鮮學報』127.

田代和生, 1988,「對馬藩の朝鮮米輸入と「倭館枡」」『朝鮮學報』124.

田代和生, 1988,「德川時代の貿易」『經濟社會の成立』, 岩波書店.

今井典子, 1988,「近世中期の地賣銅について」『日本歷史』480, 日本歷史學會.

李元植, 1988,「朝鮮通信使の訪日と筆談唱和」『韓』110.

吉田忠, 1988,「朝鮮通信使との醫事問答」『日本文化研究所報告』24.

安岡昭男, 1988,「慶應期の幕使遣韓策」『鎖國日本と國際交流・下』, 吉川弘文館.

田中健夫, 1988,「對馬以酊庵の研究」『東洋大學大學院紀要』24.

黑田安雄, 1988,「幕末外交と「南島雜話」の成立」『鎖國日本と國際交流』下, 吉川
　　　弘文館.

芳賀登, 1988,「朝鮮通信使とその接待」『韓』110.

三宅英利, 1988,「朝鮮通信使と西國諸藩」『韓』110.

ケイト・ワイルドマン・ナカイ, 1988, 「『禮樂』・『征伐』の再統一－新井白石の將軍權力再構築構想とその挫折の意味するもの－」『季刊日本思想史』31.

田中健夫, 1988, 「朝鮮修文職と通信使館伴」『韓』110.

Ronald P. Toby, 1988, 「近世日本の庶民文化に現れる朝鮮通信使」『韓』110.

靑野正明, 1988, 「細井肇の朝鮮觀」『韓』110.

木崎弘美, 1988, 「近世外交文書集成の歷史－「異國日記」を中心として－」『鎖國日本と國際交流』上, 吉川弘文館.

田代和生, 1989, 「幕末期日朝私貿易と倭館貿易商人－輸入四品目の取引を中心に－」『德川社會からの展望－發展・構造・國際關係－』, 同文館出版社.

田代和生, 1989, 「近世の日朝關係と對馬」『朝鮮史研究會論文集』26.

荒野泰典, 1989, 「近世の日朝關係」, 歷史學研究會編『日朝關係史を考える』(靑木書店).

李元植, 1989, 「朝鮮通信使の訪日と文化交流」『ビブリア』「天理図書館」93.

高柄翊, 1989, 「群倭瑃花瑤草－朝鮮通信使の日本觀」(上), (中), (下),『韓國文化』117・118・119.

高正晴子, 1989, 「天和二年の朝鮮通信使の室津における饗応をめぐって」, 梅花短期大學,『研究紀要』37.

仲尾宏, 1989, 『前近代の日本と朝鮮－朝鮮通信使の軌跡－』, 明石書店.

原田大道, 1989, 「朝鮮信使副丈卜船の構造について」, 長崎總合科學大學,『紀要』30-1.

李元植, 1990, 「朝鮮通信使と江戸時代の文人たち」, 近畿大學,『文學・芸術・文化』1.

姜在彦, 1990, 「韓日文化交流－雨森芳洲の誠信外交」『季刊コリアナ』3-3.

金義煥, 1990, 「趙曮が見た18世紀後期の日本社會と韓日關係－『海槎日記』を中心に」『季刊コリアナ』3-4.

高正晴子, 1990, 「天和二年の朝鮮通信使の江戸より風本にいたる下向の饗応記録－主に食糧の調達について－」, 梅花短期大學『研究紀要』38.

田代和生, 1990, 「朝鮮通信使行列繪卷の研究」『朝鮮學報』137.

仲尾宏, 1990, 「朝鮮使節と大德寺」, 京都芸術短期大學『瓜生』12.[仲尾宏1993a
　　　　收錄]

信原修, 1990, 「雨森芳洲と玄德潤-『誠信堂記』をめぐって(上),(下)」『韓國文化』
　　　　12-11, 12.

信原修, 1990, 「『誠信堂記』をよむ」『朝鮮學報』136.

三宅英利, 1990, 「前近代朝鮮官人の「日本將軍」觀-國交再開期～制度確立期-」,
　　　　北九州大學文學部『紀要(B系列)』22.

河宇鳳, 1990, 「18世紀 實學者の日本觀」『靑丘學術論集』1, 韓國文化研究振興
　　　　財團.

池內敏, 1990, 「朝鮮信使大坂易地聘禮計劃をめぐって」『日本史研究』336.

鄭成一・長野暹, 1990, 「十八世紀末對馬藩財政における朝鮮貿易の地位-寬政2
　　　　年(1790)對馬藩朝鮮公貿易史料を中心として-」『佐賀大學經濟學
　　　　論集』22-6.

鄭成一・長野暹, 1990, 「對馬藩朝鮮公貿易關係史料」『佐賀大學經濟學論集』23-1.

鄭成一・長野暹, 1990, 「十九世紀初期朝日貿易における開市と貿易船の動向-
　　　　『館守日記』を中心に-」『佐賀大學經濟學論集』23-3.

鶴田啓, 1990, 「近世日朝貿易と日朝接觸の特質」『歷史評論』481.

李元植, 1991, 「朝鮮通信使の訪日と文化交流-使行錄と筆談唱和集を中心に-」
　　　　『慕山文化』2.[李元植1997收錄]

仲尾宏, 1991, 「江戶の朝鮮通信使-軍役と民衆の接点を中心に-」, 京都芸術短
　　　　期大學『瓜生』13.[仲尾宏1993a收錄]

田代和生, 1991, 「對馬藩の朝鮮語通詞」『史學』60.

閔德基, 1991, 「新井白石の『日本王國』復號論」『論集 中近世の史料と方法』, 東
　　　　京堂.

永積洋子, 1991, 「17世紀後半の情報と通詞」『史學』60-4, 三田史學會.

瀧澤武雄編, 1991, 『論集 中近世の史料と方法』, 東京堂出版.

泉澄一, 1991, 「對馬以酊庵第二世・規伯玄方の南禪寺をめぐる行實について」
　　　　『日本文化史論集』.

池內敏, 1991, 「近世後期における對外觀と'國民'」『日本史研究』344.

米谷均, 1991, 「對馬藩の朝鮮通詞と雨森芳洲」『海事史研究』48.

池内敏, 1991, 「崔天宗殺害事件をめぐる德川幕府と對馬藩」『ヒストリア』 132, 大阪歷史學會.

James B. Lewis, 1991, 「壬辰・丁酉倭亂以降江華島約條以前の朝鮮からみた對馬」 『地方史研究』 41-4.

田代和生, 1991, 「十七・十八世紀東アジア域內交易における日本銀」『アジア交 易圈と日本工業化 1500-1900』.

宗田一, 1991, 「官製栽培朝鮮種人參(オタネニンジン)の販賣(1-4)」『醫藥ジャーナ ル』 27-1·2·3·4.

池内敏, 1991, 「近世中期の朝鮮通信使」『地域史研究』 21-1.

Ronald P. Toby, 1992, 「變貌する'鎖國'概念」『國際交流』 59, 國際日本研究セン ター.

糟屋憲一, 1992, 「近代的外交体制の創出」, 荒野泰典・石井正敏・村井章介編 『アジアのなかの日本史』 II, 東京大學出版會.

佐島顯子, 1992, 「秀吉の「唐入り」構想の挫折と小西行長の講和交涉」, 福岡女學 院大學『紀要』 2.

仲尾宏, 1992, 「大阪の朝鮮使節」, 京都芸術短期大學『瓜生』 14.[仲尾宏1993a收錄]

吉田宏志, 1992, 「通信使と畵家の交流」, [李元植ら1992收錄]

武田勝藏, 1922, 「元和信使の東海道往還」『史學』 2-1.

長鄕嘉壽, 1992, 「對馬と倭館を結んだ御關所御用飛船について」『水邨朴永錫敎 授華甲紀念 韓國史學論叢』下.

大石學, 1992, 「日本近世國家の藥草政策」『歷史學研究』 639, 歷史學研究會.

中村質, 1992, 「近世日朝私貿易論の再檢討」『水邨朴永錫敎授華甲紀念 韓國史 學論叢』下.

James B. Lewis, 1992, 「近世日本人の朝鮮觀-倭館における公貿易接待の費用を 例示として-」學年報 朝鮮學』 2.

池内敏, 1992, 「崔天宗殺害事件における日朝相互認識」『鳥取大學敎養學部紀 要』 26.

田代和生, 1992, 「對馬藩の朝鮮語通詞」『水邨朴永錫敎授華甲紀念 韓國史學論 叢』下.

藤井甚太郎, 1922, 「糟屋郡相島に於ける黑田家の朝鮮信使接待」『筑紫史談』28.

James B. Lewis, 1992, 「近世朝鮮人の日本觀」『年報 朝鮮學』九州大 朝鮮史研究室.

塚田孝, 1992,「アジアにおける良と賤－牛皮流通を手掛りとして－」『アジアのなかの日本史』(第一卷 アジアと日本) 東京大學出版會.

信原修, 1992,「鄭後僑『扶桑紀行』にみる交隣と誠信－鄭後僑・雨森芳洲・松浦霞沼らを拾いよむ－」『朝鮮學報』142.

李進熙, 1992,「朝鮮通信使とはなにか」『朝鮮通信使と日本人』, 學生社.

大畑篤四郎, 1992,「朝鮮通信使の歩んだ道」『朝鮮通信使と日本人』, 學生社.

田代和生, 1992,「江戶時代の交易」『朝鮮通信使と日本人』, 學生社.

仲尾宏, 1992,「朝鮮使節の見た江戶と人人 映った通信使」『朝鮮通信使と日本人』, 學生社.

辛基秀, 1992,「祭り殘った通信使行列」『朝鮮通信使と日本人』, 學生社.

田中健夫, 1992,「江戶幕府の外交と對馬藩」『朝鮮通信使と日本人』, 學生社.

吉田宏志, 1992,「通信使と畫家の交流」『朝鮮通信使と日本人』, 學生社.

李元植, 1992,「朝鮮通信使の殘したもの」『朝鮮通信使と日本人』, 學生社.

李元植, 1993,「淀川と朝鮮通信使」『淀川文化考』[李元植1997收錄]

李啓煌, 1993,「慶長の役後の國際關係－講和交涉における日本・朝鮮・明の動向－」『史林』76-6.[李啓煌1997收錄]

紙屋敦之, 1993,「大君外交と近世の國制」, 早稻田大學大學院文學研究科『紀要』38.

鈴木えりも, 1993,「江戶幕府將軍の外交称号」『歴史の理論と教育』36.

仲尾宏, 1993,「朝鮮使節と京都大仏殿招宴問題」, 京都芸術短期大學『瓜生』15[仲尾宏1993a收錄]

三宅英利, 1993,「朝鮮王朝後期官民の日本觀」, 荒野泰典・石井正敏・村井章介編『アジアのなかの日本史』V, 東京大學出版會.

村田博史, 1993,「津市分部町の唐人踊り」[辛基秀編1993收錄]

渡辺和敏, 1993,「朝鮮通信使の通行」『靜岡縣史研究』9.

木村直也, 1993,「幕末の日朝關係と征韓論」『歴史評論』516.

池內敏, 1993,「近世朝鮮人漂着民に關する覺書」『歴史評論』516.

山本博文, 1993,「日本の沿海防備體制と朝鮮」『歴史評論』516.

池內敏, 1993,「文藝作品と朝鮮通信使」『靑丘學術論集』3.

孫承喆, 1993,「朝鮮の實學と西學」『アジアのなかの日本史』6, 東京大學出版會.

孫承喆, 1993,「朝鮮後期 對日交隣體制の脫中華的性格」『歴史學研究』647.

米谷均, 1993, 「雨森芳洲の對朝鮮外交」 『朝鮮學報』 제148호.

李元植, 1994, 「祇園南海と朝鮮通信使」 『近代風土』 44.[李元植1997收錄]

金文子, 1994, 「豊臣政權の日・明和議交涉と朝鮮」 『お茶の水史學』 37.

佐島顯子, 1994, 「壬辰倭亂講和の破綻をめぐって」 『年報朝鮮學』 4.

田代和生, 1994, 「渡海譯官使の密貿易」 『朝鮮學報』 150.

閔德基, 1994, 『前近代東アジアのなかの韓日關係』, 早稻田大學出版部.

ロナルド・トビ, 1994, 「外交の行列・仰列」 『朝日百科日本の歷史別冊歷史を讀
    みなおす』 17, 朝日新聞社.

李啓煌, 1995, 「『丁応泰誣奏事件』と日・明將らの講和交涉」 『日本史研究』 389.
    [李啓煌1997收錄]

李啓煌, 1995, 「和好交涉における朝・日の立場・態度」 『日本國家の史的特質』
    近世・近代, 思文閣出版.[李啓煌1997收錄]

紙屋敦之, 1995, 「大君外交と日本國王」, 田中健夫編 『前近代の日本と東アジア』,
    吉川弘文館.

金文子, 1995, 「慶長元年の日明和議交涉破綻に關する一考察」, お茶の水女子大
    學 『人間文化研究年報』 18.

辛基秀, 1995, 「屛風, 繪馬にみる朝鮮通信使」 [上田正昭編1995收錄]

辛基秀, 1995, 「祭りと朝鮮通信使」 [辛基秀・仲尾編1995收錄] [辛基秀1999收
    錄]

辛基秀・仲尾宏編, 1995, 『体系 朝鮮通信使』 3・5, 明石書店.

鈴木信昭, 1995, 「李朝仁祖期をとりまく對外關係」, 田中健夫編 『前近代の日本
    と東アジア』 吉川弘文館.

武田恒夫, 1995, 「朝鮮國王に贈られた屛風繪」 [上田正昭編1995收錄]

田代和生, 1995, 「享保改革期の朝鮮藥材調査」, 山田慶兒編 『東アジアの本草と
    博物學の世界』 下, 思文閣出版.

田代和生・米谷均, 1995, 「宗家旧藏「図書」と木印」 『朝鮮學報』 156.

田中健夫, 1995, 『譯注日本史料 善隣國宝記・新訂續善隣國宝記』, 集英社.

仲尾宏, 1995, 「朝鮮渡海譯官使と對馬藩」, 京都芸術短期大學 『瓜生』 17.

河宇鳳, 1995, 「朝鮮後期對外認識の推移」 『歷史學研究』 678.

泉澄一, 1996, 「正德元年の朝鮮通信使と大坂」, 關西大學 『文學論集』 46-1.

辛基秀・仲尾宏, 1996, 『体系 朝鮮通信使』 1・2, 明石書店.

杉下元明, 1996, 「南海の桃源郷」『季刊日本思想史』49.

杉田昌彦, 1996, 「『問槎畸賞』の序跋について」『季刊日本思想史』49.

鈴木健一, 1996, 「李東郭の詩二題」『季刊日本思想史』49.

田中健夫, 1996, 『前近代の國際交流と外交文書』, 吉川弘文館.

德盛誠, 1996, 「唱和の世界の成り立ち－『鷄林唱和集』中の唱酬より－」『季刊日本思想史』49.

仲尾宏, 1996, 「壬辰・丁酉倭亂の朝鮮人被虜とその歸國・定住」, 京都芸術短期大學『瓜生』19.[仲尾宏2000b收錄]

中野光浩, 1996, 「仙台東照宮祭礼の歴史的特質について」『地方史研究』261.

日原伝, 1996, 「岡島冠山と朝鮮通信使」『季刊日本思想史』49.

堀川貴司, 1996, 「唐金梅所と李東郭」『季刊日本思想史』49.

堀口育男, 1996, 「正德辛卯朝鮮通信使と富士の詩」『季刊日本思想史』49.

三宅英利, 1996, 「朝鮮通信使研究小考」『福岡縣地域史研究』14.

米谷均, 1996, 「近世初期日朝關係における外交文書の僞造と改竄」, 早稲田大學大學院文學研究科『紀要』41-4.

橋本雄, 1997, 「「派朝鮮國書」と幕府・五山－外交文書の作成と發給」『日本歷史』589.

姜東燁, 1997, 「一八世紀における韓日文化交流と宮瀬龍門」『朝鮮學報』164.

田代和生, 1997, 「近世前期朝鮮医藥の需要と對馬藩」, 山田慶兒ら編『歴史の中の病と医學』, 思文閣出版.

信原修, 1997, 「正德辛卯信使の來日と詩文唱酬の實態」『朝鮮學報』162.

ロナルド・トビ, 1997, 「『毛唐人』の登場」, 村井章介ら編『境界の日本史』, 山川出版社.

葛本一雄, 1998, 「朝鮮通信使の廢絶と中井竹山」『東アジア研究』21.

伍躍, 1998, 「宝暦, 明和年間の朝鮮通信使」『東アジア研究』21.

佐伯弘次, 1998, 椎葉地方と朝鮮通信使,『文明のクロスワード Museum Kyushu』60.

辛基秀, 1998, 「朝鮮通信使を描いた日本の繪師たち」, 上原兼善代表『朝鮮通信使および東アジアの漂流民をめぐる諸問題』1996～97年度科研報告書.[辛基秀1999收錄]

金光哲, 1999, 「朝鮮使節－回答兼刷還使前夜－」『史學論集－仏教大學文學部史學科創設三十周年記念』, 仏教大學文學部史學科.

金光哲, 1999,「回答兼刷還使」『東アジア研究』25.

佐島顯子, 1999,「日明講和交渉における朝鮮撤退問題」, 中村質編『鎖國と國際關係』, 吉川弘文館.

仲尾宏, 1999,「朝鮮通信使使行錄概說－『善隣と友好の記錄大系・朝鮮通信使』收錄史料を中心に－」, 京都芸術短期大學『瓜生』21.[仲尾宏2000b收錄]

仲尾宏, 1999,「洛中洛外図屛風にみる朝鮮使節と耳塚」, 京都芸術短期大學『瓜生』22.[仲尾宏2000b收錄]

仲尾宏, 1999,「松雲大師と朝鮮復交」『第三次四溟堂記念國際學術會議資料集』[仲尾宏2000b收錄]

米谷均, 1999,「「朝鮮通信使」と被虜人刷還活動について」, 田代和生・李薫監修『對馬宗家文書 第Ⅰ期 朝鮮通信使記錄 別冊中』, ゆまに書房.

米谷均, 1999,「近世日朝關係における戰爭捕虜の送還」『歷史評論』595.

辛基秀・仲尾宏, 2000,『図說 朝鮮通信使の旅』, 明石書店.

田代和生, 2000,「白石・芳洲論爭と對馬藩」, 慶応大學『史學』69-3・4.

仲尾宏, 2000,「洛中洛外図にみる朝鮮使節と耳塚」, 京都芸術短期大學『瓜生』23.[仲尾宏2000b收錄]

河宇鳳, 2000,「十七・十八世紀 韓國人の日本認識」, 小島康敬・M.W.ステイール編『鏡のなかの日本と朝鮮』, ぺりかん社.

米谷均, 2000,「一七世紀前期日朝關係における武器輸出」, 藤田覺編『十七世紀の日本と東アジア』, 山川出版社.

杉仁, 2001,「在村文化の情報發信と朝鮮・中國－多胡碑文と在村學者の活動－」『近世の地域と在村文化－技術と商品と風雅の交流』, 吉川弘文館.

貫井正之, 2001,「壬辰丁酉倭亂および戰後の日朝交渉における惟政(松雲大師)の活動に關する考察」『朝鮮學報』178.[仲尾宏・曺永祿2002收錄]

貫井正之・小出裕・毛利正勝, 2001,「江戸時代, 朝鮮通信使の基礎的研究」『青丘學術論集』18.

李元植, 2002,「講和使僧松雲大師と日朝善隣外交」,[仲尾宏・曺永祿2002收錄]

伊藤幸司, 2002,「中世後期における對馬宗氏の外交僧」『年報朝鮮學』8.

伊藤幸司, 2002,「現存史料からみた日朝外交文書・書契」『九州史學』132.

北島万次, 2002,「壬辰丁酉倭亂前後の東北アジア國際秩序の変化」, [仲尾宏・曺永祿2002收錄]

金榮作, 2002,「松雲大師の加藤清正との外交談判」, [仲尾宏・曺永祿2002收錄]

高柄翊, 2002,「松雲大師と壬辰倭亂期と東アジア」, [仲尾宏・曺永祿2002收錄]

曹國慶, 2002,「明朝の將校劉綎と朝鮮の義僧松雲大師による協同抗倭戰爭」, [仲尾宏・曺永祿2002收錄]

鄭柄朝, 2002,「松雲大師惟政の思想と仏敎史的位置」, [仲尾宏・曺永祿2002收錄]

陳尙勝, 2002,「德川家康と松雲大師」, [仲尾宏・曺永祿2002收錄]

仲尾宏, 2002,「德川家康と朝鮮・試論」, [仲尾宏・曺永祿2002收錄]

仲尾宏, 2002,「朝鮮通信使關係資料・有形文化財資料所在調査報告(附　目錄)」, 京都造形芸術大學『GENESIS』6.

仲尾宏・李元植・辛基秀・吉田宏志・山路興造・山本尙友・菅澤庸子, 2002,「朝鮮通信使關係資料目錄」『靑丘學術論集』21.

河宇鳳, 2002,「國交再開期における松雲大師の活動とその意義」, [仲尾宏・曺永祿2002收錄]

閔德基, 2002,「壬辰倭亂前後の東北アジア國際秩序の変化」, [仲尾宏・曺永祿2002收錄]

米谷均, 2002,「豊臣政權期における海賊の引き渡しと日朝關係」『日本歷史』650.

米谷均, 2002,「松雲大師の來日と朝鮮被虜人の送還について」, [仲尾宏・曺永祿2002收錄]

豆谷浩之, 2003,「朝鮮通信使大坂易地聘禮計劃と對馬藩大坂屋敷」『大坂歷史博物館 研究紀要』26.

吉田 智史, 2003,「朝鮮通信使接待をめぐる西國諸藩の動向－萩藩大坂留守居の活動を中心として」『七隈史學』4.

市川 寬明, 2003,「朝鮮通信使の行列構成と大名の役負担体系－大名課役と請負商人の成立」『史海』50号, (記念特集「歷史學・歷史敎育の現在－個・地域・社會」).

糟谷 政和, 2003,「朝鮮通信使を題材とした繪馬－'地域の中の朝鮮'を考える敎材研究」『コミュニケーション學科論集』15.(通号　450).

木部 和昭, 2003,「近世期對馬の沖合漁業と漁民の朝鮮漂流について」『東亞経濟研究』62(2).

仲尾 宏, 2003,「朝鮮國礼曹參判書契の所在と伝世－久世家旧藏新出史料を中心に」『朝鮮學報』188.

鄕司 泰仁, 2003,「宝曆度朝鮮通信使の畵員金有聲について」『靑丘學術論集』23.

Ronald P. Toby, 2003,「久隅守景筆「朝鮮通信使行列圖屛風」について」『國華』109(1) (通号 1294).

淸水 太郎, 2003,「ベトナム使節と朝鮮使節の中國での邂逅(4)16世紀以前の事例を中心として」『北東アジア文化研究』18.

韓 承希, 2003,「享保4年度朝鮮通信使と諸藩の接待」『政治経濟史學』20.

糟谷 政和, 2004,「朝鮮通信使を題材とした繪馬－'地域の中の朝鮮'を考える敎材研究」『コミュニケーション學科論集』15.

刑 永鳳, 2004,「朝鮮通信使に關する聘礼改革と長州藩－新井白石との關連性から」『山口縣地方史研究』91.

鈴木 文, 2004,「延享－寬延期の「朝鮮ブーム」に見る自他意識－木村理右衛門著『朝鮮物語』を中心に」『歷史評論』651.

橫田 武子, 2004,「福岡南蛮菓子事情－朝鮮通信使の饗応から」『海路』1.

倉地 克直, 2004,「朝鮮漂流記錄を讀む(1)」『岡山大學文學部紀要』42.

Ⅲ. 임진왜란편

1. 한국

1) 단행본

崔南善, 1931,『壬辰亂』, 東明社.

李允宰, 1946,『聖雄 李舜臣』, 通文館.

李殷相, 1946,『李忠武公一代記』, 國學圖書出版部.

姜興秀, 1948,『壬辰倭亂과 丙子胡亂』, 文運堂.

李芬, 朴泰遠 譯, 1948, 『李忠武公行錄』, 乙酉文化社.

震檀學會 編, 1950, 『李忠武公』, 同研社.

權泰益, 1951, 『壬辰倭亂』, 啓蒙社.

李忠武公記念事業會 編, 1951, 『民族의 太陽』, 李忠武公記念事業會.

震檀學會 編, 1955, 『忠武公讀本』, 忠武公記念事業會.

양형섭, 1957, 『1592-1598 壬辰祖國戰爭에서의 人民義兵鬪爭』, 社會科學院 歷史
　　　　研究所.

李忠武公記念事業會 全南支部 編, 1958, 『忠武公遺物遺蹟圖鑑』, 民族文化社.

李殷相 譯, 1960, 『國譯 註解 李忠武公全書 상/하』, 忠武會.

文敎部, 1960, 『李忠武公 亂中日記』, 三和印刷株式會社.

박태원, 1960, 『壬辰祖國戰爭』, 國立文學藝術書籍出版社.

윤석원, 1963, 『郭再祐 指揮下의 嶺南人民의 鬪爭』, 朝鮮勞動黨出版社.

윤석원, 1963, 『壬辰祖國戰爭』, 朝鮮勞動黨出版社.

趙仁福, 1964, 『李舜臣戰史研究』, 鳴洋社.

최길성, 1964, 『壬辰祖國戰爭時期 우리 水軍의 鬪爭』, 社會科學出版社.

李殷直, 1966, 『朝鮮名將傳』, 新興書店.

李炯錫, 1967, 『壬辰戰亂史』 상·하, 壬辰戰亂刊行要院會.

李殷相 譯, 1968, 『亂中日記』, 玄岩社.

南廣祐, 1969, 『朝鮮 漢字音研究 – 壬亂前 現實漢字音을 中心으로 –』, 東亞出版社.

李殷相, 1969, 『聖雄 李舜臣』, 民族文化協會 附設, 횃불사.

金義煥, 1972, 『人間 李舜臣傳』, 연문출판사.

東亞文化研究所 編, 1972, 『壬辰亂史-국외자료』, 서울대출판부.

成東鎬 編, 1972, 『忠武公逸話』, 瑞文堂.

李甂浩 譯, 1973, 『亂中日記』, 集文堂.

趙成都 譯, 1973, 『壬辰狀草』, 同元社.

李殷相, 1974, 『忠武公의 生涯와 思想』, 삼성문화재단.

李炯錫, 1974, 『壬辰戰亂史』 상·중·하, 新現實社.

崔永禧, 1974, 『壬辰倭亂』, 世宗大王記念事業會.

李殷相, 1975, 『聖雄 李舜臣』, 三中堂.

李殷相 譯, 1975, 『亂中日記』, 三中堂.

崔永禧, 1975, 『壬辰倭亂중의 社會動態』, 韓國研究院.

趙成都, 1976,『忠武公 李舜臣』, 同元社.

金泰俊, 1977,『壬辰倭亂과 朝鮮文化의 東漸』, 韓國研究院.

李殷相 譯, 1977,『亂中日記』, 李忠武公文獻編纂委員會.

李鉉淙 譯, 1977,『趙靖先生文集』, 趙靖先生文集刊行委員會.

蘇在英, 1977,『壬辰錄』, 螢雪出版社.

韓國軍事研究室, 1977,『韓國軍制史』, 陸軍本部.

金在瑾, 1978,『거북선의 神話』, 正宇社.

姜舞鶴, 1979,『忠武公兵法』, 家庭文庫社.

蘇在英, 1980,『壬丙洋亂과 文學意識』, 韓國研究院.

姜熙英, 1981,『姜弘立將軍 – 密旨에 담긴 民族의 秘事 – 』, 野實社.

李進熙, 1982,『韓國과 日本文化』, 乙酉文化社.

趙湲來, 1982,『壬亂義兵將 金千鎰研究』, 學文社.

李在範, 1983,『元均正論』, 啓明社.

李榮煥, 1984,『李英男將軍傳記』, 鎭川文化院.

亞細亞文化社, 1984,『壬辰倭亂關係文獻叢刊』1-3, 亞細亞文化社.

朴性植, 1986,『壬辰倭亂의 研究』, 嶺南大 博士學位論文.

李俊杰, 1986,『朝鮮時代 日本과 書籍交流 研究』, 弘益齋.

林哲鎬, 1986,『壬辰錄研究』, 正音社.

趙成都, 1986,『制勝堂과 李忠武公』, 藝文社.

朴哲, 1987,『세스페데스』, 西江大學校出版部.

徐仁漢, 1987,『壬辰倭亂史』, 戰史編纂委員會.

海南文化院, 1987,『鳴梁大捷의 再照明』, 海南文化院.

南原文化院, 1989,『丁酉再亂 南原城싸움』, 南原文化院.

林哲鎬, 1989,『說話와 民衆의 歷史意識 – 壬辰倭亂 說話를 中心으로 – 』, 集文堂.

鄭光洙, 1989,『삼가 적을 무찌른 일로 아뢰나이다』, 精神世界社.

嶺南大 民族文化研究所, 1990,『慶北義兵史』, 慶尙北道.

韋旭全, 1990,『抗倭演義(壬辰錄)研究』, 亞細亞文化社.

全北鄉土文化研究會 편, 1990,『全北義兵史』상·하, 全北鄉土文化研究會.

全羅南道壬亂史料編纂委員會, 1990·92,『湖南地方 壬辰倭亂 史料集』I-Ⅳ.

靈光鄉土文化研究會, 1991,『靈光壬亂史料集』, 靈光鄉土文化研究會.

金台俊 외, 1992,『壬辰倭亂과 韓國文學』, 民音社.

南天祐, 1992, 『긴 칼 옆에 차고 成樓에 홀로 앉아 - 李舜臣의 智略과 죽음의 疑問』, 修文書館.
木浦大博物館, 1992, 『壬辰·丁酉倭亂과 珍島』, 木浦市.
文榮龜, 1992, 『全羅左水營研究』, 大韓建設振興會.
李元勝, 1992, 『柳成龍의 軍事分野業績 再照明』, 청문각.
壬亂功臣崇慕會 편, 1992, 『壬亂功臣遺史誌』.
崔碩男, 1992, 『救國의 名將 李舜臣(상/하)』, 교학사.
黃浿江, 1992, 『壬辰倭亂과 實記文學』, 일지사.
金弘, 1993, 『壬辰倭亂의 軍事史的 研究』, 경북대 박사학위논문.
李錫麟, 1993, 『壬亂義兵將 趙憲 研究』, 신구문화사.
梁銀容, 1993, 『壬辰倭亂과 佛敎義僧軍』, 경서원.
崔孝軾, 1993, 『慶州府의 壬辰抗爭史』, 慶州市文化院.
國立大邱博物館, 1994, 『嶺南의 名儒와 壬辰倭亂』, 國立大邱博物館.
서필량, 1994, 『壬辰倭亂-그것은 그렇지 않았다』, 瑞文堂.
양재숙, 1994, 『다시 쓰는 壬辰倭亂』 I/II, 高麗苑.
金文吉, 1995, 『壬辰倭亂은 文化戰爭이다』, 혜안.
小川晴久(하우봉 역), 1995, 『韓國實學과 日本』, 한울.
李採衍, 1995, 『壬辰倭亂 捕虜實記 研究』, 박이정.
金鍾洙, 1996, 『朝鮮後期 訓練都監의 設立과 運營』, 서울대 박사학위논문.
李在範, 1996, 『元均을 위한 辨明 - 기록을 남기지 않은 자의 비애』, 학민사.
임철호, 1996, 『壬辰錄 異本研究 I-IV』, 전주대학교출판부.
趙重和, 1996, 『다시쓰는 壬辰倭亂史』, 학민사.
車文燮, 1996, 『朝鮮時代 軍事關係 연구』, 단대출판부.
崔斗煥 譯, 1996, 『새번역 亂中日記』, 학민사.
順天大學校博物館, 1997, 『順天 劍丹山城과 倭城』, 順天市.
韓國歷史研究會, 1997, 『한국역사 속의 전쟁』, 청년사.
郭鎬濟, 1998, 『壬辰倭亂기 호서의병연구』, 충남대 박사논문.
李照永, 1998, 『李舜臣과 王朝實錄』, 대성문화사.
朴哲晄, 李相勳, 1998, 『忠武公 李舜臣』, 대한출판문화협회.
國立晋州博物館, 1999, 『싸워죽기는 쉬워도 길을 빌려주기는 어렵다 - 史料로 보는 壬辰倭亂』, 혜안.

崔永禧 외, 1999, 『새롭게 다시 보는 壬辰倭亂』, 진주박물관.

韓明基, 1999, 『壬辰倭亂과 韓中關係』, 역사비평사.

四溟堂記念事業會, 2000, 『사명당 유정 – 그 인간과 사상과 활동』, 지식산업사.

장경남, 2000, 『壬辰倭亂의 문학적 형상화』, 아세아문화사.

허용기, 2000, 『忠武公 金時敏 將軍 史料集』, 도서출판 한국문화.

金康植, 2001, 『壬辰倭亂과 慶尙右道의 義兵運動』, 혜안.

崔文正, 2001, 『壬辰錄研究』, 박이정.

金州植·李敏雄·鄭鎭述 編, 2002, 『朝鮮時代 水軍 關聯 史料集 Ⅰ∼Ⅴ』, 해군사관
　　　　학교.

李章熙, 朴哲晄 외, 2003, 『望菴 邊以中 研究』, 봉암서원.

崔官, 2003, 『日本과 壬辰倭亂』, 고려대학교 출판부.

김태훈, 2004, 『이순신의 두얼굴』, 청해.

이봉수, 2004, 『이순신이 싸운 바다』, 새로운 사람들.

이충호·도천, 2004, 『7년전쟁과 이순신』, 세손.

이민웅, 2004, 『임진왜란 해전사』, 청어람미디어.

남천우, 2004, 『이순신은 전사하지 않았다』, 미디어북스.

조원래, 2005, 『임진왜란사연구 – 새로운 관점의 – 』, 아세아문화사

유길만, 2005, 『이순신과 도요토미 히데요시』, 경향미디어.

노병천, 2005, 『이순신을 알면 일본을 이긴다』, 이십일세기군사연구소.

이우각, 2005, 『통곡 – 이순신실록 – 』, 숲속의 꿈.

황원갑, 2005, 『부활하는 이순신』, 이코비지니스.

2) 논문

정태민, 1948, 「壬辰亂 중의 농민봉기」 『신천지』 3-10.

成　海, 1949, 「조선명장론(리순신장군 편 상)」 『력사제문제』 6.

成　海, 1949, 「조선명장론(리순신장군 편 중)」 『력사제문제』 7.

成　海, 1949, 「조선명장론(리순신장군 편 하)」 『력사제문제』 8.

韓㳓劤, 1952, 「壬辰亂 原因에 관한 검토 – 豊臣秀吉의 전쟁도발 원인에 대해」
　　　　『역사학보』 1, 역사학회.

金庠基, 1953, 「東西思想으로 본 忠武公의 偉勳」 『이충무공350주기기념논총』,
　　　　동연사.

柳洪烈, 1953,「李舜臣將軍의 生涯」『李忠武公』, 동연사.

李秉岐, 1953,「忠武公의 文學」『李忠武公』, 동연사.

李丙燾, 1953,「壬亂時 降倭와 金忠善」『이충무공 350주기 기념논총』.

李弘稙, 1954,「壬辰亂과 古典流失」『韓國古文化論考』.

리춘성, 1955,「리순신 將軍의 生涯와 活動」『력사과학』.

宋 晞, 1955,「韓國抗日名將 李舜臣」『중한문화논집』.

崔永禧, 1957,「임진정유란시 연해민의 동태」『史叢』2, 고려대 사학회.

金永上, 1958,「世宗大王과 李忠武公의 탄생지」『향토서울』3, 서울시사편찬위
　　　　원회.

李殷相, 1958,「忠武公과 그의 時文」『논문집』1, 청구대.

朴種和, 1959,「四溟大師와 壬辰倭亂」『백성욱박사 송수기념 불교학논문집』.

李鉉淙, 1961,「명사접대고」『향토서울』12, 서울시사편찬위원회.

車文燮, 1961,「임란이후의 양역과 균역법의 성립(상/하)『史學硏究』10·11, 한
　　　　국사학회.

金錫禧, 1962,「壬辰倭亂의 의병운동에 관한 일고」『향토서울』15, 서울시사편
　　　　찬위원회.

이숭녕, 1962,「壬辰倭亂과 민간인의 피해에 대해」『역사학보』17·18합, 역사학회.

李鉉淙, 1963,「壬辰倭亂과 서울」『향토서울』18, 서울시사편찬위원회.

禹貞相, 1963,「南北漢山 城義僧防番錢에 대해」『壬辰倭亂과 佛敎義僧軍』, 경서원.

禹貞相, 1963,「南北漢山城義僧防番錢에 대해」『佛敎學報』1, 東國大 佛敎文化
　　　　硏究所.

丁仲煥, 1963,「일본기록에서 본 壬辰亂 - 부산관계 사료를 중심으로 -」『항도
　　　　부산』3, 부산시사편찬위원회.

金良善, 1964,「壬辰倭亂 從軍神父 세스페데스의 來韓活動과 그 영향」『史學硏
　　　　究』18, 한국사학회.

金龍國, 1964,「壬辰倭亂中 서울修復戰과 防衛計劃」『鄕土서울』22, 서울시사편
　　　　찬위원회.

朴容玉, 1964,「丁卯亂朝鮮被擄人刷 贖還考」『史學硏究』18, 韓國史學會.

崔永禧, 1964,「壬辰倭亂 중의 대명사대에 대해」『史學硏究』18, 한국사학회.

權相老, 1965,「泗溟堂 - 軍服으로 바꾼 袈裟 -」『韓國의 人間像』2, 新丘文化社.

李載浩, 1965, 「柳成龍:(1542~1607) - 倭亂을 극복한 名相 - 」『人物韓國史』3, 博友社.

장덕순, 1965, 「고전문학에 나타난 대일감정」『동아문화』4, 서울대학교출판부.

車文燮, 1965, 「신립 - 탄금대에 뿌린 피」『한국의 인간상』5, 신구문화사.

崔碩男, 1965, 「이순신 - 민족의 성웅」『인물한국사』3, 박우사.

崔永禧, 1965, 「柳成龍 - 戰亂 속의 기둥 - 」『한국의 인간상』1, 新丘文化社.

崔永禧, 1965, 「이순신 - 민족구원의 성웅」『한국의 인간상』2, 신구문화사.

金斗鍾, 1966, 「壬辰亂後의 活字印本 - 實錄字와 訓鍊都監字」『震檀學報』29·30合, 진단학회.

李丙燾, 1966, 「漢陽城郭考 - 특히 조선전기(임란이전)를 중심으로 - 」『향토서울』29, 서울시사 편찬위원회.

鄭夏明, 1966, 「柳成龍의 軍事觀의 一班 - 그의 山城說 - 」『陸士論文集』4, 陸軍士官學校.

李基平, 1967, 「李忠武公硏究」『論文集』4, 公州敎育大學.

이영래, 1967, 「壬辰倭亂의 경제사적 의의」『경상논집』3, 건국대 경상학회.

李載浩, 1967, 「임란의병의 일고찰 - 관군과 명군과의 관계를 중심으로 - 」『역사학보』35.36合, 역사학회.

金龍國, 1968, 「壬辰倭亂후 龜船의 변천과정」『학술원논문집』7, 학술원.

李章熙, 1968, 「壬辰倭亂중 民間叛亂에 대해」『향토서울』32, 서울시사편찬위원회.

丁淳睦, 1968, 「李退溪의 사상이 근세일본교육에 미친 영향」『中央大師大學報』4.

柳承宙, 1969, 「朝鮮後期軍需鑛工業의 發展 - 鳥銃問題를 中心으로 - 」『史學志』3, 단국대 사학회.

李章熙, 1969, 「임란 海西義兵에 대한 일고찰 - 연안대첩을 중심으로 - 」『史叢』14, 고려대 사학회.

李章熙, 1969, 「壬辰倭亂 僧軍考」『이홍직박사 회갑기념 한국사논총』, 간행위원회.

김성태, 1970, 「이순신장군의 성격 연구」『행동과학연구』1, 고려대 행동과학연구소.

김일기, 1970, 「한산대첩과 그 영향」『논문집』2, 삼척농업전문학교.

丁仲煥, 1970, 「壬辰倭亂과 부산 사적 - 시민의 날 제정에 즈음해 - 」『박원표선생 회갑기념 부산사연구논총』.

崔槿默, 1970, 「임란때의 호서의병에 대해」『논문집』9(인문사회과학편), 충남대.

金潤坤, 1971, 「壬辰亂 勃發 直前의 地方郡縣 實態 – 丹陽郡과 彦陽縣의 경우」 『惠庵柳洪烈博士華甲紀念論叢』, 惠庵柳洪烈博士華甲紀念論叢 간 행위원회.

金在瑾, 1971, 「壬辰倭亂 中의 軍船」『朝鮮王朝軍船研究』, 일조각.

李章熙, 1971, 「임란중 糧餉考 -明兵의 軍糧調達을 중심으로-」『史叢』15·16合, 고려대 사학회.

李章熙, 1971, 「임란중 投降倭兵에 대해」『한국사연구』6, 한국사연구회.

金錫禧, 1972, 「壬辰亂의 의병에 관한 재고찰」『논문집』13, 부산대.

宋正炫, 1972, 「壬辰倭亂과 호남의병」『역사학연구』4, 전남대 사학회.

李章熙, 1972, 「임란전의 西北邊界政策」『백산학보』12, 백산학회.

琴章泰, 1973, 「忠節精神-忠武公 李舜臣將軍을 中心으로-」『사문논총』1, 사문 학회.

吳圭煥, 1973, 「東西洋의 二大提督-忠武公과 NELSON」『학술연구조성비에 의한 연구보고서(인문과학)』4-15, 문교부.

李乙浩, 1973, 「정유피란기」『호남문화연구』5, 전남대 호남문화연구소.

崔書勉, 1973, 「壬辰倭亂의 볼모 – '오다아 줄리아'에 관한 사적 고찰 – 」『민족 문화논총(노산 이은상박사 고희기념논문집)』.

許善道, 1973, 「'鎭管體制復舊論'研究」『國民大學論文集』5, 국민대학교.

許善道, 1973, 「制勝方略 研究(上) – 壬辰倭亂 直前 防衛體制의 實相」『震檀學 報』36, 진단학회.

黃夏鉉, 1973, 「壬辰倭亂이후의 大同 및 均役의 재정사적연구」, 한양대 석사학 위논문.

金在瑾, 1974, 「龜船의 造船學的 考察」『學術院論文集』13, 대한민국 학술원.

李鉉淙, 1974, 「壬辰倭亂시 琉球 · 東南亞人의 來援」『일본학보』2.

崔槿默, 1974, 「壬辰倭亂때의 호서지방의 민간반란」『백제연구』5, 충남대 백제 연구소.

許善道, 1974, 「制勝方略 研究(下) – 壬辰倭亂 直前 防衛體制의 實相」『震檀學 報』37, 진단학회.

洪淳昶, 1974, 「조선조 官人國家의 변질과정(1) – 그 서론적 고찰(壬辰倭亂 전의 국내 정치상황) – 」『영남사학』3, 영남대 사학회.

권중헌, 1975, 「壬辰倭亂을 중심으로 한 삼국(한/중/일)의 외교관계」, 경희대 석사논문.

金泰俊, 1975, 「日本 新儒學의 成立과 朝鮮學者-壬亂前後의 朝鮮文化의 對日影響을 중심해-」『明大論文集』8, 명지대학교.

趙啓纘, 1975, 「壬辰倭亂기의 身分向上에 관한 小考」『동아논총』12(인문과학편), 동아대.

崔韶子, 1975, 「淸廷에서의 昭顯世子(1637~1645)」『全海宗博士華甲紀念史學論叢』, 일조각.

金在瑾, 1976, 「板屋船考」『韓國史論』3, 한국사학회.

劉九成, 1976, 「壬亂時 明兵의 來援考」『史叢』20, 고려대 사학회.

李東俊, 1976, 「重峯 趙憲의 歷史意識과 國難對策」『同大論叢』6, 동덕여자대학교.

李章熙, 1976, 「壬辰倭亂」『韓國史論』4 (조선후기편), 국사편찬위원회.

李謙周, 1977, 「壬辰倭亂과 軍事制度의 確立」『韓國軍制史』(근세조선후기편), 육군본부.

崔韶子, 1977, 「壬辰亂시 명의 파병에 대한 논고」『東洋史學硏究』11.

李鉉淙, 1978, 「민족발전을 위협한 국난」『길』5, 총력안보중앙협의회.

崔韶子, 1978, 「壬辰亂시 조선지배층의 대명의식-내부의 문제에서 본-」『고고미술』136~137.

金東旭, 1979, 「壬亂前後期의 服飾構造- 최근출토 遺衣를 중심으로」『동방학지』22, 연세대 국학연구원.

朴惠一, 1979, 「李舜臣龜船의 鐵裝甲과 李朝鐵甲의 현재원형과의 대비」『한국과학사학회지』1-1, 한국과학사학회.

車文燮, 1979, 「宣祖朝의 訓鍊都監」『史學志』4, 단국대 사학회.

黃夏鉉, 1979, 「壬辰倭亂과 國家財政의 破綻」『경제연구』1, 한양대학교 경제연구소.

朴吉雄, 1980, 「忠武公精神 考察-孝를 中心으로-」『논문집』16, 전주교육대학.

李泰鎭, 1980, 「壬辰倭亂에 대한 이해의 몇가지 문제」『군사』1, 전사편찬위원회.

金鎔坤, 1981, 「朝鮮前期 軍糧米의 確保와 運送-壬亂當時를 중심으로」『史學硏究』32, 한국사학회.

金顯吉, 1981, 「壬辰倭亂과 義兵將 趙熊」『湖西文化硏究』1, 충북대 호서문화연구소.

羅鐘宇, 1981, 「이순신장군의 전략전술」『전북사학』 5, 전북대학교 사학회.

柳承宙, 1981, 「朝鮮前期 軍需工業에 대한 一研究－壬亂中의 武器製造實態를 중심으로」『史學研究』 32.

李載浩, 1981, 「壬亂 水軍과 李雲龍將軍」『軍史』 2, 戰史編纂委員會.

李貞一, 1981, 「원균론」『역사학보』 89, 역사학회.

丁仲煥, 1981, 「壬辰倭亂시의 익산지역전투」『군사』 2, 국방부군사편찬위원회.

車勇杰, 1981, 「朝鮮後期 關防施設의 變化過程－壬辰倭亂 前後의 關防施設에 對한 몇가지 問題－」『韓國史論』 9, 국사편찬위원회.

崔永禧, 1981, 「임란의병의 성격」『군사』 2, 전사편찬위원회.

崔七鎬, 1981, 「李舜臣將軍의 戰略構想과 作戰結果」『군사』 2, 전사편찬위원회.

許善道, 1981, 「壬辰倭亂에 있어서의 李忠武公의 勝捷－그 전략적 전술적 의의를 중심으로－」『호남문화연구』 1, 국민대학교 한국학연구소.

甘成海, 1982, 「壬亂 初期 尙州戰鬪와 金宗武」『軍史』 5, 전사편찬위원회.

姜英哲, 1982, 「壬辰倭亂과 元均」『史學研究』 35, 한국사학회.

金鎭鳳, 1982, 「壬辰亂中 湖西地方의 義兵活動과 地方士民의 動態에 관한 研究－趙憲의 義兵活動을 中心으로」『史學研究』 34, 한국사학회.

羅鐘宇, 1982, 「壬辰倭亂의 역사적배경」『향토문화』 7, 향토문화개발협의회.

朴炳柱, 1982, 「龜船의 建造場所에 대해-雙鳳船所를 中心으로」『軍史』 5, 전사편찬위원회.

朴性植, 1982, 「癸巳 晋州城戰鬪 三壯士攷」『大丘史學』 20·21합, 대구사학회.

朴性植, 1982, 「癸巳 晋州城戰鬪 小考」『慶北史學』 4, 경북대 사학과.

朴惠一, 1982, 「李舜臣龜船의 鐵裝甲에 對한 補遺的註釋」『한국과학사학회지』 4-1, 한국과학사학회.

宋正炫, 1982, 「壬辰倭亂의 호남의병활동－초기의병을 중심으로」『향토문화』 7, 향토문화개발협의회.

李進熙, 1982, 「壬辰倭亂과 전후의 韓 日關係」『日本 敎科書와 韓國史의 歪曲』, 民知社.

丁奎福 高憲植, 1982, 「山城日記의 文獻學的研究」『교육논총』 12, 高麗大 敎育大學院.

金玉姬, 1983, 「壬亂때 被拉된 朝鮮女性들의 日本에서의 殉敎와 信仰生活」『史學研究』 36, 한국사학회.

金鎭鳳·車勇杰·梁起錫, 1983, 「朝鮮時代 軍役資源의 變動에 대한 研究 ; 湖西地方의 경우를 中心으로」『湖西文化研究』3, 충북대 호서문화연구소.

金成基, 1983, 「韓國 軍談小說 分析研究 - 壬辰錄과 朴氏夫人傳을 對象으로 -」『語文學』2, 國民大學校 語文學研究所.

李熙煥, 1983, 「丁酉再亂時의 南原城戰鬪에 對해」『전라사학』7, 전북대 사학회.

林哲鎬, 1983, 「李如松 說話 研究; 壬亂說話考2」『국어국문학』90, 국어국문학회.

文璇奎, 1983, 「黃進-壬辰倭亂의 名將」『全北人物誌』上, 全北愛鄕運動本部.

宋正炫, 1983, 「壬辰倭亂에 있어서의 호남의병」『역사학연구』11, 전남대 사학회.

李泰鎭, 1983, 「壬辰倭亂克服의 社會的 動力 - 士林의 의병활동기저를 중심으로 -」『한국사학』5, 한국정신문화연구원.

林秉燦, 1983, 「李英男-壬辰倭亂의 水軍忠將」『全北人物誌』下, 全北愛鄕運動本部.

林哲鎬, 1983, 「金德齡說話研究 - 壬亂說話考 -」『韓國言語文學』22, 韓國言語文學會.

趙炳喜, 1983, 「宋象賢 - 壬辰倭亂의 殉節功臣 -」『全北人物誌』上, 全北愛鄕運動本部.

趙喜來, 1983, 「壬亂關係 傳說에 나타난 民衆意識 - 진주지성 전설을 중심으로」『진주문화』4, 진주교대 진주문화권연구소.

許善道, 1983, 「壬辰倭亂의 극복과 嶺右義兵 - 그 전략적 의의를 중심으로」『진주문화』4, 진주교대 진주문화권연구소.

文守弘, 1984, 「壬亂중 慶尙左道地方의 義兵活動」『素軒南都泳博士華甲紀念史學論叢』, 간행위원회.

林哲鎬, 1984, 「四溟堂 說話研究」『韓國言語文學』23, 韓國言語文學會.

許善道, 1984, 「壬辰倭亂에 대한 새로운 인식 - 승패의 실상을 중심으로」『한국학』31, 한국학연구소, 洪性德, 1984, 「丁酉倭亂 以後 明日停戰協商과 朝明關係」『전북사학』8, 전북대사학과.

金一相, 1985, 「鳴梁海戰의 戰術的 考察」『國防研究』28, 국방대학원 안보문제연구소.

金泰俊, 1985, 「壬辰倭亂을 통한 平和의 精神史」『동양학』15, 단국대 동양학연구소.

金鉉丘, 1985, 「朝鮮後期 統制使에 관한 硏究-그 職任을 中心으로」『釜大史學』 9, 부산대.

柳承宙, 1985, 「倭亂後 明軍의 留兵論과 撤兵論」『千寬宇先生還曆紀念韓國史學 論叢』, 正音文化社.

李錫麟, 1985, 「壬亂初期 義旅의 構成 及 性分分析; 重峯義旅를 中心으로」『湖 西文化硏究』 5, 충북대학교 호서문화연구소.

朴惠一, 1985, 「李舜臣龜船(1592)의 鐵裝甲과 慶尙左水使의 鱗甲記錄(1748)에 대 한 註釋」『한국과학사학회지』 7-1, 韓國科學史學會.

李樹鳳, 1985, 「盤谷의 亂中日記攷 I」『湖西文化硏究』 5, 忠北大 湖西文化硏究所.

李載浩, 1985, 「宣祖修正實錄 記事의 疑點에 對한 辨析 – 특히 李栗谷의 '十萬養 兵論'과 柳西厓의 義兵不可論에 對해」『大東文化硏究』 19, 成均 館大 大同文化硏究院.

趙湲來, 1985, 「壬辰倭亂기 전라도의병의 성격 – 임진년 영남지역에서의 활동상 을 중심으로 –」『史鄕』 2, 공주사범대학 역사교육과.

陳捷先, 1985, 「壬辰倭亂 이후의 明朝」『동양학』 15, 단국대 동양학연구소.

崔永禧, 1985, 「壬辰倭亂중의 민중과 의병」『동양학』 15, 단국대 동양학연구소.

許善道, 1985, 「壬辰倭亂론 – 올바르고 새로운 인식」『동양학』 15, 단국대 동양 학연구소.

許善道, 1985, 「壬辰倭亂론 – 올바르고 새로운 인식」『천관우선생환력기념 한국 사학논총』, 정음문화사.

金鉉龍, 1986, 「壬亂期의 構成說話考; 於于野譚 설화를 중심으로」『人文科學論 叢』 18, 건국대 인문과학연구소.

李康七, 1986, 「韓國의 火砲 – 國防科學技術 指定文化財를 中心으로」『文化財』 19, 文化財管理局.

李敏昊, 1986, 「일본 江戶時代의 退溪學 소고」『사학지』 20, 단국대사학회.

李泰鎭, 1986, 「16世紀 東아시아의 歷史的狀況과 文化」『韓國社會史硏究』, 지식 산업사.

趙湲來, 1986, 「임란 해전과 흥양수군」『남도문화연구』 2, 순천대학 남도문화연 구소.

金東旭, 1987, 「壬亂·丙亂 전후 안동김씨 一括遺衣」『충북대학교박물관 소장 출토유의 및 近代服飾論考』, 충남대학교박물관.

羅鐘宇, 1987, 「임란의병과 장성남문 창의」『향토문화연구』4, 원광대 향토문화
　　　연구소.
閔德基, 1987, 「壬辰倭亂 以後의 朝·日講和交涉과 對馬島(1)－交隣 秩序의 再
　　　編을 中心으로－」『史學研究』39, 한국사학회.
朴京夏, 1987, 「임란 직후의 鄕約에 대한 연구－고평동동계를 중심으로－」『중
　　　앙사론』5, 중앙대 사학연구회.
백숙일, 1987, 「'징비록'의 사료적 가치에 대해」『력사과학』.
孫寶基, 1987, 「壬辰倭亂과 일본의 活字 印刷術」『애산학보』5, 애산학회.
呂恩暎, 1987, 「朝鮮後期 山城의 僧軍摠攝」『大丘史學』32, 大邱史學會.
柳承宙, 1987, 「晋州城의 義妓論介考」『崔永禧先生華甲紀念 韓國史學論叢』, 探
　　　求堂.
李章熙, 1987, 「倭亂과 胡亂」『한국사연구입문』, 지식산업사.
李載浩, 1987, 「壬辰倭亂과 柳西厓의 自主國防策」『歷史敎育論集』11, 慶北大
　　　歷史敎育學會.
李貞一, 1987, 「全羅右水使 李億祺考」, 『蔚山史學』1, 蔚山大學校 史學科.
張學根, 1987, 『朝鮮時代海洋防衛史研究』, 海軍士官學校.
鄭震英, 1987, 「壬亂前後 尙州地方 士族의 動向」『민족문화논총』8, 영남대 민
　　　족문화연구소.
高錫珪, 1988, 「鄭仁弘의 義兵活動과 山林基盤」『韓國學報』51, 一志社.
具德會, 1988, 「宣祖代 후반(1594～1608) 政治體制의 재편과 政局의 動向」『韓
　　　國史論』20, 서울大 국사학과.
金甲周, 1988, 「南北漢山城 義僧番錢의 綜合的 考察」『불교학보』25, 동국대 불
　　　교문화연구원.
李錫麟, 1988, 「趙憲을 中心으로 한 壬亂初期의 義兵分析」『又仁金龍德博士停
　　　年紀念 史學論叢』, 우인김용덕박사정년기념사학논총간행위원회.
孫鍾聲, 1988, 「壬辰倭亂時 分朝에 관한 소고」『계촌민병하교수정년기념사학논
　　　총』, 계촌민병하교수정년기념사학논총간행위원회.
宋俊浩, 1988, 「진주에서 재확인되는 조선조사회의 지속성－임란을 겪은 진주
　　　사회의 서언으로서」『종교 인간 사회－휴머니티의 회복을 위
　　　해』, 서의필선생회갑기념논문집간행위원회.

楊萬鼎, 1988,「海翁 金弘遠의 生涯와 倡義 活動」『전라문화연구』3, 전북향토
　　　문화연구회.

鄭弘俊, 1988,「壬辰倭亂 직후 統治體制의 整備過程 – 性理學的 秩序의 强化를
　　　중심으로」『규장각』11, 규장각.

趙楨基, 1988,「西厓 柳成龍의 軍政思想」(Ⅰ)『부산사학』14·15, 부산대.

許善道, 1988,「壬亂劈頭 東萊(부산)에서의 여러 순절과 그 숭양사업에 대해(상)」
　　　『한국학논총』10, 국민대 한국학연구소.

南都泳, 1989,「壬辰倭亂시 광해군의 활동 연구」『國史館論叢』9, 국사편찬위원회.

李章熙 외, 1989,「壬辰倭亂時 泗川戰鬪와 그 戰跡地」『군사』19, 국방군사연구소.

尹用出, 1989,「壬辰倭亂 時期 軍役制의 動搖와 改編」『釜大史學』13, 부산대사
　　　학회.

田炳喆, 1989,「壬辰倭亂期 納粟政策」『용암차문섭교수화갑기념논총 조선시대
　　　사연구』, 화갑기념논총간행위원회.

趙湲來, 1989,「임란기 호남의병과 의병지도층의 성격」『북악사론』1, 국민대
　　　국사학과.

趙楨基, 1989,「西厓 柳成龍의 軍政思想(Ⅱ) – 戰時 國用確保議를 중심으로」『논
　　　문집』11-7, 창원대학.

趙楨基, 1989,「西涯 柳成龍의 城墩論」『용암차문섭교수화갑기념논총 조선시대
　　　사 연구』.

河泰奎, 1989,「壬亂期에 있어서 全北人의 倡義活動 – 湖南節義錄의 分析을 中
　　　心으로 –」『全羅文化論叢』3, 전북대 전라문화연구소.

金圻彬, 1990,「睡隱 姜沆 硏究 – 愛國思想과 文學世界」『민족문화』13, 민족문
　　　화추진회.

金昊鍾, 1990,「西厓 柳成龍의 國防思想」『退溪學』2, 퇴계학연구소.

方相鉉, 1990,「朝鮮後期 水軍統制使 硏究 – 水軍統制營 設置背景을 中心으로 –」
　　　『國史館論叢』17.

孫鍾聲, 1990,「壬辰倭亂時 對明外交 – 請兵外交를 中心으로」『國史館論叢』14,
　　　국사편찬위원회.

이명길, 1990,「義妓 論介의 史蹟 考察」『진주문화』4, 진주문화원.

崔韶子, 1990,「明末 중국적 세계질서의 변화 – 임진·정유왜화를 중심으로」
　　　『명말청초사회의 조명』.

河泰奎, 1990,「壬亂에 있어 熊峙戰의 位相에 대해 – 湖南防禦와 관련해 –」『全羅文化論叢』4, 전북대학교 전라문화연구소.

愼浩史, 1991,「壬辰亂과 이순신의 전략전술」『국제 해양력 심포지움 발표문집』, 해양연구소.

姜永五, 1991,「이순신 제독의 전략적 딜레마와 현대적 관련성」『국제해양력심포지움 발표논문집』, 해군군사연구실.

姜泳勳, 1991,「李忠武公의 軍法運用 – 난중일기를 중심으로 – 」『허선도교수 화갑기념 충무공 이순신 연구논총』.

金錫禧, 1991,「壬辰倭亂중의 구휼에 관한 일고」『일본연구』9, 부산대 일본문제연구소.

金一相, 1991,「壬辰倭亂과 李舜臣의 戰略」『조성도교수화갑기념 충무공이순신 연구논총』, 해군사관학교 박물관.

金一相, 1991,「壬辰倭亂과 이순신의 전략」『허선도교수 화갑기념 충무공이순신연구논총』.

金秋鵬, 1991,「壬辰倭亂時 中國의 航海科學과 軍船」『국제해양력심포지움발표문집』, 해군해양연구소.

李根寬, 1991,「이충무공시대의 軍刑法에 대한 시론적 고찰」『허선도교수 화갑기념 충무공 이순신 연구논총』.

朴　哲, 1991,「스페인 선교사가 기록한 壬辰倭亂」『허선도교수화갑기념 충무공 이순신 연구논총』.

朴河成, 1991,「군정 신교육을 위한 가치교육적 접근」『허선도교수 화갑기념 충무공 이순신 논총』.

方相鉉, 1991,「朝鮮 龜船의 接木性 硏究 (劍船과 板屋船接木)」『경희사학』16·17.

梁銀容, 1991,「全羅左水營의 義僧水軍에 관한 硏究」『전남문화재』3.

유병선, 1991,「壬亂初의 朝明關係」『허선도교수 화갑기념 충무공 이순신 연구논총』.

李根寬, 1991,「李忠武公時代의 軍刑法에 대한 試論的 考察」『조성도교수화갑기념충무공이순신연구논총』, 해군사관학교 박물관.

李敏雄, 1991,「李忠武公 全書의 內容과 歷史的 價値」『조성도교수화갑기념충무공이순신연구논총』, 해군사관학교 박물관.

李貞一, 1991, 「壬亂과 元均」『조성도교수화갑기념 충무공 이순신 연구논총』, 해군사관학교 박물관.

張學根, 1991, 「강화론과 결전론이 수운통제사 교체에 미친 영향」『허선도교수 화갑기념 충무공 이순신 연구논총』.

장현도 외, 1991, 「이충무공 해전유물의 탐사방안에 대한 소고」『허선도교수화 갑기념 충무공 이순신 연구논총』.

鄭夏明, 1991, 「조선시대의 碗口와 震天雷」『육사논문집』40, 육군사관학교.

趙楨基, 1991, 「西厓 柳成龍과 忠武公 李舜臣; 柳成龍을 중심으로 - 」『허선도교 수 화갑기념 충무공 이순신 연구논총』.

中村質, 1991, 「壬辰倭亂에 관련된 제문제」『국제 해양력 심포지움 발표논문 집』, 해양연구소.

崔斗煥, 1991, 「명량해전과 강강수월래」『허선도교수 화갑기념 충무공 이순신 연구논총』.

崔永禧, 1991, 「壬辰倭亂의 재조명」『國史館論叢』30, 국사편찬위원회.

崔孝軾, 1991, 「壬辰倭亂중 경주전투」『경주사학』10, 慶州史學會.

許善道, 1991, 「順天(昇州) 倭橋城(新城里城)考 - 名稱과 解說의 잘못을 바로잡음」『震檀學報』71·72, 진단학회.

許善道, 1991, 「壬辰倭亂의 재조명」『국제해양력심포지움발표논문집』, 해군사 관학교.

金相助, 1992, 「"溪西野譚系"에 나타난 倭亂 胡亂에 대한 시각」『백록어문』9, 제주대 국어교육과.

金錫禧, 1992, 「壬辰倭亂과 청도지역의 창의활동」『釜山史學』23, 부산대 사학과.

金恒洙, 1992, 「宣祖 初年의 新舊葛藤과 政局動向」『國史館論叢』34, 국사편찬 위원회.

金泰俊, 1992, 「壬辰倭亂과 韓日間의 文化的 대응」『아시아문화』8, 한림대.

李南姬, 1992, 「慶尙右道의 義兵활동과 實錄記事」『慶南文化研究』14, 경상대 경남문화연구소.

文叔子, 1992, 「誠菴古書博物館 所藏 壬亂以前의 분재기」『書誌學報』8.

朴性植, 1992, 「晋州城 戰鬪」『慶南文化研究』14, 경상대 경남문화연구소.

安啓賢, 1992, 「韓國僧軍譜」『壬辰倭亂과 佛敎義僧軍』, 경서원.

李樹健, 1992, 「月谷 禹拜善의 壬辰倭亂 義兵活動 -그의『倡義遺錄』을 중심으로」『民族文化論叢』 13, 영남대 민족문화연구소.

李章熙, 1992, 「壬亂前後 한국의 社會動態」『아시아문화』 8.

李章熙, 1992, 「壬辰倭亂 義兵性格의 分析」『韓國史論』 22.

李亨求, 1992, 「서울 南山北麓出土 萬曆癸未銘 勝字銃 筒考 -附:京畿道 廣州出土 新製銃筒-」『택와허선도선생정년기념한국사학논총』, 일조각.

張學根, 1992, 「壬亂期間 史論에 나타난 宣祖의 執權計略」『中齋張忠植博士華甲記念論叢』, 논총간행위원회, 서울.

鄭棟柱, 1992, 「晋州城 戰鬪와 論介」『南冥學硏究』 7(壬辰倭亂과 晋州城 戰鬪), 慶尙大學校 南冥學硏究所.

趙湲來, 1992, 「明軍의 出兵과 壬辰戰局의 推移」『韓國史論』 22, 國史編纂委員會.

趙湲來, 1992, 「壬辰倭亂과 海上義兵」『택와허선도선생 정년기념 한국사학논총』.

中村質, 1992, 「秀吉 政權과 壬辰倭亂의 特質」『아시아문화』 8, 한림대 아시아문화연구소.

崔韶子, 1992, 「壬辰倭禍와 明朝」『아시아문화』 8, 한림대 아시아문화연구소.

崔永禧, 1992, 「壬辰倭亂 연구를 위한 제언」『아시아문화』 8.

崔永禧, 1992, 「壬辰倭亂 첫 전투에 대해」『한국사학논총』 상.

해군사관학교박물관 편, 1992, 『忠武公 李舜臣 遺蹟圖譜』, 해군사관학교 박물관.

許善道 외, 1992, 「壬辰倭亂의 재조명」『韓國史論』 22, 국사편찬위원회.

姜秉植, 1993, 「壬亂期 李舜臣과 元均에 대한 小考」『임란수군활동연구논총』, 해군사관학교 박물관.

姜性文, 1993, 「首都 서울 防衛에 대한 연구」『육사논문집』 45, 육군사관학교.

姜性文, 1993, 「朝鮮時代의 環刀의 機能과 製造에 관한 硏究」『學藝誌』 3, 陸軍博物館.

姜永五, 1993, 「이순신의 出戰拒否는 抗命이다」『임란수군활동연구논총』, 해군사관학교 박물관.

姜永五, 1993, 「임란교훈을 통해 본 朝鮮海軍의 位相」『임란수군활동연구논총』, 해군군사연구실.

姜永五, 1993, 「壬亂期 朝·日의 해군전략」『임란수군활동연구논총』, 해군사관학교 박물관.

金裕成, 1993, 「名護屋城圖의 安宅船에 관한 考察」『壬亂水軍활동연구논총』, 해군군사연구실.

金一相, 1993, 「鳴梁海戰의 戰術的 考察」『壬亂水軍활동연구논총』, 해군군사연구실.

金在瑾, 1993, 「壬辰倭亂中 朝·日·明 軍船의 特性」『壬亂水軍활동연구논총』, 해군군사연구실.

金鍾基, 1993, 「釜山浦海戰」『壬亂水軍활동연구논총』, 해군군사연구실.

金鍾洙, 1993, 「壬辰倭亂 이후 朝鮮의 對明·淸 관계」『壬亂水軍활동연구논총』, 해군군사연구실.

金泰雄, 1993, 「壬辰倭亂 이후 朝鮮 國家의 再建」『壬亂水軍활동연구논총』, 해군군사연구실.

金時晃, 1993, 「鶴峯先生의 招諭文에 대해」『鶴峯의 학문과 구국활동』, 학봉김선생기념사업회.

羅鐘宇, 1993, 「충무공이순신 제독의 전략전술」『임란수군활동연구논총』, 해군군사연구실.

閔德植, 1993, 「丁酉再亂時 川上久國이 그린 南原城圖에 대해」『송갑호교수 정년퇴임 기념논문집』.

朴珠, 1993, 「壬辰倭亂과 旌表」『한국전통문화연구』 8.

潘允洪, 1993, 「壬亂이후 備邊司의 邊事措置와 軍事政策의 議政」『歷史學報』 139, 역사학회.

孫寶基, 1993, 「壬辰倭亂때 일본으로 건너간 金屬活字 印刷術」『고인쇄문화』 1, 청주고인쇄박물관.

劉善浩, 1993, 「李舜臣과 魚泳潭」『임란수군활동연구논총』, 해군 군사연구실.

李佑成, 1993, 「豊臣秀吉 政權과 鶴峯先生의 '海搓錄'」『鶴峯의 학문과 구국활동』, 학봉 김선생기념사업회.

李載浩, 1993, 「慶尙右道에서의 鶴峯의 討賊救國活動 – 特히 官·義兵의 領導와 飢民 求活의 事功에 對해 –」『鶴峯의 학문과 구국활동』, 학봉 김선생기념사업회.

張學根, 1993, 「선조의 집권계략에 나타난 이순신 원균의 평가」『임란수군활동연구논총』, 해군 군사연구실.

張學根, 1993,「倭軍嚮道論에 대한 明 日의 압력과 朝鮮의 對應」『임란수군활동 연구논총』, 해군군사연구실.

張學根, 1993,「임란기 조선조정의 수군에 대한 기대와 운용책」『임란수군활동 연구논총』, 해군 군사연구실.

張學根, 1993,「임진초기 명군 來援과 軍糧論議」『임란수군활동연구논총』, 해군 군사연구실.

張學根, 1993,「충무공 이순신의 하옥죄명·전몰상황·자살론·순국론에 관한 검토」『임란수군활동연구총』, 해군 군사연구실.

張學根, 1993,「충무공 이순신의 하옥죄명·전몰현황·자살론에 관한 검토」 『학예지』 3, 육군박물관.

鄭鎭述, 1993,「全羅右水使 李億祺와 統制使 李舜臣」『壬亂水軍활동연구논총』, 해군 군사연구실.

鄭鎭述, 1993,「한산도해전 연구」『임란수군활동연구논총』, 해군 군사연구실.

趙湲來, 1993,「壬辰倭亂과 전라좌수영」『전라좌수영의 역사와 문화』.

崔孝軾, 1993,「정유재란중 울산혈전」『소헌남도영박사고희기념 역사학논총』.

金子相, 1994,「尙義軍·昌義軍 硏究 ; 尙州 壬亂文獻을 中心으로」『尙州文化硏 究』 4, 尙州産業大 尙州文化硏究所.

朴哲晄, 1994,「壬辰倭亂과 화약병기」, 건국대 석사논문.

孫弘烈, 1994,「壬辰倭亂과 조선의 의학」『청대사림』 6, 청주대 사학회.

宋正炫, 1994,「壬辰倭亂론 -관군과 의병의 역할 문제」『전남사학』 8.

梁銀容, 1994,「壬辰倭亂과 호남의 불교의승군」『한국종교』 19.

鄭杜熙, 1994,「李舜臣硏究 - 임진년 이후 그의 전략과 정유재란에 관한 재검토」 『李基白古稀紀念韓國史學論叢』 下, 일조각.

趙湲來, 1994,「壬亂初戰 방어실태와 근왕의병의 봉기」『창해박병국교수정년기 념 사학논총』.

趙湲來, 1994,「정유재란과 호남의병」『전남사학』 8, 전남대.

崔孝軾, 1994,「임란 중 경주사원의 항전활동」『지촌김갑주교수화갑기념사학논총』.

崔孝軾, 1994,「壬辰倭亂중 영천성탈환전투의 고찰」『대구사학』 47.

姜性文, 1995,「朝鮮時代 片箭에 관한 硏究」『學藝誌』 4, 陸軍博物館.

金康植, 1995,「壬辰倭亂 의병의 성격변화」『부대사학』 19, 부산대 사학과.

金康植, 1995,「壬辰倭亂 의병활동과 성격」『부대사학』 17, 부산대 사학과.

金文子, 1995, 「秀吉의 朝鮮 再侵略 直前의 日本側 動向에 대해서; 柳川調信의 活動을 중심으로」『祥明史學』3·4合, 祥明史學會.

金子相, 1995, 「尙州 北川의 壬亂戰蹟 考察-關係文獻을 中心으로」『尙州文化研究』5, 尙州産業大 尙州文化研究所.

李東根, 1995, 「壬辰倭亂과 문학적 대응」『관악어문연구』20, 서울대학교 국어국문학과.

李相弼, 1995, 「壬亂 倡義人脈 小考;『茅谿先生日記』를 중심으로」『경남문화연구』17, 경상대학교 경남문화연구소.

朴哲晄, 1995, 「壬辰倭亂기 조선군의 화약병기에 대한 일고찰」『군사』30, 국방군사연구소.

朴哲晄, 1995, 「壬辰倭亂기 화약병기의 도입과 전술의 변화」『학예지』4, 육군박물관.

梁銀容, 1995, 「정유재란의 石柱關戰鬪와 華嚴寺 의승군」『가산학보』4.

李敏昊, 1995, 「壬辰倭亂 첫 번째 回答兼刷還使의 파견」『동서사학』1.

李章熙, 1995, 「임란중 山城修築과 堅壁淸野에 대해」『부촌신연철교수정년퇴임기념사학논총』, 간행위원회.

李章熙 외, 1995, 「倭軍擊退의 戰略.戰術」『韓國史』29, 國史編纂委員會.

張學根, 1995, 「임란기 선조의 전략사고와 수군의 입장」『동서사학』1.

張學根, 1995, 「임란기 선조의 전략사고와 수군의 입장」『사학지』28.

鄭鎭述, 1995, 「壬亂期 朝鮮水軍의 武器體系」『學藝誌』4, 陸軍士官學校 陸軍博物館.

河泰奎, 1995, 「高敬命 湖南義兵의 性格과 錦山戰鬪의 意義」『神學과 社會』9, 한일신학대 기독교종합연구원.

金康植, 1996, 「忘憂堂 郭再祐의 義兵運動과 政治的 役割」『南冥學研究』5, 慶尙大 南冥學研究所.

金康植, 1996, 「壬辰倭亂中의 軍糧 調達策과 影響」『文化傳統論集』4, 慶星大 鄕土文化研究所.

金 泰, 1996, 「申適道의 生平과 義兵活動」『退溪學』8, 安東大學校 退溪學研究所.

李志映, 1996, 「壬辰倭亂과 대외관계」『동국역사교육』4, 동국역사교육회.

李鉉淙, 1996, 「申砬에 대한 修正的 批判 - 彈琴臺 戰鬪를 中心으로 -」『東義史學』9·10합집, 東義大學校 史學會.

朴哲晄, 1996, 「동아시아 삼국의 무기 제조와 교류 — 15·16세기를 중심으로」 『학예지』 5, 육군박물관.

朴哲晄, 1996, 「壬辰倭亂기 朝日兩國의 武器體系에 관한 일고찰」 『한일관계사 연구』 6, 한일관계사학회.

朴尙煥, 1996, 「壬辰倭亂과 鄭湛 將軍」 『軍史』 32, 國防軍史研究所.

朴翼煥, 1996, 「壬亂時 一次晋州城大捷에서의 鶴峰과 金時敏의 功業」 『아시아 문화』 12, 翰林大 아시아文化研究所.

沈勝求, 1996, 「壬辰倭亂중 武科及第者의 身分과 特性」 『韓國史研究』 91.

魚敬善, 1996, 「壬辰倭亂과 忠州戰鬪」 『향토사와 향토문화』, 한국향토사연구전 국협의회.

柳在春, 1996, 「壬辰倭亂과 忠壯公 韓百祿 研究」 『江原文化史研究 創刊號』, 江 原鄉土文化研究會.

李相薰, 1996, 「壬辰倭亂기 강원지역의 항전과 역할」 『아시아문화』 12호, 한림 대학교 아시아문화연구소.

李樹健, 1996, 「忘憂堂 郭再祐 義兵活動의 社會 經濟的基盤」 『南冥學研究』 5, 慶尙大學校 南冥學研究所.

李章熙, 1996, 「壬辰倭亂중 屯田經營에 대해」 『동양학』 26, 단국대학교 부설 동 양학연구소.

趙湲來, 1996, 「丁酉再亂과 順天 倭橋城戰鬪」 『아시아문화』 12, 翰林大學校 아 시아文化研究所.

崔　官, 1996, 「日本近世文學のもう一つの系譜」, 『일본학보』 36, 한국일본학회.

崔斗煥, 1996, 「충무공 이순신의 여가선용 — 종정도 놀이 연구 —」 『해양전투』 95, 해양대학.

崔壹聖, 1996, 「忠武公 李舜臣 장군」 『중산정덕기박사화갑기념한국사학논총』, 중산정덕기박사화갑기념한국사학논총 간행위원회.

崔孝軾, 1996, 「壬亂時 慶州 중심의 朝·日 講和交涉展開」 『慶州史學』 15, 慶州 史學會.

어경선, 1996, 「임진왜란과 충주전투」 『향토사와 향토문화』, 한국향토사연구전 국협의회.

金鍾基, 1997, 「制海權의 觀點에서 본 李舜臣의 海洋戰略」 『海洋戰略』 95, 海軍 大學.

金時晃, 1997,「鶴峰 金誠一先生의 錦城錄에 對해」『韓國의 哲學』25, 慶北大學校 退溪研究所.

羅鐘宇, 1997,「壬辰/丁酉倭亂과 全羅道精神」『東西史學』3, 韓國東西史學會.

盧永九, 1997,「宣祖代 紀效新書의 보급과 陣法 논의」『軍史』34, 國防軍史研究所.

朴尙煥, 1997,「壬辰倭亂과 鄭湛將軍」『竹堂李炫熙教授華甲紀念韓國史學論叢』, 죽당이현희교수화갑기념한국사학논총 간행위원회.

朴翼煥, 1997,「임란시 1차 晉州城大捷의 실상과 바른 民族史의 教育方案」『晋州文化』14.

沈勝求, 1997,「壬辰倭亂중 武科의 運營實態와 機能」『朝鮮時代史學報』1, 朝鮮時代史學會.

鄭杜熙, 1997,「이순신」『朝鮮時代 人物의 再發見』, 일조각.

趙湲來, 1997,「난중일기로 본 壬辰倭亂 중의 사회상」『한국사학사연구』, 간송조동걸선생정년기념논총간행위원회.

崔 官, 1997,「일본근세문학에 있어서 壬辰倭亂과 毛谷村六助」『일본어문학』3, 한국일본어문학회.

崔錫起, 1997,「忘憂堂 郭再祐의 節義精神」『南冥學研究』6, 慶尙大學校 南冥學研究所.

崔海甲, 1997,「忘憂堂 郭再祐의 生涯와 思想」『晋州文化』14, 晋州教大 附設 晋州文化圈研究所.

崔孝軾, 1997,「壬亂初 慶州 義兵活動 研究」『慶州史學』16, 慶州史學會.

韓明基, 1997,「壬辰倭亂 시기 明軍 참전의 社會.文化的 영향」『軍史』35, 國防軍史研究所.

郭鎬濟, 1998,「壬辰倭亂期 清州城戰鬪의 義兵將 研究」『忠南史學』10, 忠南史學會.

金甲童·전병수, 1998,「壬辰倭亂과 丙子胡亂」『주제별로 본 한국역사』, 서경문화사.

金康植, 1998,「壬辰倭亂 시기 慶尙右道의 義兵運動 기반」『釜大史學』22, 부산대 사학과.

金盛祐, 1998,「壬辰倭亂 이후 복구 사업의 전개와 양반층의 동향」『한국사학보』3·4, 고려사학회.

金駿錫, 1998,「兩亂期의 國家再造 문제」『韓國史研究』115, 한국사연구회.

羅鍾宇, 1998, 「조선수군의 무기체계와 전술구사」『壬辰倭亂과 이순신장군의 전략전술』, 전쟁기념관.

盧永九, 1998, 「朝鮮 增刊本 '紀效新書'의 체제와 내용 – 顯宗 5년 재간행 '紀紀效新書'의 兵學史的 의미를 중심으로 – 」『軍史』36, 國防軍史研究所.

朴哲晄, 1998, 「壬辰倭亂 승전인가 패전인가」『한국과 일본 왜곡과 콤플랙스의 역사』, 자작나무.

方相鉉, 1998, 「李忠武公의 丁酉再亂 小考」『史學研究』55·56合集.

北島万次, 1998, 「壬辰倭亂과 晋州城 戰鬪」『南冥學研究』7, 慶尙大學校 南冥學研究所.

北島万次, 1998, 「壬辰倭亂과 이순신」『南冥學研究』8, 慶尙大學校 南冥學研究所.

北島万次, 1998, 「조선수군의 연승과 일본군의 대응전술」『壬辰倭亂과 이순신장군의 전략전술』, 전쟁기념관.

徐台源, 1998, 「壬辰倭亂 및 효종의 북벌론이 내정에 끼친 영향」『國史館論叢』80, 국사편찬위원회.

安國承, 1998, 「임란 의병장 鄭文孚 연구」『경기향토사학』3, 全國文化院聯合會 京畿道支會.

李採衍, 1998, 「韓·日實記文學에 나타난 壬辰倭亂 체험의 형상화전략」『韓國文學論叢』22, 韓國文學會.

鄭東鎰, 1998, 「고양지역에서의 여타전투와 의병활동」『경기향토사학』3.

鄭成一, 1998, 「조선 陶工의 후예, 또칠이와 이삼평」『한국과 일본왜곡과 콤플렉스의 역사』, 한일관계사학회.

趙湲來, 1998, 「壬辰倭亂과 綾州義兵」『綾州牧의 歷史와 文化』, 목포대학교박물관·화순군.

村井章介, 1998, 「壬辰倭亂의 歷史的 前提 – 日朝關係史를 중심으로 – 」『南冥學研究』7, 慶尙大學校 南冥學研究所.

崔 琯, 1998, 「일본문학에 나타난 壬辰倭亂의 영향」『南冥學研究』7, 慶尙大學校 南冥學研究所.

崔 官, 1998, 「일본근세문학속의 이순신장군」『별권 비교문학』98, 한국비교문학회.

崔斗煥, 1998,「충무공 이순신의 진법 운용과 신호체계」『壬辰倭亂과 이순신장군의 전략전술』, 전쟁기념관.

崔永禧, 1998,「壬辰倭亂에 대한 몇 가지 意見」『南冥學研究』7, 慶尙大學校 南冥學研究所.

崔永禧, 1998,「충무공 이순신의 생애」『壬辰倭亂과 이순신장군의 전략전술』, 전쟁기념관.

河宇鳳, 1998,「일본에 주자학을 전한 조선인 포로 강항」『한국과 일본』상, 자작나무.

韓明基, 1998,「정유재란기 명수군의 참전과 조명연합군」『壬辰倭亂과 이순신장군의 전략전술』, 전쟁기념관.

정기철, 1998,「임란 협천의병 활동 – 래암 정인홍군을 중심으로 – 」『제13회 전국문화원연합회 수상논문집』, 전국문화원연합회.

姜性文, 1999,「幸州大捷에서의 권율의 전략과 전술」『壬辰倭亂과 권율장군』, 전쟁기념관.

金文子, 1999,「壬辰倭亂에 대한 일본의 시각 변천」『역사비평』46, 역사비평사.

金昊鍾, 1999,「壬亂때 唐橋倭賊과 嶺南 北部地方 鄕兵의 抗爭」『歷史敎育論集』23·24合, 歷史敎育學會.

朴哲晄, 1999,「임란 초기전투에서의 官軍의 활동과 권율」『壬辰倭亂과 권율』, 전쟁기념관.

박찬기, 1999,『관련 일본 군기문학 연구』, 고려대학교박사논문.

宋亮燮, 1999,「壬辰倭亂期 國家의 屯田設置와 經營」『韓國史學報』7, 고려사학회.

沈勝求, 1999,「壬辰倭亂期 軍事指揮權의 推移와 성격」『壬辰倭亂과 권율장군』, 전쟁기념관.

吳宗祿, 1999,「壬辰倭亂 – 丙子胡亂期 軍事史 研究의 現況과 課題」『軍史』39, 國防軍史研究所.

李乃沃, 1999,「전쟁을 통한 문화교류」『새롭게 다시 보는 壬辰倭亂』, 진주박물관.

李相薰, 1999,「都元帥 權慄의 전략 구상과 활동」『壬辰倭亂과 권율장군』, 전쟁기념관.

李章熙, 1999,「都元帥 權慄論」『壬辰倭亂과 권율장군』, 전쟁기념관.

村井章介, 1999,「島津史料로 본 사천전투」『南冥學研究』8, 慶尙大學校 南冥學研究所.

崔 官, 1999, 「모쿠소(木曾)의 문학화」『일본문학연구』 창간호, 한국일본문학회.

崔 官, 1999, 「天竺德兵衛物에 대한 고찰」『일어일문학』 11집, 대한일어일문학회.

河泰奎, 1999, 「丁酉再亂期 全羅道 지방의 義兵活動에 대해 – 全羅道 北部 地方의 義兵活動을 중심으로 –」『韓日關係史研究』 10, 한일관계사학회.

韓明基, 1999, 「壬辰倭亂시기 ‘再造之恩’의 형성과 그의미」『동양학』 29, 단국대 동양학연구소.

서영식외, 1999, 「임진왜란 초기 전투연구 – 현장답사보고서 –」『학예지』 6, 육군사관학교 박물관.

최두환, 1999, 「임진왜란 해전시 함포운용술 연구」『학예지』 6, 육군사관학교.

강정현, 1999, 「임진왜란시 수군활동과 지휘통제권의 향배」, 경남대 대학원 석사학위논문.

한명기, 1999, 「정유재란 시기 명 수군의 참전과 조명연합작전」『군사』 38.

최효식, 1999, 「명의 임진왜란 참여동기와 그 실제」『백산학보』 53.

장학근, 1999, 「이순신·원근의 시대별 여론추이와 평가」『東西史學』 5.

田中敏昭, 1999, 「豊臣政權의 日本統合과 對馬島主 宗氏의 조선교섭」『東西史學』 5.

이석린, 1999, 「임진왜란기 李光輪의 鄕兵倡義活動」『人文學志』 18, 충북대학교 인문과학연구소.

이석린, 1999, 「임진왜란기 花遷堂 朴春茂의 의병활동에 대한 예비적 고찰」『중원문화논총』 2·3 합집, 충북대학교 중원문화연구소.

김문자, 1999, 「임진왜란에 대한 일본의 시각변청」『역사비평』 46, 역사문제연구소.

곽호제, 1999, 「임진왜란기 호서의병 연구」, 충남대 대학원 박사학위논문.

김호종, 1999, 「임란때 唐橋倭敵과 영남 북부지방 鄕兵抗爭」『역사교육논집』 23·24합집, 역사교육학회.

金祥起, 2000, 「壬辰倭亂期 權慄의 梨峙大捷」『忠南史學』 12, 忠南史學會.

李錫麟, 2000, 「壬辰倭亂期 淸州城戰鬪와 義兵活動」『忠北史學』 11·12合輯, 忠北大學校 史學會.

趙湲來, 2000, 「壬辰倭亂史 연구의 推移와 과제」『조선후기사 연구의 현황과 과제』, 창작과비평사.

崔 官, 2000, 「‘삼한의 왕은 일본의 개다’에 관해」『일본어문학』 8집, 한국일본어문학회.

韓明基, 2000, 「壬辰倭亂 시기 明의 內政干涉과 直轄統治論」『東아시아 歷史의 還流』, 지식산업사.

고병익, 2000, 「사명당과 임진왜란과 동아시아세계」『사명당 유정 - 그 인간과 사상과 활동』, 사명당기념사업회.

貫井正之, 2000, 「임진왜란 전후의 사명당의 대일외교」『사명당 유정 - 그 인간과 사상과 활동』, 사명당기념사업회.

貫井正之, 2000, 「임진왜란과 승의병장 사명대사」『사명당 유정 - 그 인간과 사상과 활동』, 사명당기념사업회.

김강식, 2000, 「임진왜란시기의 평양성 전투와 사명당의 역할」『사명당 유정 - 그 인간과 사상과 활동』, 사명당기념사업회.

김문자, 2000, 「임진왜란에 있어서 명·일 강화교섭과 조선」『사명당 유정 - 그 인간과 사상과 활동』, 사명당기념사업회.

조국경, 2000, 「임진왜란에서의 명장 유정과 사명당 유정」『사명당 유정 - 그 인간과 사상과 활동』, 사명당기념사업회.

中尾宏, 2000, 「송운대사 유정과 일·조 외교」『사명당 유정 - 그 인간과 사상과 활동』, 사명당기념사업회.

김영작, 2000, 「사명당과 加藤淸正 회담의 성과와 의의」『사명당 유정 - 그 인간과 사상과 활동』, 사명당기념사업회.

김영작, 2000, 「사명대사의 도일 평화외교활동」『사명당 유정 - 그 인간과 사상과 활동』, 사명당기념사업회.

米谷均, 2000, 「사명당과 임진왜란과 동아시아세계」『사명당 유정 - 그 인간과 사상과 활동』, 사명당기념사업회.

민덕기, 2000, 「임진왜란과 전후의 동북아 국제질서의 변화」『사명당 유정 - 그 인간과 사상과 활동』, 사명당기념사업회.

이장희, 2000, 「임진왜란중 의승군의 활동에 대하여 - 서산대사와 사명당을 중심으로 -」『사명당 유정 - 그 인간과 사상과 활동』, 사명당기념사업회.

鄭樑生, 2000, 「임진왜란중의 명·일 강화회담의 시말」『사명당 유정 - 그 인간과 사상과 활동』, 사명당기념사업회.

조영건, 2000, 「임진왜란의 경제사적 배경과 사명당의 민론」『사명당 유정 - 그 인간과 사상과 활동』, 사명당기념사업회.

최호균, 2000, 「임진·정유왜란기 인명피해에 대한 계량적 연구」『국사관논총』 89.

곽호제, 2000, 「임진왜란기 梨峙大捷의 의의와 재검토」『충남사학』 12.

조원래, 2000, 「임란초기 두차례의 금산전투와 그 전략적 의의」『충남사학』 12.

최영희, 2000, 「임진왜란사에서의 梨峙대첩의 의의」『충남사학』 12.

최근묵, 2000, 「임진왜란기 금산전투의 순절과 梨峙대첩에 대한 숭앙」『충남사학』 12.

김경수, 2000, 「임진왜란 관련 민간일기 정경운의 『孤臺日錄』 연구」『국사관논총』 92.

조동수, 2000, 「임진왜란과 호남의병」『향토문화』 20, 향토문화개발협의회, 광주.

朴哲晄, 2001, 「壬辰倭亂期 일본군의 占領政策과 영향」『군사』 44, 국방부 군사편찬연구소.

정기철, 2001, 「임란의병사-陜川의병군의 활동을 중심으로-」『협천임란사』 2, 협천임란창의기념사업회.

정기철, 2001, 「임진왜란 연구소고」『협천임란사』 2, 협천.

최효식, 2001, 「경주부의 임란기록에 관한 연구」『신라문화』 경주지방전적문화연구 19, 동국대학교 신라문화연구소.

최장근, 2001, 「근세 일본의 조선침략과 영토확장」『朝鮮史硏究』 10, 조선사연구회, 경산.

한명기, 2001, 「임진왜란과 명나라 군대」『역사비평』 54.

김강식, 2001, 「임진왜란 시기 경상우도의 으병 조직의 변화와 의미」『지역과 역사』 9, 부산.

한명기, 2002, 「임진왜란기 명·일협상에 관한 연구-명의 강화집착과 조선과의 갈등을 중심으로-」『國史館論叢』 98.

金時德, 2002, 「『다이코키』와『에혼타이코키』의 비교연구-壬辰倭亂 관련기사를 중심으로」, 고려대학교 석사논문.

백종오, 2002, 「임진왜란기 무기류 발굴의 고고학적 성과」『學藝誌』 9.

朴哲晄, 2002, 「15~16세기 조선의 화기 발달」『학예지』 9, 육군박물관.

朴哲晄, 2002, 「壬辰倭亂期 望菴 邊以中의 軍事活動」『壬辰倭亂기 망암 변이중의 활동과 사상』, 봉암서원.

朴哲晄, 2002, 「壬辰倭亂期 日本軍의 漢城占領과 蘆原坪戰鬪」『노원의 역사를 재조명한다 - 壬辰倭亂을 중심으로』, 광운대 인문사회과학연구소.

朴哲晄, 2002, 「정유재란기 朝明 水軍의 聯合作戰과 露梁海戰」『충무공 노량해전 승첩제 학술발표』, 남해군.

李敏雄, 2002, 「丁酉再亂期 漆川梁海戰의 배경과 원균 함대의 패전 경위」『韓國文化』 29, 서울대 한국문화연구소.

李敏雄, 2002, 「鳴梁海戰의 경과와 주요 쟁점 考察」『軍史』 47, 國防部 軍事編纂研究所.

이완범, 2002, 「임진왜란의 국제정치학」『정신문화연구』 89, 한국정신문화연구원.

이상훈, 2002, 「『宣祖實錄』중의 임진왜란 관련 외교문서 해제」『壬辰倭亂史料叢書 - 對明外交 -』 11, 국립진주박물관.

최두환, 2002, 「임진왜란과 웅포 상륙 작전회의」『곰메문화』 4, 진해웅천향토문화연구회.

김덕진, 2002, 「임진왜란과 고흥출신 인물」『임진왜란과 고흥』 순천대 남도문화연구소.

표인주, 2002, 「임진왜란과 일관 사포 유적의 구술 및 민속문화의 형성과 변화」『임진왜란과 고흥』, 순천대 남도문화연구소.

김태호, 2002, 「임진왜란기의 쓰나기로 시로(연결성)에 대하여」『한국문화속의 외국문화』 53-6, 한국정신문화연구원.

최효식, 2002, 「임란시 조·일 강화교섭과 울산항쟁」『동국사학』 37, 동국대.

金時德, 2003, 「『다이코키(太閤記)』의 壬辰倭亂 기사에 대한 고찰」『일본학보』 56, 국일본학회.

李敏雄, 2003, 「朝·明 聯合艦隊의 形成과 露梁海戰 경과」『歷史學報』 178, 歷史學會.

崔 官, 2003, 「아쿠타가와 류노스케와『壬辰錄』」『비교문학』 30, 한국비교문학회.

리우바우첸, 2003, 「임진왜란시 명파병의 실상에 대한 일고찰 - 그 동기와 시기를 중심으로 -」『한국사학보』 14, 고려사학회.

유재춘, 2003, 「임진왜란시 일본군의 조선성곽 이용에 대하여 - 철원 선산성 사례를 중심으로 -」『조선시대사학보』 24.

노영구, 2003, 「임진왜란 초기 양상에 대한 기존 인식의 재검토」『한국문화』 31, 서울대 한국문화연구소.

김남철, 2003, 「임진왜란기 전라좌수군과 해상의병」『靑藍史學』, 한국교원대.

金時德, 2004, 「에도 후기 요미혼의 壬辰倭亂 서술 양상에 대해 – 상주·충주 전투 기사 분석을 중심으로」『한일군사문화연구』 2집, 한일군사문화학회.

이장희, 2004, 「임란중 인물사연구의 현황과 과제」『한국인물사연구』 1.

오종록, 2004, 「중·고등학교 국사교과서 이순신 관련 서술의 문제점과 제언」『韓國史學報』 16.

김경수, 2004, 「이순신의 『난중일기』」『한국사학사학보』 10.

노기옥, 2004, 「임란의병장 魯認의 日·中遍歷과 對外復讐策」『한국인물사연구』 2, 한국인물사연구소.

제장명, 2004, 「임진왜란시기 이순신 막하인물의 활동」『역사와 경계』 52, 부산.

노영구, 2004, 「역사속의 이순신 인식」『역사비평』 69, 역사문제연구소.

민덕기, 2004, 「임진왜란에 납치 된 조선인과의 정보교류」『史學研究』 50.

김강식, 2005, 「임진왜란 시기 밀양지역의 의병항쟁과 의미」『부산사학』 28·29.

최효식, 2005, 「임란초기 동래성의 항전에 대하여」『신라문화』 26.

류주희, 2005, 「임진왜란을 전후한 윤탁연의 활동 – 북관일기를 중심으로 –」『韓國思想과 文化』 28.

강경숙, 2005, 「조선도자와 임진왜란」『한·일 도자문화의 교류양상』, 경인문화사.

中野等, 2005, 「豊臣秀吉의 대륙침공과 朝鮮人 陶工」『한·일 도자문화의 교류양상』, 경인문화사.

방병선, 2005, 「임진왜란이후의 조선도자 – 대일관계를 중심으로 –」『한·일 도자문화의 교류양상』, 경인문화사.

카타야마 마비, 2005, 「豊臣秀吉의 조선침략과 肥前陶磁」『한·일 도자문화의 교류양상』, 경인문화사.

박재광, 2005, 「임진왜란연구의 현황과 과제」『한일역사공동연구보고서』 제2권, 한일역사공동연구위원회.

정구복, 2005, 「임진왜란의 역사적 의미」『한일역사공동연구보고서』 제2권, 한일역사공동연구위원회.

한명기, 2005, 「임진왜란과 동아시아질서」『임진왜란과 한일관계』, 한일역사공동연구위원회.

이상훈, 2005, 「임진왜란중 경남 서부지역의 전투지역고찰」『임진왜란과 한일관계』, 한일역사공동연구위원회.

심승구, 2005, 「임진왜란의 발발과 동원체제의 재편」『임진왜란과 한일관계』, 한일역사공동연구위원회.

조원래, 2005, 「임란해전에서 본 조일양국의 수군전력」『임진왜란과 한일관계』, 한일역사공동연구위원회.

김강식, 2005, 「임란시 의병전쟁」『임진왜란과 한일관계』, 한일역사공동연구위원회.

김문자, 2005, 「임란시 항왜문제」『임진왜란과 한일관계』, 한일역사공동연구위원회.

하우봉, 2005, 「임란직후 조선문화가 일본에 끼친 영향」『임진왜란과 한일관계』, 한일역사공동연구위원회.

민덕기, 2005, 「임진왜란중 납치된 조선인 문제」『임진왜란과 한일관계』, 한일역사공동연구위원회.

문숙자, 2005, 「임진왜란으로 인한 생활상의 변화」『임진왜란과 한일관계』, 한일역사공동연구위원회.

전경목, 2005, 「임진왜란을 말미암은 문화재 피해상황」『임진왜란과 한일관계』, 한일역사공동연구위원회.

김호종, 2005, 「서애 유성룡의 일본에 대한 인식과 그 대응책」『대구사학』78·79. 대구사학회.

2. 일본

1) 단행본

木下眞弘, 1893, 『豊太閤征外新史』, 靑山堂.

北豊山人, 1894, 『文祿慶長朝鮮役』, 博聞社.

松本愛重, 1894,『豊太閤征韓秘録』, 成歡社.

史學會編, 1905,『弘安文祿征戰偉績』, 富山房.

靑柳南冥, 1912,『鮮人の記せる豊太閤征韓記』, 朝鮮研究會.

池內宏, 1914,『文祿慶長の役』正編第一, 南滿州鐵道(1987年吉川弘文館復刊).

內藤虎次郞, 1915,『慕華堂』, 朝鮮研究會.

辻善之助, 1917,『海外交通史話』, 內外書籍.

德富猪一郞, 1921～22,『近世日本國民史　朝鮮役』上・中・下, 民友社.

參謀本部, 1924,『日本戰史 朝鮮役』, 偕行社.

幣原坦, 1924,『朝鮮史話』, 富山房.

田中義成, 1925,『豊臣時代史』, 明治書院.

靑柳綱太郞(南冥), 1926,『朝鮮史話と史蹟』, 朝鮮研究會.

靑柳南冥(綱太郞), 1930,『朝鮮史家の記せる豊太閤朝鮮役－著者の注釋と修正並
　　　　　批判－』(文祿の卷)(慶長の卷), 京城新聞社.

辻善之助, 1930,『增訂　海外交通史話』, 內外書籍.

池內宏, 1936a,『文祿慶長の役』別編第一, 東洋文庫.

京口元吉, 1940,『秀吉の朝鮮経略』, 白揚社.

有馬成甫, 1942,『朝鮮役水軍史』, 空と海社.

新城常三, 1943,『戰國時代の交通』, 畝傍書房.

旗田巍, 1951,『朝鮮史』, 岩波書店.

鈴木良一, 1954,『豊臣秀吉』, 岩波書店.

河合正治, 1959,『安國寺惠瓊』(人物叢書), 吉川弘文館.

田中健夫, 1961,『島井宗室』(人物叢書), 吉川弘文館.

阿部吉雄, 1963,『日本朱子學と朝鮮』, 東京大學出版會.

岡本良知, 1963,『豊臣秀吉』(中公新書), 中央公論社.

石原道博, 1964,『文祿慶長の役』, 塙書房.

阿部吉雄, 1965,『日本朱子學と朝鮮』, 東京大學出版會.

中村榮孝, 1966,『日本と朝鮮』(日本歷史新書), 至文堂.

中村榮孝, 1969,『日鮮關係史の研究』中, 吉川弘文館.

中村榮孝, 1969,『日鮮關係史の研究』下, 吉川弘文館.

中村榮孝, 1971,『朝鮮－風土・民族・伝統－』, 吉川弘文館.

今井林太郎(解說), 1972, 『兵庫縣の歷史』8号卷頭グラビア(三原郡西淡町松帆江
　　　　尻江善寺石碑拓本), 兵庫縣.

山口啓二, 1974, 『幕藩制成立史の研究』, 校倉書房.

藤木久志, 1975, 『織田・豊臣政權』(日本の歷史15), 小學館.

內藤雋輔, 1976, 『文祿・慶長の役における被擄人の研究』, 東京大學出版會.

中村新太郎, 1976, 『日本と朝鮮の二千年』, 東邦出版社.

李烱錫, 1977, 『壬辰戰亂史』, 東洋図書出版.

琴秉洞, 1978, 『耳塚－秀吉の鼻斬り・耳斬りをめぐって－』, 二月社.

吉留路樹, 1978, 『豊臣秀吉の爪痕』, 二月社.

朴鍾鳴譯註, 1979, 『懲毖錄』, 平凡社(東洋文庫).

倭城址研究會(編), 1979, 『倭城－文祿慶長役における日本軍築城遺跡1－』, 倭城
　　　　址研究會.

北島万次, 1982, 『朝鮮日々記・高麗日記－秀吉の朝鮮侵略とその歷史的告發－』,
　　　　そしえて.

森山恒雄, 1983, 『豊臣氏九州藏入地の研究』, 吉川弘文館.

李進熙, 1984, 『倭館・倭城を歩く』, 六興出版.

朴鐘鳴, 1984, 『看羊錄－朝鮮儒者の日本抑留記－』, 平凡社(東洋文庫).

小和田哲男, 1985, 『豊臣秀吉』(中公新書), 中央公論社.

鄭樑生, 1985, 『明・日關係史の研究』, 雄山閣出版.

藤木久志, 1985, 『豊臣平和令と戰國社會』, 東京大學出版會.

朝尾直弘, 1988, 『天下統一』(体系日本の歷史8), 小學館.

張玉祥, 1989, 『織豊政權と東アジア』, 六興出版.

北島万次, 1990, 『豊臣政權の對外認識と朝鮮侵略』, 校倉書房.

辛基秀・村山恒夫, 1991, 『儒者姜沆と日本－儒敎を日本に伝えた朝鮮人』, 明石
　　　　書店.

鶴園裕, 1991, 『日本近世初期における渡來朝鮮人の研究』, 金澤大學.

貫井正之, 1992, 『秀吉と戰った朝鮮武將』, 六興出版.

山室恭子, 1992, 『黃金太閤』(中公新書), 中央公論社.

宇田川武久, 1993, 『東アジア兵器交流史の研究－15～17世紀における兵器の受
　　　　容と伝播－』, 吉川弘文館.

李元淳, 1994, 『韓國から見た日本の歷史敎育』, 靑木書店.

姜在彦, 1994,『韓國と日本の交流史　近世篇』, 明石書店.

崔官, 1994,『文祿・慶長の役』, 講談社.

中野等, 1994,「文祿・慶長期の豊臣政權」『歷史評論』534.[中野等1999收錄]

李進熙・姜在彦, 1995,『日朝交流史』, 有斐閣.

勝俣鎭夫, 1996,『戰國時代論』, 岩波書店.

北島万次, 1995,『豊臣秀吉の朝鮮侵略』, 吉川弘文館.

藤木久志, 1995,『戰國史をみる目』, 校倉書房.

藤木久志, 1995,『雜兵たちの戰場』, 朝日新聞社.

貫井正之, 1996,『豊臣政權の海外侵略と朝鮮義兵研究』, 靑木書店.

李啓煌, 1997,『文祿・慶長の役と東アジア』, 臨川書店.

佐島顯子, 1997,『日明講和交涉における朝鮮撤退問題－册封正使の脫出をめぐっ
　　　　て－』,『鎖國と國際關係』吉川弘文館.

岸本美緒・宮島博史, 1998,『明淸と李朝の時代』(世界の歷史12), 中央公論社.

金洪圭編, 1998,『秀吉・耳塚・四百年』, 雄山閣出版.

福岡市博物館(編), 1998,『黑田家文書　第１卷』, 福岡市博物館.

井原今朝男, 1999,『中世のいくさ・祭り・外國との交わり』, 校倉書房.

金光哲, 1999,『中近世における朝鮮觀の創出』, 校倉書房.

中野等, 1999,『豊臣政權の對外侵略と太閤檢地』, 校倉書房.

村上恒夫, 1999,『姜沆　儒敎を伝えた虜囚の足跡』, 明石書店.

笠谷和比古・黑田慶一, 2000,『秀吉の野望と誤算－文祿・慶長の役と關ヶ原合
　　　　戰－』, 文英堂.

千田嘉博, 2000,『織豊系城郭の形成』, 東京大學出版會.

朝鮮日々記研究會編, 2000,『朝鮮日々記を讀む－眞宗僧が見た秀吉の朝鮮－侵
　　　　略－』, 法藏館.

仲尾宏, 2000,『朝鮮通信使と壬辰倭亂』, 明石書店.

北島万次(譯注), 2001, 李舜臣著『亂中日記』上・中・下(東洋文庫), 平凡社.

淸水紘一, 2001,『織豊政權とキリシタン－日歐交涉の起源と展開－』, 岩田書院.

伊藤幸司, 2002,『中世日本の外交と禪宗』, 吉川弘文館.

長節子, 2002,『中世國境海域の倭と朝鮮』, 吉川弘文館.

北島万次, 2002,『壬辰倭亂と秀吉・島津・李舜臣』, 校倉書房.

北島万次, 2002,『秀吉の朝鮮侵略』(日本史リブレット34), 山川出版社.

仲尾宏・曹永祿(編), 2002,『朝鮮義僧將・松雲大師と德川家康』, 明石書店.

中砂明德, 2002,『江南－中國文雅の源流－』(講談社選書メチエ), 講談社.

岡野友彦, 2003,『源氏と日本國王』(講談社現代新書), 講談社.

池享(編), 2003,『天下統一と朝鮮侵略』(日本の時代史13), 吉川弘文館.

白峰旬, 2003,『豊臣の城・德川の城』, 校倉書房.

豊見山和行, 2004,『琉球王國の外交と王權』, 吉川弘文館.

2) 논문

勝又次郎, 1900,「明朝の方面より觀察したる文祿の役」『史學界』2-4, 5, 6, 8, 11, 12.

田中義成, 1904,「豊太閣の外征に於ける起因に就て」『史學雜誌』15-11.

幣原坦, 1904,「沙也可」『歷史地理』10-1.

岡田正之, 1905,「文祿役に於ける我戰鬪力」, [史學會1905收錄].

黑板勝美, 1905,「高野山朝鮮陣の供養碑」, [史學會1905收錄].

芝葛盛, 1905,「文祿役に於ける占領地收稅の一斑」, [史學會1905收錄].

鈴木圓二, 1905,「蔚山籠城情況」, [史學會1905收錄].

田中義成, 1905,「豊太閣が外征の大目的を示したる文書」, [史學會1905收錄].

田中義成, 1905,「豊太閣の外征に於ける原因に就て」『史學雜誌』16-8.

辻善之助, 1905,「安國寺惠瓊の書簡の一節」, [史學會1905收錄].

平井鏗二郎, 1905,「文祿役の我が工芸に及ぼせる影響」, [史學會1905收錄].

藤田明, 1905,「豊太閣所持と伝へらるゝ扇面及び朝鮮役に用られたる地図」, [史學會1905收錄]

三浦周行, 1905,「豊太閣の軍律」, [史學會1905收錄]

三上參次, 1905,「文祿役における講和條件」, [史學會1905收錄]

八代國治, 1905,「文祿役における俘虜の待遇」, [史學會1905收錄]

山縣昌藏, 1905,「文祿役の虎狩」, [史學會1905收錄]

妻木忠太, 1906,「碧蹄館付近における戰役につきて」『史學雜誌』17-8.

大川茂雄, 1908,「朝鮮梁靑溪父子の伝」『國學院雜誌』14-8.

松本愛重, 1908,「燃藜室記述の豊太閣に關する異說」1・2,『國學院雜誌』14-1, 3.

大川茂雄, 1909,「征韓役晋州儒兵の忠烈」上・下,『國學院雜誌』15-10, 11.

池內宏, 1910, 「龍仁の戰」『東洋時報』145.

田中義成, 1910, 「倭寇と李成桂」『歷史地理』朝鮮号.

池內宏, 1911, 「カトカイと云う地名につきて」『東洋學報』1-3.

青柳南冥, 1912, 『鮮人の記せる豊太閤征韓記』, 朝鮮研究會.

池內宏, 1912, 「カライサンと云う地名につきて」『東洋學報』2-1.

上村閑堂(觀光), 1913, 「朝鮮僧松雲と日本僧玄蘇」『禪宗』225, 227.

池內宏, 1913, 「海汀倉の戰につきての考」『史學雜誌』24-5.

池內宏, 1913, 「咸延虎の言に據れる懲毖錄の記事を檢覈して河合博士の示敎に
　　　　　及ぶ」『史學雜誌』24-8.

河合弘民, 1913, 「海汀倉の戰に關する懲毖錄の誤謬」『史學雜誌』24-7.

河合弘民, 1913, 「再び懲毖錄の誤謬に就て池内學士に答ふ」『史學雜誌』24-10.

池內宏, 1913~14, 「文祿戰役開始以前に於ける秀吉の對外的態度を論じて此の
　　　　　戰役の發端に及ぶ」『史學雜誌』24-7, 9~12, 25-1, 2.

池內宏, 1914, 「京城の軍議に關する黑田家譜の記事錯簡と軍議の時日」『史學雜
　　　　　誌』25-3.

池內宏, 1914, 「海汀倉の戰に關して再び河合博士に答ふ」『史學雜誌』25-4.

池內宏, 1915, 「加藤淸正のオランカイ攻伐」『史學雜誌』26-3.

池內宏, 1915, 「永興における日本軍の徵稅」『學生』6-10.

池內宏, 1918, 「明將祖承訓の敗走以後に於ける我が軍の態度」『史學雜誌』29-7.

魚澄惣五郎, 1918, 「文祿慶長の役が我が製陶業に及ぼせる影響」『歷史と地理』
　　　　　1-6.

田中義成, 1918, 「文祿役の發端に就て」『朝鮮』.

栢原昌三, 1920, 「文祿講和條約に就いて」『史學雜誌』31-5.

伴三千雄, 1920~21, 「南鮮に於ける慶長・文祿の築城」1~8, 『歷史地理』36-5,
　　　　　6, 37-1, 6, 38-1.

德富猪一郎, 1921~22, 『近世日本國民史　朝鮮役』上・中・下, 民友社.

伴三千雄, 1922, 「文祿慶長役數次の軍議」1~4, 『歷史地理』40-1~4.

伴三千雄, 1922, 「文祿役に所謂「古都」の弁」『歷史地理』40-6.

三浦周行, 1923, 「朝鮮役に關する二三の考察」上・下, 『芸文』14-5, 6.

伴三千雄, 1924, 「南鮮沿岸の築城群－文祿慶長役史蹟の研究－」『明治聖德記念
　　　　　學會紀要』22.

伴三千雄, 1925,「朝鮮役に於ける兵器と戰法の変遷」『歷史地理』增刊号.

伴三千雄, 1925,「再び南鮮に於ける文祿・慶長の築城に就いて」『歷史地理』46-3.

靑柳綱太郎(南冥), 1926,『朝鮮史話と史蹟』, 朝鮮硏究會.

名越那珂次郎, 1929,「日本切支丹に殉敎せる朝鮮の人々」『朝鮮』165.

名越那珂次郎, 1929,「碧蹄館役と立花宗茂」『朝鮮』174.

都甲玄卿, 1930,「文祿役釜山城の明册封使遁走事件に就て」『朝鮮』184.

名越那珂次郎, 1930,「碧蹄館役と小早川隆景」『朝鮮』184.

山口正之, 1930,「日本耶蘇會宣敎師セスペデスの渡鮮 – 朝鮮基督敎史硏究(1) –」
　　　　　『靑丘學叢』2.

予覺民, 1930,「日本の大陸侵略史」『歷史敎育』5-10.

名越那珂次郎, 1931,「碧蹄館役と豊太閤の感狀」『靑丘學叢』3.

名越那珂次郎, 1931,「幸州山城の戰と權慄」『朝鮮』198.

山口正之, 1931,「耶蘇會宣敎師の入鮮計畫 – 朝鮮基督敎史硏究(2) –」『靑丘學
　　　　　叢』3.

山口正之, 1932,「朝鮮役に於ける被虜人の行方 – 朝鮮被虜人賣買の一例 –」『靑
　　　　　丘學叢』8.

田保橋潔, 1933,「壬辰役雜考」『靑丘學叢』14.

中村榮孝, 1933,「慕華堂金忠善に關する史料に就いて」『靑丘學叢』12.[中村榮
　　　　　孝1969收錄].

成田喜英, 1933,「倭寇と万曆の役」(1)・(2),『歷史敎育』7-11, 12.

黑田省三, 1934,「所謂服部伝右衛門朝鮮陣覺書に就いて」『靑丘學叢』17.

黑田省三, 1934,「臨海・順和二君の生擒と其送還」『靑丘學叢』18.

近藤直, 1934,「朝鮮征伐」『歷史科學』3-5.

藤井眞澄, 1934,「豊太閤と大アジア経綸」『日本精神講座』8, 新潮社.

大木透, 1935,「新資料に據る加藤淸正の海外貿易に就いて」『伝記』2-4.

中村榮孝, 1935,「文祿慶長の役」『岩波講座　日本歷史』.

渡辺世祐, 1935,「朝鮮役と我が造船の發達」『史學雜誌』46-5.

池內宏, 1936,「東萊の安樂書院と釜山東萊二城陷落図」『靑丘學叢』26.

池宮新, 1937,「池內宏著「文祿慶長の役」」『史學』16-2.

中村榮孝, 1937,「文祿・慶長の役を中心とした外交事情」『歷史敎育』12-8.

中村榮孝, 1937,「文祿役にわが軍は朝鮮で何をしたか」『朝鮮』271.

中村榮孝, 1938, 「慶長役の意義」『史學雜誌』49-7.

丸龜金作, 1938, 「朝鮮宣祖朝に於ける明丁応泰の誣奏事件」 1·2, 『歷史學研究』
　　　　8-9, 10.

山口正之, 1938, 「文祿役中朝鮮陣より發せし耶蘇會士セスペデスの書翰につき
　　　　て」『史學雜誌』49-1.

中村榮孝, 1939, 「文祿慶長の役」(大日本戰史3), 三敎書院.

野村晋域, 1939, 「朝鮮の役と北九州に於ける都市の發達」『社會経濟史學』9-3.

古田良一, 1941, 「秋田家文書による文祿・慶長初期北國海運の研究」『社會経濟
　　　　史學』11-3.

穗積文雄, 1941, 「明史日本伝に見ゆる秀吉」『支那』32-9.

丸龜金作, 1942, 「文祿・慶長の役と南方人種の海鬼について」『歷史學研究』103.

和田博, 1942, 「支那側より見たる豊太閤封王の事情」『東亞史論藪』, 生活社.

平岡武夫, 1944, 「秀吉と明史」『學芸』1-3.

京口元吉, 1946, 「豊臣秀吉の朝鮮経略」『新中國』5.

石原道博, 1950, 「丁酉役後の日明交渉について」『史學雜誌』59-5.

石原道博, 1951, 「倭寇と壬辰の役」『朝鮮學會會報』6.

池內宏, 1952, 「文祿役における小早川隆景の全羅道経略」『東洋學報』35-2.

池宮新, 1952, 「豊臣秀吉の對外政策について」『法學研究』25-11.

鈴木良一, 1952, 「秀吉の『朝鮮征伐』」『歷史學研究』155.

石原道博, 1953, 「朝鮮側よりみた明末の日本乞師について」『朝鮮學報』4.

中村榮孝, 1953, 「朝鮮全州の史庫とその藏書－壬辰・丁酉の亂と典籍の保存－」
　　　　『名古屋大學文學部研究論集』5.

丸茂武重, 1953, 「文祿, 慶長の役に於ける朝鮮人抑留に關する資料」『國史學』61.

矢澤利彦, 1953, 「リッチ(利馬竇)史料に見えた日本關係記事」『史學雜誌』62-12.

奧野高廣, 1954, 「文祿慶長の役と豊臣秀吉」『日本歷史』79.

矢澤利彦, 1954, 「マテオ＝リッチと文祿慶長の役」『日本歷史』70.

崔永禧, 1960, 「壬辰義兵の性格」『史學研究』8.

中村榮孝, 1959, 「文祿・慶長の役に關する覺書」『名古屋大學文學部10周年記念
　　　　論集』.

中村榮孝, 1960, 「朝鮮役の出征將士と朝鮮女性」『日本歷史』150.

那波利貞, 1961, 「月峯海上錄攷釋」『朝鮮學報』21·22.

駒井義明, 1961, 「日輪伝説の伝統について」『神道史研究』9-4.

石原道博, 1962, 「万暦朝鮮役後の日明交渉」『茨城大學文理學部紀要』13.

岩澤愿彦, 1962, 「秀吉の唐入りに關する文書」『日本歷史』163.

佐々木潤之介, 1962, 「軍役論の問題点(上)」『歷史評論』146.

那波利貞, 1962, 「慶長丁酉役の水軍俘虜鄭希得の月峯海上錄」, 金正桂編『韓來文
        化の後榮』上(韓國資料研究所).

中村榮孝, 1962, 「月峯海上錄について」『朝鮮學報』25.

中村榮孝, 1962, 「『月峯海上錄』と『老松堂日本行錄』」『日本歷史』173.

中村榮孝, 1962, 「壬辰戰爭の義兵について」『朝鮮學報』23.

長正統, 1963, 「景轍玄蘇について－一外交僧の出自と法系－」『朝鮮學報』29.

中村榮孝, 1963, 「文祿・慶長役素描」『歷史敎育』11-10.

貫井正之, 1963, 「『壬辰倭亂』の初期における朝鮮人民の動向について」『朝鮮研
        究月報』23.

朝尾直弘, 1964, 「豊臣政權の基盤」『歷史學研究』292.

三品彰英, 1964, 「明王贈豊太閤册封文」『日本美術工芸』307.

佐々木潤之介, 1965, 「幕藩制國家の成立」, 北島正元編『体系日本史叢書2 政治史
        Ⅱ』, 山川出版社.

內藤雋輔, 1965, 「秀吉の朝鮮役に從軍した一日本僧『慶念』の戰爭觀について」
        『(ノートルダム淸心女子大學英文學科・一般敎養)紀要』1-1.

中村榮孝, 1965, 「朝鮮役の投降倭將金忠善－その文集と伝記の成立－」『名古屋
        大學文學部研究論集』38.

貫井正之, 1965, 「「文祿・慶長の役」研究史における義兵の位置と義兵鄭仁弘軍
        について」『桃山歷史・地理』5.[貫井正之1996收錄]

貫井正之, 1965, 「豊臣秀吉の朝鮮侵略戰爭における朝鮮人民の動向について－
        特に朝鮮の義兵を中心として－」『朝鮮史研究會論文集』1.[貫井
        正之1996收錄]

石原道博, 1966, 「壬辰・丁酉倭亂と戚継光の新法」『朝鮮學報』37・38.

高橋盛孝, 1966, 「壬辰倭亂の伝説」『朝鮮學報』37・38.

內藤雋輔, 1966, 「壬辰・丁酉役における謂ゆる『降倭』について」『朝鮮學報』37
        ・38.

內藤雋輔, 1966, 「『朝鮮日々記』追考幷に正誤」『朝鮮學報』41.

李進熙, 1966, 「秀吉の朝鮮侵略について」『歷史地理教育』125.

黑田省三, 1966, 「中村榮孝『日鮮關係史の研究』上」『朝鮮學報』41.

田中健夫, 1966, 「朝鮮の役の分析視角について」『九州史學』33·34.

中村質, 1966, 「朝鮮の役と九州」『九州史學』33·34.

三鬼淸一郎, 1966, 「朝鮮役における軍役体系について」『史學雜誌』75-2.

森山恒雄, 1966, 「九州における豊臣氏直轄領の一形態」『東海史學』2.

長節子, 1967, 「朝鮮役における明福建軍門の島津氏工作」『朝鮮學報』42.[長節子2002收錄]

金潤坤, 1967, 「郭再祐の義兵活動」『歷史學報』33.

內藤雋輔, 1967, 「文祿・慶長役における被虜朝鮮人の遺聞について」(上),『朝鮮學報』44.

中村榮孝, 1967, 「今西文庫本『亂中秘記』寫本について－18世紀朝鮮の首都防衛論」『ビブリア』〈天理図書館〉35.

三鬼淸一郎, 1968, 「朝鮮役における水軍編成について」『名古屋大學文學部二十周年記念論集』.

內藤雋輔, 1968, 「文祿・慶長役における被虜朝鮮人遺聞－宗敎家の場合」『朝鮮學報』49.

中村榮孝, 1968, 「明太祖家法に見える侵略戰爭抑制の規定－『祖訓錄』と『皇明祖訓』の對外關係條文－」『朝鮮學報』48.

朝尾直弘, 1969, 「近世封建制論をめぐって」『日本の歷史』別卷, 讀賣新聞社.

朝尾直弘, 1970, 「鎖國制の成立」『講座日本史』4, 東京大學出版會.

長節子, 1970, 「錦溪日記」小紹介,『朝鮮學報』56.

黑田省三, 1970, 「中村榮孝『日鮮關係史の研究』中・下」『朝鮮學報』57.

佐々木潤之介, 1970, 「統一政權の歷史的前提」『歷史評論』241.

中村榮孝, 1970, 解說 : 「今西文庫本『亂中秘記』寫本について」『朝鮮學報』55.

大庭　脩, 1971, 「豊臣秀吉を日本國王に封ずる誥命について－わが國に現存する明代の誥勅－」『關西大學・東西學術研究所紀要』4号.

中村榮孝, 1971b, 「豊臣秀吉の對外出兵について」－その戰域に關する序說,『日本歷史』272.

三鬼淸一郎, 1971, 「田麥年貢三分一徵收と荒田對策」『名古屋大學文學部研究論集』, 史學18.

渡辺悌之助, 1971, 「朝鮮役における籠城考－吉州および蔚山－」 『軍事史學』 6-4.
今井林太郎(解説), 1972, 『兵庫縣の歷史』 8号卷頭グラビア(三原郡西淡町松帆江尻江善寺石碑拓本), 兵庫縣.
中村榮孝, 1972, 「万曆朝鮮の役と浙江將兵」 『東方學會創立25周年記念東方學論集』 東方學會.
松本豊壽, 1972, 「城下の大基地の町　肥前名護屋」 『地理學評論』 45-3.
三鬼淸一郞, 1972, 「豊臣政權の市場構造」 『名古屋大學文學部硏究論集』 史學19.
森山恒雄, 1972, 「九州における豊臣御藏入米(地)について－肥後の代官加藤淸正を中心に－」 『熊本史學』 40.
李鉉淙, 1972, 「備辺司創置年代考」 『朝鮮硏究年報』 15.
北島万次, 1973, 「田尻鑑種の「高麗日記」」 『歷史評論』 279.
崔書勉, 1973, 「七年戰役の被虜－おたあ・ジュリアについて」 『韓』 2-5.
佐々克明, 1973, 「朝鮮の役と九鬼水軍－九鬼水軍興亡史(2)」 『歷史と人物』 3-1.
中村榮孝, 1973, 「朝鮮における關羽の祠廟について－壬辰・丁酉倭亂と「關王廟」の創始」 『天理大學學報』 24-5.
中村榮孝, 1973, 「豊臣秀吉の日本國王册封に關する誥命, 勅諭と金印について」 『日本歷史』 300.
森山恒雄, 1973, 「九州の豊臣藏入地の構造と機能(Ⅰ)－各國別藏入地の檢出作業と旧論の補足をかねて－」 『熊本大學敎育學部紀要』 22.
矢作勝美, 1973, 「朝鮮活字の渡來と定着」 『日本の中の朝鮮文化』 19.
內藤雋輔, 1974, 「慶長丁酉の役, 被虜學人間の雅游について」 『朝鮮學報』 71.
中村榮孝, 1974, 「壬辰倭亂の發端と日本の「仮道入明」交涉」 『朝鮮學報』 70.
藤木久志, 1974, 「朝鮮出兵と民衆」, 佐々木潤之介編 『日本民衆の歷史』 3, 三省堂.
松田毅一・川崎桃太, 1974, 『秀吉と文祿の役』(中公新書), 中央公論社.
三鬼淸一郞, 1974, 「朝鮮役における國際條件について」 『名古屋大學文學部硏究論集』, 史學21.
北島万次, 1975, 「秀吉の朝鮮侵略挫折と義兵運動展開の基盤」 『歷史評論』 300.
李鉉淙, 1975, 「壬辰倭亂と東南アジア人の來援」 『アジア公論』 29.
紙屋敦之, 1975, 「梅北一揆の歷史的意義」 『日本史硏究』 157.
中村榮孝, 1975, 「蓬左文庫の『朝鮮征伐記』古寫本」について, 名古屋大學文學部國史學硏究室編 『名古屋大學日本史論集』 下, 吉川弘文館.

三鬼淸一郞, 1975,「太閤檢地と朝鮮出兵」『岩波講座 日本歷史』9, 岩波書店.

三鬼淸一郞, 1975,「人掃令をめぐって」, 名古屋大學文學部國史學硏究室編『名古屋大學日本史論集』下, 吉川弘文館.

李元植, 1976,「壬亂僧將松雲大師墨跡の發見に寄せて－加藤淸正陣營への往返を中心に－」『韓』5-5, 6.

中村榮孝, 1976,「秀吉の朝鮮出兵の意図はどこに求められるか」, 箭內健次編『海外交涉史の視点』2, 日本書籍.

奈倉哲三, 1976,「秀吉の朝鮮侵略と『神國』」『歷史評論』314.

三鬼淸一郞, 1976,「文祿・慶長の役と瀨戶內の海賊」『歷史手帖』4-5.

岡野昌子, 1977,「秀吉の朝鮮侵略と中國」『中山八郎敎授頌壽記念 明淸史論叢』

北島万次, 1977,「秀吉の朝鮮侵略と幕藩制國家の成立」『歷史學硏究』1977年度別册.

北島万次, 1977,「豊臣政權の軍役体系と島津氏」, 北島正元編『幕藩制國家成立過程の硏究』, 吉川弘文館.

北島万次, 1977,「書評：內藤雋輔著『文祿慶長の役における被虜人の硏究』」『歷史評論』327.

姜在彥, 1977,「姜沆と江戶儒學－『看羊錄』にみる藤原惺窩との交友」『季刊三千里』9.

金泰俊, 1977,「壬辰の亂と朝鮮文化の東漸」『アジア公論』6-11.

貫井正之, 1977,「郭再祐－抵抗とその生涯－」『朝鮮學報』83.

貫井正之, 1977,「全羅道義兵について」『朝鮮歷史論集』.

矢澤康祐, 1977,「『壬辰倭亂』と朝鮮民衆のたたかい」『人文學報』118.

矢澤康祐, 1977,「『壬辰倭亂』と朝鮮」『歷史學硏究』1977年度別册.

北島万次, 1978,「豊臣政權の軍役体制と島津氏」, 北島正元編『幕藩制國家成立過程の硏究』, 吉川弘文館.

北村秀人, 1978,「書評：內藤雋輔著『文祿慶長の役における被虜人の硏究』」『東洋史硏究』36-4.

琴秉洞, 1978,「壬辰倭亂の實相－ついえた秀吉の妄想－」『統一評論』159.

崔書勉, 1978,「75年ぶりに確認された咸鏡道壬辰義兵大捷碑」『韓』7-3.

貫井正之, 1978,「義兵將・郭再祐－壬辰義兵の評価をめぐって－」『季刊三千里』13.

貫井正之, 1979,「全羅道義兵について」『旗田巍先生古稀記念 朝鮮歷史論集 上』(龍溪書舍).

貫井正之, 1979,「壬辰·丁酉戰爭と『瑣尾錄』」『季刊三千里』20.

貫井正之, 1979,「『壬辰倭亂』における義兵活動と民衆抵抗」『朝鮮史研究會論文集』16.

三鬼淸一郎, 1979,「朝鮮役における兵粮米調達について」『名古屋大學文學部三十周年記念論集』.

蘇在英, 1980,「壬辰·丙子兩亂を中心とした文學意識の変遷過程」『朝鮮學報』94.

貫井正之, 1980,「文祿役における安國寺軍の全羅道侵入路について－池內博士の所論と關連して－」『桃山歷史·地理』16·17.

倭城址研究會, 1980,「倭城址調査の記錄－秀吉朝鮮侵略期の朝鮮での日本式築城について－」『歷史評論』360.

北島万次, 1981,「醍醐の花見にみる豊臣政權の本性」『歷史評論』369.

北島万次, 1981,「第一次朝鮮侵略における朝鮮の占領政策」『歷史評論』373.

北島万次, 1981,「豊臣政權論」『講座日本近世史』1, 有斐閣.

北山學, 1981,「文祿の役に征軍の鳥飼下組の兵衛について」『淡路の文化』3-4.

琴秉洞, 1981,「朝鮮側から見た秀吉の侵略」『歷史地理敎育』317.

杉浦敏, 1981,「對馬島民と秀吉の朝鮮侵略」『歷史地理敎育』317.

三鬼淸一郎, 1981,「織田政權の權力構造」『講座日本近世史』1, 有斐閣.

三鬼淸一郎, 1981,「江戶時代における朝鮮役の評価について」『歷史評論』373.

山本博文, 1981,「文祿の役における講和勅使の舟の調達をめぐる小西行長と島津忠恒」『海事史研究』36.

柳田利夫, 1982,「文祿·慶長の役とキリシタン宣敎師」『史學』52-1.

山本博文, 1982,「書評：北島万次著『朝鮮日々記·高麗日記－秀吉の朝鮮侵略とその歷史的告發－』」『歷史評論』391.

高野信治, 1983,「佐野藩における近世家臣団の創出過程」『九州史學』76.

山本博文, 1983,「豊臣政權期島津氏の藏入地と軍役体制」『史學雜誌』92-6.

藤木久志, 1983,「書評：北島万次著『朝鮮日々記·高麗日記』,『史學雜誌』92-4

吉岡新一, 1983,「文祿·慶長の役における火器についての研究」『朝鮮學報』108.

李元植, 1984,「朝鮮通信使に隨行した倭學譯官について」『朝鮮學報』111.

櫻井克巳, 1984,「織豊政權の朝鮮出兵における兵糧米調達政策とその實態」『一橋研究』9-3.

西本誠司, 1984,「朝鮮出兵に關する一史料の年次について」『鹿兒島中世史研究會報』42.

布引敏雄, 1984,「『陰德記』の日朝會話集について－文祿・慶長の役における日本軍の暴虐－」『山口縣地方史研究』51.

上原兼吉, 1985,「幕藩制國家の成立と東アジア世界」.

片野次雄, 1985,「李舜臣の海　－文祿・慶長の海戰秘話－」,『月刊韓國文化』7-4.

佐々木潤之介, 1985,「東アジア世界と幕藩制」『講座日本歷史5 近世1』東京大學出版會.

高木昭作, 1985,「『惣無事』令について」『歷史學研究』547.

田中健夫, 1985,「文祿慶長の役と日朝貿易の關係」『白山史學』21.

貫井正之, 1985,「豊臣秀吉と朝鮮」『月刊韓國文化』7-9.

松浦章, 1985,「明代海商と秀吉『入寇大明』の情報」『末永先生米壽記念論集』坤の卷, 同記念會.

李元淳, 1986,「壬辰・丁酉倭亂時の朝鮮人俘虜・奴隷問題」『アジア公論』15-19.

北島万次, 1986,「豊臣政權の對外認識」, 永原慶二・稻垣泰彦・山口啓二編『中世・近世の國家と社會』東京大學出版會.

グレゴリオ・セスペデス, 1986,「スペイン神父・セスペデスの倭軍從事記－小西行長と釜山からソウルまで」『アジア公論』15-7.

三鬼淸一郎, 1986,「方廣寺大仏殿の造營に關する一考察」, 永原慶二・稻垣泰彦・山口啓二編『中世・近世の國家と社會』, 東京大學出版會.

三鬼淸一郎, 1986,「秀吉の國家構想と朝鮮出兵」, 大石愼三郎編『海外視点　日本の歷史』8, ぎょうせい.

管寧, 1987,「秀吉の朝鮮侵略と許儀後」『日本史研究』298.

北島万次, 1987,「豊臣政權の第二次朝鮮侵略と大名領國の對応」, 田中健夫編『日本前近代の國家と對外關係』吉川弘文館.

中西豪, 1987,「朝鮮側史料に見る倭城－その觀察と理解の實相」『朝鮮學報』125.

三鬼淸一郎, 1987,「關白外交体制の特質をめぐって」, 田中健夫編『日本前近代の國家と對外關係』, 吉川弘文館.

宇田川武久, 1988,「壬辰・丁酉の倭亂と李朝の兵器」『國立歷史民俗博物館報告』
　　　　17.[宇田川武久1993收錄]

曾根勇二, 1988,「第1次朝鮮侵略における城米奉行について－その設置時期」『紀
　　　　要(文學)』「東洋大・院」 24.

田中健夫, 1988,「對馬以酊庵の研究－近世對朝鮮外交機關の一考察－」『東洋大
　　　　學大學院文學研究科紀要』24.

中川和明, 1988,「豊臣政權の城普請・城作事について」『弘前大學・國史研究』85.

北島万次, 1989,「豊臣政權の朝鮮侵略と五山僧」, 深谷克巳・加藤榮一・北島万
　　　　次編『幕藩制國家と異域・異國』校倉書房.

北島万次, 1989,「中世の日朝關係」,『日朝關係史を考える』靑木書店.

國重顯子, 1989,「豊臣政權の情報伝達について－文祿 2 年初頭の前線後退をめ
　　　　ぐって－」『九州史學』96.

勝俣鎭夫, 1990,「人掃令について」『東京大學敎養學部・歷史と文化』17.

池明觀, 1990,「壬辰倭亂と近代朝鮮のナショナリズム」『社會科學討究』24-2.

東京美術編, 1990,「朝鮮人道見取繪図1－鳥居本・彦根2－八幡町・仁保十王町」,
　　　　東京美術.

中野等, 1990,「朝鮮侵略戰爭における海上輸送の展開について」, 九州大學國史
　　　　學研究室編『近世近代史論集』吉川弘文館.

中野等, 1990,「朝鮮侵略戰爭における豊臣政權の兵粮補給について」『九州大學
　　　　九州文化史研究所・紀要』35.

增田勝機, 1990,「內之浦來航の唐船(明船)について」『鹿兒島女子短大紀要』45.

片倉穰, 1991,「東南アジア渡航朝鮮人に關する覺書」, 鶴園裕1991所收.

增田勝機, 1991,「いわゆる薩摩と明福建軍門との合力計畫」『鹿兒島女子短大紀
　　　　要』47.

紙屋敦之, 1992,「梅北一揆の伝承と性格」『史觀』126.

佐島顯子, 1992,「秀吉の『唐入り』構想の挫折と小西行長の講和交渉」『福岡女學
　　　　院大學・紀要』2.

曾根勇二, 1992,「豊臣藏入地支配の形成について」『東洋大學文學部・紀要』, 史
　　　　學45.

北島万次, 1992,「壬辰倭亂期の朝鮮と明」, 荒野泰典・石井正敏・村井章介編『ア
　　　　ジアのなかの日本史Ⅱ　外交と戰爭』東京大學出版會.

北島万次, 1992,「壬辰倭亂の義兵顯彰碑と日本帝國主義」『歷史學研究』639.

中野等, 1992,「太閤・關白並立期の豊臣政權について」『歷史評論』507.[中野等1999收錄]

中村質, 1992,「壬辰丁酉倭亂の被虜人の軌跡－長崎在住者の場合－」『韓國史論』22.

高橋公明, 1992,「異民族の人身賣買－ヒトの流通－」, 荒野泰典・石井正敏・村井章介編『アジアのなかの日本史Ⅲ　海上の道』東京大學出版會.

三鬼淸一郎, 1992,「陣立書の成立をめぐって」『名古屋大學文學部研究論集』, 史學38.

金文子, 1993,「豊臣政權期の日・明和議交涉と朝鮮」『お茶の水史學』37.

佐島顯子, 1993,「虛實錯綜した講和交涉」『歷史群像シリーズ35　文祿・慶長の役』, 學研.

淸水紘一, 1993,「博多基地化構想と禁敎令－天正禁敎令との關連を中心として－」, 藤野保先生還曆記念佐島顯子, 1994,「壬辰倭亂講和の破綻をめぐって」『年報朝鮮學』4.

中野等, 1994,「文祿・慶長期の豊臣政權」『歷史評論』534.[中野等1999收錄]

李啓煌, 1995,「慶長の役の最末期における『丁応泰誣奏事件』と日・明將らの講和交涉」『日本史研究』389.

李啓煌, 1995,「和好交涉における朝・日の立場・態度」, 朝尾直弘敎授退官記念會編『日本國家の史的特質』思文閣出版.

池享, 1995,「東アジア社會の変動と統一政權の確立」『歷史評論』539.

田代和生・米谷均, 1995,「宗家旧藏『図書』と木印」『朝鮮學報』156.

井原今朝男, 1996,「韓國の倭城を訪ねて」『歷史地理敎育』550.[井原今朝男1999a收錄]

仲尾宏, 1996,「壬辰・丁酉倭亂の朝鮮人被虜とその定住・歸國」『(京都芸術短期大學紀要)瓜生』19号.[仲尾2000收錄]

中野等, 1996,「『唐入り』と『人掃』令」, 曾根勇二・木村直也編『新しい近世史2　國家と對外關係』, 新人物往來社.[中野等1999收錄]

三木聰, 1996,「福建巡撫許孚遠の謀略－豊臣秀吉の『征明』をめぐって－」『(高知大學人文學部人文學科)人文科學研究』4.

米谷均, 1996,「書評：北島万次著『豊臣秀吉の朝鮮侵略』」『民衆史研究』52.

跡部信, 1997,「關白秀次の朝鮮出兵－大阪城天守閣所藏史料の紹介を通して－」
　　　　『倭城の研究』1.

井原今朝男, 1997,「上杉景勝の朝鮮出兵と熊川倭城」『長野縣立歷史館・研究紀
　　　　要』3.

井原今朝男, 1997,「戸隱神社再興と上杉朝鮮出兵」『信濃每日新聞』2月　11日文
　　　　化欄.[井原今朝男1999a收錄]

角田誠, 1997,「文祿・慶長の役における港湾防禦の一形態－巨濟島長木浦の場
　　　　合について－」『倭城の研究』1.

北垣聰一郞, 1997,「平面プランからみた機張倭城とその石積技術」『倭城の研究』1.

金光哲, 1997,「耳塚と阿弥陀ヶ峰」『鷹陵史學』23.

黑田慶一, 1997,「倭城と巨濟島」『倭城の研究』1.

黑田慶一, 1997,「倭城の滴水瓦について」『倭城の研究』1.

黑田慶一・山崎敏昭, 1997,「巨濟島４倭城の瓦」『倭城の研究』1.

佐島顯子, 1997,「日明講和交涉における朝鮮撤退問題－册封正使の脱出をめぐっ
　　　　て－」,『鎖國と國際關係』吉川弘文館.

高田徹, 1997,「巨濟島４倭城の縄張り」『倭城の研究』1.

高田徹, 1997,「巨濟島４倭城の縄張りについて」『倭城の研究』1.

多田暢久, 1997,「旧永邑城内の日本式石垣」『倭城の研究』1.

田中克行, 1997,「龜井琉球守再考」『古文書研究』46.

中野等, 1997,「肥前波多氏の領國と大陸進攻基地名護屋」『鎖國と國際關係』, 吉
　　　　川弘文館.

羅東旭, 1997,「巨濟島の環境槪觀」『倭城の研究』1.

福島克彦, 1997,「戰前の倭城研究について」『倭城の研究』1.

山崎敏昭, 1997,「軍威台の城郭遺構」『倭城の研究』1.

山崎敏昭, 1997,「巨濟島４倭城の瓦について」『倭城の研究』1.

米谷均, 1997,「16世紀日朝關係における僞使派遣の構造と實態」『歷史學研究』
　　　　697.

跡部信, 1998,「『宇都宮高麗歸陣軍物語』(翻刻)」『倭城の研究』2.

笠谷和比古, 1998,「蔚山籠城戰と關ヶ原合戰」『倭城の研究』2.

河上繁樹, 1998,「豊臣秀吉の日本國王册封に關する冠服について－妙法院伝來
　　　　の明代官服」『(京都國立博物館)學叢』20号.

岸本美緒·宮島博史, 1998, 『明淸と李朝の時代』(世界の歴史12), 中央公論社.

木島孝之, 1998, 「倭城と國內城郭の縄張り構造からみた近世初頭大名權力の様相」 『倭城の研究』2.

金屬文化研究會ほか, 1998, 「順天倭城出土羽釜の金屬學的調査報告」 『倭城の研究』2.

黒田慶一, 1998, 「順天城と『征倭紀功図卷』」 『倭城の研究』2.

黒田慶一, 1998, 「順天城の表採遺物」 『倭城の研究』2.

佐伯弘次, 1998, 「椎葉地方と朝鮮通信使」 『文明のクロスワードMuseum Kyushu』 60.

仲尾宏, 1998, 「鼻塚から耳塚へ-秀吉の朝鮮侵略と近代の秀吉顯彰-」 『民族文化教育研究』1号.[仲尾2000收錄]

高田徹, 1998, 「順天城の縄張りについて」 『倭城の研究』2.

高田徹, 1998, 「倭城の天守について」 『倭城の研究』2.

高田徹, 1998, 「危機に立つ倭城②-梁山城の縄張り」 『倭城の研究』2.

高田徹·福島克彦, 1998, 「順天城の縄張り」 『倭城の研究』2.

服部英雄, 1998, 「倭城の保存をめぐる近況」 『日本歴史』606号.

福岡市博物館(編), 1998, 『黒田家文書 第１卷』, 福岡市博物館.

堀口健貳, 1998, 「順天城の石垣」 『倭城の研究』2.

堀口健貳, 1998, 「順天城石垣の編年的位置付け」 『倭城の研究』2.

松木哲, 1998, 「狹山池堤出土の船材」 『倭城の研究』2.

村井早苗, 1998, 「朝鮮生まれのキリシタン市兵衛の生涯」, 今谷明·高埜利彦編 『中近世の宗教と國家』, 岩田書院.

山崎敏昭, 1998, 「危機に立つ倭城①-加德城と安骨浦の縄張り」 『倭城の研究』2.

米谷均, 1998, 「中世後期, 日本人朝鮮渡海僧の記錄類について」 『靑丘學術論集』12.

伊藤幸司, 1999, 「中世後期の臨濟宗幻住派と對外交流」 『史學雜誌』108-4.[伊藤2002收錄]

井原今朝男, 1999, 「戰國織豊期の乙名衆と海運·鉱山·地方経営」, [井原今朝男1999a收錄新稿]

太田秀春, 1999, 「文祿の役(壬辰倭亂)における漢城の日本軍陣所について-宇喜多秀家本陣における天守造營を中心に-」 『倭城の研究』3.

北島万次, 1999, 「李朝の燒きものと薩摩の燒きもの」 『歴史評論』592.

木部和昭, 1999, 「萩藩における朝鮮人捕虜と武士社會」『歴史評論』593.

金泰虎, 1999, 「16世紀末の東アジアにおける國際關係とイエズス會」『大阪商業大學比較地域研究所・地域と社會』2.

白峰旬, 1999, 「文祿・慶長の役における秀吉朱印狀(城郭關係分)について」『倭城の研究』3.

高田徹ほか, 1999, 「金海竹島倭城の遺構と遺物」『倭城の研究』3.

高田徹ほか, 1999, 「西生浦倭城の遺構と遺物」『倭城の研究』3.

羅東旭, 1999, 「釜山市域新發見の倭城遺構」『倭城の研究』3.

中條健太, 1999, 「秀吉の朝鮮侵略における兵糧米調達について」『ヒストリア』165.

橋本雄, 1999, 「史料紹介：丹波國氷上郡佐治莊高源寺所藏文書」『東京大學日本史學研究室紀要』3.

福島克彦, 1999, 「『都市』を指向した倭城」『倭城の研究』3.

藤本正行, 1999, 「倭城の武具と戰い」『倭城の研究』3.

堀苑孝志, 1999, 「肥前名護屋城跡素描」『倭城の研究』3.

宮武正登, 1999, 「肥前名護屋城に見る豊臣秀吉の築城觀」『城郭研究室年報』8.

村井章介, 1999, 「壬辰倭亂の歴史的前提」『歴史評論』592.

米谷均, 1999, 「『朝鮮通信使』と被虜人刷還活動について」『對馬宗家文書 第Ⅰ期 朝鮮通信使記録 別册 中』ゆまに書房.

米谷均, 1999, 「近世日朝關係における戰爭捕虜の送還」『歴史評論』592.

太田秀春, 2000, 「ソウル大學校所藏の倭城図について－『朝鮮城址實測図』の意義と同図に見る倭城－」『倭城の研究』4.

太田秀春, 2000, 「韓國における倭城研究の現狀と課題」『倭城の研究』4.

小澤晃子, 2000, 「安骨浦倭城表採陶磁器」『倭城の研究』4.

笠谷和比古・黑田慶一, 2000, 『秀吉の野望と誤算－文祿・慶長の役と關ヶ原合戰－』, 文英堂.

角田誠, 2000, 「南海倭城についてのフラクタル解析の試み」『倭城の研究』4.

姜在彦, 2000, 「倭城と『壬辰倭亂』」『倭城の研究』4.

黑田慶一, 2000, 「南海倭城と『征倭紀功図卷』」『倭城の研究』4.

白峰旬, 2000, 「文祿・慶長の役における豊臣政權の諸城普請について」, 三鬼清一郎編『織豊期の政治構造』吉川弘文館.

高瀬哲郎, 2000, 「倭城跡を訪ねて(2), 『研究紀要』(佐賀縣立名護屋城博物館) 6.

高田徹, 2000, 「南海倭城の縄張り」『倭城の研究』4.

高田徹, 2000, 「東三洞倭城について」『倭城の研究』4.

高田徹・堀口健貳, 2000, 「釜山倭城の縄張りについて」『倭城の研究』4.

高橋修, 2000, 「壬辰倭亂に關する繪畵－和歌山縣立博物館藏『壬辰倭亂図屛風』を中心に－」『倭城の研究』4.

羅東旭, 2000, 「南海倭城の滴水瓦」『倭城の研究』4.

仲尾宏, 2000, 「洛中洛外図にみる朝鮮使節と耳塚」『(京都芸術短期大學紀要)瓜生』23号.[仲尾2000收錄]

西尾孝昌, 2000, 「壹岐・對馬の城－勝本城と淸水山城－」『倭城の研究』4.

橋本雄, 2000, 「史料紹介：丹波國氷上郡佐治莊高源寺所藏文書(續)」『東京大學日本史學研究室紀要』4.

堀口健貳, 2000, 「南海倭城の石垣」『倭城の研究』4.

松岡利郎, 2000, 「倭城天守台實測概報」『倭城の研究』4.

丸山雍成, 2000, 「朝鮮降倭武將『沙也可』とはだれか」, 廣渡正利編著『大藏姓原田氏編年史料』, 文獻出版.

宮武正登, 2000, 「文祿・慶長の役(壬辰・丁酉倭亂)における大名陳跡の諸形態(3)」『研究紀要』(佐賀縣立名誤屋城博物館) 6.

村井章介, 2000, 「島津史料から見た泗川の戰い」『歷史學研究』736.

山崎敏昭, 2000, 「南海倭城の瓦類」『倭城の研究』4.

北島万次(譯注), 2001, 李舜臣著『亂中日記』上・中・下(東洋文庫), 平凡社.

淸水紘一, 2001, 『織豊政權とキリシタン－日歐交涉の起源と展開－』, 岩田書院.

曾根勇二, 2001, 「朝鮮出兵をめぐる戰爭体制と國內支配の實態」, 歷史科學協議會編『歷史が動く時－人間とその時代－』, 靑木書店.

津野倫明, 2001, 「慶長の役における軍目付の實名について」『ぐんしょ』54.

長谷川成一, 2001, 「奧羽大名の肥前名護屋在陣に關する新史料について」『市史ひろさき』10.

藤田達生, 2001, 「海賊禁止令の成立過程」『日本近世國家成立史の研究』, 校倉書房.

李元植, 2002, 「講和使僧松雲大師と日朝善隣外交」, [仲尾宏・曹永祿2002收錄].

稲葉継陽, 2002, 「戰國から泰平の世へ」, 坂田聰・榎原雅治・稲葉継陽『村の戰爭と平和』(日本の中世12)吉川弘文館.

太田秀春, 2002, 「日本·韓國における倭城關係文獻目錄(補遺)」『倭城の研究』5.

大曲敦, 2002, 「父 大曲美太郎と釜山考古會」『倭城の研究』5.

大曲美太郎, 2002, 「釜山の古蹟－釜山港に面する地方－」『倭城の研究』5.

奧村信一, 2002, 「韓國蔚山廣域市蔚州郡西生浦倭城整備計畫(案)」『倭城の研究』5.

角田誠, 2002, 「明洞倭城の縄張り」『倭城の研究』5.

北島万次, 2002, 「壬辰丁酉倭亂と松雲大師」, [仲尾宏·曹永祿2002收錄]

金榮作, 2002, 「松雲大師の加藤淸正との外交談判」, [仲尾宏·曹永祿2002收錄]

黑田慶一, 2002, 「西生浦倭城の特集にあたって」『倭城の研究』5.

黑田慶一, 2002, 「明洞倭城の陶磁器·瓦類」『倭城の研究』5.

黑田慶一·中村仁美, 2002, 「熊川倭城の陶磁器·瓦類」『倭城の研究』5.

曹國慶, 2002, 「明朝の將校劉綎と朝鮮の義僧松雲大師による協同抗倭戰爭」,
        [仲尾宏·曹永祿2002收錄]

高田徹, 2002, 「熊川倭城の縄張り」『倭城の研究』5.

鄭柄朝, 2002, 「松雲大師惟政の思想と仏敎史的位置」, [仲尾宏·曹永祿2002收錄]

陳尙勝, 2002, 「壬辰倭亂時の明王朝と朝鮮の對日外交」, [仲尾宏·曹永祿2002收錄]

仲尾宏, 2002, 「德川家康と朝鮮·試論」, [仲尾宏·曹永祿2002收錄]

仲尾宏·曹永祿(編), 2002, 『朝鮮義僧將·松雲大師と德川家康』, 明石書店.

中砂明德, 2002, 『江南－中國文雅の源流－』(講談社選書メチエ), 講談社.

西川禎亮, 2002, 「西生浦倭城の築造方法」『倭城の研究』5.

西川禎亮ほか, 2002, 「西生浦倭城石垣調査報告(2001年度)」『倭城の研究』5.

貫井正之, 2002. 「壬辰丁酉倭亂および戰後の日朝交涉における惟政(松雲大師)の
        活動に關する考察」『朝鮮學報』178.

貫井正之, 2002, 「義僧兵將·外交僧としての松雲大師の活動」, [仲尾宏·曹永
        祿2002收錄]

河宇鳳, 2002, 「國交再開期における松雲大師の活動とその意義」, [仲尾宏·曹
        永祿2002收錄]

原田二郎, 2002, 「『釜山城』」『倭城の研究』5.

原田二郎, 2002, 「『文祿役釜山及東萊戰史』」『倭城の研究』5.

堀口健貳, 2002, 「熊川倭城の石垣」『倭城の研究』5.

堀口健貳, 2002, 「明洞倭城の石垣」『倭城の研究』5.

松岡利郎, 2002, 「西生浦倭城の建築設計に關する試み」『倭城の研究』5.

閔德基, 2002, 「壬辰倭亂前後の東北アジア國際秩序の変化」, [仲尾宏・曹永祿 2002收錄]

山崎敏昭, 2002, 「西生浦倭城の瓦類」『倭城の研究』5.

山崎敏昭, 2002, 「『子馬倭城』について」『倭城の研究』5.

吉井秀夫, 2002, 「釜山考古會とその活動について」『倭城の研究』5.

米谷均, 2002, 「松雲大師の來日と朝鮮被虜人の送還について」, [仲尾宏・曹永祿2002收錄]

米谷均, 2002, 「豊臣政權期における海賊の引き渡しと日朝關係」『日本歴史』650.

脇田修, 2002, 「『倭城の研究』によせて」『倭城の研究』5.

跡部信, 2003, 「秀吉の朝鮮渡海と國制」『(大阪天守閣)紀要』31.

跡部信, 2003, 「書評：池享編『天下統一と朝鮮侵略』」『織豊期研究』5.

稲葉継陽, 2003, 「兵農分離と侵略動員」, [池2003收錄]

岸田裕之, 2003, 「『八箇國御時代分限帳』にみる毛利氏の朝鮮への動員体制」, 岸田裕之編『中國地域と對外關係』, 山川出版社.

中野等, 2003, 「「唐入り」と兵站補給体制」, [池2003收錄]

中野等, 2003, 「文祿期發給秀吉朱印狀の年紀再考」『日本歴史』665.

貫井正之, 2003, 「南冥學派の壬辰義兵活動」『歴史學研究』778.

久芳崇, 2003, 「朝鮮の役における日本兵捕虜」『東方學』105.

堀新, 2003, 「信長・秀吉の國家構想と天皇」, [池2003收錄]

山內民博, 2003, 「倭亂記録と顯彰・祭祀－壬辰丁酉倭亂と朝鮮鄕村社會－」『新潟史學』50.

米谷均, 2003, 「後期倭寇から朝鮮侵略へ」, [池2003收錄]

李元植, 2003, 「『韓氏兩世墨妙』の發見に寄せて－壬辰倭亂艾主事所管文書を中心に－」『朝鮮學報』188.

ロビンソン, ケネス, 2003, 「朝鮮後期の刊本地図帳に見える日本図」『(ICUアジア文化研究所)アジア文化研究』別册12.

五野井隆史, 2003, 「被虜朝鮮人とキリスト教--十六、十七世紀日韓キリスト教關係史」『東京大學史料編纂所研究紀要』13.

佐藤和夫, 「朝鮮出兵と拉致問題--日朝交渉史の斷面」『政治経濟史學』447.

李正伯, 2003, 「遙かなる降倭－沙也可を追跡せよ(5)『朝鮮實錄』のなかの〈沙也加」『アプロ21』. 7(5) (通号 69).

料井章介 編, 2004,『8-17世紀の 東ァジァ地城における人物 情報の 交流』上・
　　　　下卷, 平成 12-17年度 日本學術振興會科學研究費報告書.

川越泰博, 2004,「史料紹介:『全浙兵制考』の撰者について」, [村井2004收錄]

北島万次, 2004,「巨濟島の倭城址についての覺書」, [村井2004收錄]

北島万次, 2004,「全羅左水營の職人集團について－李舜臣の水軍を支えた人々
　　　　－」, [村井2004收錄]

米谷均, 2004,「『全浙兵制考』「近報倭警」にみる日本情報」, [村井2004收錄]

米谷均, 2004,「譯注『全浙兵制考』「近報倭警」」, [村井2004收錄]

米谷均, 2004,「譯注『敬和堂集』「請計處倭酋疏」」, [村井2004收錄]

米谷均, 2004,「『仙巢稿別本』所收文書一覽表」, [村井2004收錄]

友利 啓智, 2004,「『太閤記』と朝鮮出兵－第二次出兵が記されなかった理由」
　　　　『日本文學』92, 立敎大學.

藤井讓治, 2004,「16・7世紀の生產・技術革命」, 歷史學研究會・日本史研究會編
　　　　『日本史講座5 近世の形成』, 東京大學出版會.

宮紀子, 2004,「『混一疆理歷代國都之図』への道」, NHK「文明の道」プロジェクト
　　　　(編)『モンゴ帝國』(NHKスペシャル文明の道5)NHK出版.

宮紀子, 2004,「『混一疆理歷代國都之図』への道－14世紀四明地方の『知』の行方
　　　　－」, 藤井讓治・杉山正明・金田章裕編『繪図・地図からみた世界
　　　　像』(京都大學大學院文學研究科21 世紀ＣＯＥプログラム「グロー
　　　　バル化時代の多元的人文學の據点形成」「15・16・17世紀成立の繪
　　　　図・地図と世界觀」中間報告書)京都大學大學院文學研究科.

ㅎ

손승철(孫承喆)

1952년 경기도 광주 출생
성균관대학교 사학과 동 대학원 졸업(문학박사), 일본 東京大學, 北海道大學 연구교수,
한일관계사학회 회장
(현) 강원대학교 사학과 교수, 한일역사공동연구위원회 위원
E-mail : son404@kangwon.ac.kr

■ 著 書
『朝鮮時代 韓日關係史研究』(지성의 샘, 1994), 『近世朝鮮의 韓日關係研究』(국학자료원, 1999), 『近世の朝鮮と日本』-交隣關係の虛と實-(日本, 明石書店, 1998), 『近世韓日關係史』(편저, 강원대학교출판부, 1987), 『강좌 한일관계사』(공저, 현음사, 1994), 『독도와 대마도』(공저, 지성의 샘, 1995), 『한국과 일본』-왜곡과 콤플렉스의 역사-(공저, 자작나무, 1998), 『한일양국의 상호인식』(공저, 국학자료원, 1998)

■ 譯 書
『근세한일외교비사』(강원대학교출판부, 1988), 『근세한일관계사연구』(이론과 실천, 1991), 『한일관계사의 재조명』(이론과 실천, 1993)

■ 資料集
『朝鮮·琉球關係史料集成』(국사편찬위원회, 1997)
『韓日關係史料集成』(전32권, 경인문화사, 2004)

조선시대 한일관계사 연구　　　　　정가 : 23,000원

2006년 2월 15일	초판 인쇄	
2006년 2월 25일	초판 발행	

저　　자 : 손 승 철
발 행 인 : 한 정 희
발 행 처 : 경인문화사
편　　집 : 김 소 라
　　　　　서울특별시 마포구 마포동 324-3
　　　　　전화 : 718-4831~2, 팩스 : 703-9711
　　　　　이메일 : kyunginp@chollian.net
　　　　　홈페이지 : http://www.kyunginp.co.kr
등록번호 : 제10-18호(1973. 11. 8)

ISBN : 89-499-0383-0　93910
* 파본 및 훼손된 책은 교환해 드립니다.